“浦江创新论坛”创新研究丛书

企业产品创新

PRODUCT INNOVATION:LEADING CHANGE THROUGH INTEGRATED PRODUCT DEVELOPMENT

◎【美】大卫·瑞尼 著
◎吴金希等 译

知识产权出版社

责任编辑：刘　忠　王　俊

装帧设计：SUN 工作室　　　　**责任出版：**卢运霞

图书在版编目（CIP）数据

企业产品创新/［美］大卫·瑞尼（David Rainey）著；吴金希等译．—北京：知识产权出版社，2009．6

书名原文：Product Innovation

ISBN 978－7－80247－007－1

Ⅰ．企…　Ⅱ．①瑞…　②吴…　Ⅲ．企业管理－产品开发　Ⅳ．F273．2

中国版本图书馆 CIP 数据核字（2008）第 061818 号

企业产品创新

QIYE CHANPIN CHUANGXIN

［美］大卫·瑞尼　著　　吴金希等　译

出版发行：知识产权出版社

社　址：北京市海淀区马甸南村 1 号	邮　编：100088
网　址：http：//www. ipph. cn	邮　箱：bjb@ cnipr. com
发行电话：010－82000893　82000860 转 8101	传　真：010－82000893
责编电话：010－82000860 转 8026	责编邮箱：wangjun@ cnipr. com
印　刷：北京市兴怀印刷厂	经　销：新华书店及相关销售网点
开　本：720mm×960mm　1/16	印　张：33. 25
版　次：2009 年 6 月第 1 版	印　次：2009 年 6 月第 1 次印刷
字　数：680 千字	定　价：88. 00 元

京权图字：01－2006－5335

ISBN 978－7－80247－007－1/F·147

总　　序

增强创新学识　推进自主创新

在全球经济一体化的今天，国际竞争不断加剧。而在世界高新技术革命和产业革命日新月异的机遇面前，我国不少行业和企业在核心技术上还受制于人，凸显出我国企业自主创新能力不足的现状，这不仅大大降低了我国企业的国际竞争力，而且将严重影响我国企业的生存和长远发展。

为此，胡锦涛总书记多次强调："提高自主创新能力是推进结构调整、转变增长方式的关键环节"；"在实践中走出一条具有中国特色科技创新的新路子"。温家宝总理也明确指出："自主创新是支撑一个国家崛起的筋骨"。实施自主创新战略，就是牢固树立"以我为主"的思想，以掌握核心技术、发展壮大知识产权储备为宗旨，正确处理引进先进技术和自主创新的关系，把原始创新、集成创新和引进技术基础上的消化吸收再创新有机结合起来，有效整合创新资源，全面提高自主创新能力。

中国企业欲获得高水平的创新能力，必须进一步重视并提升自主技术创新能力。以持续变革、整合思考、非线性为主要特征的创新管理，将成为中国企业家的"第六项修炼"。为了提高中国企业的自主创新能力，我们需要加强对技术创新理论的学习，掌握相关创新经济、管理与政策知识及一整套管理技巧。我们深知，若想在如今知识化、国际化的环境中游刃有余，我们需要建设一种适合自主创新的新型战略管理方式、新型组织结构与流程，以及新型的资源支持，它们共同构成了企业创新"道－则－源"三角区。有效的创新管理与政策设计，将使组织具有勃勃的生命活力，使知识得以穿越"达尔文之海"，实现从发明到创新的转换，持续为社会创造不间断的价值。

首先，我们需要凭借优质的创业精神，去面对高度不确定和动态变化的环境，步步推进的组织战略将演变成一种组织成员的随机表演和用户的"全面即时体验"，实现知识向应用化的即时转换。建立基于精算的风险决策机制和基于动态能力的战略管理能力，建构组织的战略、市场、产品、技术互联战略思考逻辑，是中国各级组织急需发展的新领域！

在组织结构与营运流程上，我们要征服制度化领域和创造性领域，使两者达到一种完美的平衡。制度化领域指组织结构化的、规范化的、受控制的和受评估的行为，它是一种约束机制，将员工圈在安全地带，不做出过度创新之事；创造性领域则包括自发的、创造性的、动态的和实验性的活动，它是一种激励机制，为员工搭设舞台，让他们在上面尽情展示各自的才华。这两个领域水乳交融就能孕育出适合非线性文化的、刚柔兼备的和谐组织。开展如此重要的组织设计与变革，以及不断的"荣格"式结构联络，将对当代领导者与管理工作者提出新的挑战！

组织的创新还取决于多样性的资源。多样化的人才、信息使得人们能适应不断变化的条件。因此，企业急需创造性与纪律性并重、感性与理性俱佳的人才。创造性、纪律性及理性对于一个组织成员的重要性是不言自明的，而感性凭着自身独有的柔性特质发挥着不可替代的作用。本质上讲，创新管理的悖论是潜伏在人们心灵深处的非理性的表现，创新管理努力实现的是创造性与纪律性、感性与理性结成的“菱形思考”佳境，它以这种方式支配着创新资源的优化与企业文化的再建。

本丛书基于上述思考，在知识产权出版社一批富有远见和责任感的优秀编辑的策划与组织下，团结中国优秀的技术创新研究者，持续地选择国际上技术创新经济学、管理学和政策科学等经典与前沿论著，向我国的政府、企业及非营利部门提供技术创新的新理念、新观点、新方法，共同探寻创新之道、创新之则、创新之源，以中华民族独特的新产品、新工艺、新标准，实现更多的自主创新，使中华民族进一步屹立于国际竞争的前列。

陈 劲 柳卸林

2007 年 12 月

译者序

经过两年多艰苦的努力，洋洋几十万字的《企业产品创新》一书终于翻译完毕并即将通过知识产权出版社出版。尽管这早已是意料之中的事情，但是，面对即将出版的厚厚译稿，我的内心仍然禁不住涌起一阵阵的激动。

之所以激动，除了想到自己付出的两年多的辛勤劳动终于有了回报以外，更重要的是考虑到集成产品开发（Integrated Product Development，IPD）对于中国企业的重要性而引发的感慨。

两年多以前，当知识产权出版社刘忠主任将本书的原著介绍给我时，我的第一反应就是，这本书太有价值了，应该尽快翻译出来以飨国内读者。因为一提到 IPD，我就想起了华为公司，这家企业多年来义无反顾地持续创新得到了业内外的普遍尊重。在本人看来，华为公司目前在国内是为数不多的能真正称得上是高科技企业的公司之一，因此，本人一直关注华为公司的发展情况。早在读研究生的时候，我就听说华为公司在总裁任正非的带领下正一心一意地从国外引进被称为“IPD”的先进的产品开发方法，任总对待 IPD“先僵化、再固化、再优化”的决策态度曾一度被业界传为佳话。实践证明，引进 IPD 管理体系后，华为的核心竞争力增强了。后来，华为公司在国际市场上攻城略地，在关键技术、重点市场领域均取得了较大突破，在国际化道路上已经取得了初步成功，可以说具备了基本的国际竞争力，这背后当然离不开 IPD 管理体系的支持，甚至有人说，华为的核心竞争力就是 IPD。话虽然有些过头，但是却充分说明了 IPD 的重要性。

事实上，集成产品开发作为新产品开发管理的一种新模式在某些跨国公司已经有十多年的应用历史了。据称，早在 20 世纪 90 年代，郭士纳担任 IBM 公司 CEO 时就力推 IPD，这种崭新的产品开发模式使得公司的新产品市场投放周期大幅度缩短，研发资源的浪费显著下降，IPD 成为促使 IBM 重新崛起的关键因素之一。

商业人士都知道，传统的新产品开发（New Product Development，NPD）模式在企业中往往按照这样的顺序运行：企业决策计划部门根据市场需求预测制订新产品开发计划；然后，技术部门负责设计、开发、测试，形成产品样品或者服务方案；生产部门批量制造；市场部门负责销售；客服部门提供售后服务。在这个流程中，各个部门只负责新产品开发的某一阶段，但是每一个部门都不对产品的最终市场成功负责。因此，这种产品开发模式存在系统性差、协作性弱的缺点。只有等到新产品项目结束之后，企业才能对项目进行整体的评价。这时，改变或终止方案都会对成本和时间产生较大影响，因此基本无法进行任何较大的调整。更重要的是，这种线性开发模式开发周期较长，往往会使得新产品错过最佳市场投放时机。而且，由于部门之间缺乏沟通和协调，这种顺序进行的 NPD 模式往往造成企业各个部门无法共享资源，形成很大浪费。例如，我国很多软件企业就普遍存在重复开发、重复劳动的问题，软件共用性差，知识不能共享，产品售后难以维护，这是很多中国软件企业竞争力不强的重要原因。

当今世界，随着经济全球化程度的不断加深和信息技术的飞速发展，企业竞争越来越激烈，产品的生命周期越来越短暂，市场对产品质量、品种、价格、清洁性、安全性、服务质量的要求越来越高。这对企业新产品开发周期和资源控制提出了越来越高的要求，企业如果不能很好应对这些挑战就难以生存。举一个简单的例子，两年以前，本田雅阁轿车在中国市场上曾辉煌一时，但是现在销量已经明显下降。在汽车制造业，消费者不仅要求汽车生产商不断提供更新的款式，而且要求产品更省油、安全性能更高，要求企业提供更便捷的服务。目前，全球汽车产业面临的新产品开发挑战和压力特别大，企业稍有不慎就会落伍。同样，在航空制造业，由于推迟交货时间，欧盟的空客 A380 项目面临数百亿欧元的巨额损失。

正因为如此，在过去的十多年里，具有崭新理念和先进做法的集成产品开发（IPD）模式逐步取代 NPD 模式发展起来，它集众多最先进的管理理论成果和工具于一体，大大增强了企业的柔性和应对复杂环境的竞争能力。例如，六西格玛质量管理方法、精益生产、大规模定制、平衡记分卡、电子商务、供应链管理等概念。IPD 模式能够将这些工具系统化、流程化。

简单说来，IPD 的基本理念是要求在产品开发活动从开始到结束的流程中，企业内部的所有参与者都同步行动起来，协调一致地努力，以使得产品开发的周期最短、投资最省、不确定性风险最低。IPD 区别于 NPD 的核心理念可以概括为如下几点：

（1）彻底理解市场和顾客需求是 IPD 最根本的任务和挑战。IPD 特别强调产品创新一定是基于市场需求和竞争分析的创新。为此，IPD 把正确定义产品概念、准确分析市场需求作为流程的第一步，要求企业从一开始就把事情做正确。

（2）对新产品开发项目进行持续的评估、再评估。IPD 要求参与者最大程度减少新产品投放市场所需的时间和资源，因此，特别强调对产品开发进行有效的投资组合分析，并在开发流程中设置若干评审点，不断通过阶段性评审来决定项目是继续、暂停、终止还是改变方向。

（3）组织间的协调和沟通是核心。IPD 要求企业采用跨部门的产品开发团队（Product Development Team，PDT）的模式，特别强调团队的沟通、协调，以达到尽快将产品推向市场的目的。而 PDT 本身则包括了来自市场、采购、制造、研发、财务、质量和技术支援等各个职能部门的专家。

（4）并行工程是重要的方法。IPD 对新产品开发项目的时间性要求要重于对细节的精雕细琢。它要求通过组织间严密的计划、准确的接口设计，把原来的许多后续活动提前并行进行，这样可以大大缩短产品投放市场所需的时间。而且，通过有效的协调，企业可以将并行带来的重复和浪费降到最低。

(5) 重复使用性和共享是重要的管理原则。大企业的新产品种类很多，但是，成千上万的新产品背后往往存在大量可以共享的“中间件”，因此，IPD 强调企业要多采用公用构建模块（Common Building Block，CBB）以节约资源、提高效率。

(6) 完善开发流程是 IPD 得以持续的保证。综合完善的开发流程和系统高效的管理体系是 IPD 持之以恒、不断优化的制度保证。

正是由于 IPD 具有上述区别于传统 NPD 的优点，所以，这种产品开发模式才在商界逐渐流行开来。在 IBM 公司、福特公司等成功经验的影响下，国内外许多高科技公司相继采用了 IPD 模式，如美国的波音公司和我国的华为公司等，都取得了较大的成功。华为公司的实践证明，IPD 减少了人为的浪费和摩擦，增强了知识和经验的积累与共享，可以说它是确保公司新产品开发成功的路线图。这也是我多年来一直对 IPD 非常感兴趣的原因。

但是在学习和研究过程中，译者惊奇地发现，目前国内关于 IPD 的专著或者译著非常少见；在国内商学院中，能够专门就 IPD 开出课程来的也是凤毛麟角；除了华为公司以外，国内其他企业的成功实践尚不多见。这不能不说是非常遗憾的事情，这种情况也正凸显了本书的价值所在。

感谢本书的作者大卫·瑞尼（David Rainey）先生，是他超过 30 年的管理经验和丰富学识为读者提供了一本如此系统完善的关于 IPD 的专著。它完整地论述了 IPD 的思想、框架、方法和管理工具，既有理论指导意义，又有很强的可操作性，是一本不可多得的好教材；它既适合企业管理人员、MBA 学生阅读，也可以作为有关领域学者的参考读物。翻译的过程本身也是一个很好的学习过程，通过翻译，本人学到很多知识。我希望通过本书的翻译出版能够给国内读者带来一个完整的 IPD 概念，以从理论上指导管理实践。如果能够达到这样的效果，我两年多来为翻译本书而花费的心血就算没有白费。

本书在翻译过程中，得到知识产权出版社刘忠、王俊等同志的大力协助。清华大学人文社科学院部分研究生初译了部分章节：高满满：前言、第一章部分；苏聘：第二章、第一章部分、第三章部分；郑金连：第四章、第三章部分；王成仓：第五章、第六章；车靖：第七章、第八章；王菲：第九章、第十章；尹晶：第十一章、第十二章、第十三章、第十四章、术语表。本人最后进行了系统的翻译和全面校对。

最后，限于译者学识和能力，书中可能有很多错误之处，希望读者批评指正。

吴金希

2007 年秋于清华大学新斋

前　言

《企业产品创新》一书定义和讨论了一种综合性的新分析框架，这种框架可被用于在复杂、具有挑战性的商业环境中管理产品创新及相关新产品开发的流程。产品创新包括新产品和工艺的概念化、设计、开发、有效化和商业化，这些都为满足顾客、利益相关者（stakeholders）和社会的需要并达到他们的期望值提供了行之有效的解决方案。在动态的全球商业环境中，产品创新是创造竞争优势所必需的战略手段。

全球化，社会、政治、经济的压力，技术创新，市场环境和未来趋势的剧烈变化，这些因素缩短了产品的生命周期，使我们对更好、更便宜、更清洁、更安全、更高效的产品的需求量越来越大。产品创新就是要寻求新的解决方案，让顾客和利益相关者获得更多的利益。当人们同顾客和利益相关者一起创造新产品，重新激发现有产品的活力或解决有关产品的难题时，产品创新是其中要用到的最基本的管理构件❶。

随着新产品开发项目的显著变化，全世界领先的商业公司都在改进它们的新产品开发流程、能力和途径，以促进整合，积极应对不断变化的商业环境。通常，企业家都会在引进一种新产品或者一项新服务的基础上，开展自己的业务。现有的企业一般通过新产品的商业化对已有的产品或产品线进行补充、改进或替代，以使企业经久不衰。

对于绝大多数公司来说，特别是那些资源有限的公司，产品创新和新产品开发的道路困难重重。苛刻的顾客、挑剔的利益相关者、政府操纵以及动荡的商业环境等因素使得整个形势不断变化，必然会带来诸多问题、陷阱、障碍、不确定性及风险。

产品创新最主要的目标以及期望的结果就是成功开发并商业化一种新产品或一项新服务❷。商业环境不断变化，因此组织战略环境和改善商业前景的需求驱使公司进行产品创新。借助产品创新，企业预测变化，针对动态的商业环境迅速作出反应，这是获得可持续的竞争地位和优异业绩的重要前提。

不断变化的商业条件和趋势需要更高水平的管理复杂性，以与高速发展的世界保持同步。在这一过程中，创新和领导力是将挑战转化为机遇，解决现有问题，开创未来发展新局面的重要手段。

---

❶ 构件是一种模型或框架，用来描述、定义、解释、分析、理解、管理及控制管理系统、流程、途径和解决方案。构件旨在反映现实，为从业者和决策者提供商业环境中复杂性的主要情况。

❷ 本书涵盖了产品和服务的开发。为使内容简单易读，文中的“产品”泛指产品和服务。

产品创新这一理论构件，将战略环境和新产品开发项目联系在一起。产品创新探讨的是为什么要创新、创新什么、谁来创新以及怎样创新等一系列问题。产品创新作为总体框架，研究的是如何进行新产品的计划、开发、实施和评价，如何在现有的流程、实践、方法和技术的基础上将机遇转化为现实。产品创新关注如何将公司现有资源和能力整合到一个具有灵活性和创造性的实体中，找出超出顾客和利益相关者期望值的新解决方案。产品创新从一个宽泛的视角（战略上）探讨了如何创造新产品。新产品开发涉及了所有为达到目的、取得成功所需的具体流程和方法（战术上）。

在过去的二十多年里，新产品开发的方法一直处在发展变化中，已经从简单、顺序化、缓慢、不协调的方法发展为高度集中、表述清晰、使用复杂管理技术的流程，从而获得了创造力、学习、速度、质量、表现、可靠性和价值创造等多方面要素。新产品开发采用流程管理或项目管理的方法，对新产品机会进行识别、分析、筛选、开发和启动。

对绝大多数全球性公司来说，集成产品开发是主要的产品创新途径。IPD 使用跨职能团队，通过组织中所有参与者之间的合作与协调，同步开发新产品和新流程；这些跨职能团队在战略上与顾客和利益相关者的需要保持一致。在过去的 10 年里，集成产品开发逐步发展起来，其中包括很多复杂的管理流程和实践，例如，“六西格玛方法”、企业管理、以利益相关者为基础的方法（考虑社会、经济和环境等多方面因素）、精益商业管理、大规模定制，以及平衡记分卡概念。今天，顾客、利益相关者和社会都期待并需要更高水平的产品和服务，以满足各方面的需求。

本书介绍了一种在高速发展并具有高度期望值的商业社会里开发新产品和服务的多维度方法。基本方法包含了一种综合视角，将制定和实施灵活有效的新产品开发项目所需的外部维度和内在能力连接起来。

本书讨论的新产品开发框架是基于一种企业管理模型，它描述和分析了商业环境与主要维度（包括顾客、市场、利益相关者、竞争者、供应网络、相关产业和基础设施）。企业管理将组织的战略管理及运作层面，同所有影响业务的外部因素整合在一起。它是一种嵌入式系统，是一个整体，既有外部也有内部，既考虑现在也考虑到未来。

本书主旨

本书的主旨是描述、评价并应用一些构件、方法、技术和流程，使管理者、专业人员和从业者能更加有效地设计、开发和商业化新产品和服务。本书旨在服务商业从业人员和 MBA 学生。它为规划和执行新产品开发项目提供指导和帮助。

书中的方法步骤可用在真实的新产品开发环境中，学生也可用这些方法从理论上规划一个新产品开发项目，完成与本书主题相关的研究生课程要求。不管应用在哪个方面，本书的构件将集中探讨新产品开发中实践方面的问题。本书主题的组织方式使读者将注意力集中在主要内容上。脚注只是在需要的时候为读者提供学术上的注解，详细解释一些主题，并/或提供其他作者的不同观点。

本书集中探讨了适合渐进性创新的新产品开发流程。这种流程包括企业管理和以利益相关者为基础的思路，同时把注意力放在顾客、市场和竞争这些传统概念上，综合各方面的因素，建立一种更为复杂的模式，应对新产品开发流程中的机遇和挑战。

21 世纪新产品开发思路的首要目标是价值主张（value proposition）的最大化。价值主张是产品创新中的关键观点。当顾客购买产品和服务的时候，他们是在寻求价值，希望从创新的解决方案中获得收益。他们所需的是解决方案而不是产品。同样，企业的各个组成部分也在寻求价值，期望一种有利结果的均衡组合。产品创新并不是一种顾客和生产者赢利，而是利益相关者和社会亏损的零和博弈。产品创新就是要创造新产品，为未来提供持续的解决方案。

本书分为如下四个部分：

第一部分介绍产品创新，新产品开发的战略逻辑，开发新产品的优先战略和组织层面的问题，并对“标准化”新产品开发流程❶进行了总结。主要的组织模型是在内部和外部资源的基础上，建立和使用当前开发新产品的员工组成的跨职能团队。

第二部分集中探讨了产品创新的“模糊前端”❷，包括创意生成、概念发展和筛选，以及新产品开发流程的定义阶段。模糊前端在概念化层面，分析和确定了候选新产品的可行性和适宜性，为新产品的设计与开发提供了平台。它包括引导组织进行前期评议以决定是否对这种新产品进行投资，以及如何制订计划以确定产品和流程的细节问题。

第三部分探讨了新产品开发流程中，在设计和开发产品/市场、营销、生产和财务方面要用到的方法和技术。它涵盖了新产品开发流程中用到的所有基本要素，并清晰地阐释了其中的核心目标、战略、技术和项目，这些在决定与新产品开发流程有关的具体措施时都会用到，为制定概念层面的决策以及后期的设计和发展决策提供了方法和技术。

第四部分讨论了新产品开发的运营层面。它包括设计开发、确认（validation）、预商业化和产品推出。最后一章对全书进行总结性评述，并对集成产品开发的未来发展方向提

---

❶ “标准化”流程是指一种一般性的流程，包含各大公司所使用的主要方法的基本要素。它是对现实世界中众多新产品开发流程的汇编。

❷ 很多作者都使用过“模糊前端”这一概念。阿尼尔·库拉那和史蒂芬·罗森塔尔曾在他们发表于《斯隆管理评述》（Winter，1997：103～120）的 Fuzzy Front End of New－product Development 一文中详细讨论过这一构件。罗森塔尔还在 *Development：How to Cut Lead Time and Increase Customer Satisfaction*（Homewood，IL：Business One Irwin，1992）一文中描述了前端处理流程。

出一些建设性的意见。

本书为计划、开发、实施、评估和领导新产品开发项目提供了指导方针和模板。它介绍了一种“标准化”的新产品开发流程，解释、讨论并探索新产品商业化流程中错综复杂的问题。这种标准的新产品开发流程包含了绝大多数新产品计划和项目所需的基本要素。但是，必须注意，在这种标准的新产品开发流程中，不是所有要素都适用于一切情况。从业者需要因地制宜，确定核心需求，根据他们的商业状况，对新产品开发流程作出一定的调整。

本书的主要目的是使用流程管理方法为新产品开发提供一个系统框架。书中列出的很多流程图、模板和推荐技术，为从业者在新产品开发流程中提供指导。对于使用者而言，他们面临的挑战是要根据具体情况，对这种标准化的方法作出一定的修改和调整。每一章都提供了一些实际案例，列在方框里。

创造一种新产品是一个费神费力的过程，但它同时又是激动人心的、值得的；它需要热情、创造力和奉献精神。产品创新需要多方面的努力，要求组织中每一个职能部门、每位成员的通力合作。它需要调动很多内部和外部的参与者，包括潜在的顾客、供货商以及对此感兴趣的利益相关者。

总地说来，成功的新产品开发方案包括五个核心要素：**计划、方案、流程、人和产品**。计划确定**方向**，方案提供**工具**，流程是**路径**，人是**手段**，而新产品则是**目的**。新产品开发提供了一种机制，使得我们完成了从现在到未来、从想法到现实、从挑战到回报的一系列转变。

商业大片的创作是新产品开发流程的典型范例，它从梦想出发。一部电影的基础可能是一本书、一个概念，或者之前的一部电影。制片人负责组织核心成员，获取资源，并选择编剧、导演和演员。编剧改编剧情，为整体方向提供一个平台。导演计划、组织、开发并实施电影创作的过程。他也是制片人和其他成员之间的纽带。演员按照剧本饰演各自的角色，加入自己创造性的发挥使角色更加丰满。此外，还有无数编辑在准备最终的拷贝，临时演员使场景变得更真实，技师帮助进行后期制作，工作人员处理整个流程中的细节，内勤人员负责处理制作中的实际问题。

除了这些内部人员，还有一些外部成员。制片人通常主要与一家主要的制片厂联系电影的发行和销售事宜。制片厂负责管理向影院分销的体系，确保广告和宣传活动与电影发行同步进行。

演员不仅仅是把剧本上的文字转化为动作，他们还要在拍摄和剪辑的过程中对电影提出反馈和评价。这种间接参与使得演员可以对最终产品的改进有所贡献，从而对整个过程有更为深入的了解，而不仅仅只是局限在他们自己的角色上。它要求整个团队的成员通力合作，共同制作一部成功的电影。即便只是某一项工作未达到标准，都有可能对整个结果产生严重的影响。大卫·马麦特（David Mamet），是曾获普利策奖的剧作家，他说过：“最伟大的表演很少被人注意到。”❶ 成功不是以局部来衡量的，而是建立在整体的基础上。

和新产品开发一样，电影制作也是一项有风险的产业。即使奥斯卡奖得主史蒂文·斯皮尔伯格（Steven Spielberg）也认同这一说法。斯皮尔伯格在《大白鲨》大获成功之后，执导了《1941》，票房却一败涂地。电影同新产品一样，即使所有员工都严格按照剧本拍摄，有正确的方向、合理的资源，也有可能无法达到预期的结果。没人敢对未来的成功打保票。

驱使人们进行产品创新的动力不是失败带来的风险，而是对于**成功的渴望**。然而，即使采用最好的方法和实践，失败也是不可避免的。在清晰明确的计划和行之有效的新产品开发流程的基础上，出色的执行方法可以提高成功的概率。集成产品开发的重要前提与产品创新的主要途径是，使用一种条理分明的框架，将资源和参与者合理地进行调配，形成一种集成的力量。这一框架包括领导力、方向、组织、评价、管理和控制。

当今的技术和产品越来越复杂，因此需要用一种系统化的方法来处理。和马麦特所说的一样，在整个管理系统中，个人的工作表现远不如整体团队内部天衣无缝的协调合作重要。

本书阐释了跨职能团队如何实施新产品开发流程。新产品开发流程主要处理组织的内部职能同外部环境之间的关系，顾客及利益相关者通过合作，共同进行新产品方案的计划、开发、执行和评估等工作。

计划阶段包括以下步骤：制定共同的目标；确立目标、目的和工作对象；将新产品开发流程分解；获取资源并得到管理层的支持；项目的组织协调；制定战略。

开发阶段包括：分析需求；产生创意和概念；选择一种候选新产品来开发；设计产品；选择合适的手段生产产品；进行营销活动帮助发布产品。

实施阶段包括以下步骤：获得管理层批准；筹集资金；确保计划正确实施；管理不确定因素、风险和收益。

评估阶段包括：获取资源利用和组织成效方面的反馈；用目标和目的来衡量现阶段的表现；确定新产品开发方案按照既定轨道进行；进行必要修正。

产品开发可以被描绘为一个彼此相连的决策过程，从机会、想法和概念一直到系统商

---

❶ D. Mamet, *True and False: Hetesy and Common Sense for the Actor* (New York: Pantheon Books, 1997, p. 79).

业化。在通往商业化的路上，所有成员都可以通过分析和洞察力获得信心。

一个行之有效的新产品开发流程，使得管理人员能够实现组织中的资源和人员的战略合作，并激发创造力。战略合作为重要成员之间的合作提供了机制。借助独创性思维，个人和团队共同努力可以获得创造力，它是没有任何限制的，可以通过新产品开发流程带来新产品的解决方案和改进措施。这种系统化途径确保了信息的有效评价和使用，减少不确定因素和风险。随着知识的增加，不确定因素越来越少，成功概率逐步增加。风险同样不是我们的敌人，而是这一流程中重要的部分。基本的前提是要控制风险，而不是避免风险。更高水平的流程则需要表述清晰，能被所有成员理解。

产品创新要面向未来，创造一种更有利的战略地位。它要引领变化，而不是被动地应对变化。产品创新就是要在充满挑战的商业环境中，建立声望，创造可持续的产品，获得持久的竞争优势。

目　录

第二部分　建立基础：概念层面

第三部分　分析与决策的方法及技巧

第四部分　运营层面和结语

第一部分

产品创新和战略逻辑

创新是对技术、产品、流程和服务进行改变和改进，以此为顾客和商业组织中的其他成员作出积极的贡献。创新是针对当前情况和趋势的一种创造性的新解决方案，以满足顾客和利益相关者明确表达出来的以及潜在的需求。

创新管理指的是通过开发新技术、新产品和新流程来引领变革所需的手段、机制和方法。它包括商业模式和组织结构的变革。当今世界全球化进程迅速，科技进步日新月异，商业环境中的压力越来越大，如果要改进产品组合，改善和开发新产品，赢得顾客和利益相关者的满意，创新管理势在必行。

创新是绝大多数组织维持繁荣的关键环节。如果说现金流是企业的生命线的话，那么创新是让组织恢复生气的秘方，可以使它在这个对企业要求越来越严苛的世界里取得更大的成功。

产品创新的重点是要通过创造力和领导力提高整个组织的战略地位和产品配送的能力。产品创新包括以下一些主要方面：

1. 评审新产品、流程和服务方面的需求；❶
2. 为新产品确定合适的方向和适用性；
3. 为整个管理体系制定适当的战略以开发和商业化新产品；
4. 挑选新产品投资机会；
5. 增强组织能力，打造成功的新产品；
6. 打造新产品，实施新产品开发方案。

产品创新是一个动态的构件，需要管理及组织方面的领导力和技能；它也是一个有广泛影响的术语。为了现有的或新顾客的需要，组织要采取主动措施，逐步甚至显著改进现有的产品组合，用新产品替换现有产品，或开发全新的产品。

本书中，产品创新的重点是流程管理方法。这种方法不是借助技术创新来实现革命性变化，而是通过创造或改进产品实现渐进式变化。产品创新是掌控组织命运的一种手段，而不是对于市场和商业环境压力的反应。通过集成产品开发（IPD）来引领变革❷，这一点至关重要。集成产品开发通过制定新的解决方案，为组织提供了新能力，提高它在现有市场和新市场中的地位。它以一种有利的方式为组织带来了机遇，从而改善商业环境。

20 世纪见证了很多伟大的创新，如飞机、微处理器和互联网。在这些新产品和新技术的成功基础上，波音、英特尔、微软、通用电气、丰田、西门子、雀巢、宝洁以及其他很多公司都运用复杂的 NPD 流程来改进它们开发新产品的方法和能力。如今，重点已经由思考新产品的特点转变为在一个管理系统中处理开发流程，确保顾客和利益相关者的核心需

---

❶ 本书涵盖了产品和服务的开发。为使内容简单易读，文中的“产品”泛指产品和服务。

❷ 集成产品开发将所有内部要素（技术、市场、产品、财务和管理）和外部要素（市场、利益相关者、供货网络、相关产业和基础设施）包括在一个综合框架之内，这个框架的重点是要同时发展新产品开发流程的所有要素。集成产品开发将在第一部分详细论述。

求得到最大程度的满足，确保流程中的每一个环节都尽可能同步运行。

21 世纪刚刚开始。技术，产品和流程越来越复杂。顾客需要更高的质量和更多的价值；产品的生命周期越来越短；速度正在变成支配一切的标准。通过创新来引领变革，就是要用人们可以信任并能对商业世界产生积极影响的产品和技术来创造一个更加美好的世界。一般的解决方案包括更好的产品，更有效的流程，更加有能力和创造力的人。

集成产品开发是开发新产品的主流途径。它产生于 20 世纪 80 年代后期和 90 年代前期，起源于飞机和汽车制造业。

第一部分是产品创新的介绍和概述。这一部分描述并讨论了商业环境中引起变革的支配力量，以及驱使公司进行新产品开发的战略方向。文中对标准化的新产品开发流程进行了重点讨论。第一部分包括以下几个章节：

第一章　产品创新和新产品开发导论

第二章　产品创新的战略逻辑

第三章　新产品开发流程和组织因素

第一部分为本书讨论的主要命题奠定了基础。这一部分介绍了企业管理模式，这一模式是形成、分析和实施新产品开发战略的基础。本书运用以利益相关者为基础的方法，为人们提供了一种新产品开发的综合视角。

第一章

产品创新和新产品开发导论

引　　言

概述

产品创新是一种总体的管理框架，对产品、服务和流程进行渐进式改变和改进❶。它主要包括，针对顾客和市场，根据当前的情况和发展趋势❷，对新产品进行概念化、设计、开发、确认和商业化。产品创新包括为满足顾客和市场的需求和期望所需的创造性的反应和解决方案、商业环境中的驱动力，以及组织的战略需要。产品创新涵盖了一个完整的阶段，从改进现有产品，到开发全新的满足顾客和利益相关者需求的方案。从内部的观点看，产品创新依赖于组织的知识、经验、能力、资源和现行的技术；从外部的观点看，产品创新的重点是顾客和利益相关者的需要、要求和期望。顾客需要的是精良的产品和服务，这种产品和服务不仅要能带来非凡的价值、巨大的利益，还要质量优良、稳定可靠。满足这些要求是产品创新面临的令人激动的挑战。

---

❶ 本书中“产品”一词指产品或者服务。

❷ 产品创新关注结果（产品或者服务）、机制（新产品开发流程）、方式（组织内部人员、他们的能力以及可用的资源）。新产品是（对现有产品的）改变、改进、重新定位或者提供全新的产品或服务。新产品开发流程包括识别新产品创意和机遇、理解它们的含义、拟定新产品概念、设计和开发实际产品、评估产品潜力和适用性，并发布商业成果。

产品创新充满了挑战：商业环境错综复杂，顾客和市场的需求不断变化，竞争激烈，当前市场捉摸不定而未来市场又难以预料。然而，产品创新的复杂性在绝大多数组织中都被简化了，因为存在很多一般性的方法来定义和描述新产品开发的流程和方法；每个组织都有一个信息系统，为所需的分析和决策工作提供支持。产品创新需要来自多方面的努力协作，包括战略管理、工程、营销、财务、生产经营、供应网络、分销渠道和顾客，这样才能确保整个流程包括了成功所需的必要要素。多种多样的知识、技术、创造力和洞察力是成功的必要前提。

集成产品开发（Integrated Product Development，IPD）是最为广泛使用的一种产品创新方法，用来将外部商业环境——机遇、挑战与利害关系同组织的内部因素❶——自身能力和资源系统地连接起来，在改进的产品和服务的基础上，制定出创新的解决方案。集成产品开发使用跨职能团队对新产品进行合作开发，跨职能团队在战略上和战术上密切合作，每一位成员都参与到从起步到商业化的流程当中。集成产品开发这种新产品开发构件（流程）被众多领先公司用来管理它们的新产品开发方案❷。很多案例和实证数据都证明，集成产品开发是最行之有效的产品创新方法❸。

集成产品开发使用流程管理技术，将能力和要求结合到一系列紧密相连的活动中，以保证创造性、质量、缜密性和速度。成功的结果（新产品）都是通过有效的新产品开发流程得以实现的，这一流程运用以往新产品开发方案所得的知识以及参与者的技术和能力❹，促进了从起步到商业化的一系列活动的开展和成果的实现。

集成产品开发需要整个企业上下一心以取得成功。企业由所有内部成员、供应商、分销渠道、顾客、利益相关者、相关产业以及战略合作伙伴构成。前三章将详细讨论这些维度（dimensions）❺，因为它们是集成产品开发基本前提的核心部分。的确，在新产品开发

---

❶ 包括战略管理、工程、营销、财务、生产和运营。

❷ 集成产品开发是被广泛使用的术语，指开发新产品时使用跨职能团队和并行流程，而不是使用传统的顺序流程方法，也就是职能部门在其他部门同事参与进来之前就已经完成其任务的方法。管理顺序流程需要大量的时间和精力。尽管有许多变体，大多数集成产品开发模式有相似的构件。

❸ R. G. Cooper，Developing products on time，in time. *Research-Technology Management*，38：5，September-October（1995），40 ~ 50. 很难证明一种流程比另一种更有效，除非是在相同开发机遇的背景下。市场投放时间是有效性的良好指标。产品投入市场的时间越快，取得预计现金流的机会就越大。集成产品开发，以及并行流程，支持了及时投放市场的目标。

❹ 接下来几章（尤其是第三章）的讨论同新产品开发流程相关。新产品开发流程建立在集成产品开发的原则上。这些术语是相互关联的。

❺ 术语“维度”用来表示大多数商业组织内的主要内部领域和商业环境中的关键外部实体。本书中使用的构件强调了4个基本内部职能领域的参与性，即技术、营销、生产和财务。使用第二章讨论的企业管理模式的构件时，外部维度是指市场、供应网络、竞争、相关产业、利益相关者和基础设施。

流程的计划和实施阶段，所有成员的战略合作是集成产品开发的关键所在。正是同时计划、开发、实施新产品开发方案和流程及其要素定义和标志了集成产品开发。此外，组织对活动、成果，以及成功的前景进行不间断的评估，这为决定是继续执行、调整还是结束新产品开发方案或新产品机会提供了必要条件，这也是集成产品开发最重要的特点。管理层和所有成员一旦使用集成产品开发的规则和方法，就会对成功很有信心。有效的新产品开发流程也会给决策者以信心，因为他们正在利用最好的机遇，制定合理的解决方案。

集成产品开发的主要目的是为产品和流程设计成本效益最高的方案，以满足或超过顾客和利益相关者的需求和期望，并提供额外的价值。组织方面的目的是要最大化成员和管理系统的绩效，并最小化新产品对于外部商业环境的负面影响。集成产品开发作为一个结构化框架，让管理层和所有成员对所有要素之间的相互关系有清晰的理解，这些要素包括：产品开发要素及其对产品制造流程的影响、供应网络方面的实际状况、外部的利益相关者、顾客和市场，以及竞争。集成产品开发的目的是要大幅度减少将产品成功投放市场所需的时间和资源。

产品创新的概念不仅包括改进现有产品的新产品开发项目，也包括研发项目的产品开发流程，这一流程基于新技术造出全新的产品。研发中的技术开发方面通常包括用于发现和创造基本技术的技术创新。涉及技术创新的理论和方法已经超出产品创新的范畴❶。创新管理流程与主流技术和市场的距离越远，它从产品创新变为技术创新、从渐进性变为根本性的可能性就越大。是产品创新还是技术创新？这一战略选择流程十分复杂，我们将在第七章进行讨论。

本章的主要前提和本书介绍

在本书中，本章和此后章节的前提都同建立在流程管理理论、方法和实践基础上的集成产品开发及新产品开发流程有关。它们分析了在21世纪这个对企业要求苛刻的世界，系统地开发新产品所需的战略、途径、方法和技术。

这些讨论也适用于高级从业者和研究生（以及高年级本科生）的学习，他们需要了解如何理解整个新产品开发流程并对其进行管理。书中的模式、方法、技术、流程和实践是针对那些准备在产品创新实践中应用它们的读者而写的。有些从业者在技术方面十分精通，但是对新产品开发流程及其意义和要求缺乏广泛了解，本书也能满足这部分从业者的需要。

本章探讨了产品创新、集成产品开发和新产品开发流程的基本定义和含义。它为商业模式和新产品开发的演化趋势提供背景概念（background concept），并为在当今复杂的

---

❶ 本书的焦点是在现有条件和发展趋势的背景下渐进性产品创新与设计开发新产品的流程。要详细了解根本性创新的相关内容请参阅：R. Leifer, C. McDermontt, E. C. O'Connor, L. Peters, M. Rice, and R. Veryzer, *Radical Innovation* (Boston, MA: Harvard Business School Press, 2000).

商业环境中理解变化的驱动力搭建了平台。此外，本章还谈到新产品开发流程的基本原则及新产品的基本类型。本章的主要目的是对产品开发的基本要素进行综述。

本章包括以下主题和主要学习目标：

——理解产品创新和新产品开发的意义和目的；

——探讨在企业环境下产品创新的主要压力和驱动力；

——把产品创新同产品管理及产品配送系统联系起来；

——识别并评价各种新产品方案；

——描述集成产品开发的基本原则；

——分析新产品开发的基本要素；

——探讨新产品开发流程、方法、技术的基本原则。

产品创新和新产品开发

产品创新综述

产品创新的主要目的是通过开发及商业化新产品和服务，创造价值，获得竞争优势，取得长期的成功。产品创新的主要驱动力是顾客、市场、利益相关者以及商业环境中的其他因素。重点是要随着他们的发展，满足他们的需要和期望。

产品创新是战略管理系统的一个子集。战略管理提供方向、战略、目的以及主要的决策流程，决定应当如何进行选择，如何在组织内部创造一种发现机遇、应对挑战的氛围。产品创新给老问题带来新的解决方案；创造新的机会来利用现有的能力，资源和资产；通过系统地替换老产品确保可持续发展；为未来发展创造新的能力和资源。

商业环境包括社会、经济、政治、监管、生态、市场和技术等多方面的力量，它们都对组织产生影响，引起变化，提供机遇和挑战。社会和经济方面的力量对利益相关者和组织内其他成员的影响尤其明显。政治和监管立下硬性规定，驱使组织必须开发新产品，明确新产品开发流程中必须满足的要求，从而确保流程符合所有的法律要求。生态因素也十分关键，我们必须考虑它，才能满足自然界的基本要求，在未来维持可持续发展的地位。市场因素通常影响现有产品在市场中的生存能力。不断变化的市场环境和发展趋势需要新的产品供给，而现有产品无法满足这种供给。这种变化直接影响了现有产品的生命周期，为新产品创造了机会。技术因素则提供了新的途径和方法来处理顾客和利益相关者的需求，提供机制来创造那些顾客要求、期待或可能得到的产品。所有这些因素都为满足商业环境的需求，创造新的解决方案提供了机会，从而刺激产品创新和新产品开发流程的发生。每种因素都会在第一部分后面的章节详细讨论。

图 1. 1 对产品创新产生影响的主要因素中的各个要素以及彼此之间的关系进行了简单描述。

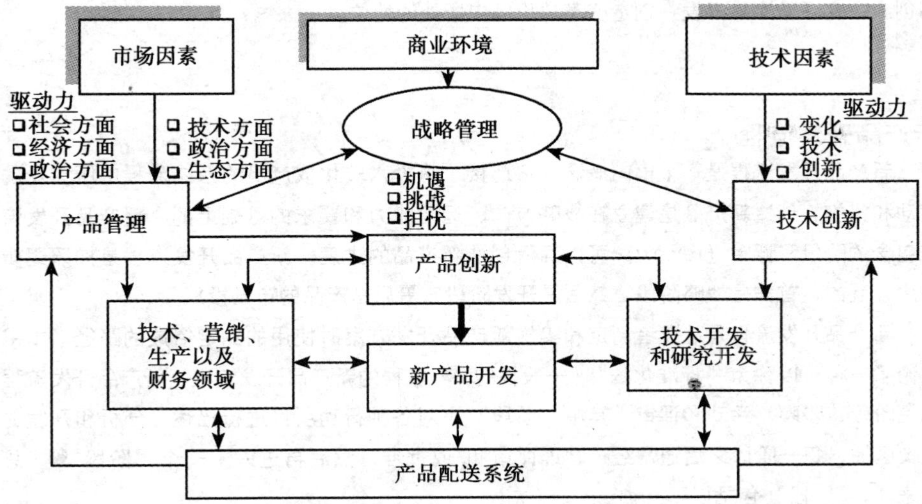

图 1.1 产品创新主要因素的简化模型

技术创新包括技术开发和研究开发（R&D）方面的活动。这些活动涉及创造新技术，在现有技术基础上开发新一代技术（技术平台）❶，改进现有技术以及新面世的产品和流程，发现新技术来改进现有产品，发现新机遇来利用组织的技术能力和资源。这些话题大多都和技术创新相关，已经不在本讨论的范畴之内。

产品管理涉及技术职能和营销职能，它们使用组织的产品配送系统将产品和服务传递给现有的顾客和市场。产品管理提供信息和数据，支持开发新产品的需求。根据组织结构，它可能在引导和管理产品创新与新产品开发流程中起到了直接作用。

在大多数组织中，现有的产品和服务组成了产品配送系统的基本单位和基本形式。产品配送系统由一系列资源和能力组成，即为了满足顾客的需求、促进资金流转而进行生产、销售和配送产品线以及配套服务的资源和能力。产品配送系统包括为顾客成功生产和配送产品所需的价值链上的所有环节❷。任何组织要想在当前的业务中取得成功，产品配送系

❶ 英特尔的微处理器技术是技术平台概念的范例。尤其是奔腾芯片是相关技术创生的例子。奔腾 4 是英特尔公司在 21 世纪初的微处理技术，它经历了十多年不断改进的过程。

❷ 价值链包括供应商的投入、生产或者服务运营、分销渠道、顾客使用产品。第二章将进一步定义和发展这一视角。

统都是至关重要的。正是给顾客配送的产品和服务为组织延续自己的生命提供了现金流。然而，大部分产品和服务在目标市场的生命周期和吸引力都是有限的。产品和服务必须要更新、激发活力或定期替换，以巩固市场地位，防止经营陈旧化。

产品创新不仅分析了对创新产品和流程的需求，还探讨了必要的新产品开发方案。产品创新决定了新产品开发在创造变革的机制中所处的地位。

新产品开发流程

新产品开发流程是一个横向概念，它连接了将投入转化成产出的系统流程中所涉及的活动和措施。创造新产品是建立在战略方向、运营能力和要求的基础上的，新产品开发流程包含的阶段和评审（review）可以确保创造新产品的进度。新产品开发流程是按照逻辑顺序开展的，首先是战略阶段，然后是开发阶段，最后是产品的市场投放。

新产品开发流程是从业者制定和实施新产品开发方案时使用的约定俗成的路径。本书讨论了一种可以称为“标准化的”（一般性的）❶ 流程的新产品开发流程。新产品开发流程包括阶段、步骤、活动和评审。其中“阶段”是对各种行动项目进行描述、分析和开发的主要区域，每一阶段之后通常经过管理评审和/或批准，然后再进入下一个“阶段”❷。总的来说，“阶段”包括以下几种：

新产品开发一般性流程中的阶段和评审：

阶段 0　战略逻辑和一致性

阶段 1　产生创意

阶段 2　开发和选择概念

阶段 3　定义方案

阶段 4　设计与开发

阶段 5　确认

阶段 6　预商业化和产品市场投放

阶段和评审为在管理系统中执行新产品开发方案提供了一种标准形式。它们使管理层可以对成果进行评审和评估，而不会干扰正常的活动进程和结果，也不会束缚从业者的创造力。评审较为灵活，可以是简单的讨论，也可以包括演示和辩论。它们取决于管理风格

---

❶ 因为新产品开发随着商业环境、产业和相关复杂性而变化，所以不可能有标准的方法。“标准化的”新产品开发流程是对大多数新产品开发流程中的基本要素以及其中关键要素的一般概括。

❷ 阶段和评审的构件更是为了与集成产品开发的理念同步。阶段的概念反映了一个阶段到另一个阶段不断进行的流动。流程是连续统一体，而不是一系列开始然后结束的阶段。同样，评审的概念也是为了和整体理念保持一致。评审说明一个重要阶段的完成需要评估，但是它并不意味着流程在那一点将会停下来、直到管理介入，并允许流程继续步骤。这个主题在第三章中将进一步讨论。

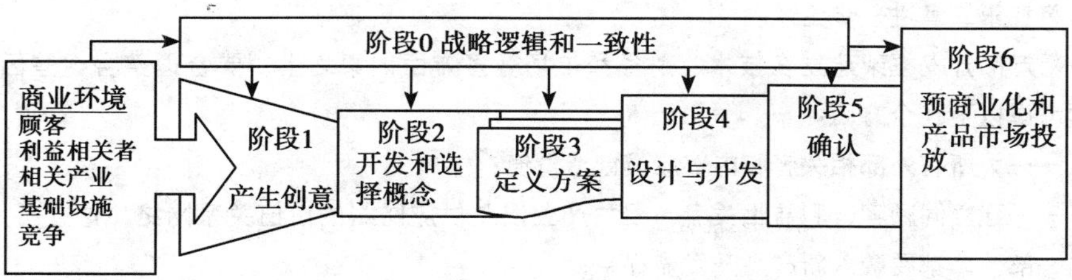

图 1.2　标准化的新产品开发流程

以及接受讨论和等待批准的要素的重要程度。

这些阶段使从业者可以灵活实施方案中的具体要求。阶段中的活动通常同时进行，这样就尽可能地缩小每项活动所耗费的时间和精力。本书的模式也是按照新产品开发流程安排的。图 1.2 描述了新产品开发流程的一般框架。首要目标是成功地开发新产品，满足商业环境的需要。

对于一个新产品开发方案来说，基本的方法是明确必要的阶段、步骤、活动和评审，并制定路径图（顺序方式以及平行方式），创造价值，尽量缩短时间，确保工作彻底完成。成功的关键是要同时进行尽可能多的活动。

新产品开发流程（通过阶段和评审）提供一种机制，把活动进程简化为较简单的、易于理解的步骤，使每个人都明确自己需要做什么。鉴于新产品开发方案之间存在联系，并都有相似的要求，新产品开发流程的实施也就为以下问题提供了答案：

——为什么要开发新产品?

——开发新产品需要些什么?

——新产品必须何时投放市场?

——谁对新产品开发方案和活动负责?

——需要达到怎么样的结果才能满足期望? 如何去衡量（这些结果)?

新产品开发流程提供了一种结构，确保开发活动与上下游的要求和参与的成员联系起来。必须做什么，何时必须完成是制定决策的基础。新产品开发流程依赖于组织能力和资源管理。人们完成任务，得到结果，他们需要能力和资源来获得这些结果。

产品创新框架

管理新产品开发的框架将本书的每个章节和内容连接成为一个有机的整体。新产品开发框架提供了一种统一的方法，指导人们得到最后的结果。它的基础是商业环境中的机会和挑战以及组织的优势和弱点。

高级管理人员确立组织的使命，承诺实施产品创新和新产品开发流程。新产品机遇受到复杂多变的外部世界的影响，包括社会、经济、市场、政治和技术等多方面因素。这些因素将在第二章进一步论述。

新产品开发框架建立在技术、财务和市场等多方面因素之上，要合理整合这些因素，必须考虑以下几个方面：

——为所有外部相关者和内部成员创造价值；

——建立同顾客、利益相关者、相关产业以及供应网络的价值关系网络，这些都是系统的一部分，都要融入新产品开发流程中；

——制定管理体系和流程，有效计划和实施新产品开发方案；

——组成跨职能团队，使其明白为了取得成功，管理创造力和复杂性需要相互交流；

——按照流程的要求，在组织各部门之间合理配置资源；

——融合各种变革管理机制，将信息和知识引入流程；

——管理不确定因素、复杂情况和风险；

——不断地对绩效进行评估；

——将新产品开发流程和新产品开发方案的成果同创造价值联系起来。

这些方面贯穿本书始末。

图 1.3 是本书内容的概述，阐述了各章与产品创新和新产品开发流程之间的关系。

产品创新的主要驱动因素

商业管理构件的深刻变化

近几十年来，商业环境发生了剧烈变化，产品和技术取得显著发展，管理理论和模式也随之演变。过去的简单框架已发展为更加详细的管理系统，重心也由现有产品配送系统的运行情况转变到未来的战略定位上面。毫无疑问，高级管理人员必须考虑到如何改造商业经营方式，以适应不断变化的商业环境，“不断变化”这一越来越广为使用的概念已渐渐为领先的商业管理人员所理解和接受，但人们还没有完全意识到它所隐含的意义和影响。如果不想遭到淘汰，创新势在必行。

传统的管理模式只是简单化、层级化的组织结构，由高层管理者确立战略方向，由职能管理者（通过命令链）制定战术决策。只要管理层有足够的时间获取信息，分析形势，做出适当决定，层级化模式就能合理地运行。20 世纪初期，世界发展相对缓慢，层级化组织模式可以充分发挥其作用，这主要是因为大多数企业都采用同样耗时的方法，信息交流缓慢，加重了分析和决策的负担。此外，变革的驱动力也并不强烈，一些变革的影响要若

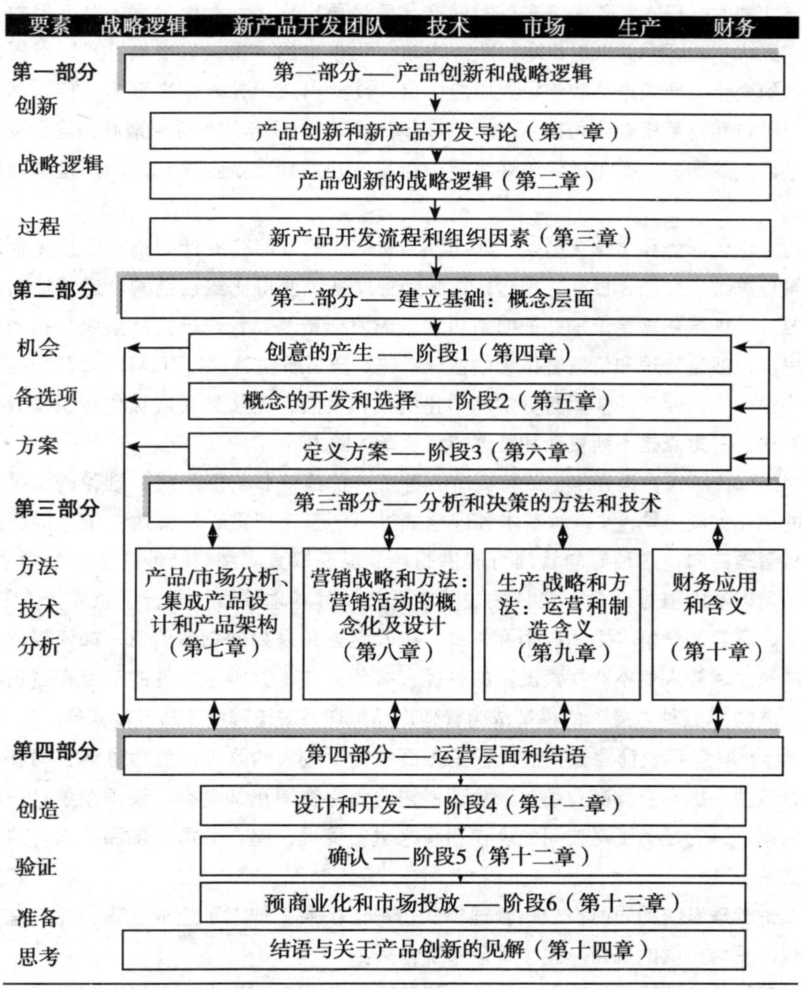

图 1.3　本书各章的总体框架

干年之后才逐渐显现出来，因此，对交互式系统的需求也不是很迫切。

然而到了 20 世纪 70 年代，商业环境急剧变化。1973 年和 1979 年的石油危机，伴随着高通货膨胀率、经济停滞和高利率，商业环境变得愈发动荡、不可预料。变化速度显著提高，这是因为世界各地的商业实体纷纷扩大自己的势力范围，在新的市场中寻找新机会，拓展它们的竞争优势。变革成为一种司空见惯的现象，它创造了机遇、带来挑战和忧虑（威胁）。

在这个不断变化的环境里，全球化的早期特征依然保留了下来。竞争急剧扩大，在地区市场上，有实力的制造商开始在遥远的地方寻找商机。美国汽车业就是这一现象的典型例证。与此同时，日本和欧洲汽车公司的产品质量更出众，利润大幅度上升，但故步自封的美国“三大”公司❶并未对日本、欧洲汽车公司带来的冲击做好准备。当时世界市场发生了剧烈的变化，要求产品和流程要质量优良、性能出众，并能带来更多价值。然而，通用汽车，福特和克莱斯勒公司在20世纪70年代晚期和80年代早期未能顺应这种变化，因此蒙受了巨大的损失。在全球经济环境下，衡量成功的标准是全球化，而不是本地的能力和实践。

面对全球化形势和全球化影响，20世纪70年代的战略商业计划模式已经完全改变了传统的管理思维。战略、目标、理念、原则和管理系统变得比组织结构、运营策略和活动更加重要。管理层还需要识别并把握新机遇，应对新威胁。管理模式从组织结构演变为包括战略思维、战略管理和价值链概念的管理系统。全面质量管理（TQM）以及相关概念变得十分关键，它们促使演变朝着更加扁平化的结构发展，逐步替代层级化组织模式中的纵向沟通方法。其重点是不断更新和管理持续变革的能力。

20世纪80年代，迈克尔·波特提出的著名“价值链和价值系统”理论的确是关于管理系统的革命性观点❷。波特对基本管理模式进行调整，把重心从关注决策中的组织联系转为流程管理方向，这种导向管理可提供的产品能获取更高绩效。他的模式包含了质量、顾客满意度以及价值等理念。波特关注了此系统及其基本要素，分析了供应商、制造商、价值网络、顾客和竞争者之间的相互关系，以及这些关系如何创造价值、如何提供与顾客之间的联系。尽管人们不断探索出新的途径和替代方法，这种主导性的观点在当前仍然十分普遍。波特“五种力量”的模型成为管理产品配送系统流程的主导性观点❸。

20世纪90年代，商业领袖们在很多方面进行了较大的改进，包括协调公司和商业战略、整合运营、提高整体商业绩效。管理系统也随之变得更加复杂。管理系统这一概念具有重要的意义，它是为了对公司的现在和将来进行管理，整合公司内部和外部各方面所有的基本要素。

在改进管理系统的同时，战略管理模式也得以扩展，加入了企业管理，尤其是全球性企业管理的更为广阔的视角。整个管理系统包括：

——战略性商业管理，其重点是开发和实施公司战略和应对变革的新方案；

——产品配送管理（运营系统或者运营管理系统），其重点是短期绩效和成果。

战略性商业管理和产品配送（运营系统）管理这两个人们所熟知的主题，在20世纪

❶ 三大公司是通用汽车公司、福特公司和克莱斯勒公司。

❷ M. Porter, *Competitive Advant-age*, *Creating and Sustaining Superior Performance* (New York: Free Press, 1985, pp. 33 ~ 47).

❸ 同上（p. 6）。波特的产业结构模式包括位于中心的产业竞争者、位于产业动态输入和输出方的购买者和供应者。各个参与者之间的关系取决于交易的权力结构。供应商可能因为资源稀缺珍贵而处于优势。相反地，购买者可能因为有许多同等质量和性能的生产者而占有优势。波特还包括了新进入者和替代者的潜在可能来反映变化的动态。

得到长足的发展。它们分别适用于长期和短期，现在都仍处在发展中。战略管理就是确定组织的战略定位，这一战略定位必须与影响企业的外部因素相协调。战略管理的重点是商业开发、创新管理、变革管理，为未来确立可持续的战略地位。

产品创新是引领变革的一种战略管理方法，这是本书的基本前提❶。此外，战略管理是关于领导力和引领变革的，而不只是开发产品、流程或技术！

商业管理概念演化趋势简述

工商业企业（公司）在过去的几个世纪里发生了翻天覆地的变化。起初，大部分商业实体都按照预先确定的流程生产某种单一产品。这种组织较为简单，很少求新求变。今天，管理系统越来越复杂，拥有多种层面和维度，需要不断地调整和变化。变革是大势所趋，管理变革也成为管理任何组织的当务之急。

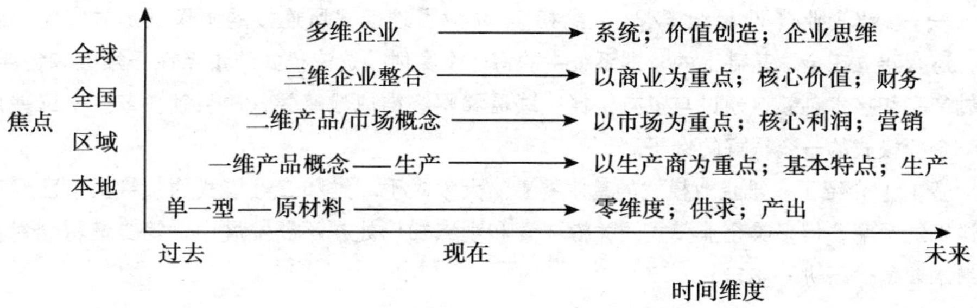

图 1.4 商业模式的层次

图 1.4 简述了过去多种商业模式的层次。尽管这些模式是从简单到复杂逐渐演化而来的❷，但这些模式中的每一种今天都依然存在。

——单一型（过去）。这种过去流行的模式适用于生产某种单一产品（通常是一种原材料）。它一般由对一种商品的供求所驱动。这种模式是一种使用基础技术、以流程为导向的经营方式，例如采矿业。

——一维产品概念（19 世纪）。一维（1D）产品概念模型关注生产商对于产品和生产的观点。它基于这样的假设：顾客会购买所有可以获得的产品。其标准产品是基于采用基础技术、甚至创新技术的生产技术生产出来的标准产品，柯尔特、温彻斯特、史密斯·韦

❶ 技术创新也是引领变革的关键。它是更复杂的建构，被用来发现和开发新技术和新机制以实现商业成功。技术创新通过大量修改根本技术或商业模式来产生商业机会。新技术引发新的商业模式，这一新的商业模式必须同全球商业环境协调一致。

❷ 这些构件是公司使用的各种特定模式的一般概括。尽管有很多变体，这个框架提供了对管理模式中这种转化的有用观察。

森时代的手枪以及步枪就是典型的例子。

——二维产品/市场概念（20 世纪中期）。二战后，美国的制造商能够满足顾客的需求，但并不一定可以满足他们的期望，这样，流行的管理模式就发生了变化。产品/市场概念作为一个二维模型（2D），它关注顾客的需要并了解他们期望获得的利益。市场占有率领先的公司着手开发新技术和新产品，逐步赢得竞争优势，例如，20 世纪 60 年代的美国汽车制造业。

——三维商业整合（20 世纪 80 年代）。20 世纪 70 年代后期，日本及其他国家的产品和技术有了显著进步，受到这一形势的驱动，全球性公司意识到它们需要对其业务进行综合考虑，把供应商、经销商、顾客与产品配送系统联系在一起。对此，波特在他提出的价值系统中对这一观点进行了描述，并指出价值系统的重点是价值创造、组织能力和产品配送。如果想取得竞争优势，就要借助领先的技术，为顾客提供更胜一筹的绩效。佳能进入复印机市场，打败当时的领先者施乐公司，就是成功的范例。

——多维企业（20 世纪末/21 世纪初）。企业管理模式所连接的不仅仅是供应商和顾客，还有建立在全球基础上的管理系统中的每一个实体。这一模式的重点在于集成和创新，通过产品和技术创新，通过与多方伙伴、联盟和网络结成战略关系，引领变革。丰田就是这一企业模式的一个很好的例子。

表 1.1 介绍了多维企业模式的基本要素。大家对于二维和三维模式的关键要素已经有了详细的了解，但多维企业模式的关键要素和观点却仍处在不断发展中。第二章将会对这些基本要素进行进一步定义。

表 1.1　二维，三维及多维企业模式的主要特点

模　式	显著特征	外部观点	内部观点	主要的衡量标准
多维企业模式	全球观点	全球化	集成	价值创造
	领先效应	价值网络	创新	彻底满意
	管理变革	价值主张	领导力	创造力
	价值创造	界面	聚焦和适应	学习
		机遇	企业家精神	减小风险
三维综合模式	管理系统	产品/市场	知识	资金流转
	战略	属性	关系	质量
	愿景/使命	供应网络	技术	有效性
	目标	商业环境	能力	反应
			资源	成本
二维产品/市场概念模式	产品线	顾客满意度	工程	收益率
	产品配送	需求	营销	效率
	产品开发	应用	生产	生产力
	研发	负债	财务	成本
			资产	

企业包括整个组织（公司）以及它所有的外部关系与联系。它是高层次的战略管理系统，不仅包括公司、下属的所有战略业务单位、产品配送系统，还包括与供应网络、合作伙伴、联盟及其他价值网络之间的实际的和虚拟的关系。企业的组成要素包括：顾客、利益相关者、供货商、分销商、相关产业以及外部基础设施。多维企业的领导人必须了解变革的基础，确定这些变革会带来何种影响。对于商业环境及其现状和趋势的全面了解，能为管理变革、制定合适的战略提供深刻的见解，从而成为市场领先者。

创造价值是其中最重要的要素。从企业的角度看，顾客满意度很重要，但它只是创造可持续价值的一个方面而已。价值主张将会在第二章里进行描述和分析。

组织的能力存在于人，而不是其职能中。核心的内部观点和组织要素包括能力及资源的整合，面向未来的创新和人们的领导力。主要的战略方向是为组织确定重点，在充满机遇的世界中寻找它的一席之地。这里的机遇不仅包括本地和区域层面的，也包括全球层面的。此外，组织能力还表现在从企业的角度，从技术和产品创新的成果中创造机会。在21世纪这个动态的世界里，人们不仅要寻找机遇，还要去创造机遇。

最关键的几个标准包括价值创造、彻底的顾客满意、创造性、学习以及减小风险。对于任何活动、经营或战略而言，最合适的衡量标准就是它所创造的价值。企业的底线也是价值。如果把创造性的人用生产率来衡量，他们极有可能被认为是表现不佳。然而，如果从价值贡献的角度看，结果就大大不同。倘若只是短期经营，就不需要太过重视创造力以及其他有价值的成果。

组织的学习也是一种主要标准。这个组织能以多快的速度进行变革？它要花多长时间开发出一种新产品？与学习标准相联系的是组织率先开创未来的反应能力。它和组织的创造力有关，是组织未来的建筑师。

在快速发展的世界里，知识快速发展，很快就会传播到世界每个角落。前沿的方法、实践和途径经过一段时间就变得十分普通，并很快会过时❶。要想维持组织在竞争中的位置，组织的学习就是关键所在。快速的学习可以巩固知识基础，这也是成功的必要要素。如果说，21世纪最重要的是基于全球视角的高技术解决方案和可持续的绩效，那么人就是组织中最重要的资源。组织的学习不仅丰富了这些资源，还创造了他人无法匹敌的领先能力。

本章最后将会讨论如何减小风险，这个问题会贯穿新产品开发流程始终。没有减小风险的措施，大部分新产品开发方案都会存在很高的内在风险，存在很多不确定因素。

引领变革的逻辑

引领变革的逻辑蕴涵在全球经济环境错综复杂的关系中。导致变革的主要原因在于全

❶ 这种现象将在第七章的附录中详细讨论。卡诺原则提供了对领先效应的演化和它如何随着时间消散的深刻见解。

球化、时间压缩（time compression）和技术整合❶。

全球化是其中极为重要的一个因素。全球化是指世界经济正逐渐转变为一个无国界的经济结构，国家变得无关紧要，全球性公司彼此竞争，使用同质化的方法满足顾客对于标准化（全球化）产品的需求。空间和时间被压缩，地理位置已经不再是一个关键因素。例如，任何地方一件小小的事情都会对周围所有事物产生深远影响。2001 年 9 月 11 日恐怖分子袭击美国，摧毁了纽约的世界贸易中心，并对位于华盛顿特区的五角大楼造成一定的破坏。"9·11"在人类历史上可算作影响最深远的事件之一。从那时起，美国和它的盟友对阿富汗和伊拉克发动了战争，试图降低类似袭击事件的威胁。人们更缺乏安全感，他们的旅游计划和生活方式发生了深刻的变化。企业也加大安全投入，并对产品进行改良，适应当今世界的需要。全球化意味着直接或者间接地与任何人和任何地方联系在一起。

互联网就是重大全球性变化的鲜明实例。它借助一种低成本但无处不在的媒体，在全球范围内扩大了实体与个人之间的交流基础。它就是全球化的缩影！通过互联网，人们可以轻而易举地获取知识和信息，极大改变竞争局势。

随着全球性联系越来越广泛，公司在市场上占据的主导地位很难被长时间维持。尽管也有很多公司保住了自己的主导性战略地位，例如，微软的软件和英特尔的微处理器，但是 21 世纪更多的公司还是像摩托罗拉那样，其主导地位被诺基亚以及随后的其他竞争者取代。全球化也意味着一个组织可能是最大的，但不会是最棒的。此外，一旦新技术被采用，战略优势很快就会消失。通用汽车是最大的汽车制造商，但它的股票市值并不是最大的，在各个区隔市场市场的占有率也不是最高的❷。全球化最重要的含义就是市场和顾客期望值的不断分化。大众化的产品（T 型汽车、大众甲壳虫汽车、DC－3 型飞机）是罕见的现象，通常就算是尖端产品和技术，它们的生命周期也很短，英特尔的奔腾系列产品至少每两年就要更新换代。

大规模顾客定制化是一个相对新颖的概念，只有在考虑全球市场时才有用。每个顾客都想按照他或她自己的方式制造产品！在快餐业，麦当劳就一直秉承了大规模生产的理念："我们所做的一切都是为了您"，但是为了保住自己的市场份额，它还在找寻差异化的新路子。麦当劳公司正在探索新的途径，为顾客在适当的时间提供适当的产品！奔驰汽车公司已经把汽车制造供应流程的口号从"在适当的时间在适当的地点生产拥有适当质量的适当

---

❶ V. K. Narayanan，*Managing Technology and Innovation for Competitive Advantage*（Englewood Cliffs，NJ：Prentice Hall，2001，p. 43）. 尽管有很多关于和商业环境有关的最重要的推动力的讨论，很明显，全球化和时间压缩是最重要的因素。时间压缩之所以特别重要是因为较短的产品生命周期意味着新产品开发周期必须也要缩短。

❷ 通用汽车和丰田在 2001 年分别售出大约 800 万和 400 万辆汽车。通用汽车的股票市值比丰田少了一半以上。尽管这并不能代表公司绩效的整个情况，它也确实显示了一些外部实体是如何看待公司价值的。

产品”，改为“在规定时间内为每一位顾客量身打造自己的汽车”❶。

最特别的挑战来自时间压缩造成的影响。时间因素和全球化之间的联系是驱动创新的关键因素。由于交流和传播信息、知识、诀窍（know-how）的手段增多，组织拥有的知识产权很快就变成公众领域的一部分。优势地位迅速消失。朗讯科技等公司几年内都纷纷由顶峰跌入低谷，不得不想尽各种办法对自身进行彻底改造。

时间压缩是21世纪世界的核心力量。产品的生命周期逐渐缩短，开发新产品（改进，取代或全新的）的周期必须随之缩短。汽车公司已经大大缩短它们的新产品开发周期。克姆·克拉克（Kim Clark）透露，在20世纪80年代，日本汽车公司的平均开发时间是43个月；当时美国和欧洲公司是62个月❷。今天，一种新车型的平均开发周期已经缩短至24到36个月❸。

时间压缩带来的暗含问题是：什么引起时间压缩，缩短了周期时间？这样的后果是什么？这些问题十分有趣，答案并不重要！它是一个持续的流程，在很大程度上，这些问题就是讨论的基础。时间压缩这一概念加强了发明、创新和引领变革的重要性。组织必须要变得善于引领变革，因为变革是企业经营所固有的，不去引领变革，就会被变革湮没。时间压缩会一直持续下去，倘若你接受这一现实，经营实体就可以成功地管理变革，它们就能在变革中生存下来并繁荣昌盛，否则就会一蹶不振。

技术为改变系统、产品、流程提供了途径。技术整合是企业经营的核心部分。它意味着可能需要不同的技术来催生创新，也意味着技术必须融入系统中并成为它的一部分。

技术创新是系统的动态部分，不断改进，持续改变。有些人认为技术基础一直稳定不变，这种想法是危险的。实际上，英特尔对奔腾技术的投资就是新老产品相联系的技术平台概念的一个例证。奔腾战略已经成功使用10年之久，但在这期间也出现了一些新（不同的）技术。Sun公司正在研制“无时钟”微处理器。❹ 倘若另一种技术成为主流，英特尔

---

❶ www. dialogdesign. de. 引自2001年7月卡斯滕·休姆等人在德国斯图加特的戴姆勒－克莱斯勒工厂所作的陈述。奔驰公司在斯图加特工厂生产C级、E级和S级汽车。

❷ The US Automobile Industry in an Era of International Competition: Performancce and Prospects. In *The Working Papers of the MIT Commission on Industrial Productivity*, Vol. 1 (Cambridge, MA: MIT Press, 1989, pp. 28 ~31).

❸ 有很多方式可以衡量新产品开发流程的持续时间长度。很明显像通用汽车、福特和丰田这样的公司正致力于通过流程开发来进一步减少开发时间。这些公司已经将新产品投入市场需要的时间减少了好几个月。

❹ www. sun. com/smi/Press/sunflash/9511/sunfalsh. 951107. 19779. html. “Sun公司用新系统改变了游戏规则，会将用户引入一个新时代。”Sun公司在新闻发布会上声明：“这是自1989年以来我们发布的最重要的工作站……我们不是指那种仅仅增加系统处理器的速度就能得到的渐进性改进。相反地，我们彻底地重新设计构架来最优化所有系统功能，使得整体大于部分之和。”重点不在于异步微处理器技术可以赢得这场战斗，而是有其他选择可以考虑。

公司该如何应对？即使你不去创造新一代技术风潮，自然有别人去做！

各种技术彼此联系，没有相关技术的支持，任何技术都是无用的，整合就是建立在这一前提（事实）之上的。汽车业是整合的典型实例。詹姆斯·沃马克、丹尼尔·琼斯、丹尼尔·卢斯都把汽车称为“改变世界的机器”❶。从“汽车餐厅”到人口的流动，汽车作为20世纪前期的主要产品对社会各方面都产生了重要影响。然而，现代汽车不只是戴姆勒·奔驰、亨利·福特、阿尔弗莱德·斯隆等人创造的机械设备。它是一系列非常复杂技术的结合体，例如，利用计算机技术喷射燃料、全球定位系统导航。它融合了20世纪无数的经过综合、改良、改进，以及快速发展的技术。

尽管任何可能的变量都会产生深远的影响，然而变革的关键驱动力还是在于人、技术、商业环境，以及社会和商业组织如何处理机遇和挑战等方面。

集成产品开发

传统新产品开发方法简述

传统新产品开发方法相对缓慢，每项活动不是同时进行，而是按照一定顺序进行的。这种“顺序方法”使每个单位能独立地为整个流程作出贡献。上游活动都是在当时能获得的投入的基础上执行的，并不多加考虑下游活动。

典型的新产品开发方案包括一系列工作，从研究开发到工程设计、市场开发、生产、测试及商业化。这种方法的效率较高，因为它可以随时减少新产品开发流程中任何一个时间点上的资源投入。然而，这种方法缺少单位间的协作，上游活动中的信息数据传递给下游的工作人员之后，就不再直接参与下游活动，也不承担责任。“技术传递”这个概念包含将开发责任从一个职能部门传递到下一个职能部门，并为他们提供所有的信息和知识，因此十分重要。但如果交接时合作不顺畅，就会造成对当时形势的错误认识，引起设计和开发流程中某一成分的缺失。

尽管顺序方法的效率比较高，但它并不是一直很有效。由于每个职能部门都半自治地进行工作，缺乏对方案的整体认识，整个流程会很耗时，而且充满不确定因素。在新产品开发流程中，评价成功可能性的能力受到了限制，因为，整个工作流程被拆分为不同的阶

❶ J. Womack, D. Jones, and I. Roos. *The Machine that Changed the World* (New York: Harper Perennial, 1990).

段，只有到项目结束时，我们才能对项目进行整体的评价。在很多情况下，只有在大规模投资结束，绝大部分工作已经完成后，我们才能得到足够的信息对新产品开发方案的成功与否进行判断，但这个时候，新产品开发方案已快要结束，改变或终止方案都会对成本和时间产生较大影响，因此基本无法进行调整。此外，由于缺乏下游投入和有意义的评审，可能会出现很多错误。尽管设计工程师尽其所能，也还是有可能失败，因为他们缺少下游工作人员在生产或市场方面的协助。例如，产品设计通常包括技术说明和要求，但这些难以从生产方面获得。同样，对于下游工作人员来说，也有一些不利因素，因为他们不知道这样做的原因是什么。缺乏一定的协调，可能会放慢流程的速度，需要再花额外的气力改正错误和不协调之处。流程无法真正得到整合，耗费了很多时间和金钱，成功的可能性也减小了。

工作人员缺乏对流程的整体理解，也会引起很多错误。即使工作人员经验丰富、尽职尽责，缺乏整体性的流程也会导致团队的协作效率低下，交流不畅。这种方法强调的是特定的任务，而不是新产品开发方案的总体目标以及战略含义。

集成产品开发概述

顾客期望绩效不断改进，要求新产品开发方案更快、更好、更便宜、风险更低，因此集成产品开发的概念随之演化而来。生命周期的缩短意味着产品必须定期更新，更新的频率也要更高，这样才能具有竞争力。考虑到产品与服务的快速扩散和市场的细分，新产品必须根据每个市场细分的特定需要进行相应的改变。

波音777开发项目就是集成产品开发的早期革新对象。波音公司的前一个机型（波音767）使用的还是传统的顺序流程，当波音的管理者考虑到这种流程中的绩效及成本时，他们意识到由于设计阶段缺乏协作，在整个生命周期中，飞机的生产追加了较多的成本。波音777项目组的总经理菲尔·肯多特对这种设计方法颇有微词："每三个工程人员中就有一个是用来改正其他两个犯下的错误的。"❶ 波音777项目是一个公司如何从顺序方法，也就是波音公司所称的"扔过墙"法❷转向集成产品开发的例子。

集成产品开发关注投入市场的速度、更好的产品性能和可靠性、减少开发成本、更低的单位成本和更好的灵活性。速度是关键因素，因为顾客希望需求和问题得到快速解决。时间意味着金钱。另外，总是会有竞争者为现有产品和服务带来竞争压力。高层管理者和

---

❶ D. Dimancescu, *The Seamless Enterprise: Making Cross-Functional Management Work* (New York: Harper Business, 1992, p. 31). 作者详细介绍了波音公司管理层在开发波音777飞机过程中作出的许多决定。他的著作是对集成产品开发的影响和跨功能团队使用的出色总结。

❷ 波音公司对这种各部门各管一块、互不协作的传统开发方法有个形象的描述："设计师把图纸从墙上扔过去，丢给生产车间的工人"。译者注。

产品经理不得不作出关于新产品机遇可行性和可接受性的快速决策，评审预期要求和结果，为新产品开发项目制定有效的战略。

集成产品开发的中心是一个描述性、分析性、结构性的框架，来为管理者和实践者提供思路方法，实时整合所有的需求和资源。集成产品开发使得管理者可以作出精明的决定，因为上游和下游参与者都是在同时协作的基础上行动的。它将从业者使用的概念、方法、手段和技术整合成一种统一的方法。它使得参与者可以知道需要什么，如何整合要素，以及谁来扮演什么角色并承担什么责任。

集成产品开发的关键挑战是了解和明白现在和将来的顾客需求和要求，以及如何将机遇变为现实。集成产品开发的根本目标是在一个动态商业环境中获得优秀的产品/市场质量和绩效，并延长产品的寿命。

集成产品开发的基本要素

集成产品开发的基本理念是从开始到结束，所有参与者的活动同步进行，最大化价值和结果，并最小化时间、付出、投资、不确定性和风险。组织不断改进新产品开发流程来提高产品价值、质量和性能，并减少缺陷和麻烦。简单地说，新产品开发流程整合了基本要素：市场、技术、财务和管理。它们必须同时存在，如果缺少了其中一个因素，新产品机遇就会不完整甚至可能完全消失。图 1.5 描绘了新产品开发机遇的基本因素。

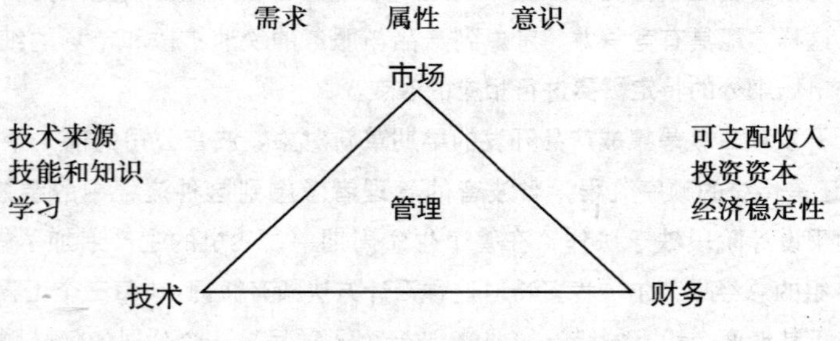

图 1.5　新产品开发机会的基本要素

铱星项目是说明集成产品开发方法必要性的一个好例子。这个风险项目获得了投资并成功地开发了由66 颗卫星（包括备用星在内）组成的系统。但是，他们使用了顺序开发的方法，在真正着手营销问题之前，首先处理技术方面的问题。当他们发起营销活动时，便意识到系统的市场规模不足以保证收回投资。他们失败了，损失了几十亿美元。参见第六章方框中的内容。

新产品最重要的基础要素是支撑性的技术、所采用的相关技术和所服务的细分市场。这种观点暗示了新产品是通过它的产品/市场定位和支撑性的技术结构来定义的。财务意义和管理方法也很关键。财务要素与内部和外部资金来源有关。组织必须能够并愿意投资于新产品开发。潜在的顾客必须意识到新产品的存在，有钱购买，并确信新产品值得他们花费时间和金钱。

失败的互联网新兴公司很好地说明了其结构在财务方面的不完整性。一开始投资者愿意资助公司及其活动。但是由于缺少愿意付钱的顾客使得机遇丧失，投资者也就迅速地撤回了他们的财务支持。

管理是集成的部分。它将要素和活动绑在一起。它提供了领导力和方向。管理层制定战略、实施行动计划、控制流程和评估结果。但是，它并不仅仅是管理，它还是领导。管理层激励和指导参与者，确保其走向成功。产品创新需要创造力和坚韧不拔的精神，排除万难去取得良好的成果。新产品开发流程将企业领导人与其团队紧密地凝聚在一起，共同促进开发流程实现其目标、获得预期的结果，从而取得市场成功。

集成产品开发的框架

传统方法确实可以帮助新产品成功，但是整个产品开发流程既漫长又艰巨。它缺少如下的一些环节：

1. 全面框架。它是管理新产品开发的战略管理系统内部的综合性框架，它为决策和决定新产品开发项目地位并衡量成功的可能性提供了清晰的途径。

2. 集成的观点。它考虑到了组织内部的关键参与者和商业环境中各种要素之间的相互关系。

3. 系统的流程。在时间的基础上取得成就、衡量结果的系统性流程。

一个集成的框架包括了新产品开发流程的基本要素，它从外部因素的角度将市场、产品、生产、营销和财务进行组合。框架为从业者提供了对新产品开发要素与战略管理系统和组织结构的复杂性之间相互关系的清晰理解。它包括对获得成功结果所需的关键内外部需求。它的焦点是尽最大可能同时开展所有重要活动。这个框架提供了政策、指导理念、原则、识别和执行要求的方式以及消除障碍的方法。

斯蒂芬·维尔赖特和克姆·克拉克在《革命性产品开发》一书中说明了开发战略框架的概念。他们的著作说明了集成产品开发的一些关键原则：[1]

我们对开发能力出众的公司的研究和经验表明，一个更全面的开发战略能为一个项目的成功开发提供更安全的基础。这个框架涉及了开发战略的4个主要目的：

1. 创造、定义和挑选一系列可以提供卓越产品和流程的开发项目（新产品开发项目）；
2. 集成和协调职能性任务、技术任务和随着时间推移在开发行为中涉及的组织单位；
3. 管理开发工作方向，使得它们集中在尽可能有效地实现商业目的上；
4. 创造和提高所需要的能力，从而使产品开发长期处于竞争优势。

---

[1] S. Wheelwright and K. Clark, *Revolutionizing Product Development*, *Quantum Leaps in Speed*, *Efficiency and Quality* (New York: Free Press, 1992, p. 34).

他们的模式涉及技术评估和预测，以及市场评估和预测的战略方面，它为技术和市场战略提供了基础。这个框架将战略、产品计划以及单个的新产品开发项目联系起来。维尔赖特和克拉克认为市场营销、制造和设计功能的集成会带来速度、质量、效率，以及问题的有效解决。他们辩称："识别机会的能力、积累必要的开发力量的能力，以及快速为市场带来新产品和流程的能力对于有效竞争十分关键。"[1]

新产品开发框架包括识别和描绘新产品开发流程中各个方面的特征，根据市场实际定位新产品机遇，在流程中置入灵活性，管理不断加速的新产品开发项目，确定管理层在组织中用来指导产品开发的机制，定义绩效评价的衡量尺度。框架提供了新产品开发项目关键因素的逻辑顺序，并建立了能够管理在任何情形下出现的复杂情况的系统性流程。

集成产品开发关注能否将组织能力和资源集成到一个有效的团队，从而管理和执行开发新产品的流程，获得更好的结果。集成产品开发也意味着改进新产品开发流程，并使得参与人员更加多样化以便为下一个机遇做好准备。管理系统必须有能力形成、分析和实施新产品开发项目，加强将来的新产品项目的产生流程，并确保组织和它的关键参与者获得维持这一活动的学识和知识。基本前提是创造新产品的需要是个连续的过程，因此，这个过程必须是系统和整体的。

集成产品开发的原则

集成产品开发依赖于要让所有参与者明白指导方针，使得他们理解其潜在的动力和理念。基本原则提供了指南和方向。集成产品开发的原则如下：

1. 要有个整体方法。新产品开发是个跨学科流程，需要所有参与者一起努力作出贡献，需要尽可能多的行动平行展开（它不仅仅是工程或营销的责任）。所有行动必须集成到有逻辑性的、系统的新产品开发流程之中。并行流程是整体开发的精髓。

2. 确保新产品开发流程的战略协调性。战略协调意味着，新产品开发流程必须是组织的全面商业战略的一部分，并将其连接到战略管理系统上。它要求管理层不断地参与，同时也要求组织及其支持性实体通过资源配置对它不断承诺。整个企业必须知道自己前进的方向，组织的每个部分必须朝同一个方向前进。组织必须有获得全体成员共识的目标和目的，它们是决策的基础。定义明确、沟通良好的目标层级为组织提供了必要的整体性，从而指导新产品开发项目。

3. 使用跨职能团队。跨职能团队提供了灵活的组织结构，这种结构可以用来管理新产品开发流程，控制资源、贡献和结果，在整个开发周期环内平衡不同视角。这种团队建构的方法提供了随着时间整合参与者和活动的机制。因为所有个体都是在协作一致的基础上

---

[1] S. Wheelwright and K. Clark, *Revolutionizing Product Development*, *Quantum Leaps in Speed*, *Efficiency and Quality* (New York: Free Press, 1992, p. 4 ~ 5).

同时参与的，作出考虑周全的决策需要的信息和知识对参与者本身来说都能获得，因为他们经历了整个流程。

4. 关注顾客和利益相关者满意度。顾客和利益相关者是开发新产品的重要参与者。他们的需要、希望、要求和预期是关键细节。理解顾客要求是一个根本挑战。顾客有明确和潜在的需要和希望。应该利用多种机制来获得和实现他们的愿望。

5. 又好又快地使用资源。由于新产品开发可以是一个有着众多选择的开放流程，资源应该集中在特定目标上，这样才能取得“裂变”。临界物质的裂变说明利用足够数量的资源才能在特定细分市场获得成功。既然资源总是有限的，组织必须将注意力集中在新产品开发项目的主要目标上，必须优先实现基本目标。

6. 理解和管理新产品开发项目的时机。成功常常更加取决于新产品开发项目的正确时机，而不是细节的精确调控。时机意味着通过选择合适的时间和地点将新产品推向市场来掌握主动权。

7. 通过简洁但全面的计划和指示进行准备和沟通。战略、政策、计划和目标应该尽可能的简单明了。组织必须明白这些东西的目的以及背后的逻辑。管理层不仅要做指示，而且要说明理由。一个行为的逻辑理由为行为本身提供了注解。失败的原因常常是交流上的问题，因此，要努力减少理解上的混乱不清。有效的交流是获得成功的原因之一。协调和合作是基本的内部机制。

8. 保持灵活性。市场或是商业环境的快速变化要求灵活的方法。保持灵活性提高了组织对变化的条件和趋势做出反应的能力。灵活性意味着投入需要的资源，但是，在实现目标的过程中要保证有能力来满足变化的要求❶。

9. 关注关键绩效领域。在今天的商业环境中，在单纯的财务指标之外，还有很多的关键驱动因素。产品性能、质量、价值、速度和迅速反应对成功是至关重要的。控制开发时间和投资规模也很重要。成功的组织能够在所有领域都取得出色的结果。

10. 不断衡量和改进绩效。绩效评估是根据目标来评价、分析、衡量和报告绩效的过程。有效的绩效评估系统为人们根据预期检测实际情况提供了手段。这个过程包括：根据有关顾客和利益相关者期望的测试结果来决定进展是否适当。绩效评估为人们理解是否需要改变提供了机制，这样，可以及时进行改变。

集成产品开发的原则是相互联系的，并提供了对组织各方面和新产品开发流程的深刻理解，而不仅是对产品的深刻理解。管理的高度复杂性对于应对错综复杂的全球商业环境而言很必要。

集成产品开发的首要目标是设计和形成新产品，改进新产品开发的流程，形成有创造力的、有能力的、有创新性的组织。当了解了流程和预期后，人们就会在新产品开发中获得成功。

❶ 这是彼得·德鲁克提倡了40年的概念。

集成产品开发和产品配送系统

概述

集成产品开发使得商业环境、战略管理系统以及产品配送系统的众多内外界面变得非常必要。这种界面是决策逻辑的重要连接，从而为实现未来的目标来展开当前活动。满足顾客和利益相关者的需要推动了产品配送系统。组织在实时、协调一致的基础上，配送现有产品并开发新产品。现有产品配送系统（以及与之相关的顾客、市场、利益相关者）和产品创新以及用新产品满足顾客和市场未来需要之间有着直接的联系。

组织的商业模式提供了战略协调能力，以连接现有产品及产品配送系统和未来的产品及产品配送系统。对大多数公司来说，只有一小部分的资源和人力用在产品和技术开发上。但是，这种资源必须精心配置，来确保现有的和潜在的顾客和市场之间的长期联系。

产品配送系统是固定在现阶段的，其大多数活动及其影响在几个月的时间内就完成了。应收账款的现金流动一般要很长时间。产品开发基本上是定位在不远的将来，常常在 1 ~5 年。所开发的大多数新产品都用来改进现有产品结构，改善产品的属性。

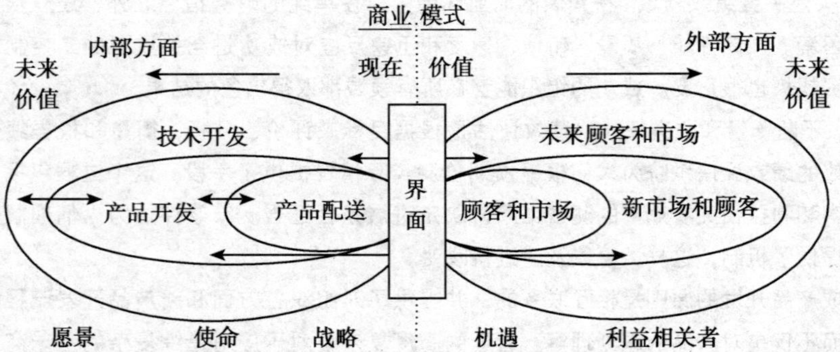

图 1. 6　产品配送和集成产品开发的简化视角

图 1. 6 表示了与商业环境相关的产品配送系统、产品开发以及技术开发。

产品创新关注产品配送系统的要求，以及服务的顾客和市场。它还寻求新顾客和市场来扩大组织的覆盖范围，确保组织的成功。

新产品类别

新产品开发流程要求运行顺畅，来确保关键维度和要素已经得到识别并被包括到流程当中。通常，产品和目标市场是直接联系的，并决定了机遇。用产品与市场机遇的视角看问题，而不是产品与市场分离的视角，为人们的形势判断提供了一个综合性观点。产品/市场融合的概念将技术角度、市场要求、营销计划、生产、财务意义的因素与产品形式、适用性和功能等有机地结合在一起。

一个新产品是从顾客和生产者维度来看的，关乎其优点、功能和特征等因素的一个综合。它包括有形的和无形的方面。有形方面是物理特征和优点，而无形方面包括心理维度。有形方面通常很容易被看到和理解，因为它们是明显的；而无形的方面更深奥难懂，它可能是产品带来的乐趣和享受，或者是它提供的声望。宝马车不仅仅是交通工具或机械器具，它还意味着速度、性能和移动性，其本质是乐趣。

简单说来，新产品开发的方式和种类可以用市场驱动、机遇、核心能力和技术 4 种因素组成的二维矩阵来说明。市场驱动因素代表了新产品开发诱因的大多数情况。

表 1. 2 提供了理解新产品开发主要种类的简单构件。文献表明核心能力和市场机遇推动了大部分的新产品开发项目。组织不得不开发同它们现有产品配送系统有关的新产品，因为它们必须替换过时的产品、修复有缺陷的产品或者不断改进现在还有效的产品。然而，随着世界的变化，企业不得不开发新的能力来利用新机遇、应对新的挑战。因此，要发现新的解决办法，创造更好的产品来与时代的变化同步前进。聚焦于技术的新产品试着通过更彻底的方案来满足顾客和利益相关者的需要，从而走在商业环境发展动态的前沿。

表 1. 2　新产品种类和范畴的简要示意

	聚焦市场	聚焦技术
聚焦核心能力	种类 1 ——渐进改良	种类 3——根本性改进
	减少成本	新一代产品
	为解决问题进行修改	增强的平台
	添加特征和功能性	新平台
	质量/性能改进	技术融合
	种类 2——渐进变化	种类 4——根本性变化
聚焦机遇	现有产品重新定位	全新产品
	现有市场的派生产品	改进的技术平台
	新市场的派生产品	根本性技术
	新产品线	破坏性技术

大部分新产品开发项目是以市场为焦点的，利用了现有的核心能力和资源。这类新产品开发是可以比较直截了当执行的，只需要较少的投资，使用现有资产关注现有顾客，一

般风险较小。

这类聚焦市场方式代表了通过变化和提高改进现有产品、通过为现有产品建立新市场，或者为现有市场或者新市场提供新产品来扩大商业潜力的动机。前一种方式很简单，而后一种要求更高的投资，因为在产品和市场方面、在更长的开发时间方面和更高风险方面有更多不确定因素。

聚焦技术的新产品开发项目很复杂，投入的时间和金钱都比较多，牵扯到很大程度的不确定性和风险，这种新产品开发项目从开始到产品投入市场都要求进行大量的细节分析。

"种类 1" 的新产品，是提高产品配送系统的能力来满足现有顾客的简单改进。由于产品的价格对于它在市场上的成功有重大影响，因此，降低成本以改进产品的项目是非常常见的。较低的成本意味着更有利的价格战略，或者更好的收益性，并为顾客创造了更多的价值。另一种流行的改进是关注解决产品中的问题，或者消除与现有产品相关的缺陷和麻烦。每年都有大量的产品被召回，这说明投入市场的产品常常具有需要我们注意的重大问题。如果缺陷很严重，系统性改进产品的新产品开发项目可能十分必要。为了避免顾客的不满意和产品缺陷，这种改进常常是绝对必要的。添加一个新的特性也是这种类型的新产品开发的常见理由。汽车里的咖啡杯支架是在顾客生活方式变化基础上进行简单改进的例子。因为从 Dunkin Donuts 或者星巴克买咖啡变得越来越流行，咖啡杯支架的必要性就变得很明显和紧迫了（至少在美国是这样）❶。

"种类 2" 的新产品包括，为新老顾客开发的派生产品以及现有产品针对新顾客的重新定位。派生产品与流行的技术相关，并常常只要求细微的修改。它们是同以前的产品/市场形势相联系的变体或延伸。

种类 1 和种类 2 都可以被看做是为现有或者新顾客改进产品价值和增加产品优点。一般说来，它们都聚焦于改进产品配送系统的方式，它们与持续改进的大框架相适应。

性价比是衡量顾客价值的关键尺度。通过将图 1.7 中的性价比曲线移到更低的价格点 "X"，更好的性能点 "Y"，或者移到两者的交叉点 "Z"，可以改进产品。顾客期待改进大多数产品的性价比。这在图 1.7 中描绘为结果 "Z"，一种混合的方法。

"种类 3" 的新产品利用改进技术来扩大产品的技术基础。新一代的项目涉及通过支撑技术的开发来提供新能力和技术应用。新产品从新一代技术中开发出来，或者从对现有技术平台的巨大改进中开发出来，这常常需要更多的投资、努力和时间以实现商业成功。它们是对现有技术基础的根本性改进。

更流行的、但不是那么复杂的进行根本性改进的方法涉及将两个或两个以上现有或全新的技术融合到新产品的配置中。新技术常常是现有技术的嫁接。早期的汽车是自行车部件、马车和简单内燃机的结合。这种现象仍在继续，今天的很多新产品也是一种混合体。

---

❶ 德国汽车制造商，比如说奥迪，不愿意通过增添功能的方式让汽车做其他的事情，以避免"损坏"汽车的纯粹性。这种观点引自 2003 年 6 月访问奥迪公司时同该公司首席设计师进行的讨论。

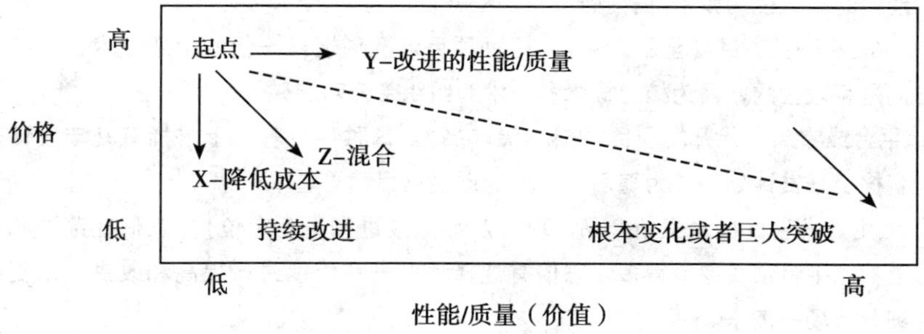

图 1.7　性价比

丰田的普锐斯汽车

普锐斯是丰田公司的混合动力车，是技术融合的一个例子。这一混合动力车将丰田低油耗的内燃引擎技术和电动马达结合在一起。这个新产品实现了高燃料转换率（超过 50m. p. g. ［21. 3km/l］）以及超低的排放率。根本性改进意味着使用更高级的技术或者技术组合创造出更好的产品。

对普锐斯的最终考验当然是它在市场上的生存能力。在这方面，日本市场带来了鼓舞人心的结果。在日本，普锐斯从 1998 年开始销售，需求十分强劲。当然，日本市场的情况同其他发达国家的市场不一样。普通燃料在日本更昂贵，合格的丰田汽车修理点不计其数，这些解除了顾客对新技术常有的潜在顾虑。

美国市场也很有希望，尤其是因为燃料价格的上涨。对一个新产品来说，只有少数人才拥有的事实会阻碍市场渗透，即便新产品确实优秀也是这样。一旦拥有了新产品的人达到了一定的比例，新产品就能被更广泛地接受。为了使广大顾客更快地接受新产品，丰田公司亏本销售普锐斯。它的售价大概为两万美元，据说丰田公司每卖出一辆就要损失几千美元。这是推出新面世产品所需要的投资。丰田计划大幅度增加产量，降低单位成本，增加利润。另外，较低的初始产量，使得丰田公司在没有冒很大产品责任风险的前提下获得了市场经验。在当前的销售水平，如果产品被召回，或者发现了涉及质保条款的主要缺陷时，公司只需要考虑目前市场上的这几千辆车即可，而不是几十万辆。

“种类 4”的新产品展示了技术的根本性变化和将产品配送到市场的方式。建立在新技术上的新面世产品提供了当前市场上现有产品所不可能提供的特性和优点。它们使用创新的技术、以根本性变化的方式来解决市场需求。种类 4 在图 1. 7 中被描绘为根本性变化或者价值的巨大突破。新的燃料电池汽车就属于这一类。它们有可能改变一切与汽车相关的事物。更高级的版本使用氢而不是汽油。它们是人们期望的零排放汽车。

根本性改进和根本性变化的构件，与克拉克以及维尔赖特的产品/流程开发项目的种类

相似。他们的模式使用以下几种新产品/流程开发的方法：❶

1. 突破性开发项目（全新产品）。这种项目涉及创造第一代的全新技术、产品或者工艺，它们是突破性的，因为核心概念和技术为组织带来新突破。

2. 平台或者新一代开发项目（新一代产品）。这种项目基本上是拥有几年设计寿命的平台或者核心开发计划，并为随后一系列的派生项目建立基本构架。

3. 派生开发项目（派生新产品、现有产品的改进和重新定位）。它们在范围和对资源的要求上，比平台项目要窄得多。它们有选择地对一些性能进行提高和改进，来更好地满足特定细分市场的需求。

Segway 人力输送车（HT）

许多新产品创新都源于市场需求。比如说，在汽车上增加咖啡杯支架主要是因为忙碌的生活方式和上下班路程很长。录像带租赁市场的膨胀是由于廉价的视频录像机（VCR）。有一些创新是由灾难引发的，比如说霍乱流行导致了集体公共健康的理念❷。

然后，在个人运输领域，产生了迪恩·卡门的被广泛宣传的根本性创新，Segway 人力输送车（HT）。Segway 人力输送车使用自我平衡技术，这个想法原本是卡门在看到一辆轮椅在马路牙子上摇晃后想到的。自我平衡技术将不能走路的人升高，使得他们可以在正常人眼睛的高度观察世界。卡门还相信自我平衡技术可以通过完全自由的活动性改进人们的生活。

使用动态稳定技术，卡门的 DEKA 研发公司开发了一种两轮单轴的交通工具，使得骑车者可以站直身体，仅仅通过变化重心来前后移动车辆。向前倾斜，人力输送车就向前走；向后倾斜，输送车就减速。如果骑车者继续向后倾斜，人力输送车就向后移动。倾斜得越厉害，速度就越快。通过扭动操纵柄可以操纵人力输送车，改变一个轮子相对另一个轮子的速度。基本上，人力输送车通过在需要时应用合适的复原力矩避免了翻倒。这种设计的另一高明之处在于减速时发动机像发电机一样运作，给电池充电。当驾车者想要保持静止时，发动机力矩就不断正反旋转。

---

❶ Wheelwright and Clark, *Revolutionizing Product Development*, pp. 49 ~ 50.

❷ 以下是有关引发重大技术创新的灾难的例子。

事件	创新
霍乱流行	集体公共健康和卫生条件改进
二战	钢铁技术方面的改进
	飞机、轮船和武器技术的改进
	喷气引擎技术
	核能
	紧急医疗保健的改进
艾滋病流行	蛋白酶抑制
	加强对病毒性质的研究

开发 Segway 人力输送车的工程师在三年的开发时间中不断被向前推动，以想出更为激进的概念。为了促进不同想法的产生，Segway 建立了一种宽容失败的企业文化。公司实际上对大多数引人注目的失败都给予了特殊的奖励。这种表扬失败和开放性交流的文化帮助克服了一个与新兴项目有关的重要挑战：如何执行创意。为了让人力输送车项目能按计划进行，团队在开会时都必须明确，会议关注的焦点是产生新的创意、发表创造性意见，还是做出决策和继续进行。

不管 Segway 人力输送车的销售情况如何，它的技术应该用来继续降低固态回转仪、无电刷发动机，以及其他有用的关键部件的成本，这些部件可以有其他的用途，比如新的轮椅技术等。人力输送车的行程大约是 11 英里（17.7 千米），最高速度是每小时 12.5 英里（20.1 千米/时，电子限速）。

来源

http：//www. segway. com.

Lewis，J. and K. A. Field，Balancing act. *Design News*，March 25（2002），52～56.

新产品类别为我们提供了快速评估实现新产品商品化需要的时间和工作。它们也为我们提供了一种风险－回报关系意识。渐进性新产品开发要求使用更少的时间和金钱来实现商业化，因为它们常常建立在组织熟悉的现有产品和市场形势的基础上。渐进改进方式一般很简单，可以在短期内完成生产并投入市场（1～2 年），风险一般很低。渐进变化方式的时间跨度居中（2～5 年），所需要的时间和精力要多一些，风险也更大一些，因为有关顾客偏好和市场预期的不确定因素更多。

根本性新产品开发类型通常要求在技术、市场、营销、设计、生产和财务等方面进行重大创新，因此它们常常需要更长的时间（5～10 年）。全新和新一代（新产品开发）方式倾向于需要充裕的时间、精力和金钱投入，因为它们涉及对于产品和市场形势更激进的观察方式，常常涉及基础设施的变化。因为需要更长的时间，它们的风险也更高，因此必须拥有相当高的回报。图 1.8 描绘了新产品类型的相对位置。

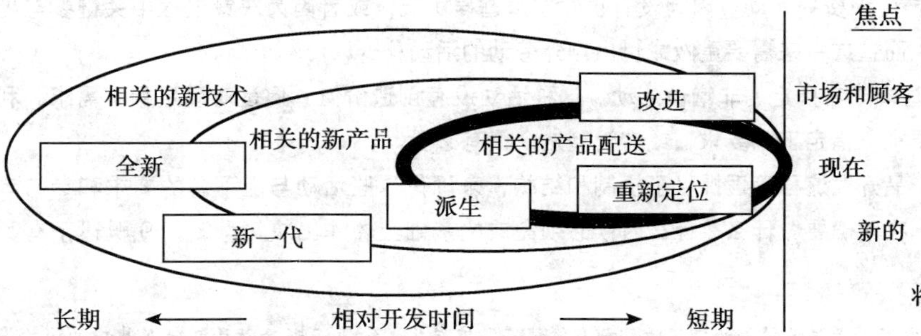

图 1.8　新产品类型图示

假如开发目标从那种渐进性改良的产品开发模式发展到全新创新的根本性突破模式，那么，新产品开发的项目跨度和时间跨度常常会急剧增加。一般来说，产品创新与采用本书描述的流程管理原则和方法的新产品开发有关。它直接同种类 1 和种类 2 的产品创新相关。它也可能适用于种类 3 的产品创新。但是机制变化越显著，管理方法就越会从流程管理构建转换到项目管理方法。最重要的是，如果新产品开发项目要求技术发生重大变化，那么技术创新就成为了主要的任务。在这种情况下，由维尔赖特和克拉克以及其他学者所描述的前提和方法对于涉及根本性变化的新产品开发项目会更加合适。

新产品开发流程的管理循环视角

流程管理

流程管理提供了一个将各种活动整合在一起以达成有意义的结果的机制。流程活动应该有一个“所有者”，他应该负责执行，为行动授权，并拥有操纵机制来确保活动被恰当地执行。流程所有者可能是参与者中的一员，或者是高级管理团队中的一员。权威可以是一个指导性的文件、协议、计划，一位项目主管，或者高级主管者。控制是流程管理的一个基本部分，它的目的是确保有效率的、有效的、协调一致的行为流，而不是用来扼杀创造性和成就。

流程活动可以分成以下三类：❶

1. 增值活动。从投入到产出的转化过程中，可以为顾客和利益相关者提供价值的活动；

2. 产生浪费的活动。因为没有正确按照过程执行，或者因为决策过程中关键参与者没有参加，而造成将来需要重做或付出额外劳动的活动；

3. 基本或者指定的非增值活动。这种活动没有创造价值，但是对满足顾客需求、利益相关者要求、指定工艺要求，或者管制法令很有必要。

新产品开发流程管理提供了机制和结构，来确保这些活动与上下游的要求和参与者都有联系。在明确要做什么、什么时候必须完成的基础上才作出决策。图 1.9 概述了有关新

❶ 增值、产生浪费和非增值活动都在价值流之中发生。价值流概念以及包含在其中的消除浪费行为的概念将在第九章进一步讨论。完全消除浪费使得价值流中的所有活动都能创造价值，这在精益管理中叫做“尽善尽美”。

产品开发流程的基本管理要素。

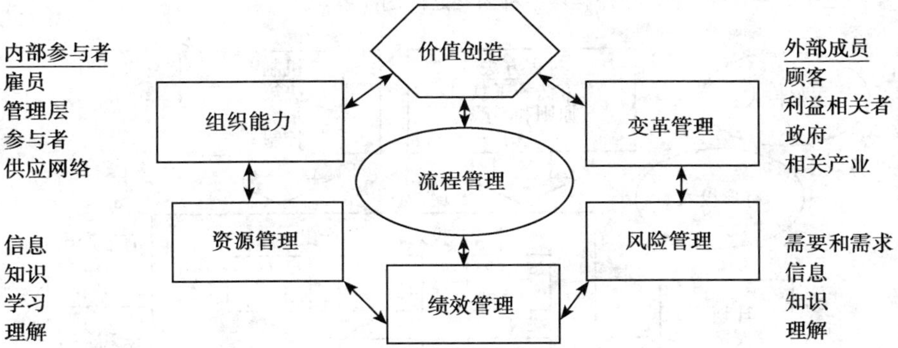

图 1.9　新产品开发流程的基本管理因素

新产品开发流程依靠组织能力和资源管理。人们执行任务取得结果，而得到结果则需要资源。流程管理关系到控制变化和降低风险，其主要焦点在于价值创造、组织能力和资源管理。下面的部分将讨论这些问题。

新产品开发流程包括寻找使流程不会出现过错的方式，使用流程表和评审单有助于避免犯错，确保涵盖所有的必要因素。

流程管理涉及执行总体战略与行动计划，以取得新产品目标。它是连接计划和实施的桥梁。它指导组织和人员如何使用原则、实践、方法和技巧，来建构和支配新产品开发。流程管理包括确定关键投入（计划、人员、资源和信息）、管理流程、执行投入/产出行动、取得结果和评估绩效。基本方法如上所述，通过增值流程将投入转化为有价值的产出。

流程管理包括有形与无形的投入和产出。资源和人员是直接投入，计划和信息是特定的对既定项目的无形投入。无形投入包括新产品开发的指导方针和原则，用于决定行动进程，在各种选项中作出选择的方法和技巧，以及项目的结构和草案。无形投入也包括组织内部的决策流程，以及确保恰当执行、平衡和协调结果的控制机制。

有形产出是流程得到的直接结果，它们包括：问题的解决方法和满足顾客以及利益相关者期望的结果。

无形产出包括执行流程中的反馈和汲取的教训和经验，它们被用来改进上游的活动，解决问题和困难，并采取更好的方法来执行项目。

流程管理方法包括改进现有和后续项目，最小化或者消除所有形式的浪费。低效率的活动不仅不能增加价值，还会造成经济浪费。错误的聚焦或者不完全的投入，往往是由于缺少信息和适当细节所造成的，这会导致潜在的市场问题。得到的教训和经验可以成为一种知识来源，从而根据环境因素和技术内容来改进流程。

从设计和开发角度看，最小化环境浪费提高了新产品在市场上的长期生存能力。它减少了未来发生困难的潜在可能。反馈和经验教训也使下游参与者可以从上游活动中获得的经验以及知识中获益。流程管理要求有一种确保实时进行决策的机制，并保证整个流程处于掌控之中。图 1. 10 展示了流程中各种因素之间的关系。

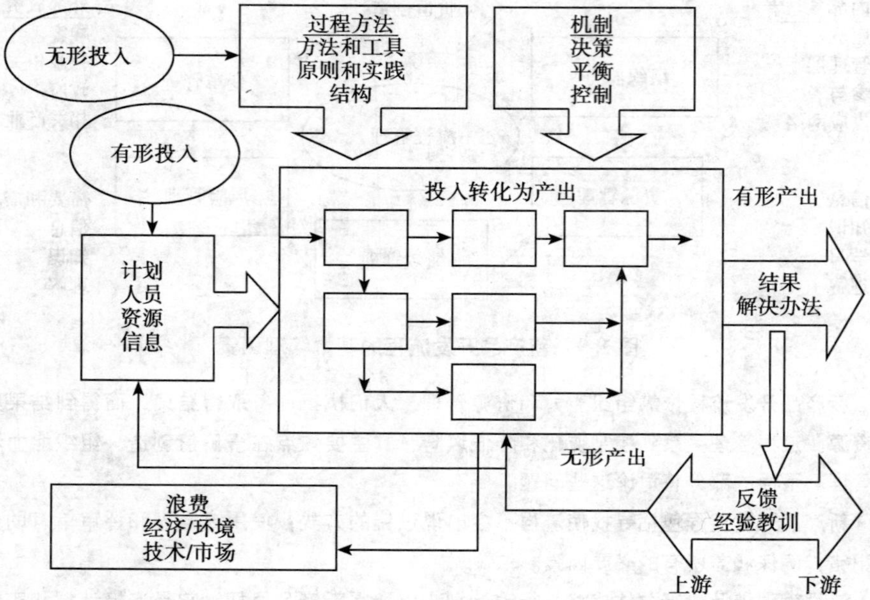

图 1. 10　流程管理模型

价值创造

开发新产品的基本目的是为组织、顾客和利益相关者以及其他所有相关者创造价值。现有和潜在的顾客寻求的是价值和积极的结果，满足顾客需要和提供特别的益处是价值创造和新产品开发的基础。了解对顾客来说什么是重要的十分关键。要产生价值，新产品开发流程必须提高积极方面、减少消极方面，必须增加产品优点，减少与任何产品相关的缺陷、负担以及成本。负担是任何对顾客或者利益相关者的价值产生负面影响的行为或活动。换句话说，负担增加成本、降低质量、减少灵活性，或者增加时间延滞，所有这些都降低了顾客满意度。第二章会详细讨论价值问题。

3M 公司及其灵活开发流程的发展

3M 公司在 6 种市场上组成 40 多个业务单元，有 160 亿美元收入，净收入是 14. 3 亿美元，研究和开发支出是 11 亿美元[①]。它在 60 多个国家共有 71 699 名雇工，美国与其他国家的员工各占一半。

明尼苏达矿业及制造公司（简称3M）成立于1902年。它是由5个想要开采金刚砂矿的商人创办的，尽管这个风险投资项目最后失败了，但是，随之而来的事业——制造砂纸——取得了巨大成功。3M在历史上利用其创新能力获得了许多成功经验，包括防水砂纸、遮蔽胶带、苏格兰牌玻璃纸带、便签贴纸，以及其他5万多种新产品。3M负责创造产品，而顾客则发现用途。

它的创新能力可归功于依靠顾客参与和员工贡献的企业文化和管理哲学。3M的管理风格提倡创造性和分权式的思维方式。威廉·麦克耐特于1949～1966年之间担任总裁，他鼓励将责任委派下去，并鼓励人们主动行动②。渗透于今日3M企业文化的著名的“15%法则”就归功于他，这一法则允许技术人员灵活使用15%的时间来做自己的项目。3M授权员工追求高质量和可持续增长的性能，便签贴纸就是在这个15%法则下开发的。研究人员阿特·弗莱利用另一名3M研究人员发明的黏合剂（这个产品因为不能持久粘贴而失败）来提供类似记录纸的“临时性”解决方法。

3M相信开发新产品的内在风险可以通过多元化得到减少。它并不期望每个新产品都会成功。公司总是处于创新和创造性的前沿，它的愿景是成为世界上最富创新性的公司。

比如说，1975年公司启用环境政策，建立了自愿的治污付费项目（3P）。该项目已经取得显著成功，正如接下来形容的那样，“在短短20年时间内，世界各地的员工自动发起的4600多个3P项目节省了8.1亿美元，并消除了160万磅（合725吨）本来要排到空气、水和土地中的释放物。”③公司领导了20世纪90年代防止污染的思潮，它从节约中获得了经济利益，通过减少废排放提高了环保地位，通过展示环保领域的领导地位提升了公司形象。当3P项目升级为3P＋时，员工已经自发积极投入行动之中以传承研究和创新的悠久传统。尽管自发行动需要管理层的支持，但是每一层面的员工都敏锐地意识到了防止污染是每个人的责任这个概念。

① http：//www.mmm.com/about3m/facts/3Mfacts.jhmtl.

② E. Gundling, *The 3M Way to Innovation*: *Balancing People and Profit* (Tokyo, London: Kodansha International, 2000, p.58).

③ 3M, *Environmental*, *Health and Safety Progress Report*, 1998～1999 (St Paul, ME: 3M, 1999, p.3).

组织能力

管理系统内的组织能力提供了制定和实施战略、控制投入产出，并通过开发和配备人员取得结果的方法。许多组织方法的一个基本问题是，个人对自己在新产品开发项目战略、目标和计划方面的作用和责任不是很清楚。因此，参与者不能根据已有的指导方针和原则来行动。

集成产品开发使用的主要组织结构是跨职能团队。跨职能整合是为了在频繁相互作用的产品创新环境下，能够进行合作而建立的组织结构。它是一种通过为执行项目组成跨学科团队来提高新产品开发参与者的能力和技能的方法，强调的是得到整体的结果和追求卓越的目标。

快速的产品开发要求所有参与者紧密协调合作。跨职能团队将上游决策和下游活动联系起来。对下游能力和局限的了解使得团队可以挑选适合项目要求和需要的解决办法。第三章将会进一步讨论组织方面的问题。

形成一个高绩效和协作的精神对于成功至关重要，团队成员建立开展工作的基础，设定优先权，确定设计和开发活动，评估选项和衡量结果。

资源管理

资源投入是取得新产品开发目标的关键一步。除非有承诺和能力来配置足够的资源以满足需求，否则就会浪费良好的战略和外包机遇。管理层必须确定和分配合适的资源，并确保有关键数量的资源。关键数量的概念意味着资源是集中的，并有足够的力量和能力来获取。新产品的资源配置应该集中在有明显机遇的产品/细分市场上，并必须及时果断地投入。在新产品开发流程中，有限资源配置得过于分散会冲淡努力和结果，使之变得支离破碎。

资源包括用于新产品开发过程中的人员、原材料、资金、工厂和设备等，它们既是投入也是产出，考虑到资源有限，组织必须集中力量在主要目标上，而不应该因为想要一次实现太多目标，或者完成太多新产品开发项目而冲淡结果。

变革管理

对于（开发新产品，其质量、性能和可靠度都得到提高，而单位成本、周期和开发投资都下降）速度的强调是最基本的，必须在最初引发决定抓住该新产品机遇的外部力量所规定的时间框架内设计和生产产品，新产品的开发速度越快，它与前期的分析、预测以及当前的商业环境就越吻合。

在现实世界中，组织内部和外部条件变化迅速。一般说来，新产品开发流程要求准确描绘从头到尾的完整活动进程。但是，在面对基本条件出现变化的形势，要有十分灵活的态度。变化常常被看做是负面的，人们常常对于变化有一种抗拒力。事实上，变化可能是积极的、正面的，它为追求卓越提供新的机遇。变革管理聚焦于如何在商业环境中赶上动态变化的步伐。

风险管理

风险是一切商业流程或活动的固有部分。与现有产品的生产和营销相关的风险常常是为人们熟知的，一般通过使用已有的控制机制来管理。必须根据形势来监控风险，仅仅保持现状也存在风险。产品过时的风险和进行首创（initiatives）的风险是不相上下的。风险根据形势不同而不同，但是它们始终存在。

一个新产品如果已向市场投放了数百万件，那么它在市场上的失败就会产生重大影响。对于这些问题的解决方法包括彻底召回产品或者在顾客那里修正缺陷。就算每个问题每件产品只需要花费一美元来纠正，但由于涉及成千上万件产品，这就变得相当昂贵了。

产品创新会有风险，需要风险管理办法。发现和开辟新路径总是有风险的，其挑战是要辨别风险，评估影响，确定潜在后果，减少负面影响。就算是最好的实践也一定存在一定程度的风险。也许一定程度的风险能带来些好处，它能淘汰那些意志不坚定者。风险和不确定是直接相关的。缺乏信息和知识增加了犯错误、丢失重要因素、做出错误判断和决定以及不能理解重要的现状和发展趋势的潜在可能。

风险可以用战略（商业上）、项目（财务上）、产品/市场、技术（产品）相关术语来定义。确定性和不确定性之间的鸿沟越大，总体的风险就越大。实际风险很难被确定和估计，它们取决于新产品开发项目和商业环境。本书始终会讨论风险，它是每个新产品开发阶段的主要因素。

新产品开发流程是一个投入和产出的过程。然而，就算有一个定义明确的方法，还是存在很多不确定因素。一般说来，不确定性程度随着时间的流逝会不断减少，但是始终变化的外部动态环境会带来意想不到的结果。不确定性和变化是导致新产品开发项目具有内在风险性的两个主要因素。风险就是经常存在的、对结果不能达到预期目标的担忧。

风险管理是在项目进程中减少风险，减少负面影响出现的可能性，减小负面情形严重程度的过程。风险管理涉及项目、新产品开发流程、新产品和组织方面。它包括识别风险因素、分析风险要素，以及降低相关风险的应急计划。风险管理包括与新产品相关的战略、项目、财务、市场和技术风险。风险可以根据它们对组织的影响层级来分类。表 1.3 确定了风险的主要领域和影响。

表 1.3 风险种类和重要影响

领域/种类	关键因素	影响	例子
战略方面			
项目失败	惨重失败破坏了组织的声誉	顾客和利益相关者对组织的信心受到严重威胁，外部信誉丧失	凡士通轮胎公司在运动型汽车轮胎方面的困境

续表 1.3

领域/种类	关键因素	影响	例子
战略空白	组织没能开发出新产品或者产品在市场上遭受失败	组织的战略目标可能会因为计划和结果的差距而受到威胁	苹果电脑遭遇了几次失败——Lisa 和 AppleⅢ❶
项目或者产品困难	项目可能会对组织形象或者其他产品产生负面影响	项目要么对组织的其他产品产生了负面影响，要么削弱了组织的未来能力。新产品带来的问题可能会在整个品牌内引起轩然大波	宝洁公司没有用自己的名字命名产品；每个品牌都是独立的
财务方面			
财务投资	财务投资包括开发成本加上产品上市中的损失。较高的投资影响了回报率	风险包括开发成本过高，降低了收入和利润，回报比预期要低。损失可能会对整体现金流造成影响	吉列锋速 3 项目的成本比预计多了三倍——影响了现金流和利润
经济限制（单位成本）	产品的单位成本或者为市场提供的价值不能达到预期目标	单位成本比顾客能接受的价格要高。顾客不愿意付这个价。产品和相关服务的成本过高	随着雷克萨斯的引进，宝马公司不得不降低成本
开销超支	新产品开发流程和产品上市过程中开销超支，增加了开发新产品所需的投资。开销过大对现金流产生影响	对于生命周期较长的产品来说，开发中的额外开支转化为更高的单位成本，减少了产品的吸引力，可能在竞争上带来劣势，增加了投资要求	网络公司意识到要在营销上花费大量资金时，已经为时已晚
市场方面			
性能差距	没有实现性能目标和产品/市场特性的协调。质量目标十分重要。缺陷减少了产品可靠度	产品不能满足目标要求。没有为潜在顾客提供足够的价值和好处。顾客和利益相关者不满意	铱星系统有一些重要缺陷，另外它太贵了
市场投放时机	市场投放速度是获得成功的根本。新产品开发流程中的拖延很难被克服	对于生命周期短的产品来说，延迟市场投放时间对现金流有重大影响。丢失的销售机遇可能再也找不回来。公司可能丧失领导地位	波音 777 在 5 年后才完成；市场份额下降
技术方面			
技术错误	设计方面的错误可能导致涉及产品责任事故的缺陷和问题。设计缺陷除非进行评审否则很难被发现	错误引起产品责任问题。错误需要时间和金钱来修正。错误在新产品开发的商业化过程中会不断花费更多的钱	波音 767 项目中三分之一的工程师是用来修正错误的
技术差距	技术或技术特征缺乏或者有限。可用的技术不够满足需要	产品的技术可行性可能局限于当前这一代产品。新产品机遇受到技术、特征或益处缺乏的限制	没有“安全气囊”的汽车很难销售

---

❶ 参阅：D. Yoffie and M. Kwak，Apple Computer：1999，*Harvard Business School Case*，Number 9－799－108，1999. 这个报告介绍了苹果电脑动荡的历史以及它的巨大成功与失败。

续表 1.3

领域/种类	关键因素	影响	例子
资源可得性	没有完成项目需要的资源。缺少资金、能力、人力、原材料或者设备	项目如果得不到额外的资源就不能完成。项目被推迟、取消或者需要找到合作伙伴。资源问题影响了其他流程	克莱斯勒的 Intrepid 依靠合作者帮助设计和资助这种“前卫”汽车
流程/产品安全	涉及与原材料、废物和工艺相关的技术要求。不能满足健康、安全和环境要求，造成负面影响	与原材料、废物和工艺相关的责任超过了组织能力范围或者组织不愿意冒这个风险。健康、安全和环境顾虑可能减少产品的生命周期或者导致重要的财务和管理问题	环境问题限制了很多产品的潜能——含铅汽油、石棉、油基涂料

有一些其他领域的风险也需要注意。管理层应该尽早识别出关键的风险因素，在开发流程中跟踪潜在风险。一般说来，风险管理计划减少了项目开展时不受欢迎的事件出现的可能性。

使用集成产品开发和新产品开发流程的好处在于，管理层有机会通过增加组织对新产品和开发流程的知识来减少不确定性和风险，从而减少不利事件出现的可能性。由于项目的关键要素得到了评估验收，最后阶段的评审一般能减少风险。

绩效管理

绩效管理是从头到尾对新产品开发流程和新产品开发项目结果进行的系统性评估。在新产品开发初期阶段设定的目标基础上，对组织取得的成绩进行评审。它被用来确定组织在实现目标和目的、管理同新产品开发相关的风险和结果时的表现情况。它关注产品和流程，用绩效标准和衡量准则确定成功的可能性。

绩效管理为高层管理人员提供了内部跟踪和评估绩效机制并保证不断改进。它涉及根据顾客和利益相关者的需要、需求和预期来衡量组织绩效。它的目的是减少流程中的变动因素，并作为一种整合机制，确保连贯性、平衡性、灵活性和可控性。

绩效管理需要动态性和灵活性来对变化的商业环境作出反应。它需要反映各种参与者的现实状况。以下是主要预期目标：

1. 指导新产品开发流程来确保成功，跟上环境和要求的变化步伐并推动决策；
2. 描绘跟顾客和利益相关者预期有关的开发蓝图；
3. 在相关领域，对竞争者、同行或者其他单位进行标杆管理。

绩效管理是按质量和数量评估组织成就的流程。有效的绩效管理流程使得管理层可以同参与者分享信息并迅速采取正确行动，绩效管理是为了给组织绩效设计一个恒定而权威的概览格式。

绩效管理也关系到预防、发现和修正那些可以影响整个新产品开发流程，或给项目及组织的成功带来不利影响的困难和问题。它强调的是通过建立合适的目标来改进绩效，用评审和批准流程来检验预期结果的完成情况。

渐进性创新 vs 根本性创新

随着新技术发展的突飞猛进以及全球商业环境的迅速变化，产品和技术的生命周期在20 世纪已经大大缩短了。这种压力增加了创新管理和创造新产品、新技术的紧迫感。尽管高层管理者一般认识到了创新的重要性，然而有一个与产品和技术相关的问题十分重要：哪种创新最合适？决定的难点在于挑选合适的标准和准则，理解技术方面和市场基础的联系，以平衡短期和长期的商业需要。这种平衡是建立在商业环境影响和组织及其资源的核心能力的基础上。

典型的选择过程是在渐进性创新和根本性创新之间分配投资和资源的组合方法。这种组合方法表明应该进行各种各样的投资，来实现平衡的或者多样化的组合。渐进性产品创新关注改进和改变现有产品以提高它们对现有市场和顾客的价值。它基本上是对顾客、利益相关者和竞争者所带来的短期压力的一种反应，或者是协调一致以努力跑在变化这个推动力的前面。渐进性改进基本上是针对产品配送系统的外部实体所提出的明显或暗含的需要。这种需要相对比较容易辨别，因为商业环境内部变化的各种力量是管理层熟悉的，也是每天都在起作用的。在大多数商业组织内，产品创新是定义明确的，并有一个植根在管理系统内的结构。

通常选择产品创新常常是因为它似乎很自然地与管理系统和现有条件的基本方面匹配在一起。只要主导技术和设计特征不发生重大变化，产品创新就可以提供好的解决办法。另外，商业环境必须比较稳定，使得现有的基本顾客继续产生需求，并能接受标准产品来满足他们的需要。还有，组织一般来说有明确的机制来管理产品创新。营销从业人员已经开发了复杂的方法来确定顾客的需要。技术人员了解流行技术和产品的优势和劣势，并了解改进的机会所在。财务管理人员能够很容易确定风险和回报之间的关系，并使用传统财务模式和理论计算出变化的收益（也就是建立在按现值计算的现金流基础上的收入净现值和内部回报率）。制造和运营人员能很快辨别组织是否有能力满足生产要求。

根本性（技术）创新代表了对基础技术和管理系统的更多革命性变化。它们往往对现有系统具有破坏性，使得新能力、新资产和新资源成为必要。根本性创新是一种更深远、更难理解、更难管理的现象，它往往是被那些可能在产品配送系统、甚至是公司通常范围之外的力量所推动的。

革命性变革不像渐进性变革那么常见，但是，它更具有挑战性，如果管理得当，它们将意味着更好的机遇。它们基本上在商业环境变得不稳定时，或者因为社会、政治、经济以及技术力量而导致商业环境动荡时出现。如果变革是由新技术推动的，那么其反应也是技术方面的。

在许多组织内，对商业环境中的根本性变革的通常反应是进行产品创新。然而，产品创新可能无法为确定如何应对根本性变革的风潮提供正确答案。在这种情况下，产品创新可能要让步于技术创新和全新产品的开发。技术创新关注开发或者改进基础技术和知识基础。它寻求对商业环境中根本困难的根本性解决办法。组织必须用非传统的方式满世界地找寻答案，向现有顾客询问他们对形势或者机遇的看法可能得不到任何确定的答案，他们对新技术不会有任何概念。技术创新要求理解基本的需要和短缺之处并向未来的顾客探寻答案。

在《第四代研究与开发：管理知识、技术和创新》一书中，威廉·米勒和朗顿·莫里斯认为，间断性（根本性）创新的领域出现在企业现有的基础设施和已有的对顾客和供应商的知识范围之外❶。技术创新管理是否属于研发部门的责任同必须在高级管理层面上进行管理技术创新的概念相比并没有那么重要。管理技术创新的人员必须对商业环境的实际情况有宽阔的视野，必须有不被现有产品和服务以及产品配送系统要求限制的洞察力和视角。

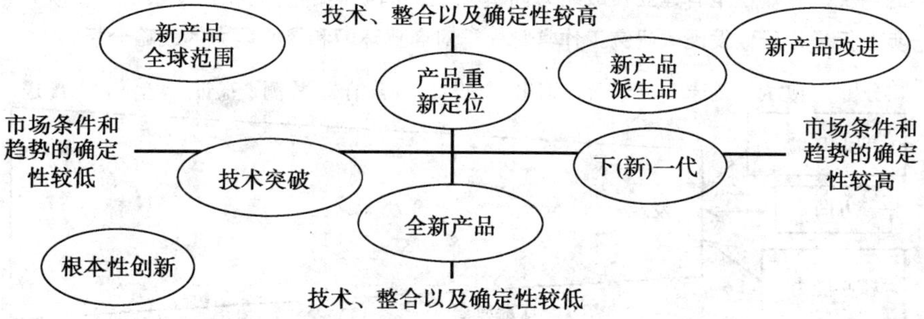

图 1.11　创新基本种类的关系矩阵

图 1.11 描绘了创新的基本种类和它们同市场环境、技术和不确定性的关系。其基本观点是，产品创新针对的是已知市场和技术；由于在市场和技术方面的未知性，技术创新更困难一些。第七章将介绍识别创新管理模式合适性的更多观点。

❶ W. L. Miller and L. Morris，*4th Generation R&D*：*Managing Knowledge*，*Technology*，*and Innovation* (New York：John Wiley，1999，pp. 5 ~ 8).

本章总结

产品创新从顺序方式演化到具有确定因素和确定期望的复杂全面系统。尽管选择确定的新产品开发流程在很大程度上取决于商业环境的性质，但是，一般而言，开发新产品有可识别的途径。其出发点是评估商业环境和组织的核心能力，评估的结果提供了有关创新和变革管理战略的真知灼见。产品创新的基础是对商业机遇和组织战略方向的分析。

图 1. 12 用集成产品开发原则描绘了新产品开发流程要素的一般（简化）版本。图 1. 12 展示的是简化的新产品开发流程，除了这个流程之外还有很多变体。第三章将讨论一个“标准”的版本和几个特定模型。出发点变化最大，比方说，就像科学家出人意料地得出新公式那样，在作出分析之前可能就会产生发现（想法和概念）。然而就算是这种出人意料的情况，一般还是有建立在战略方向基础之上的明确的研究和开发领域。发现是最初的一步，但是，导致发现的研究工作常常先于对商业环境和核心能力的战略分析。

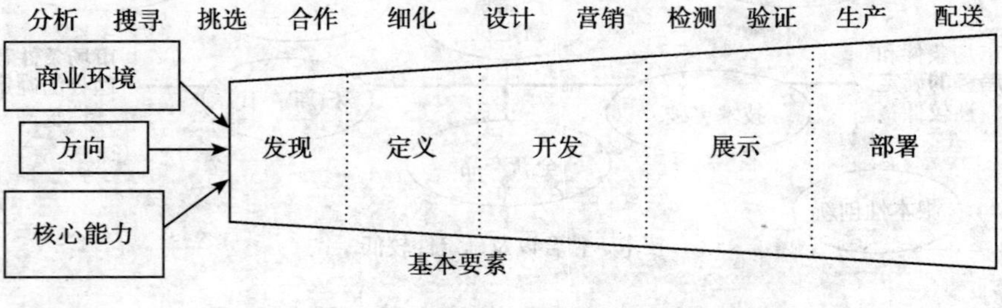

图 1. 12 新产品开发流程简化流程图

在多数情况下，组织的核心能力及其机遇是协调一致的。但是假如它们没有协调一致地整合在一起，那么组织的资源基础、能力、认识就必须在创新需要的基础上重新定位。现有资源和资产必须通过转换来满足新要求。

新产品开发流程将多种学科融入组织内部，并绘出完整的路径框架。针对渐进性创新，这个框架就是流程管理方法。

对于涉及面更为广泛和复杂的全新产品开发项目，组织可能运用项目管理方法或者流程管理和项目管理相结合的方法。当然，这种结合方法也能被用到不那么复杂的项目上，对此没有预定的规则。

外部力量常常能够推动新产品开发。一些关键驱动因素如下：

1. 顾客和利益相关者的需要和期望迅速发生变化；

2. 世界级公司带来的强烈竞争压力；

3. 快速而剧烈变化的商业环境；

4. 政府和其他利益相关组织制定的新规定；

5. 正在改变产业和竞争本质的技术创新动态；

6. 能力的增强，以及供应商、分销商和相关产业的贡献。

这些驱动力意味着组织的产品和流程必须达到能满足世界级标准的要求。

要满足苛刻的外部期望，有一些同新产品开发流程相关的、成功所必需的关键要素必须得到满足。它们包括卓越的产品性能、高超的质量、超群的顾客利益、超凡的价值、低单位成本、快速开发周期、商业化速度。

产品性能是基本要求，它是根据发现的顾客需求或者实际要求提供产品性能、功能、适用性和益处的能力。性能也是相对的，可以根据顾客支付的价格或者成本来衡量，它是价值的基本决定因素。

总体质量这一基本原则取决于产品提供的可感知价值。总体可感知的质量是顾客对体验到的质量的基本看法。提供超凡的价值是成功的关键，给顾客带来出众的利益意味着提供一整套物质和心理方面的益处。顾客不是单单购买产品，而是购买解决办法，采纳顾客的观点可以提高顾客满意度。

新产品开发是关注开发新产品和服务的系统性流程，运用已建立的框架来最大化成果并最小化取得最终结果所需要耗费的时间、资源和精力。它的架构使得高层管理者和项目参与者能够确保考虑到了流程的所有因素，并且用可接受的标准来验证设计和开发决策。

新产品开发的重要挑战之一是确保产品设计和市场视角通过实际数据和信息加以确认。在流程的每一步中，必须了解、明确现有和未来顾客以及利益相关者的需求，并以此为基础，作出有关产品性能和益处的关键决策。

新产品开发流程起始于组织的愿景、使命、任务、目标和战略视角，它包括新产品商业化必须作出的有关技术、市场、生产和财务的所有决定。新产品开发包括描述、分析和决策方面的内容，使参与者有清晰的路径可以遵循，它将所有基本因素集成到一个管理系统中。

合理运用定量和定性技术以及方法是有效的新产品开发流程的核心。工具、技术和方法使得管理层可以获得作出可靠决策所需的信息和数据，并对决策和结果加以验证。

成功取决于人及其能力和技能。建立一个以知识为基础的组织是取得出色结果的关键。

第二章

产品创新的战略逻辑

引言

组织的战略逻辑为产品创新提供了基本原理。新产品的战略和项目建立在外部和内部因素两个基础之上，外部因素包括商业环境、市场形势、顾客需求和竞争分析；而内部因素则由核心能力、核心技术、开发能力、组织技能和知识、战略要求等组成。商业环境、市场需求和核心能力是以市场为目标的新产品战略需要考虑的首要因素❶。

开发可持续新产品的基本理念就是，基于消费者和利益相关者明确的或潜在的需求来创造价值。新产品开发流程必须集中在寻找机会和创造令消费者满意、有助于增强长期能力、带来繁荣的新产品上。

产品创新是建立在组织及其战略背景之下的。企业是战略管理领导下的组织与其所有外部要素的整合和联盟。它为了解商业环境里的机遇和挑战、摸清组织在商业背景下的能力和资源提供了整体框架。

战略管理决定了组织的愿景、使命和方向。战略方向提供了总体的目标、战略和行动计划。战略逻辑的目标是整合管理系统及其流程，以及相关的活动，使得所有开发动议和开发项目能在组织内部有条不紊地进行。高级管理层的首要责任是设计、制定和保持一个易于理解、操作、控制和评估的综合管理系统。

❶ M. H. Meyer and J. M. Utterback. The Product Family and the Dynamics of Core Capability. *Sloan Management Review*, 34: 3, Spring (1993), 31 ~34. 这篇文章定义和阐释了核心能力的概念。本章将进一步详细讨论核心竞争力和核心能力。

产品创新是战略方向的子集，也是管理系统最重要的组成部分之一，尤其是与将来的可持续发展相关。为每个组成部分创造价值是关键性的主题，产品和服务提供利益来满足消费者和利益相关者的需要。成功的产品为商业环境提供价值，并保证企业的基业长青。

产品创新的首要目的是积极地追寻适合战略管理大背景的机遇，并在组织核心竞争力、能力、资源和战略方向的基础上，为组织的全面成功作出有价值的贡献。核心竞争力与核心能力是组织的力量，是竞争和繁荣的手段❶。核心能力是企业内部人员创造和执行项目、流程和行动的技能、知识和才能。

商业环境和企业的战略方向推动了产品创新，企业战略为新产品战略搭建了舞台。新产品战略同样是通过分析商业环境来确定的，建立在最重要的几个方面的基础上：消费者、利益相关者、供应网络、竞争、相关产业和基础设施。战略的选择由形势决定，因此，战略应该适合组织的环境和资源。最有效的新产品开发战略是那些适合组织及其方向、能力和知识的战略。

第二章包括下面几个主题和学习目标：

1. 理解企业管理模型如何促进新产品的开发；
2. 定义和描述战略管理系统及其与新产品开发的关系；
3. 探索价值主张及其与新产品的相关性；
4. 制定和表达新产品开发战略；
5. 把战略管理同新产品开发流程联系起来。

新产品开发的企业管理模式

企业管理模式概述

新产品的准确定位是在市场上获得成功的关键因素。在企业范围内对机遇和挑战进行审视对评估商业形势的整体动态而言十分必要。评估必须弄清潜在消费者和参与者的所有要求。

新产品开发的企业管理模式（简称EMM）为开发可持续性新产品和改进现有产品提供了综合性的管理框架。这个模式提供了对商业环境的多角度观察，强调了对分析、计划、

❶ C. K. Prahalad and G. Hamel. The Core Competence of the Corporation. *Harvard Business Review*, May-June (1990), 79 ~91.

定位、执行和评估新产品开发机遇和项目来说十分必要的关键因素。这个模式为描叙性地、分析性地、结构性地理解需求、机遇、挑战、要求、规范和新产品开发流程的进程创造了条件。企业管理模式被用来十分细致地描绘新产品机遇以确保管理层不会有任何疏忽。它通过系统地评估所有重要方面来试图使错误和疏忽最小化，这些重要方面包括社会、经济、环境、政治、技术、市场、消费者、竞争、供应网络、相关产业和基础设施。

由于包含多方面的因素，这种框架比传统方法要更复杂，但是作为一种综合方法，它包括了有效决策的基本方面。这个框架使实践者弄清楚了工作关系的流程要素和网络。

企业管理模式提供了一个全球视角，并强调了以下几个方面：

1. 市场机遇、消费者需求、产品特性、产品和流程规范、营销要求、技术问题；

2. 消费者、市场、利益相关者、供应网络、相关产业、基础设施和竞争者的相互影响；

3. 将集成产品开发思维方式作为制定与新产品机遇有关的合理商业决策的手段。

企业管理模式包括了迈克尔·波特价值系统的主要因素、其内在的价值链以及传统经济学家对产业结构的看法；它还包含利益相关者、相关产业和基础设施的含义。波特的价值链是对产品配送系统里基本关系的最流行的看法❶。企业管理模式和波特的模型探讨产品配送、产业结构和竞争因素。它们还包括将供应商、销售渠道和消费者作为系统的一部分进行全面分析。但是，企业管理模式超出了传统方法，包括了一些其他因素，这些因素对于分析很有必要，对于在更广泛视角的基础上进行正确决策也十分关键。企业管理模式通过探索利益相关者（外部成员）、相关产业的影响和外部基础设施所起的作用来得到关于机遇和挑战的更全面的看法。企业管理模式与运用战略伙伴关系以及其他外部关系建立可靠的联盟来开发新产品的现实相符合。

企业管理模式是一种空间视角上的多维排列，有一个能够包括随时间变化的商业环境动态性的时间维度。它是从新产品开发者的角度来看的，但是可以像第八章讨论的那样很容易被转化成消费者的角度。外部因素包括供应网络、消费者和市场、利益相关者、竞争者、相关产业和基础设施；内部因素包括技术、营销、产品和财务。每个因素代表了一个和管理系统相连接的重要界面。

因此，企业管理模式框架和主要维度在全书中被广泛应用，这些维度提供了分析和决策的基础。

由于涉及新产品开发项目和流程，企业管理模式为从业者提供了有关决策管理系统的全面见解。在第一章介绍过、并且将在第三章描述的“标准化”的新产品开发流程，使用

❶ M. Porter, *Competitive Advantage: Creating and Sustaining Superior Performance* (New York: Free Press, 1985, pp. 33 ~61). 波特的价值系统包括供应商、公司的价值链、销售渠道和购买者。他的一般价值链将内部物流、运营、外部物流、市场营销、服务描述为主要内部活动。企业管理模式的主要方面基本上同波特的模型构造相同。

了主要的外部维度以及内部因素来确定战略、识别合适的行动路线、执行必要的行动。

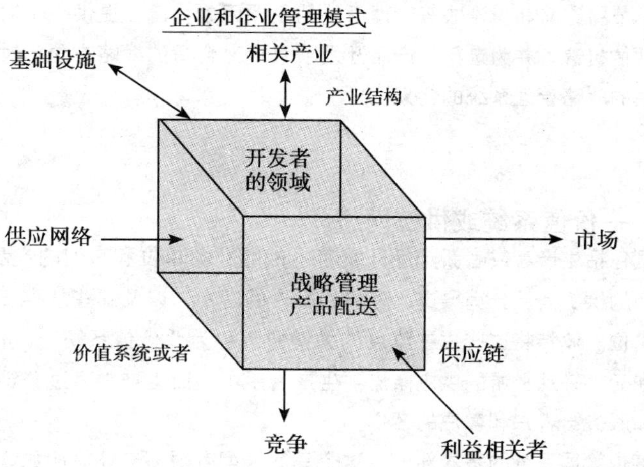

图 2.1　新产品开发的企业管理模式

图 2.1 描述了企业管理模式的主要维度。企业管理层面属于高层管理者的职责范畴，包括全球性战略层面的并购、资本形成和利用，以及其他财务和战略定位。首先要考虑的是，可以长期成功的合作关系、联盟和能带来长期成功的价值网络，以及在商业环境里创造机遇的战略定位。本书运用企业管理模式作为管理产品创新的主要框架，但一般说来，书中的战略管理系统涉及与新产品开发和渐近性创新有关的讨论和决策的层面。

战略管理系统包括公司所有的战略业务单位，在一个大公司，可能有很多这样的业务单位。战略管理系统基本上关注中期决策（差不多 5 年的时间范围，取决于技术和产品的生命周期）。战略管理系统审视商业环境的需要和愿望，确定最有利的商业战略来满足或者超额满足机遇和期望。它探索战略变化和成长的要求，衡量组织对机遇和挑战做出反应的能力和资源。战略管理系统常常由其技术和产品、其服务的市场和消费者来定义。

战略管理层面在产品配送系统（运营层面）与整个企业管理系统的全球观之间提供了连接和结盟。它是公司管理层和负责执行战略以及项目的管理人员之间的整合力量。战略管理负责连接管理系统和商业环境、创新思考、为未来创造创新的解决方法，以及为组织提供战略领导力。

产品配送系统是产品创新的核心运营层面。它致力于探索和利用现有的条件和发展趋势，满足组织的营销、生产、技术和财务上的要求。它常常是由产品和工艺创新的支持、更新和改进产品组合和产品性能组成。管理运营层面的历史模式聚焦于系统内配置的资源，致力于将资源转化为成果的组织要素。

企业管理模式将领导、管理者和从业者使用的概念、途径、方法和技巧聚焦为一个单一的方法。它是一个强有力的构件，提供了对与综合、创新和领导能力相关的潜在问题的全面理解，提供了对商业现实的整体见解，使决策者找到潜在问题的解决方案。

下面一小节将定义和讨论决策管理系统的主要因素，旨在提供一个对战略各方面的清晰认识，以评估机遇，并为选择新产品开发项目定出合适的战略方向。讨论的重点涉及与产品创新相关的战略管理系统的含义。

主要维度——价值系统或供应网络

主要维度包括生产者或者新产品开发者（战略业务单位和它们的产品配送系统）、供应商、供应商的供应商、分销渠道、客户和客户的客户，以及那些从事旧货交易和废物再生与处理的单位。波特将这些主要维度的关键要素称为“价值系统”。价值系统涉及原材料、零部件和元件等从上游的供应商流到生产者手中，而生产者通过分销渠道创造并配送合适的产品和服务给客户和客户的客户。

主要维度是管理系统的基本部分。这个基本模型有很多变体。比如说，戴尔电脑公司使用互联网和邮寄目录与顾客交流，将产品直接寄送到顾客手中，这样就省掉了分销渠道中使用中介的费用和其他相关开销。惠普公司主要通过分销商和零售商来销售商品。两家公司都以英特尔公司作为主要供应商，为它们基于英特尔奔腾微处理器的产品提供元件。供应网络是为管理系统及其受益者提供有价值的资源和能力的强有力关系网。

在《领导革命》一书中，加里·哈默（Gary Hamel）讨论了“革命时代”和“商业概念”。哈默的商业概念的目标类似于企业管理模式构件，主要的不同之处在于哈默的模式是从客户界面流向核心战略和战略性资源，最后才到价值网络❶。哈默的模式在识别维度和因素方面不是很清晰。另外，它没有传达出利益相关者及其需要和预期的重要性。

哈默的模式通过称为配置（configuration）的机制连接核心商业战略和组织的战略性资源❷。核心战略包括使命、产品/市场范围、差异化基础。这些是新产品开发情况下的主要因素，是战略逻辑和联盟阶段的一部分。产品/市场是新产品开发的焦点，为分析和决策提供背景。同样地，战略性资源、能力、资产、工艺为设计和开发新产品项目奠定了基础。

企业管理模式定义和连接了新产品开发项目的内部维度和外部维度之间的界面。主要的维度包括管理系统及其市场和供应网络，还包括废物的次生效应和产品废弃后的相关问题。

重要的内部维度包括政策、战略、选择的新产品开发项目、新的和现有的产品以及服

---

❶ G. Hamel, *Leading the Revolution* (Boston, MA: Harvard Business School Press, 2000, p. 94). 哈默的模式更适合商业环境而不是新产品开发流程。但是，他的构件提供了对分析和开发新产品所需的基本要素的许多真知灼见。哈默关注顾客界面，这也是企业管理模式使用的基本视角。他的价值网络包括供应者、合作者和联盟。价值网络可以是相关的产业、利益相关者和外部基础设施。

❷ 同上，第 78 页。

务、新产品开发和商业流程、流行的组织实践。它们都被知识和信息流从内部和外部联系在一起。图 2.2 显示了主要维度的基本要素。

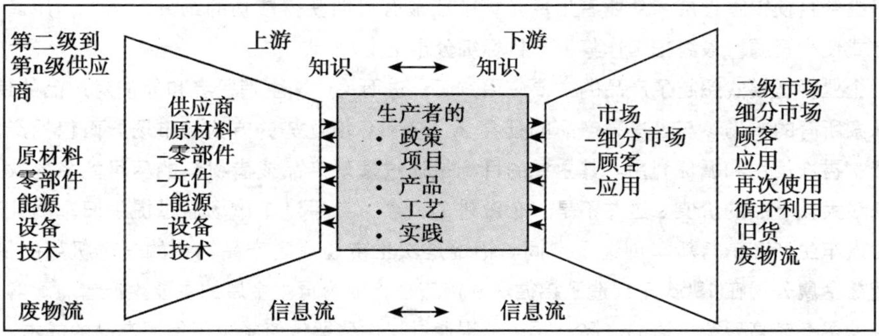

图 2.2 主要维度——供应网络和市场

供应网络包括从供应商到产品生产者的投入产出流，以及到客户的产品和服务流。投入产出包括原材料、零部件、元件、产品和信息，它们对提供有效满足市场和顾客需求的解决方案十分必要。随着上游和下游活动从生产者领域转移到外部，这个模式在不同系统之间的差别越来越大，供应网络不仅包括主要的供应商，还包括所有第二级、第三级直到第 n 级的供应商。

戴姆勒－克莱斯勒在德国斯图加特的生产中心——梅塞德斯生产基地，是一个完全整合的供应网络的极好例子。梅塞德斯的供应链连接了供应商以及他们的第七级的供应商，这使得梅塞德斯准确掌握了每一位客户的汽车装配信息。这个系统使顾客能够从成千上万种汽车中选出属于自己的独特款式。信息系统帮助营销人员提供给顾客确定的交货日期和确认订货细节。信息控制和每一级供应网络相配合使得整个供应链透明化，并提供了有关供应状态的实时信息❶。梅塞德斯可以给出准确的交货日期，还可以追踪配送状态来保证实现承诺。配送的信息和管理系统适合大规模客户定制化的理念，为每个顾客提供了拥有独一无二的汽车的机会。

从新产品开发的角度来看，价值链包括设计和开发新产品所需的政策、流程、实践、产品和项目。生产者对市场的看法包括选择的细分市场、目标客户及其应用，以及次生市场，该次生市场包括客户的客户及其应用、产品随着时间推移的再使用、循环利用的可能性、废弃产品等方面。在许多情况下，新产品的顾客通过分销渠道流动。终端客户是渠道实体的“客户”。比方说，宝洁公司将产品卖给零售卖场，零售卖场再将产品卖给顾客。宝洁通过沃尔玛、Kmart、Kroger、A&P 等零售商销售帮宝适纸尿裤。这些零售商可以利用宝洁大量的广告项目来招揽顾客。

---

❶ 引自 2001 年 7 月在奔驰公司的研讨会。

主要维度的整合需要同时协调公司行为和活动。这就包括明确参与者的作用和责任、收集有关机遇和挑战的信息、发展对现有环境和趋势的洞察力、弄清流程、随时管理变革。战略性整合使得管理层和从业者把目光集中在最有可能获得成功的细分市场上，用最有利的方式使用资源。最终把工作集中于目标细分市场上。

企业管理模式超越了产品的主要应用方面，进而关注次生消费者和他们对产品的使用。它探索所有的市场参与者提高产品的社会、经济和环境优势的方式。市场方面包括产品的维修、再次使用和循环利用。其主要的目标是通过发现产品或者材料的尽可能多的次生用途来最大化产品的价值。这并不是一个激进的概念，二手汽车市场通过提供旧车的处理渠道为汽车生产商销售新车创造了空间。铝罐是次生市场提高产品销售的一个极好的例子。雷诺兹金属公司在 1968 年创造了铝循环利用流程，成为再生金属的主要生产者。顾客们很乐意购买有较高残留价值的产品。再生流程通过提供残留价值减少了使用产品的成本。

对资源进行管理的客户有更多的资产投入到发掘商业新机遇中。那些能够帮助客户提高产品性能、支持产品使用的供应商将注定减少拥有产品的成本，提高可靠性和质量。

次要维度——外部结构

接下来，从生产者的角度来看，利益相关者和基础设施构成了值得重点考虑的次要外部结构。图 2. 3 展示了外部结构的主要元素。

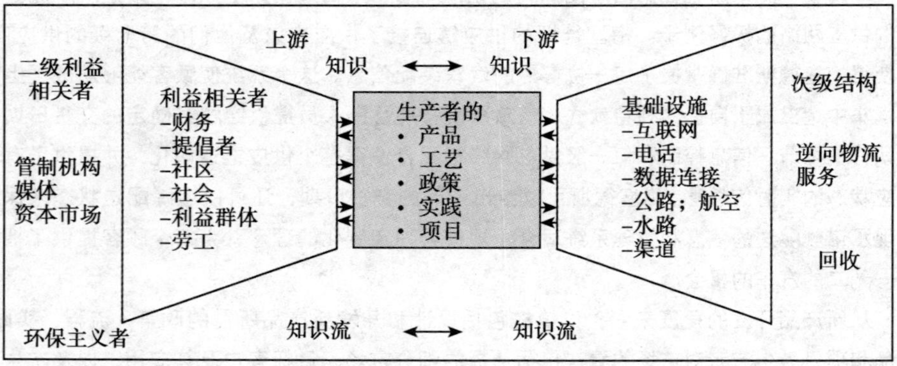

图 2. 3 次要维度——外部结构

利益相关者

利益相关者是在产品开发和生命周期中起重要作用的支持、挑战、对抗和/或控制性实体，它包括地方社区、一般顾客、利益群体、环保主义者、政府、管制机构、国际社会、资本市场和其他在商业环境中起重要作用的成员。

资本市场是公司的重要利益相关者。它们为公司债务结构和开发项目提供资金源。资本市场是重要的因素，但是本书将不会详细讨论如何获得资本和管理相关流程。

利益相关者通过支持和推动新产品开发和商品化、改进新产品的机遇来起积极作用。比如说，社会可能欢迎和认可减少和消除含有毒物质隐患的新产品。另一方面，一些相关群体可能会抵制有极大负面效果的新产品的商品化。公众压力可能会使开发这种新产品变得更困难、成本更高。比方说，某些环保组织抵制那些使用氯化溶剂或具有导致全球变暖副作用的新产品。政府机构可能会颁布运营生产设施需要得到环境许可证的新规定。他们可能会设定操作条件的限制、制定定期披露的规则、决定新产品证明和批准的协议。这些规定可能会对完成新产品开发流程所需的时间和投资产生很大的影响。

让顾客满意十分重要，但是让相关者满意也是相当重要的。以利益相关者为根本的理念保证了所有的外部因素都得到了适当的考虑和满足。只有顾客才重要是过于简单化的看法。英特尔在开发奔腾 4 芯片流程中和地方社区以及政府机构密切合作，这样做使得公司在几个月内就获得了必要的许可证。

政府颁给新产品的证书可能是开发流程中最耗时和最昂贵的一个方面。很明显，在美国食品和药品管理局（简称 FDA）的协议中关于临床试验的要求对新药物的开发产生了重要影响，常常需要 5 年以上的时间来进行大量的安全和功效测试。举这些例子并不是要说这些要求对于开发流程是一种负担，事实上，它们对于长期成功绝对重要。飞机、汽车和许多涉及安全问题的其他产品需要政府批准。当产品对于顾客利益有严重影响时，产品安全委员会将对产品安全进行管制并发布产品召回公告。

外部基础设施

外部基础设施包括互联网、电信设施、能源系统、航空、公路、水路、环境等。它包括能够为组织提供方法和机制的支持性结构，能够为组织获得资源、运输产品、与支持性实体进行沟通，以及以成本有效的方式应用产品。这些网络和资源为方便货物、信息、数据、废物、能源在供应和价值网络中的来回流动作出了重要贡献。基础设施能够支持产品通过这些渠道流向顾客，在每一个产品种类中，外部基础设施对维持产品的生存能力起到了重要的支持作用。

基础设施通过提供配送产品的方式，或者通过减少与生产或配送相关成本的方式，来使新产品成为可能。比方说，电子商务加速了信息和数据传递，并提供了新的交易手段。电子商务减少了建立系统的固定成本，以及与交易有关的各种成本。通过互联网建立的综合信息系统可以使从业者不论身在何处都可以完成有关活动。

基础设施还为消除生产以及使用产品过程中产生的废弃物提供手段。它通过解决产品报废和处置问题来支持产品，逆向物流为循环利用旧货和重新利用产品和原材料提供了手段。基础设施为生产者和顾客提供机会来提高相互沟通、运货和服务，以及解决问题的能力，因此，减少了成本，增加了速度和可靠性，全面提高了产品和系统的质量。

基础设施支持价值系统活动，提供连接关键成员的手段。一个闭环的基础设施可以促进所有要求的整合，从而尽可能快地往返运送产品。正像制造设施中的存货周转通过减少资产来提高绩效一样，基础设施的密度也提供了改进性能和减少新资源需求的手段。比方说，铝罐有被生产、灌装、使用、循环利用和在 90 天内重新制造的潜力。回收设施、公路、通信这类基础设施使循环周期缩短，不仅使铝金属能被再次使用，并大大减少了系统中铝的数量。

产业维度——产业结构

产业维度包括生产者及其竞争者，以及相关产业。这些维度从经济角度代表了产业结构。产业为顾客提供了其所需要的更多的产品和服务选择，来帮助他们做出购买决定，使用产品和处理与产品相关的问题。产业提供互补性的、辅助性的或可选的产品和服务，为顾客提供了满足需求和解决问题的种种方案，它还使顾客可以比较各种选择。图 2.4 展示了产业结构的关键因素。

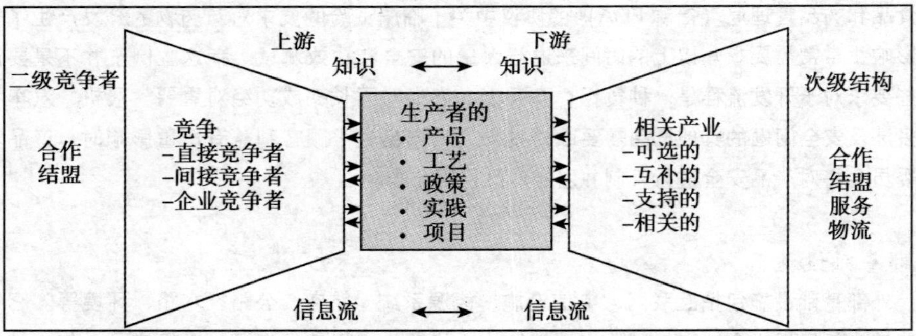

图 2.4 产业维度——产业结构

竞争维度

竞争代表了争夺收益、市场份额和新产品成功的各种力量。竞争常常被看做是争夺市场份额或打破竞争局面稳定性的负面力量。这种说法对于现有的产品来说是正确的，但是对新产品来说就不一定了。竞争者可能通过提供沟通和信息的额外资源来分摊让大家了解新产品的前期费用。如果竞争者使用自己的资源来帮助发展市场，这可能会使新产品开发项目更切实可行，因为每一家公司的投资额都比单独一家公司开发新产品的投资额要低。另外，如果一个关键产品只有单一的供应商，顾客可能会感到不舒服，这在产业或者政府市场上是一种重要的现象。

有关竞争的评估和影响将会在本章的后面部分更详细地讨论。

相关产业

在很多方面，相关产业常常对于新产品的成功有重要影响，它们支持产品开发与产品上市。基本上，它们提供了互补的产品和服务，增加了产品的价值，使得产品可以维持下去。比方说，迪斯尼乐园靠航空业将顾客运到佛罗里达，航空公司也想看到迪斯尼的成功，因为它的存在给它们带来了生意，迪斯尼依靠达美航空公司和其他公司来提供渠道将顾客带到佛罗里达的迪斯尼乐园。事实上，迪斯尼公司和达美航空公司之间存在战略联盟，它们尽可能地利用机遇并增加顾客的利益。

相关产业对于新产品导入相当重要，个人电脑硬件发展要依赖新引入的软件。新软件要求处理器速度更快、有更多储存空间和更好的性能。相似地，电影工业依靠从录像带和其他技术，比如说 DVD 获得收入。这反过来又影响了提供租赁的服务业和电子商品制造者。

战略管理系统：产品开发视角

战略管理综述

战略管理为开发新产品提供了战略逻辑和方向，它包括上游计划、战略性商业问题和机遇分析，它为建立新产品开发流程标准提供了平台，从而为新产品开发流程中的决策建立了基础。战略管理将组织定位在利用机遇和将威胁最小化之上。产品创新的主要方法是充分利用内部资源和能力，将劣势带来的影响最小化，通过学习和经验获得新能力。

战略管理包括一系列高层次决策过程，例如新产品开发决策、新产品开发工艺决策、相应的细分市场决策、指导组织的战略政策和决策。战略管理为新产品开发提供了指南和大方向。

一般说来，高级管理层决定并批准新产品动议。在大多数组织，新产品动议是互动式决策的结果，而不仅仅是一个行或不行的决定。动态组织的高层管理者会确认在新产品开发流程中参与者所作的决定。这些决定是在外部商业环境条件和趋势的基础上，评估了机遇，并掂量了内外部因素后所作出的。比较受欢迎的方法是，通过让参与者参与分析、制定战略、进行评价和决策来创造机遇和解决方法。它通过合作和理解的方式来激励参与者充满热情地参与，从而产生了在最小阻力下管理变革的动态变化。

机遇评估包括以下方面：

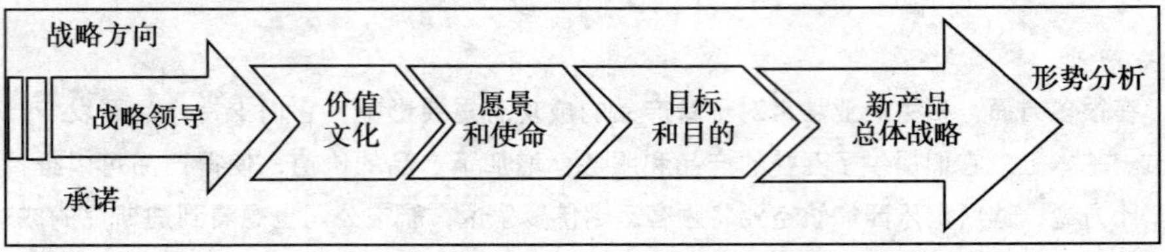

图 2.5　与新产品开发相关的战略管理系统

1. 对于目前商业形势和战略管理系统的理解；
2. 确定核心价值、企业文化和愿景；
3. 确定目标；
4. 评估核心能力、组织能力和资源；
5. 对商业环境和影响组织及其产品和流程的外部因素进行形势分析；
6. 市场分析和竞争分析，发现机遇、挑战、限制和利害关系；
7. 新产品战略抉择。

战略管理系统及其主要视角

战略管理系统将组织流程和能力整合到一个全面的框架中，用来管理和指导商业战略，包括那些与新产品开发有关的战略。它包括组织的理念和战略，涉及企业管理模式和新产品开发流程。在新产品开发流程中，高级管理层的主要作用是：

1. 培养对新产品开发重要性的认识；
2. 为获得卓越成效而提供必要的鼓舞人心的领导和指导；
3. 设定主要目标、政策、战略和流程方法；
4. 为实施新产品开发项目提供资源和能力；
5. 在持续的基础上评估结果和绩效，并确认所做的决定。

新产品开发流程中每一个层面的管理人员，都有责任明确地阐释组织的理念和价值观，并将战略目标转化为对于新产品开发实施者有意义的操作性语言。其底线是，人人在共享知识的基础上参与，并能够得到一个被大家充分理解的框架的指导。图 2.5 概述了与新产品开发相关的战略管理系统的主要因素。

战略管理系统包括公司价值观和文化、愿景和使命、目标和目的以及战略这些基本因素。宏观的战略方向一般通过高级管理层来阐明。高层管理者通过直接和间接地运用政策、指导方针，以及用语言和行动表达鼓舞人心的信息。战略方向可以是正式的或非正式的，集中的或分散的。但是，在新产品开发这种情况下，战略领导和承诺是新产品开发流程中的基本因素，这些因素常常要到作出许多重大决策之后，才能在开发流程中得到体现。通常，只有在投入或使用了大量资金后才会引起高层管理者的重视。海斯、维尔赖特和克拉克认为，高层管理者必须从流程一开始就发挥更积极的作用❶。确实，大多数新产品开发项目要求在项目初期阶段就要作出重要承诺（决定），在这个阶段，要确定产品/市场定位、决定产品的主要益处和功能、产品的成本结构，以及其他与产品和新产品开发项目有关的重要问题。各种研究表明，产品投资的50% ~70%都花在了起始阶段。

图2.5描述的关键点是形势分析。在许多情况下，在定义和确定新产品开发项目战略前，要进行形势分析。对商业环境的分析的定位有许多种，形势分析从机遇、挑战、限制因素和利害关系等方面审视基本的商业形势，从优势和劣势的角度确定组织的能力。形势分析为各级管理者提供信息输入，尤其在战略管理层面，从而在充分掌握信息的基础上作出深思熟虑的决策。

新产品战略为决定开发什么样的新产品提供了重点、方向和机制，新产品开发战略为投资而选择广阔的实用领域，为创意产生和概念开发提供了平台。下面将描述和分析战略管理中的关键因素。

战略领导

高层管理者阐明了组织的价值观、愿景和期望目标，确保将企业的原则和理念以高水平的投入和领导力整合到管理系统中。高层管理者负责指导组织实现有意义的目标，并提供激励人们获取成果的资源和动机。高层管理者通过制定政策、计划、流程、规则和项目来将机遇和挑战与组织的战略和运营层面连接起来。

价值观和文化

组织的成功取决于人，以及他们的能力、技能、知识和执著程度。建立一个以知识为基础的组织是激活新产品开发的关键管理责任所在。随着环境“变化的速度发生量子跃迁”❷，管理者必须通过提供给人们的价值观和信念来展示自己的领导水平，这种价值观和信念使得人们确信新产品机会是能抓住的，产出结果是现实的。企业价值观为建立组织目标和目的提供了信念基础，在人们作出有关新产品开发项目的重要决策时，价值观就起到重要的导向作用。比方说，公司价值观提供人们关于风险、伦理和其他问题的方向和见解。伦理可能是一条“警示原则”，比如说它提示人们：“组织在警戒线旁边会犯错，因此，要减少风险，离警戒线远一点”。

价值观还为人们如何处理商业环境的社会、经济和政治问题提供了见解和指导，关

---

❶ R. H. Hayes，S. Wheelwright，and K. Clark，*Dynamic Manufacturing*（New York：Free Press，1988，p. 279）. 他们声明管理层影响开发项目结果的能力在开发初期时很大，当作出决策后就会慢慢降低。在承诺作出后进行改变会变得十分艰难而昂贵。

❷ 这个和斯蒂芬·维尔赖特以及可姆·克拉克的书名有关：*Revolutio-nizing Product Development*：*Quantum Leaps in Speed*，*Efficiency*，*and Quality*.

于价值观的声明使得实践者能理解组织的道德和社会责任，比方说，强生公司用“CREDO”来表明公司的价值观。CREDO 最有趣的观念是原则优先，顾客和利益相关者的利益是第一位的，股东的利益和利润处于最后一位❶。强生的核心价值观帮助指导组织作出困难的决定。在 CREDO 的指导下，管理者和雇员对现状和未来有了更深的理解。

文化有助于构建组织的能力。如果文化支持团队合作精神，而且组织能够对团队合作者进行奖赏时，人们更愿意加入团队。文化指导人们采取合适态度来对待冒险行为和规避风险。一般地，文化决定了组织是富有侵略性的还是谨小慎微的。如果冒险行为不会得到回报，而且失败后会有惩罚，那么人们就会比较胆小。相反地，就算项目没有成功，冒险也有回报，那么人们就会在以后的新产品开发项目中更加自信。

愿景和使命

高级管理者确定愿景并为组织规定了使命，指出了战略远见和方向。愿景是高层次的、以未来为方向的，而且是将外部力量、机遇和挑战、内部能力和愿望转化为组织的新现实的一种构件。它是可以维持多年的长期观念，甚至是要通过几十年来实现。愿景是一种智慧，它看待商业环境时要问：“未来我们将是什么”，而不是回答“我们现在是什么”。

开发新产品是实现愿景的许多方式之一。新产品开发是改进或者转化商业环境，使之成为生产效率更高、更有回报价值的现实的主要活动，很明显，有很多方式可以实现商业目标，包括兼并收购、出售、股票回购等。但是，产品创新是通过以更好、更突出

---

❶ 强生的 CREDO 是它的利益相关者战略。CREDO 的意思如下：

我们相信我们首先要对医生、护士和病人，对父母亲以及所有使用我们的产品和接受我们服务的人负责。为了满足他们的需求，我们所做的一切都必须是高质量的。我们必须不断地致力于降低成本，以保持合理的价格。客户的订货必须迅速而准确地供应。我们的供应商和经销商应该有机会获得合理的利润。

我们要对世界各地和我们一起共事的男女同仁负责。每一位同仁都应被视为独立的个体。我们必须维护他们的尊严，赞赏他们的优点。要使他们对其工作有一种安全感。薪酬必须公平合理，工作环境必须清洁、整齐和安全。我们必须设法帮助员工履行他们对家庭的责任。必须让员工在提出建议和申诉时畅所欲言。对于合格的人必须给予平等的聘用、发展和升迁的机会。我们必须具备称职的管理人员，他们的行为必须公正并符合道德。

我们要对我们所生活和工作的社会，对整个世界负责。我们必须做好公民——支持对社会有益的活动和慈善事业，缴纳我们应付的税款。我们必须鼓励全民进步，促进健康和教育事业。我们必须很好地维护我们所使用的财产，保护环境和自然资源。

最后，我们要对全体股东负责。企业经营必须获得可靠的利润。我们必须尝试新的构想。必须坚持研究工作，开发革新项目，承担错误的代价并加以改正。必须购置新设备，提供新设施，推出新产品。必须设立储备金，以备不时之需。**如果我们依照这些原则进行经营，股东们就会获得合理的回报。**

的方式满足顾客和利益相关者利益，利用市场竞争优势创造财富的手段❶。

当组织成熟后，它的任务常常变得不那么清晰了，尤其是当兼并收购影响了组织的历史基础的时候。组织要成功地进行运作，组织和成员必须清楚组织前进的方向。使命确定了组织的长期发展方向，也确定了新产品机遇如何同组织的战略方向相协调。它对机遇进行了定义，激发组织成员获得突出成就的热情，它界定了组织的产品线和利益区域所在。组织的使命一般建立在当前的焦点问题和愿景的基础上，并集中在组织的能力，以及它正在服务或者打算服务的顾客以及市场上。

产品创新致力于通过新产品开发项目来支持当前使命、近期目标和组织的核心能力。技术创新倾向于更集中在组织的愿景上。这不仅导致了对成功和奖励的展望，而且导致了产品和工艺的重要变化。

探索新产品的机会必须建立在组织和管理者对未来的判断的基础之上。组织的愿景和使命为人们探索新产品机会提供了方向和规则，它们规定了新产品开发的方向和局限，规定了对组织来说什么是合适的，什么是不合适的，什么是应该干的，什么是不应该干的。要传达组织的战略含义可能很难，它基本上是通过目标、战略和政策来实现的。

企业目标和指标

企业目标和指标帮助人们确认下一步要探索什么样的新产品领域。它们也帮助确定新产品开发流程中应该包括什么，不应该包括什么。它们提供了决定什么是合适的新产品机会的标准。**目标聚焦于结果：组织在以后想要处于什么位置？目标的选择建立在总体使命和战略方向的基础上。**

根据罗伯特·卡普兰和戴维·诺顿（《平衡记分卡》一书的作者）的说法，一个组织必须有一套综合平衡的目标，它包括了组织取得长期成功的基本要求❷。平衡记分卡也非常适合新产品开发决策，因为新产品开发不仅仅关注利润回报。另外，“平衡记分卡”与以利益相关者为基础的管理框架相呼应，这个框架对组织的重要目标有一个综合平衡的看法。表 2. 1 表示了平衡记分卡里所描述的主要内容。

---

❶ Hamel, *Leading the Revolution*, p. 19. 哈默对创造新财富的评价在这个背景下最为合适。新产品开发集中在为所有参与者尤其是顾客创造新机遇上。它从根本上要求对商业环境的真正改进，而不只是支配基本要素。

❷ R. Kaplan and D. Norton, *The Balanced Scorecard* (Boston, MA: Harvard Business School Press, 1996, p. 9)。平衡记分卡完全适合新产品开发。大多数组织在新产品开发流程中关注多重目标。财务目标很重要，但是必须开发新产品也有许多其他原因。另外，财务目标的实现常常是满足了顾客和利益相关者的结果。

表 2.1 新产品开发的平衡记分卡

主要范畴	关键目标	新产品开发的各种考虑	目标（例子）
财务角度	创造价值	投资回报	30% 的内部回报率
	获益能力	现金流和低成本	50% 的毛利润
	增长	市场规模和增长率	15% 的增长率
顾客角度	价格/成本	超值	2×绩效/价格
	功能	顾客满意	95% 满意的顾客
	响应能力	利益相关者满意	0 投诉（缺陷）
	服务	绩效和收益	一日内 100% 解决问题
内部角度	质量	高质量	六西格玛质量
	生产力	业务流程	10% 时间节省
	杠杆效应	供应商事务	90% 与现有产品有关
组织学习	学习	快速开发	10% 的增长
	革新	知识	50% 的增长
	智力资本	流程学习	2 个以上专利

新产品目标是组织战略目标的子目标。新产品目标规定了战略和组织发展需要的新产品开发的范畴和种类。新产品可能会失败，但是如果得到了重要的学习经验，那么新产品开发项目可能会被认为是一种成功，因为它获得了新知识。确实，组织学习是主要目标，特别是当以后的新产品开发项目能取得更大回报时。

新产品开发的一般战略

形成新产品开发战略综述

组织通过分析外部因素、内在竞争力和能力从而确定自己的战略定位，并通过资源、需求以及商业环境的机遇进行战略组合，从而确定组织的战略地位。当处理外部因素时，战略方法就是利用机遇，将负面因素隔离起来。肯尼斯·安德鲁斯是公司战略管理方面的权威，他将战略定义为[1]：

战略是公司作决定的模式。它决定并显示了公司的指标、目的或者目标，它制定主要政策和计划以实现目标，并规定出公司要从事的商业范围、公司已有或想要的经济和人力

[1] A. Kenneth, *The Concept of Corporate Strategy* (Homewood, IL: Irwin, 1980, pp. 13~18).

组织种类、公司想要为股东、职员、顾客和社区做的经济效益和社会效益的本质。……它确定了公司参与竞争的业务范围，最好把资源聚集起来，将别具特色的竞争能力转化成独特的竞争优势。

H. 伊戈尔·安索夫建议设计和实施战略要通过战略管理来实现。他把战略管理定义为[1]："关于综合管理的主要的、而且是越来越重要的责任的一种系统化方法：将公司定位，并把公司与环境联系起来，确保它的持续成功和安全。"新产品战略的发展依赖于管理者如何看待商业环境及其变化趋势，例如变化、机遇、威胁等。机遇和威胁的区别可能在于如何、以及何时解决问题或看待周围形势。

新产品开发战略包括如何选择具有吸引力的产品和细分市场，如何最有效地利用组织的能力和资源，如何最小化竞争压力，如何取得持续的竞争优势。新产品的产品和市场战略一般范围较窄，并且集中在内外部因素限制范围内识别、挑选、设计、开发、检测、生产和投入市场新产品的一些特定要求上。一般说来，它们高度集中在新产品开发程序的目标和新产品的要求上。

产品和市场战略包括一系列的决策，确定了新产品开发项目的方向。新产品和市场战略包括以下方面：

1. 选择一个目标产品和细分市场。如果有多个目标时，应该按照重要性来排序选择。应该要辨认出潜在的早期顾客，每一个额外的产品和细分市场都要求彻底地理解相关的外部因素，这增加了设计和开发新产品的复杂性；

2. 确定目标。要以与平衡记分卡和价值创造相协调的方式完全确定每个产品和细分市场的目标；

3. 衡量主要方面。企业管理模式的每个方面都要搞清楚，每个方面的主要内容都要弄明白。比如，要指明最重要的竞争者和它们的未来的反应；同样地，要弄清供应网络、相关行业和利益相关者的主要内容，要有明确的战略；

4. 勾画出战略选样。在商业环境的核心能力和机遇基础上，要勾画出并详细评审所有选样；

5. 做出战略选择。战略报告要包括主要进攻方式，可能的选项应该是哪些，要说明哪些目标是可以实现的；

6. 明确内部因素。内部因素要明确，并要形成行动计划。这包括营销、技术、生产和财务计划。

这种方式对新产品开发有重要含义，它聚焦于必要选项的所有排序可能。目标、着眼点和战略推动都是新产品开发的战略内容。新产品开发流程包括在选择可行的开发项目前彻底评估各个选项。新产品开发流程关注的是对目标顾客和细分市场所做的选择，成功常

---

[1] H. I. Ansoff, *Implanting Strategic Management* (Englewood Cliffs, NJ: Prentice Hall, 1984. p. xv)

常来自于将资源集中在特定目标上，而不是泛泛的市场机遇上。这种建构建议选择利益相关者、供应网络、相关产业、竞争者和基础设施时都要根据目标顾客和选定的细分市场来进行。核心战略包括开发和执行新产品开发项目的手段，战略必须有详细的项目进度计划的支持。

一般战略

新产品的一般战略倾向于与管理领域流行的一般战略保持一致。迈克尔·波特的一般竞争战略提供了挑选新产品方法和战略的简单基础。波特认为，组织可以选择通过以下一般战略中的一种来取得竞争优势❶：

1. 成本领先。这种战略要求组织开发相对竞争对手的产品或相关产品而言有很大成本优势的新产品。这可以通过调节资源、进行严格成本控制、外包非核心活动和规模经济来实现。低成本意味着更多价值；

2. 差异化。这种战略意味着组织创造一个独特的、很难被竞争者所模仿的新产品。全新的新产品常常在一段时间内只能作为唯一选择，从而形成竞争优势；

3. 聚焦。这种战略要求，组织将力量集中在它可以取得优势的特定地理区域或顾客群上。基本上，聚焦战略使得组织可以在一个方面有效利用资源，取得“临界质量”和很高的顾客满意度。

波特的一般战略为全面新产品开发战略提供了思想基础。一般说来，新产品战略必须处理基本的产品和市场目标。这些目标包括投入市场时间、单位成本、性能、价值创造、质量和总体投资。减轻风险也是其中的一个主要问题。

时间因素常常是战略选择要考虑的关键要素，基本的时间战略包括下面几个方法：

1. 先动战略（first to market）。这种战略说明组织从头到尾有快速行动的能力。这种战略常常要求企业能够紧密联系上游活动和下游活动；上游活动包括研究和开发一类的活动，下游活动包括成果商品化的活动等。它也要求较高的投资水平和强度。这种战略要求明白如何建立顾客需要和新产品之间的联系，这种战略常常意味着通过高投入来创造市场意识，并提升最初的产品需求。这也可以被看成是先发制人的战略。

2. 追随战略（follow the leader）。这种战略要求组织有能力及时判断产业领先者的新产品的特性，并能够迅速改进它们的产品设计。这要求组织具备出色的竞争情报能力，集成管理系统以便对竞争者引入的新产品做出迅速的反应。这可以被看做是一种快速反应战略。

3. 延迟战略（strategic delay）。组织通过这种战略延迟来判断领头人和跟随者的竞争

---

❶ M. Porter, *Competitive Strategy: Techniques for Analyzing Industries and Competitiors* (New York: Free Press, 1980, pp. 34 ~ 46).

优势和弱点，并改进它们的产品缺陷。这些组织要有能力来研究这些优势和弱点，对产品结构和形式作出变化来以便在竞争中提供更好的产品。这要求企业具备广泛的市场研究和情报能力来获取信息和数据。组织需要有足够的技术能力和知识储备来评估竞争产品和实现适当的改进；

4. 模仿战略（Imitator）。这种战略指的是组织有能力复制竞争产品，并做一些变动，比简单的竞争具有更多成本效益。它要求通过更简单的结构，或者通过低成本的供应商网络来战胜其他企业。另外，它还常通过复制、租赁等方式来降低成本。

这些时间战略中的每一个都有自己的优点和缺点。一般说来，新产品的时间战略的价值取决于组织的资源和能力。实际战略取决于时间和定位，意味着对波特一般竞争战略和典型时间战略的二维思考。

率先投入市场的主要优点是：组织能够取得市场份额，而且，作为领头人，组织能够借以提高自己名气。但是领先地位并不能保持一辈子。事实上，领头人常常被绊倒，为跟随者提供接手的机遇。一个经典例子就是，1927 年，当福特更新 T 型车失败后，通用汽车公司和它的雪佛莱汽车的市场份额最高。

跟随者可能努力想要代替领先者的地位，但是，有时领先者的优势可以成为其他竞争者的巨大阻力。英特尔公司以其技术领先地位和迅速引入新技术、平台和产品的能力，使得它在微处理器领域具有巨大技术优势，它作为高质量生产者的声望和形象很难被超越。

但是，跟随者常常可以从学习领先者中获利。这种洞察力使得跟随者可以克服领头人的错误并成为领头人。1995 年年初，康柏电脑取代 IBM 成为个人电脑市场上的领头人，1999 年，它又被戴尔电脑取代。

战略延迟取决于领头人的行动。领先者可能创造一种形势使旁边的企业绝对进不了这个游戏圈子。这些进入壁垒随着时间增长使得进入市场的成本越来越高。比如，在全球范围内，主要的铝业企业只有 6 ~8 家竞争者，加工技术十分昂贵（对每年 215 000 吨的加工能力来说所需设备超过 12 亿美元）和复杂。另外一方面，战略延迟可提供时间来衡量有关市场和顾客实际需求的信息。个人电脑行业的早期竞争者为康柏公司在 1983 年进入该市场提供了它所需要的信息和知识。

模仿者仅仅收集可能到手的信息、通过模仿一个或者多个领先者的方式、采用低成本战略，来使自己获得商业和产品地位。一个很好的例子，就是有些普通药物产品生产者专等其他企业的产品专利失效以后，开始生产其他公司花了数百万元研究和开发出来的产品。

然而，模仿者可能会发现领先者已经将产品完善到了没有机会再缩减成本或改进产品的地步。一个最好的例子就是摩托罗拉公司的寻呼机：高质量、低成本，几乎不存在让竞争者模仿的任何空间。尽管一些企业可能复制出寻呼机，顾客们很可能还是比较喜欢买摩托罗拉的，因为公司作为高质量产品生产者的名气和形象已经建立起来了。

企业采取的实际战略取决于形势、资源、组织能力和目标，可能没有一个最好的方法，只能具体问题具体分析。成功的关键因素是尽快地评估形势，挑选一种合适的战略。任何战略的本质都是获得竞争优势，它可以被利用相当长一段时间。管理层必须思考如何在产品的生命周期中维持它的领先地位。竞争优势倾向于随着时间而不断消散，因此，战略设计需要不断完善。

表 2.2 是有关一般竞争战略和时间战略之间关系的总结。

表 2.2　考虑到时间情况下对一般战略的评估

时间因素	成本领先战略	差异化战略	聚焦战略
先动战略	第一个行动者一般有能力在早期通过增加产量消化固定成本来减少成本。它常常在一段时间内，拥有成本方面的显著竞争优势。这是行业领先者的一个强有力的战略	第一个行动者能够挑选那些能够满足特定市场的特性，而这个特定市场的用户愿意为此付款。这种情况在新产品的成本效益不如现有产品的形势下很有用	拥有有限资源的第一个行动者，可能在一个细分市场获得有利位置，然后再来开发其他市场。这种方法有助于实现“临界数量”。这对新来者很有利
追随战略	当还不清楚如何实现低成本，而低成本很重要时，比如说日用品，跟随者用这种战略来避免过早地进入新产品领域	跟随者可以通过提供领先者没有注意的产品来避免直接竞争。这使得拥有有限资源的跟随者可以挑选为市场特定领域服务的属性	跟随者可以通过挑选领先者没有关注的领域来避免直接竞争。这使得拥有有限资源的跟随者可以挑选没有完全被领先者占领的细分市场
延迟战略	在可以利用领先者的投资时，避免新开发一种产品而造成的成本，从而形成成本领先。率先投入市场的常常必须自己掏钱做广告。这种战略使企业可以从领先者的错误中吸取教训	在不确定什么是最有效的特性和组织没有资源和能力来确定顾客需要什么的时候，采用差异化这种手段	对于拥有有限资源并希望避免直接竞争，但是直到市场被建立起来才知道机遇是什么的组织十分有用，尤其对较弱的企业有用
模仿战略	模仿者学习领导者和跟随者，并抓住一切机遇减少成本。这种方法对静观其变的企业很有效	模仿者能够专门研究并提供对特定细分市场有成本效益和专门效用的特性	模仿者能够专门研究并提供对特定细分市场有成本效益和专门关注的产品

新产品战略的形成

新产品战略包括一系列的行动，从而选择企业的产品/市场定位，从市场竞争的观点来看，使之处于一种有吸引力的、可防御的地位。目前主流的方法是，通过将产品和市场两方面结合，来确定新产品的市场定位，产品/市场角度为管理者提供了一种综合平衡的观点，并考虑到了整个商业环境的特点。

新产品战略包括确认产品/细分市场组合、表明短期和长期目标、确定执行新产品开发计划需要的资源和能力，以及取得预期目标和维持未来地位的特定手段等。在投入市场阶段，它关心的是如何吸引最初顾客和建立市场形象，它也致力于如何在竞争中先发制人，如何加强产品和市场的长期地位，最终的目标是在市场上获得持续的、很难被其他人复制的竞争优势。

战略的形成就是在既有战略形势和内部资源及能力情况下，思考如何开发和投入新产品，这就意味着不同竞争者能够对相同机遇有着不同的打算。

一般战略从理论角度来看是有用的，但是在现实生活中，新产品开发战略要求清晰地说明预期的结果和手段。新产品/市场战略必须明确范围，要清楚地表明必须要做什么和什么时候做，它们比一般商业战略范围要窄。比如，用波特的理论，一个公司可能想要成为低成本生产者以取得成本领先地位，而在新产品这种情况下，低成本战略必须更详细地确定细分市场、地点、绩效、质量等。战略集中在细分市场和地理位置，包括营销、产品、生产、执行项目的财务资源等。

表 2.3 是对可能影响产品战略的所有重要因素的二维分析。它比较直观简单，只包括了制定新产品战略将会涉及的部分重要方面。在现实世界中，潜在影响因素的数目常常很大，使得说明新产品战略非常困难。

表 2.3　制定新产品战略的因素

角度	市场的	经济的	技术的	配送的
外部	地理上的聚焦	最高价值	最多特性	上好的服务
	细分	最优价格	最好质量	快速反应
	差异化	最多利益	竞争力	优良位置
内部	营销组合	最低成本	最好技术	高效物流
	使用方便	高效率	最高可靠性	最有效的价值网络
	创新性	有效性	最佳耐用性	

战略选择的因素取决于特定经营形势。最强有力的方法是以最优的价格、最高的价值、最好的质量、独特的性质和好处、最佳的性能来进行竞争。“最优价格”战略常常建立在低成本的基础上，这种战略是开发者可以迅速增加市场份额并迅速建立市场份额的方法。因为低价格会减少收益迅速增加的可能性。对于竞争者而言，除非有一个更好的成本结构，否则很难进入该市场，即便勉强进入也会蒙受重大损失，所以，竞争者们被迫进行额外投资以使在市场上立足，这就限制了潜在竞争者的数量，因为，它增加了人们无法获得可行的财务回报的风险。

“最高价值”战略与“最优价格”相似，但是，它将注意力集中在能够为顾客综合提供最大心理影响价值上。基本上，对大多数产品来说，都有一个性价比的问题。最高价值战略是利用价值等式，并尽可能地在相同的情况下提供额外价值。比方说，标准化可能由于产量高、质量好和更高可靠性，从而能带来更低的原料和生产成本。

“最佳质量”战略是显然的、但有时也是必需的方法。它优先考虑顾客对新产品的担忧，并从一开始就尽可能地做到最佳质量。最先使用新产品的潜在顾客可能很小心，因为新产品可能会隐藏有质量缺陷，很多缺陷是被顾客发现的，并随着时间流逝而被制造者所纠正。

这种战略发现潜在的困难，并使用适当的分析方法，保证在开发流程中解决这些潜在的问题。这种战略的关键在于企业必须在市场上建立诚信，并提供为顾客排忧解难的机制。

“独特性质和好处”的战略关注的是，产品具备竞争对手没有或者不能模仿的特性，这是一种独特的方法，为企业提供了到达更高位置的手段。产品独特性的来源可能是内部的，也可能是外部的。比方说，较好的订货和产品配送系统可能只需较低的成本就将产品送到顾客手中，并且比传统方式更快，这也是一种独特性。亚马逊网站就是利用低成本配送提供更好服务的例子。

新产品开发的形势分析

综述

形势分析的目的是根据新产品机遇和挑战来理解目前的商业形势，并在考虑企业内部力量的情况下选出最有利的发展途径。在外部机遇、挑战、限制和顾虑的背景下，检测组织的内部力量和弱点。形势分析成为周期性的战略管理（计划）流程的一部分，为企业设计商业战略提供信息。形势分析也可能是实际选择新产品战略的先导。不管形势分析是否是新产品开发流程的一部分或者是它的先导，它是确定组织与新产品机会、以及相关能力分析的至关重要的一步。辨认组织想做（必须做）什么和组织能做什么之间的差别是极其重要的。分析的焦点一般集中于机遇和挑战，以及组织对顾客需求和利益相关者需求是如何处理的。图2.6是新产品开发形势分析的关键因素流程图。

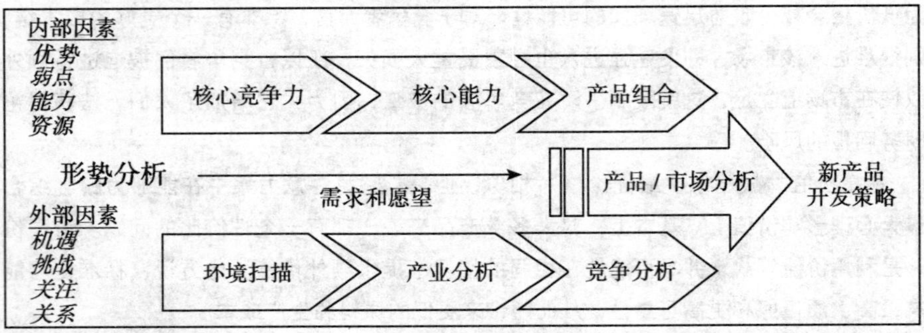

图2.6 新产品开发形势分析关键因素流程图

这个框架看起来是线性流动的，但是，这些因素可以同时起作用。这些内部和外部评估要求相互沟通，通过交互作用来确定所需要的视角和见解。产品和市场分析是核心，并且常常与其他因素一起作用。

形势分析：内部因素

核心竞争力评估

核心竞争力是组织拥有的独特的、很难被其他人模仿的能力。C. K. 普拉哈拉德和 G. 哈默尔将核心竞争力定义为："组织内积累性的学识，尤其是那些如何协调不同的生产技能并集成多种的技术流派的学识。"[1] 核心竞争力常常是组织竞争优势的基础，普拉哈拉德和哈默尔认为核心竞争力不是常见的，一个组织可能只有少数几种核心竞争力。20 世纪 90 年代，一个流行的观点就是，关注核心竞争力，并投资组织核心竞争力所支持的业务、技术和产品。

核心竞争力在短期内对维持商业成功很重要，但是，从长期看，认为核心竞争力是决定新产品开发机遇的最重要的基础是不太合适的。当商业环境随着时间变化时，新技术和商业行为可能会削弱组织核心竞争力的利益。比方说，互联网提供了接触顾客的新途径，是加速完成商业交易的沟通方法，处理传递给顾客的信息流的传统竞争力可能在电子商务时代不那么有用了。比方说，亚马逊网站实时地提供书籍的信息让顾客可以用互联网来购买商品。这种比较简单的商业模式可能让大型书籍零售商的核心竞争力毫无用武之地。尽管这些零售商也可以通过自己使用互联网来反击，但是他们在这个新领域可能不会享有核心竞争力。

表 2.4 与新产品开发有关的核心竞争力

种类	领域	领先者的例子
一般业务	高级系统	沃尔玛（管理系统）
	财务服务	通用电气（资本管理）
研究和开发/技术	创新	杜邦（根本性创新）
	建立知识	贝尔实验室（重要发明）
产品	较高的质量管理	摩托罗拉（六西格玛质量）
	快速产品开发	3M（自下而上开发步骤）
营销	营销技巧和项目	宝洁（产品改进）
	市场研究	S. C. Johnson & Sons（顾客调查）
	支持性服务	IBM（综合产品和服务支持）
分销	快速配送	联邦快递（信息系统）
	专门的送货	戴尔电脑（电子商务模式）
生产	低单位成本	Nucor 钢铁（迷你工场）
	独特的工艺	丰田（精益管理）
组织	出色的管理	英特尔（葛洛夫和摩尔）
	适应性和灵敏度	耐克（虚拟商业系统）

[1] Prahalad and Hamel, *The core competencies*, pp. 79 ~ 91.

表2.4是核心竞争力的一些例子。这些信息仅仅用来帮助理解核心竞争力的概念，例子用来帮助理解核心竞争力的种类和范围，但是内容并不全面。

核心能力评估

组织常常有独特的能力和资源，来为自己提供方法，使它们现有的产品配送系统保持成功，并提供可以在新产品形势下可用的有利条件。核心竞争力是组织享有的基本力量，但是它们并不一定是某个组织所特有的。

核心竞争力和资源评估的目的是，为组织确定在某一特定领域内，在质量和数量上是否有足够的资源来设计和执行新产品开发项目，其中最重要的问题包括：

1. 组织是否有执行新产品开发项目各个方面所需要的知识、技巧、能力?
2. 组织核心竞争力的长处和短处是什么?
3. 可获得哪些资源，有什么局限?
4. 组织能否提高现在的能力和发展必要的新能力以满足新产品开发的需要?
5. 组织是否有专门技术和能力来开发和营销可能的新产品?

评估是检测核心竞争力是否充分的一个总体分析，分析包括组织基本内部因素的长处和短处。它包括评审组织现有的产品组合、技术和工程能力、市场相关技巧和知识、财务资源和管理能力。评估要评审以下几个特定问题：

1. 组织是否有专门的人来辨认、分析和选择可用的新产品，然后创造、设计、开发、检测、资助、生产、市场投放、销售和配送这些新产品?
2. 组织是否有能力来成功地执行新产品开发项目?
3. 有没有一个管理框架来推进新产品开发?

表2.5展示了新产品开发阶段可能被分析的一些领域。

表2.5 核心能力评估（基本面的例子）

领域 阶段	研究开发	技术	营销	生产	财务	管理
战略	技术	性能	市场匹配	杠杆作用	投资	领导地位
想法	创造性	头脑风暴	研究	工艺	价值	创造性
概念	独特性	质量	预测	供应链	筛选	连接
定义	专门知识	经济	规划	制作/购买	基金	适应性
设计	技巧	工程	推广	联络	审查	柔性
开发	知识	原型	渠道	资源	奖励	知识
确认	技术	评估	测试	能力	风险	学习
投入市场	反馈	反馈	销售力量	工艺	现金流	关系

产品组合评估

企业现有的产品组合对新产品的选择和选择流程中使用的标准有着重要的影响。当前的产品组合通常对应一个定义明确的业务或产业结构，它们为组织提供了确定产品和服务如何与组织任务、目标和战略相联系的方法。一个企业的产品组合包括核心产品、相关产品、服务、售后产品和服务，以及它们同新产品的关系等。

新产品取舍往往取决于它是否与现有的产品组合相匹配，许多新产品是现有产品和平台的派生物，就像在第一章中讨论的，从现存产品的简单改良品到根本革新品都属于新产品的种类范畴。许多大公司往往创造一个产品平台，并在这个基本平台上开发衍生产品。比如说，福特生产的 S 型车中的一种是建立在林肯 LS 平台的基础上的❶，这个平台使得公司有能力以非常低的成本创造新型产品。

评估企业的产品组合包括评审现存产品和确定新产品类型。评审审视对现有产品包括相关产品需求的评估，这也是支持、加强、补充或者替代产品线的需要，涉及产品的服务、售后零配件的需求。

表 2. 6 列出了与新产品机会相关的产品和服务的产品组合的种类和特征。

表 2. 6　从新产品开发的角度来看产品线

种类	领域或子领域		
核心产品	消费品	工业品	政府市场
相关产品	支持	加强	补充
服务	核心	与产品相关	支持
配件市场	部件	配件	服务
新产品	市场推进	技术驱动	外部驱动

从已有的产品平台出发开发新产品是快速、低成本创造新产品的常用方法。产品衍生的方法在汽车业很常见。例如，福特汽车公司近来宣布，计划增加产品开发平台的数量，这将使得公司能够从较少的投资中获得更多的车型。2003 年，沃尔沃 XC90 的平台主要是从沃尔沃 70 轿车的基础上派生出来的，采用了一些不同的悬挂部件，比 70 型车有更宽的轴距，XC90 是由斯巴鲁 Outback 汽车生产线生产的，能满足高消费阶层的“运动型多用途汽车”的需求❷。

新产品机会经常与业务单元和产品线的产品种类相匹配。新产品可能更大或更小，或者为顾客提供更多或较少产品的特性，可能更贵或更便宜。现存产品存在无限变化的可能性，这样新产品的机会就有很多。

---

❶ K. Naughton, A fresh chauffeur for Ford's luxury cars. *Business Week*, October 11 (1999), p. 142.

❷ R. Kranz, Ford to derive more models from 1 platform. *Automotive News*, 76: 5968, January 28 (2002) 18.

表 2.7 选择产品/市场定位的内部评估（模板）

关键领域	评价	优势			劣势	
		+ +	+	0	-	- -
产品定位						
最有利的产品定位		□	□	□	□	□
竞争特征和收益		□	□	□	□	□
独特属性		□	□	□	□	□
专利或可持续的定位		□	□	□	□	□
性能 - 价格定位		□	□	□	□	□
美观/外表		□	□	□	□	□
质量因素		□	□	□	□	□
可靠性和服务能力		□	□	□	□	□
市场						
所服务的市场焦点/细分市场		□	□	□	□	□
顾客接受度/忠实度		□	□	□	□	□
品牌识别		□	□	□	□	□
价值主张		□	□	□	□	□
广告和促销创造性		□	□	□	□	□
销售渠道/网络		□	□	□	□	□
市场研究能力		□	□	□	□	□
工程/技术						
研究和开发能力		□	□	□	□	□
资源		□	□	□	□	□
发明（专利）		□	□	□	□	□
采用的技术		□	□	□	□	□
技能和知识		□	□	□	□	□
制造/采购						
低成本生产的潜力		□	□	□	□	□
供应网络		□	□	□	□	□
低成本原料可获得性		□	□	□	□	□
原料/零件可得性		□	□	□	□	□
所需要劳动力的成本/可得性		□	□	□	□	□
劳动力的生产率		□	□	□	□	□

注意：表中包括的因素是一般性的，取自于以往新产品经验的积累及其多样性。表格并不完整，实践者和学者可以考虑添加和删除一些要素。

表 2.7 提供了一个经过简化的评估模板来评价产品/市场业务组合。它从新产品开发的角度列出了企业所有重要能力的目录。这种简化的方法提供了对优缺点的形象理解，可以通过增加更多的因素来使得评估模板变得更加全面。确实，实践者的一个基本任务就是细化此模板以更适合企业的特定情况。

产品管理是用来管理现有产品和服务的方法。新产品开发中人们常常会问到：“新产品如何适应市场？它是过时产品或不景气产品的替代品吗？”

大多数产品都会有产品生命周期规律，新产品投入市场后，基本上会有一个缓慢的引入阶段，使顾客熟悉新产品的特征和优点。如果新产品获得成功，产品销量就会随着越来越多的顾客购买而增加，随着细分市场的扩大，产品的销量也会大大增加。最后，产品市场销售达到饱和并发挥了最大潜力。当产品成熟时，市场需求就不再增加。最后，当其他新产品对顾客越来越有吸引力时，产品吸引力就开始下降。技术过时是产品衰退的一个首要原因。但是，竞争力和市场期望对产品生命周期和产品在市场的位置有重要的影响。

图 2.7 描绘了标准的产品生命周期曲线，体现了一般的观点。

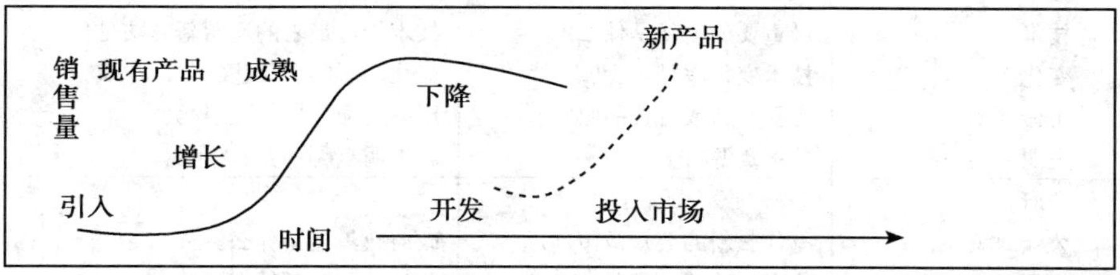

图 2.7 产品一般生命周期和新产品引入

形势分析——外部因素分析

商业环境扫描

商业环境的动态变化是新产品创新的重要驱动力量。新产品开发流程必须建构在整个经济、社会、政治、法律和技术实际情况的框架内。这些外部力量变化为新产品开发提供了机遇。

经济条件和趋势的变化帮助人们发现满足顾客和利益相关者的需求。**在趋势变得明朗之前，人们就可以识别出这种新趋势，为确定现存产品的弱点和新产品机会提供了方法。**驱动力量常常帮助人们辨认出新产品的重要机遇，对现存产品的威胁可以被视为挑战，如果应对正确，可以变为机会和竞争优势。

表 2.8 概括了主要的环境因素以及每个因素中的一些关键内容。通过条件、趋势、机遇和挑战这些术语，外部环境因素为我们提供了一个对外部环境的广泛评估。最重要的评估角度是对基本分析要素的辨识，以确定它们对战略和新产品的影响。表 2.8 中列出的问题用来当做样本，在实际情况下，可以根据战略与产品的具体问题具体分析。

表 2.8 环境因素扫描——部分选定的问题

主要因素	条件和趋势	机遇/威胁
总体因素	最重要的驱动力是什么？ 变化的原因是什么？ 总体要求是什么？	要求什么样的变化？ 不确定程度有多大？
经济		
商业周期	一般的经济因素是什么？	现在的水平是否可持续？
增长率	经济在扩张还是萎缩？	增长的机遇是什么？
通货膨胀	通货膨胀率是多少？	能得到低成本资金吗？
稳定性	有没有总体稳定性？	有没有向下的压力？
技术		
技术	最重要的创新是什么？	技术创造带来的运营新方法是什么？
变化率	技术变化率是多少？	变化的影响有哪些？
生命周期	有新原料或替代品吗？	产品生命周期在衰退吗？
发明	技术资源有哪些？	新发明有哪些？
政府		
公众政策	有什么新的公众政策问题？	政府政策支持什么？
规则	改变的法规有哪些？	关注的关键领域有哪些？
产品责任变化	有没有新产品安全要求？	重要指示有哪些？
税制	最重要的趋势有哪些？ 有税收鼓励吗？	主要变化有哪些？ 激励有用吗？
政治		
利益群体	谁是最有势力的利益群体？	负面影响有哪些？
稳定性	政府行为有多稳定？	变化有哪些？
司法体系	预计会有什么新法律？	新法规的影响有哪些？
规制	新规则有哪些？	有正面影响吗？
社会		
利益相关者	社会规范和趋势是什么？	人口方面有什么有利变化和不利变化？
人口情况	顾客行为如何变化？	产品范畴内是否存在“信任”问题？
流动性	顾客愿意花多少钱购买？	
风尚	人们如何改变自己的看法？	

对商业环境的分析评估包括审视当前的条件和趋势，评估相关机遇和威胁。在正确分析条件和趋势的前提下，主要外部驱动力会被分别列出，进行描述、分析和讨论，于是，分析的焦点转而集中在那些能够为新产品开发创造机会和对老产品带来威胁的变化上了。

从新产品开发角度进行评估的目的是确定变化的驱动力和发现新产品机遇的来源。例如，法律法规的变化与原料使用变化有关，1990 年“空气洁净法令修正案”中对氟利昂使用的相关规定，为氟利昂替代品的使用提供的机遇，就为许多新产品打开了大门。更高的燃料成本可能激发对节能汽车的大量需求。考虑到日益增长的汽油成本，带有混合引擎的丰田 Prius 汽车有可能引领高效能汽车的潮流。

产业分析

产业分析的目的是强调产业的结构，并确定产业及其主要竞争对手的主要需求。图 2.8 是迈克尔·波特所用的产业分析模型[1]。波特的模型确定了分析产业条件的许多基本因素。

产业描述		SIC编码	
需要满足的主要需求			
确定产业内主要竞争对手			

1. 产业的潜在增长率						
高增长，+20%						低增长，0~10%
2. 新公司进入产业的难度						
没有阻碍						事实上无法进入
3. 公司之间竞争的强度						
激烈的竞争						几乎没有竞争
4. 产品代替率						
没有阻碍						很难进入
5. 对互补或支持性产品和服务的依赖度						
极高依赖性						独立的
6. 购买者和顾客拥有的议价能力						
购买者决定条款						销售公司决定条款
7. 供应者和卖主拥有的议价能力						
供应者决定条款						购买者决定条款
8. 产业的技术复杂度						
高水平的技术						技术水平极低
9. 产业创新率						
快速创新						基本无创新
10. 管理能力的总体水平						
许多有能力的管理者						有能力的管理者很少

图 2.8　产业分析

波特的模型为分析机遇和挑战提供了洞察力以及选择的可行性。比方说，第 4 条审视了产品替代的可能性，它探索了对新产品或不同产品存在的阻碍。这种模式对于更大视角内的战略计划最为有用，它确实也为新产品形势提供了洞察力。

竞争分析

新产品引入的成功与否取决于能否准确辨识和确认顾客潜在的和现实的需求，这包括审视竞争产品在满足顾客预期需求方面做得如何。竞争分析很广泛，它还包括其他企业为满足顾客需求而提供的可能解决方案（新产品）。

---

[1] M. Porter, *Competitive Advantage* (New York: Free Press, 1985, p. 6).

对竞争对手的分析是竞争分析的一部分，它考虑的是实际的竞争对手，而不是泛泛而谈。首先，它要确定最重要的竞争对手，这些对手可能分布在设计、开发同类新产品的生产者之中。竞争对手分析的主要目的是去发现比竞争对手更有效地满足顾客的手段。仅仅知道谁是竞争对手只是分析的一小部分，重要的是，要了解竞争对手并弄清他们对新产品倡议预期的行动和反应。

最初一步是，确定并描述与组织计划的新产品种类有关的主要竞争对手。尽管这可能是一个详细的竞争对手列表，包括作为本产业结构存在的，与组织分享共同市场的那些竞争者，但是竞争者分析基本上集中在主要竞争对手，或者那些与潜在新产品项目关系最密切的对手上。以下是与总体战略定位有关的关键问题：

1. 在新产品和选择的细分市场上，当下，谁是最重要的，或潜在的竞争对手?
2. 他们的愿景、使命、目标和战略是什么?
3. 他们在新产品开发中的优势和劣势是什么?
4. 他们的核心竞争力和核心能力是什么?
5. 他们现在的和预期的产品/市场战略有哪些?

竞争对手的分析依赖获取每一个竞争对手的正确信息，这些数据和信息一般可以从二手资料处获得，像是商业文章、贸易杂志、投资公司、案例分析等。主要来源——比如说公司报告、互联网网页、宣传册等也提供了大量有关竞争对手的信息。基本的文献调查应该包括公司历史、竞争对手财务报告和对当前能力和定位的估计，研究的目的是确定竞争对手现在的战略和能力，以及可能影响到新产品开发的未来战略和对策。

商品展销会和产业会议也是重要的信息源，尤其会提供即将确定的新产品介绍。新产品在进入市场前常常会在工业展销会展览。

竞争者分析与组织内部能力分析的要素差不多，在新产品开发的背景下，分析集中在企业的产品和该企业要服务的市场上。它也研究竞争者的核心能力，因为它们与产品的配送和产品开发有关。因此，以下问题是从新产品开发的角度审视竞争对手的一些问题清单：

1. 主要竞争对手产品的优势和劣势分别是什么?
2. 他们如何使自己产品差异化?
3. 关键的不同点和相似点是什么?
4. 对新产品机会，竞争者最有可能的反应是什么?
5. 他们如何交易和销售自己的产品?
6. 他们主要的销售沟通的方法是什么?
7. 他们的战略合作者是谁? 他们之间是什么样的关系?
8. 他们的供应网络是什么样的?
9. 他们使用什么制造工艺?

竞争分析要花费大量时间和精力，因此，不管是描述分析竞争对手的关键因素，还是确定一种方法或者机制来推进正在进行的竞争者分析以丰富企业的数据库都是有用的。表

2.9 是竞争者分析的一个简化模板。

表 2.9　竞争对手分析：优势、劣势，以及不同视角（部分）

竞争者/背景知识		关键战略/预期战略		
主要类别	关键因素	优势	劣势	角度
战略	愿景和使命战略			
	能力/资产			
产品/市场	产品目录			
	服务的市场			
	新产品			
营销	营销项目			
	顾客忠实度			
	价格战略			
	销售渠道			
	能力/技能			
生产	工艺/能力			
	成本地位			
	资源/设备			
	诀窍/知识			
财务	财务状况			
	现金流			
	可获利性			
	回报			
	投资			
管理	领导地位			
	创新			
	积极性			
	能力			
	风险/回报			

产品/市场分析

产品/市场分析的目的是识别机会，以令人激动的新方法服务顾客。市场一般是用传统方法定义的，比如说产业结构、政府分类的标准工业编码（SIC），或者是从股市的角度。美国联邦政府一般通过商务部来定义市场结构。

组织常常根据自己的能力和资源，或者根据自己所享有的独特优势来关注一系列细分市场，新产品和服务基本上是面向一个或多个细分市场的。大部分新产品开发项目关注现存的细分市场。这种说法对于现存产品的改良品以及现存技术的衍生物尤其准确。新面世产品和重新配置的产品可能服务现有市场，或者全新市场。这就使得审视那些新市场或细分市场的特征成为必要。但是，不管是对现存市场还是新市场，一般方法都是一样的。

市场定义是主要的考虑因素，它需要深思熟虑。范围太宽泛或太狭窄的定义都会因为扭曲机会，从而导致错误的结论。市场（细分市场）可以被描绘成产品潜在使用者的总数（潜在市场），以及当前市场中现有产品的占有率（服务的市场）。比方说，奔驰公司在考虑将“A”级车引入美国市场时，“A”级车是尺寸较小的轿车，克服了大城市交通拥挤的问题。它最重要的特征/好处就是尺寸小，有利于停车。潜在市场是美国所有的大城市，要服务的市场可能是那些停车问题严峻的目标城市。图 2.9 体现了可能市场和服务市场的区别。

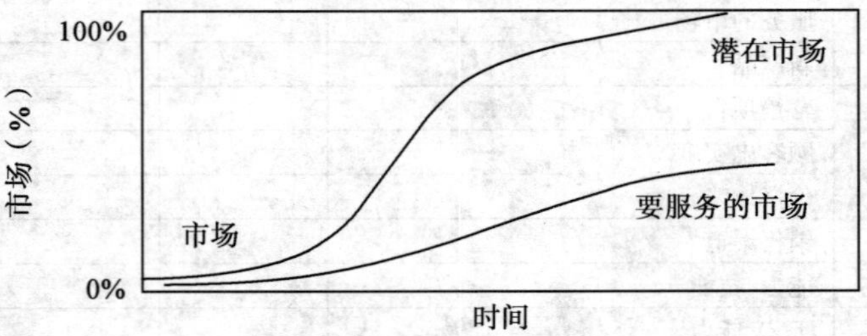

图 2.9 潜在市场和要服务的市场

市场分析评估了关键市场因素及其机遇。这种评估通过给出定义来确定应该在哪些市场和细分区域来进行活动，评估评审现在的条件和趋势，以及它们对新产品开发计划和机遇的重要性。

表 2.10 市场吸引力评估：关键因素的广泛评估

市场定义		顾客特征	
类别	因素	条件和趋势	新产品开发问题
市场因素	大小	市场有多大?	需要什么?
	潜力	潜力大小是多少?	需求是什么?
	增长率	增长多快?	影响需要的主要力量有哪些?
	季节性	需求是季节性的吗?	需求曲线是怎样的?
	生命周期	产品周期基础是什么?	长期潜力如何?
	稳定性	需求稳定与否?	是否有需求没有被满足?
市场方面	种类	市场如何分割?	有没有规则阻碍?
	区别	产品如何被区别?	什么是绝对要求?
	法律	法律要求是什么?	可能的份额是什么?
	规则	规则命令是什么?	
	价格感知	经济因素有哪些?	
	等级/数量	市场份额有哪些?	
购买者行为	满意	产品如何被购买?	什么决定价值?
	购买模式	变化机制是什么?	什么是他们基本的利益追求?
	变化频率	产品购买者是谁?	哪些是必需的特征和功能?

表 2.10 是进行市场评估的模板，它评审了基本因素——强调了条件和趋势，并评估了每个因素的重要性。

一般说来，在细分市场上的分析决定了一个产品在这个市场上的可行性。本节所讨论的宽泛视角的市场分析的目的是辨认整个市场的潜力和需求，这为新产品创意和理念的拓展以及所有机遇的评估提供了背景知识。

新产品的领导力

市场需求、外部力量、组织能力是新产品机遇的关键决定因素。新产品开发战略主要取决于战略形势。战略管理流程提供了外部因素和内部资源能力的联系。除非有办法弄清机遇的潜力，并创造机制来利用它们，否则机遇就不复存在。

战略排序为企业提供了一种逻辑，这种逻辑使得新产品计划与组织的战略计划相匹配，与产品目录相匹配，与组织能力相匹配。表 2.11 的模板总结了战略排序流程中最重要的因素。

表 2.11 战略计划和战略排序的流程

条目	因素	产品创新的重要因素（问题）
价值观和文化	核心价值观	指导新产品开发流程的核心价值观是什么？
	信念和道义	使新产品开发成为可能的因素有哪些？
愿景表述	需求	
	机遇	开发新产品的内部动力有哪些？
	挑战	
使命表述	竞争	成功最重要的因素是哪些？
	能力	
	资源	
成功的关键因素	人	
	资源	必须达到的目标是什么？
	工艺	
	技术	
目的与目标	战略	
	相关业务	新产品开发的方向和预期是什么？
	财务	
	新产品	
战略和政策	市场焦点	新产品开发的指导方针是什么？
	产品定位	
	框架	
	领导	

战略排序建立了组织新产品开发战略的基础，它为观念的形成、发展，以及定义所选

择的项目、设计和开发、验证、前商业化活动和产品市场投放的活动提供了指导。

价值主张：宏观商业视角

挑战利润最大化的观念

在20世纪的大多数时间里，利润最大化被看做是商业的最基本目标。虽然利润最大化的基本原理为企业提供了焦点和方向，但是这种将商业目标聚焦于内部的角度导致了商业界看待问题的偏颇。这种一心一意将股东价值最大化的概念成为决策背后的推动力量。尽管赢利能力是成功经营公司的关键因素，但是最大化利润是很难被定义和实现的。假设赢利能力的意思可以被确定，但是对于如何实现仍然存在很多问题。比如说，收益可以通过减少对未来的投入而获得提高。例如，公司可以减少研究和开发经费来省钱，这样可以提高短期利润。但是短期利润最大化常常与长期利益最大化相矛盾，这种行为常常威胁企业的未来。

在20世纪初，商业环境变化速度相对缓慢，如果企业仅仅集中于短期利润只会给公司的长期财富带来很小的影响，管理者可以很容易对出现的技术挑战做出反应，因为研究开发和新产品开发及其市场化往往需要很长时间❶。

有足够的证据说明，既然利润为企业提供投资所需要的财务资源，因此，关注利润成为一个重要的战略因素。事实上，现金流比利润更重要。最大化现金流和最大化利润仍然是很多公司为实现财务目标所坚持的基本商业观。现在，这种观点仍然相当流行。

利润最大化和最大化股东价值的概念的有效性不应该从历史的角度来考虑。这个问题与它们在21世纪管理思想中的重要性和商业的宏观战略命题相关。尽管利润和股东价值最大化似乎直观地为关于商业企业目标的管理思想奠定了基础，但是20世纪中支配性的观点越来越难被决定、衡量和实现。随着变革的加快和产品技术生命周期的缩短，对于利润最大化的关注已经不是唯一的视角。利润和资金流非常重要，但是，它们从整个企业的积极

❶ 这个构件是真实的，但是有很多公司在获得与需求变化有关的引人注目的信息后不能迎头赶上。NCR就是个好例子，它在从机械装置到电子装置的转换中行动缓慢。因为变化速度慢，NCR在服务的很多市场上都丧失了领导地位。

成果中派生出来。全球化、时间压缩、技术革新动态的出现大大改变了影响商业的推动力量❶。

公司需要开发新产品和技术来应对商业环境的挑战。它们需要比同行做得更好，要取得非凡成果。全球化意味着没有什么事物是封闭的，更丰富的知识和能力是在这样一个全球化世界里获得成功所必需的。时间压缩是一个缩短产品生命周期的复杂现象。技术，如虚拟开发技术，为企业提供了动态解决方案，使得所有参与者可以从不同的视角和地点出发达成合作和协调。集成产品开发技术、市场和管理，以及其他相关的项目可以为提高绩效创造重要机遇。技术革新已经变得十分平常，许多新技术，例如无线通信已经快速地从数字技术中分离出来，并且每年都在发生剧烈变化。

随着这些深入的变化，利润最大化和相关概念很难被明确地界定。一些公司，比如说朗讯科技公司和思科系统公司的快速成长和衰退的例子，是利润最大化、股东价值和市场资本化概念所带来的复杂性的例子。要取得这样的目标是没有意义的，除非它们能长期持续下去。事实上，利用机遇必须建立在能够带来进步和成功的可持续发展的视角上。在21世纪的复杂商业环境下，利润最大化理念已经变得不那么重要了。

21世纪企业思考的逻辑

作为一个管理目标，关注利润最大化不仅不那么重要了，它还可能带来危害。这种假设的逻辑建立在利润最大化不是总能带来成功的基础上。20世纪的商业环境建立在一种民族主义式的假定之上，即认为如果一个公司为顾客提供了良好的服务，那么它就会产生利润并获得成功。尽管顾客满意度的概念与此相关，但是这种看法过于简单，不能解释现代商业环境的复杂要求。

供应网络的产品配送系统、价值网络和顾客是提高顾客满意度的关键。成功的产品配送系统产生资金流动，但是长期的成功并不总是能得到保证。产品责任问题和利益相关者问题可以耗尽未来资金，对资金流动和估价产生影响。顾客满意度和产生利润的狭窄视角并没有涵盖商业环境中所有的成分。

解决办法是采用管理商业环境的更广泛的视角。企业管理思想，就像之前提过的那样，通过包括所有作用于组织的力量来提供更高水平的复杂性。企业思想的力量在于它包括了管理和领导一个组织的所有基本方面。

21世纪，公司的主要目标是最大化企业价值。在最大化企业和它所有组成部分的价值的流程中，成功的公司产生资金流和利润来维持未来的发展。有了足够的资金流，企业可以重新投资创新来提供新机遇和回报。与组成部分的联系保证了方法对所有相关者都有利。

---

❶ V. K. Narayansan, *Managing Technology and Innovation for Competivive Advantage* (Engle-wood Cliffs, NJ: Prentice Hall, 2001, p. 43).

生意的目的不仅仅是增加股东价值，还是最大化每个人和每个相关实体派生的价值。价值最大化超越了公司目标的传统观点。

在企业层面定义价值主张

价值主张是企业、战略管理和产品配送系统的关键视角，它是创新的主要标准。顾客购买产品和服务时寻求价值，他们希望产品或者服务能带来好处，希望自己的需求得到满足。类似地，企业也在寻求价值，并期望能够获得带有积极产出的综合结果。确实，他们要求积极的结果，并希望没有实体或个人因为交易、产品或工艺而受到损害。这并不是一个顾客和生产者获胜、而利益相关者和社会遭受损失的零和游戏。汽车造成的空气污染就是一个例子，比方说，运动型多用途汽车（SUV）是让顾客喜欢的十分成功的产品。但是偏低的燃料效率和过高的废气排放率是社会要承受的后果，从长期来看也会对车主产生影响。

价值主张可以通过价值等式来表达。价值等式根据投资衡量企业的收益。图 2. 10 从企业角度表现了价值等式的一般形式。

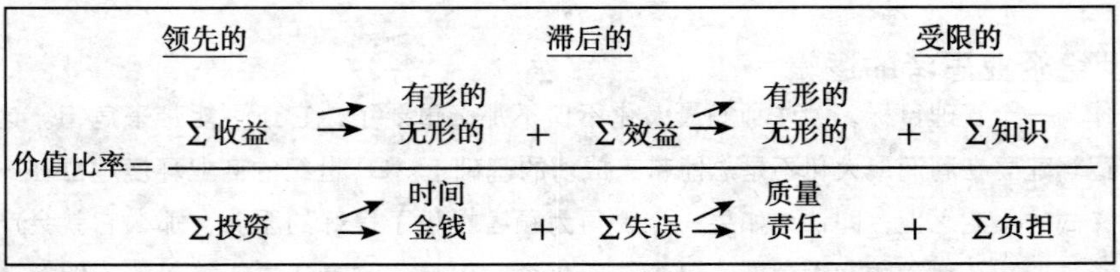

图 2. 10　从企业角度看价值等式

尽管这个等式提供了对价值主张的全面观察，但很难找出价值包含的所有隐含意义。大多数职业经理人的看法是绩效（Σ利益）与价格（Σ投资或者Σ成本）的简单比率。根据这种观点，价值可以通过增加绩效、减少价格或两者同时进行来得到提高。绩效可以通过提高有形和无形收益来提高。收益包括有形收益和无形收益两种。有形收益是满足顾客、利益相关者或其他成员需求的直接成果，无形收益是心理上的效果。比如，汽车的有形收益是灵活性，无形收益可能是拥有或者开车时产生的快乐。在 20 世纪的大部分，一般的方法是通过远远超过价格增长的速度来提高绩效。

收益总量代表了产品开始和配送时寻求的领先效应。领先效应常常是明显的、以需求为基础的收益。比方说，米其林的子午线轮胎获得巨大成功，因为它们改进了轮胎的耐磨性和可靠度，减少了顾客常常更换轮胎的负担。收益的价值在于通过投资时间和金钱获得收益。金钱可能被看做是有形收益，因为它代表了获取实际资源、财产或者货物的能力。时间可以被看做是无形收益，因为它不能被获取或储存。时间在投资计算中可能和金钱一样至关重要，因为时间绝对不可能倒流。领先效应在决定项目、程序或产品是否值得时常常很明显。

滞后效应和缺陷更难把握，它们常常要更长时间才能被发现。滞后效应被认为是正面的，缺陷被看做是负面的。滞后效应实际上是产品开发中没有考虑或不明显的收益。比如说，顾客可能发现产品具有原先并没有意识到的用途。阿姆汉姆尔烘焙苏打吸收气味的功能并不是生产者 Dwight and Church 公司本来的意图，是顾客首先发现了这个产品可以作为冰箱清洁剂。

在 20 世纪 80 年代初，生产者和顾客们都清楚地意识到，缺陷给价值带来负面影响，因此它是一个巨大的成本。全面质量管理革命是由提高产品质量、价值和工艺的需求所推动的。六西格玛质量管理程序被开发出来，是人们认识到缺陷对顾客和生产者代价都很高这个事实以后产生的结果。

在全面质量管理现象的同时，个人电脑时代引入了增加绩效、减少价格两者同时出现的概念。英特尔公司以摩尔定律领导产业发展。摩尔定律表明，每隔一段时间，处理器的性能增加到原来的两倍，而价格却减少一半。每一款新的 X86 微处理器在价格不断降低的同时为顾客带来巨大的收益。

20 世纪下半叶，环境问题骤然出现，利益相关的组织，比如说环境保护基金会、世界野生动物基金会、赛拉（sierra）组织等的行动，加上无数的新法规，产生了另一种负面效应，并成为等式的一个基本部分。“负担”的概念在计算产品价值、工艺或者交易的价值时成为重要考虑因素。这种认识是创造真正价值流程的最重要决定因素之一。负担减少顾客收益，对利益相关者产生负面影响，或者使得社会为这个问题的存在或解决付出代价。负担是多方面的，对企业和相关因素有不可估量的影响。

负担常常在产品、工艺或商业的开始阶段不明显，比如，最开始倾倒入河水中的几千克废水的影响很难被看出，结果也微不足道。但是，如果很多年持续每小时排放几千克废水到同一条河中，污染就会对环境造成巨大影响。汽车交通和堵塞的影响是造成旅行更困难、周围空气质量更糟糕的因素。但是不良影响在初期阶段可能很难被看出，这就要求不断评估来发现并减轻这些负面影响。表 2. 12 提供了几个负担及其影响的例子。

表 2. 12 负担及其影响的例子

例子	受影响的实体	后 果	影 响
石棉	工人们患上了各种疾病；公司被迫破产；社会使用资源来解决问题；法庭提出诉讼；政府不得不保护社会；利益群体监督形势	卫生保健系统受到某些疾病高发病率的影响；资源被用来弥补伤害；使用警告来保证产品不含有石棉	大量替换建筑和产品中的石棉；安全处理和处置要求；致病的长期影响；不断发现存在的新问题；政府禁止某一些产品
污染	社会受到负面影响损害；政府必须治理污染；公司必须减轻影响	环境恶化和公共健康；原料和产品污染；把过去的问题处理干净消耗巨大	自然环境恶化；资源损耗；废物处理；过去问题补救。由于负面影响缩短了产品的生命周期

负担清单不可能包罗万象，因为每个产品、流程和商业创造都会产生负担或者对环境造成负面影响。讨论的目的并不是穷尽对这个概念的探索，而是说减少或者消除负荷可以提高价值❶。

最重要的是知识。知识是能够随着时间而增长的正面资源。它使得产品更加有用和更容易被使用。它还可能成为生命周期的限制性因素。当关于某个特定产品的知识增长趋向平衡后，推动它增长的潜力也就减小了。

21 世纪的价值主张聚焦点最大化收益，减少投资和最小化缺陷和负担。它提供了一个决策视角，并为作出决策提供了一般方法。

价值最大化：目标

产品、工艺和企业的最终目的是企业的价值最大化。价值最大化对于企业理念是最合适的，目标是让顾客、利益相关者、供应网络和相关工业获得积极成果，目的是制造双赢的格局，使得每个人都能实现价值最大化。尽管不可能将实际的价值流细分到每一个成分，但一个平衡的办法意味着每个部分都能获得它所期待的利益，负面影响最小。每个部分有它自己的需要。顾客想要最大的利益和最好的解决方案，利益相关者常常想要避免负担。供应者、生产者和顾客寻求缺陷最少。相关产业想要从价值创造流程中派生出的积极关系和结果。

最终目标是实现这样一种理想化的形势：零缺陷和零负担，低投资。理想的形势从外部角度很容易被理解：顾客用极低的成本获得极优的产品，利益相关者不需要担心负面问题。但是，生产者可能将这种办法视为零和博弈。所有获利都是在牺牲利润的基础上给外部带来好处。

生产者的答案是采用能够增加价值的技术而不是简单的营销方法、进攻性的促销宣传、聪明的价格战或者类似的招数达到目标。价格并不需要为零，个人电脑就是个好例子，价格在 20 年内一直在下降，而在此期间生产者提供了更高性能的产品。另外，不仅是成本或价格重要，消除缺陷可以提供更好的解决办法，每个人的地位都有所提高。比方说，大公司每年花费几百万应对索赔，想一下如果生产者不生产不合格产品，那么这笔钱可以做多少事！想象一下顾客们会怎么想！消除所有负担可能省下来一笔巨款，在过去十年，化学品公司花在补救过去运营和产品带来的破坏环境的项目上的钱超过了用于研究和开发的钱。再想象一下如果这种负担（类似的环境问题）能被消除，那么对潜在的赢利能力将有多大的影响！

重要的是，赢利能力在双赢情况下似乎最难被说清。首先，如果所有的缺陷和负担都

---

❶ 这个题目很广泛。请阅读笔者关于可持续开发的书：*Sustainable Development*：*Inventing the Future through Enterprise Management and Technological and Product Innovation.*

被消除了，相关的矫正行为花费的钱就不会包括在产品的成本和价格中。顾客购买产品的价格会降低且不会影响收益。想象一下这将意味着什么！第二，当产品和工艺通过使用高技术得到改进后，单位成本就会减少，产量增加使得顾客也可以省些钱，利润率实际上就提高了。确实，利润目标建立在实现战略成果的基础上，而不是最大化每个交易或每个产品的利润上。

亨利・福特用T型车证明了这个理念。福特的天才在于他认识到了赢利能力是由总体积累实现的，而不是建立在每个单元的基础上。福特为T型车上市制定了大众可以买得起的价格。他在T型车刚开始上市的那几年清楚地了解和价值最大化相关的原则。但是，他没有了解到长期范围内革新的重要性。

微处理器技术的演进是从生产者的角度提供了价值最大化影响的比较新的例子。虽然英特尔公司的x86微处理器在20世纪80年代获得巨大成功，但是，直到20世纪90年代引入奔腾芯片，英特尔才获得巨大的财务成功❶。后来的产品不仅更加强大，对每个人也具有更大的价值。英特尔的市场资本化得到提升，资金流增加，整体名气大大提高，因为它的产品更有成本效益，总体利润更高，顾客也更满意了。20世纪90年代，英特尔公司关注满足所有目标，而不仅是赢利性。它大大减少了产品的单位成本，同时实现了整体利润和资金流目标。

目标是提供额外价值。问题不是如何进行交易，而是关于如何整体价值最大化思想和商业战略，以及通过生产运营来同时实现所有目标。它是同时满足内部和外部需求结果，企业价值最大化为决策提供战略思维的有价值的概念。

本章总结

企业管理模式是评估新产品机遇和管理新产品开发流程最有力的框架。它为整合外部因素、内部因素以及资源提供了手段。它是所有可能增强成功可能性的维度的战略排序。新产品开发被置于战略管理系统和企业管理模式的框架中，它关注的是整体而不是局部。

产品创新将现存产品配送系统转化为未来稳定的，并重新充满活力的管理系统。新产品开发的本质是将观察、任务、目标和战略转换为成功的产品和市场定位，并用成果来满足所有成分。根据卡普兰和诺顿的观点，组织在决策时必须用平衡记分卡。他们认为商业组织必须包含财务、顾客满意、组织学习和内部因素来平衡自己的目标❷。很清楚，这个

❶ Harvard Business School, *Intel Corporation in* 1999, Stanford Business School Case SM65, 1999.

❷ Kaplan and Nortorn, *The Balanced Scorecard*.

战略视角适合于新产品开发的情况。

新产品开发战略已经从建立在顾客、市场和竞争者基础上的简单管理方法演化成更优秀的构件。它评审管理决策的所有后果、含义和影响并将综合解决方案提供给所有利益相关者和顾客。战略整合要求目标、战略和决策建立在市场、社会、经济、道德、法律、政治、技术、环境、健康和安全考虑基础之上。

将商业战略和产品开发战略连接起来是改进产品和工艺来满足21世纪期望的关键步骤。商业领先者创造手段，通过将综合解决方案提供给利益相关者和顾客，使自己的产品与其他产品有所区分。宏观商业视角是价值的创造，是价值主张指导开发流程，并为参与者和成员提供关注焦点。

新产品开发战略将整个组织导向企业的需要和期望。表2.13表现了这种关系。

表2.13　基本构件之间的关系

构造	焦点	驱动因素	关键内部参与者
产品配送系统	运营	市场因素，经济，顾客，供应者，竞争	工程师，操作员，生产，营销，财务职业人员
新产品开发	创新和集成	价值创造，全球商业环境，顾客和利益相关者，合伙人，价值网络，相关产业，基础设施	新产品开发团队，指导委员会，研究和开发职业人员，设计师和技术工程师，生产，销售人员，环境、健康和安全职业人员
企业管理系统	战略领导	业务集成；战略管理	董事会，执行官，高层管理者，商业战略家，分析师

在过去10年，领先企业已经大大改变了它们和外部实体的关系。顾客满意仍然很关键，但是关注利益相关者和反应迅速也变得同样重要。社会态度、立法、管制、政治压力和信息的大量流动已经成为成功的重要因素。

企业管理模式及其主要维度为新产品开发提供了全面的框架：

1. 企业管理模式是有价值的方法论，包括评估、发现、设计、实施和评价新产品开发机遇等主要方面；

2. 目标和优先权要通过认真的分析来加以识别，使用系统性方法来决定最重要的参数和它们同商业环境以及企业利益的关系；

3. 新产品开发战略建立在商业环境的形势和含义以及机遇、挑战、限制和利害关系的基础上；

4. 形势分析处于一个企业管理模式客观框架内，它考虑到了整个商业环境；

5. 评估和理解商业环境的系统框架为人们提供了如何实现价值最大化的知识。

新产品开发的目的是辨识有关的合适因素，挑选和整合合适流程，使用有效方法和技巧并及时产生效果。比竞争对手更快更好开发新产品的能力是取得和保持持续竞争优势的基础。在一个产品生命周期不断缩短的时代，构思、创造、设计、开发和投入市场新产品的能力很重要。成功取决于管理责任和组织的热情。

新产品开发是五个“P”的综合，它们是计划（plan）、流程（process）、项目（program）、人（people）和产品（product）。人是基本因素，他们通过想象、灵感和洞察力带来变化。这些因素在后面的章节会更详细地讨论。想象来源于人力资本；灵感来源于投入、活跃、负责的领导；洞察力来源于研究、分析和参与。

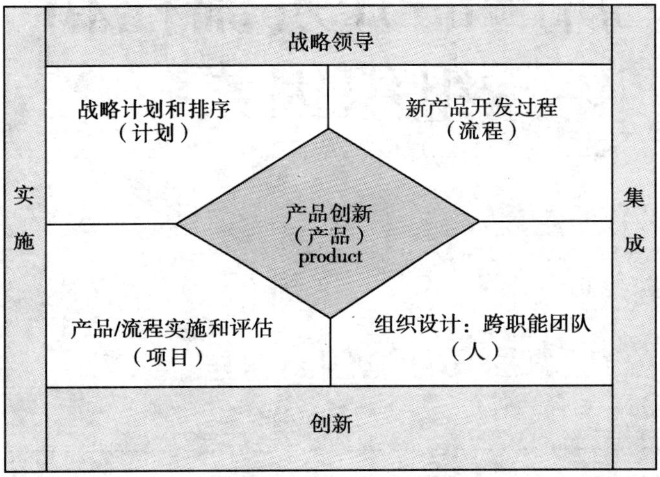

图 2.11　集成产品开发的本质

图 2.11 说明了产品创新的基本方面，以及与新产品开发的联系。这个图总括了集成产品开发对于实践者、职业人员和管理者意味着什么。它还为想要理解与产品创新相关的基本关系的学习新产品开发的学生提供了有价值的洞见。

集成产品开发开始和结束于新产品机会，实现了从观念到现实的转化，目标是取得成功。新**产品**❶的成功是通过被准确定义的**计划**来实现的。这个计划通过一个正确制定的工艺**流程**、活跃热情有领导能力而且能整合和实施**项目**的**人**来实施。强调整合和创新是至关重要的，因为要设计和实施一个有着良好协调关系的项目取决于资源和人力的结合，以此来确保活动及时按规划（game plan）完成❷。

---

❶ “产品”意味着产品和服务。

❷ “计划”和“规划”意思基本上一样。计划常常指详细说明从开始到商业化之后的活动流和行为流的文档。规划是更宽泛的战略，勾画出要实现目标需要的行为。在这本书里，强行规定计划必须有正式文件，更多的公司采用的是规划的方法，使用模板来指导实践者达到最后结果。

第三章

新产品开发流程和组织因素

引言

本章从组织和领导的视角对新产品开发流程进行了描述和评估。成功的新产品一般能有效地使用资源（容易生产），拥有有效的产品配送机制（容易配送），并给顾客带来利益（容易被使用）。

“标准”的新产品开发流程包括：创意的生成、概念的开发和选择、项目定义、设计和开发、确认、商业化前端和市场投放。快速的产品开发要求紧密地协调、沟通所有虚拟或现实的参与者之间的联系。

创新很难被操纵但是可以培养。它是由敬业的人们所带来的，他们用富于创造性的方法去发现思考和解决问题的新方法。跨职能团队集成是在一个创造性环境中鼓励合作的组织结构，这种组织结构能保证工程、营销、制造、财务和其他职能部门联合起来。它强调的是决策流程中的团队合作、信息共享、交流和所有层面的共同参与。创造一个高绩效的精神对成功至为重要。

管理者鼓励、激发并鼓舞组织去发现创新的解决方案，以获得领先地位和竞争优势。

第三章包括以下主题和学习目标：

1. 理解新产品开发的管理系统（流程管理）；
2. 定义“标准的”新产品开发流程，建构“阶段和评审”；
3. 用选择的标准来确定、衡量新产品开发项目的风险和回报；
4. 描绘新产品开发流程的6个阶段；
5. 理解产品创新的组织因素，以及如何为流程管理制定跨职能团队。

新产品开发中计划、工艺、人员、项目之间的结合

计划、工艺、人员、项目之间的战略联系需要计划管理和执行保持一致。新产品开发流程需要一个连贯的、清楚明白的架构来执行流程中的一些因素。这个架构必须建立在清晰的战略、定义明确的原则和指导方针、目标、标准的基础上。这些能够指导新产品开发流程中的一系列相关决策步骤，必然增大了新产品获得成功的可能性。这些步骤被嵌入在代表新产品开发项目各个部分的合理阶段中，在每个阶段的最后，都进行评审来保证项目正常进行，并确认原来的承诺依然有效。

“阶段和评审”是新产品开发流程系统的一个基本架构。一个目的明确的开发流程要求全部的跨职能开发团队通力协作，无论上游或下游的参与者，从而保证开发的强度和速度。强度意味着能够将上游和下游决策者连接起来，使得协调一致的开发变得可能。这样，通过将更多活动和结果集成在固定的时间和空间里，人们之间的交流和沟通效率会得到提高，这是新产品开发所必需的。新产品开发中的速度意味着通过并行处理的方法来减少完成活动所需时间。图 3. 1 显示了有关战略管理的上游活动和新产品开发流程方面的联系。

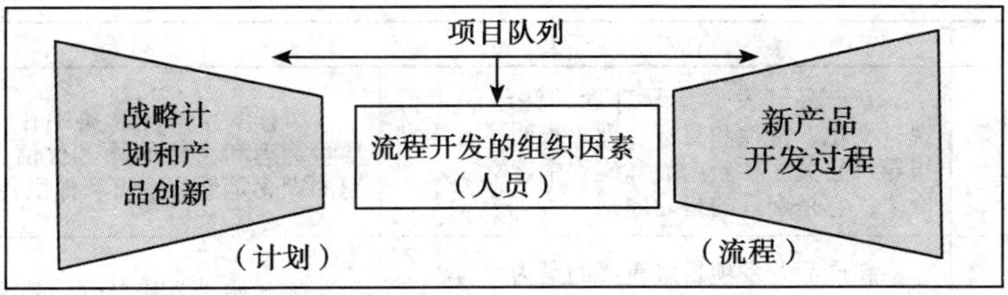

图 3. 1　计划、人员、流程和项目的结合

作为战略管理系统的一部分，新产品开发流程将各种基本因素联合起来，以设计和开发新产品，执行项目。项目是保证每个活动按照时间顺序及时完成的支持性结构。建立指导手册是制定新产品开发流程的出发点。开发流程的指导方针为建立战略和运营之间的平衡提供了手段。它还提供了决策的标准，是新产品开发流程的一个基本部分。表 3. 1 列出了最重要的指导原则及其应用。

新产品开发流程概述

新产品开发流程必须和组织的管理系统结合，并与组织的结构相适应。新产品开发的队列基本上包括以下几个标准化的因素：（1）政策和管理承诺；（2）计划；（3）实施；（4）衡量和评估；（5）评审和不断改进[1]。高层管理者通过制定政策、程序和实践活动来确定组织和新产品开发流程的方向、指导方针和标准。管理者通过原则、价值观、目标和战略来指导组织，并且为计划及其实施做好准备。**政策**决定了活动执行的方式，为决策提供方向。同时，政策也建立了评估的目标和标准。**步骤**和**实践**规定了活动一般流程的例行程序，并提供了处理流程中基本因素的指导方针。尽管正式步骤的使用根据组织管理理念和灵活性需要有很大不同，但是大多数组织有着定义明确的实践，它们方便了人员和工作流程之间的互动。严格的程序步骤常常被用来作为降低风险的手段，对于本身固有的风险性很大的产品的开发，比如说药品、飞机引擎或是汽车，常常要求更多正式的手续和控制手段，而低风险产品的开发，比如说纸张和铅笔，则简单得多。

表 3.1 新产品开发的指导方针

原则	应用	例子
理念	新产品开发的指导理念关注组织价值观、文化、特性和目标。理念指明了方向和指导，它关注在新产品和流程中建立质量和价值，它是宏观的指导原则	摩托罗拉的理念集中在六西格玛质量管理和独特的顾客价值上。沃尔玛的理念是低价销售和提供独特价值
价值创造主张	新产品开发项目最重要的是为所有参与者创造价值，它必须保证每个参与者得到恰当的回报。对于内部参与人员而言，其回报要与他们作出的贡献相称。对于外部人员而言，其回报要与其期望相称	最开始进入市场时，雷克萨斯汽车为顾客提供了更多的价值。在价格相同的情况下，雷克萨斯汽车比竞争对手具有更多的性能和利益
市场和顾客投入	决策建立在潜在顾客需求基础之上。产品开发活动应该直接或间接地与顾客发生联系。清楚顾客的要求，根据他们的建议细化产品特性对获得成功是非常必要的。通过保持与潜在市场、潜在顾客的不断接触来检测和证明决策对于提高成功的可能性是十分重要的	波音公司让最重要的顾客参与波音777飞机的开发。用户派来的人员提供了就算是最好的设计专家也注意不到的设计想法。顾客往往有一些潜在的需求，但是并没有明显表现出来

[1] 这种结构本质上是 ISO9000 和 ISO14000 标准所建议的流程。

续表 3.1

原则	应用	例子
利益相关者的投入	利益相关者满意与顾客满意一样重要。利益相关者可以是新产品的有力支持者，也可以是反对者。了解利益相关者的要求可以帮助确定产品特性，为开发满足社会和顾客需要的产品特性提供了背景知识	宝洁公司用“预期事务管理”作为新产品开发流程中决定利益相关者问题的机制，并将其渗透到产品的设计中*
并行活动	新产品开发和跨职能综合的基本原则是在并行基础上执行尽可能多的活动。这意味着从头到尾同时协调一致地做好技术、市场、经济、财务和生产等各种活动	福特是美国最先使用 IPD 和跨职能团队的公司之一。并行处理对于节省时间和金钱至关重要**
柔性	新产品开发的流程将预期的要求描绘出来。然而，事件和环境影响可能使得某些特定的活动无法执行，或者需要进行调整。在流程中必须包含柔性来容纳一些变化	阶段和评审是一种调整机制。耐克公司是一个具有一个柔性组织的典范
关键的大多数	新产品开发要求在每个基本领域和方面都有足够资源来保证活动的实施。全面和速度都很重要，每个层面和阶段必须要有足够资源来保证执行	阿波罗登月项目是历史上最大的开发项目之一。除了主要参与者，这个项目还要求辅助的单位也全力以赴

* D. Anderson，Key concepts in anticipatory issues management. *Corporate Environmental Strategy*，5：1，Autumn（1997），7～17.

** F. 贝茨，战略技术管理（New York：McGrawHill，1993，pp. 70～75）。福特公司在 20 世纪 80 年代初期利用当时的工程技术开发了金牛座汽车。金牛座小组当时整合团队中的参与者的做法和理念是集成产品开发的早期实践。

拟定计划的流程就是确定和描绘上游和下游活动是什么，指出要做的东西是什么、什么时候做、由谁来做、怎么做等。它包括确定新产品开发项目的范围、确定机遇评估办法、建立目标和决定标准等。它还包括制定应变措施，以备修改基本程序和实践活动，应对商业环境中可能出现的变化。

实施牵涉到新产品开发流程和程序的执行，新产品开发的实施细节将在本书随后的章节中讨论。

标准评审和项目评估是保证新产品开发流程正常进行和保持控制的重要部分。评审和评估确保管理承诺的实现，并提供了一个正式的决策流程。收集完信息，做好决策后，企业必须要根据项目标准来衡量决策，以确定决策的后果以及可行性。比如说，人们可以用用户意见来评估新产品未来的机会和潜力，并以此来检测产品概念。克莱斯勒汽车公司用电脑生成对“道奇 Intrepid 汽车 1998 款”的变化的看法，来取得顾客的反馈。衡量和评估同新产品开发流程的执行会同时进行。理论上，每一个决定、每一个交易和每一个结果都能在现实世界得到印证，并能够增加成功的可能。

管理评审是新产品开发流程中重要的一步。在许多组织中，管理者采取定期评审方式，而不是连续评审的方式。在某些特例中，管理评审出现在关键决策点上，或者出现在当要求确定所需要的重要资源时。制定评审步骤的目的是确定进展、做出深入的决定，并决定是否需要改变政策、标准、目标、流程或结果。

管理层的领导和义务（层面0）

高层管理者为推动新产品开发流程提供了领导和贡献，他们决定了行动路线，并分配人力与资源。

组织的战略环境决定了管理层的职责和义务，它将战略目标转化为运营模式，使人们知道组织的期望目标是什么，以及如何与组织的大方向协调一致地实施新产品开发流程。与新产品开发相关的战略环境被看成是“层面0”或者“阶段0”，因为在大多数组织之中，在新产品开发活动开始之前，战略环境就已经存在了，它为组织提供了制定战略、控制工艺和活动、通过认真执行和项目评估来获得产出的机制。战略管理通过评审和批准成果等方式在新产品开发流程中起到积极的作用。

图3.2显示了战略层面和流程管理领域的关系。战略层面提供了资源和计划，流程层面关注开发和结果。管理层有责任来提供战略领导，而且通过说明组织的愿景、价值观、原则、理念、标准、决策标准和控制机制来实现。另外，管理层分配资源、指派人员、决定计划方法和实践，并提供用来分析数据的信息系统。

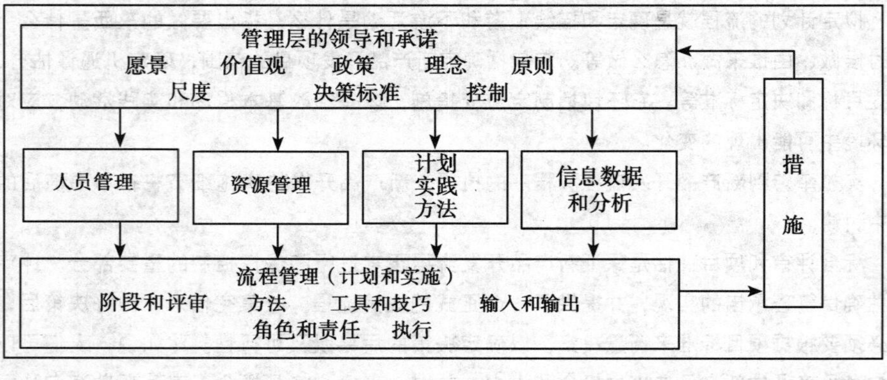

图3.2 新产品开发中管理层的领导和承诺模型——层面0

层面0为新产品开发流程和实施新产品开发项目建立了重要基础，它对于保证对新产品开发的每个阶段进行足够的评审和监控有着十分重要的意义。

领导力包括了指导组织努力获取有价值的目标和期待的结果的各种无形方面，并为激励个人、团队和组织超越预期目标提供了方法。

新产品开发项目的实施（层面1和层面2）

流程管理是产品创新的心脏和灵魂。既然大多数新产品机会和新产品开发项目同现存产品（改进、重新定位或派生产品）有关，并且也是以市场为导向的，因此，流程管理方法对管理层所要求的活动流程来说非常关键。换句话说，有一个可以系统执行的固定程式。流程管理确保新产品开发流程中所有基本要求都被考虑和适当地加以执行，并且通过掌握新产品开发项目之间的相似性来获得保证。另外，流程管理依靠对产品和新产品流程本身的不断改进来实现。

比如说，在20世纪80年代初，福特汽车公司就认识到自己开发新产品的方式必须作出巨大变化。在开发金牛座汽车的流程中，福特公司将产品开发方法变为以团队为基础的方法，并应用协调一致的设计理念❶。后来，金牛座汽车获得了巨大的成功，福特的产品设计和开发流程得到改进；这种方法也被成功地用在了其他产品的设计中，并被其他公司所仿效。正是通过引入金牛座汽车和Explorer这样的新产品，使得福特在20世纪90年代成为强大的公司。最重要的是，福特成了拥有核心竞争力来开发高质量和性能优越新产品的组织。

成功的流程管理要求组织内部因素和外部驱动力之间紧密配合，对于将潜在的顾客需求与技术人员所设计的产品特征相结合而言，更是如此。

流程管理既是对4个基本投入（人员、资源、计划和方法、信息和数据分析）的共同应用，又是一种转化。它转化出有价值的产出来满足新产品开发项目和关键驱动力的需要。这种转化是自始至终将所有的资源、能力、信息和数据向增值结果的基本转化，它包括发现问题及障碍，并加以消除。

新产品开发流程包括开发新的方法来生产产品，设计和建立同生产产品及其零部件所需物质要求有关的硬件设施。流程管理关注活动流程，它保证合适的因素被正确地考虑到并被执行。成功是通过将质量和价值糅进产品生产的流程来获得的。流程管理，尤其是从内部角度看，集中在保证所有流程满足潜在顾客和满足利益相关者的预期以及使雇员成功上。在实施的流程中，一个主要的目标是通过让下游人员加入到上游的产品开发活动中来减少下游的产品问题。

---

❶ 贝茨，战略技术管理。这是集成产品开发最早的几个范例之一。

图 3.3 提供了对流程和项目管理领域的观察❶。

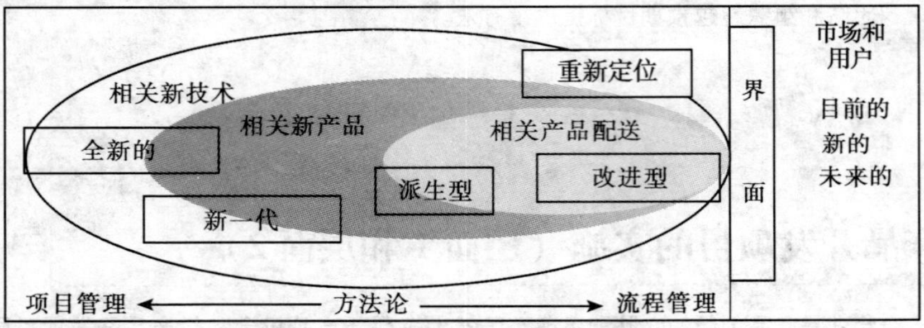

图 3.3 流程管理和项目管理的领域

流程管理是贯穿本书的基本管理方法。项目管理方法常常对于全新的新产品开发项目更适用。在那里，新产品如何获得成功还不明确，并且恰恰因为流程和步骤没有被弄清或明确而需要使用特别的开发方法。对于包含全新技术的新产品开发情况就更是如此。这些技术正在经历变化，因为组织正尝试着通过新产品来运用新技术。它也是创业公司和风险公司所盛行的方法。项目管理研究院的《项目管理体知识指南》是关于新产品开发项目管理技术的很好的参考资料❷。

"标准的"新产品开发流程

新产品开发流程的层次

集成产品开发（简称 IPD）是一个连续的流程，它要求整个组织协调一致。事实上，只有几个流程是真正持续的。例如，综合浆纸工厂一周七天、一天 24 小时地连续运转，稳定地生产纸产品。汽车装配厂是按照机器步调来运营的，它拥有恒定的生产产品流。尽管如此，有时候还是要评审生产流程来保证它们仍然在生产高质量的产品。大多数评审是在

❶ R. Cooper, *Winning at new-products: Accelerating the Process from Idea to Launch*. 3rd edn（Cambridge, Ma: Perseus Publishing, 2000, p. 130）. 库珀以及其他作者一样使用了相似的新产品类型。在这本书中也提到了其他的一些新产品类型，但实际上非常少。

❷ *A Guide to the Project Management Body of Knowledge*（Philadelphia, PA: Project Management Institute, 1996）. 本书的焦点集中在流程控制，这本项目管理研究院的手册是关于新产品开发项目管理技术的优秀之作。

工艺流程本身中完成的，使停工时间最小化。总的目标是取得高质量和高绩效，同时保持生产线的饱满。在开发新产品时也有着相同的理念，目的是创造想要的新产品，并尽可能快地投入市场，这样可以将停工时间最小化。

一个拥有“阶段和评审”的新产品开发流程解决了开发活动和资源集成中的复杂性问题。阶段和评审传达了这样的想法，也就是在良好的活动模式下，新产品开发流程具有连续性。这些活动是系统化的、同步的，在活动流程的各个阶段不会因为评审总结而中断。

罗伯特·库珀是新产品开发的专家。他使用“进程和大门”（stages and gates）这个术语来表示新产品开发流程的步骤和评审流程。“进程和大门”与“阶段和评审”背后的原理是相似的，但是它们有很大的不同，“进程”指开始和结束的不同步骤，确实，大门暗示停下来反省和决策。它们意味着流程是中断的。进程和大门也暗示着决策者不是主要的团队参与者。管理层定期介入来确保前进和批准结果，这种角度可能反映了产品创新中许多实践者实际遵循的步骤。那么，进程和大门适用的场合是什么？进程和大门对于新面世产品和技术开发项目更加适用，尤其是牵涉到高风险的时候❶。对于更简单的新产品开发项目，阶段和评审的应用则更加符合连续流程的概念。

“阶段”（phases）的目的是将整个产品开发流程划分为确定的几个小部分，这样，能使人们根据因素（要求）清楚观察到预定的结果是什么。“评审”（reviews）代表了关键性的决策是否要进行下去的重要时刻。对于标准的方法而言，参与者提出建议由管理者作出肯定或者否定结论。评审也常被用来保证每个人对流程都有一定的信心，以及保证新产品开发的最终目标能被实现。

新产品开发的流程建立在前面阶段的结果上，并将结果加以放大，使之达到一种更高的水平。随着流程的展开，知识和信息被收集起来以帮助减少不确定性。比方说，在每个阶段，顾客的期望会得到分析和检测，以改进原有的知识。这些开发阶段变得非常灵活，使得组织能够适应变化的形势。在许多情况下，在所有上游阶段任务完成之前，下游阶段的活动可能就开始了。比如，一个汽车公司可能会在所有设计完成之前就开始对产品进行顾客测试活动。如果最后的设计问题同生产活动的要求之间的关系比同产品性能的关系更密切，那么转到下一个阶段来节省时间可能就是比较合适的。另外，为下游活动了解的信息可能会帮助加强关键的决策，尤其是设计方面的问题。

图3.4展示了阶段之间的联系，并提供了对活动范围、分析的深度和相关时间刻度的理解，它说明上游阶段的输入成为下游阶段工作的基础，它还传达了连续统一体的思想。一个上游阶段的输出毫无缝隙地被镶嵌在了下一个阶段中，产品开发流程毫无中断地连续进行着。

新产品开发流程能被分为3个层面来更好地加以理解各阶段之间的联系。战略逻辑阶

---

❶ R. Cooper, *Product Leadership: Creating and Launching Superior New Products* (Cambridge, MA: Perseus Books, 1998).

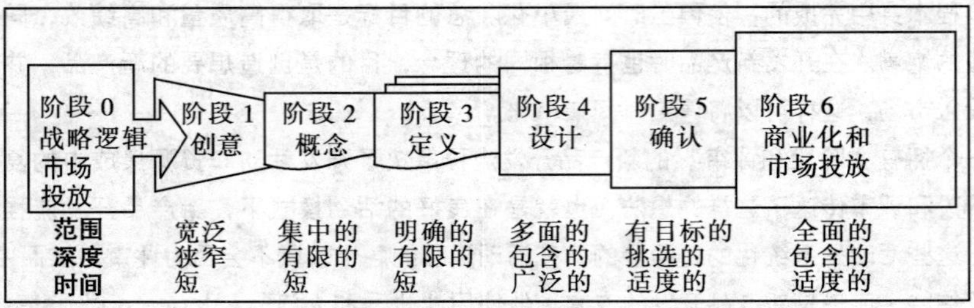

图 3.4　各阶段连接图

段叫做“层面 0”，它反映了战略管理步骤先前活动的输入；最初层面被称为“层面 1”，它是概念的层面，它确定和定义了新产品开发的项目；“层面 2”是运营层面，它包括设计和开发新产品项目所有方面的全部范围。

图 3.5 指出新产品开发流程包括的层面和阶段。战略层面仅仅包括阶段 0，它由制定和实施战略所要求的所有先前活动所组成，不管新产品开发项目是否发起，包括在战略层面内的分析和决策基本上都会进行。战略逻辑阶段的花费常常不会被归结于新产品开发流程，因为它在新产品开发流程之前并且不管怎样都得进行。它为概念层面提供了信息、数据和战略方向。

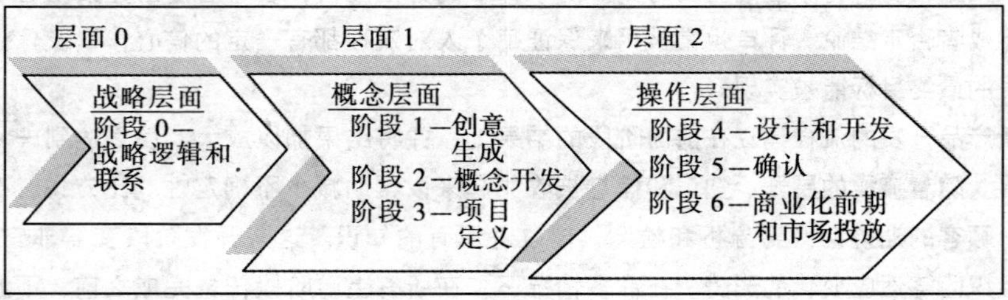

图 3.5　新产品开发流程的层面

概念层面包括新产品开发创意的形成，分析每个候选项目的潜力，概念的生成、开发和挑选，新产品开发项目的定义和计划等。概念层面是对新产品候选项目（潜在机会）的分析研究，是对它们的适合性、可行性和需求的评估，目的也是为了进一步开发和选择观念。观念层面基本上是低成本、低风险和适度的。层面 1 确实花费时间和精力，但是如果出现重要问题或者障碍，使得项目生存能力不确定或者过于冒险时，人们可以很容易地将工作转向，在很多情况下也可以重新开始。其基本的方法是找到可行的新产品机会，并定义它们的潜力，或者迅速发现不合适的前景，并在新产品开发流程初期就消除它们。

运营层面包括设计和开发产品，决策确认，开发和实施把产品带入市场的手段。这个层面包括工程工作、设计和生产流程、开发和执行营销项目、建立或平衡生产能力、财务分析等，用来支持决策和新产品开发项目。运营层面花费了大部分的时间和精力，包括对于新产品每个方面的全面分析。它基本上代表了将新产品投入市场所需要的投资的大部分。它还代表了与开发新产品相关的大量风险。一般说来，如果新产品开发项目结束或者不成功，许多分布在运营层面里的对特定领域的投资就变得几乎没有任何价值。比方说，营销项目常常要求为特定产品项目提供很高的前期开销，比如广告宣传册和设计，这个开销，一旦花了，如果产品失败了就不可能收回。

对于每个阶段，有些要求必须在进行下一阶段之前就完成。根据项目的实际情况，在整个新产品开发的流程中，在几个时间点上，管理者会决定项目是否继续。这些决策的基础是风险判断，而风险判断与项目本身、预期回报、成功前景、投资需求和项目执行能力等都有关系，当然，风险判断也会有其他标准。

新产品开发流程的 6 个阶段

新产品开发流程的前端阶段

新产品开发流程的前端是概念层面，用来确定什么样的新产品机会适合开发。它为产品和项目的需求确定了定义。前端流程基本上包括：生成创意、扫描新产品的机遇、发展有关概念和挑选候选项目，以及定义项目。

根据《产品设计和开发》的作者卡尔·乌尔瑞克和斯蒂芬·艾品格的说法，前端流程是概念开发阶段。他们把概念开发阶段的特征描绘为：确定顾客需要、建立目标指标、分析竞争产品、概念生成、概念选择、指标的提炼、经济分析和项目计划❶。A. 库拉纳和 S. 罗森塔尔将前端定义为更广泛的阶段，包括战略和机构的基础因素、市场辨识和技术分析之前的阶段、概念定义的 0 阶段、产品定义和项目计划的 1 阶段❷。

按照这本书使用的“标准”模式定义，将前端阶段分成战略层面和概念层面可能并不至关重要，但是对战略开发和概念开发方面的区别则对于管理者和实践者来说很重要。战略层面决定了整个企业管理或者战略管理系统的参与范围，因此更重要。概念层面或者前端阶段包括对机遇的基本分析，定义候选新产品和确定新产品开发项目的范围，因此这些阶段的因素对新产品开发流程分析机遇和挑选候选者是特定的。

---

❶ K. T. Ulrich and S. D. Eppinger, *Product Design and Development* (New York: McGrawHill, 1995, p. 18).

❷ A. Khurana and S. Rosenthal, *Sloan Management Review*, 38: 2, Winter (1997), 103. 整合了新产品开发中的模糊前端。

在对11家公司的研究中，库拉纳和罗森塔尔得出结论说，大多数公司有一个不必要的、不清晰的（模糊的）前端。他们建议说，产品组合计划应该用来在整个业务范围内描绘新产品的创意，并根据风险、时间和市场的成熟度来平衡对候选产品的挑选❶。不管你使用何种新产品开发流程，最基本要求是它应该包括所有必要的因素，并能描绘出整个的流程❷。

一个计划周全而且执行全面的前端对项目的成功十分重要。一般说来，创意形成、概念开发和挑选、新产品开发项目定义的前端阶段是分析导向的，需要时间和精力，但是对组织的资源要求相对较低。

图3.6描绘出前端和它们与新产品开发流程的关系中的关键因素。框架的目的是辨认基本要素，并将它们排列在清楚的框架内，使得实践者可以从头到尾加以遵循。一般流程可以经过修改来满足任何项目或组织的特定需要。比如，在某些高风险的新产品开发项目中，定义可能是项目的最初阶段，这样，需求的细节和组织情况可以在一开始就被确立。另外，新产品开发框架可以将创意生成和概念开发连接到一个单一阶段。因此，这个框架有许多变体。

设计和开发、确认、前商业化和投入市场等阶段

设计和开发阶段包括产品的最初设计、初步设计的检测和成型、挑选，以及产品设计定稿。在这个阶段要采取方法吸收顾客和利益相关者的意见。设计从分析顾客对产品特性、功能和利益的要求开始，产品设计时，所有参与者必须协调一致，甚至要包括顾客和利益相关者。

E. 雷蒙德·柯里——哈佛商学院市场营销学梅尔科尔姆·P. 麦克奈尔讲席教授说，市场选择和产品计划是营销战略成功的基本要素，他关于市场和产品关系的概念对于建立新产品设计的背景知识具有极其重要的价值。以下是柯里观点的一些要点❸：

- 一个市场细分可以定义为一群潜在顾客，他们对产品的感知、评价、使用和购买模式是相似的；
- 市场选择和产品计划选择常常一起进行；
- 价格的艺术是让产品的价格与产品为顾客创造的价值相等。

---

❶ A. Khurana and S. Rosenthal, *Sloan Management Review*, 38: 2, Winter (1997), 103. 整合了新产品开发中的模糊前端。

❷ 模糊前端中的一个主要问题是缺乏对新产品开发计划的重要性和新产品开发的迅速推进的重要性的清晰认识。投资太少，透明度不够。

❸ E. R. Corey, Industrial Market-ing, *Cases and Concepts*. 3rd edn (Englewood Cliffs, NJ: Prentice Hall, 1991, pp. 4 ~6).

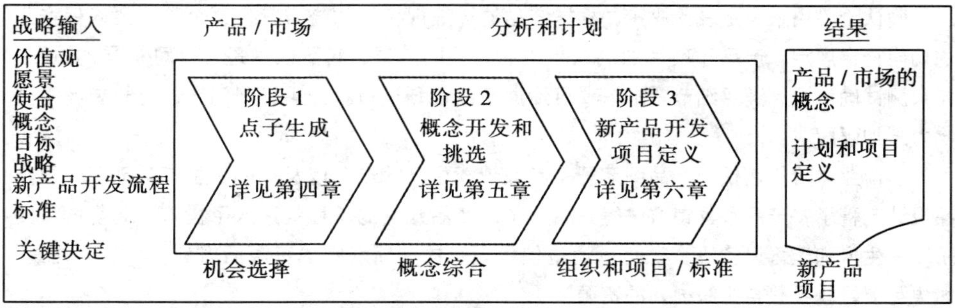

阶段	点子生成	概念开发	新产品开发项目定义	
外部因素				
市场	市场大小的评估	市场细分	项目定义	市场分析
利益相关者	法律法规 关键问题	驱动力辨识	利益相关者分析	利益相关者分析
供应网络	供应网络评估	物流的概念 资源分析	制造和购买评估	供应网络分析
竞争	竞争者评估	衡量竞争者	竞争分析	竞争分析
基础设施	要求 / 限制评估	识别连接	支持结构	基础设施分析
相关产业	相关市场分析	潜在合作者关系	支持联盟	潜在合作者关系
内部因素				
产品 / 市场	产品 / 技术评估	产品 / 市场属性	产品架构	产品计划
营销	市场研究 （短缺 / 需求）	顾客需要和要求	目标产品规格	营销计划
生产	资源评估	生产资源 平衡供应者	生产计划 计划	生产 / 物流计划
财务	目标重申 价值分析	单元成本估计 投资	财务目标	财务计划
组织	核心团队挑选 领导	组织设计	项目管理	管理计划
评估办法和标准				
市场	市场估计	市场分析	概念测试	市场筛选
技术	可行性	表现绩效	成功因素	技术筛选
经济	生存能力	单元成本	经济分析	经济筛选
风险	全面风险分析	投资风险	回报风险	风险筛选
时间	可行性	上市时间	项目持续时间	策略筛选

图 3.6　新产品开发流程的前端阶段（新产品开发的概念层面——层面 1）

在产品设计的复杂性方面，柯里的观察给了我们很多启发。组织所经受的挑战就是要根据细分市场的需要来设计和开发产品。计划和执行良好的产品设计和开发对于成功很重要。一般说来，在设计和开发阶段，要求组织在工程技术方面加以投入，然后使之成型。产品设计和测试常常需要大量的金钱和时间。设计和开发包括营销、生产和财务等相关的事宜。

确认阶段用来确定设计决策，根据产品的详细规格和物流方案，这个阶段要确保产品的功能符合规定。产品和项目的确认是组织想要的结果，它可以说是一个可扩展的过程，如果测试确认设计满足细节要求，项目沿原来的计划进行。如果出现问题，可能要花财力物力来加以解决。

前商业化阶段包括，产品细节开发和大规模生产活动，以及产品的营销活动。一旦产品设计定稿了，产品和营销方法得到展示了，产品开发的流程就进入了投入市场前的最终阶段。生产和运营设备等资源可以通过使用现存的和新获得的资源而得到。一般方法是，如果可能，就要整合组织内外的资源。

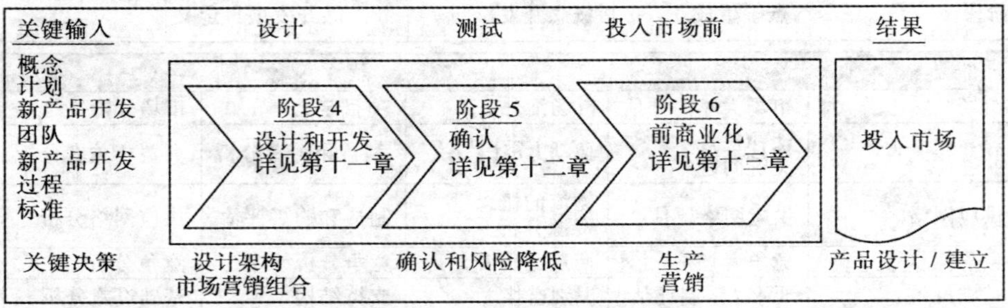

阶段	设计和开发	确认	前商业化	投入市场
外部因素				
市场	顾客需求分析	市场测试，α / β	市场细分测试	生命周期管理
利益相关者	生命周期评估	利益相关者评价	利益相关者实施	利益相关者反应
供应网络	供应网络开发	供应网络评估	供应网络实施	供应网络卷入
竞争	竞争决定	竞争评估	竞争计划实施	竞争反应
基础设施	基础设施开发	支持性结构评估	支持结构实施	支持结构反应
相关产业	合作关系/联盟开发	合作关系/联盟评估	合作关系实施	相关产业反应
内部因素				
产品	产品架构	原型引导测试	产品项目准备	产品管理
营销	营销项目设计	营销组合测试	营销项目准备	营销项目投放
生产	生产发展	制造引导测试	生产项目准备	生产/物流项目
财务	财务项目开发	财务分析敏感度	财务项目准备	财务项目
组织	协调工程/设计	组织评估	产品配送联系	过渡到产品配送
评估办法和标准				
市场	β 测试	市场测试	测试市场	市场绩效
技术	产品财务	成型	生产能力	产品绩效
经济	开发成本	价值分析	单元成本控制	价值命题
风险	产品风险	市场风险	商业风险	长期风险
时间	市场投放时间	不确定性	彻底vs.时间	产品生命周期

图 3.7　设计和开发阶段、确认阶段、前商业化阶段（运营层面——层面 2）

图3.7描绘了运营层面（阶段4到阶段6）的关键因素。它提供了基本因素，以及这些因素与新产品开发流程关系的综述。该图的目的是用文中的基本因素把需求放到一个流程之中。通过这种视角，该图有助于人们对新产品开发流程的全面理解。一般流程可以根据新产品开发项目的特点加以修改。

对新产品开发流程各阶段的评价

对于新产品开发流程各阶段的数量，每个公司都很不一样，它一般取决于产品项目的复杂性。新面世产品或者那些使用全新技术的产品要求有更复杂的流程，如果风险很高，就要使用考虑更周全的方法来保证所有关键因素都被考虑进去了。如果新产品开发项目同以前的项目很不一样，那么组织应该决定是否使用流程管理或者项目管理方法。流程管理的基本前提是企业有可以借鉴的经验基础❶。本章结尾部分的例子提供了新产品开发流程的可选方式。

标准化的新产品开发流程依赖组织当前的能力和知识，并在可能的时候将它们融合起来。既然大多数新产品开发项目同现存产品有关，以往的经验以及教训使得参与者可以减少流程和项目的风险和不确定性。

管理系统的感受对于控制结果很重要。流程通过技术、市场、经济和财务手段以及控制措施来保证取得符合要求的结果。如何确定这些手段或标准取决于产品项目的详细内容，对大部分而言，它们在项目定义阶段就被详细界定了。在有些情况下，它们是在战略层面被制定的。

管理层评审

指导委员会的目的

在大多数公司里，高层管理者对建立与实施新产品开发流程和项目有最终的责任。在大型组织中，高层管理者常常将新产品开发项目评估的责任委派给“指导委员会”或类似

❶ 本书的范围集中在标准化的（一般的）新产品开发流程上，该流程依赖于从内部或者外部资源获得的可利用技术的准备程度。当所用的技术取得的进步对新产品开发流程产生重大影响时，应当考虑使用项目管理方法，除非已经建立了完善的方法。

机构❶。指导委员会常常在新产品开发流程的范围内进行管理层评估；保证新产品开发遵守公司的政策、程序和目标，并决定要取得什么样的结果。指导委员会也负责计划和实施新产品开发项目，并批准项目领导和参与者的决定。它通过确定每个参与者的责任和权力、参与者之间的关系以及新产品开发流程内部的关系，来为新产品开发的领导和新产品开发团队提供支持。

指导委员会的目的是评审公司产品项目的进度、减少风险和债务、减少与管理新产品开发流程相关的成本、推动流程的不断改进、利用新产品机会对公司进行定位。它也通过定期评审新产品开发流程的绩效来决定它的适用性、充分性和有效性。它为政策、目标和内容指出变革的需要。指导委员会常常是组织实体，在每个单独的新产品开发项目的结尾阶段批准或者驳回决策。在许多组织，指导委员会确认新产品开发团队和领导的决定，而不是作出决定。这个理论认为团队和领导应该对新产品开发形势最为了解，他们的观点在大多数情况下应该被认可；同时，给实践者权力让他们像企业家经营自己公司或业务一样采取行动。以下是指导委员会的基本职责：

- 为组织提供所有新产品开发项目、流程、活动和实践的全面管理；
- 评估所有项目和新产品开发活动的绩效；
- 对项目、流程和人员进行必要评审；
- 保证实施必要的沟通、训练和教育；
- 为不断取得进展进行修改和变化；
- 将结果传达给高级管理层。

指导委员会确保管理责任，同时也是组织部门和新产品开发团队之间合作的催化剂。它提供指导、信息、动力和灵感。它联系外部顾客和利益相关者，并确保同各种外部实体有交流沟通渠道。它在整个组织内部推动新产品开发流程的所有权、责任和执行。它阐明了公司范围内新产品开发项目的优先权。表3.2列出了指导委员会的主要作用和责任。

表3.2 指导委员会的主要作用和责任

管理	主要责任
高级管理层	公司愿景、任务、价值观、目的和目标、管理理念、政策、程序和公司实践、战略方向、战略、产品定位、目标
新产品开发指	指导原则、新产品开发框架、流程计划和项目、新产品目标和目的、衡量和标准、筛选原则、风险管理、操纵限制和局限、管理评审、交流、更正和防范行为、持续改进

指导委员会防范、洞察和补救新产品开发中的问题，这些问题影响公司的整体绩效和声誉以及新产品开发项目的成功率。它强调通过建立计划和项目来改进绩效，并对结果进

❶ 不同公司对同样的机构可能有不同的称呼。斯坦利公司负责该评估的团队叫“项目评审部”。

行评估来验证是否实现了原来的设想。由于顾客和利益相关者期望的变化、商业环境和趋势的变化，以及技术进步和审核的原因，政策、目标和目的、程序也可能需要修改。

如果需要，指导委员会将决定组织需要采取的行动来确保实现所有承诺。它评审问题的根本原因，并评估补救行动计划。持续改进的概念是评审结果流程的重要组成部分。改进是通过针对政策、目标和目的的不断评估来实现的。

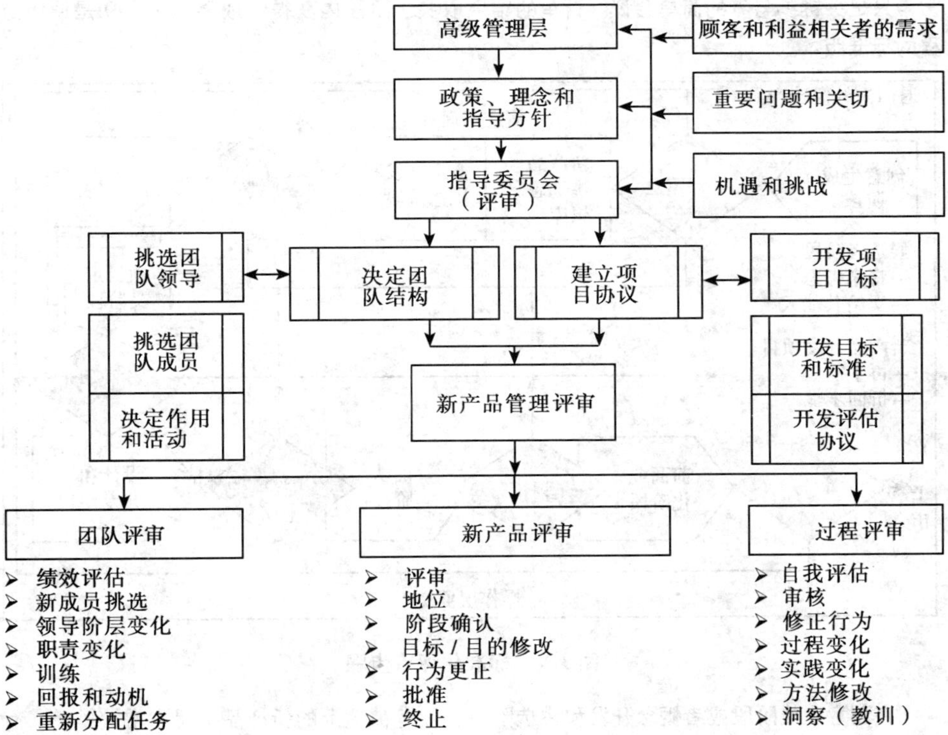

图 3.8　指导委员会的职责

图 3.8 是指导委员会职责的流程图。指导委员会提供报告或者其他交流机制来确保执行者对新产品开发项目进程有基本了解。有时候高级管理层在新产品开发项目中起到直接作用。如果项目代表一个重要挑战或者涉及高风险，就更是如此了。比方说，空中客车公司在空客 A380 上花了大概 100 亿欧元。这个投资不仅对资金流有重要影响，而且该产品也是公司战略定位的重要部分。

评审：管理者和参与者对进展的评估

“结束阶段”的评审是集成产品开发和新产品开发流程中最强有力的地方之一。这种评审帮助管理者和参与者对各个阶段进展和进入下一阶段的利弊进行全面考察。有时候，这些评审在一个阶段的流程因素中被执行，尤其是当要作出重要决定或是有重要考虑时。比方说，在投入资金建立新的制造设备前可能会进行一次评审。但是，这些评审一般仅仅在完成前面的阶段后才会进行。

指导委员会或者一个小公司的高级管理者参与到结束阶段的评审之中。评审流程快速连续，确定决策行为，并判断下一阶段的准备是否合适。理论上，评审很快可以完成。它常常只是关键参与者的简单会议。评审的结果取决于阶段内获得的成果。图 3.9 是评审流程的标准版本。

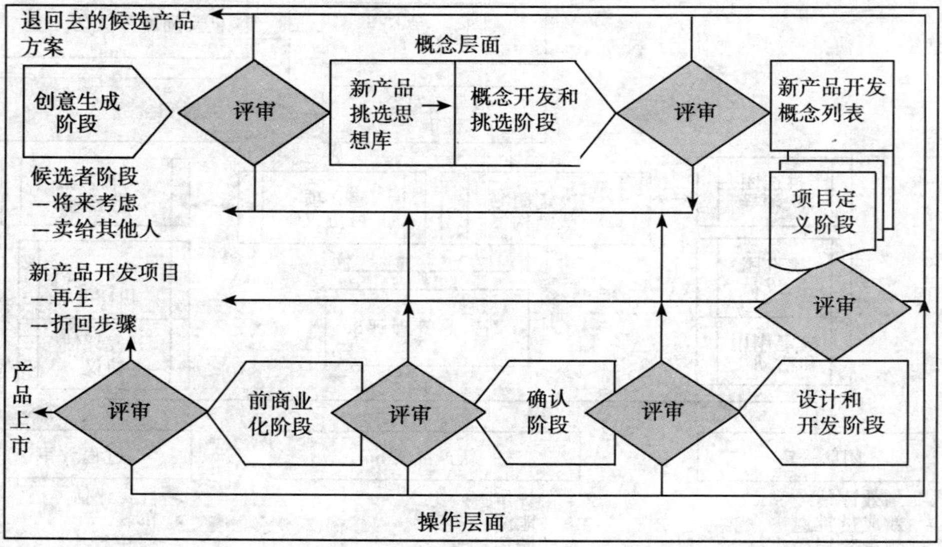

图 3.9 标准化评审步骤

在创意生成阶段或者概念开发和挑选阶段，没有被选上的新产品机遇常常被抛弃。有时候它们也会被保留等待以后再作考虑，尤其是如果它们没有被选上的原因是因为商业环境的条件不允许时。比较少见的是，候选机遇也可能会卖给其他人或者通过合伙方式来开发。项目定义阶段为将要转化为全面新产品开发项目的概念建立战略。项目定义阶段结束时的评审常常是简略的，因为选择的流程在概念开发和挑选阶段才会发生。

运营层面（层面 2）包括每个阶段末尾的评审。通常，它们的目的是确定一切活动是否进展正常。一个新产品开发项目在每个阶段中或结束时都可以被终止。基本上，如果发现问题或者困难，可以折回以前的一些因素或者阶段来更正问题。如果顾虑太多或者成功的可能性太小，那么新产品开发项目将不再进行下去。

新产品开发流程的部分案例

斯坦利工场的产品开发流程

1997 年 1 月 30 日，新上任的斯坦利工场总裁约翰·特兰尼对公司总部员工做了第一次讲话❶。斯坦利是一个有 155 年历史的耐用商品公司，有 24 亿美元的营业额。在讲话中，特兰尼发表了如下观点：

> 给领导者支付薪水的原因有三条：雇用合适的员工、配置资源，以及为组织建立执行力。我希望做好这三点。无论如何要将斯坦利变成耐用商品行业最好的新产品生产者。我主要的商业信条之一是“非胜即败”，为了我们的进步，当然需要在我们的管理理念和执行力方面发生实质性的变化。其中一些变化毫无疑问会带来痛苦。但是，最终，我们会将斯坦利变成我们参与的所有业务领域的世界级领导者。我们将会成为耐用商品行业的可口可乐公司。简单说，我们将有愉快的时光，我们将会赚大钱。总之，我们将获胜❷。

这次会议后的一周内，斯坦利打造了一个新产品开发特别行动小组来改革产品开发活动，特别小组考察了几个高绩效的制造公司（3M、HP、Rubbermaid）的产品开发流程（PDP），学习的目标是从中选用“精品中的精品”模式，并由此开发出世界级的产品开发流程。所选中的产品开发流程建立在阶段－关卡流程的基础上❸，它包括特定标准、里程碑、批准、跟踪和详细的文件等。其中，最重要的方面是应用测量推出市场时间的标准、共同的电脑辅助设计（CAD）平台和跨职能研发团队。

斯坦利的理念建立在跨职能团队方法的基础上，每个团队都有来自工程、营销和制造部门的参与者，大多数团队都有来自财务、销售、顾客服务和人力资源部门的代表。

---

❶ 特兰尼成功地将通用电气医药系统公司转变成为一家年收入超过 40 亿美元的全球化商业公司。他离开通用电气后成为了斯坦利公司的首席执行官。

❷ C. Harrison, The Stanley Works-claunching new-product development process. Unpublished (1997), 1.

❸ 关卡是指一个阶段末的评审流程，这时结果已经揭晓，需要对是否继续往下作出决定。这和 R. 库珀的观点类似。

斯坦利公司利用“关卡”理念和“阶段”的概念来形容批准的流程。该公司利用“关卡”来评审特定的新产品开发项目，并确保它与公司主要目标之间相匹配。斯坦利要确保不会同时投入过多的新产品，防止降低成功的可能性。对每个项目的系统性评审保证管理到位、资源配置合理。斯坦利用产品创新作为自己在竞争中区别于对手的手段，这也是组织的竞争力之一。

图 3. 10 是斯坦利的产品开发流程的精简版，斯坦利的产品开发流程是本文所使用的“标准的”模型的很好的例子。

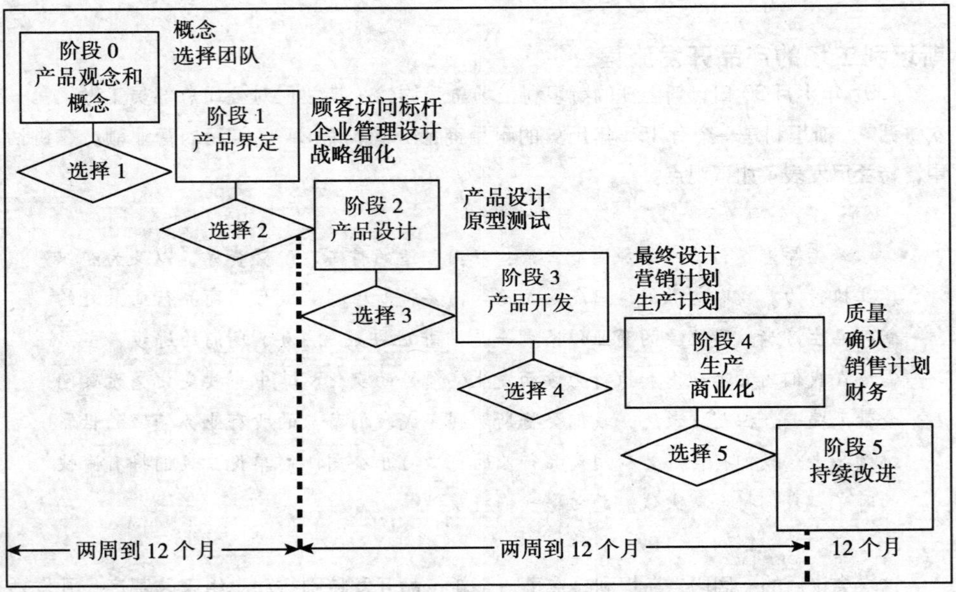

图 3. 10 美国斯坦利工场的产品开发流程❶

六西格玛设计（DFSS）流程模型❷

六西格玛设计（DFSS）概览

摩托罗拉，IBM，德州仪器，富士施乐，后来合并到霍尼韦尔的美国联信，以及通用

---

❶ C. Harrison, The Stanley Works. 图中显示的产品开发流程来自于原始文件，该文件包含了更多的细节。在此感谢斯坦利公司的支持。

❷ K. Simon, DMAIC 与 DMADV. www. isixsigma. com. library. content/c001211a. asp. P. Waddick，六西格玛 DMAIC 引自 www. isixsigma. com/library/content.

电气公司，还有其他几家财富500强公司都采用了以六西格玛为核心的新产品开发方法❶。通用电气是最早的财富500强公司之一，今天它在财富500强中名列前十。通用电气在创新和改革方面有很悠久的历史。在杰克·韦尔奇任CEO期间，通用电气因为寻求完美而且努力追求最好而著名，它是坚持不懈地改造自己形象的公司的楷模。

20世纪80年代后期，通用电气就修订了其产品开发流程，以改进开发周期。它通过多功能协同定位（co-located）小组确立了“由市场驱动的产品开发”。通用电气从新流程中取得了一定的成功，但是单个组织难以让新产品开发小组集中精力于产品开发而不做其他事情。

韦尔奇对该成果不满意，他挑战通用电气，并使之成为一个运用六西格玛方法的公司。1996年，通用电气设计了自己的产品开发流程。它改进了六西格玛体系，使之不仅适用于生产运作，也适用于公司的创新流程❷。其目标是传递可计量的质量改进，质量改进对消费者（对质量很挑剔）来说很重要，同时也是降低成本的内在要求。通用电气决心成为“六西格玛”公司，最终将“六西格玛”引入其设计流程，而演变为六西格玛设计（DFSS）新产品开发的方法❸。通用电气宣称通过六西格玛设计，他们在1999年节省了两亿美元❹。

六西格玛代表了全面质量管理❺与新产品开发流程的整合。新产品开发流程通过给顾客提供满足他们确切需求的产品，消除使得收益下降的产品缺陷或流程缺陷。六西格玛设计是一种以流程为主导的方法，其目标是对与产品改进和产品开发相关的要素进行高水平要求。它提供了一种系统的方法论，通过这种方法可以获取更好的质量，世界一流绩效，同时可以拥有较高的消费者满意度和利益相关者满意度。

DFSS包括两种版本的新产品开发，具体是哪个版本，要视目标是设计新产品还是改进现有产品而定。对新产品而言，DFSS流程即“DMADV”；它是一个五阶段流程，包括“界定（Define）、测量（Measure）、分析（Analyze）、设计（Design）和验证（Verify）”5个要素。另外一个模型是改进现有产品和流程的更简单的方法。渐变的改进流程包括以下几个要素：“界定，测量，分析，改进，以及控制”（DMAIC）。它用于现有产品的

---

❶ M. Barney, Motorola's second generation. Six Sigma Forum Magazine, 1：3, May (2002). 该杂志刊登在 www. asq. org/pub/sixsigma/past/voll_ issue3. 六西格玛是一种统计术语，代表大约百万分之三的缺陷率。六西格玛水平意味着产品和工艺满足99.99966%的客户。一家四西格玛的公司每百万件约有6210个缺陷。TQM和六西格玛概念在第七章中有更详细介绍。

❷ M. Goldstein, Six sigma program success factors. *Six Sigma Forum Magazine*, 1：1, November (2001).

❸ S. Fellenstein, Dishing up success: Six Sigma helps create GE's latest dishwasher. *Quality in Manufacturing*, October (1999).

❹ B. Hayer, Six sigma critical success factors. www. isixsigma. com/library/content/c0415a. asp.

❺ 在第七章中具体讨论了TQM的细节。

细微改变。

DFSS 模型是进入 21 世纪转型的一部分。这些新产品开发流程既优越又很简单明了。DFSS 聚焦于新产品开发的本质部分。它包括新产品开发的基本框架：前端的“界定，测量，以及分析”以及后端的“设计与验证”。DFSS 模型代表了一种综合模型的发展演化，该模型涵盖了真实流程的基本要素。它有着六西格玛质量的包罗万象的方法论视角，因而它同时具有分析层次和发展层次。DFSS 最为重要的洞见就是集中关注关键质量（CTQ）要素。预防、监测以及矫正错误行为成为了质量管理的口头禅。这些观点出现在本书的管理理念的讨论与方法讨论中。

渐进式“产品开发”流程——五阶段 DMADV 六西格玛方法（界定，测量，分析，设计，以及验证）

DMADV 是旨在产品开发的 DFSS 架构（construct）。DMADV 流程包括 5 个相互联系的阶段：“界定，测量，分析，设计，以及验证。”

DMADV 通过“设计和验证”两个阶段满足需求与目标，这两个阶段取决于创造力与新的方法。图 3. 11 给出了 DMADV 流程基本要素的一个简介。

界定阶段类似于新产品开发流程的构想层次。它确定计划的范围，包括组织上的考虑。最为重要的步骤是确定管理系统的边界以方便测量与分析。那么该系统的要素是什么呢？其目标以及赋予的优先权又是什么？

界定阶段确立计划的时间范围。它界定了计划的生命周期并且把目标转变为可执行的计划。一般而言，界定阶段包括为执行计划建立一个组织框架。组织框架是依照一定的章程设置的，所依据的章程可以沟通参与者与外界商业环境。该章程界定了行为的角色与责任、必要的资源，以及时间长度。

测量阶段确定目标与衡量指标，这对顾客与利益相关者而言都很重要。根据对商业环境的初步评估，组织总结产品可能的改进机会，优先考虑需求与期望，并且为分析阶段准备初步的产品说明书。

要关注外部因素，要确保计划能满足委托人的需要与期望。它按照指定标准检测其他竞争者的产品，通过对比竞争产品来改进自己的产品，以避免竞争和新技术妨碍既定目标的实现。

这个阶段要对定性的和定量的数据、信息进行检测，判断它们在何种程度上满足顾客的期望、利益相关者的期望、利益团体的期望、雇员的期望，以及管制机构的期望。检验包括评估何种衡量方式可以用于解释管理架构的效果。这涵括了环境管理、风险管理、竞争优势、现金流管理，以及决策效率等方面。

支撑测量阶段的许多数据与信息可能早已经存在于组织内部。已知的信息与数据以及可验证的质量可为绩效评估提供合理的基础。要确保数据收集方法、模型化技术的有效性，适当的质量保障功能必须到位。如果是对外报道的信息，这点尤为重要。

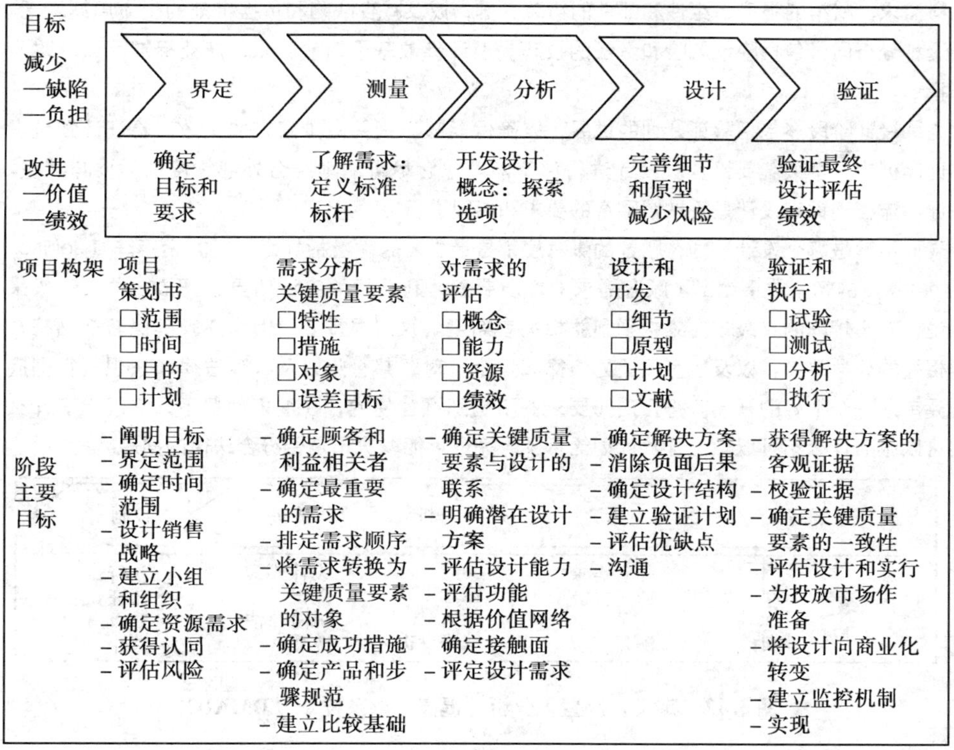

图 3.11　五阶段 DMADV 六西格玛方法

分析阶段可用于选择最有利于产品改进的机会。分析阶段能让管理者应用关键质量阶段的因素、组织的原则，以及持续改进的构件对产品的表现进行评估。评估认为绩效与以下因素相关：（1）对象（the objectives）、目标（goals），以及衡量指标；（2）行业评估；（3）标杆管理以及做世界一流的公司；（4）其他产品、运营以及场所。为了寻求改善的机会，评估应包括绩效测试。这包括检测与政府指示或者顾客期望不相符的不合格之处，找出尚未解决的问题，并且确定负面影响很大的因素。

无论是清楚地表述所确定的计划，还是执行计划并获得组织的接受和承诺，分析阶段都是必不可缺的。它要求对产品与流程，以及与此相关的所有流程进行广泛而详细的分析。该阶段包括能力评估，以确保组织有能力执行该计划。如果有能力缺陷，那么必须识别并调动消除缺陷的措施。如果缺陷有所减轻，所选定的计划将向下一个阶段推进。如果无法减轻缺陷，则需要修订或者终止计划。

在设计阶段，初步的设计构想将转变为产品说明书和详细的策划指示以及界定产品的物理层面的构图。策划将整个产品的工作架构分解成零部件（通常被称为工作分解结构），然后将这些零件组建为部件和组件、模型，以及最终产品。详细的策划需要计算准确的材料需求、材料的强度、组件和部件的组装安排，以及减少缺陷和负担带来的生命周期考虑。这种分析同样包括降低风险和责任的技巧。设计参数基于绩效要求、产业标准，以及政府指令。

设计阶段还包括验证计划的进展，以确保能够识别并减少潜在的失败。验证计划是设计序列中一个关键要素。对设计进行评审能确保它尽可能地结合外部维度的需要与期望。评估流程则评审设计是否按照顾客的要求和愿望进行。

不管是哪个设计计划，顾客的满意度都是最重要的衡量指标之一。方案矩阵（solution matrix）的初步效果给出了顾客需求的本质要素。利益相关者评估更为开放一些。一般来说，方案矩阵的次级效应集中于利益相关者期望。政府很重要，因为必须确保新产品符合相关的公共政策，以及所有相关的法律和法规。对联邦、州以及国际法律和法规进行彻底评审是一个很好的开端。符合法律要求并不是那么容易的，在很多情况下，它规定了什么可以做而什么不可以做。开发计划能否及时完成可能取决于是否符合法律的问题。

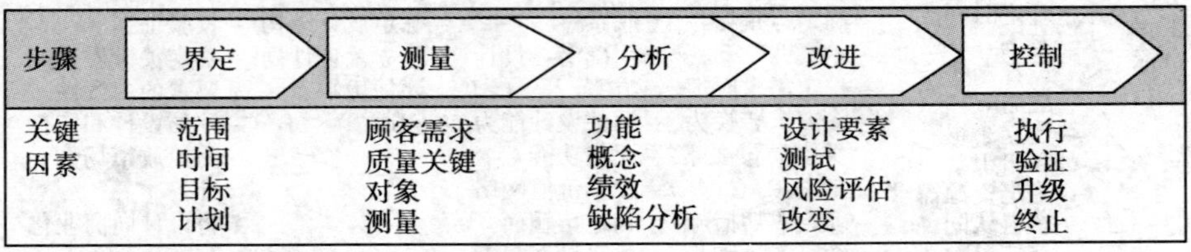

图 3.12　定义，测量，分析，提高，以及控制（DMAIC）

验证阶段包括制造产品原型和建立试验工厂，以测试设计的有效性以及新产品在商业环境中的匹配程度。其目的是保证产品在预期应用中有出色的表现，潜在的缺陷和负担得到显著的减少，并降低风险。本质上，验证阶段是在产品开始投入大规模生产前，证实其质量水平和性能特征。如果发现问题，将能够比较轻松地以低成本重新调整。设计验证技术需要花钱，但通常是有成本收益的。在生产和销售产品之前克服困难并减少缺陷减轻负担，这不仅降低了风险和成本，提高了价值主张，而且提高了财务状况。

渐进式“产品改进”流程——五阶段 DMAIC 六西格玛方法流程（界定，测试，分析，改进，以及控制）

DMAIC 流程用于简单的改进计划，这种计划能引起现有产品的渐进改进或改变。DMAIC 用于衍生和改进，不用于新上市的产品或激进的创新。一般情况下，DMAIC 的重点在改进收益或减少缺陷并减轻负担。图 3.12 描述了 DMAIC 流程。除了主要关注简单的改进之外，DMAIC 的其他要素与 DMADV 很相似。

单一的职能部门或者两个职能部门的联合努力通常就可以完成 DMAIC 项目。

监测新产品开发流程

在一个新产品开发计划的开发周期中监测新产品的开发，在这个流程中，新的产品、流程以及涉及的人员能从经验中丰富自己并获得显著的收益是很重要的事情。监测流程要评审计划进展并且对照内部参与者与外部委托者的期望。探知这种监测结果的方法有许多，列举如下。

首先，简单的检查就可以确定一项活动或许多活动是否完成。就指导参与者以及确定工作是否完成而言，第六章中所描述的评审表或模板都是很有用的方法。测试是从外部角度确定工作是否完成并确认结果的正确性的另一种机制。通常而言，测试的成本更高也更耗时间，但是它提供了更高水平的确信度。比如说，让顾客在实际的一般环境中使用该产品，就提供了极好的验证，因为这样的测试是基于顾客的典型运营条件的。这样的测试给管理者和参与者提供了数据来源，通过这些数据可以对结果进行定性分析，可以更准确地确定成功的前景。

测量和衡量指标在持续进步的基础上带来了成功。比如说，产品的目标成本（targeted cost）可作为一种衡量指标。因为产品的预计成本（projected cost）是随时间被不断重新评估的，确定产品的成本就会给人一种感觉：成本结构是向一个确定的点靠拢呢，还是向更大的不确定性发散？在新产品开发流程中，前者给参与者以小“赢”的感觉，后者则说明要继续走在成功之路上就必须做额外的工作。同时，它也为关乎预期现金流（prospective cash-flow expectations）的财务计算提供了信息和数据。产品接受的单价可能有上限；如果预测表明单价超过认可的价值，那么可能要重新评估新产品开发计划或者终止该计划。运用衡量指标进行评估的目的是在流程中尽早发现潜在的问题并且采取正确的行动。这些评估还给以持续不断的反馈，为新产品开发流程的生存能力提供证据。因为关键计划的衡量指标向积极方向靠拢，所以在该阶段结束时评论的结果通常也是积极的。

时刻惦记着新产品开发流程的基本要求，这很重要。这些基本要求中的某些可能会作为计划成功与否的衡量指标，同时也作为计划是否进入正轨的指示器。表 3.3 列出了新产品的一些基本衡量指标。该列表并不完备，它只不过讨论了开发流程中所使用的更为基本的衡量指标。事实上，新产品开发流程中的最重要的一个活动是选择合适的测量和衡量指标，用于对计划进行评估。假定该选择取决于计划和产品的类型，那么要得到一个一般化的方法是很困难的。下面用粗体字突出的衡量指标是关键的测量指标，同时也是使用最频繁的衡量指标。

表 3.3 新产品开发的基本衡量指标

	产品/市场相关	新产品开发计划相关
市场相关	**目标市场规模（收入/单位）**	**进入市场的时间（月）**
	产品线/规格	核心能力
技术	**性能与质量**	不确定性
	健康与安全问题	产量（投入产出比）
经济	**单位成本目标（美元）**	对变化的敏感度
	性价比（价值）	生产率
财务	**潜在边际毛利（%）**	开发成本
	要求的回报率（%）	**风险（形象/声誉/其他）**

基本的衡量指标用于评估新产品开发计划的进程及其成功的可能性。虽然组织可能会用到许多测量，但选择哪个衡量指标取决于新产品的类型及其潜在的生命周期。下面给出新产品的设定中如何应用每种衡量指标的更为明确的观点。

- **目标市场规模**：市场规模是总现金流期望的一个关键要素，与产品的成本与产量相关。如果潜在的市场比预期的要小，预计的收入则会减少，同时利润也会受到影响。许多案例表明，固定成本的相当一部分需要一定的销售量来抵消。此外，成本通常与产量挂钩。如第八章所讨论的，考虑到学习曲线和经验曲线（experience curve）的应用，单位成本通常随着累积产量的增加而降低。除非市场足够大并达到可接受的成本点，否则产品定价可能要高于顾客的支付愿望。无论是哪一种情况，现金流的减少都可能威胁到新产品的生存能力。假定市场规模最重要的影响在于潜在的销量和相关的财务影响，那么它就是判定成功前景的最佳衡量指标。
- **规格（specifications）**：实现顾客或利益相关者的期望必须有配套的规格特性。最好的例子是美国军方要求设计要基于"军标"（mil specs）。与联邦政府合作的承包商必须服从这些官方说明。政府的法令法规可以授权某些原料的使用而禁止其他材料的使用。例如，美国环境保护署颁布法规淘汰氟利昂（CFCs）。开利公司生产的无氟环保（CFC-free）空调满足法规的要求。这种满足顾客或利益相关者的专项需求的能力或许是成功与否的关键。
- **进入市场的时机（time to market）**：进入市场的时机是一个关键因素。对生命周期较短的产品而言，有一个预定的截止日期尤为重要：进入市场的时间稍微晚一步则都意味着现金流的减少，而且这个流程是不可逆转的。例如，计算机产品和电子设备通常是基于有固定更替期的技术平台的。基础技术的供应商，比如英特尔的奔腾微处理器，其技术有固定的生命周期，并且按计划周期性地改进。如果市场的总生命周期由外部条件确定，那么进入市场的时机是一个基本的测量指标。

  如果必须面对或者克服竞争压力，进入市场的时间同样很关键。对某些新产品种类而言，第一个进入市场的企业有机会占领市场份额，而晚一步者则很难再占领这些市场。拿医药产品来说，如果第一种产品效果不错，医生们通常懒得试用第二种新产品。第一个进入市场的生产者通常获得成本优势，直到其他生产者达到相当的产量。只要成本与产量之间存在强的反向关系，早进入市场是很有影响力的。

■ **能力**：如前几章所述，核心能力是必要的。关键优势是市场知识与对顾客需求的理解。技术创新的主要精力集中于技巧的研究与开发以及组织的技术能力，而产品创新主要关注市场需求、市场技能，并分析财务状况。新产品必须尽快融入产品分销系统。内部的中心要求是策划、市场、生产、供应网络管理以及财务的产品分销能力。

■ **性能与质量**：对于性能和质量，可以用同样的口吻说，它们通常由产品的属性或者产品必须遵循的条件来规定或设定。宝马公司制造出新的 Z3 型（已经被 Z4 型替代）运动汽车时，这种运动汽车必须满足一定的性能要求，以保证该车能归入运动汽车类别。这样，Z3 必须有在 6 秒内把速度从 0 加到 60m. p. h（约合每小时 96 千米）的能力。质量通常是顾客强加的要求，新产品必须依据认可的条件达到规定的要求。

■ **健康与安全风险**：对许多产品而言，要考虑到减轻它们对环境、健康与安全可能产生的后果。与环境法规、健康与安全法规相协调是所有公司必须达到的底线。然而，管理工作不能建立在假定已经与法规协调一致的基础上。今天的环境法规如此复杂，以至于与之协调（或者满足利益相关者的期望）已经变得很困难。对产品的关注——与环境问题相关的关注，重点在防止污染，减少废物，以及可持续发展方面不断在增加，其关注的焦点在于需要一种普遍接受的方法，以研究产品的整个生命周期对环境的影响，用流行语说就是“从摇篮到坟墓”的分析。所谓的“产品生命周期评估”或者简单说“生命周期评估”（LCA）——也可以理解为资源与环境背景分析或者“生态说明书（eco-profiling）”，被广泛认为是一种环境管理工具，因为被认为是环境争议中的更为中心的角色是产品而不是制造流程。这个话题将在第七章作更详细的讨论。

那些承诺要将其产品和服务对环境的影响最小化公司，必须从这个基础开始，并且确保它们的环境管理问题得到适当的解决。如果期望投入的时间与资本等资源有长期的回报，必须发展环境友好型产品和流程，这可以通过避免环境问题和环境责任而迅速得到补偿。然而，积极的成本收益难以得到证实，因为节约是基于减少成本的。

该标准通常使用现有的产品作为基本线，按照产生的（或不产生的）有害废弃物、总排放量以及与安全相关的事宜等规定所要改进的程度。这些方法的目的在于节省成本，减少责任，满足利益相关者的要求，并且增加市场潜力。

■ **不确定性**：不确定性难以量化。这种衡量指标可用于描述组织所能够承受的不确定因素的数量与层次。一般而言，正如信息与知识可以通过计划的发展而变得快捷便利一样，随着不确定性的降低，计划将获得成功的信念也会增强。这样，就会存在技术、市场以及商业风险可以接受的领域，以及不可接受的领域。接下来的章节会更详细讨论这种构成。简言之，存在着典型的不确定性与风险收益的关系。

■ **产量**：产量描述了与用于产品生产的投入量相关的有用产品（物质）的数量。产量越高表明生产流程越顺利。这不仅与技术相关，同时也与经济性相关。如同产出的有效性和其他衡量指标一样，产量是对产品的生存能力的一种测量。例如，如果生产设备在技术上足够成熟，并且从废轮胎中橡胶的回收率超过90%，那么从废轮胎中循环生产橡胶将是技术可行和经济可行的。低产量不仅影响了高质量回收利用橡胶的数量，而且增加了剩余材料的安置成本，因为受到了轮胎中不锈钢纤维的污染。

■ **目标单位成本**：一个最重要的衡量指标是目标单位成本，尤其对生命周期较长的产品而言。几乎每一件产品都有其相对应的成本。如果成本太高，则毛利太少，不足以获得利润；如果成本太低，则意味着遗漏了某个属性或因素。在新产品开发流程中，目标单位成本必须尽快计算出来，为必须做什么以及能做什么提出一些洞见。产品开发不是一个开放的流程，它有一定的约束，而且这些约束是真实和重要的。目标单位成本是最重要的因素之一，而且它必须满足非常苛刻的限制，尤其是上限。

■ **性价比**：性价比或价值这个构想在新产品开发流程中扮演着非常重要的角色。顾客追求收益并且期望产品性能满足自己的需求。他们希望产品的性能和质量是内置的(built-in)。性价比是顾客从给定的价格水平中得到的价值的一个简单的衡量指标。这种指标与购买个人电脑很相似。

■ **敏感度**：敏感度是与其他衡量指标相关的衍生指标。与其相关的是关键经济因素与新产品开发流程中所做的决策之间的相互关系。在某些情况下，可以通过提高开发成本以加快进入市场的时间。当市场机会存在内置的约束时，敏感度非常重要。类似地，为了达到更好的性能，可能会接受更高的单位成本。

■ **生产率**：生产率是管理系统和生产资源的一种衡量指标。管理系统应该基于一种整合方法，强调计划性和分析性，以发现并解决在计划的攻关阶段中出现的问题。

■ **潜在的毛利**：这是一个简单的衡量指标。它与单位成本和销售价格相关。高毛利为开发市场的分销项目提供了基础，同时也支持产品在市场中的引入与发展。

■ **回报率要求**：大部分组织都规定了资本的回报率。通常情况下，这个数值是资本成本的加权平均加上与NPD计划相关的内在风险的附加值。资本成本的加权平均表示为：

负债成本 X 资产负债率 + 权益成本 X 权益百分比

回报率要求通常是计算净现值（net present value）的折扣系数，以确定可接受的财务回报。更详细的讨论见第六章附录。

■ **开发成本**：开发成本是产品投入市场并在市场中生存所需要的总投资。它包括工程、生产并销售产品所需要的成本。同时它包括融资项目的成本以及收支平衡之前发生的预期损失。它可能还包括存货投资以及配送存货所需的成本。开发成本被视为投入新产品的必要投资。它可简单表示为投入产品的开支现金流（outgoing cash-flowing）。

- **风险**：风险是比较宽泛的衡量指标。它通常与新产品开发计划的财务风险相关；比如说，风险通常可看做进入新产品开发计划的总投资。然而，实际的风险可能比总投资要高。低质量的产品可能毁坏公司的形象及声誉。如同道康宁（Dow Corning）案例所涉及的硅胶隆胸一样，产品责任索赔要远比公司价值重要。接下来的章节会更详细地讨论风险评估。

有效的衡量指标可以使管理层追踪并评估新产品开发的性能，并且使得新产品开发计划能按时完成。衡量指标必须是动态的和有弹性的，否则无法反映变化的商业条件。衡量指标可能取决于对竞争对手、同行以及相关商业的公司的行为和先前计划的结果的标杆学习。用数量恰当的衡量指标进行监测可为新产品开发的绩效评估提供一种平衡的多维度方法，这样可以保证某个部门的既定目标取得的进步不是以牺牲其他部门的利益为代价的。监测流程包括绩效测量的选择；集成、分析的程序，对与绩效相关的数据与信息的报道；以及管理者与参与者对数据的理解。总之，其目的是找出潜在的问题并解决它们。

支撑测量流程的许多数据与信息——比如，风险评估、财务数据，以及存货数据可能早已存在，是日常的组织行为的一个结果。已知的信息与数据以及可证实的质量可用作评估新产品开发计划绩效的合理基础。必须有合适的质量保证和/或者质量控制功能，以确保数据收集方法和模型技术的有效性。对于对外报道的生产流程的信息而言，这一点尤其重要。

组织因素

一个简化的新产品开发内部关系图

分配到新产品开发流程的人员通常嵌在组织的结构之中。新产品开发成功与否取决于一个组织的所有关键职能部门的投入如何。因为无法画出新产品开发流程中出现的所有关系，图3.13给出了一个简化的NPD内部关系图示❶。它简述了主要的相互关系并且列出

❶ 这幅图用于勾画出典型的或说最重要的关系。对大多数公司而言，结构复杂难以在一幅图中表现出来；即使该图也是很复杂的。

了部分的次要关系。

这个关系图说明了职能部门、产品开发计划以及组织（团队）之间的关系。新产品开发计划应该与所有必要的职能部门有直接的相互关系。最为重要的是，它必须与潜在的和/或现有的顾客直接相关，以获得有关新产品机会的信息和数据。我们将在后面章节中更详细地描述各个部门的关系及贡献。新产品开发流程界定了相互关系并且指定了角色和责任。

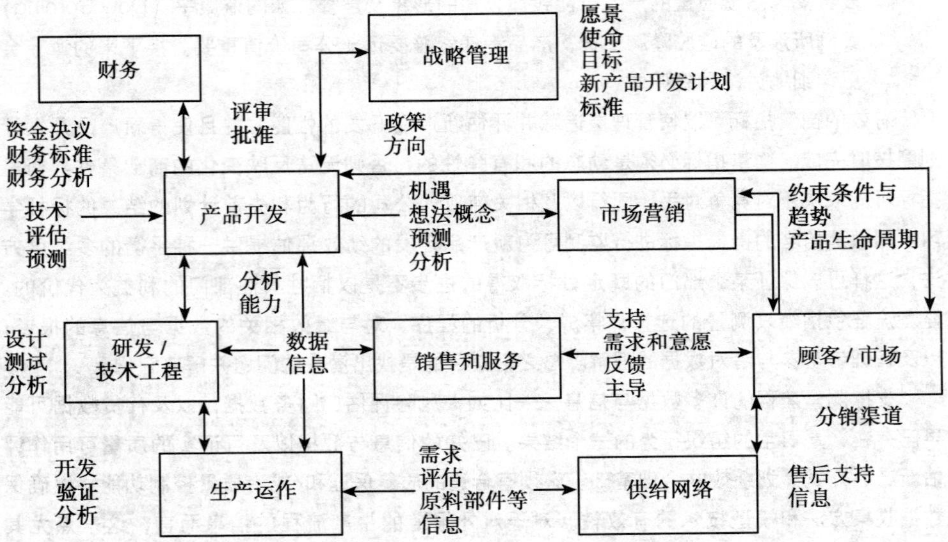

图 3.13 简化的新产品开发关系图

跨职能整合

新产品开发需要有一条合作的途径，以管理新产品开发流程以及所涉及的每个人员。开发新产品包括各管理部门以及所有参与者的承诺。投身于新产品开发流程的人员必须有耐心并能坚持到成功。对新产品开发流程及其目标，每个人都必须有一个共同的念头，他们必须相信成功是可以实现的。然而，他们必须留意衡量指标所揭示的是什么，当所有指标都表明商业环境或者其他关键因素妨碍他们获得梦寐以求的成功时，要避免他们的自尊心影响他们的决策选择。一种新产品的失败不能被看做个人的失败，认识到这点很重要。

新产品开发组织利用的是横向的组织结构，其焦点在于流程和活动。跨职能小组是典型的结构，因为它在一个共同的基础上促进了人员对活动的参与。跨职能小组整合确立了一种组织方法，以期在高度交互的产品创新环境中达成合作。通过策划并执行计划，从而形成跨学科小组，它能够提高参与者的技巧与能力。小组的重点在整体结果（overall results）、卓越质量以及创造力。小组成员建立完成工作的基础，设定优先级，指定设计与开发活动，评定可选项，并且评估所得结果。

跨职能小组连接了下游活动以及上游决策制定。关于下游的能力与局限的有关知识使得小组成员能够选择解决方案，这些方案不仅适合某个职能部门，更重要的是适合整个计划的需要与要求。上下游参与者之间的合作能使小组减少实现特定目标所需的结合点。依次排列小组中只有必要的时候才雇用参与者，与之不同的是，集成产品开发流程中的跨职能小组是在共同的基础上完成它们的任务。这就大大减少了交流成本，因为参与者之间存在相互关联的作用，交流与碰撞流程丰富了小组的灵感，促进了洞见的产生。

要实现有效的团队合作并达到世界领先水平的绩效，合作流程是极其重要的。除非制定了完美决策的技能、知识以及信息，否则参与者无法完成任务。合作能够确保知识作为流程的一个要素，能够从一个阶段高效率并有效地传送到另一个阶段。同时，合作意味着尽快解决流程内部的冲突。这样很难出现困难的局面，因为下游参与者介入了上游决策。

跨职能小组并不是一颗魔弹（magic bullet），它只是一个有效的机制，它能便捷地联系新产品开发流程中所要求的所有活动。合作可以缩短新产品开发流程，因为通过合作可以减少完成工作所需的沟通。因为工作的并行关系，它将文档工作与学习要求最小化。只要人们经常面对面交流，困难就变得容易管理，问题也能够解决。把问题带到公开的交流场合打开了对话的渠道，并提升了决策水平。

所有的参与者在一个共同的基础上分析设计决策的要求，能够为诊断并解决计划中出现的意外情况或变化提供快速的机制，从而加速计划的进程。运用跨职能小组是达成决议的一种平衡途径，因为不同的观点（参与者分别来自策划，营销，生产，以及财务领域）都是决议的一部分，也是对决议含义的理解。

小组的基本构成

确立新产品开发小组是新产品开发流程最重要的要素之一。这一般在新产品开发流程的早期就开始了，其目的是获取所有可以获得的知识，并且确保在不确定因素极多的前端阶段能够有一种非常广阔的视野❶。

新产品开发小组的参与人员通常包括来自工程、设计、技术、营销、销售、售后支持、生产、流程开发、质量以及财务等部门的人员。参与者贡献其自身专业特长及知识，通过平衡的方法实现决策制定。

构架新产品开发小组的模型有很多。最为公认的可能是维尔赖特和克拉克在他们的书《产品开发革命》中提出的模型方法❷。他们提出了四种类型的小组：职能的（function-

---

❶ Project Management Institute, *A Guide to the Project Management Body of Knowledge*, p. 94. 项目管理研究院标准委员会宣称“作为最初阶段的一部分组织计划已经完成”。

❷ S. Wheelwright and K. Clark, *Revolutionizing Product Development.* Quantum Leaps in Speed, Efficiency and Qality（New York：Free Press, 1992, p. 191）.

al)，轻量级的（lightweight)，重量级的（heavyweight)，自主的（autonomous)。项目管理研究院标准委员会（Project Management Institute Standards Committee）认可类似的小组类型，即：职能的，“项目化的”，以及矩阵（matrix)[1]。矩阵组织可能是弱的，平衡的，或强的，类似于维尔赖特与克拉克的分类。

一个职能小组中，工作是由各个职能部门完成的，职能部门的经理指导工作的范围。职能管理负责投入与产出。这种方法通常为新产品开发流程带来高层次的专门技能，因为职能部门有能力完全掌控资源。主要的问题在于职能管理与新产品开发计划的控制之间的协调。通常缺乏一种长期的指导与控制而导致开发周期变长以及平衡失调。

轻量级的小组有一名计划或项目经理/领导，他通过联系各代表，协调职能组织的工作。计划或项目领导对工作及人员的影响力很有限。在工作及个人贡献方面，部门经理依然扮演很强的角色。这类小组似乎是集成观点的一种改进，因为整个新产品开发流程中存在个人的责任，并且单个贡献者有新产品开发计划的判断力。它依然是基于小组的方法中较弱的形式，因此事实上是一种轻量级的方法。

重量级的小组有一名经理或领导，他负责该计划或者项目，并且通常带领一组人员致力于新产品开发计划。这些人员经常是经理的助手，如果有可能，他们通常是协同定位的。一个重量级的领导施行强有力的直接影响，整合对新产品开发流程有利的人员与资源。重量级的小组的缺点是它的成员与他们的职能组织之间联系较少。从长期来看，它可能在组织内产生冲突，而参与者难以解决这种冲突。然而，它确实很符合集成产品开发的构想洞见，也是某些组织的可接受的折中方案。这无疑是管理的模块形式。当项目结束后，人员纷纷回到自己的职能部门，只要稍不小心，新产品开发流程中获得的学习知识就可能丢失了。

自主的小组中，有直接指派到小组的人员，而且他们充分承担执行新产品开发流程所要求的责任。一个自主的小组领导只对参与者负责，他是所谓的新产品开发经理或领导。自主小组的力量在于它独立于内部冲突，可能存在于其他机构。人员致力于新产品开发流程和计划。这种结构的缺点在于它的资源基础相对比较小。除非与更大的组织合作，否则自主小组将没有足够的资源或知识来确保能够高效率并有效地完成工作，同时它必将依赖于该小组负责人的领导技巧。

新产品开发流程并没有明确识别一个组织中必须有的小组类型。它根据参与者、活动以及流程来描述小组。小组由拥有不同技能和能力的人员构成。实际的小组机制取决于新产品开发计划的本质。图 3. 14 给出了一个选择小组类型的建议。

这张图指出了小组类型与新产品类型之间的一般关系。许多公司把新产品开发计划分为两个或更多类型。基于大家所熟知的并且多次经历的路径，简单的改进是直接的。这种计划可能不需要详细的结构或者复杂的流程。一个职能小组结构也许就够了，尤其是如果

[1] Project Management Institute. *A Guide to the Project Management Body of Knowledge*, pp. 17 ~ 22.

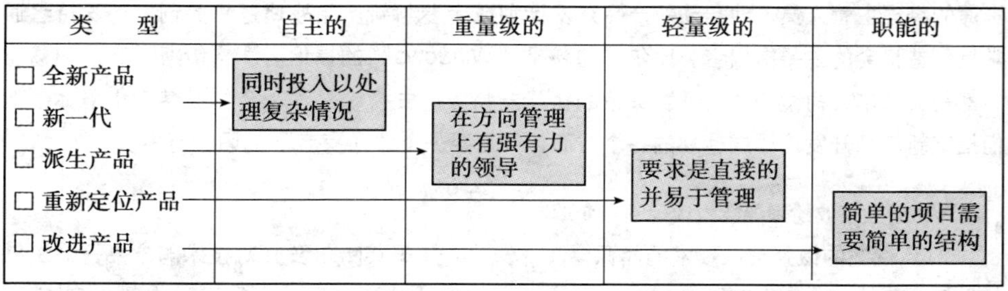

图 3.14　小组类型与新产品类型之间的关系（一般化的）

某个职能部门能处理大部分要求的时候。例如，对产品进行重新定位并打进一个新细分市场，这可能本质上只是营销驱动的流程，因此，营销占据主导地位，而其他职能部门在必要的地方给予支持。另一方面，新面世产品通常是复杂的，需要各个职能部门在共同行动的基础上投入并作出贡献。要降低此类新产品开发计划的风险似乎不大可能，除非有一个有着强有力的领导关系的专门（自主的）小组。在需要保持平衡并坚持广阔的视角的前提下，自主小组结构对这类项目的管理有显著的优势。洛克希德公司著名的"臭鼬工作组（Skunk Works）"是运用自主小组开发新技术和新产品的一个典型例子。F-117A 隐形战斗机、U-2 侦察机，以及 SR-71 黑鸟侦察机都是由专用小组进行开发的❶。

小组结构的选择高度依赖于给定情况的实际环境。用于新产品开发计划的小组构成类型是一个关键的决定因素，一般来说在计划流程的最开始就已经决定了。不考虑所使用的类型，集成产品开发（IPD）包括所有职能部门的投入以及分析，以确保能作出有见地的决议。另外，如果不考虑小组类型，平行的流程对跨职能整合来说是很关键的。

组织策划以及小组选择

综述

组织设计以及小组选择是一个重要的步骤。它们是前端步骤，在创意产生阶段之前或者在项目界定阶段完成，具体在哪个时间段取决于具体条件。在整个流程中，小组成员必须一起工作，分享知识，一同为流程的成功努力。组织这种小组要对所涉及的人员以及他们在多大程度上适合进行有效的相互交流有所了解和认识。

选择一种组织结构

最初的步骤经常是指定一个支持者（champion）/经理/领导。所谓支持者可能是一位

❶　B. Rich and L. Janos, *Skunk Works: A Personal Memoir of My Years at Lockheed.* (New York: Little. Brown and Company, 1994, p. 8).

资深的经理主管人员，他启动新产品开发计划或者参与新产品战略逻辑的创立。支持者通常是创造机会的主要提倡者。比尔·盖茨是“Windows”的提倡者。诺伊斯、摩尔和葛鲁夫都是英特尔公司微处理器开发决策的执行支持者。支持者是某个个体或某个小群体，他们指定新产品开发流程或计划的各个方面，并且以一个“所有者”的职位行事。

英特尔通过有效的领导能力实现领导变革

20 世纪的微处理器技术的起源以及开发都得益于英特尔及其对技术与产品开发的贡献。英特尔是个人电脑及相关电子设备所使用的微处理器的主导设计者与生产者。从汽车业到食品处理业，范围如此广泛的工业技术的快速变化与微处理器密不可分，微处理器在这个变化中起了关键作用；同时，微处理器也改进了它所触及的任何东西在社会、经济以及环境中的生存能力。20 世纪 90 年代的高速的经济增长以及发达国家生活质量的提高与微处理器的贡献密切相关。

罗伯特·诺伊斯与戈登·摩尔于 1968 年创建了英特尔公司。诺伊斯曾是美国仙童半导体公司（Fairchild Semiconductor）的一名主管，是集成电路的一个开拓者。摩尔是一名工程师，他是加州理工学院的化学工程博士。他是诺伊斯在仙童公司的同事，负责研发工作。诺伊斯和摩尔都是仙童公司的合作创始人。英特尔的创始者不是典型的企业家，因为他们都是已经成功的著名业内人士，都有远见、决心，并且对他们所要实现的目标有敏锐的直觉。

最初的发展是由于选择葛鲁夫作为生产主管，负责产品开发与制造。葛鲁夫是摩尔在仙童公司的一名助手，负责程序开发。他是加州大学伯克利分校的化学工程博士。葛鲁夫的个人理念有助于英特尔早期的公司界定，并且为公司管理体系的建立打下了良好基础。葛鲁夫尽可能坚持走在竞争的前面，并且在问题出现的一开始就解决问题。他逐渐向公司灌输了一种哲学思想，即通过合理的分析解决管理问题，并且尽早应对长期的困难。

无论从哪个角度看，英特尔都是行业领袖。它在微处理器的设计、开发、生产以及营销上都引领世界方向。英特尔通过领导能力变革（leading edge of change）来控制创新。它的商业战略加深了公众的印象，即英特尔是一个创新的公司，敏锐地关注它的产品及程序对社会、经济、技术以及环境的影响。为了降低来自其他芯片制造商的竞争，英特尔加强了它的新产品推销，这样就可以缩短微处理器的产品生命周期，为它的产品烙上奔腾之名，并且促进了“Intel Inside（英特尔在内）”标识的发展。英特尔的技术与产品创新，以及个人计算机的集成能力，对生产者、用户以及社会都产生了难以置信的影响。

在生命周期不断缩短并且快速变化的商业环境中，新产品的快速开发是英特尔维持其竞争优势的重要指标。强有力的上层领导能力是成功的必经之路。

资料来源：www. intel. com/research/silicon/morreslaw. htm.

第一个步骤是根据新产品开发流程的蓝图以及经理指定的方向，确立选择小组成员的原则。负责人、经理以及指导委员会齐心合力为新产品开发计划选择一个合适的负责人。丰田汽车通过“首席工程师（Chief Engineer）”小组确定管理新产品开发小组的负责人[1]。

第二个步骤包括组织设计，组织设计通常基于先前讨论的某个小组结构或者改编的结构。小组结构界定了小组如何组织以及小组的主要角色是什么。它同样确定了负责人的责任范围，这个范围在职能类型的“指导”角色到自主类型的“老板”角色之间变动。

第三个步骤涉及小组形成，包括对可选择的人员的能力进行评定，以及对小组的应聘者的技能和知识的评估，还有实际上选定小组。评定主要涵盖了基于新产品开发计划对资源进行规划的流程。最后的步骤是达成关于开发小组的决定。除正式开始并意识到建立新产品开发计划和新产品开发流程之外，小组成员还要进行专门培训，学习如何使用流程中涉及的工具与技术。他们可能还需针对组织因素和人际关系技巧进行培训，这些在完成他们的角色和任务中是必需的。

图3.15描绘了小组选择的必要因素。每种方法都有其优缺点，窍门在于选择一个满足竞争目标与对象要求的方法。

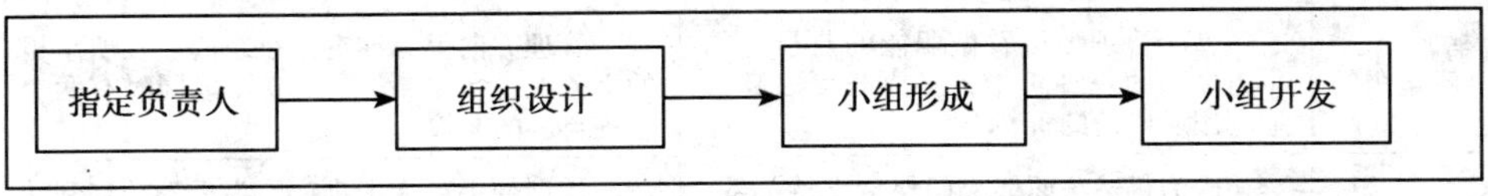

图3.15　选择新产品开发流程的小组结构

指定负责人

小组的负责人，不管给他冠予什么名头（项目经理，计划经理，新产品开发支持者等），在新产品开发流程的大部分情况下都是一个关键人物。负责人负责把小组整合为一股团结的力量。基于高级管理者的战略方向，新产品开发负责人为创立有效的动态小组以及结果导向的新产品开发流程环境提供管理结构和行政结构。首先，负责人要进行领导！涉及新产品开发流程的人员取得结果是因为他们付出了努力并且有目标意识。

新产品开发是**领导变革**，它是关于领导能力的。小组负责人最重要的职能是鼓励小组成员在每一次付出努力的流程中得到显著的成果并追求卓越。励志领导人（inspirational leader）可以铸造一种在小组内追求最好的精神，并能在工作环境中赋予动力和激情。励志领导使得小组富于活力去寻求机会并发现做事的新方法。它意味着让人们考虑“创造性（out-of-the-box）”。

负责人是新产品开发流程与计划的主管，他协调活动并且训练组员。负责人的实际角

[1] D. 索贝克，J. 莱克和A. 沃德，另一眼看丰田的集成产品开发。哈佛商业评论，76：4，July-August（1998），36～49。

色和责任取决于具体情况（新产品类型）、组织架构（小组类型），以及管理系统。

在整个新产品开发计划中，计划的负责人不必自始至终都是同一个人。例如，IBM 根据主要的重点改变领导角色。在早期，领导角色可能通过营销职能表现；然而，在设计阶段其角色可能通过技术部门呈现❶。

组织设计

组织设计的定义通常是在战略逻辑以及战略联盟阶段完成的。它基于组织使用的总方针。然而，如果没有指定的方法，组织设计的选择将在新产品开发计划开始之后立刻进行。其典型构架是利用跨职能小组的形式。

表 3.4　各类小组的优点和缺点

	优点	缺点
职能的	有职能部门支持，简单、高效，便于培训和了解；来自职能部门的专家增援	重点在职能部门的要求，而不是计划本身；因为小组成员有其他任务，它可能不一定有效
轻量级的	易于管理；可看做职能的与自主的小组之间的一种折中；必要时可以高效地利用所申请的资料	管理方向上有冲突；小组成员在所承担的义务上也有冲突；参与者可能同时有两个管理自己的老板
重量级的	因为仍然与职能部门保持支持关系，通过提供强有力的计划领导而偏向较大的计划	培训变得更为困难，因为重心转移到计划上了，职能参与的激励可能会被削弱了，需要进行合作
自主的	对于创造性与复杂性的管理是极好的，指出重点并指导小组成员；方向由新产品开发计划负责人指出；参与者全心投入该计划，通过减少分散行为而增加了创造性	需要独立运作，没有多少职能支持；难以获得各个部门完全有资格的参与者；尤其是当有许多相似的新产品开发计划同时进行时将会更麻烦；可能导致无法高效地使用参与者

表 3.4 列出了各类小组的优缺点。该评定仅仅是复杂问题的一个简单的快照。维尔马在《管理项目团队》一书中更为详细地讨论了小组的应用❷。在 21 世纪的复杂商业环境中，还可以选择其他类型的小组结构。随着合作关系以及战略联盟数量的增加，随着在世界范围不断扩张的商业单元的数量的增加，现实的产品小组不断涌现。我们将在第十四章深入讨论这种构架。

小组形成

了解每个能够参与小组的人员的能力是形成一个小组的起点。该流程包括对必需的能

❶ IBM Microelectronics Division, Integrated Product Development Process (1996).

❷ V. K. Verma, *Managing the Project Team* (Philadelphia, PA: Project Management Institute, 1997).

力、知识以及技能的评定。这种评定取决于计划和形势的总体要求。如果在创意产生阶段之前可以获得这些要求，那么可以进行能力评定，在新产品开发计划之初就选定小组成员。如果必须在界定小组之前设定创意或构想体系，那么这种评定通常在计划的界定阶段完成。

小组的形成应该以新产品开发流程的要求为基础。小组对产品开发负责，同时也对新产品开发流程的管理负责。小组重点关注的管理问题在表3.5中有所界定。

表3.5　新产品开发小组的质量和领导特点

	领导	方向	方针	团队建设	冲突的解决
定义	确立新产品开发的任务和目标	明确计划；明确新产品开发流程	建立标准和界限；定义标准	选择组织设计；建立培训要求	明确解决问题的方针
计划	明确管理方法	建立行动焦点；完善计划	设定优先顺序；确定工作范围	建立人力需求；建立激励机制	确定问题
组织	鼓舞参与者	获得许诺	明确责任	选择参与者和监督者	建立解决机制
导向	通过简单的机制获得结果	明确职权和责任	确认成功的关键因素	将组员团结到团队中；为团队提供发展	促进问题解决
沟通	促进内部成员的讨论	与外界建立沟通	建立必需的报告机制	为会议、讨论、发言等准备草案	建立交换通告交流汲取的教训
控制	为决议起草草案	保持对正在进行项目的积极性	建立评审点和评审条件	构建共识，建立报告机制	对变化保持有力的控制
评估	明确评估和认可的流程	验证结果，寻找隐蔽的缺陷	确认关键风险因素	促进自我评价和改正	进行审计和项目评估
解决	保持管理层信息畅通	建立持续的改进	建立反馈机制	让参与者信息畅通和积极参与决策	收集和发布信息

虽然表格所列的项目似乎很广泛，但负责人与小组相互帮助，共同努力以实现目标。负责人最重要的责任是产品、人员、项目、计划以及流程；小组则关注成果并追求结果。为新产品开发计划预先设定指导方针对简化的新产品开发流程很重要，这类似于制作并导演一部电影需要写好剧本。如果在拍摄的过程中，演员都知道他们要做什么，就远比每一步都要告诉他们做什么要简单得多。事实上，当负责人不必告诉参与者要做什么时，新产品开发流程的速度就加快了。

团队建设（team building）是流程中一个关键部分。负责人必须增进并保持热情、承诺和信任。负责人必须与参与者经常保持联系并且支持他们的活动。负责人与小组的主要责任是识别并减少风险。克服困难是领导的核心。解决冲突是新产品开发计划固有的一部分。新产品开发处理的是变化，而哪里有变化，哪里就可能有风险。

小组开发

维尔马认为新的小组要经历 5 个阶段，即："形成，经历风雨，规范，完成任务，终止。"❶ 形成是最初的阶段，发生于小组被选定并且小组成员相互了解、小组成员熟悉角色并熟悉其同事的能力与局限性之时。

当小组成员及其领导试图解决参与者的各种公开问题、困难以及个人冲突等问题时，经历风雨的阶段就出现了。维尔马建议："这个阶段是不可避免的，如果处理得当，应该是多产的。"❷ 事实上，这是向更充分理解计划的要求与说明转移的流程，最终到达"规范"阶段。

当小组成员理解并接受他们的角色和责任时，便形成了规范。"完成任务"是产出阶段，其中成员作为一个团队一起工作，他们之间相互信任并相互尊重。

当计划已经结束或者转移至产品分销系统时，小组就"终止"了。虽然在某些案例中，小组完全转向下一个计划，但是这个阶段代表了流程的结束。

维尔马的方法是发展一个团结的小组的众多相似的方法之一。依次展开的步骤或阶段可能是正式的也可能是非正式的。

某些快速发展的公司认为，在一个开发计划中，没有足够时间逐个完成下面这些阶段。而某些公司认为产生一个小组只需要 1 天就足够。正确的答案可能在两者之间。

"虚拟的"项目小组

新的沟通工具，主要是指互联网，把世界上的个人与组织连接起来了，使得项目组成员之间日常的面对面会议远不如以往那么有必要。"虚拟的"项目组可以在地域上分离的组织内或组织间工作，不必实际上在一起。例如，美国易安信（EMC）公司在某个项目的设计、策划以及成型阶段，通过电子手段将其产品开发项目与硬件工程部门的成员联系起来一起工作，而这些成员来自马萨诸塞州，北卡罗来纳州以及加利福尼亚州。

虚拟的项目组对产品开发来说可能是高度有效的，但是，由于小组成员在实际上的分隔，虚拟项目组有几种天生的副作用。虚拟小组的两个常见的负面结果是：成员之间的信任度较低，有效的沟通模式经常缺失。小组成员如果有机会直接交流，尤其是在非商业环境中直接交流沟通，更容易发展团队友情。

通过改进小组成员之间的沟通流程，项目经理有助于确保虚拟的新产品开发小组的成功。以下给出如何通过沟通建立更好的团队友情的几个建议：

---

❶ V. K. Verma, *Managing the Project Team* (Philadelphia, PA: Project Management Institute, 1997). pp. 70 ~ 76.

❷ 同上，p. 103。

(1) 增加小组成员之间增进信任度的机会，通过一些面对面的接触时间（比如，开工会议（kick-off meetings）和少量跟进（follow-ups））来发展关系；

(2) 为了使支持、承诺以及交换创意最大化，要在常规基础上为所有小组成员提供充分的计划信息；

(3) 项目经理必须让所有成员“围成一圈”并防止地域分隔造成的交流僵局；

(4) 避免浪费时间、信息循环，考虑到日常的信息共享，项目经理应该制定一套小组规则（比如说，间隔多长时间更新信息以及什么类型的信息）；

(5) 因为你无法通过电子邮件或其他电子通信形式观察到非虚拟的行为或身体语言，规范“因特网”上的信息有时变得很困难。因此，考虑到人际交流行为，要建立明确的期望和一套牢固的规则。

资料来源

Coutu, D. Organization: trust in virtual teams. *Harvard Business Review*, 76: 3, June-July (1998), 20 ~ 21.

Pinto, J. Project management 2002. *Research Technology Management*, 45: 2, March (2002), 22 ~ 37.

本章总结

集成产品开发是利用跨部门小组开发新产品，运用快速的新产品开发流程，系统地评估发展机会并开发新产品的一种正企演化的方法。集成产品开发重点在速度、质量、弹性以及成本收益的产品属性。因为人员与流程使用的是最好的实践技术与创新技术，产品创新的趋势更为集成并且速度也在加快。

新产品开发流程的框架高度依赖于形势的发展。六西格玛设计方法代表了目前的思潮。DFSS 有简单的流程，主要是对现有产品进行改造，也有更为精细的新产品开发流程，用于开发全新的产品。它的“界定，测量，分析，设计，以及验证”模型是关注产品开发计划本质要素的一个典型。表 3.6 比较了 DMADV 的本质要素和新产品开发流程的“标准化阶段及评估”。

比较分析的目的是验证新产品开发流程，依据的是什么是它应该做的或不是它应该做的。贯穿本章的论点是新产品开发流程可以表现为多种形式，其本质区别在于新产品开发计划的范围以及新产品的类型（新的程度）。大部分架构都有共同的要素并且以同样的方式涵盖了基本的要素。它们都有构想层次和运营层次。在此描绘的标准化的新产品开发流程试图遵循在开发新产品中涉及的标准流与思考方式。从参与者的角度看来，这种流程易于界定和跟随。其优势在于它的逻辑流以及它有能力将投入某个候选方案的时间、金钱和努力最小化，直到有足够的证据证明候选方案能够保障整个投资；其弱点是许多活动必须重新评估，因为案例的构成是从一个创意变成一个构想，然后变成设计并验证。虽然这种潜在的冗余活动很耗时间，但它们能保证形势持续更新，而且确保在下游有额外的机会发现最初阶段可能的缺失之处。

表 3.6　DMADV 模型与标准化的新产品开发流程的一个简单的比较分析

层次	DMADV 模型	产生阶段	关键因素
构想上的	界定	创意产生 定义项目	寻找合适的机会，了解顾客的需求，制定新产品开发计划要求，开发战略
	测量	构想发展及选择 阐释计划	确定选择候选方案的标准，以及衡量成功的指标，确保衡量指标用于决策流程，优先考虑目标与机会
	分析	创意产生 构想发展及选择 设计与开发	头脑风暴法以及标准，对影响形势的内外力量予以全面的评估，评估风险与不确定性，建立决议的逻辑
运营层次	设计	设计并开发	创造产品属性，定义价值主张，满足外部维度要求，结合质量、性能、成本、进入市场的时间等目标
	验证	验证	测试产品，确保已经满足目标；减少风险，降低不确定性，保证一致性
		商业化之前	为生产评估做准备，确保充分完成整个流程

这种讨论的目的是为了辨明一个观点，即文章中所描述和评估的标准化新产品开发流程不仅是一种理论上的方法，而且是一种可实际应用的方法，许多龙头企业都应用类似的方法。新产品开发主要涉及界定机会，确定如何衡量机会的价值与风险回报，从内在的和外在的角度去分析商业环境和商业机会，设计创新产品，验证新产品的价值，并对新产品进行商业化以获得成功并实现可持续发展。

今天的商业环境中，消除冗余的活动是争取速度和时间的必备环节。在最终分析中，高级主管以及参与者必须根据形势选择一个合适的流程并进行正确地管理。速度很重要，但完全杜绝缺陷更为关键。新产品开发流程是一个备案（documented）流程，从计划开始到计划结束，它一直为专业化的实施提供项目要素。好的流程是建立在顾客和利益相关者的建议之上的，它必须有一个集成的、以团队为基础的方法。它使得许多活动能并行开展并使得活动尽可能深入。

没有哪个单一的新产品开发流程能够涵括具有如此宽泛多样性的新产品类型以及

商业活动。领导是一颗磁石，能够把所有要素集中起来，而且在开始到结束的整个流程中起到黏合剂作用，使得所有人各司其职。记住产品创新是连续的。竞争可能意味着某个新产品开发计划的停止和另外一个计划的开始。领导变革意味着创新是永无止境的过程。

第二部分

建立基础：概念层面

21 世纪到来的时候，领先企业都将注意力集中在创新方面，以此作为实现战略目标并获得竞争优势的手段。战略管理的优先领域发生了转移，焦点从产品运转系统和产品销售转移到在新的商业环境中创造和发现商机。传统的新产品开发方法已经演变成为强有力的、全面的管理流程和技术，这种技术集成了机会、创新、开发流程，是一种能力强、反应快的技术构件。例如，通用电气的首席执行官伊梅尔特希望通用电气更关注创新，并且成为引进新产品和新服务的领导者❶。

概念层面包括新产品创意的探索，新产品构想的成熟，为进一步发展选择合适的机会，以及定义新产品开发计划的长期战略等。第二章所界定的概念层面包括活动和决策。无论是投资于成功的设计、新产品的开发，还是新产品的商业化，活动和决策都很必要。组织必须应对顾客和利益相关者不断变化的要求，因而流程中会有很多隐患、问题和挑战。新产品开发流程必须是一个体系，这样才足够灵活，才能适应随时间不断变化的要求。

概念层面的目标是全面而高效地管理好创意的产生、概念的发展和选择以及项目的定义这三个阶段。创意的产生、概念的发展和选择以及项目定义的前端阶段本质上都是确定新产品开发计划的“为什么，是什么，以及怎么样”的脑力工作，这个流程通常是分析相关的流程，快速但花费并不多。

虽然本书所描述的新产品开发流程代表了“标准化”的一种框架，但在某种意义上说，把所有阶段列出来，有利于对它们的理解与应用。“世界一流”的组织越来越集成，也越来越有弹性。事实上，新产品开发流程也正在集成化，充分整合了新产品开发流程和大部分活动，这些活动同时进行而且利用了战略关系。

集成的新产品开发流程为促进所有参与者之间的协调提供了动态的解决方案。因为创新者越来越依赖于其搭档、联盟、供应者，以及广泛的组织要素，因而对及时而有效的开发方法的需求也在急剧地上升。这种开发方法意味着把人员、数据、信息、技术以及决策连接起来了。新产品开发提供了一个更激动人心的、快节奏的现实，为那些想改变世界同时有创造性的组织提供了大量的机会。

第二部分描述了新产品的创意产生以及把创意转变为良好的新产品构想的概念层面，而这种新产品构想将充分表述为候选方案。这样的候选方案需要预先确定相关标准来评估，这些标准包括商业角度的、市场角度的、财务角度的、利益相关者角度的以及竞争角度的。

第二部分包括以下章节：

第四章　识别新产品机会：创意的产生（阶段一）

第五章　概念的开发与选择（阶段二）

第六章　新产品开发的项目定义（阶段三）

---

❶ C. Deutsch. GE Research Returns to Roots. *New York Times*, December 26 (2002). 1 ~ 4. http://www.nytimes.com.

第二部分说明了新产品开发流程的前端。它通常是对公司可获得的机会进行深入评估，这样做的结果是，选择出更适合进一步开发的方案。前端工作同时也包括充分详细地制定新产品开发计划，以保障实践者知道所期望的是什么，而且在执行项目时得到新产品开发流程的指导。

第四章

识别新产品机会：创意的产生（阶段一）

引言

探索新产品机会涉及有关新产品的创意产生、发展以及评估。基本的步骤包括理解新产品的需求，发现现有的和潜在的创意源，描述内在需求和外在需求，并且对该机会进行评估。其主要步骤包括反思目标和优先顺序，评审指导方针，解决问题和冲突，评估创意，并且为进一步开发选择候选方案。

创意产生象征了新产品开发（NPD）流程的起源。虽然新产品开发在许多组织中都是一个连续统一体，其中不断有创意从个人、团队以及业务单元那里涌现出来，但创意产生阶段是新产品开发流程的正式起点。在这里，创意得到识别、估价、评估、排序、筛选。新产品的创意可以从商业环境和组织的各个方面获得。

探索新产品的机会需要广泛学习外部商业条件及外部商业趋势，包括了解市场的需求、愿望以及利益相关者的期望。同样，它要求根据现有的产品资料和能力，对内在的优势和弱点进行全面的评估。有时候，运气也扮演部分角色；有时创意会流行起来，有时把实验室里产生的创意转变为机会时会出差错。3M 的随意贴就是从开发超级黏合剂失败向新产品线演衍的例子，由实验结果导致的半黏合物质变成了制作便签的最好材料。

新产品开发的许多机会起源于顾客与市场。现有产品对满足这些顾客和市场而言要么存在一些困难，要么不能很好满足顾客与市场的需求。顾客希望得到解决问题的方案；他们追求所购买的产品或服务的更好价值。因此，本质上是顾客与市场相关的力量在识别新产品机会的流程中扮演了关键的角色。寻找消除现有产品缺陷的方法为新产品出现创造了机会。

商业环境的变化同样是新产品机会的重要来源。例如，一项新的法律或法规的出台可能限制了现有产品使用某种给定的材料，这为替代品创造了需求机会。机会的来源非常多，包括顾客、竞争者、供给方、销售渠道、相关行业，以及基础设施。国际市场也是丰富的创意之源。例如，宝洁基于日本市场的洞见与经验教训改进了它的美式一次性尿布。

技术是新产品的来源之一，尤其是当技术创新提供了满足顾客需求的更好手段时。组织外部或行业外部的创新可能提供激动人心的机会，促进在流行市场条件下的巨大改进。比如说，微处理器技术几乎渗透到每个经济部门，从汽车到电气，无一不受其影响。这些设备的推进力量为许多行业的制造商提供了减小产品尺寸、改进产品性能，并且/或者降低成本的机会。本迪克斯公司发明了电子燃油喷射装置，这种装置与微处理器在结合成完美的燃油控制能力时，带来了汽车工业的巨大变革❶。

技术曾一度用于寻找并开发新产品的商机，它无所不在，从市场驱动的方法到技术解决方案，以及其他范围，处处可见。市场评估可以加深对新产品需求的理解。技术评估通过市场需求和外部发展，连接着组织能力和研究工作，以了解机会的潜在来源。商业环境的评估可能会揭露潜在的和隐性的要求或机会，当然，这种机会不可能光顾那些不经意的观察者。亚马逊网站在20世纪90年代广泛地使用互联网就很好地说明了该现象。作为先行者获得其优势，并运用新的商业模式，为顾客提供创新的服务，方便了顾客查找或购买他们所喜欢的或专业兴趣方面的合适书籍。亚马逊网站改变了图书销售相关的时间、地点，以及便利因素。

创意产生是开放的阶段，相对新产品开发的其他阶段而言没有那么多的限制框框。如果创造力和创新（out－of－the－box）思考是创意产生的必要部分，那么缺乏准确的路径并不是一个限制性因素。然而，对该阶段要素的执行来说，有一个确定的活动流和技术流是很重要的。

创意产生的初始步骤通常是战略逻辑和战略排序阶段的沿袭。其基本要求是确保创意产生的基础。更为困难的步骤是辨明后面的路径，即从起点到识别和表达新产品机会、评估候选方案，并且选择潜力高的创意的创造性步骤，这在构想的发展与选择阶段有进一步的发展。

创意产生阶段提供了发现创意的结构，这对组织来说很重要，因为组织在寻求加速产品开发的全面方法。本章中讨论的方法和技术为获取合适的方法、实现必要的平衡提供了机制。如果流程架构不合适，创意产生就需要耗费太多的时间或者根本无法识别出合适的机会；如果流程过于结构化，则创造力会受限制。无论是哪种情况，产品创新都会受影响。

创意产生阶段包括开发和分析新产品机会的基本方法。本章所描述的这些要素为后面的章节提供了基础。

---

❶ R. A. Burgelman, M. Maidique, and S. Wheelwright. *Strategic Management of Technological Innovation*, (New York: McGraw－Hill Irwin, 2001, p. 550).

第四章包括以下几个论题和学习目标：

1. 了解顾客和利益相关者的需求，并且了解它们如何成为新产品的创意之源；
2. 探索识别新产品机会的方法；
3. 开发出创意产生系统的流程图；
4. 确定候选方案的排序方法；
5. 为后续阶段选择候选方案。

设定新产品开发流程的舞台

战略逻辑与战略联盟为新产品开发流程提供了基础。它定义了与利益（interest）相关的业务部门和产品部门，并确立了战略、对象、目标，以及方向。创意产生阶段的第一个步骤就是把新产品开发流程与组织上的战略逻辑联系起来。这个过渡环节强调了战略的驱动力。它识别了新产品的战略要求，并且描述了新产品的类型，这是必须完成的。同时，它规定了组织的战略要求。表 4.1 鉴别了其关键要素。表 4.1 由表 2.11 派生而来，然而，其焦点在产品机会上。

表 4.1　战略逻辑与新产品开发流程之间的联系

类别	要素	重要问题
对象与目标	价值与利益 绩效与质量 财务与风险 进入市场的时间 投资	最重要的目标和目的是什么？ 有没有必须开发的新产品类型？
新产品战略	细分市场聚焦 产品定位 新产品类型 领先定位	发展新产品开发全面计划的方向和期望是什么？ 指导方针是什么？
职能战略/目标	产品/市场 营销 生产 财务	职能的战略和目标是什么？ 新产品开发流程是什么？

在设定识别新产品的机会及创意产生阶段的流程中，组织要求高级主管对产品/市场细分进行指导以便检验，还要求探索新产品类型。新产品开发战略和政策界定了分类的范围，这个范围符合组织的能力和一般需求或战略空隙，这个空隙必须由新产品来补充。市场领

先定位总是一个重要的战略问题。组织自己是希望新产品做领导者还是做跟随者呢?

目标与对象界定了其分类，这是最重要的，也说明了将要达到的明确目标。总的目标是改进新产品的价值主张。价值、绩效以及利益目标通常相互纠缠在一起。经理可能声明新产品必须在 24 个月内打入市场，或者新产品的质量必须达到缺陷率小于万分之一。同时，它可能根据总投资或对商业的影响来确定可以忍受的风险水平。例如，公司可能规定新产品开发机会的风险只能在可得到的现金流的 10% 之内。

为新产品制定的基本战略通常包括组织内在需求。市场部门可能希望新产品补充现有的生产线，以防御竞争者的入侵。这些竞争者专门投资于组织的弱项，不提供完整的产品包。生产部门有可能需要反季节（counter－seasonal）产品以平衡其生产能力。工程师则需要平衡其工作量。财务部门可能需要新产品改进其长期现金流。每个部门都可能有自己必须确定并管理的议程。

许多组织依靠热情来决策而不考虑存在的限制条件。限制条件是潜在的困难之源。组织可能在某个专门的部门里缺乏某些能力和资源，这将对新产品开发流程产生重要的影响。缺乏财务深度（financial depth）是典型的制约因素。比如说，克莱斯勒设计并开发 LH 车型时，并没有足够的现金流来执行整个计划。它依赖于供应商在战略合作契约的安排下开发大量零件。供应商投资于整个设计工作，这样他们可以拥有供应产品零件的长期收益。

最初的活动包括界定障碍，因为障碍可能会影响新产品开发流程。同时，这也是项目定义阶段的一部分，对于尽快识别障碍并找到解决方案以推进成功的进程来说，界定障碍是非常关键的一步。

特别的财务目标必须得到明确声明。财务目标通常是最关键的衡量指标，并且作为评估候选方案的筛选标准。典型的财务目标包括利率、毛利率、净现值，以及内部回报，这些将在第六章的附录中进行概述。财务应用和财务的含义将在第十章进行详细研究。

创意产生阶段的流程图

创意产生阶段的主要目标是提供快速的方法，以识别、描述、分析并且评估新产品的外部维度，以及新产品创意对战略、市场、技术、组织、管理、信息、法律和系统的要求。这是把模糊的创意转变成有意义的新产品候选方案的一种构想上的方法，其挑战是寻找并探索满足顾客和利益相关者期望的潜在新产品创意，并且迅速把它们转变为候选方案，并因此考虑要进一步开发还是要终止这些创意。

虽然创意的产生有一定的逻辑顺序，但是，新产品创意的产生却没有唯一最好的流程。当产生的创意被评估、排序，而且最好的候选方案被选定以待进一步开发之后，组织就可以同时管理大部分的关键要素，并且在最后步骤整合这些关键要素。有人说，组织能够产生一种路径，这条路径能满足组织的独特要求，而且是有弹性和创造性的。

此处展示了一个框架，该框架能满足新产品开发项目的范围和内容的要求，它可使组织（新产品开发小组）能够决定应该包括什么，以及什么对他们最有效。在创意产生流程中，该框架的主要目的是方便快捷地发现机会，而无须职能部门之间不必要的重复活动或者浪费组织过多的内部或外部资源。典型的管理方法是确定一个一般的草案，只需给出最概要的环节，能够保证必要的要素即可。

图 4.1 给出了创意产生阶段（阶段 1）的一般流程图，它说明了新产品开发流程的第一阶段的最重要的要素。该流程图包括识别并定义基本的分析维度，这些维度包括产品、市场、利益相关者、供应商、竞争、基础设施，以及相关行业。一旦选定某种新产品候选方案（机会），该流程图就完成了任务，进而转入下一个概念开发与选择阶段。

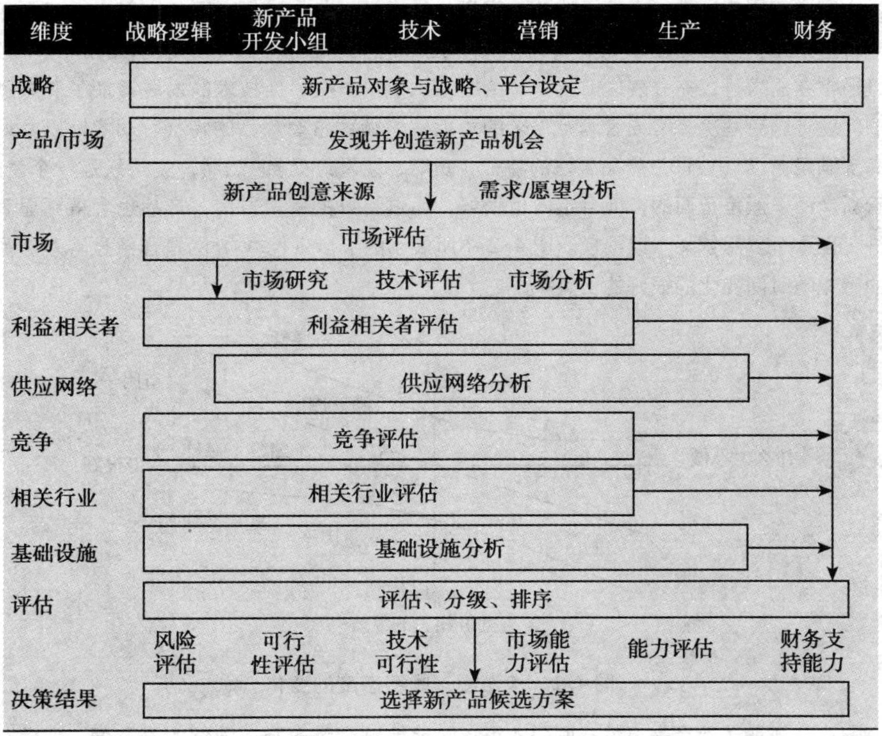

图 4.1　创意产生流程图（阶段 1）

流程图对上述维度进行了详细描述，它们与组织的内在维度相关：战略、组织、技术、营销、生产、财务的维度（内在维度限制在流程图的上部分）。流程图将内在维度和外在维度放在一个二维矩阵中，该矩阵列出了新产品开发计划的内容和决议。流程图是一种简单的设计，确保了所有要素都能按照一种逻辑的方法包含其内。此外，如果不能在同时实施这些要素，流程图规定了活动的先后次序。

新产品机会的发现与创造

理解顾客需求

顾客对产品的渴望（或期望）为企业能满足顾客的潜在需求提供了很好的途径。顾客的基本需求与愿望通常是直接表述的，定义也很清楚，易于理解。例如，对牛奶与面包的需求就很明显，因为它基于人类自身条件和生存需要。然而，高级的需求比较难以确定，并且通常在需求可以充分表达前就必须给出新的解决方案。新技术的发展增加了刺激顾客为旧问题寻求新解决方案或者满足需求的可能性。顾客希望产品的特征、功能，以及好处能完全满足自己（被称为产品属性的特征、功能，以及好处）。然而，完美只是一个梦想。尽管新产品一般是正面的，而且走向也很好，通过更好的解决方案，产品也会得到显著的改进，但这个梦想依然难以捉摸。图 4.2 中所展示的卡诺（Kano）图是理解顾客对产品属性的感觉随时间变化的很好的工具❶。

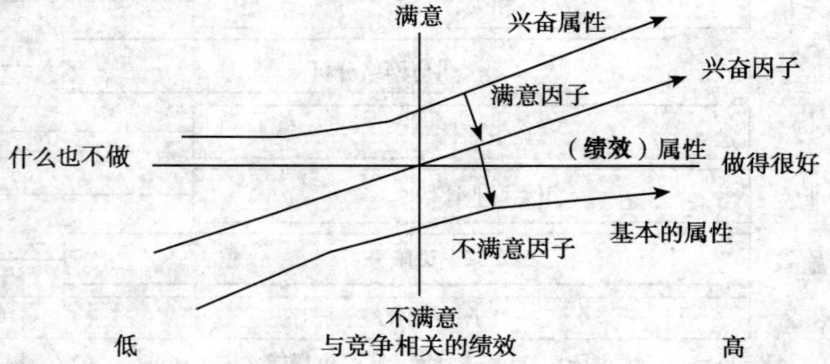

图 4.2 卡诺图：顾客态度的变化

图 4.2 表明了新产品属性在刚引入市场时能给顾客带来难以置信的满意度，但随时间推移，顾客的期望也往前推进了，而且竞争者也开始模仿，新产品属性就越来越平常了。根据卡诺图对该现象的描述，“兴奋因子”（独特的属性）开始变成标准的或者期望的“满

---

❶ J. P. Deschamps and P. R. Nayak, *Product Juggernauts: How Companies Mobilize to Generate a Stream of Market Winner* (Bost - on, MA: Harvard Business School Press, 1995, p. 91).

意因子”，这可能最终沦为“不满意因子”。最好的例子就是车用咖啡壶。最初的创新为那些有此种特征的车型带来了独特的身份和特征。它们满足了顾客的期望。大概20年过后，没有几个顾客还会考虑咖啡壶，因为在大部分汽车里都不难见到咖啡壶。这个故事很复杂，但是含义很简单：假如商业环境和全球化竞争是动态的，那么生产者不能停留于曾获得的荣誉或者先前的成功上。竞争优势所带来的收益很快就会消散，因为顾客和市场在变化，而竞争者也在追赶。电子领域的自动关闭装置也是一个很好的例子。在它被引入时，电子安全装置是一个令人兴奋的新性能。一段时间之后，政府要求所有的熨斗都必须安装这种装置，随后它就变成了一种基本属性。

识别新产品机会始于对已有产品及服务的评审。这个步骤通常也是战略逻辑与战略选择阶段的一部分。在此期间，要评审现有的产品组合，以评估短期困难、长期弱点，以及近期机会和需求。这种评估应该强调备选方案，以引发创意产生阶段的开始。在大部分案例中，现有的产品都应该被更新、重新定位或者取代。同时也应该反思组合中的其他产品，确定是否存在需要解决的特殊问题或者困难。

产品具有有形收益和无形收益。有形收益通常与产品的物理特征、产品的适合程度、特征和功能相关。无形收益是心理层面的。比如，高质量的个人电脑提供良好的性能和速度的同时，也让顾客感受到拥有最先进的技术或成为最新型号的第一批顾客的荣幸，从而获得无形收益。宝马公司发现20世纪90年代初期它的新车型销售更为成功，因为当时宝马的德国用户喜欢把拥有它的新型号的头款车型，或者拥有现有型号的新款车型作为一种荣耀。因此，对识别新产品机会而言，理解顾客的需求是必要的。下一章将更为详细深入地探讨这些构想。

新产品的创意来源

产品/市场来源

新产品机会的最明显来源是现有生产线。解决问题、重新定位产品、服务于新的细分市场、满足新需求和新愿望、提供额外的收益和性能都是新产品机会的来源。运用现有产品作为创意之源，为调节产品和组织相关的知识、能力以及资源之间的关系提供了手段。一个组织通常有一份与产品组合相关的重要数据和知识，这些信息有利于新产品机会的分析。

识别现有产品存在的问题是发现新变化和改进机会的一种简单方式。与现有产品相关的问题对内部职能产生了负面影响，比如生产上的困难，或者营销上或顾客使用过程中的困难。这样的问题使得产品的吸引力减少，造成了负担，还可能毁坏组织的声誉。问题的解决通常有很高的回报，提高了顾客的满意度，保护了产品组合，并且得到了财务回报。新产品创意的另外一个主要来源是通过调查顾客和市场，以确定其不满意的原因而获得的。调查顾客和利益相关者的需求是一种基本的方法，用于整个新产品开发流程。

在一个细分市场重新定位一种现有的产品可能会改进产品潜在的和长期的生存能力。所以降低成本通常是重新定位产品的简单方式，因为性价比以前好，这种“新产品”机会有很强的杠杆作用，并且在大部分情况下很容易发现这样的杠杆机会，因为它们是基于企业当前的能力与资源的。

为产品寻找细分市场，需要对外在因素以及新细分市场的需求进行更细致的分析。这种努力通常是基于产品知识与内部能力的稳固基础之上的，但是要求对外部的性能以及营销活动进行判断。从企业角度来看，新的细分市场可能需要完全不同的构成，在顾客与利益相关者的愿望与需求方面可能有重大的不同。也可能存在不同的竞争者以及相关行业。

因为顾客的需求变化归因于全球化商业环境的压力，产品必须有所改进以适应新的要求。因为新要求的性质，产品的内涵及其营销都相当的不同。从产品属性的简单变化到新说明书的复杂安排，需要有一个详细阐述新产品开发的计划，以管理这些变化及其影响。

新产品可以从内在变化、新技术的开发、新能力的成长——例如获取在市场中分销产品的新供应链中产生。类似地，外在的商业环境不断要求产品质量更好、价值更高，从而带来驱动力。市场的动态发展为新产品机会提供了丰富的来源。

表 4.2　新产品机会的来源

项　目	外在角度	内在角度
产品相关	引入新生产线	开发新技术
	扩张产品范围	改进生产能力
	开发标准产品	保护新能力
	创造新的包装	寻找替代原料或零件
	增加新属性	寻找新的供应来源
市场相关	在现有细分市场区内重新定位	解决现有问题
	为新的细分市场服务	寻找新的分配渠道
	增加新收益	建立新的相互关系
	满足新需求与愿望	补充资源
	降低价格	提供服务支持

表 4.2 从产品/市场相关角度以及内在/外在的角度，列出了新产品机会的来源。这个矩阵的焦点在于产品相关和市场相关方面，如同它对创意产生的一般来源的关注一样。

只要员工专注于顾客的要求或者员工与顾客有直接接触，就有机会获得有关新产品的创意。类似地，与价值系统内的供应商、销售者以及价值系统内的其他人员接触，可以发现更好地提供产品和服务的机会。

新产品创意的外部来源

第二章所描述的企业管理模式（EMM）为调查新产品开发机会的外在来源提供了极好的框架。商业环境持续不断的变化创造了新的机会。必须追踪并识别这些变化是否是新产品创意的来源。举一个简单的实例，美国联邦公报（Federal Register）发布的新联邦法规以及其他地方的类似文件都制定了新的法规要求。新产品开发人员或者其他专业人士都应该跟随这些法规的变化，以求所有的含义或影响都能通过开发新产品和新服务转变为积极的结果。另一方面，如果无法追踪这些法规变化，可能会造成现有产品组合出现弱点。

图 4. 3 描述了基于企业管理模式（EMM）的关键外在维度，展示了新产品创意的各种来源。

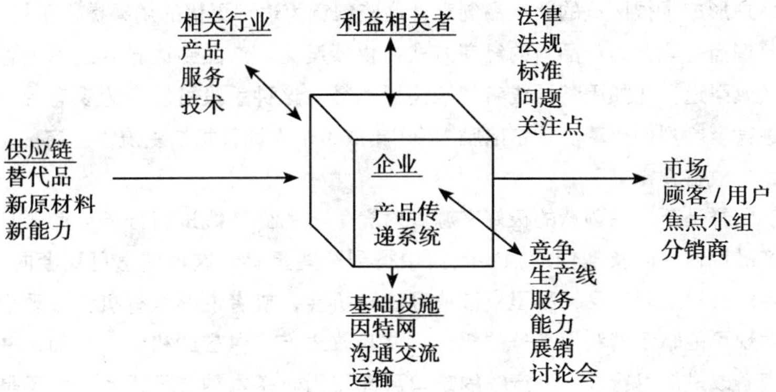

图 4. 3　企业管理模式下的新产品创意来源

顾客是新产品创意的丰富来源，假定新产品的绝大部分机会是市场驱动的，那么关注顾客以获取为他们服务的新方式是有意义的。并非所有顾客都相同，顾客是有差异的。顾客可能会发现与当前产品相关的问题，可能会识别现有产品的新用途，可能会描述他们所期望的功能与收益，从而为另外的改进提供其他的创意[1]。

从历史的观点来看，售卖与营销行为是到达市场和客户的主要手段，这些活动为组织与顾客架起了桥梁。然而，与顾客接触的有限性妨碍了企业与客户在运营层面的对话。售卖与营销活动对顾客的曝光量很有限，这些活动往往与购买者、经理以及总裁打交道。但是，创意产生的真正来源常常取决于真正的使用者，如果没有一致的努力，可能难以取得与这些人之间的联系。

公司的个人服务可能与顾客组织中的维修人员有日常的接触。这些维修人员理解现有产品的正面和负面的作用与影响。这些作用和影响可能暗示着改进和解决问题的方案。

技术人员之间有相互交叉的领域，这可能为市场信息与新产品开发计划的连接创造了机会。

工业用户通常自己开发新产品，这就要求有来自他们的供应商的贡献。早期如果有

---

[1] D. Leonard and J. Reayport, Spark innovation through empathic design. *Harvard Business Review*, 72: 6, November ~ December (1997), 102 ~ 113. 作者指出对目前顾客的观察是新产品创意和改进的有力源泉。

“领先（leading－edge）”的观念，往往促使创新者有能力抓住“最先进入市场”的优势。

除了对顾客意见进行广泛的分析之外，对领先顾客的识别可能会导致一些新的发现，这些发现在主流的产品使用中并不多见。领先用户可能会对现有产品的缺点不满意，也可能通过一些独特的创新来改进现有产品的状态。这些创新可能正是其他顾客所热切期望的解决方案。麻省理工学院的埃里克·冯·希普尔开发了一种“领先用户（lead user）”方法，作为识别新产品的突破性创意的手段❶。冯·希普尔及其合作者进行了几组研究，以说明领先用户形成了很明显的新产品创意，这些创意为达到更优的结果提供了机会。

渠道分销商可能会为产品新的经销方式提供新洞见。产品到达顾客的途径可能还有其他的新方法或渠道，比如因特网或者其他沟通途径。这种手段可能会为现有的产品分销结构带来改进甚至剧烈的变革。戴尔电脑1999年成为个人计算机的主流供应商，主要是因为戴尔把注意力放在直销上了。

竞争者同样是新产品创意的极好来源。对竞争者的生产线进行分析可能会从新产品开发计划和产品属性，以及他们的独特收益中得到一些灵感。这种信息可能会向人们表明，哪里有机会能够投资新产品，哪里应该放弃这种机会，或者说哪里有机会发现生产线的缺口。这种发现可能暗示着利用竞争的机会，并且改进产品供应的机会。然而，并非所有的空白都代表着改进的可行性。生产线的缺口可能归因于基本的市场因素，而不是存在新产品机会。对竞争产品的供给进行简单的扫描可能会暗示着有新产品的空间，但是，事实上，这种空间往往不见得可行。例如，大部分双座汽车都是跑车。而戴姆勒－克莱斯勒开发出了精灵微型车，其目标是为拥挤的城市生产小型的双人轿车，因为这些城市中停车问题很严重。微型车在德国可能会成功，因为人口密度较大，也因为城市之间距离相对较短❷。但是关键问题是，在美国是否存在这种车的市场。

与同顾客的接触一样，有关竞争者的信息也不仅是销售和营销的事。组织中支持服务的人员和技术人员通常很熟悉竞争产品，因为他们通过产品为顾客服务。他们可以对比并对照顾客的不同产品。这种信息可能是很有用的创意之源。

研究与开发人员和工程人员通过把产品拆成基本零件，从而洞见竞争者的设计，并且运用“反向工程”的构想确定产品是如何设计和构造的❸。从这种程序中收集来的信息包

---

❶ E. von Hippel, S. Thomke. and M. Sonnack. Creating Breakthroughs at 3M. *Harvard Business Review*, 77: 5, September ~ October (1999). 寻找主导用户是发现新产品机会来源的重要理念。主要市场也许不会对革新产生兴趣，但是主导用户有着独到的需求，并开创潮流。

❷ 精灵是一款双座汽车，大约载重2000磅（约900千克），大小为5英尺×5英尺×6英尺（约1.5米×1.5米×1.8米）。

❸ S. Pugh, *Creating Innovative Products Using Total Design* (Reading, MA: Addison Wsley, 1996, pp. 187, 197, 355). 倒置发动机是一个很好的概念，这暗示工程师将竞争者的产品拆开以确定其零部件及其加工方法。普伊是一位有世界级声誉的新产品设计专家，他提出一种使用参数和矩阵分析的更复杂的方法去了解市场缺口（功能问题）。

括技术设计、产品的特性、功能、零件来源、产品成本结构，以及财务影响。这种信息为新产品开发流程以及新产品的机会来源提供了战略上和运营上的投入。在成本结构的范围内，在新产品可行性定义的帮助下，这种信息为相似的产品提供了数据。一个快速的评估就能发现，某些产品无法保证其价值能与所花费的时间、精力和金钱相匹配。

展销与研讨会提供了竞争者的能力及其产品的当前信息。为了让顾客注意并了解他们的产品，竞争者通常会通过不同的形式，包括网页和互联网、展销会上分发的小册子，以及商业出版物上的文章，透露大量有用的信息。

通过供应链来开发意味着有改进产品或创造新产品的机会。新的原材料可能会给现存问题提供解决方案，或者提供新的特性和收益。铝罐头是比铁罐头更贵的材料，但是铝罐头更轻，因而从总成本的角度看，铝罐头是更好的选择方案。在许多器具中，塑料容器比玻璃容器更好一些，尤其考虑到破碎问题时。供应商的研发计划可能导致产品的改进，因为通过研发，提出了将原材料生产线与产品顾客相结合的新方式。这种改进或者替代为这些材料的用户提供了新的机会。与供给方的战略联盟可能会导致某些创新，如果双方不合作，这些创新或许是不可能的。联合开发计划带来的创新是由于创意的相互碰撞而来的。例如，立顿茶与它的纸制茶袋供应商德克斯特公司合作，开发了新的茶袋方案。在新产品开发流程早期与供应商协作，将会带来原料或零件功能的改变。

对相关行业的扫描也是创新的丰富来源。新技术或新产品的开发通常为其他行业的发展展示了令人兴奋的前景。电子技术对大部分行业都产生了巨大影响，提供了更为小巧，更为快捷，更经济的方案。微处理器是20世纪最后15年的产品精华。它的需求变得如此巨大，以致大部分耐用产品都会以某种形式内置微处理器，以期简单化，并增强特征、功能和收益。

基础设施为新产品创意提供了重要的来源。电信技术的全球化扩张，同时伴随着成本的降低，提供了几年前不可设想的新产品开发方式。电信技术的普及提供了从顾客那里收集创意、与供应商合作为利益相关者解决问题的手段。它方便了交易和相互联系。互联网是一种无所不在的沟通手段。它的成长提供了新的连接顾客的方式，同时还可以以更低的成本提供产品和服务。互联网和万维网（World Wide Web）为大公司及大企业提供了推出新产品的新选择，而且不需要巨大的先期投资。

利益相关者是新产品创意的一个极其重要的来源。显然，政府法律授权的变化会改变产品。美国政府，欧洲政府以及日本政府在改善空气质量上的不同法案推动了低排量汽车市场的发展。而通过研究计划以及出售新产品，汽车行业达到了规定的标准。类似地，当政府终止某项法规和规定时，新的产品机会也会产生。解除管制后，现有产品可能不适应新的市场。

利益相关者的期望宽泛而且远远超出政府部门本身。行业压力（公共利益）团体经常给生产者施加压力，让他们改变、减少或者终止某些产品或行为。例如，某些化妆品制造商被劝说终止使用动物测试作为其新产品流程的一部分。一般情况下，利益团体（stakeholder groups）被认为是一种负面的力量。这种观点有可能来自许多环境小组的活动，他们参加游行反对有毒物质和有害污染物，或者反对某些专门产品，比如运动型多功能汽车。相反，利益相关者可能会强烈建议新的产品，他们会认同潜在的解决问题的方案或者改善现有条件的方案。例如，顾客可能不在意使用塑料啤酒瓶取代传统的玻璃瓶，但利益团体会考虑到可能的安全问题。假定利益相关者数量难以计数，那么研究他们的观点所带来的收益可能会很大，并可能导致许多重要的发现。

宝洁：一次性尿布的威胁

从20世纪80年代末至90年代初期，宝洁公司的一次性尿布一度引起严重的商业担忧。根据1991年的年度报告，一次性尿布的销售占宝洁年收入的17%，将近46亿美元。1961年刚引入市场时，帮宝适被视为在任何方面都很出色的终极新产品。然而，20世纪80年代，随着固体垃圾处理问题的日益严重以及垃圾填埋的停止，外部压力暴露了一次性尿布的主要缺点，即它是非生物降解的。

宝洁公司对帮宝适和Luvs的环境质量进行了改进，一开始很富于戏剧性。他们先引入了仅用50%材料的尤特牌。然后，1989年，尿裤包被压缩到紧紧绑在一起的塑料袋内，这样节省了80%的包装材料。但是，主要问题依然存在。即使进行如此改进，顾客、环境主义者，以及各州立法机关还是担心一次性尿布的环境影响。内布拉斯加州颁布了一项法律，明令禁止不可降解的一次性尿布的销售。该法律于1993年生效。其他州也提议颁布类似法律，但最终没有执行。虽然宝洁公司声称有80%的帮宝适和Luvs可以降解，但大家普遍相信有35亿~50亿磅（约17亿~23亿千克）的一次性尿布是不可降解的，这部分尿布最终被填埋了。为了减少其负面影响，宝洁公司委派Arthur D. Little Inc. 进行研究，对比了一次性尿布与布质尿布对环境、健康以及经济的影响。研究发现两者都没有明显的优势。通过研究发现，一次性尿布的大部分材料都是有机物，仅有塑料部分是无法生物降解的，因此，宝洁选择堆肥作为研究焦点。

宝洁公司进行了几次有关一次性尿布的“堆肥可能性”的测试。作为市场测试的老手，宝洁公司运用区域结果确定堆肥的可行性。因为收到良好的反映，宝洁公司自信他们找到了可行的解决方案。研究证明，在堆肥流程中，当塑料被筛选出来时，帮宝适和Luvs都是可堆肥的。在众多的选择中，宝洁公司必须做出决定，改进其一次性尿布的处境。宝洁公司与顾客、零售商、环境小组、社区领导以及政府官员合作，以期公司的利益相关者决定方案的选择。沟通利益相关者是整个解决方案中至关重要的因素。公司鼓励顾客，并使他们相信可堆肥的一次性尿布是有效的解决方案。虽然宝洁依然在寻找解决方案，但它全面的努力已经极大地改进了产品的质量。

新产品创意的内部来源

新产品创意可能来源于组织内部的战略管理、研发、计划、营销、生产、财务、服务支持、职员建议等。从内在角度看来，新产品创意可能来源于上游流程、下游流程以及战略流程。图 4. 4 从流程管理角度指出了新产品创意的来源。

战略流程包括第二章所述的对组织当前能力和产品定位的分析，通过分析得来的洞见为新产品开发打开了机会之窗。战略管理产生了愿景，为新产品机会界定了总体方向，这经常影响发现新产品的机会。技术许可、连同技术和产品购买公司，还有其他相关战略的介入都是发现创造新机会的方法。

许多通过内部驱动的新产品机会，都源于上游流程和组织活动。上游流程是新产品开发流程的前端流程，它提供信息、资源以及相互之间的连接。例如，研发的最初动机是开发新技术，最终却演变为开发新产品。新产品可能会替代过时的产品，也可能替代业已非常成熟的产品，因为这些产品已经不能满足组织的目标或者已经无法满足顾客和利益相关者的需求。福特金牛座汽车最早的车型设计是在 20 世纪 80 年代，之后于 1992 年对老款进行了改进，而到 1996 年福特金牛座不得不修改旧的车型，推出新款，因为公司认识到旧款车在 20 世纪 90 年代的市场很疲软，而且缺乏 90 年代的顾客背景。金牛座曾主导同类市场份额，而今，它在挣扎着维持自身的位置。

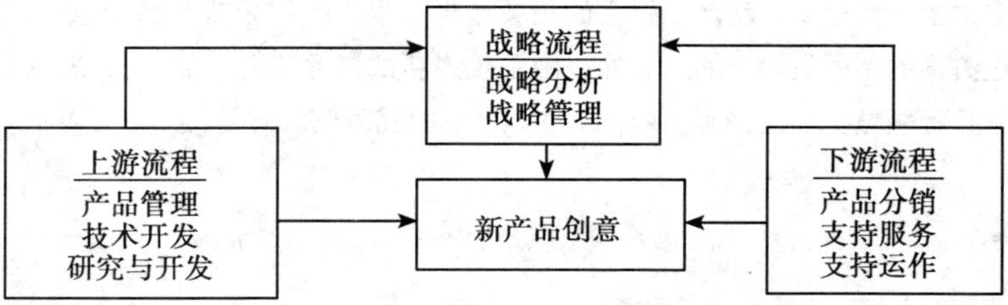

图 4. 4　新产品创意的内在来源

参与下游流程或活动的职员有很丰富的创意来源。下游流程贯穿产品分销系统和相关的活动，它支持现有产品。基于他们的知识和经验，职员们经常提出一些建议，从而引发新产品或现有产品的改进。负责产品分销的职员掌握着系统所生产、经销的产品的有关信息。充分利用这些知识可以发现改进和创新的机会。负责销售、营销、生产、支持服务的人员对改进系统及产品的有效性可能会有自己的创意。这种可能性涉及所有层次的雇员，不仅仅是专业人员。雇员和新产品开发组织之间的这种沟通联系非常关键。对顾客的需求有非凡洞察力的人员（服务人员、支持人员以及销售人员）一般没有太多机会接触新产品开发流程。

头脑风暴法

头脑风暴法是在商业环境中开发利用组织知识的一种很流行的方式。这种方法简单直观，有正式和非正式两种方法。之前所说的与产品开发相关的组织部门的职员，或者某些情况下所有雇员，都被要求为新产品提供建议和创意。头脑风暴法要求开放的交换创意，而没有负反馈或者不利的结果。

非正式的方法倾向于开放的结构。鼓励雇员们提出“无拘无束的”创意并自由地表达他们的想法，而不考虑可行性或者衡量指标。这种方法对组织寻求各种备选方案很有用，尤其是寻求与当前形势不相关的备选方案时更有用。当组织试图通过新的生产线或者甚至是新的业务来创业时，雇员们的这些想法经常会派上用场。开放的方法更耗时间和精力，但可能迸发出令人激动的新方案。这似乎是自下而上的路径，参与者积极投入。这鼓舞了在富有挑战环境中产生创造性思考和创新性的解决方案。

正式的方法更为系统。这时，参与者的精力倾注于新产品的创意，而且通常要求在设定的方向上回答特定的问题。当潜在的新产品开发计划是基于现有的核心竞争力和核心组织能力时，尤其需要正式的方法，因为此时它们非常强有力，能提供获得更优结果的手段。正式的方法似乎更有效率也更多产，但是它们的强项同样是它们的缺陷所在。正式的方法有可能约束创造力，因为它们要求结构化的反应，参与者被限制在管理者所界定的范围内无法发挥创造力。正式的方法是自上而下的方法，其焦点在于高级主管需要全神贯注。比如说，航空公司和美国军方的喷气机引擎的主要生产者普惠公司，它有界定得很好的业务范围。但它的生产线很窄，新产品机会的相关选择也很少。探索新产品创意时，普惠公司的潜在候选方案的范围是确定的。此外，由于生产新的产品需要大量的投资，公司的创意产生聚焦于目标领域。在这种案例中，头脑风暴法很受限制。

市场评估

价值分析

价值分析探求的是顾客从现有产品和潜在的新产品中能得到多少价值，并且调查他们从支付的价格中获得的性能/收益（价值主张）。在价值和价格之间，可能存在着另外的产品生存机会，或者存在着改变现有产品的机会，这些都可以弥补细分市场的不足。价值分析的关键在于找到新的途径，在获得更多收益的同时减少缺陷。有没有更好的方法用于设计、制造并分销某种产品？价值主张合适吗？

图 4. 5 给出了对价值主张的一个不错的描述，它适合于产品和市场。图中所描绘的中间地带代表了可接受的价值。在区域 2 中，顾客从他们必须支付的价格中获得合适的价值。

区域 1 代表了劣质产品，即如果不考虑价格因素，顾客不愿意购买这种产品。区域 3 代表了“附属配件（bells and whistles）”很多的产品，这些附属配件增加了成本并提高了价格，但没有增加价值。顾客并不愿意为满足自己的需求多花钱。额外的并不是必要的。通常情况下，顾客会为他们所支付的金钱寻求更多的价值和更好的性能。

性价比的关系偏向右边时，可能会或多或少地打开机会之门，给顾客奉上附带新优势的新产品。顾客获得的价值越多，他们越愿意购买该产品以满足他们的需求。个人电脑行业的发展历史表明，产品性价比的改进可以导致更多的顾客有能力购买该产品。

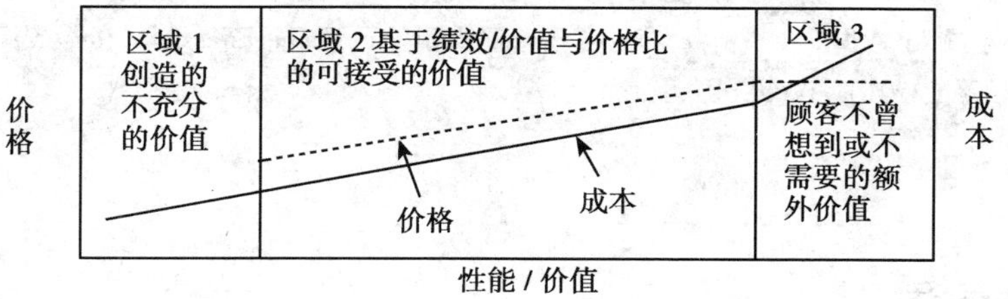

图4.5 价格和成本：利润vs价值❶

注：中间区域（区域2）代表了用户可接受的产品（好的解决方案）区域，左边区域（区域1）的价值或性能没有达到用户的最低满意程度。区域3的左侧边界代表用户寻求的最好性能或最大价值。超过这个界线（左侧边界到区域3）会增加产品的成本，但是用户不愿意为了附加特性功能或好处花更多的钱。而且在大多数情况下额外的性能或价值并不值得增加价格。

顾客寻求的是利益而不是产品的性能，空调提供了一个很好的例子。顾客为了享受空调的舒适而购买空调。他们需要的是结果而不是真的要机器本身。空调工作中充满噪声、体积庞大并且价格昂贵，但是顾客能容忍这些缺点以享受其带来的好处。

需求是发明的源泉：本田混合动力车

美国的很多州和许多其他国家都制定了清洁空气的法律以试图减少危险的空气污染，例如一氧化碳、碳氢化合物、二氧化碳、二氧化硫和氮氧化合物。这些立法强迫汽车制造商开发低排放量汽车，甚至要求采用更加清洁的类型，如超低排放量汽车和极低排放量汽车。

作为对清洁燃料汽车需求的回应，本田公司开发了Insight油电混合动力车。Insight采用汽油发动机给电池充电，并采用反馈制动以获取绝大部分汽车浪费的正常制动的能量。Insight采用使用内燃机动力的传统传动系统，然而通过电池获得补充动力将每升公里数提高到城市道路的61m. p. g（约26km/L）和高速路的68m. p. g（约29km/L）。

---

❶ 该构件引自：G. Bounds，An Extension to Westinghouse：Journey of Quality. *In Cases in Quality* (Homewood，IL：Irwin，1996，p. 80).

其他目前可用的混合动力车还包括丰田的 Prius 和本田的 Civic 混合动力车。福特也开发了一款混合动力私家车，并计划在 2004 年秋天引进一款混合动力的低排放量汽车。

来源：

Lake, M., A Tale of Two Engines: How Hybrid Cars Tame Emissions. *New York Times*, November 8 (2001), G7

市场分析方法

寻找新产品机会的市场分析

既然市场是新产品创意关注的首要焦点，市场分析将为理解明确的细分市场的顾客需求和愿望提供卓越的方法。细分市场代表了新产品在市场中的明确目标。顾客有非常多的选择用来解决他们的问题，但是在大多数情况下现有的产品都有缺点，这就给改进产品或采用新方法达到设计目的提供了机会。

市场分析用于确定已经出现的和潜在的顾客需求，使得新产品将特点、功能和利益集合起来并为顾客提供无以伦比的满意程度。根据目标和对象的不同，市场分析可能为组织提供相对狭窄，或者是眼界开阔的视野，为组织寻求尽量多的知识。如果在战略逻辑阶段有了明确界定的领域，那么，探索的范围会高度组织化。例如在 20 世纪 80 年代末，波音公司对要开发什么类型的新产品机会有清晰的认识。波音 777 作为新产品契合了公司需求的战略逻辑，同时迎合了当时市场结构的需求。当时环境下的信息探索就非常严谨、相对比较狭窄，它是由需求的性质所明确界定的。

如果对新产品的需求是更加开放的，横跨了众多的细分市场，这时，市场研究的范围将不容易界定，而工作也更加难以结构化。但是，即使在开放性探索的情况下，界定行为层次和范围的指南也应提供给研究者。指南应当说明研究的市场或探索的领域。不管环境如何都要有明确界限，使得市场研究活动能在相对短的时间内完成，时间通常是限制性因素。当组织者试图通过使用更加动态的方法或靠改变现有商业或产品组合的方法来试图满足顾客，从而打破现成的模式时，开放的方式也会被使用，例如孟山都公司打算进军生物技术领域以彻底改造自己。它需要新产品，从而为顾客提供解决问题的唯一方案，并改变自己的财务状况，获得高的边际回报。孟山都公司采用规范的产品组合转换，将产品从日用品和合成化学品转向个人产品，以适应细分市场的特殊性。

用以发掘新产品开发机会的市场研究需要精确、详尽和平衡的技术。基础的目标就是尽量了解顾客和细分市场，以及发掘显而易见的需求和愿望，包括生理上的和心理上的因素。

研究活动必须达到一种平衡，以实现新产品开发的所有目标。成本考虑同样很重要。对于典型的新产品开发环境，研究必须迅速完成而花费低廉，至少在创意产生阶段要如此。图4.6列出了市场信息的主要来源，在这里信息被分为内部和外部信息来源，以及数据是现成的还是需要发掘的。

信息来源	现成数据（二手）	定制化数据（一手）	花费
内部	公司数据库：记录、报告、分析 当前产品的市场规划 新产品计划 战略计划 研究和开发	关键人物访谈 雇员调查 专家小组 顾问 合伙者	低 ↓ 高
外部	政府文件 年度报告，10k报告 互联网网站 商业联合会 出版物，商业杂志 广告商 专业研究机构 大学研究	邮件调查 电话采访 个体访谈 兴趣小组 专家小组 研究机构 市场分析 合同研究	低 ↓ 高
花费	低 ——————→	高	

图4.6　市场研究的信息来源

当研究机制的复杂性增加时，花费也随之上升。从内部或外部来源获得现成数据基本上是探索新产品机会最划算的方法。对于发达国家的大部分企业和市场，公共领域有着充足的数据和信息。政府机构，如美国商业部，根据标准行业指数发布关于行业活动的报告，其中标准行业指数提供了关于特定行业部分环境和趋势的市场数据以及相关信息。美国劳工部提供关于劳动力和行业统计的详细信息。美国环境保护署概括和解释了限制性规制的含义，以及它们能为产品和服务所提供的机会。

商业联合会提供了关于它的会员和所服务的行业或团体的丰富信息。许多商业联合会出版上一年度行业发展的年鉴，其中附有联合会成员的基本统计数据。典型的信息包括市场规模、成长速率、主要竞争者、购买者行为和模式、技术等，例如计算机行业年鉴公司每年出版大约750页的年鉴，提供了关于产品、人物、公司、技术和前景的行业信息。

每年发表的有关竞争者、潜在顾客以及市场参与者的报告是关于所在市场中主要参与者的信息的极好来源。对于大公司，详细的产品信息趋向减少，因为一般的报告结构重点是在公司层面。这样的报告倾向于提供财务结果和一般性的信息。在某些情况，“10k”报告以及其他的必要报告能提供比年度报告更多的细节。产品小册子和网页同样能提供关于竞争者、供应商和相关企业产品和流程的重要看法。

商业杂志和相关出版物倾向于追随特定行业的潮流，提供关于活动、流程和时间的丰富信息，常常揭露包括市场结构、统计数据以及能力的全面市场数据。许多专业研究机构在合同基础上研究市场信息，也可以向多个用户提供部分市场的研究服务，这两种情况的花费都很高，而数据一般经过剪裁以符合新产品开发活动的特定需要。比如在计算机行业，康涅狄格州斯塔福的加特纳集团（the Gartner Group of Stam Food）为愿意付费的顾客提供高质量的研究和行业报告。

大学研究是一种实实在在的信息和分析来源。学术型学者和研究员对公司、行业和经济体系进行调查、分析和研究，以促进对研究现象及其含义的更广泛的理解。案例研究同样对目前商业运作和规划的实际情况提供了重要看法，并基于创业者和从业者的经验给出反馈。

当所有容易的方法都被用来获得现成信息数据后，就要采用更加昂贵的顾客资源来弥补空白。某些情况下，一种剪裁得当的获得合适信息的方法会获得最好的方案并及时划算地达到目的。这取决于环境以及节省时间和金钱之间的平衡。

内部的资源通常提供最快和最节省的获得所需信息的方法。高度依赖现成产品线或能力的新产品开发计划是一个显著的例子，它有着内部知识的宝贵财富。使用内部数据库对于新面世产品的成效不明显，其中关于产品环境细节的内部信息和知识通常非常有限。

关于新产品创意的信息可以通过员工访谈或通过建议机制从关键人物那里获得。调查可以询问员工关于新产品的创意和想法。许多方法都可以查明雇员想的是什么，包括员工参与小组和内部兴趣小组以及研究人员对调查问卷的回答。

从企业外部收集信息的机制包括通过邮件调查、电话访谈、个体访谈、兴趣小组和专家小组等。这些传统的方法都有其优点。当然，这通常是时间、精力和金钱的问题。一开始，研究和市场分析都是最耗时间并且最花费金钱的。

市场研究至少要识别和理解顾客的需求和愿望，以及其他与市场相关的信息，这些信息可能会促进对新产品机会的理解和评估。我们推荐的流程是从最简单、最迅捷、最低成本的市场进入战略开始，向更加复杂的途径前进，直到新产品创意列表的数量质量都能保证有充足的机会为止。

研究的范围应当包括：新产品的目标、目标市场确定、时间和资金的限制，以及计划的目标和衡量标准。必须用科学的原则来保证结果的有效性，最重要的是将市场研究用于获得创意，应该集中精力产生创意、评估创意的潜力，并为在“概念开发与选择阶段”为企业的进一步发展而选择可行的候选方案。

表 4.3 提供了对一般方法的总结，在具体流程上会有很多变化。市场研究流程也能用于指导市场评估或其他与外部团体相关的分析。同样的方法可以用于构想的开发。因为通常新产品的构想比创意少，在构想发展和选择阶段的市场研究流程遵循了一条更严格的道路。

表 4.3　新产品创意的市场研究流程

步　骤	市场研究流程	特　点
1. 确定目标/范围	确定所需要的信息	评审细分的市场、用户需求与愿望、利益相关者、竞争者、供应链、基础设施和相关市场

续表 4.3

步　骤	市场研究流程	特　点
2. 获得已有数据	从现有的数据来源中获得现成的有用信息	指导最初的研究，以从内部报告、互联网、政府和研究组织等获得现成的信息
3. 进行市场空白分析	确定目前的产品不能满足新增的需要	进行空白分析，以确定缺失的信息，区分需求优先等级，并确定如何获得数据
4. 确定选项	决定市场研究的选项，这可能会立刻带来结果并满足目标	形成一项研究设计。一般来说，标准的统计方法用于保证结果的正确性。确定问卷或其他数据收集方式
5. 确定方式	确定资源和时间限制	评审用以完成研究的资源需求和可用时间框架。确定约束，制定时间表
6. 评估方法	按照时间、花费和收益评估选择的可行性	按照时间、资金和影响评估需求并确定获得结果的最有利的方法
7. 选择方法	选择适当的研究计划	选择和制定当前情况下最好的研究机制
8. 执行项目	执行研究项目并获得信息数据	引导尽可能正规的研究，以减少偏差、提高正确性和可靠性
9. 分析	分析数据并评估含义	选择符合设计目标的信息并研究其含义
10. 解释	公布结论	解释结论并思考其含义，报告和公布结论

背景研究（被动方法）

被动方法用于获得向公众公布的现存信息，这些信息可能蕴涵了对新产品机会的见解。文献检索可以提供相关市场的现状和趋势、竞争者的初步行动、技术革新以及一般商业发展状况的相关信息。文献检索相当迅速、便宜并且不引人瞩目。通过优秀的全球数据库，能找到关于绝大多数主题的数量巨大的数据和信息。实际上，许多公司通过互联网站点、公开披露、向政府部门提交正式报告的方式提供了大量的信息。

应用被动方法具有一定的灵活性，因为研究内容和相关对象能随时扩展。此外，从一个阶段获得的信息也许会导致产生新的研究领域，因为这些信息是为了将来研究阶段而分析和收集的。被动方法的问题是，它是基于目前或过去的信息数据，而不是将来的状况、趋势或影响。它用方法对信息进行评估以发现其中的联系和含义。并非所有答案都可行，也不是所有信息都符合实际。尽管互联网提供了一定形式的交互作用，这种方法主要的问题在于缺乏相互讨论和无法得到其他尚未提供的信息。

互联网让研究者能够在短时间内获得在数量上难以置信的数据和信息。互联网搜索比传统文献检索更加容易，也在大部分时候更有收获。而且互联网具有交互影响的优势。研究者可以提出问题让顾客、利益相关者和其他人来回答。很明显，这种交互回答能力对于试图发掘产品和服务的新创意非常有益。然而，应当注意到，互联网资源同时提供准确的和不准确的数据和信息。不验证其正确性就对信息加以依赖是危险的。后继的工作应当是用其他来源来验证信息和数据的可靠性。

参加商品展销研讨会是一种获取相关信息的好手段。作为数据收集手段的一部分，研究者必须确定对于给定的产品类型的合适展销会和研讨会是怎样的，以及时间安排是怎样的。通常，各种工业产品都有每年一次的商品展销会。商品展销研讨会期间赠送的会议记录中含有文件和文章的书面版。使用这种方法的局限性在于参加会议的花费、耗费的时间以及理解会议所需要的知识。慕尼黑工业大学的霍斯特·维尔德曼博士主持了一项对139家欧洲公司的调查，调查研究了产品改进和革新的原始创意，研究表明21%的创意来自于商品展销研讨会❶。

调查、焦点小组和标杆学习（主动的方法）

传统收集信息的方法是使用调查和问卷的“试真法”（tried and true）。依靠新产品目录，调查的问题集中在对已有产品的改进，或对用户对产品需求或期望的一般确定。在创意产生阶段，调查的目的在于鼓励自由思考，用开放式的交流思想的方式以吸引顾客的注意。

如果要说这种方法的特性，那就应当相对简单。目标是以合理的代价获得有效的收获。构想发展和选择阶段会有代表性地使用更精细的架构。当然这也依赖于新产品的类型。

获得信息的标准方法是调查问卷或访问调查。调查问卷的格式应当包含与指定主题相关的问题或者与研究区域相符合的开放性问题。问题的数量应当易于管理和分析。问题的结构应当提供选择答案以利于使用统计分析（定量分析）进行整合。应当在创意诞生期间寻求定性的结果以获取对机会的总体看法，而不是花费大量的时间和资金用于掌握细节。调查的目的在于为将来一旦创意变成构想时的研究打下基础。图4.7提供了一个简单的顾客满意程度的调查例子。

调查中所涉及的顾客的数量取决于顾客群的大小、所需要的信任程度、市场运作的特性以及所采用方法的统计精度❷。如果有一部分核心用户，他们意见的准确性可以信赖，那么这小部分群体就可以提供极好的意见和洞见，而主要担心的是在选择回答者上出现偏差。任何有意或无意的偏见引起的偏差都将遗漏有价值的贡献人，尤其是那些有不寻常见识的极端的人。

焦点小组（focus group）是一种特殊的组织形式，用以从顾客中获得信息。这是一种获得关于新产品创意的适宜的方法，但是必须很小心地去保证小组是随机选取的。如果小组成员趋向相似的背景或观点，结果将只反映小部分顾客群。使用焦点小组产生创意的价值在于这个流程可以和一大群反馈者交流。具有开放形式的焦点小组运作很好。

其他典型的收集信息的方法包括个体访谈、电话采访和邮件调查，每一种都有优势和

---

❶ H. Wildermann, *New challenges for procurement in the automobile industry*. Technische Universität München, 1998. 这些信息引自1999年6月19~24日在慕尼黑工业大学与教师的会谈。

❷ 正规分析需遵循用统计分析说明的方法。在关于该主题的各种教科书上都有该方法的介绍，本书不重复这些方法。

说明：5＝非常满意，4＝满意，3＝无所谓，2＝不满意，1＝非常不满意	5	4	3	2	1
一般满意度					
1. 根据你的经历，对产品的满意程度如何？					
2. 觉得产品的价值何在？					
3. 对产品的质量满意程度如何？					
4. 对以下几项如何评价					
➢我们的专业素质和能力					
➢我们对你需求的理解程度					
➢我们解决问题的能力					
5. 以下几项的满意程度如何					
➢沟通方便；掌握信息					
➢我们的人员和技术服务的能力					
➢解决问题的反应速度和时间					
6. 你对获得的支持的满意程度如何					
➢获得服务的能力					
➢获得解决的能力					

关键问题	
我们目前产品的优缺点是什么？	
你对改进我们的产品有何建议？	
最重要的收益是什么？价值是什么？	
你对新产品有何建议？	

图 4.7　一项顾客满意度调查的例子

劣势。个体访谈具有弹性，一般有更高的反馈率。由于安排访谈的人控制了整个流程，得到的结果倾向于可信。一般而言这将有机会通过回答获得额外的信息，因为至少有两位被采访者而且大部分都会礼貌地完成采访。但是，其主要缺点是需要高额的花费以在别的地方与人会面。大量的交通与时间花费对于信息的及时性和新产品开发流程的时间安排都是其负面的影响。

电话采访是一种克服个体访谈缺点的流行方法。这种方法快速而相对便宜，大量的采访能在短时间内完成，大量的潜在回答者有助于改进结果的有效性。而局限性包括应答者只愿意花少量的时间回答问题，难以确定应答者身份和回答准确性，以及由于电话推销方法的广泛使用使得许多人经常不愿意参与电话采访。而且，政府对通话时间的严格限制，并允许人们将自己的号码从号码表中去除的规定为进行电话采访制造了难度。

信件调查简单便宜。调查问卷邮寄给收信人，在自己的家或办公室完成问卷，这样结果就不会因为交流而产生影响或偏差。然而这种方法也有很多局限性。最大的问题是回收率低下。一个好的回收率大概是5%～10%，很多情况下低于1%～2%，而且如果不该填的人回答了问题，可能会使结果有偏差。

专家意见是顾客调查或内部头脑风暴法的替代方法。召集专家小组或向行业专家小组咨询以获得关于新产品机会的观点看法。专家应当从许多领域选择，例如市场营销、财务、金融等，使得他们能提供多样性的见解。然而这样的小组倾向于关注成长的正常方面。这通常是决定对已有的产品逐步改进的极好的方法，而不善于发现过于激进的解决方案。该方法的主要优势是速度快和丰富的多样性，主要的缺点是高成本和缺乏对顾客的直接反馈。这种方法可以和其他方法结合使用。

市场分析

基于市场调查，初步市场分析可以用于提供对目标市场区的市场潜力的总体看法。市场分析包括对所描述的目标细分市场的定义、划分市场的关键需求以及目标顾客的概述。

细分市场的定义提供了基本的市场信息，这些信息可以用于确定目标的吸引人之处。定义提供了对市场以及必须统计的方面的一种描述，包括细分市场的总容量和收益大小以及可能被新产品占据的市场份额和收益大小。一般的分析流程遵循表 2. 10 中所示的对市场吸引力的评估，另外，其焦点相当狭窄，仅仅局限在特定的目标细分市场上。一些主要的考虑包括市场规模、成长速度、法治法规的要求、季节变化、价格敏感度以及特定的顾客愿望和需求。

市场因素依赖于细分的市场的类型和特性，调查市场因素可用于确定新产品创意的潜力。以下是一些最重要因素：

1. 最适合投放于细分市场的新产品是什么?
2. 价值主张是什么?
3. 主导用户以及/或者关键用户是谁?
4. 细分市场的需求中最重要的需求和愿望是什么?
5. 细分市场中，潜在用户为什么寻求新产品以解决他们的需求?
6. 细分市场（收益和单元）的规模和成长速率有多大?
7. 细分市场中取得成功的最重要因素是什么?
8. 细分市场中产品在何时何地如何被消费的?
9. 季节性问题是什么?
10. 主要竞争者是谁?

顾客组合或顾客分析提供了关于什么是潜在用户寻求的目标的详细意见，包括明确关键用户群。他们是第一批购买新产品的消费者，理解他们的期望，调查潜在的消费类型。顾客分析为确定新产品创意的潜在收益以及规定建立新产品环境的项目机制奠定了基础。主导用户的构想有助于完成顾客分析。以下是进行顾客分析的一些关键问题：

1. 新产品的潜在顾客是谁?
2. 顾客最需要和想要的是什么?
3. 满足顾客目标的收益是什么?
4. 购买者行为的主要影响是什么?

5. 顾客需要何种信息以做出基于可靠信息的决定？
6. 顾客为何会购买新产品？通过何种渠道？
7. 决策流程是如何进行的？
8. 必要的经济动力是什么？
9. 获得成功的必要条件是什么？

用于进行顾客分析的实际问题和方法取决于新产品机会的类型以及所涉及的顾客类型（消费者、企业或政府）。创意产生阶段的目标是获得顾客偏好的尽量多的细节，从而找到有效而可行的解决办法，目的在于找到确定创意可行性的方法，以调查该创意的潜力。

市场评估是一项动态的过程，它能在每个阶段发现关联事物。并行的市场评估建立在构想阶段，其基础建立在理解顾客偏好和确定市场基本原则上。底线是确定新产品开发计划应该包括什么并且找到成功的前景。是否有机会呢？顾客分析正是用以评估是否成功的必要的基本需求。

技术评估

技术在新产品开发计划中的作用至关重要。绝大部分新产品（尤其是渐进的改进品）与已有的产品相关，并且依赖用于设计和生产产品的主流技术。然而当技术成为驱动力时，产品创新和技术进步就和流程直接相关。这种情况下，新技术成为新产品开发的必要部分或先行条件，它为企业获得新的竞争优势，尤其是依靠技术进步首先进入市场而获得竞争优势提供了机会。

对于那些由技术驱动的项目，有很高的技术和计划风险。技术可能无法兑现其承诺，也无法获得关键性突破。即使技术开发成功，顾客和市场也可能没有做好接受新技术的准备。这样的技术也许超前于时代了。而且所有其他方面通常在成功时要求有一席之地，而失败常常就是因为不同方面之间缺少配合。许多这样的案例中组织者都过于专注于技术及其相关方面，而在其他关键领域忽略了资源的投放。设想一下，哪台尖端的计算机硬件不配有强有力的软件呢？想想使用燃料电池而非汽油发动机作为动力的汽车的顾客想要享受到什么好处吧！分销渠道中能得到氢是开发这种汽车的一大笔财富。

绝大部分新产品开发计划依赖于其自身资源中的技术或外部参与者，以及公共领域已经获得证实的技术。用新的方法运用已有的技术能够为新产品的产生提供方法。在新产品产生前，通过一种方法将两种或多种技术融合到一个产品中的流程是不会结束的。

技术是新产品开发中的一项关键因素。拥有技术并不能保证成功。事实上在新产品开发流程中，用合适的方法调查所有必要要素以发现需求并避免错误是最重要的。

外部因素评估

利益相关者评估

作为实体，利益相关者在建立新产品需求和规范中起了直接或间接的作用。他们也许作为利益相关者在产品和相关流程中影响着环境、社会或经济。利益相关者包括当地社区、一般顾客、环境保护团体、政治团体、管制机构、世界性团体、个人团体以及受到新产品潜在影响的组织，还包括消费者团体、环境保护组织、金融组织、媒体或相似的关注产品商业化后的效果的实体。某些利益相关者——比如政府机构、企业组织和学术团体——在新产品开发流程的最后阶段具有评论资格或审查权力。

利益相关者评估试图识别并分析新产品对潜在利益相关者的可能的重要考虑和含义。它尝试理解所有的环境、经济、社会、政治和技术上的含义以减少错误或疏忽。包含利益相关者分析的新产品开发流程比传统流程更加复杂，因为有大量的受影响的潜在团体。然而这种分析可以更加全面的了解实际情况，因为这个框架涵盖了最重要的必需的方面和流程。

利益相关者评价的目的在于保证毫无遗漏，以及与利益相关者相关的投入产出是最佳选择。在过去的10年中，由于环境、健康、安全和责任的问题逐渐升级，利益相关者评估的重要性显著增加，它是获得可持续发展的重要保障❶。

利益相关者评估依赖于实际情况和产品所影响的外部实体。其中有代表性的，比如在美国，联邦和各州的法律部门在新产品商业化之前就提出该产品必须满足的标准。法律和法规使产品必须符合强制性标准这一要求得到保证。新产品必须通过一个认证程序获得管制机构的认可。政府和行业的强制要求，必须体现在产品专业化和测试标准中，而它们也

❶ 参见：D. Rainey, *Sustainable Development: Inventing the Future through Enterprise Management and Technological and Product Innovation* (to be published 2005). 可持续发展是一个影响深远的议题，涉及全社会的方方面面，如民族、政府、非政府组织、市场、客户群以及其他。可持续发展着眼于团体之间的协作和合作，因为有效的解决方案包含了社会、经济和环境目标以及商业团体的战略需求。商业角度的可持续发展的关键是要着眼于未来技术和新产品的开发，这种开发的标准是根据目前和未来的商业目标以及要素需求决定结果。可持续发展需要在技术和产品开发上有明显的改变。这意味着开发的基础必须建立在更加广泛的考虑上，同时决定的分析流程必须包含全部可能的输入输出以及所有相关的影响和牵连。

是利益相关者分析的最重要的部分。比如，汽车生产厂商必须遵守规定的苛刻的安全标准来保护该车辆的使用者，产品本身也必须获得美国国家运输安全委员会的认证。同样，美国联邦航空署对美国所有新航空器的飞行性能进行认证。波音和空中客车公司新开发设计的飞行器也必须进行专门的飞行性能认证测试来获得美国联邦航空署的认证。表 4.4 提供了一个选择性的利益相关者类别目录，并说明其各自的角色。

表 4.4　部分利益相关者的类别

类　别	产品形式	实　体	任　务
联邦政府特别委员会	医药品	联邦食品和药物管理局	协议、测试和审批
政府机构	化学药品	美国环境保护署	程序、批准和报告
行业标准机构	电气设备	保险公司的实验室	测试和认证
消费者组织	消费产品	消费报告	测试、报告和评论
非政府组织（NGO）	生产商	公共研究信息组织	研究和批露

利益相关者一般通过支持产品作为现有产品和生产的替代品的需求来强调新产品的潜在利益。目前，许多环境组织支持发展氢能汽车，并将这作为降低汽车排放物、提高空气质量的手段。另一方面，部分类似的组织通过游说给运动型多功能车的发展设置障碍，因为该类型车的汽油使用率低，同时这也是基于安全的考虑。

利益相关者评估包括区分主要的利益相关者，分析他们的目标和战略，决定这些因素对于新产品成功的影响，并对整体计划进行评估；其中问题的关键方面是，在面临发展规划时对主要问题的理解，以及如何对整个流程进行管理。如果问题被夸大，成功的几率很可能会显著地降低。

供应网评估

供应网管理是在系统观点的指导下，将原料、产品、信息以及连接等要素通过供应商的分配渠道送到消费者手中，从而获得较高水平的有效物流管理的环节之一。因为先进技术的引进，供应群体的缩小，持续创新，以及法规调整的影响等，现在的供应链更加动态化。供应链必须与公司的基础融为一体，并保持灵活性来适应市场地位变化的情况。

供应网管理在新产品开发流程中扮演一个关键角色。在新产品开发的早期阶段，公司通常决定如何计划去生产产品。如果产品的某个关键部件必须从供应商那里获得，那么它们必须作为新产品开发流程的一部分。

供应网管理要达到的首要目标是以最低的价格和最高的质量提供最好的产品和服务来支持商业活动。流程管理框架为供应网提供了一种识别、描述、分析和管理物理的、管理的、信息的和系统的要求。挑战在于用创新性的手段完成业务的财务和实践目标，并且贯彻最好的服务来保持对竞争者的优势。

供应网评估是对供应网和资源的一项综合性分析，其主要问题是供应者和分销者提供机会和选择来提高新产品创意的各个方面。它包括以下领域：战略、财务、技术、信息和法律。

对供应的关键部件和成分或者整个生产流水线的外包将对生产产生长期的影响，从而需要对实际情况和管理体系进行详细的评估。该项评估必须包括检验向供应商采购零件或产品的优点和缺点，对于新产品开发流程的影响，以及对替代方案的分析。

评估覆盖了管理层面中的价值评估和方法选择。在管理与程序相关的规划时，新的期望和界面推动了活动的进行。基本的步骤包括：设定目标、将工艺流程图示出来、计划、评价各供应商现有的和潜在的便利、识别内部和外部需求、制订主要计划、制定政策，程序和指导方针、设定优先权、解决冲突，以及评价绩效。供应者管理和开发包括由购买者所采取的、管理它的供应商的积极有效的行动。这种规划的目标是持续改进。

竞争分析

竞争分析是建立在产业结构分析和细分市场分析的基础上的，它对于决定与新产品创意相关的主要对手和它们的反应是关键的。这种分析不同于在第二章中所讨论的视角，由于焦点是目标细分市场中专门的竞争对手，所以可以说焦点非常狭窄。分析的目的是确定那些最有可能对于新产品的成功构成威胁的竞争者的详细信息和数据。

在创意产生阶段，主要方法是充分获得关于主要的竞争者的细节，从而对新产品创意的生存能力做出一个有效的评估。分析包括回答以下的问题：

1. 对于该创意而言，谁是有可能影响该计划的最重要的竞争者?
2. 他们的目标、战略和预期反应是什么?
3. 他们与新产品创意相关的主要优点和缺点是什么?
4. 如何提高创意来利用对方的局限或者最小化他们的长处?
5. 什么战略或者替代方案可能最小化竞争者的影响?

竞争分析应该做出一个声明或者对预期竞争影响进行评论，从而允许政策制定者去理解挑战，并对新产品创意的可行性做出决定。评估应当仅包括一定数量的有代表性的竞争者，并获得一个整体的前景认识，从而不用花很多的时间和金钱就可以获得对竞争者的较为完整的理解。通常在潜在的新产品候选创意的数目减小到一个可以运营管理的数目后，也就是在概念发展和选择阶段做出更深入的分析。基本的方法是对竞争者和他们的能力有一个较深入的认识，这样一来，可以做出一个更好的关于新产品创意的各个方面的决定。如果有很多的创意，需要分析的潜在竞争者的数目就会非常大。因此，一定要尽最大努力保证付出是值得的。

相关行业评估

相关行业及其影响的重要性一直以来都被低估了。评价由其他行业提供的支持作用是非常重要的。在某种情况下，没有相关行业的贡献，新产品很难获得成功。没有综合的计算机系统，在今天将很难保证贸易安全。20 世纪 90 年代，由于计算机的使用使数据的收集和管理大大便利，股票市场急剧扩大。计算机已经非常显著地降低了处理交易的成本，并使得提高交易量和降低每笔交易的成本成为可能。

基础设施分析

传统的看法，生产者仅仅关注他们的产品通过固定的分配渠道流向消费者就可以了。他们认为外部的基础设施将会提供充分的必要支持来方便物流和沟通。今天，有大量渠道和方法使产品到达顾客手中并且进行远距离的合算的商品交流。基础设施发挥了关键的作用使产品符合市场定位，并提供同它的商业环境的连接。它提供的支持系统允许产品更好地发挥作用，从而取得长期的成功。

基础设施包括联系在一起的和半独立的参与者以及资源，包括空运、水路和铁路等便利产品输入和输出市场的设施。已有的网络体系可以降低与预期支出相关的成本和混乱。

基础设施分析需要进行需求评估；由于它产生的时间相对较短，所以缺乏很多传统的管理技术所具有的正规性。在过去，大部分商业模型都简单地假设企业的基础设施是可以获得的，并且将会满足新产品的需求。

基础设施一直是一个重要的因素，尽管对很多产品而言这是显而易见的，并且被认为是理所当然的。比如，航空公司和飞机生产者认为机场将会满足飞机的起降。当这个假设通常是一个正面假设的时候，飞机，比如空中客车的新产品候选方案——A380 超级飞机，是如此的巨大，以至于现有的机场基础设施，可能必须从根本上进行改造才能满足它的起降要求。

基础设施分析包括与公司相关的关键的系统要求评估，功能分析和综合分析，将各方面的联系统一到一个各种关系的综合视野中。系统要求描绘出一幅清晰的与基础设施相关的本质联系，并为产品提供必需的支持。第一步是简单识别强制性的基础设施支持要素，这对于确保新产品的成功是必需的；第二步是要求进行功能分析，它描述和评估基础设施的能力和局限，但提供了一个基础设施可以做什么的概况；第三步是将功能综合进一个全面的视野中分析能力和各种局限如何支持或者限制新产品开发的潜在可行性。

一项透彻的分析非常耗时间，并且成本很高。一般做法是在创意产生阶段尽可能简化最初的分析。因为随着后期提供更深入的关于新产品机会的分析，比如新产品有了更大的

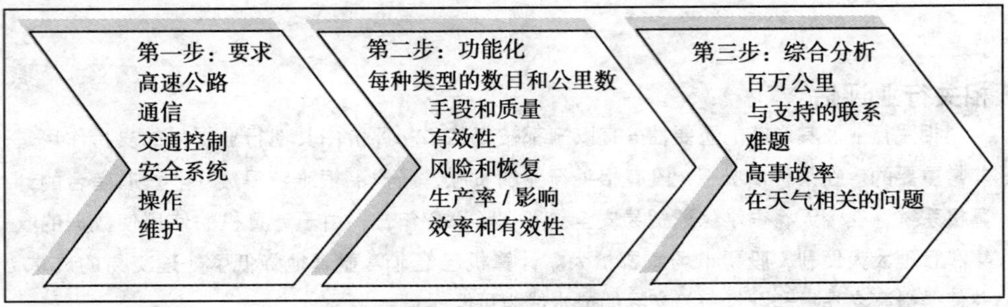

图 4.8 基础设施分析的简单框架

责任和投资的保证之后，这种构想可能会不断的扩大。图 4.8 提供了该流程的一个汽车业案例。

虽然这个表格非常简单，但它的确传达了一些关键的与高速公路系统相关的问题、能力和局限。创意产生阶段的目标是提供一个便捷的与每个创意相关的对情况的总体看法。如果该创意进入到下一阶段，再进一步补充更多的细节。

新产品创意的评估和排序

对新产品创意进行价值评估和排序的目的是，评估它们的可行性，并决定哪一个在概念开发和选择阶段更具有长远价值。这个流程只是简单地排除那些不符合公司的战略逻辑的创意；那些从技术、经济、市场、或者风险视角上而言不具有可行性的创意；或者那些要求超出了公司的能力和资源实际的创意。一个新产品的创意被排除，从长远考虑可能有非常多的原因，包括有更多的创意需要处理，通常存在的资源和时间的限制。

创意产生阶段的高潮是，确认可以确保长远的时间和金钱投资的一系列新产品创意；这张表通常都是按照愿望、需求和风险回报关系等标准，已经进行过优先排序的。

评价步骤集中在每个创意的战略安排和它同目标和新产品计划的目标和对象的关系，建立在其中两个最重要的标准上：市场要求（需求）和战略逻辑。该程序把每个创意放到 4 个类别中的一个，从而大大简化整个流程。该标准可能因实际情况有所不同。因为战略逻辑和市场需求（潜在的）对大部分情况而言是基本的要求，候选方案可以放到以下的类别中：

1. 清晰的战略逻辑和大量的市场需求；

2. 清晰的战略逻辑和不确定的市场潜力；

3. 不清晰的战略逻辑和大量的市场需求；

4. 不清晰的战略逻辑和不确定的市场需求。

在多数情况下，第一类别所代表的新产品创意建立在战略需求的基础上，拥有充分的价值，可以进入下一阶段。这类候选方案接下来通常会进入一个“急送”的程序，从而降低在这方面的时间和成本。通常这些“必须”的候选方案被内部和外部的“不言自明”的力量所推动。中间两个类别的方案需要在选定的领域中做进一步的分析，从而判断它们的适应性和可行性。第四个类别表明了较高水平的不确定性；因此，这些创意要求另外的工作来充分理解战略和潜在市场，或者需要用专门的处理方法来决定它们的命运。

创意的评估和分类可能有很多形式，但有一项关键的因素必须牢记：组织开发新产品的能力是一项关键的决定因素。第一位的也是最简单的方法是，基于资源和组织的能力，做一个建立在潜在创意或潜在战略逻辑基础上的定性评估。这种方法有多种多样的形式，从一个简单的评估到综合整个流程中的多重因素进行详细的评论。

评估的目的是为候选创意的选择提供具有影响力的、肯定的或者否定的评价。这些包括成功的障碍，以及执行的限制条件分析等。定性分析方法为每种新产品的创意提供了一个可视化的界面，突出了其优点和缺点。这种方法的主要困难是，解释过于依赖该流程中的技巧和经验。偏见可能会因支持某种创意从而成为可能导致整个评估不准确的因素。利用大量相似的评估工具，偏见经常对现有的资源和能力起一个杠杆作用。这种先入为主的偏见可能不会对渐进性创新有致命性的危险，但是它对更根本性的变革而言，可能会成为一个主要的难题。因此，这种手段对产品创新更有效。

表4.5，“能力概评和资源评估”，是一种评价新产品创意的直接方法。表4.5的目标是为了说明一些可以被评价的类别；它不是为了提供一个关于所有重要领域的综合观点，也不必符合所有情况。

评审内在的影响，比如每个“能力概评和资源评估”，为人们提供了一个关于每个候选创意与目前的核心能力相关的快速观点。它仅仅是最初的观点。使用这种技术的基本问题是，它偏离了选择流程中那些对现有资源起杠杆作用的候选创意。这些候选创意代表了产品说明书中不被看好的那一部分。然而，这些候选创意可能有突出的外部潜力，代表了多样性和获得进入新的市场或商业环境入场券的机会。因此，包括内部和外部的因素在分析中对于获得平衡的许可是很必要的。

表4.6，“新产品创意打分”，提供了一个用定量方法来减少定性方法分析所产生的一些主观性的案例。再者，这种方法和其中的要素提供了一个应该考虑什么的建议。实际的因素将会依赖这些情况。它的主要优点就是每个创意都被独立地分类，且每个得分单独相加并与其他的比较。可以假设，得分高的那些是更好的创意。然而，有些要素可能在假定的情况下更重要。

表 4.5　能力概况和资源评估新产品候选者

分类评估	是	否	优点/缺点
产品/市场			
·与现有产品线相符	□	□	
·与现有产品/市场相符	□	□	
·增加产品线的广度和深度	□	□	
营销和分销			
·投资到营销资源和技能上	□	□	
·运用市场/营销能力和知识	□	□	
·与新产品开发能力和技能相符	□	□	
·与销售人员的知识与能力相符	□	□	
·平衡渠道覆盖能力	□	□	
·运用当前的关系	□	□	
运营			
·平衡调动生产资源	□	□	
·成本优势/学习曲线	□	□	
·车间与设备的灵活性	□	□	
·需要合适的决窍	□	□	
·对劳动力状况有积极的影响	□	□	
·支持质量保障和控制	□	□	
·运用原材料的成本	□	□	
长期成本状况			
·有良好的相关成本状况	□	□	
·达到竞争的成本状况	□	□	
·有良好的成本结构	□	□	
研究/工程师			
·加大技术技能	□	□	
·提供专利保护	□	□	
·加大研发能力	□	□	
财务能力			
·提供优秀的现金流潜力	□	□	
·调节财务管理技能	□	□	
·是否与财务能力一致	□	□	
组织			
·有目的感和奉献精神	□	□	
·能改变自我	□	□	
·调节跨职能的能力和技巧	□	□	
·提供弹性	□	□	
企业组合			
·可控风险	□	□	
·支持新产品的能力	□	□	
·接触政府机构	□	□	

表 4.6　新产品创意打分

	重要程度（X）	权重（Y）					XY	评价
		1	2	3	4	5		
产品考虑							10.4	
·与生产线相符	0.3		√				0.6	
·优势资源基础	0.4			√			1.2	
·支撑质量	0.3				√		1.2	
·与核心能力相符	0.8		√				1.6	
·有赢利潜力	0.1		√				0.2	
·与管理经验相符	0.4			√			1.2	
·优势技术	0.9				√		3.6	
·与知识和经验相符	0.8	√					0.6	
市场考虑							19.0	
·细分市场大小	0.9			√			2.7	
·细分市场增长率	0.6				√		2.4	
·产品生命周期	0.7			√			2.1	
·价格行为	0.9			√			2.7	
·低竞争反应	0.6				√		2.4	
·顾客的忠诚度	0.9			√			2.7	
·外部需求	0.8					√	4.0	
营销考虑							10.9	
·促进影响	0.3			√			0.9	
·产品区别	0.6			√			1.8	
·网络分布	0.8				√		3.2	
·品牌认知度	0.9			√			2.7	
·产品覆盖率	0.5		√				1.0	
·销售区域	0.3			√			0.9	
·外包装	0.1				√		0.4	
生产/采购							8.5	
·生产成本	0.7			√			2.1	
·生产能力	0.9				√		3.6	
·供应链因素	0.3				√		1.2	
·运输时间	0.4				√		1.6	
经济考虑							13.5	
·投资需求	0.9			√			2.7	
·低单位成本的潜力	0.9				√		3.6	
·低项目风险	0.9			√			2.7	
·低生产风险	0.9		√				1.8	
·高潜在利润	0.9			√			2.7	
竞争							4.5	
·激烈程度	0.9		√				1.8	

续表 4.6

	重要程度（X）	权重（Y）					XY	评价
		1	2	3	4	5		
·实力	0.9			√			2.7	
利益相关者							7.2	
·潜在影响力	0.9			√			2.7	
·相互关系	0.9				√		4.5	
基础设施							5.1	
·能力	0.8			√			2.4	
·支持力	0.9			√			2.7	
相关行业							3.6	
·支持力	0.9				√		3.6	
合计							82.7	

（标准：5 为最有利，1 为最不利）

使用该机制时必须非常小心。虽然它们对于提供一个简单的候选创意排序非常有用，然而它们也能非常容易地歪曲结果。比如，在表 4.6 中所描绘的要求带有对内部因素的偏见，表示组织更加倾向于一个杠杆化了的情况。只要这样考虑，这种手段就是可以被接受的，采用同样权重的因素重复地使用该手段，就会倾向于基于战略逻辑而不是市场机会对候选创意进行优先排序。因为内部和外部因素可以被平衡，在两者之间有一个相等的权重。另一种观点是将该方法分为两部分，一种适用于内部因素，另一种适用于外部因素。这样一个构件对局势提供了更好的看法。

实践者应该开发他们自己的标准来决定哪种创意更加合适。这个流程依赖于由公司建立的标准，决定哪种创意能够继续前进到创意开发和选择阶段。这种平衡方案是为了将创意的数量减少到一个可以运营的数目，因此公司不会通过将更多的创意进行到下一阶段来削弱它的努力，且同时不会预先排除有活力的新产品机会。

新产品创意的选择

创意产生阶段应该产生一个平衡的新产品机会列表，通过评审来决定选择那些有生命力的产品构想。表 4.7 提供了一个包括选择流程中大部分关键要素的摘要。

这些创意的评价流程高度依赖于商业环境和新产品开发的情况。在很多情况下，倾向于将信息展示限定为一张纸或者每个候选创意一栏那么长。当然，这是有大量的候选方案时的特别情况。摘要文件的架构应该遵循公司标准的内部维度和外部维度。大部分公司使用一种方案模板去概括每种候选方案的突出要素。

表 4.7　总结新产品创意的简化标准表格

创意标题	
1. 描述	· 计划产品的本质特点是什么
	· 它如何符合公司的战略逻辑
	· 价值主张是什么
2. 目标市场细分和产品市场战略	· 目标细分市场的组成部分是什么
	· 找出将创意商业化的关键战略
	· 创意如何适应市场需求以及它的主要收益是什么
	· 产品的定位是什么，如何占领市场
3. 商业环境与竞争	· 商业环境中最重要的推动力是什么
	· 找出影响创意的最重要的商业形势和趋势
	· 谁是最重要的竞争者
	· 这个创意与其他竞争者提供的方案的不同之处是什么
	· 竞争者的预期反应是什么
4. 成功的关键要素	· 辨别实现目标的最重要的因素
	· 找出设计和市场化新产品的方法
5. 成功的主要障碍	· 最关键的限制是什么
	· 谁或者什么是障碍
6. 主要的财务考虑	· 估算产品的预计成本，预期销售额和计划收入
	· 估算需要的总投资额是多少
	· 估算目前价值的利润或者内在的投资回收是多少
7. 风险因素	· 最主要的风险因素是什么
8. 时间线	· 决定预期的开发周期
	· 确定预期投产日期

本章总结

创意产生阶段应该系统化和直接化。大量的公司将创意产生阶段和概念发展和选择阶段结合在一起。在现实中，如果这个流程非常平稳、迅捷，并且对于新产品的候选方案有一个限定的数目，那么没有什么不同。如果有太多的潜在新产品候选方案，或者没有意识到已经规定了合适的候选方案，创意产生阶段就是新产品开发流程中的一个重要阶段。如果强烈地意识到候选方案应该是什么样的和有一个相对低的选择数目，那么，新产品开发阶段便可以在构想发展阶段开始。

本书已经提过很多次，总体目标应该是彻底的和适时的。新产品开发情况要求一个全面而详细的、什么是应该完成和什么是可能的说明。它既是战略性的又是可运营的。这种平衡的观念对于实现成功是关键的。

第五章

概念的开发和选择（阶段二）

引言

创意产生阶段的主要结果是为组织列出一系列经过“审定”的方案以备选择，这些方案符合企业组织的标准，也具有在商业环境中取得成功的潜质。创意产生阶段产生的观点和方案通常缺乏完整的定义，但是，这个看似不足的地方实际上正是新产品开发过程的长处之一。入选的候选新产品的范围有限，而且企业组织选择新产品的标准非常严格，那些有入选资格的观点和方案才能被列入下一步分析和开发的范围之内。在多数情况下，企业组织很容易识别出那些需要进一步改进的观点。

“概念开发和选择阶段”将拓宽创意产生阶段的视角，该阶段在充分分析的基础上，全方位考查新产品候选者的资质。在这种情况下，产品、市场、营销、生产、财务等方面会被重新定位和阐释。该阶段的基本目的在于评估每一个候选概念的潜质，进而决定哪个概念将被应用到新产品的开发中去。概念开发和选择包括将新产品的初步概念开发到完全可操作的程度，这样开发后的概念可以在下一阶段被评估、筛选和选择。基于对内部和外部环境的评估，新产品概念的基本元素被转变成对商机的全面了解。

选择活动包括使用选择标准来筛选不同的概念，评价企业管理模式的内涵和外延。实际用到的筛选标准往往基于新产品开发所处环境的真实性。概念入选的数量取决于企业组织的能力和资源，还取决于对新产品开发管理的标准。

概念开发始于将一般性观点转换成基本的概念。概念包括客户视角中的产品规格，商业化营销项目的基本视角，产品生产的总体方案，新产品和新产品开发项目的财务计划。基于对客户需求的了解，对商业环境的适宜性调查，以及构建确保商业成功的支撑结构，概念将潜在的市场进行细分。概念将新产品描述得更加全面详细，其中包括目标细分市场，市场细分中的产品定位、和其他出售商品的竞争关系，以及对风险承担者的影响。概念的含义还包括新产品商机和供应网络、相关产业和基础设施之间的联系。概念包括营销沟通技巧的基本观点，候选产品的评估，支持新产品开发项目的财务评价，以及期望要达到的目标。这时如果有很多方案可以选择，随着更多的细节变得逐渐明了，首先需要通过筛选机制排除那些明显不能自圆其说的观点。

概念开发从总体上定义了产品/市场的概念及其与商业环境的关系。概念开发将其他外在维度和产品市场的维度整合起来考虑。一个完整开发的概念将包括对组织内外因素的综合理解。这样的目的在于将观念的特性充分地挖掘出来，以便对概念的潜质进行充分的评估。

概念选择让管理者和参与者评估现有的候选新产品方案，并对这些机会进行决策，以确保时间和资金方面的持续投入。概念选择的结果是评选出那些值得投资的新产品机会，目的是决定哪些概念符合本企业的需要和目标。最起码要从众多概念中选择少数几个进行重点关注并投资，充分挖掘和利用机会，使概念最能体现商业环境的需要，发挥企业组织的能力，符合企业长期开发的目标。

第五章包括下列一些讨论话题和学习目标：

1. 了解概念的含义和基本元素；
2. 阐释流程元素，评价和开发概念；
3. 辨识筛选概念的手段，选择最可行的候选者；
4. 理解概念选择过程。

概念开发和选择阶段的流程图

流程图

概念开发和选择阶段的目的是用图示方式向组织解释新产品的机会和潜在的含义，这种图清楚易懂。整个过程从开放性的观点发展到被完全定义的产品/市场的概念。这一阶段结束后，企业应该对这一过程及其要求有充分详细的了解，以便于对新产品开发进行进一步定义和开发。这一过程也解释了那些没有取得成功的候选观点落选的原因。随着阶段的进展，企业组织应该不断获得信心，他们的工作不是简单的标明类型 1 错误或者类型 2 错误。类型 1 错误是选择那些错误的候选观点，这些候选观点会导致产品在市场上一败涂地；

类型2错误是指没有选择那些正确的候选观点，因此，企业组织失去了一个取得商业成功的良机。如果有一个设计良好的新产品开发过程，并按照第二阶段规定的程序有条不紊地进行下去，新产品在市场上的成功的几率会大大增加。但是，没有哪一个体系是完美的，错误总是不可避免的。

概念开发和选择阶段包括概念开发、概念评价、概念筛选和概念选择。概念开发包括选择产品/市场细分，辨别客户的要求和需要，制定目标规格，决定产品/市场概念。作为概念开发的组成元素，我们将分析和规定产品、营销、生产和财务要素。概念评价包括和市场无关的外部维度下的新产品概念评估。基于外部维度的评估结果，产品/市场概念将被重新定位，并且，从内在和外在的角度看，概念得到了全面开发。

概念筛选包括产品/市场概念优点的判定，判断并确认选择标准和对候选概念的排序。选择包括选择可行性概念，选择那些在新产品开发过程中继续使用的概念。

图5.1提供了产品开发和选择阶段的简单流程图。它包含了产品开发过程中的组成元素。

概念开发的主要观点

概况

产品/市场的概念开发主要是找准产品/市场的定位，设定概念的战略方向和运作方向。产品/市场概念集中考虑客户的需求，产品的形式和功用，并保证产品符合客户的要求。概念的规格通常兼顾客户的需要和产品的物理特性，做到两全其美（产品属性结合了产品特性和可用性）。产品属性包括产品功用特征，进而能给用户带来益处。

雷蒙德·柯里针对产品提出了一个很有见解的观点。他思考了新产品 的内涵所在[1]：

1. 在购买产品的时候，顾客购买的是整个产品的所有好处；
2. 产品内涵必须从用户收益的角度来加以定义；
3. 产品能够满足不同类型的潜在购买者的不同需求，因为不同市场细分购买者对产品特性的重要性排序不一致；
4. 在营销战略形成过程中产品不是给定的，而是可变的。

在第四章中，我们讨论了产品有两种属性：有形的属性和无形的属性，来满足用户的潜在需求和内在需求。有形的属性和无形的属性都包含一些正面因素和负面因素。产品特

[1] E. R. Corey. *Industrial Marketing*: *Cases and Concepts*. 4th edn (Englewood Cliffs. NJ: Prentice - Hall. 1991, pp. 5 ~6).

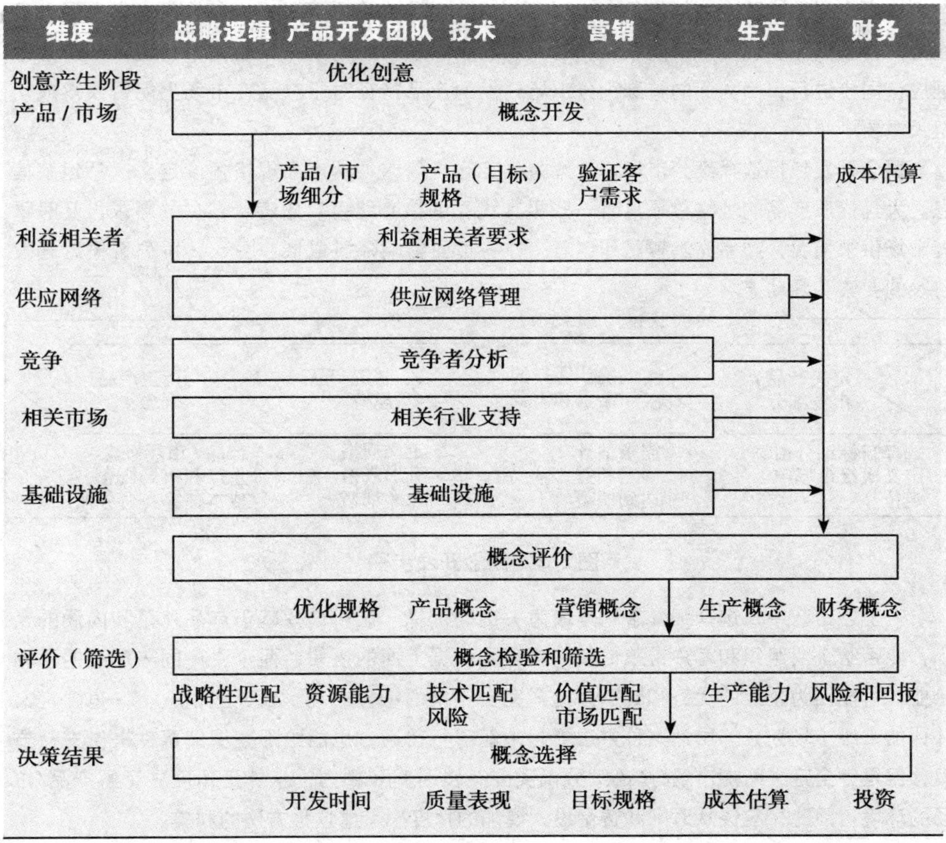

图 5.1　概念开发和选择流程图（第二阶段）

征基于他们不同的正面属性而发生改变（预期特征和希望特征），但是产品特征中也存在负面属性。通常，负面后果或者负担会和正面部分紧密相连。每一种产品总共会有 4 个方面。好的概念和设计都是尽量使得正面属性最大化，并且使得负面属性最小化。图 5.1 简单以汽车为例，说明这种情况。

表 5.1　汽车的属性矩阵

属性	正面	负面
有形特性	6 座位全尺寸	毛重量较大，汽油消耗大
	8 气缸	排放量大，影响周围空气质量
	汽车内部豪华，皮革座椅	成本较高，造成资源匮乏
无形特性	能给车主带来尊贵感	购车税和保险费用较高
	动感、自由、愉悦	油耗大，污染环境
	推动经济增长和开发	社会成本高是造成石油匮乏的原因之一

在概念开发过程中，从产品/市场角度来看，主要任务是开发对大部分潜在客户最有吸引力的产品信息，包括产品的效益、功用和特征。从柯里的观点来看，市场定位和产品计划应该同步进行，因为面向特殊细分市场开发的产品特征对于产品在市场上能否获得成功至关重要。

概念开发包括选择细分市场，了解并确定客户需求，从产品规格角度定义产品包装信息。大凡优质产品的规格总是具有一些极其优秀的核心能力，如满足客户的需求，及时掌握市场供求情况，产品充满智慧和创意，并将负面影响降至最低。图 5. 2 罗列了概念开发阶段的要素和活动流。

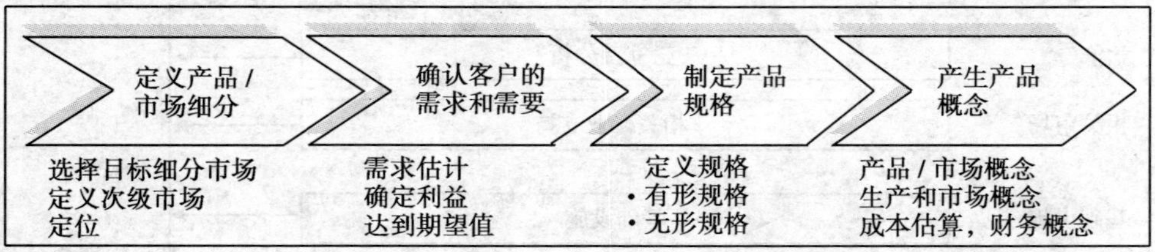

图 5. 2　概念开发步骤

在上述工艺中，选择细分市场是最为关键的选择。这一选择基于产品外延和内涵的大小，能否给企业组织和客户带来最多的实惠。依据上面的逻辑，两个生产同一产品的不同企业，可能因为企业的优势和缺点会选择完全不同的细分市场。在一些情况下，也会定义并评估二级市场划分。虽然这种方法看起来能够行得通，也能给那些偶然事件提供支持方案，但是完全定义附加市场/产品细分确实要花费时间和精力，从外延角度去了解产品/市场的环境。因此，应该从时间和资金投入增加的角度来考虑这种方法的利弊。

定义产品/市场细分

我们根据人口统计特征、地理位置和购买者特征 3 个方面定义市场细分。在一些情况下，这种选择是非常直接的，完全取决于产品的特性和产品能够带给潜在客户的收益性。例如，本田混合动力汽车就是针对特定的客户群，这些客户追求汽油耗量低、废气排放量低的环境友好型汽车，而且他们能够接受只有两个座位的汽车。

决定产品/市场细分所依据的市场的种类和客户的需求。客户、行业和政府都是细分市场子类别之一，它们可以进一步细化。

客户市场通常根据人口统计特征和/或地理位置来划分具体类别。人口统计在市场划分中起到非常重要的作用，因为它能够预测潜在客户如何观察产品，什么原因影响客户购买产品的决定。行业市场根据行业应用范围和购买者表现来划分市场。政府市场通常是根据政府部门制定的采购文件来划分。这种细分还受到那些限制性条例的影响。图 5. 3 展示了几个比较全面的划分方案。

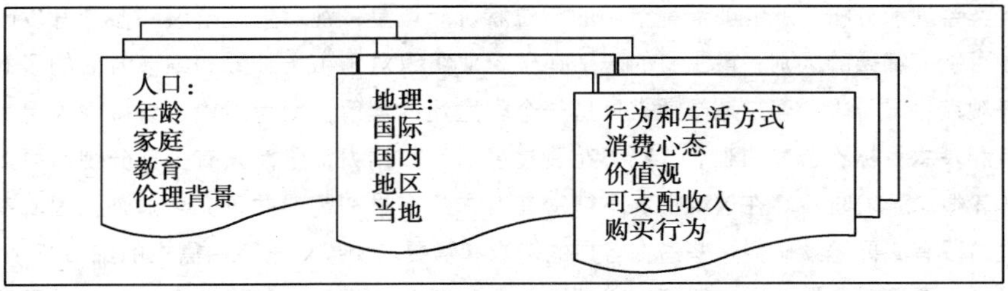

图 5.3　部分市场细分标准

新产品形势的重要问题是：如何细分市场？如何提出市场细分方案？与之相关的问题是：能够最佳定义产品/市场细分的特征是什么？总的来说，这些问题需要进行市场调研，对现有市场的特征进行定位。通过对市场调研的信息和数据的分析，可以找到回答这些问题的答案。通常，对于一个问题，将会有很多解决方案。一个可行的措施是将两个或两个以上的细分方案融为一体，取长补短，找出最终解决问题的方案。而最终细分市场的方案可能是这些可行细分方案的交集。潜在的客户可能是一个年龄段的消费群，它们也可能是拥有一定可支配收入的消费群；也可能是一个特定地区的消费群，这个地区可能是美国，可能是欧洲，也可能是亚洲。实际上，真正的市场细分通常是一个特定群体的潜在客户，这些客户有一些共同的特征。例如，目标市场细分可能是居住在德国的受过大学教育的女性，她们的年龄从 25 岁至 44 岁不等，可支配收入超过 5 万美元。对于汽车来说，产品/市场定位通常是根据年龄类别，可支配收入和生活方式来划分。这种定位通常非常具体，通常是从选择的目标客户群中剔除很多个体。市场划分的特征会给新产品开发团队非常重要的信息去理解和应对目标市场。通常，市场细分越详细，挖掘目标客户的市场信息就越容易，也越容易定位产品的特征属性，满足客户的需求。这样，基于客户能够接受的市场价格，新产品开发团队也能够更加清晰地理解产品的成本结构，进而决定运营和财务需求。

随着对目标市场的划分更加精确，产品/市场概念可以定位的更加具体。对市场细分理解的愈加充分，产品/市场概念就更容易和商业环境、企业的战略架构和运营架构接轨。例如，生物技术研发企业在市场定位上，他们会选择美国的东海岸和西海岸，因为这类市场通常要考虑工艺安全性、质量、价值和可靠性。

识别并确认客户需求

识别并确认客户的需求和需要是下一个关键的步骤。在概念开发阶段，市场研究的方法和第四章讨论的方法相似。概念开发阶段，确认客户需求和需要的艺术在于解析客户和市场的信息和数据，进而了解到客户的真实需求，并在产品开发过程中充分运用这些信息和数据。如果新产品开发团队了解客户的需求和需要，或者这些信息很容易通过文献检索或者其他现有的资源得到，那么整个开发过程就变得相对简单，只需要对这些信息进行适当的分类整理和分析，就能够清楚市场的定位状况。但是，观点生成阶段和概念开发阶段的活动可能有细微的区别，最主要的区别在于企业组织对于市场细分和细节方面的了解程度。在观点生成阶段，客户期望通常只是一个很宽泛的理解，因为很快可以排除大量的可选观点和基本目标不合适的观点，不必花费过多时间和精力，所以只有少部分观点可以进入下一轮概念开发阶段。在这种情况下，潜在客户的需求和需要并不完全清楚，因此在概念开发阶段有必要继续研究这些潜在客户的需求和需要。如果对于客户需求的细节不了解，那么通常需要通过市场研究来了解客户期望得到的收益，掌握如何将客户的需求和需要以及相关的收益性期望转变成产品的特性，这样对于产品/市场概念就有了透彻充分的理解。但是，在实际操作中，这通常非常烦琐。

一般来说，客户有多种需求和需要，我们要对客户的需求和需要进行分析，并且采用不同等级来对客户的需求和需要进行分类。对于客户来说，他们需要的是收益，需要解决方案。他们的需求或者需要具有多面性，有的是考虑一些有形的因素，有的是考虑一些无形的因素。但是，不论是何种形式，客户的需求和需要都会直接或者间接表达出来。对于产品来说，具体特征就是产品的功用。客户的外在需求通常会比较容易显而易见，这种需要包括那些“必须拥有”的属性和特征（收益）。例如，家用轿车或者敞篷车必须拥有6～8个座位。客户的内在需求比外在需求通常更难确认。内在需求包括那些“最好拥有”的需求和那些潜在的需求，通常这种需求不容易很清楚地表达出来。客户也许需要获得针对某个问题的解决措施，但是，实际情况往往是产品的负面作用多于产品的功用或者特征。例如，在美国，当汽车发动的时候，车门是可以自动锁上的；但是，当汽车熄火的时候，车门却不能自动开锁。这给车主带来了麻烦，如果车主停车后开启乘客位置的车门较晚，那么车门将无法打开。

了解和确认客户需求的过程中，有几项分析技术通常可以加快客户认识和了解产品的过程。在这几项分析技术中，有一项经常使用的方法，这种方法被定义为“来自客户的声音”（VOC），它是质量功能展开（QFD）不可或缺的一部分。质量功能展开是一种非常复杂的技术，通常用来确认和优化客户需求，将客户需求转移到设计（产品）特性中和制造要求中，进而在产品中体现客户的需求。客户声音描述了“什么”才是客户最需要的产品（特性），并且对客户需求相关的重要性加以解释说明（优化）。而质量功能展开将目光集中在决定客户需求上，考虑“如何”将客户的需求转化为产品的规格❶。在下一节中，我们会谈到质量功能展开，更多的细节部分请参考第七章。

移情设计是一种充满创意的技术，它用来确认潜在客户要求，或者发现客户使用产品的方法或者是希望产品具有哪些功用。通过移情设计，在客户环境观察的结果能够为产品的实际运用提供信息，以及功用和特征的好处所在。正如一篇文章中提到的那样，“通过移

---

❶ 参见：Read：J. R. Hauser and D. Clausing，House of Quality. *Harvard Business Review*：66：3. May ~ June（1988）. pp. 63 ~73.

情设计来激发灵感”。多萝茜·伦纳德和杰弗里·雷波特都提到现在的客户可能用一些让人意想不到的新颖手段来使用产品，这给新产品的运用带来机会，并能够重新定位现存产品的用途❶。

寻求新产品机会：移情设计

客户可能会对产品和服务的缺陷习以为常，因此他们从来不去向市场研究者反映意见，以期产品开发者改进产品。最终，客户养成了容忍产品缺陷的习惯，而忘记了他们是被强迫接受并非最佳的产品和服务。例如，惠普公司开发人员在一间手术室中观察外科医生做手术。电视监控器可以使外科医生将手术刀接触到病人体内的适当位置。但是由于护士和其他和手术相关的人员在房间里来回走动，他们的身影会间歇地挡住外科医生的视线。没有人注意到这个问题，但是惠普的产品开发人员将这个问题视为新产品开发的好机会，结果他们开发了便携式监控器。外科医生可以将一个轻便的头盔形状的便携式监控器戴在头顶，这样可以清楚地观察眼前的影像。

如果市场空间连产品类型的最原始的形式都无法找到的话，市场研究的用途不大。例如，20 世纪初消费者并没有无线电广播服务的需求，因为很简单，他们并不知道这项技术是否可行。而当时，无线电通信技术只在摩尔斯电码和点对点的音频信息传输中才能用到。直到 1915 年，RCA 的工程师大卫·萨诺夫（由于他的开创性工作，该公司的研究中心后来以他的名字命名）才提出无线电波也可以用来播放新闻、音乐和棒球比赛，这个时候以无线电为基础的行业才开始兴起。

同时，了解促使客户使用产品的外部环境也非常重要。有时候，客户使用产品的方式让人不可思议，对于这些稀奇古怪的使用方法的了解有助于重新设计新产品，也会给产品在市场上觅得新的机会。例如，惠普公司在开发 HP 95/100 LX 系列 PDA 的过程中，惠普非常注意融入其他企业在数码技术方面的优势，惠普将 Lotus 1－2－3 试算表软件应用到 PDA 的设计中。当惠普研究人员观察到用户应用他们的产品的方式时，他们发现用户认为这款个人办公软件除了具有表格的功能外，而且还具有其他方面的功能。

General Mills 在做麦片现场实验时，发现了一个从没有被注意到的现象。早餐麦片和孩子的零食一样，非常受欢迎。孩子的父母学会了买一大袋麦片，因为他们受到孩子们购买零食习惯的启发：那些包装精致、整洁的零食往往是孩子们的佳肴。再举一个例子，产品可以在毫不相关的环境中派上用场。色拉油企业的品牌经理注意到他的邻居在修理草坪的时候总是在割草机的底部涂了一层色拉油。细心的品牌经理看到色拉油能够防止潮湿的青草粘在割草机的底部，不会给割草机的正常工作带来干扰。

---

❶ D. Leonard and J. F. Rayport. Spark Innovation through Empathic Design. *Harvard Business Review*, 75: 6. November ~ December (1997), 102 ~ 113.

材料来源：

Leonard, D. and J. F. Rayport, Spark Innovation through Empathic Design. *Harvard Business Review*, 75: 6. November - December (1997), 102 ~ 103.

产品开发的底线是选择最具优势的细分市场，能够实现可持续性开发，能够提供超越客户需求的属性。客户需求应该是产品对于客户的意义所在，而不是产品对于生产者的意义所在。

工艺过程也包括比较同类产品和其他企业。通过比较，可以发现创新型产品和技术，能够为处理现行环境和趋势提供新的解决方案或者带来新的机会。在一个行业领域的创新可能会带给其他领域的开发很多重要的启示。很多创新都是由于技术从一个行业转移到另一个行业中而引起的。

确定产品的规格说明

产品的规格是根据客户的需求和需要来制定的。产品规格规定了生产者和服务者如何达到用户的期望目标。产品规格描述了产品的特性，以及产品要为顾客提供的东西，这样产品能够根据客户的需求制造和生产。产品规格包括设计产品的技术要求，物理特性和心理特性。在新产品开发过程中，产品规格要反复改进和提高。新产品的规格集合了客户需求、产品设计和生产要求的技术状况。观点生成和概念开发阶段是制定产品规格的初级阶段，它们通常被视为目标规格。目标规格结合了客户的希望和需求、技术特征的实用方面、企业组织的资源以及市场和财务方面的内在因素等信息。

目标规格体现了潜在客户（市场研究）、开发团队、内部和外部支持性的参与者等多方面的贡献。目标规格也可能含有过于乐观的需求（功能和特征），但往往成本过高令人难以承受。目标规格并不是总能够在实际操作中成功实现，为实现既定特征或者功用，产品的价格可能过于昂贵而让客户无法承受。Maytag 的 Neptune 洗衣机效率既高又节水，客户也许希望得到这种高效率的服务，但是，它们却不愿意支付高价格。如果价格降低，这种创新型服务会更加流行，市场空间也会更大。

实际上，目标规格是根据细分市场和商业环境来确定的。在新产品开发过程中，随着信息的不断丰富，产品规格会做出必要的调整和改进。目标规格应该包括有形的规格和无形的规格两种。它们应该根据产品的竞争力大小来分析，而且从绝对和相对两个层面来分析。例如，产品的表现应该和预期的结果相一致。一个电钻的电压是 19.2 伏特，每分钟的转速是 600 转。但是，在有些情况下，电钻的规格可能以一种相对的方式加以标注。新产品的定位应该在高端和低成本中寻找平衡点。

产品特征应该从定性和定量两个方面来分析。客户需求和产品特性可以用二维矩阵图来表示。这个方法包括对于新产品和竞争对手的比较分析，并且将新产品和理想要求、政府标准以及其他重要方法作比较，找出其中的差距。如果需要更加细致的方法，可以考虑在概念开发中使用质量功能展开的方法，但是质量功能展开只能在概念选择之后使用。由于质量功能展开需要复杂的技术和耗时很长的活动，所以这种方法只有在新产品出现重大机会的时候才能被用上。当新产品充满不确定性或者风险的时候，或者新产品可供选择的项目相对较少的时候，在概念开发和选择阶段中，可以采取质量功能展开的方法。在这种情况下，新产品的概念很有把握进入到下一步设计环节，开发空中客车 A380 型飞机的高速喷气式引擎（该引擎由普惠和 GE 开发）就是一个例子。如果整个开发项目预计的开发成本是 10 亿美元，那么开发者就会在新产品开发的最初阶段弄清楚开发的要求。相反，如果那里有大量不是很重要的新产品概念需要通过评价，因此质量功能展开经常被推迟到设计和开发阶段进行。

成本估算（成本模型）

估算新产品的成本非常复杂，通常需要关于产品规格、工程细节、产品要求的详细信息和数据。产品要求一般只有在设计和开发阶段才有所规定。但是，成本估算在概念开发和选择阶段对于开发者的决策具有至关重要的作用。不能因为信息的不完全而回避成本估算的问题。因此，有必要制定成本目标。对于很多产品来说，成本取决于数量的大小，为了对成本大小有一个准确的了解，我们使用几个重要的数量点来计算目标成本的大小：

最简单的计算目标成本的方法如下：

目标成本 = 价格 − 毛利润

这个简单计算目标成本的方法是根据以下假设而制定的：潜在的市场价格由市场竞争者和客户来决定，预期毛利润应该充分包括运营成本和获利情况。通过这种方法计算的目标成本是在给定时间内的平均成本。

下面我们讨论一下几个成本的计算方法：材料和原件成本、制造成本以及组装成本。这 3 个成本的计算方法比起目标成本的计算成本来说稍有点复杂之处。这种成本的模型会在第十章展开论述，在那一章会介绍在产品成本估算方面的具体操作方法。预计的成本由购买原材料的成本和生产成本决定，生产成本与生产的数量又有关系。例如，成批购买比单件购买要便宜。表 5. 2 提供了一个成本和数量的对应关系的简单说明，包括那些用于生产和组装最终产品的诸多材料、配件、原件和劳动力的成本和数量的对应关系。应该注意的一点是成本并不是永远能够降下来的。表 5. 2 是一种完全处于假设状态下的状况。产品的成本包括标准材料（1 千克），一个简单的原件，以及组装劳动力成本，一般控制在每小时 10. 00 美元。产品成本为 1000 单位的情况下每单位 23. 00 美元，10000 单位的情况下每单位 11. 00 美元，100000 单位的情况下每单位 9. 00 美元。

表 5.2 假设数量点下的估算大小的单位成本

成本元素	每单位质量	产量点					
		每个	总计	每类	总计	每类	总计
材料	1kg	$3.00	3000	$2.00	20.000	$1.00	100000
组件	1	48.00	10000	$4.00	40000	$3.00	300.000
组装	每小时 $10.00	1 小时	10000	0.5 小时	50000	0.5 小时	5000000
总成本			23000		110000		900000
单位成本			$23.00		$11.00		9.00

表5.2说明，如果材料、组件和生产要求等方面的信息是充分的话，那么，派生物和产品概念的观点会更加恰当。这些信息往往是从“材料订单”❶ 和类似产品的生产过程那里来的。

利用质量功能展开对产品特征加以分析，可以推断出目标成本模型。这种方法能够帮助人们更加全面地认识目标单位成本，但是这种方法会涉及更加详细的产品和成本环境的构建。对于新开发的产品来说，通常在初始阶段需要更加复杂的技术。如果没有对出现的机会进行全面彻底的评价，如果没有对成本的内涵进行了解的话，那么，很难决定这种产品所处环境的优劣。

在概念开发和选择阶段使用的成本模型是依据新产品开发阶段的最初目标而来的，如果时间和财务是考虑的主要对象的话，那么应该应用简单一点的模型；如果主要的目标锁定在风险管理和不确定性最小的情况下，这个时候应该应用一些复杂的模型。所以不同的选择取决于复杂性程度以及对风险和不确定性的容忍度。

新产品概念的评估

概述

概念评估阶段包括对于外部维度的详细分析，来确保所有重要的外在因素都被考虑到，而且使得重要的外在因素和概念开发的组成元素融为一体。概念评估的目的是将那些和市场无关的外在因素的效果、影响和内涵结合在一起，这样，概念的定义能够更加平衡，而且能促使人们更清晰地理解新产品机会的优点。

❶ 材料订单列举了生产产品所需要的材料、部件、元件和供应商。

概念评估是在考虑外在因素的基础上，重新定位和评价概念开发的步骤。有效的概念评估应该从企业的角度来评价参与者、组成要素、开发需求和贡献、新产品开发项目的结果以及产品改进的机会。图 5. 4 描述了一些重要的元素。

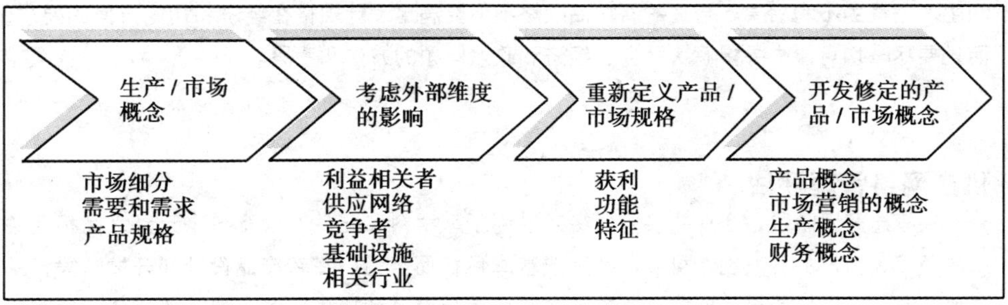

图 5. 4　概念评估步骤

利益相关者评估

将利益相关者纳入新产品开发的过程是一项深刻的变化，这项变化是开发一件成功的新产品的必要手段之一。在过去的 10 年中，企业组织认识到他们有责任将利益相关者的需求纳入到新产品分析中来。而且客户满意理念的概念也包含利益相关者❶。在创意产生阶段的利益相关者评估将继续进行下去，这包含更多的元素和技巧，需要更多的细节来加以分析说明。

对于利益相关者的评估是一项持续不断的工作，对于其中的重要议题需要加以图解和优化，应该探究其效果和影响，而且需要决定所应该采取的措施。此项评估的目的是了解外在需求，并对于公众的需求、特殊利益集团的需求、政府机构的需求以及其他相关者的需求采取应对措施。下列我们就举例说明一些和利益相关者的议题：

1. 法律和规定方面的要求是否影响到产品规格和产品概念的生机？
2. 在产品设计中是否考虑到行业标准？
3. 需要考虑的相关者有哪些？
4. 最重要的议题是什么？
5. 从文化角度、特定操作或者流行的社会模式看有没有特殊的要求？
6. 有没有一个特殊的利益集团对产品和产品带来的影响感兴趣？他们最重要的考虑是什么？
7. 潜在责任包括哪些方面？特别是产品责任有哪些要求？

---

❶ J. Smuelson. and B. Birchard, The voice of the stakeholder. http://www. strategy - business. com/press/article/03311. 埃斯本研究所强烈推行基于利益相关者的管理方法和实践。

管理相关者期望是基于这种假设：最好的产品设计应该平衡社会、经济、环境和产品/市场之间的关系，所以在不同尺度之间应该有一个可持续性的结合点❶。所以相关者的基本目标是从社会、经济和市场角度来改进结果，使之向正面方向开发；并且努力降低产品和生产过程的不利后果。合适的新产品战略不但要满足设计规格在经济和功能方面的要求，而且要尽一切可能去寻求解决社会、经济和政治问题的方法和手段。

供应网络管理评估

在概念开发阶段，企业的供应网络通过创新型材料和配件，以及各个元素之间相互关系的角度为新产品开发创造机会，为完成基本目标而努力。在新产品设计和开发阶段，主要供应商也可以成为合作伙伴。供应商应该承担起设计和提供新产品要求的责任。通常在设计和开发阶段会决定一些规格参数。但是，在一些情况下，主要供应商的选择和供应范围将在新产品开发初始阶段确定，这样有利于改善产品开发商和供应商的关系，降低企业组织的总投资并更好地管理投资结构。开发商和供应商之间的这种关系通过增加项目资金（供应商提供新产品资金），使得新产品概念成为可能。例如，西科斯基飞机公司的几个最重要的供应商在财务和技术上提供的支持，为民用直升机 S－92 开发做出了贡献❷。

在早期的产品开发中，重要的供应商往往提供了有价值的信息，包括对产品材料成本、配件、其他产品和服务、可用性和物流适时性等细节。根据设计和建造过程的重要性，可以将材料供应和配件的供应进行分类。最重要的是那些战略性原材料和配件，包括传统投入的替代品，这些战略性材料和原件在产品的设计过程起中起到至关重要的作用。例如，在开发一款新式个人电脑中，决定是否使用奔腾 4 微处理器是一个战略性设计决策，因为这个决定会影响到后续阶段的开发，而且战略性决策会影响到设计、成本、市场计划、定价战略、产品类别的价值、财务计划和资金需求。那些高成本和耗时长的项目将会对决策过程带来重大影响。因此，在概念形成之前，应该对这些影响因素进行分析和考虑，因为这些项目会给定价、利润和生产系统带来深刻影响。

其他类别的因素重要性较弱，可以通过设计环节加以解决。图 5.5 在考虑供应网络输入中，提供了分析分类重要性的一个角度。

对关键项目的供应链选择包括，寻找并替换掉有问题的部件，为不好的供应商环境寻找替代方案，决定是自己制造还是购买，决定和关键供应商建立战略性关系。这些措施是为了稳定成本和避免出现麻烦。

很多企业有这么一个倾向，他们会推迟供应网络评估，直到新产品开发的后期才决定如何应对一些关键的问题。这些企业是基于以下的考虑：如果在新产品概念尚未成熟之前

---

❶ 这个观点是可持续性开发的基础。

❷ 西科斯基飞机公司和日本三菱重工及其他几个供应商有联系。

不同的重要性	设计中的关键项目	建造中的关键项目	设计中的非关键项目	建造中的非重要项目
分类	战略性材料和原件	高成本或耗时长项目	标准材料和原件	商品
重要程度 开发阶段	最高 概念开发	非常高 项目定义	重要 设计开发	比较次要 预商业化

图 5.5　概念开发和选择阶段供应网络级别和重要性

就匆匆向外公布，这将是一个法律问题。但如果在新产品开发的早期没有考虑这些问题的话，会给以后的产品设计带来一些潜在的困难和影响。例如，假设稀有金属钛供应不足而且价格昂贵，上游的含钛配件自然而然地应该引起下游相关产业的严密注意。

竞争对手评估

竞争对手评估是了解商业环境的基本方面，通过评估竞争对手，产品概念能够在市场细分中找到自己的合适位置。目标市场和市场细分中的竞争对手分析有利于对产品/市场进行定位。当选择新产品的目标市场时，也同时选择了细分市场中的竞争者。

在概念评估阶段，和竞争者相关的重要问题包括：

1. 最重要的竞争对手是谁？
2. 竞争对手的优势和劣势是什么？
3. 竞争对手生产的相似产品的优点和缺点各是什么？
4. 对于竞争对手开发的新产品，有何对策？
5. 竞争对手存在的限制性因素和不足是什么？

主要竞争对手的优势和劣势为我们带来了挑战，同时也提供了机遇。通常在新产品开发的情况下，开发者希望找到竞争对手富有竞争力的一面，也同时挖掘竞争对手的弱点，这样可以知己知彼，为自己的产品/市场概念重新定位。有效的竞争对手分析包括确认竞争对手的现有位置及其开发战略，评估竞争对手的现有能力和资源，并对竞争对手的未来战略进行预测。和竞争对手分析相关的重要元素在第二章的表 2.9 中有非常详细的说明。竞争对手分析也建立创意产生阶段信息和分析的基础之上。

竞争对手分析的第一步是列出现存和潜在的所有竞争对手名单。如果列出的名单足够详细，那么我们可以进一步缩小名单的范围，列出那些最重要的竞争对手或者那些最能在市场竞争环境下有代表性的竞争对手。确认现存的竞争对手通常比较容易；但是决定潜在的竞争对手很明显相对较难。分析竞争对手的第二步是从竞争对手名单中选择那些能给产品/市场概念带来最大灵感的竞争对手，这样做的目的是为了改进产品/市场的概念，而不是一味地考虑竞争对手本身的情况。竞争对手分析的预期后果是从客户角度来确认区分不同竞争对手最恰当的方法，并且从竞争对手角度来确定新产品/市场的概念。在广阔的市场中对同类竞争产品的优点和缺点进行一次综合的评价，有利于为产品提供一些新的启发和灵感。在对新产品评估的过程中，对竞争对手所处的位置和另一种产品空间的大小进行估计必须采取实事求是的态度，这一点非常重要。竞争对手所取得的成功和不足能够为竞争环境带来新的理念，增加了新产品在市场上取得成功的可能性。同时，分析竞争对手还可以给现存设计选项提供有用的信息，例如，产品是如何生产的，什么样的市场计划是成功的，以及利润率是多少。

通常，从广告、产品介绍、劳动合同、专利文件和商业期刊的文章等途径很容易找到竞争对手的相关信息。其他关于竞争对手信息的重要来源包括商业展览会、递交给政府机构的商业报告、行业报告、独立调查和媒体报告。其中，信息含量最为丰富的还是互联网。很多大型企业都有自己的网页，企业的每个方面和他们生产的产品都会很详细地写在上面。

竞争者分析的目标是尽可能的了解每一个竞争对手。在竞争领域定位新产品应该依据可靠的现有信息。但是，新产品开发的其他目标，如市场反应快速，开发成本低廉，在概念开发和选择阶段评估竞争者范围大小起到非常重要的作用。而且，评估的一个重要方面是给产品/市场概念提供灵感。我们应该清楚了解到概念开发的主要目的是给产品的机会提供一个全面的视角，因此，企业组织会对它本身的概念筛选过程和选择过程很有信心。如果失去了和竞争者相关的细节，我们必须注意在后续阶段完成分析步骤。

表 5.3　竞争者分析因素和市场信息

领域	竞争者方面	市场信息
设计	新产品引入的数目	客户接受创新
产品	质量项目	质量需求
	技术能力	产品规格
市场	市场份额	市场大小
	销售增长	市场增长速度
生产	能力	购买者购买能力
	生产成本	价格敏感度和范围
	区域	后勤方面
营销	营销项目	市场信息需求
	促销/宣传	客户要求
	分销渠道	可接受渠道
	定价战略	可接受价格
财务	现金流量	投资需求
	投资回报率	成功手段
	毛利率	研发和营销平衡
商业	业务战略	方向和机遇
	领导力	客户需求

表 5.3 还提供了其他一些信息，这些信息都是竞争者分析必须考虑的，也说明了这些因素与市场信息之间的相互关系。表 5.3 的目的在于，表明概念开发阶段许多因素在现实

世界的运作中依然有效。例如，假设所有的竞争者毛利率控制在30%左右，如果将新产品的毛利率定在50%左右，通常是不现实的，除非企业组织在战略上和技术上有着压倒性优势或有利条件。

基础设施和相关产业评估

基础设施和相关产业为产品提供了支持。新产品如果想取得成功，完全有必要对特殊要求进行确认和评估。评估的依据和第四章讨论的创意产生部分完全一致。

产品规格的改进

根据对概念评估的分析，产品规格结合了在分析过程中得到的启示。做到这一点通常要求企业组织调整产品特性，以便于和外部商业环境相适应。在调整过程中，典型的问题之一是如何在调整期望特征、收益性与相关成本的关系。改进后的产品规格代表了产品/市场概念最理想的状态。因为它满足了客户的需求，涵盖了竞争对手的预期反应，结合了利益相关者的期望要求，并且和其他外部维度密切协调。价值主张再一次在定位产品/市场概念中扮演了重要的角色。从产品价格和客户的期望价格来看，产品/市场概念的定位必须认真考虑产品/市场的收益性和特征，并结合客户的期望和竞争对手的地位综合考虑。

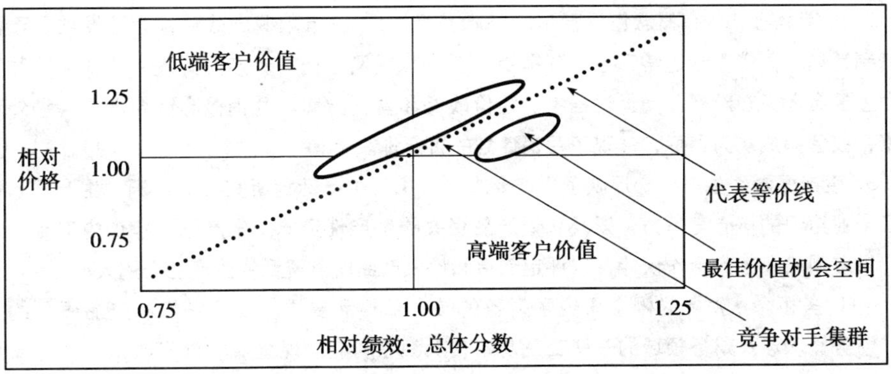

图 5.6　客户价值图❶

在市场细分中，从绩效－价格比例的角度出发，我们绘制了关于产品/市场概念定位的二维图。从这幅图上，我们可以对选定的产品/市场位置进行进一步改进，以便于使得产

❶ B. Gale, *Managing Customer Value: Creating Quality and Service that Customers Can See* (New York: Free Press. 1994, p. 46). 这个图是依据盖尔的概念推出的。

品/市场更加具有生机和活力。图5.6是一个非常好的例子，它通过使用相对简单的客户价值图，来分析新产品的有效定位。平均线右侧的空间代表新产品比所有的竞争对手都具有优势。产品/市场概念的定位应该反映新产品的战略，客户需求和需要以及竞争队列。曲线代表最佳的价值机会空间，带点的直线代表平均线。在平均线上和靠近平均线的产品有比较价值，这说明在图中显示的竞争集群中的竞争对手是替代的。离平均线以下越远的地方的产品越能够提供更好的客户价值，因此，这些产品从理论上说具有竞争优势。

改进后的产品规格应该包括产品的技术特征，因为产品的技术特征受到外部因素的影响，并和客户需求密切相关，产品规格体现每一个要求的成本内涵。改进后的产品规格反映了产品为了适应一切的内外要求而进行的调整和修订。

调整后的产品/市场概念

调整后的产品/市场概念反映了在概念开发和评估阶段所有的分析和选择。其中包括调整后的产品规格和目标市场的选择。产品/市场概念的最终结果是能够细化到可以让企业能够依据这一概念来挖掘产品/市场的潜力。概念所包含的主要元素如下所示：

1. 产品/市场概念。产品/市场概念体现了概念技术可行性和市场可行性，并从内外两个方面体现概念的优点所在。产品/市场概念包括目标市场细分和产品规格。产品/市场概念还包括成本估算模型。成本估算模型反映了产品的成本分解结构，这种分解结构能够显示成本结构如何随着销售量大小的改变而改变。

2. 营销概念。营销概念包括营销的基本目标，产品/市场概念战略，为开发项目建议的营销计划。营销概念通常还包括营销组合要素，以及它们在新产品开发中的作用。营销概念主要会考虑在新产品问世过程中的定价战略和营销方案。营销概念综合考虑各种外在因素，以营销成功为目标，体现了营销计划的可行性。

3. 生产概念。生产概念反映了生产要求以及执行生产计划所需要的资源。生产概念评估了企业组织的核心竞争力，以及和新产品相关的生产性资本。生产概念检查内部制造过程、供应网络和生产合作伙伴，以评定制造和提供产品所需资源的生产能力的大小。

4. 财务概念。财务的概念研究了财务的核心目标和要求，以及它们和产品概念的关系。财务概念涉及财务领域的一些变量，如收入、毛利润、现金流和潜在收入。财务概念还包括项目融资需要的总投资，以及到企业开始赢利为止所需要的还款期。

产品/市场概念的表述可能会有很多种形式，其中有满足新产品开发机会的特别需要而制定的开放形式，也有使用表述完备的要求已经预先设置好的形式。无论是哪一种形式，或者是介于两者之间的形式，都会为新产品在市场上获得成功提供框架。总体来说，第一次问世的新产品应该采用前一种开放性表达的形式，而其他类型的新产品采用后一种预先设置好的形式。比较而言，前一种形式注重项目，而后一种形式更注重过程。和前面所说的一样，这篇文章主要集中讨论过程，为新产品开发项目提供导向性指南，因此，我们按照预定的形式来表述财政概念。

如果需要特定的形式，表5.4提供了一个简化的形式，用来总结产品/市场概念。

表5.4 总结产品/市场概念的简易标准表格

概念名称	
1. 描述	产品/市场的定位是什么？
	如何与企业组织战略逻辑相适应？
	价值主张是什么？
	为了使概念商业化，如何确定主要战略？
2. 目标市场细分和产品/市场战略	什么是目标市场细分？
	主要的需求和需要是什么？
	待生产商品的主要特性是什么？
	目标规格是什么？
	成本估算怎么进行？
	概念如何适应市场，主要优点是什么？
	产品如何定位？如何打入市场？
3. 商业环境和竞争	商业环境推动力最重要的因素是什么？
	确认那些最能影响创意的商业条件和趋势。
	最重要的竞争对手是谁？
	概念和竞争对手产品的区别是什么？
	竞争者期望反应的是什么？
4. 成功的关键因素	确认获得成功最重要的因素。
	确认设计和营销新产品的手段。
	详细说明产品/市场概念，营销概念，生产概念和财务概念。
5. 成功的主要障碍	和外在力量相关的主要机遇和约束是什么？
	什么是最关键的因素，什么是最致命的不足之处？
	谁是开发之路的障碍？
6. 财务主要考虑方面	估算预计产品成本：预计销售量和预算收入。
	估算需要的总投资。
	估算净现值或者内部回报率。
7. 风险因素	最主要的风险是什么？
8. 时间线	确定期望开发曲线。
	确认期望开工日期。

尽管概念的表述形式和观点生产的表述形式具有相似之处，但是通常概念表述的形式要求更加细致，它包括外在空间和内在空间相关元素的一些最重要信息。表述概念会采用4~10页来总结最重要的一些要点，为概念筛选阶段做好准备。

概念检验和筛选

概念检验

概念检验是运用简单的产品/市场测试来了解市场细分中产品的生产能力。假设在概念开发和选择阶段，概念只存在设想的情况，那么，产品检验通常是基于假设中的描述，而不是实际中的情况。通过图纸、艺术家诠释和计算机辅助图表可以提供更多的概念细节。对于每个概念，我们可以采取多种方法来获取输入信息。最简单的办法就是选择一部分员工进行采访，向他们了解概念到底是怎么一回事情。这些员工的反馈使我们能够详细地了解产品的潜质，而且我们也不需要花费精力去了解竞争对手的新产品开发计划。和其他的方法一样，通过员工来了解产品状况也有优点和缺点。从员工角度来说，他们可能会倾向认为新产品拥有很多机会。他们可能夸大新产品的正面信息而低估了新产品的负面信息。如果能够了解企业的文化，这将有利于我们决定采用员工来了解企业是否合适。

潜在客户经常对于检验候选新产品具有很高的参考价值。潜在客户代表真实用户；他们的认识是基于商业环境和市场观点。但是，对于企业员工来说，我们需要花大力气来确定这些人反馈的信息是否代表真实的市场环境，而不是特定群体的个人偏好。因此，那些员工花时间反馈他们对产品的偏好的情况往往不利于测试的公正性。概念测试的受试者往往是那些和企业有着战略性伙伴关系或者供求关系的企业员工。这种关系当然有有利的一面，例如，员工所填写的信息可靠性较高。但是，这些员工可能有这么一种倾向：他们会尽力向客户推荐这些新产品，这对于新产品的竞争对手来说是一个不利的消息。所以对于他们反馈的信息，测试者必须对反馈信息进行适当的增删，以确保测试的结果合理公正。

概念测试的目标是通过快速便捷的方法来了解客户的偏好，以便于加快对于新产品进行筛选的进程。和后续阶段检验目标不同的是，恰当的信息输入通常就足以鉴别候选产品的决策好坏与否。即使是在概念检验阶段中那些成功的候选产品也保不准在后续的监测和决策中被排除在外。

概念筛选

概念筛选阶段是为了鉴定产品概念，以决定有没有充足的理由使企业组织认为必须对新产品项目进行投资。概念筛选确认的机会能够引起企业组织的关注，这些机会能够吸引企业组织投入时间、精力和金钱。概念筛选还有一个目的是剔除那些和企业战略和目标不相符或者不一致的产品/市场概念。它们或者是因为和企业组织的资质和能力不一致，或者是缺乏市场潜力，或许是有负面效应带给利益相关者或者企业的名声。筛选应该是一项正面举措，它有利于选择和开发具有优势的新产品。在大多数情况下，对于选择哪些产品列入候选范围，会有一个判断标准的层次。这种标准可能采用矩阵的形式来表示满足和超过特定要求，或者应该符合新产品机会的规定细则。筛选的结果通常采用特定度量来表现，这些度量表示企业组织必须采用的一系列关键分类办法。

筛选标准通常随着新产品开发项目的重要性不同而变化很大，它的内涵关系到企业组织成功与否和遇到的风险。通常，战略的适宜性、投资规模大小、产品复杂性和新产品项目的重要性 4 个方面决定筛选标准的种类和数量。同时，企业背景、战略逻辑、市场要求也在决定筛选标准起到关键作用。

企业组织一般都希望让筛选过程越简单越好。一个与现行产品线相适应的新产品开发项目建立在重要客户需求的基础上，通常在比较简单的商业环境下，只需要少量一些筛选标准。如果资源达到要求，财务回报率足够的话，一个简单的评估也许就能够顺利通过筛选。

但是，对于那些规模较大、内容复杂的项目来说，筛选就需要谨慎细致，筛选标准通常也比较多，确保筛选标准和企业组织的战略要求和运营要求相适应。筛选只是新产品开发过程中众多步骤中的一项，它是为了检验新产品机会的价值大小。假设在当今的商业环境下，对市场变化做出快速反应是一项重要的要求的话，那么企业组织应该在周密决策和快速决策两个方面中寻找平衡，如同前面阐述的一样。如果筛选的过程越多，那么完成新产品开发过程所需的时间就会越长。

筛选过程通常会集中战略逻辑的基本原理、市场适宜性、产品生命力、营销相容性、产品性能以及财务的可行性。价值主张采用一种宏观的观点来诠释产品/市场概念。如果候选产品能够为市场细分和其他相关的外在因素增加价值的话，那么这就充分说明该候选产品具有很强的生命力。在这里，我们有必要再一次提到平衡的概念，这是做出恰当的决策所必须做到的。还有学习，尽管人们很难说清和衡量学习这个概念，但是学习是核心标准之一。有时候，企业在那些风险较高、成功几率较低的新产品上投资，因为企业认识到这种投资是一种企业性学习投资，它在将来会给企业带来收益。这种观点对于那些刚刚面世的新产品尤为合适。例如，早期的无线电话并没有吸引大批客户，但是，经过技术和设计的改进，后来的手机却在通信市场上占据了重要的市场份额。学习能够为将来市场上的新产品带来机遇。

在筛选过程中会用到很多筛选方法。筛选过程的标准应该预先确定。这个标准取决于影响企业组织新产品开发最重要的因素。在筛选过程中平衡非常重要，通常，筛选方法有 4 ~10 种。如果筛选方法太少，那么会影响到结果的公正性。如果筛选方法过多，那么会造成决策过程过于复杂。表 5.5 显示了在评估新产品机会时所用到的一些筛选标准。

表 5.5 产品/市场概念筛选标准

种类	评判标准	度量类型	目标举例
战略适应性	任务	和任务相关性	100% 相关
	战略	战略定位	领先 6 个月
	目标	回报 vs. 风险	30% IRR
	一致	和能力相适应	100% 一致
资源/技术	和产品或能力相关	直接技术适应性	完全适应
	产品区别	独特性	无其他形式
	性能	高水平	两倍改进
	单元成本	目标成本 +10%	和目标完全一致
	技术产品或能力	实力均衡	100% 均衡
价值创造的市场潜力	价值主张	价值 vs. 选项	同类最优
	市场吸引力	市场大小和市场增长	20% 增长速度
	价格表现	功能和获利	两倍改进
	生命周期含义	机会之窗	最少 5 年
利益相关者	主要问题	环境影响	影响程度为零
	法律和法规	遵守和准予	100% 遵守
	标准	规定同意	100% 遵守
	产品责任	提出要求	不提出要求
竞争	预期反应	反应时间	6 个月
	强度	有实力的竞争者	少数竞争者
基础设施	因特网连接	客户连接	100% 连接
相关产业	软件支持	帮助服务	100% 支持
营销	定价	参考价	50% 改进
	促销	和现有条件平衡	80% 一致
	分销渠道	和现有条件平衡	100% 一致
生产	过程能力	和现有条件平衡	无新资源
能力	供应链	能力	50% 平衡
财务	收入情况	销售量大小和增长	+2 × 现有水平
	利润期望	毛利润和净利润	30% 毛利润增长
	要求回报率	IRR/NPV	40% IRR
风险	技术/市场	低风险	投资相等
	商业	信誉	无影响
项目	开发时间	开工时间	多于 18 个月
	开发成本	总投资	大于 200 万美元
	资本回收	收回成本	2 年收回成本

战略匹配和一致性筛选

如果没有战略逻辑的话，参加者很难理解一些“为什么”。“战略匹配”筛选为最深度的问题提供了答案。为什么要投资这些新产品？企业和其员工的成功意味着什么？如果不理解产品/市场概念是如何适应战略方向的话，那么绝大多数其他筛选将毫无意义。战略逻辑筛选将产品/市场概念和企业的前景、任务、战略、目标和方向结合在一起加以评估。筛选的目的在于确认新产品机会和战略逻辑以及管理承诺相一致，它们三者能够一体化朝着统一的方向开发下去，和新产品开发过程协调一致，以达到预期的目的。

“一致性”筛选是探究企业的适应性，以及各个成分是否和新产品开发项目既定的方向保持一致。人力资本和企业资源、企业能力保持一致对于开发非常关键，必须确保每个人都沿着正确的方向开发下去。一致性通常是一种抽象、难以测定的筛选方法。因为一致性筛选是检验整个企业在项目开发和企业活动中接受创新的意愿，以及为企业开拓创新所做的准备工作。

资源可用性/能力筛选

“资源可用性/能力”筛选根据企业现有和潜在的资源，企业证明执行开发项目所具备的能力。这种筛选方法从资源评估开始，依据产品/市场概念、生产概念、财务概念和重新定位的规格所确定的相关要求进行。我们要回答这么一个问题：企业是否拥有所需的资源？企业资源能否满足项目的需求？

在新产品开发阶段，资源的可用性是能否达到预定结果最重要的一步。如果没有配套的资源，员工没有意愿和能力来认真执行产品/市场计划，那么产品/市场概念对于企业来说意义不大。每一个新产品的机会如果想达到期望的结果，都需要大量的资源供应。“大量”说明资源应该集中在新产品/市场概念上，为新产品取得成功带来最大的机遇。而且，资源必须保持可持续性，供应的时机必须合适恰当，以确保资源的投入能够带来正面的结果。

如果资源匮乏，那么将会给新产品机会带来负面的影响，通常也会将成功的几率降低到难以接受的程度。在这样的情况下，管理者可能会寻找替代方法和措施来弥补资源匮乏带来的不利之处。假设资源供应不足的情况下，企业应该将精力放在新产品项目的基本要求上，优先选择那些优先使用资源的产品/市场概念，这样企业的绩效能够达到最大。分配资源很难保证有正面的结果。但是，如果没有合适的分配方案，失败通常也是司空见惯的现象。资源分配过程必须确保资源能够充分满足企业的需求。

能力筛选是指检验新产品开发团队所有参加人员和支持人员的技能、知识和资格。这些人员是否有能力和方法执行新产品开发项目？参加的人员是否有遗漏，特别是在关键的技能领域？完成新产品开发项目所需的技能和这些人员所具备的技能是否有一定的差距？

资源可用性/能力筛选探究了资源能否充分满足执行产品/市场概念的一切内在要求。这种筛选特别注意到新产品机会的特别要求或独特要求。如果资源要求无法满足，那么新产品获得成功的可能性也许会非常小，而企业的风险却非常高。

技术匹配和技术能力筛选

技术和技术能力为满足新产品项目管理要求进行了复杂和细致的调整。技术、技术革新和创新决定了新产品开发的有效性。企业组织应该有能力管理技术要求，并将和技术有关的风险降至最低，使过程最简化。新技术的运用通常会改变商业结构、商业运作和过程管理的整个环境，并且能够改善企业的内部关系。“技术匹配性”问题主要集中考虑企业组织是否有技术专长，或者企业能否提高其技术功底，并将其转化为更深层次的技术工艺，以便于企业知识的不断积累。

这种筛选检验产品/市场和现有产品组合的关系。它探究了两者之间的相似之处和不同之处。这种筛选要回答下面一些问题：新产品如何区别于现在的产品生产线或者不同于竞争对手的预期？基于现有的概念，能否有能力创造水平更高、性能更好的产品？

产品的单位成本是需要考虑的一个关键因素，特别是当产品具有很长的生命周期时。客户能否接受生产和分销的产品的价格？成本结构是否具有充分的利润空间来保证企业的现金流能够为营销计划提供足够的资金支持？

价值创造和市场筛选

成功的新产品为客户创造价值，也为生产商/供应商创造价值。“价值创造和市场”筛选检验了价值主张。这种筛选要回答下面一些问题：投资能否充分创造价值？产品/市场概念是否有充分的市场潜力？新产品能否具有满足内外一切参与者要求的能力？价值创造和市场潜力是相互关联的两个变量。它们提出了相同的一些问题。价值创造筛选注重新产品的潜力能否得到客户的垂青，并能够满足客户的需求和预期。这种筛选方法还探究那些和选项相关的价值创造，这些价值从现存和预期产品创造出来，为客户服务。

除了产品种类和市场细分，产品/市场的吸引力是最需要考虑的因素之一。市场吸引力和很多因素有关，其中包括市场细分大小，市场增长潜力，市场季节变化，长期稳定性，价格敏感性，产品区分要求，购买模式等。以下是和价值筛选相关的几个重要问题：

1. 有没有预期市场可接受的销售计划的前景？

2. 有没有市场细分能够接受的价值期望（价格表现比率）？

3. 有没有既定的产品生命周期？这个周期足以判定在时间、金钱和智力资本投入是否合理？

被市场接受最重要的是从内在和外在两个方面满足客户的需求、需要和期望。筛选应该决定特定种类的新产品满足客户期望的可能性。对于现有产品来说，总是会有很多产品无法满足客户的需求和需要，因此，这种产品经常驱使客户寻找替代的产品。这就意味着新产品必须创造比原先的产品多得多的价值，去吸引客户购买新产品。实现新旧产品转换最关键的问题是：和现有产品相比，新产品是否做出了重大的改进？根据产品类型，我们通常能够感觉到产品改进到什么程度才能让客户转变购买对象。英特尔公司著名的摩尔定律认识到新产品如果想获得投资回报，其改进的速度必须达到原来增长速度的两倍。

在决定产品/市场概念是否有成功的潜力时，必须保证各方都能够从新产品中获益，这一点至关重要。价值创造说明各方都应该从新产品投资中获得了财富，而不是仅仅生产者一方。

利益相关者影响筛选

“利益相关者影响”筛选是最难衡定的筛选之一，因为和这个筛选有关的重要问题通常取决于新产品开发的实际环境。这项筛选检验产品的潜在影响、相关过程和对整个企业可能带来的机遇和挑战。这项筛选的目的在于评估对利益相关者的负面影响，这样确保管理中不会遇到重大的问题。这项筛选会尽量将错误和疏忽降至最低，考虑到所有可能给利益相关者带来的影响——包括社会因素、经济因素、政治因素、环境因素和技术因素——并确定给外部实体带来的风险是否是他们能够接受的。

这项筛选还探究了潜在的不利条件，这些不利条件可能会将新产品机会的获益降至最低，或者将一些优势转化为劣势。很显然，最重要的影响是损坏企业在市场上或者社区中的形象和名声。

一个名声赫赫的企业如果有了污点，这会给企业带来严重的后果，也会给企业既有的优势和新产品上市带来不利影响❶。利益相关者评估会提到和新产品机遇、影响和风险的问题。我们把主要问题列举如下：

1. 有没有与相关者相关的重要问题，这些问题会造成减少或者分化新产品带来的机遇?

2. 产品潜在的不利之处有没有显现出来?

3. 外在商业环境带来的主要限制是什么? 这些限制会极大影响新产品在市场上获得成功。

4. 有没有法律和法规会对现在或将来的新产品带来不利的影响?

5. 有没有特殊利益集团如非政府机构，消费者权益团体、环境保护主义者等，他们也许会反对新产品及其应用?

6. 新产品是否会给社会或者个人带来任何健康和安全方面的隐患?

这项筛选应该确保新产品不会给企业带来高于一般标准要求、不合理的潜在隐患、不利因素和各种问题。这种筛选可以确认并衡量一些重要的问题，并规定企业在相关项目上的要求。

基础设施和相关产业筛选

和利益相关者筛选一样，“基础设施和相关产业”筛选也是各式各样的，通过一般角度来讨论这项筛选几乎是不可能的事情。一致性的概念在这项筛选中扮演重要角色。和这

---

❶ 普华永道。可持续性开发的研究表明，在考虑选择利益相关者的情况时，企业声誉是最重要的一个因素。A. Saviz, *Price Water – house Cooper's* 2002 *Sustainability Survey Report*, August 2002.

项筛选有关的问题如下：

1. 新产品基础设施、相关产业协调吗?

2. 基础设施或者相关行业的重要缺陷是什么? 如何去克服这些不足之处?

3. 有没有可能修正这些缺陷? 修正这些缺陷是否合理?

这项筛选包括从基础设施和相关产业角度出发考虑所涉及的最重要的因素。因为问题和挑战可能会千变万化，我们很难对它们进行面面俱到的分析。所以，我们可以有选择地分析非常重要的几个，来分析存在的问题。通常对于新产品变化来说，我们并不是十分担心，因为新产品和现有产品的关系是直接相关的。

竞争筛选

竞争筛选的概念范围很广。这项筛选是检验现有竞争对手和潜在竞争对手的数量和能力。和这项筛选相关的最重要问题如下：

1. 有没有这样一个竞争对手，它具有无可比拟的权力和资源优势，很容易仿造新产品并让企业的创新成为徒劳?

2. 新产品是否具有足够的能力来保持对竞争对手的可持续性优势?

3. 能否在市场上取得绝大多数客户的信赖，并保持稳定的市场份额?

4. 重要竞争对手的反应可能会是什么?

竞争筛选的目标是评估新产品在市场上的优势，确保新产品在市场中保持可持续开发。在竞争筛选中，我们最关注的是竞争对手是否有能力仿造新产品，并给企业带来额外负担。

营销筛选

营销筛选检验产品/市场概念的有效性。这项筛选是评价选定的营销组合是否能够促进新产品的销售。如果需要新的营销手段，营销筛选在企业现有的资源和能力的基础上，寻找最适合新产品销售的营销手段。和这项筛选相关的重要问题如下：

1. 新产品是否需要营销技术和分销渠道，而企业却很难获得支持这些营销技术和分销渠道?

2. 现有的营销组合和分销渠道是否适合新产品开发?

3. 使用流行的营销计划能否吸引客户? 新产品需不需要新的营销方法?

4. 建立可持续客户需求预计需要多长的时间?

5. 在规定的时间内，能否将项目的时间合理分配，从而使项目取得成功?

依据实际的情况，我们对企业的营销方面进行重新评定。在营销战略和营销项目的筛选过程中，很多变量起到重要的作用。营销筛选应该包含新产品开发的重要因素，并确定营销项目是否可行。

生产能力筛选

生产能力筛选非常简单。它探究产品生产所需要的资源，并研究资源的充足性。这项筛选检验生产新产品所需的内在因素和外在方法。和这项筛选相关的重要问题如下：

1. 能否利用现有资源生产产品，如果加上那些可能未充分利用的资源（内在资源或者外在资源）呢？

2. 产品生产是否有足够的知识储备和足够的资源供应？

3. 能否从那些值得信赖的供应商那里以合理的价格或条件购买一些重要的原材料？

4. 供应网络是否完全达到新产品的要求？

5. 产品能力能否在规定的时间内达到产品规格的要求？

6. 能够持续稳定地得到产品的质量目标？

7. 新产品能否在成本模型规定的单位成本计划内生产出来？

这项筛选的底线是生产和供应网络资源和能力的充足性。有没有妨碍新产品有效生产的因素存在呢？

财务筛选

“财务筛选”通常是选择候选产品的决定性的标准。和总投资相关的首要问题是新产品的商业化，并推动新产品的持续性开发。投资包括开发基金、营销基金、生产基金，以及在达到现金流平衡点前，推动产品可持续性开发需要的运营资本。

和传统手段相关的初步财务筛选决定了项目财务方面的可行性。和财务筛选相关的一些重要问题如下：

1. 是否有提供项目支持的基金？

2. 预算收入和现金流能否足以涵盖货物成本、运营成本和投资？

3. 基于假设的数量关系，单位成本预算能否实现？

4. 毛利润能否足以涵盖营销和分销所需要的成本，而且产品依然能够适当获利？

5. 在现金流打了折扣的情况下，内部回报率能否涵盖资本成本并达到预期的回报率？

6. 新产品风险投资的净现值能否达到客户可接受的范围？

回答上述这些问题取决于投资数量的水平和投资风险的大小。如果简单的财务计划符合企业财务要求的最低标准，那么这个财务计划是可以接受的。如果财务计划更加复杂，回报期望更高的话，那么这些财务计划需要接受更加严格的规格筛选。

风险筛选

风险是新产品开发的部分。和风险筛选相关的问题是：在给定的潜在回报率情况下，什么样的风险是比较谨慎的？什么样风险超越可接受标准？风险是指持续不断地考虑开发过程的不确定性。对于产品的风险性来说，首先要考虑和产品设计和开发相关的技术风险，以及和市场准入和市场潜力相关的市场风险。企业风险的严重程度也是企业管理者必须认真考虑的一个方面。关于风险管理方面，请参阅第一章。风险管理的细节部分将在第十章和第十二章讨论。

项目筛选

项目筛选检验企业在预定的开发成本范围内按时执行项目计划的能力。进入市场时机的失败通常会影响产品开发成本和能否盈亏平衡。如果项目耗时过长，在初始要求可能的成功也许就会发生变化，通常这种变化是负面的。

项目筛选是根据其他筛选项目而进行的，通常它是概念筛选的最后一项。项目筛选决定项目能否继续向前开发。硬性指标是难以制定的，因为高目标的高到底是多高很难用具体的量化来衡量。所以，通常企业的目标是一个主观衡量问题。

在这一章中，我们讨论了和新产品开发紧密相关的几种筛选。这些筛选和筛选的过程决定了新产品机会和企业的表现和能力。对于一个相对较小的项目来说，一些简单的筛选也许就能够选择出合适的产品/市场概念。对于比较复杂的情况，选择“平衡记分卡”可能更加适合。过去那种主要考虑财务的筛选可能会给概念筛选带来严重的困难。如果企业对产品/市场概念的潜力认识不足，那么它很有可能跳过一些选择的过程，从而给新产品机会带来不利的影响。这种短视行为是以价值创造、投资组合平衡、竞争者反应等为代价的。如果企业需要更为复杂的筛选项目意味着企业的战略关系到企业的未来开发，而不仅仅是产品运送需要的问题。假设大部分企业都有与筛选过程相关的指南，那么在产品开发的实际操作中，关于产品/市场概念的筛选问题会容易一些。

图 5.7 是产品/市场概念筛选的基本情况，它从产品/市场方面和商业/项目方面阐释了内外因素的关系。

筛选种类	面向市场的筛选	商业筛选	优先级
外在因素聚焦	价值创造 市场吸引力 潜在责任 市场风险 竞争反应 相关者问题	战略匹配性 技术风险 企业能力 开发时机 总投资 盈亏平衡	高 ↓ 低
内部因素聚焦	单位成本 产品性能 市场能力 质量能力	财务回报 开发成本 资源可利用性 生产能力	高 ↓ 低
优先级	高 ——	——→ 低	

图 5.7　产品/市场概念筛选

概念选择

初筛

概念选择是一个非常复杂和麻烦的过程，因为最终企业管理者要做出“去或留”的决定。新产品概念的排序和评估有多种方法和手段。其中大部分手段和表 4.6 列出的新产品创意评估相似。由于新产品概念的数量通常大大低于新产品创意的数量，因此通常需要企业管理者投入更多的时间和精力来决定哪些候选概念会进入到下一个环节，而哪些候选产品概念将被重新开发，哪些候选概念会就此终止。概念选择不仅仅要考虑到投入时间和金钱来筛选和选择候选概念，而且它也是新产品开发过程中非常重要的一环，它必须确保和企业的目标和战略同步进行。如果新产品开发过程按照规定的指导方针进行，那么正确的选项通常就显而易见了。但是，企业管理者总是会担心会犯类型 1 或者类型 2 的错误，造成类型 1 错误出现的原因是选择了错误的候选方案；而造成类型 2 错误出现的原因是抛弃了可以接受的候选方案。

通过“雷达定位”这种建构图表来描述关键筛选或者关键规格将会加快选择过程。图 5.8 描述了一个给定产品概念的筛选过程和筛选结果。使用这种“雷达定位”进行选择能够深入了解每一个产品/市场概念的优势和劣势，并比较不同选择的结果。在选择这种工具进行比较分析的时候，我们需要注意到这么一点：图表总是会某种程度上误导了读者。例如，图表上并没有标明每一个规格的相对重要性。在更加复杂的情况下，需要采用更为复杂的构件。

这种“雷达定位”工具在排除那些不适合企业需要或者和企业开发方向不一致的候选产品/市场概念中更为有用。它能够将候选产品/市场概念的数量缩小到更加合理的范围之内，这样可以采用更加合适的定制方法来评估这些概念。

终选

产品/市场概念的终选取决于企业投入的资源的多少，选择过程是否是现有候选概念的一部分，或者概念选择是否是定期开发的新产品的一部分。如果选择过程正在进行之中，那么选择的结果是符合标准的，可供开发的资源是充分的。如果选择是阶段性过程的一部分，那么候选的概念通常是从适宜性、市场生存能力、平衡、需求、风险和回报多个方面

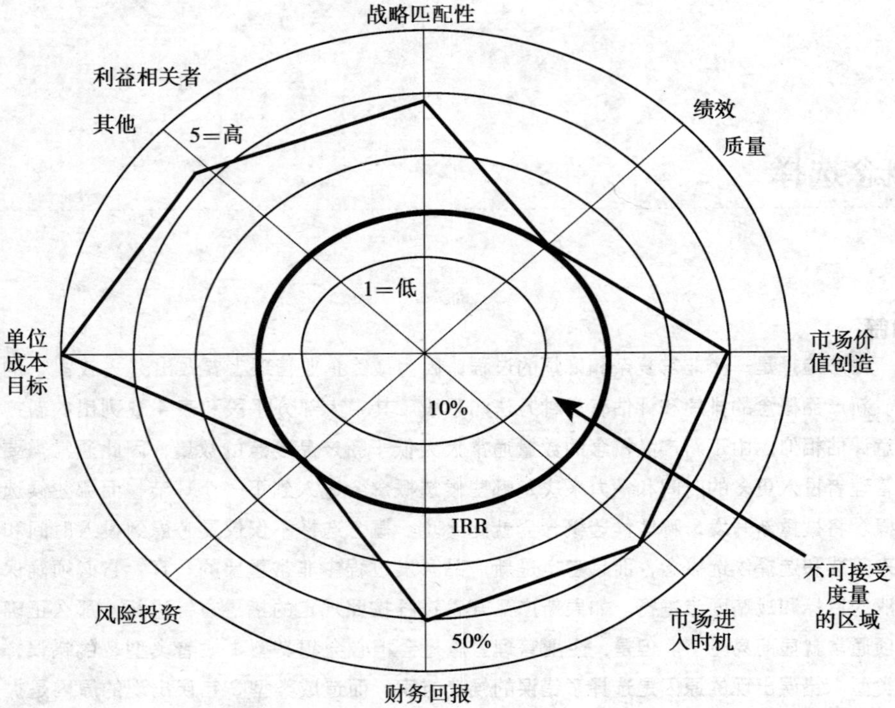

图 5.8　概念筛选和选择的雷达图（示例）

注：5 代表最好；1 代表最差

进行评级和检验。

当选择到了最后一步，也就是做决策的时候，对选择方法进行概括会更加困难。判断和直觉在做决定中起到至关重要的作用。决策者通常会清楚透彻地了解如何平衡预期结果的需要。确实，决策者通过直觉理解平衡记分卡的概念，在做出最后决定中运用它。典型的选定概念清单包括预期结果的多种形式，而不是和标准要求的一一对应关系。表 5.6 就是这么一个例子。

表 5.6　根据平衡组合观点的选定候选概念列表的例子（仅仅代表选定的标准）

规格	战略匹配性	产品适宜性	投资	财务	风险
标准	平衡性	现有客户情况	> $500，000	30% IRR	低风险（投资）
候选概念					
A	100% 平衡	100% 现有	$400，000	28% IRR	低风险
B	填补差距	新需求	$550，000	35% IRR	中等风险
C	多样化	全新	$750，000	80% IRR	高风险

表5.6列出的候选产品/市场概念彼此差异很大。这种选择过程可以看做是一种组合方法。其中，80%的候选产品/市场概念符合规定的标准要求，而其余20%来自于平衡长期结果的需要，或者是提供各种方法使得组合多样化。

需要注意的是，用来评估候选方案的产品/市场概念只是加快决策的工具而已，它们本身并不一定是决策必须遵守的条款，这一点非常重要。实际上，决策过程是一个开放管理问题，参与者需要将他们的预见和判断带到这个问题上，以便于形成最终方程式。在这个过程中，需要和决策相关的人员履行承诺，这些人员必须对流行的商业环境有深入了解。再次强调一点，选择一般来说根据人们的经验和视角，而不是那些死板教条。

合成

最后一步是将所有和概念相关的信息和决定合成为一个文件，这个文件可供项目定义阶段使用。大部分必要的信息都依据表5.4规定的模式。合成的目的在于确保概念能够相辅相成，产品开发过程在不丢失任何时间和不丧失任何动力的基础上进入到下一个阶段。

本章总结

概念开发和选择阶段一个将单一的观点转化成一个全面阐释、易于理解、能够进行分析和筛选的概念。概念从产品/市场定位，顾客和利益相关者需求、营销方法、生产过程、财务信息和外部因素等方面来描述新产品的机会。根据在概念生成阶段得到的信息和做出的决策，主要步骤包括（1）概念开发，主要集中了解产品在目标市场划分中的需要和定位；（2）概念评估，主要集中分析新产品的外在影响，并决定内在项目因素；（3）概念检验和筛选，集中对候选产品/市场概念的排序和评估；（4）概念选择，集中从候选产品/市场概念选择最好的概念，以进入下一个阶段。

我们根据商业环境和新产品种类来决定分析和开发概念的方法。渐进性创新通常只需要简单的分析技术；而根本性改造和巨大的变革通常需要更为复杂的方法。创新的基本理念是一切为了做出有利的选择。但是，管理者往往陷入下列两种困境：要么为创造机会花费太多的时间和精力，但结果是这个机会却被弃置不用；要么可供选择的候选概念太少，管理者往往又犹豫不决。对于候选产品/市场概念投入的时间和金钱越多，那么对这些概念潜力和变数的了解会更加透彻。这样能够减少投资的不确定性和风险，同时，不利的一面是延长市场反应时间，消耗掉一些不能创造价值的资源。

大部分企业都制订了非常规范的新产品开发过程，而且该新产品开发过程规定了过程因素和决策标准。这种模式能够有利于减少迟疑不定的决策，推进新产品开发进程。概念选择是整个新产品开发过程最为重要的一步。在概念选择之前的投资意义不大，但是，在概念选择之后的投资通常意义越来越大。如果有一个全面的概念开发和选择阶段的话，这将大大节省时间和金钱。

第六章

新产品开发的项目定义（阶段三）

引言

新产品开发的“项目定义”阶段（也称之为定义阶段）详细阐述了新产品开发项目的目的、原理、规则和方针。定义阶段制定了新产品开发流程的计划、实践和运作方法，以及和概念化和商业化相关的一些问题。项目定义阶段的目的在于形成管理框架并给以详细说明，并且要将重点要求列出来。除此之外，项目定义阶段还要确认项目开发的活动、措施和决策因素，并且对结果进行预测。项目定义阶段的目的是让所有参加项目的人清楚地了解新产品开发的流程，并确保企业拥有或者能够获得必要的能力和资源来完成新产品开发项目。

假设新产品类型和产品特点变化较大，新产品开发流程应该根据商业环境、企业以及企业的能力和要求进行。新产品开发的范围和方法通常是企业的既定运营方法，这些方法和商业环境密切相关。但是，对于大多数公司来说，新产品开发流程一般都有固定的模式，只是每个项目之间由于商业环境的不同略有改动。

项目管理一般和决策当局有关，项目管理结合参与人员和企业资源等多种要素，它为计划、交流、执行和控制提供了舞台。项目管理定义了项目的因素：制定管理理念、政策和实践运营方法，提供企业网络。管理理念将企业的价值和文化方面具体化，它涉及管理期望，项目和整体战略背景的适应性，在法律、法规、标准方面的基本要求，以及管理水平的持续性改进等。企业管理理念根据企业战略逻辑开发而成，企业战略逻辑已在第二章中详细讨论。

管理政策是企业的基本驱动力，它为企业决策者的长远决策设定标杆和方向，以便于决策者做出正确有效的决策。一个完备的政策或者程序能够为企业高效稳定的运营提供支持和帮助。但是，企业的政策和程序很难能够面面俱到，考虑新产品开发环境的每个可能的方面。确实，大部分企业都简化新产品开发的程序方法，因为程式化的东西一般都是静止不变的。新产品开发项目需要富有多变性和创造力，对市场的变化十分灵敏。管理应该设定一个框架，这个框架包含概念的基本要求，然后让企业决定哪些工作最符合这些规定的要求。

新产品开发项目计划的精髓是流程管理的思路。流程管理是制定新产品开发计划、管理员工、获得期望表现的一个具体方法，这个方法在第一章有过详细的论述。流程管理采用标准化要素和流程，并且保持创新的环境。通过制定统一的标准、方法和运营规范，有限的时间和有价值的资源会采用最有效的方式获得预期的结果。流程管理可以让冗余最小化，减少遗漏关键要求的可能性。

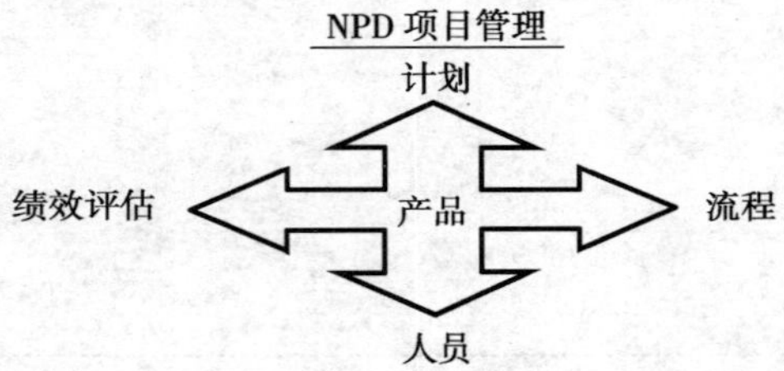

图 6.1　新产品开发项目定义中有关要素的简单示意图

图 6.1 描述了新产品开发框架下关键因素的简单示意图。

概括地说，项目管理具体说明了新产品开发项目计划的重点要求，并详细制定项目执行的管理要求。其中，最关键的 4 个方面包括：

1. 项目计划和投资需求——定义一个策略计划；

2. 项目范围和运转周期——制定项目开发流程；

3. 组织设计——人员配置；

4. 风险和回报——建立绩效测量。

流程图中涵盖了流程中的要素，并描述了参与者之间的关系。绩效评估提供了组织目标与成就之间的差距❶。成功需要制定一种促进机制，这种机制将追求卓越的理念融入到每一个活动中去。这种机制包含以下内容：

1. 交流的目的是确保每个人都能够了解企业的开发目标和规则，而且保证每一个人做到为达到预期的结果做出自己的贡献；

---

❶ 创造价值是企业获得成功的关键。美国电话电报公司在 20 世纪 90 年代初就这一方面做过开创性研究。一个公司不能只是简简单单地满足客户要求，而且要让客户感到愉悦。那些感到愉悦的客户会对公司忠诚。公司的成功是建立在客户持久的基础上。

2. 必须制定一个简单的系统，它能够集成各个层面的活动；

3. 用一些标准和手段实时检测结果，它们能够确保结果的正确性，而且能够及时纠错；

4. 承认和奖励能够确保激励所有员工，使他们的工作符合公司制定的标准要求。

项目定义阶段关注于新产品开发流程和相关的新产品开发项目。项目定义阶段为流程制定了规格要求。在本书中，项目定义阶段处于第三阶段，但在很多新产品开发环境中，项目定义阶段处于第一阶段或者第二阶段。在一些更加复杂的环境中（例如开发一些刚刚面世的产品），在新产品开发的初始阶段，有必要列出项目定义阶段的要素。但是在有的情况下，特别当企业为新产品开发流程制定了方针时，因为各个因素都融入标准的新产品开发流程中，所以项目定义阶段就此消失。

从头到尾，新产品开发流程的目标是采用最好的运营模式，并向用户提供最高的价值和最优的质量。项目定义阶段确认和选出一些关键的步骤，这些关键步骤能够使企业达到快速、完整、合作和控制等方面的需要。项目定义阶段还包括定义企业的方方面面，并将这些方面集中一体化。项目定义阶段在整个新产品开发阶段起到连接作用。它描述了概念阶段以后的活动，为向运营阶段转化做好了准备。

第六章包括以下的主题和学习目标：

1. 了解如何制定项目定义；

2. 弄清在定义新产品开发项目中需要的流程因素；

3. 制定恰当的绩效测量手段和度量标准；

4. 开发策略计划和财务模型；

5. 建立一个明确的新产品开发框架。

项目定义阶段的流程图

跨职能团队通常有责任将选定的产品/市场概念转化为一种新产品。通常，在创意产生阶段开始以前，这个团队便开始组建和运作。但是，实际情况往往取决于商业环境的变化。为了论述的周密性，这里讨论的组织设计是项目定义阶段的一部分。

能否达到产品开发项目的预定目标主要是取决于策略计划的情况，以及新产品开发项目中的约定因素。其中，最具有挑战性的问题是如何将客户需求、产品/市场概念，以及产品规格转化成易于理解的流程，如分析步骤、管理决策和计划方案等。

项目定义阶段不会花费太多的时间。那些规定好新产品开发流程的企业通常能够划分项目定义阶段要素所需的时间，通常时间的计量单位是小时或天，而不用星期。定义阶段的目的在于制定博弈方案，这个博弈方案重点描述了通往成功的道路，它不过于苛刻和过度控制。博弈方案是完成新产品开发流程的一个手段而已。通过使用“阶段和评审”，博弈方案制定了项目的范围，确定了各个阶段的先后顺序和需要进行的活动，并且根据对不同活动需要的时间进行估计，制定项目时间表。图 6. 2 描述了项目定义阶段中的关键因素。

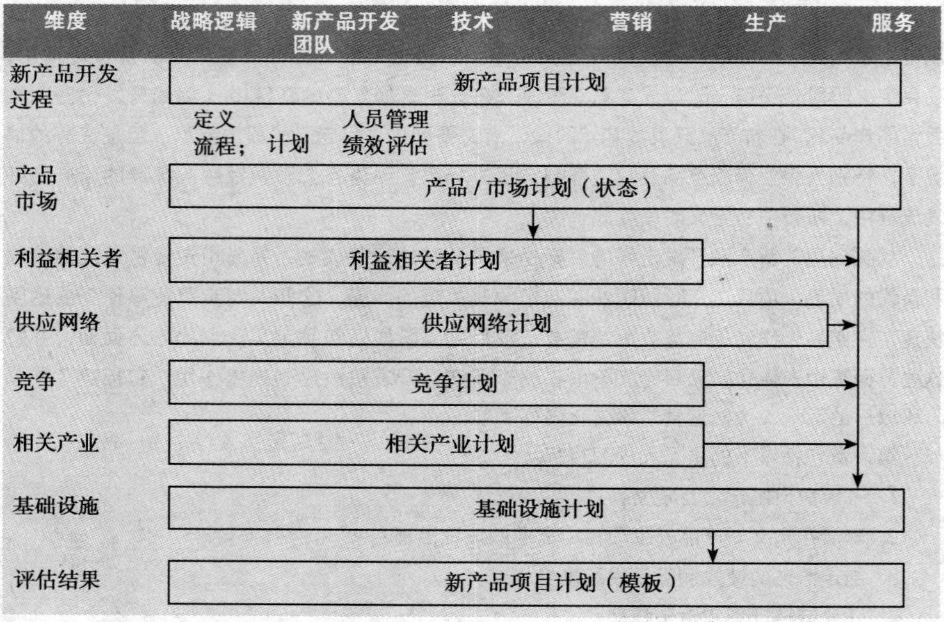

图 6. 2　新产品开发项目定义流程图（第三阶段）

新产品项目计划

流程管理概论

流程管理为管理新产品开发项目提供了确切的方法。流程管理包括现有和以前新产品开发流程中的一般要素，特别是在有相关的产品族的情况下。例如，在汽车行业中，大约每 5 年引进一种新车型。在汽车行业，采用流程管理是因为新款汽车一般都是在现有技术和工艺的基础上对汽车进行改装和改良的。

流程管理能够减少波动和不确定性，因为标准要素对于公司来说已经非常熟悉。通过建立新产品开发的标准框架，有限的时间和有价值的资源能够集中满足项目开发的特别需求。

管理时间和资源对于项目达到预期的目的最为重要。持续的改进意味着在很多项目的整个开发流程中，企业能够采用最优的方式和一致的措施，确保取得最好的结果。

新产品开发项目通常使用“阶段与评审”的方法来管理❶。阶段与评审的方法将流程分成能够识别的不同阶段，这样，参与者能够集中精力完成每个阶段的特定任务。在第三章我们讨论了阶段与评审方法最重要的一条是需要制定合理有效的控制和汇报机制，这种机制能够提高项目取得满意结果的可能性，而不会阻碍新产品开发项目的进展。如果实施“阶段与评审”的组织机构对项目取得的结果不够满意的话，那么它可以指出不足所在，并且采取措施纠正其不足之处。如果项目存在的问题非常严重，达到无法修复的程度的话，那么项目可以就此终止，如果时间允许的话，也可以对项目重新规划，解决存在的重大瑕疵。虽然终止项目的代价较大，但是，如果项目继续进行下去的话，由此带来的风险可能让企业难以承受。确实，阶段与评审的方法能够节省时间和金钱，因为它能够在项目实施初期发现项目存在的问题，并对问题进行处理。这样就可以在每个项目进入商业化之前消除项目存在的瑕疵。

如果项目存在很大的不确定性，也缺少相关经验的话，项目管理技术也许更适合新产品开发项目。在这种情况下，标准流程作用也许不够明显，也难以实施。项目管理方法典型的特点是根据项目的特点量体裁衣，这种方法弹性更大，创造性也更强。不过，那些全新产品开发项目使用的技术不在本章讨论的范围之内，因为它们依赖技术创新方法和项目管理技术。但是，很多企业对于管理新面世产品项目也会采用流程管理的思路。当新产品开发项目有重复进行的特点时，企业就会倾向使用流程管理的方法。先前产品开发流程中使用的方法和技术能够用在下一个新产品的开发流程中。

项目定义

项目定义的最初目的是选择和肯定项目框架。这个框架提供给参与者一个全面的视野来考查新产品开发项目，以及内部要素和外部要素是如何连接在一起的。这一阶段包括新产品开发的流程选择——管理新产品开发项目的确切方法。对于很多企业来说，选择流程是直线型的。企业或者项目团队基本上按照企业模型的规定进行，模型只会有一些细微地修改。

项目定义概括了产品/市场视角、项目任务、目标和战略、外部因素和投资状况等方面的内容。产品/市场陈述是经过概念选择流程改进的产品/市场概念。它包括概念合成以及

❶ 正如第三章所讨论的，有很多类似的构件，将项目分成易于管理的、分离的部分，并为评估工作制定切实可行的办法。

修订后的产品规格。项目任务、目标和战略同第二章讨论的公式基本一致，唯一不同的是，项目任务和新产品开发项目的规定有关，而不是和整个企业有关。项目目标设定了新产品开发的目标。项目战略为新产品开发指明了方向。在第二章中，外在因素概括了商业环境的主要因素和产业分析。详细情况请参考本章结尾的表6.3。

投资状况描述了资金成本和企业的投资需求。投资状况主要集中了解支持项目开发所需的财务和资金情况。

新产品开发项目计划

项目计划为参与者提供了详细的信息和评估，以便于他们了解项目的范围和流程。项目计划结构水平较高，它把重点要素按区域进行分解，并规定了每个内部维度的关键要求。需要关注的重点区域是那些能够组成或者分解策略计划的要素。项目计划设定了举行活动的基础，提供系统的方法用来了解新产品机会，并选择精确定义项目的关键决策。新产品开发计划包括以下内容：

1. 组织计划；
2. 产品/市场计划；
3. 营销计划；
4. 生产计划；
5. 财务计划。

这些计划是分析和开发新产品的确切商业计划。其中包括对外在维度的详细评估，高屋建瓴地分析关键需求。这些计划涵盖了新产品开发流程的整个周期。在实施阶段（运营层面），它们要确保项目流程是全面的，不存在硬伤。新产品开发计划代表了概念阶段的最高水平，它为企业制定活动方案提供了具体的要求，并且为执行这些活动提供了一个时间表。在大多数情况下，这些计划在概念开发和选择阶段后期都已经完全成型。每个计划的大纲请参考本章结尾的表6.3。

新产品开发项目规划过程

项目规划的第一步是定义新产品开发的力度。通过定义项目要素，制定并修订基本框架，企业和新产品开发团队能够了解具体的需求是什么。项目定义阶段制订了策略方案和新产品开发流程，确认了活动和参与者，其中包括参与者的角色和责任，并决定评估方法。

对于多数新产品开发项目来说，基本的目标是减少新产品商业化的时间。达到这个基本目标，需要一个强有力的计划和执行力度，保证尽量多的活动同步进行。同步开发的概念说明很多活动需要同时进行。同步开发需要一个跨职能团队，以确保速度、准确性和完整性之间的平衡❶。为什么要注意这三方面的平衡呢？因为如果单一的以牺牲完整性或者准确性为代价的压缩开发循环周期经常给开发带来难度，一方面会使完成项目计划的时间增长，另一方面也会增加总投资的额度。

根据需要完成的任务不同和所需资源种类的不同，新产品开发项目和新产品开发流程会分成好几个子流程。子流程需要进行排序来决定哪些流程是互相依存的关系。独立的任务也会分成不同的系列。根据先前流程的不同，独立的任务可以平行排序。不同活动的次序通常采用阶段分类法进行排序。

一旦新产品开发流程得到了确认，各要素之间的关系固定下来，下一步是估计完成每一个任务所需要的时间和执行计划所需要的资源。通过对所需时间和资源的估算，可以计算初步开发所需要的成本。现有资源可能会影响这些活动的一些实际流程，包括时间和成本估算。

流程管理提供给参与者确认和定义流程和子流程的机制，通过这种机制来约束项目的执行。通过使用一种简单的方法，跨职能团队综合各种手段来管理复杂的活动。通过使用易于理解的工具和方法来加快分析流程。很多企业已经具备了完备的新开品开发工具包。在每一个阶段，管理者需要分析哪些是影响项目进展的重要因素，比如，什么任务是必须要完成的？谁负责任务的进展？需要达到一个什么样的结果？工具包包括每一阶段结束时检测要求。

通过使用同步开发构件，项目规划确认实施整个新产品开发项目需要的重要活动，以及每一个地区计划中包含的要素。主要是确保所有活动都清楚详细。

项目规划和项目的核心要求之间建立了基本的关系。如果管理系统集中在项目管理方法上，这种关系将是项目最关键的要求。在这种情况下，项目管理研究院出版的《项目管理知识指南》一书为项目管理提供了有效的模型❷。就流程管理技术而言，其包含的要素全部来源于项目规划的核心方面。以下是流程计划涉及的主要要素❸：

1. 活动定义——确认必须实施的特定活动以便为各种项目生产可交付产品；

2. 活动排序——确认并登记活动之间的先后关系；

3. 活动持续时间估计——估计完成单个活动所需要的工作间隔；

4. 资源规划——决定举行各种活动所需要的资源（员工、金钱、设备和材料），以及资源的数量；

5. 日程开发——分析制定日程表所需要进行的活动排序、活动持续时间和资源要求。

---

❶ 同步开发的概念将在第七章进一步讨论。流行的同步工程建构法有利于拓展这一概念。

❷ Project Management Institute, *A Guide to the Project Management Body of Knowledge* (Philadelphia, PA: Project Management Institute, 1996)。这是一本非常不错的关于项目管理方面的入门书籍，在这本书中，读者可以了解到项目管理技术的精华部分。

❸ 同上，p. 31.

活动定义阶段需要所有参与者在项目中扮演重要角色。在对活动清楚了解的基础上，下一步的工作是对这些活动在这一阶段中和整个项目中进行正确排序。平行开发的目的是最大程度增加同步活动的数量，节省市场进入的时间。显然，多项活动同时进行也有一些不利之处。很多活动在上一次活动结束之前无法开始。例如，概念检验必须在概念开发阶段结束以后才能进行，因为产品/市场概念如果没有完全定义的话，检验概念在市场上的可行性不大。

对活动的确认和对流程的排序减少了举行每项活动所需要的时间。结合先前活动的信息，这些活动可以组成一个完整的项目。各种活动需要尽早举行，这样完成整个项目所需要的总时间会降到最低。

一旦活动进行了排序，并且完成活动需要的时间已经估算出来，所有活动的总日程表规划完毕。下一步将对需求的资源进行分配。在分配资源阶段，个人或者参与者最重要的任务是保证活动按计划进行，可交付产品按计划生产。

新产品开发项目是一个决策计划，这个项目将活动排好日程，并且按照活动的重要程度进行排序，以将活动时间降至最低，资源能够合理分配。根据流程模型，利用甘特图，我们可以确认重要要素、持续时间和需求的资源。里程碑代表流程中最重要的事件，或者企业管理者做出了重要的决策❶。如果新产品开发流程足够详细的话，那么甘特图用途不大，因为详细的流程会带有流程表。确实，流程管理的目的在于最大程度地简化这样的结构。

一个阶段结尾的评审（或者是一个阶段“重要步骤”的结束部分）通常被认为是这个阶段的“里程碑”事件，因为它起到了承上启下的作用。流程管理是让参与者确保在进入下一个阶段之前，流程能够顺利进展，该阶段的重要活动能够顺利完成。

项目活动、排序、持续时间、资源规划和制定日程的制定通常是量力而行。再强调一点，流程管理方法简化了大部分要求，因为活动的进展可以遵循现有的套路。

通常，分配参与者和制定日程是最为关键的方面，因为这两方面随项目的不同而不同，因此，必须确定这两个方面。

人员管理

因为强调速度和质量，很多企业授权跨职能团队来承担产品开发的任务。对于这个团队的参与者来说，他们要对客户、利益相关者、供应商和竞争对手的看法和建议做出反应，从而改善产品的质量，提高开发流程的绩效。对于企业来说，减少新产品开发周期的压力，平衡资源和技术，降低开发成本和新产品的单位成本意味着必须利用尽量少的资源，尽快

❶ 几个项目管理软件都用到了甘特图，其中包括微软的 Project。甘特图是描述活动和前后其他活动的关系，以及每次活动的时间段的时间图——它包括起始时间和结束时间，负责实施的人员名单。

地达到预期结果。

在团队结构中，可能会包括客户和供应商，团队的使命是将所有参与者凝聚在一起，而取得最终的结果必须依靠团队的力量。企业应该告诉团队活动的需求、活动的流程以及项目的进展方向，这种交流的效果直接影响到项目的成功与否，交流不畅往往是失败的重要因素。跨职能团队会更加注重合作，因此团队能够改善参与者之间的交流，确保重要要素在流程的计划阶段和实施阶段不被遗漏。参与者的关系可以是高度结构化的、分步骤的情况，也可以是开放、高度灵活的。所以这种关系不能简单地用正确和错误来回答。参与者的关系必须能够起到支持博弈方案的作用。当企业必须认真考虑风险和产品责任的时候——例如医药产品、汽车或者直升机——采用高度结构化的模式可能更加有效。当企业注重产品的创造性的时候，灵活性结构会更加适合产品的开发。

领导力是团队人员管理最重要的一部分。有时候，个体参与者会认为团队领导者的角色——比如项目经理或者产品经理，要比团队的管理机制的重要性更加突出。一个团队的领导者往往担当团队鼓舞者的角色，他能够引导和鼓舞团队成员，使他们更能发挥创造性和生产力。团队的领导者代表团队，并和团队成员紧密合作。在多数情况下，团队领导者是领导小组和高层管理的舵手。而在一些特定的情况下，团队领导者向项目经理报告，该项目经理全权负责与企业的高层管理者沟通，并为领导小组和高层管理者对话提供平台。

选择绩效评估方法

综述

制定新产品开发项目度量是至关重要的一步。度量能够在项目初期及时预告整个项目或者子项目是否在每一点上都符合预期的要求。度量通常取决于新产品开发项目的目标和企业的战略目标。度量是企业项目成功的指示器，通过跟踪新产品开发项目的进展表现出来。通常，所选择的用来跟踪项目进展的评估方法与审查标准是一致的，这些审查标准用来确定哪一个产品/市场的概念与企业对产品要求的时间、金钱、努力和风险假定相一致。

评估方法采用平衡的观点评价项目是否满足商业环境的期望，以及是否符合企业的内部要求。评估方法既要和外部因素相结合，如满足潜在客户和利益相关者的要求，也要和内部因素相适应，如对资源和企业资产的有效管理。简单来说，新产品和新产品开发项目必须提供比以前的解决方案更好、更简单、更快捷、更直接、更洁净和更安全的解决方案。度量和筛选标准相互关联，因为它们都用来判断新产品开发项目是否处在正确的轨道上，并判断新产品开发项目是否满足内部期望和外部期望。但是，度量和筛选标准也有不同的方面。度量的基本目的是用来判断新产品将来是否能够取得成功，它是项目成功前景的指示器。而筛选标准是从战略的角度检验项目的全面表现——如，适宜性、平衡性和同步性。

度量检测表是考察产品和项目情况最重要的工具，它记录了企业不断进步的历程。图

6.3 记录了部分测量方法。

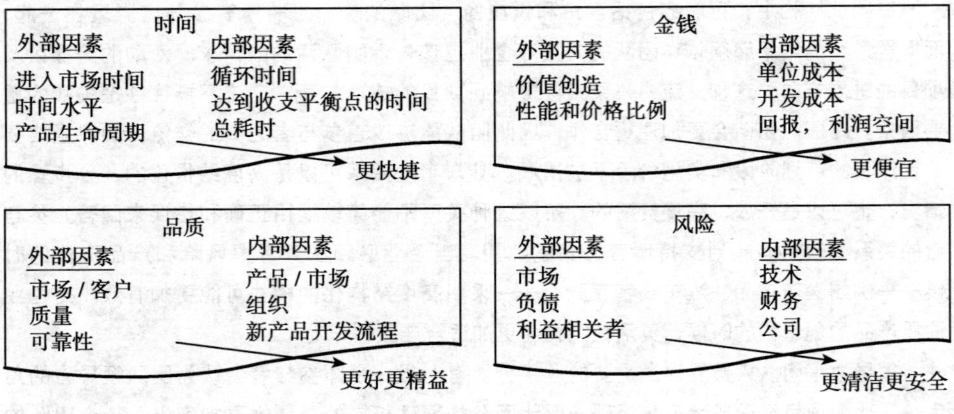

图 6.3　基本的新产品开发度量

时间是最重要的度量之一。新产品开发项目进展和实施得越快，项目在开发周期中规避商业环境变化风险的能力越强。时间度量和其他重要的度量相联系。在很多情况下，如果增加项目的时间就意味着需要增加投入的金钱。

如果市场进入的时间延后，那么达到收支平衡点的时间也会因此延后，因此投资的时间价值也会改变。如果无法达到预想的市场进入时间，那么就可能让竞争对手乘机抢先进入市场，取得早期市场份额的优势，并可能成为整个市场的领导者。

金钱总是一个重要的度量，经济分析对于决定一个项目成功与否扮演着重要的角色。如果单位成本高于预期，那么竞争地位和客户驱动力的价值会因此发生重大改变。如果价格不断上涨，那么性价比将会不断降低，从客户的角度来看，价格降低了产品的生命力。价格增高就意味着销量和销售收入减少。单位成本上涨，定价的选择空间会降低。如果市场价格受限，成本增加就意味着毛利润减少，盈利可能性降低。而毛利润减少，可供营销和其他运营手段的资金就会减少。所有这些因素都会对投资回报带来负面影响。更重要的是，价值主张是一种影响所有项目参与者的重要手段，价值驱动客户，并影响解决方案。

性能是一种至关重要的产品度量，它包括重要的产品特点以及收益性，它们与市场和客户密切相连。质量随着竞争压力和客户洞察力的变化而不断变化。客户期望包括改善产品质量，改进产品稳定性和提高产品寿命。性能也与项目、员工相联系。改进性能也是管理层的一个重要议题。

风险用于处理和新产品开发相关的不确定性。项目的风险和下面几项能力有关：设计产品的能力，成本节约型模式下产品生产的能力，开发市场的能力，以及制定成功的营销计划的能力。除了和项目本身相关的风险以外，还有商业环境不确定性带来的风险。产品的缺陷可能会造成客户要求企业承担产品责任的义务。产品或者生产流程也许会对环境产生影响，并涉及利益相关者，增加更多的责任。企业期望生产更加洁净、更加安全的产品。

绩效管理跟踪并取得预定目标的流程。企业的主要目标之一是取得持续不断的进展。以下举例说明新产品开发中对于产品和流程制定的目标：

1. 减少进入市场的时间。在 24 个月之内新产品投入市场，在进行下一个项目之前，需要用 20 个月的时间改进新产品开发能力；

2. 减少单位成本。产品成本降低 10%。改善生产能力，从而达到产品成本的总体下降的目的。

3. 改善性能和质量。产品的质量改善 10%。产品的性能提高 5%。

4. 提高财务收入。通过控制投资和改进现金流，产品的投资回报率提高 30%。

这些手段成为一种固定的机制，用来确认新产品开发项目是否步入正轨。如果实际价值和度量规定保持一致，那么该项目会有很大的可能位于可接受范围之内。但是，如果一个或者多个度量有向边界发展的趋势，这意味着既定方案出现了变化，失去了控制。

使用绩效评估和度标准量管理新产品开发项目

从管理的角度来看，成功的关键在于取得业绩和生产可交付使用的产品，而不是任务本身。活动的完成与否不是最关键的要求，而是通过活动取得的结果。活动让参与者明白“需要做什么”，而认识目标是企业的关键管理机制，它决定企业能否取得成功和竞争优势。

绩效度量能够判断项目进展情况。及时准确的信息对于保持对项目的控制至关重要。通过跟踪对比方案所取得的实际成绩，有利于评估项目的进展情况。如果发现问题或者不足之处，早期的报警系统能够通过度量将问题反馈给团队或者管理层，以便于他们在形势失控之前采取纠正措施。对产品性能进行实事求是的衡量对于新产品开发项目的有效管理来说非常重要，它也是保证新产品开发流程在正确的轨道上顺利进行的重要因素。管理绩效的理念非常简单：评审潜在缺陷，防止这些潜在缺陷成为新产品和新产品开发项目取得成功的重大羁绊。在 500 年前，尼科洛·马基雅维利就曾经指出❶：“在一开始，很难发现问题，但一旦发现，这些问题很容易纠正；但是，在后续阶段，问题很容易发现，不过很难纠正”。

绩效评估系统的目的有：

1. 阐明项目走向卓越的关键领域；
2. 衡量绩效；
3. 确认需要的资源和结果；
4. 决定流程改进的需要。

交流是非常必要的一环。最重要的一点是，要让所有参与项目开发的员工能够很清楚地了解对项目的期望和要求。性能评估提供了一个平衡的多维方法，这样，一个领域的改进和达到目标要求并不会以削弱另一个领域的性能为代价。

---

❶ N. Machiavelli, *The Prince* (Bantam Classics, 1984, p. 147).

支持绩效评估流程的诸多信息和数据，包括风险评估、财政数据、市场数据等，通常是企业日常经营的一部分。质量检验的信息和数据可以用作评估绩效的可行依据。质量保证必须放到必要的位置上，以保证数据收集方法的有效性。

每一大类产品应该有一个或者多个品质指标（performence Indicator）。选择相关的度量需要制定一个总的指导方针，这样流程的进展就有章可循。绩效指标的基本功能是帮助流程的实施。绩效指标还可以用来突出某一类别存在的高风险环节。这些高风险环节可能是这一类别的代表之处，它指示项目总的进展情况，绩效指标应该满足以下的要求：

1. 它应该和新产品开发项目相适应，并促进项目开发目标的实现；
2. 它应该有选择地衡量一些重点领域，在这些领域中会出现重大问题或者潜在不足；
3. 在自我评估时可以确认和使用；
4. 通过标杆法能够和其他同类公司进行比较。

最关键的地方是利用绩效指标，能够促使项目按照既定目标进行下去。绩效指标既要能检测短期进展的情况，也要对长期开发进行预测。基本的方法是选择一大批符合要求的指标，它们能用一个比较全面的视角对项目进展进行检测。有些指标能够全面反映项目的进展现状，但是它们无法预测项目的前景。一方面，能够跟踪市场进入时间的度量是一个非常优秀的模型，它能够判断项目是否按照原计划顺利进行，但是这种矩阵无法全面了解产品取得成功的潜在机会，除非机会的窗户已经打开。另一方面，单位成本投入并不能告诉人们项目进展的现状，但是它能够很好地判断新产品取得成功的可能性。所以单位成本度量往往在度量循环周期较长的产品时是非常有效的。

时间度量

时间是一个关键的因素。这对于季节性客户产品意义尤为重大。在很多国家中，一般会制定新产品的发布规则。汽车往往是在9月或者10月投放市场，而玩具一般会在年底生产，因为年底的话可以利用假期的机会给小朋友们送礼物。时间选择通常是一项战略性考虑，它不仅仅要注意日历上的季节变化，而且也要和企业或者竞争对手生产的其他产品进行比较，并考虑市场的流通因素，借此找准新产品的定位。时间选择要参考市场接受程度和客户满意度。新产品也许市场投放得太早，超出了预定时间的规定。Prodigy，一家互联网提供商，是一个很好的例子，在20世纪80年代，该企业已经开始商业化，但是当时，家用电脑并不普及，连接互联网的用户也不多，所以很难判断该企业投资的前景究竟会怎样。不过，随着90年代互联网的迅速开发，事实证明该公司对市场前景和需求的预测完全正确。所以，它成为市场上的先知先觉者。

图6.4是时间度量的图表形式。新产品开发项目的时间线是新产品在市场上市场投放所需要的时间。为了规划的需要，我们假设在这个时间线结束以后，该产品将被另一种产品所代替，并需要投入新的资金。对于大多数新产品来说（渐进性改进或者变化），新产品开发项目的时间线大约为3~5年，这取决于产品的生命周期、竞争措施和技术创新。在

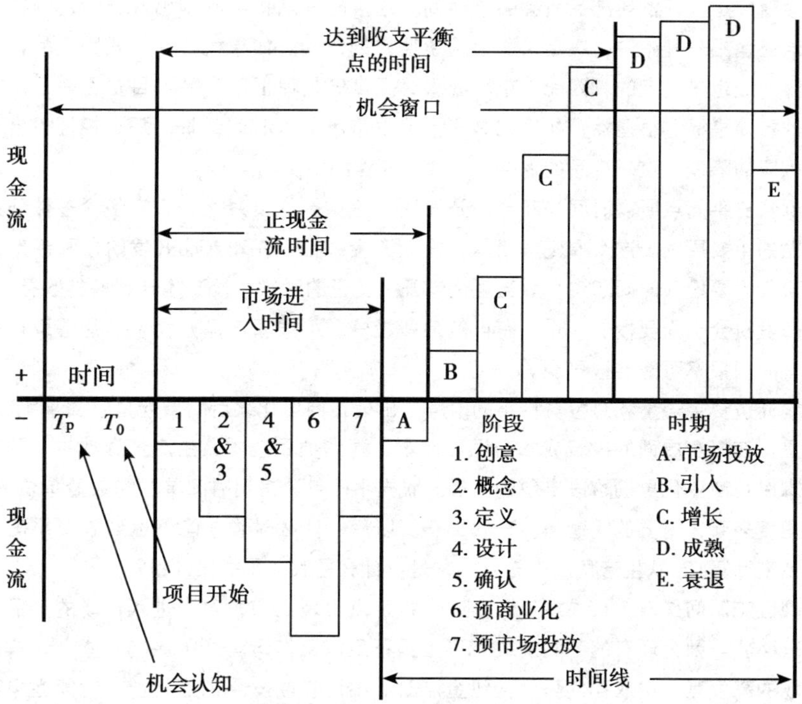

图 6.4 关键时间和财务度量

例子：从第一阶段到第七阶段，投资和开发费用持平。在 A 时期初始阶段，开始出现亏损。在 B 时期和 C 时期出现的正现金流和投资加上亏损的总量持平。因此，在增长阶段出现了收支平衡点。时间线是从项目开始到产品周期结束这段时间，也指新产品规划阶段。T_P 是指新产品机会出现的时间，T_0 是新产品项目开始的时间。

很多情况下，时间线就是行业标准。例如，在汽车行业，汽车通常每 5 年诞生一个新的型号，个别情况下是 4 年，或者是 6 年。

时间线通常非常难于跟踪。正因为如此，时间线不是最早使用的度量之一。但是，时间线确实给市场带来了动力。时间线也有不利于产品开发的一面，因为时间线会从收回投资所需时间的角度来分析市场的疲态。显然，这对于投资回报率的计算来说会有很大的负面影响。

市场进入时间是指从新产品开发项目开始到市场投放日期这段时间。这个时间决定于从客户付款的那个时间点。客户为了满足使用的需要购买产品，企业卖出产品获得收入。市场进入时间对于循环周期较短的产品来说非常重要。在这方面，如果时间线低于 3 年，那么这将是一个很完美的度量。但是，这也是一个非常强大的度量，因为时间持续越长，需要投资的资金越多。如果投资额越大，取得合适的投资回报率的可能性就越小。

机会窗口是指开发新产品机会的总时间。这段时间从机会刚刚出现开始，到机会消失为止，这还包括一开始做出决定采取措施所需要的时间。如果机会窗口是固定的，那么就意味着时间线也是固定的。因此，市场进入时间度量是保证新产品项目是否在正确的轨道上进行的重要指标。很显然，如果在这些情况下市场进入时间延长，那么挖掘机会的时间线也会相应的降低。这对产品的财务状况会带来深刻地影响。

达到收支平衡点所需时间是新产品开发项目最重要的度量之一。它包含多数新产品开发所遵循的重要原则。这个原则很简单：投入资金赚钱。在新产品开发阶段和新产品商业化早期阶段需要投入时间和资金。当现金流开始变正的时候，投资才开始取得收益。而且，新产品开发机会也需要投资，也很有可能浪费投资。如果新产品开发项目能够取得成功的话，投资的回报率可能会很可观。

当累计正资金流量和总投资持平的时候，出现在商业化之后的点就是收支平衡时间点。总投资是指在概念层面的投资成本、设计成本、营销项目成本、生产资源成本、预商业化活动成本以及商业化早期阶段出现的亏损。收支平衡点通常用时间单位和数量单位来规定。从财务角度来看，重要的问题是：在项目开发以后，什么时候才能够达到收支平衡（用时间和资金来计算）？从生产角度来看，问题是：什么是收支平衡累计量?

正现金流时间是一个相关度量。在这个特定点出现之前，对于进入市场的产品进行融资非常有必要。因为现有的毛利润或者资金量不足以支持运营所需要的资本，这样产品难以在市场的高度竞争中取得优势。正现金流时间出现在收支平衡点之前，它能在早期判断产品能否在市场上取得成功。这个度量衡量市场在财务上对于产品的支持。

资金度量

单位成本是基本度量之一。它是产品定价的基础。单位成本在概念阶段初步成形，在设计和确认阶段得到改进和优化。单位成本难以计算。在概念意义上，通常缺乏足够的技术细节。成本估算使用成本的历史数据建立在最初产品规格的基础之上。这些历史数据或者从现存的数据库中获取，或者从外部资源如供应商那里获取。通过这种方法估算的成本不能给人很高的可信度，但是结果显示这些数据通常是在可接受的范围之内，一般误差在±10%左右，因此可以为制订决策方案提供参考。单位成本计算要经常改进，特别是在设计和开发阶段。工程数据可以为成本计算提供支持，因为工程数据和成本密切相关。单位成本值通常是根据预计累计量的大小表现出来。

从创意产生阶段到商业化阶段，通过设立上下限，像全面质量管理一样，能够跟踪单位成本估算的情况。在项目开发之初，根据可接受的单位成本预计成本结构的趋势是衡量新产品成功与否的重要手段。如果单位成本偏向可接受成本结构的上限，这表明产品可行性不强，或者毛利润不足以执行有效的营销项目。如果单位成本偏向下限，这表明产品结构中漏掉了一些重要的要素。

图6.5是这样一个例子。上限和下限的实际范围的变化取决于新产品开发项目的种类。

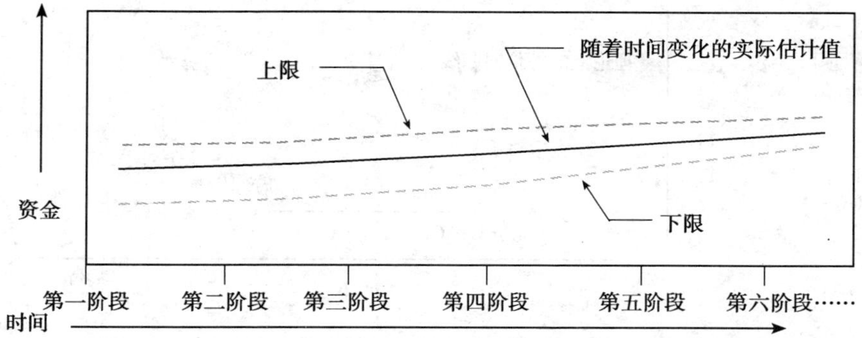

图 6.5 随着时间变化的单位成本估计值和上/下限

注：这种线性思维方式和控制图表的构件相似。通过在这个基础上加上或者减去给定比例的差异性或者标准差来制定上限和下限。

对于衍生品或者现存产品替代品来说，这个范围可能太小，所以必须适应市场情况的变化。对于新一代产品或者新市场投放的产品来说，这个范围可能太大，因为市场需求的不确定性太大。不管怎样，度量能够让管理者和参与者了解机会成本的变化带来的潜在影响。

通常，低成本对于投资者来说是个好消息。但是，如果成本估算和下限太接近的话，可能说明成本估算不准，或者应该包括的部分内容被漏掉了。因此，如果估计的趋势不在可接受的范围之内，那么势必要采取措施确保项目仍然是可行的。

单位成本度量为产品的可行性提供了强有力的信号。单位成本度量很容易跟踪，它们为财务方案提供了有形证据。成本结构在新产品开发项目流程中的不断变化并不总是问题所在。高成本可能预示着产品具有更高的价值。

价值是客户驱动度量，它需要不断地跟踪。度量取决于企业在整个商业化的初期和后续阶段使用的定价战略。价值建立在客户得到的产品性能以及为了获得产品的好处，客户必须对产品进行的投资的基础之上。关于价值在第二章价值主张上有更加详细的叙述。

性价比是一个重要度量，它根据定价战略和成本结构的变化而变化。通常它是价值主张的简单形式。性价比比较有用，因为通常来说，计算性价比要比计算价值更加容易。新产品的价格因为受到企业的定价战略的影响，弹性较大，企业可以根据市场条件的变化对价格进行调整，企业可接受的价格一般有范围限制。对于企业开发的新产品来说，企业计划使用的价格是一个很重要的衡量工具，该价格参考了竞争对手的定价，因此跟踪新产品的价格，可以检测新产品选定的价位是否对客户具有长期的吸引力。

图 6.6 表示当竞争对手在一些产品中重新夺回优势的时候，新产品将会丧失一些吸引力。在新产品开发的初始阶段，企业新产品的定位在性价比方面和其他 3 个竞争对手相比具有压倒性的竞争优势。新产品在市场上占领一席之地时，它和其他竞争对手有着显著的不同。新产品的性能和同行业性能最好的竞争对手旗鼓相当（竞争对手 B），但是新产品的

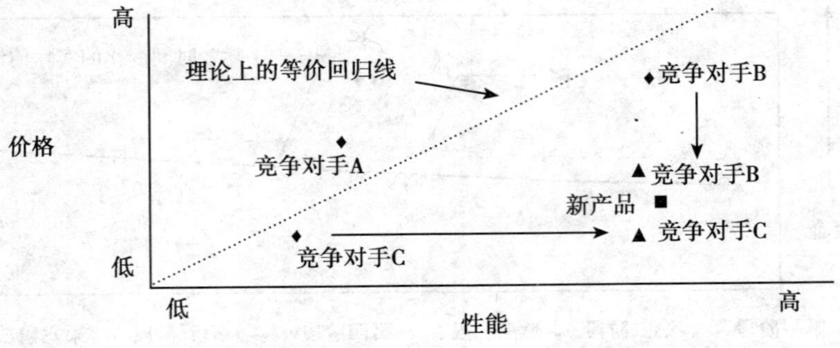

图 6.6 二维矩阵：从性价比分析本企业和竞争对手的产品吸引力

注：◆ 在新产品开发的初期，竞争对最初的市场定位。

▲ 当竞争对手引入新产品的时候，他们修订了市场定位。

价格要远远低于竞争对手 B。但是，随着竞争对手的新产品市场投放，企业的新产品在市场上占领的空间也越来越小。在这种情况下，竞争对手 B 可以降低成本和价格，但是仍然可以保持很高的性能。竞争对手 C 在保持成本结构和价格的基础上不断提高产品的性能。这个时候，对于企业来说，它需要重新评估新项目以决定是否要采取改进措施，以保证新产品将来能在市场上取得成功。

投资资金或者**开发成本**是一个非常关键的度量。因为它影响到资金和财务回报的吸引力。开发成本可以根据每一阶段的活动来计算。成本估算包括决定资源的成本要素和执行项目需要的投入。

这个度量的基础是最初的估计值以及在任何给定时间点上的开发成本上限。如果能够达到上限，这说明成本结构较最初的估计发生了重大的变化，而且表明管理者对于成本结构的变化给予了关注。在这个时候，有必要采取纠正措施。上限可能会加上 10% ~20% 的变化值，并可能加上最初估计的两倍标准差。

图 6.7 展示了对不同阶段的开发成本（投资）的跟踪情况。如果考虑到有可能遗漏要素，那么可以设定开发成本的下限。设定的方法可以依据统计的方法。如果不考虑作图使用的方法，其概念是完全一致的。只要项目在估算的可接受范围之内，这种情况就看起来和期望的结果一致。如果项目和预期的结果出入较大，那么需要采取措施。这个逻辑符合质量管理构件的要求。

从财务的角度考虑，**投资回报率**可能是最被广泛接受的工具，它衡量新产品开发项目的可行性。根据折现现金流制定的内部回报率是项目财务价值的基本指标。内部回报率必须超过资金成本，根据风险大小做出调整，达到企业投资的期望回报，并且内部回报率要考虑到项目的种类和执行项目可能会遇到的风险因素。高风险需要更高的回报。

内部回报率是一个很好的度量，因为它结合了其他一些度量的优势。如果计算内部回报率时使用的开发成本增加，那么内部回报率就会下降。如果市场进入时间延迟，那么将

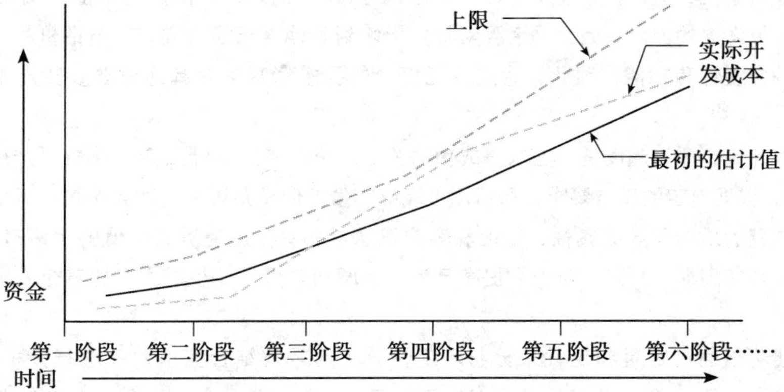

图 6.7　不同阶段的开发成本（投资）

来折现因素会降低正现金流的价值，从而降低了计算的回报率。

其他度量包括**偿还期**和**净现值**（NPV）。偿还期是累积现金流的收支平衡点。净现值是指在项目计算期内，按行业基准折现率或其他设定折现率计算的各年净现金流现值的代数和。净现值取决于市场进入时间和机会。如果市场进入时间延迟，净现值因为折现因素而降低。

财务度量更详细的信息会在本章随后的部分进行讨论。

品质度量

品质度量集中讨论新产品和/或新项目中特定的目标，这些目标与企业的使命和收益有关。这些评估手段最难确定，因为对于结果并没有一个成形的观点。所以，要针对不同的情况选择相应的度量。度量需要考虑的因素包括市场和客户的传统指标、产品特点、质量、可靠性、企业有效性和流程改进。

品质度量应该包含以下原则：

1. 结果导向——通过取得的结果来判断产品和项目是否达到要求；

2. 相关性——关注那些重要的产品和项目参数，这些参数对于产品和项目能否成功起到关键作用；

3. 代表性——选择那些能够广泛代表产品和项目的特点；

4. 可靠性——支持项目的数据必须准确无误，而且容易获取，在项目的长期阶段能够持续发挥作用。

比较好的品质测量方法关注与完成项目主要目标和产品主要属性相关的结果。市场/客户测度应该表明企业能够达到设计的配置要求并满足客户的期望，因为产品和项目属性的关键之处是能否达到期望的规格要求。

主要的结果测度重在了解市场需求和客户需求。这个度量可能只有一个简单的要求，但是却非常重要，通常，它通常决定了“成败与否”。例如，电话机的重量/大小是生产电话机最需要考虑的因素。因为这个因素直接影响到其他需求能否实现。电话机的大小关系到使用的方便性和功能，因此，达到性能度量的要求意味着对其他重要参数产生正面的影响。

一般来说，质量测度是企业取得成功的关键。第一步决定什么会对质量“产生重要的影响”❶。根据选定的质量要求，质量测度能够衡量其他重要因素，而且衡量结果的可靠性高。感知到的质量和产品属性、价值和客户满意度相关。质量提高价值的手段有很多种，包括减少循环周期、提高生产力、提高灵活性、增加产量、减少成本、提高企业形象和名誉等。

质量可以通过定量和定性来分析。定性分析通常是结合竞争对手进行分析。例如，企业比竞争对手 A 和竞争对手 B 要有优势。定量分析是采用每百万件产品的缺陷率的方法来对产品进行分析。目的在于符合六西格玛质量要求（每百万件产品的缺陷数为 3.4）。通过这种测度，可以对新产品开发的项目全流程进行跟踪，从而判断结果的好坏。根据历史数据，可以推断出产品未能达到目标要求的后果，以及这种后果对于其他结果如单位成本、废品、生产率、产量和客户接受度的影响。质量测度是项目取得完全成功的重要指标。

在整个新产品开发阶段，可靠性是一个非常难以衡量和管理的指标。在产品进入市场以后，可靠性随着时间的变化而变化，并由客户决定其状况。可靠性的测量方法通常是第一次失败的平均时间，两次失败的平均时间或者是每单位时间的失败率。当可靠性不足，费用升高的时候，可靠性指标的作用就更加重要了。如果停工期和维护期的成本上升，这将导致所有者全面成本的上升，并将导致产品价值和吸引力的下降。可靠性的问题可以转变成产品的瑕疵。

可靠性是产品测试阶段需要衡量的一个重要指标，其中包括 α 测试（内部）和 β 测试（客户）。只要产品的可靠性有出现问题的迹象，那就预示着产品可能存在重大的瑕疵，并会影响产品在市场上取得成功的可能性。

组织绩效度量可以用来跟踪企业达到预定目标的情况。新产品开发流程是认知和开发新的知识的流程，并解决出现的问题。新产品的出现依靠员工的创新思维。在项目由概念阶段上升到实施阶段的时候，需要一个度量能够确保企业有能力应对其他方面的挑战。很重要的一点是，员工具备技能和知识来一步一步顺利地完成项目。衡量组织绩效是一项很困难但是非常必要的任务。

风险度量

新产品开发会遇到数以万计的风险。造成风险的原因是不确定性和失败的可能性，风

❶ “质量的关键点”是通用电气公司对待大多数关键点的态度。这是一种六西格玛方法。

险给企业造成损失，并让企业承担责任。造成不确定性的原因是企业的决策缺乏足够的信息和知识，而且企业的未来开发也不能紧密地联系实际的环境，其中包括技术方面、市场方面、利益相关者方面和财务方面。

技术（产品）风险度量的目的是在于了解和产品相关的风险和责任，并减少风险给开发周期带来的影响。管理风险第一步是全面了解新产品开发项目存在的风险种类，以及风险的意义。通常有 4 种不同程度的技术风险：产品的固有风险，和设计缺陷相关的风险，和生产相关的风险，以及和产品/市场运用相关的风险。在新产品开发流程中，产品的固有风险总是不可避免的，其中包括每个产品的负面因素。拿汽油这个简单的例子来说，汽油是现代社会最常用的产品之一，但是，它也对人体有害，是容易产生危险的物质之一。总的来说，社会已经学会如何管理风险。

第二类风险包括设计缺陷，这就是说，设计缺少必备的一些特点，无法达到广泛接受的标准，或者无法满足技术规格的要求。第三类风险是由于无法正常生产所造成的风险。第四类风险是无法提供足够的信息、指导或者警告，以帮助客户正确使用产品。上面 4 类风险中的任何一个都可能造成产品的责任问题。

市场风险与市场状况与发展趋势的不确定性相关。对市场了解得不够，可能会造成应用上的偏差。产品可能会定位不准，或者定位在错误的市场区间中。在产品的开发阶段，市场需求可能会发生变化，因此，产品可能无法满足新的期望要求。

下面是和市场风险相关的例子，这些风险可能会导致项目的最终失败。

1. 产品要进入的市场空间不足——下面谈到的铱星公司就是个例子（该产品 20 世纪 80 年代开始生产，20 世纪 90 年代末投入市场）；

2. 无法满足客户的需求——电动车（造价太高，但性能却太低）；

3. 营销组合不适合——如众多的网络公司，它们没有成功地在顾客中建立产品的认知度和接受度（它们只是采用广告销售而不是建立产品长期的信誉）。

采用任何单一的度量，都非常难以跟踪市场风险。市场规模和市场的增长速度很重要，而更为至关重要的是了解客户需求，并最大程度地满足客户需求。可能存在这么一个需求，它为其他的需求提供了平台，通过对这种需求的跟踪，可以为客户接受提供导向型意见。吉列风速 III 刀片从客户的角度强调了剃须的便捷性、舒适性和安全性。如果新开发的剃须刀的性能不能明显地超过现有的产品的性能，那么新产品的潜在市场空间就不会很大，因为客户不太可能花更多的钱去购买相同功能的产品或者服务。通过不同的测试方式来跟踪产品的性能，是检测产品能否获得成功的一项有效手段。

利益相关者在所有新产品中都起到重要的作用。在新产品正式投入市场使用之前，它们先要满足利益相关者对产品的要求。他们接受产品的标准往往是产品成功的标尺。

4. 财务风险一直是被用来衡量新产品或者新项目成功潜力的一种手段。通常是从投资亏损的可能性角度来分析财务风险的大小。财务风险的大小也可能会用一定量的资金来表示。通过计算开发成本的超出部分，或者计算最低投资回报率，可以估算财务风险的大小。

财务风险的范围要远比投资风险宽，因为新产品开发的失败可能会让整个公司的名誉受损，也会对其他产品线产生影响。

铱星卫星电话的大溃败

20 世纪 80 年代末 90 年代初，摩托罗拉公司的工程师们展望了一个基于卫星通信的全球无线电话系统。该电话系统能够允许用户在地球上的任何地点接听和拨打电话，包括浓密的丛林和“城市峡谷”。这个用“铱星”来命名的系统将使用围绕地球运转的 66 颗人造通信卫星来传输数据，这些通信卫星的运行速度为 17000 m. p. h. （也就是 27000 千米/小时）。摩托罗拉公司和它的合作公司于 1995 年开始发射铱星通信卫星。系统于 1998 年竣工，总造价 50 亿美元。

在铱星计划进行的最开始阶段，遇到了不少严重的技术问题和质量问题。首先，电话机的重量相对较大——重达 1 磅（约 0. 5 公斤），而一般手机的重量只有 2 盎司（约 0. 06 公斤）左右。其次，手持部分的体积也比较庞大，其大小差不多有一块砖那么大。在使用这种电话以后，用户抱怨信号质量很差，通话完成率较低，电话掉话现象严重，通话经常出现断断续续的情况。手持部分价格比较贵，差不多是 1500 美元左右（最初的成本是 3000 美元左右）。同时，话费非常高，一般每分钟话费在 4 美元至 9 美元左右。除此之外，通话还有特别的要求，就是电话手持部分和运行卫星之间不能有遮盖物，因此用户不能在房间内或者汽车内拨打或者接听电话。

由于摩托罗拉公司的国外合作伙伴在高科技电话设备方面缺乏经验，铱星计划在海外的促销和宣传活动受阻。摩托罗拉在委内瑞拉的合作伙伴原来的业务是做奶制品的。在中国，政府官员对产品的销售计划和促销计划进行了严格的控制。因此，这种局面所导致的销售结果也不奇怪。摩托罗拉公司估计市场上有 150 万的潜在客户，但实际上签下订单的客户只有 63000 个。

1999 年 7 月，铱星项目没有能付清 9000 万美元的债券。同年 8 月它宣布破产。这样这个项目的秘密就暴露于众了。摩托罗拉公司于 2000 年 8 月宣布开始有控制的让通信卫星“脱轨”，开始拆除重达 53 英吨（约 48 公吨）的卫星系统。这个系统距地面有 485 英里（约 777 千米）高，围绕地球运行。摩托罗拉公司维护这个卫星系统一个月需要花几百万美元。但是，2000 年 11 月，纽约的一家破产法院法官批准接受投资者丹·库罗西共计 2500 万美元的融资。丹·库罗西是一位航空产业界的大鳄。他买下了铱星的冠名权以及价值 50 亿美元的空间和地面资产，其中包括位于弗吉尼亚州利兹堡的操控中心。库罗西担任新组建的铱星网络公司首席执行官。

2000 年 12 月，美国国防信息系统署（DISA）与铱星网络公司签订了两年价值 7200 万美元的合同，这个合同用来运行美国国防部设在夏威夷的铱星网关。这份交易带给铱星网络公司最多 20000 个用户，占到铱星网络公司运营成本的 60%。政府用户将对每台新式手持机支付 1465 美元。这种新式的电话手持机比以前的“大方砖”体积更小，重量更轻。这种新型电话还可以进行加密，达到五角大楼关于安全通信方面的要求。

铱星网络公司最新的运营战略是在一些特定的市场展开竞争，包括向偏远地区提供卫星互联网服务，为航空公司提供“空中电话”服务，向采矿业和炼油业提供通信服务。和以前铱星公司的战略不同的是，新公司并不准备改变现行的通信结构模式，但是它会引导企业走集约式通信运营模式。铱星网络公司宣称它只需要8000万美元就可以达到收支平衡点。

值得讽刺的是，在2001年9月11日，用户对这种卫星电话的要求急剧上升。主要是因为恐怖分子攻击地面通信线路以后，手机就无法正常使用。铱星网络公司管理层宣称在9月11日到9月17日这一周内，系统用户迅速增长25%。这种电话的激活用户比上一周增长了4倍之多。

资料来源：

Katz, M. , Hand - held Satellite Phones Resurface in Tragedy's Wake. *New York Times*, September 24 (2001). 12.

Morring, F. , New Iridium Venture Targets Niche Markets. *Aviation Week and Space Technology*, 155: 4. July 23 (2001), 64.

Olson, E. M. , F. Slater, and A. Czaplewski, The Iridium story: A Marketing Disconnect? *Marketing Management*, 9: 2, Summer (2000), 54 ~ 57.

对于所选度量的总结

尽管评估系统是新产品开发项目责任机制的核心和控制体系的关键，但是在实际运用中，却存在一些固有的缺陷。我们要牢记这么一点，这些度量并不能自行解决出现的问题，也不能保证项目能够成功。度量只能显示目前的条件是否符合规定的要求，是否和人们的预期相一致。而且，度量不能解释影响项目结果的所有因素。度量反映了内在因素和外在因素的协调，这些内在因素和外在因素通常会对结果产生重要的影响。度量能够为项目进展提供具体的分析意见，以决定是否需要对不合理的地方采取纠正措施。例如，如果开发成本在任何地方都高于规定的上限，那么就预示着项目存在问题，需要管理层对存在的问题有足够的重视。

评估体系的整体价值取决于单个度量的评估质量。绩效测量的底线是对新项目开发流程进行改进，并通过清楚地反映项目的进展状况来提高决策效率。度量是一种学习，而不是一种控制。从内在和外在的角度对项目进展的了解有助于减少不确定性，绩效测量应该集中于新产品的短期改进措施，以便提高产品取得成功的可能性。同时，绩效测量也应该注意新产品长期的开发目标，以达到公司的要求和客户的期望。

为了简单起见，表6.1总结了一些常用的度量，说明了它们的潜在用处以及优点和缺点。这些度量能够持续地对新产品开发流程进行测评，最终目的是采用措施满足客户和利益相关者的需求，这些手段是标新立异的。在管理实践中，关键是如何在所有的需求中取得平衡。新产品开发的基本要求是：能够及时灵敏地反映市场信息；产品的单位成本定价合理，客户容易接受；达到开发（投资）成本的要求；获得满意的财务回报；创造高价值、高性能和高质量的产品；并在项目运行期内对风险进行管理。在许多情况中，不可能满足所有的要求。在这种情况下，有必要评审产品/市场目标和项目总要求之间的关系。在现实中，目标和相关度量可以视为一系列的目标和手段，它们相互关联。但是，其中一些度量会有一些自然的压力，因此，我们需要对此进行判断并区分优先顺序。

表 6.1 对新产品开发一般度量的观察

度量	应用	优势	劣势
市场进入时间（项目）	和新产品战略定位相关的基本项目度量。该度量对于生命周期较短的产品来说非常重要，如计算机和电子产品	首要指标，它表明竞争优势，达到财务目标，管理投资基金，充分挖掘机会	强调速度往往牺牲了完整性，主要依靠粗放式开发模式
达到收支平衡点所需时间（财务）	这个基本财务度量描述公司摆脱投资负债的压力所需要的时间	这个简单的测量方法容易计算。度量能够表明假定和外在环境有关的风险	指标显示的时机稍晚，一般在新产品市场投放之后才能显示产品存在的问题
时间线（产品）	能够说明机会持续时间的粗线条度量。该度量能够表明商业环境发生的变化	这个简单的测量方法能够从历史的角度来分析机会的大小	拖后的指标，一般很难及时表明时机的变化。很难及时准确地确定生命周期的位置
单位成本（市场，产品和财务）	基本度量，它能够对产品的财务计划和市场活力产生直接影响。该度量能够对很多营销项目产生影响	主要指标，它能够持续监测项目进展。并判断项目取得成功的可能性。单位成本提高，能够降低毛利润和收益性	通常在新产品初始阶段，单位成本很难决定。单位成本计算取决于会计体系，计算结果会有差错
开发成本（项目，财务）	基本度量，它会影响新产品的价值，也会对财务度量产生影响。开发成本提高，需要改善回报率来调整投资	主要指标，能够持续跟踪。很容易决定既定度量的变化，并可以采取纠正措施	该度量和市场进入时间度量必须平衡。特别是对生命周期较短的产品来说，很容易丧失机会
净现值和内部收益率（财务）	基本度量能够从是否达到财务目标来衡量项目的价值大小。它们反映了资金成本大小和资金的价值	相对简单并容易理解的措施，能够衡量成功的可能性。度量用大多数管理者能够理解的语言来表达，各个项目之间相互关联	显示时间通常稍晚。一般只有问题完全暴露以后度量才能预警。净现值和内部收益率决定于假定的时间线。而且可能低估生命周期较长的产品的价值
质量（产品，新产品开发项目）	基本度量，检测产品和新产品开发项目满足客户期望的能力	导向性指标。要求和产品质量要求相一致。如果新产品不符合客户的期望要求，那么该产品不会达到销售额的目标	质量在项目早期很难跟踪。质量检测在设计阶段和开发阶段以后的重要性更为突出
产品表现（产品，市场）	基本度量，检测产品符合客户期望的能力	主要指标。产品能否满足客户的需要对于产品在市场上取得成功十分重要。跟踪产品属性形成一种机制，用来监测产品成功的可能性	对于度量来说，有时候很难选择哪些重要的属性需要评估。产品的某些特征和优点对于客户会更加重要

续表 6.1

度量	应用	优势	劣势
技术风险（产品，财务）	基本度量，主要关注新产品开发项目的负面因素。该度量检测了产品满足技术要求的能力	该度量采用比较平衡的观点来判断新产品开发项目的优点和不足。它能引导项目参与者思考项目的负面影响	该度量难以检测。度量的持续性追踪能力不强，不能准确地判断项目不能满足技术要求的原因
财务风险（财务，项目）	基本度量，主要集中考查项目没有达到财务要求的原因	该度量采用比较平衡的观点来判断新产品开发项目的优点和不足	该度量难以检测。度量持续性追踪能力不强，不能准确地判断项目不能满足财务要求的原因

表 6.2　改变度量或缺失最重要度量的含义

	改变度量的影响	含义
开发成本/投资	提高开发成本来降低开发时间，提高产品性能，降低单位成本，由于获得了额外的知识降低了风险，降低了不确定性，可能需要额外的资金	表明投资增加，提高产品性能可以使产品在市场上取得成功，也可以降低内部收益率和净现值。如果产品成本结构中开发成本提高，那么单位成本会受到影响
开发时间	如果错过了产品进入市场的时间，那么需要额外的资源和时间，季节性问题比较重要，产品的季节性可能会对其他开发项目产生影响	竞争对手可能假定市场的领导者；获益能力可能会大幅下降；时间线可能会下降；降低净现值和内部收益率；达到收支平衡点的时间增加
单位成本和量的对比	单位成本提高可能会对市场潜力产生影响。客户期望价值和毛利润减少	对产品获利带来负面影响，可能会减少营销项目的筹资力度，为竞争者平衡定价提供帮助
产品性能	性能和/或质量水平不高，就意味着产品的价值不高，市场吸引力不强。质量水平低通常成本较高，风险和责任也相应较高	市场潜力减小，产品瑕疵率升高，意味着生产成本和维护成本提高，产品利润降低，对客户价值和财务结果产生影响
风险和责任	高风险意味着产品失败的可能性增加，责任增加意味着产品生命周期成本提高，利润下降，不利于产品的可持续发展	降低项目的总价值；风险可能达到无法接受的水平

表 6.2 介绍了基本度量及其应用，这些评估度量能够向开发团队和管理层提供信息，使他们能够采取最佳的措施促进项目发展，平衡各方面的潜在影响因素。决策取决于分析的结果和过去的经验，同时也取决于管理团队的领导水平。

外部维度的计划

概述

根据概念评估的结果，如果应用和管理外部维度的计划没有在早期阶段进行的话，那么将在项目定义阶段准备或者进行确认。这些计划包括管理选定市场要求和利益相关者所涉及的战略和措施。这些相关者直接或者间接与新产品和商业环境有关。从负面来看，这些计划包括如何处理来自主要竞争对手的压力和影响。竞争对手会开拓创新，它们会引入自己的新产品或者竭尽全力来找出现有产品或者战略的不足之处。

从战略的角度考虑，和市场有关的力量和利益相关者通常是最重要的外部影响因素。和相关产业和基础设施的关系也是重要的考虑对象，不过通常只是在商业化之后才会考虑这些因素。对策方案包括建立和最重要实体之间的关系，为新产品的成功提供支持功能。类似地，基础设施通常能提供必要的信息或者后勤链，这些信息或者后勤链对于对策方案的运行起到枢纽作用。

供应网络通常属于规划流程的一部分，因为它们和内部因素直接相关，特别是在生产流程中。供应网络通常被认为是企业内部不可缺少的一部分。在第五章关于“供应链管理评估”这一节中，我们讨论了早日确定关键供应商和分销商的作用非常重要，因为这样能够保证生产产品所需的原料能够得到满足。

将外部维度融入到对策方案的具体方法决定于企业如何处理这些因素。在这种情形下，和外部因素相关的战略和措施将和内部的具体举措方案相结合。虽然将外部维度分成几个部分的方法存在有利之处和不利之处，但是将外部维度和内部维度结合在一起考虑，可以让公司更好地考虑外部维度。对于新产品开发项目来说，产品/市场方案包括和市场相关的方面（市场细分、相关者、相关产业和竞争对手）（表6.3出现的模板的第三部分）。生产计划包括和供应网络相关的措施方案和基础设施（模板的第五部分）。

产品/市场计划

产品/市场计划是最重要的，因为它是其他维度的基础。它定义了整个对策方案并把重点放在新产品上。因为产品/市场计划中的大部分要素都在前面的章节中讨论过，在这节中，我们主要考虑战略意图、市场内容和产品体系。产品/市场计划概述了和战略方案、产品体系以及与市场细分相关的决议，通过综合考虑这些因素，以期形成一个完善的解决方案。

战略意图包括一系列关于“为什么”的问题。这些问题关系到公司内部产品的战略匹配性，同时关系到目标市场细分的选择。市场细分的选择应该取决于公司服务市场的能力，也就是公司必须比其他企业更有优势服务目标市场。战略意图主要是指新产品的目标定位，它为企业的特定功能计划做好基础。战略意图是制定新产品战略和措施方案的基础。

选定的市场细分是其他主要外部维度的背景。这些主要问题包括：谁来选定细分市场？选定的细分市场的状况怎样？什么时候选择细分市场？怎样选定细分市场？

产品体系主要关注产品的设计特点。产品体系包括材料选择、包装选择、资源利用，以及产品的特点、功能、优点和详细规格。产品体系取决于产品规格，产品规格的制定依据客户贡献多少和企业能力大小。

选定市场细分是制订市场计划的第一步。第二步是在细分市场内对产品进行定位。第三步是对竞争对手的产品进行分类。第三步包括分析产品的战略优势，并详尽地了解产品的属性。例如，在美国，百威啤酒是销量最大的啤酒。百威啤酒在定位产品时，无论是从口感还是价格方面，它都定位在中等水平。因此，百威啤酒在整个市场上占有最大的市场份额。百威啤酒能够取得成功，主要是公司对产品的市场空间定位得很准。百威啤酒因为其灵活的广告战略以及营销手段，在消费者中树立了快乐和休闲的品牌印象，因此百威啤酒能在众多的啤酒品牌中脱颖而出。

产品/市场计划包括以下一些主要内容：

1. 选定的目标市场；

2. 产品/市场定位；

3. 产品/市场战略；

4. 产品项目，包括产品体系和设计。

关于产品/市场计划的大纲将在表 6.3 的第三部分中进行详细地说明。

和利益相关者相关的方案

一般来说，满足利益相关者的要求要远比满足那些客户的要求要难。利益相关者的要求更加多样化，而且他们的期望要求不像客户那么明显。相关者的要求可以分为两类：明确的要求和不明确的要求。明确要求是指政府部门的规定要求，行业标准和其他制定行业规则的企业的要求，从汇报的企业中获取的信息，以及财政机构制定的合同条款等。下面就对上面提到的方面举例说明：

1. 在进入生产制造环节之前，需要准备环境方面的报告书，或者从相关的管理机构中获得环境方面的认证。例如，安装新的生产设备可能需要建造和运行的许可权；

2. 填写和企业标准有关的文件，确认企业生产的产品符合批准单位的要求。例如，电子元件应该达到采购人的实验室要求；

3. 向利益相关者群体提交资料文件，让他们了解新产品的特性和性能。例如，北美专业的汽车评估企业 J. D. Powers 会跟踪了解汽车的设计和功能方面的信息；

4. 填写银行提供的文件，提供符合贷款协议规定要求的信息。

很多明确要求都很直接地告诉企业需要做什么。在多数情况下，明确要求是利益相关者规定必须达到的要求。通过制定方案完成规定要求，简单来说，就是要满足批准企业的一些规定。但是，达到这样的规定要求并不是一件容易的事情。

比起那些明确的要求来说，不明确的要求更加难以界定。这样的要求通常是开放性的，没有确切定义的，也不会告诉具体需要做什么。规划流程一般包括以下内容：

1. 确认最重要的利益相关者群体，定义他们的关切所在和日程项目；

2. 按重要性大小的顺序列出相关者名录，并确定和新产品关系最重要的因素。确定利益相关者内部的决策人物，并确定如何和他们展开对话；

3. 确定有效的解决方案，达到相关者的预期要求；

4. 准备实施方案，处理存在的问题，完成待办项目。制订辅助方案，为列表上的其他项目顺利实施做好准备。

这些计划包括具体的措施方案。根据企业战略和问题的复杂性不同，措施方案可以和新产品开发流程同步进行。这种方法特别有用，特别是考虑到新产品机会的可行性方面。如果新产品开发项目中止的可能性很大，公司不希望在新产品真正开发之前，相关者的方案已经付诸实施。但是另一方面，在新产品开发的早期解决相关者相关的问题非常重要，特别是利益相关者的规定要求，这样做的目的是不会对新产品的商业化产生不利影响。

和供应网络相关的计划

供应网络对于任何新产品开发项目的成功来说意义重大。从企业角度，如果供应网络的贡献从本质上说是具有战略性的话，它们应该被视为内部参与者。当供应网络在新产品开发流程中发挥重要作用的时候，供应链（供应商）和分销网络（分销商）应当在各项要求明确之后立刻开始规划。在大多数情况下，只有战略性材料和元件在概念开发和选择阶段开始启动。大部分和供应链相关的问题都包括在措施方案中，这些措施方案会在设计阶段和开发阶段制订执行。对分销商的规划和对供应商的规划方法类似。

一个公司能够通过制定有效地供应网络战略来提高自身的竞争优势。供应网络可以提高企业的效率、效果和内部联系，并减少污染。供应网络的计划包括确认最重要的供应商和分销商；决定最重要的原料、零件和元件；决定和潜在客户最重要的联系。这个计划应该包括供应网络的流水线设计，尽量减少成本，选择新的供应商并和新的供应商建立关系，促进和供应商的联系和交流。

供应网络的改进取决于供应网络能否成为新产品开发流程的一个部分，在概念或者产品设计上提高灵活性。供应链管理包括以下一些内容：采购、供应商管理、资源外包、资源规划以及资源采购。供应链的最初目的是为商业的运行提供最好的产品和服务，并最大程度地降低成本。供应链管理的挑战是如何采用创新型理念达到新产品开发项目的财务目标和运营目标，并尽量采用最好的运作方法。

在新产品开发流程中，当规划供应链相关的方面时，基本原则包括：设定目标；设计流程；对每个现存的和潜在的供应商的能力进行评估；确定材料、零件和元件的内部需要和外部需要；制订主要开发计划；制定程序和工作指南；设定优先级；解决矛盾以及评估供应链的性能。供应链管理还包括物流规划。物流管理是指从初始点出发到消费点结束这段流程中，企业采取有效措施，规划、实施和控制货物流程和物资存储。物流包括：客户服务，预告，存货管理，物资控制，信息处理，包装，零件和服务支持，交通运输，仓储和库存以及逆向物流。

避开竞争对手的措施

根据对竞争者的评估，企业可能会采取行动，对将来可能出现的竞争对手的举措做出反应。第一步是发起新产品攻势，在市场上占领制高点。最好的防守是很好的进攻，这个道理是显而易见的。产品/市场领导力和定位对于产品/市场能否取得实质性进展十分关键。

长期的战略方针是解决问题，满足目前和将来商业环境的要求，发现和挖掘潜在的机会，想客户之所想。企业选择什么样的新产品关系到企业发展的前途和命运，这种选择可能出现种种不足之处。产品/市场战略集中于抓住机遇、迎接挑战，以利于企业和新产品的战略定位。产品/市场战略制定了特殊的产品配送方案，包括制定产品配送的方向、速度和运动轨迹；在竞争之前制定所需要的能力、系统和措施。

根据对产品和流程的研究，可姆·克拉克和斯蒂芬·维尔赖特发现周期较快的竞争对手远远胜过周期较慢的竞争对手❶。而且更加重要的发现是，在高速运转的商业环境中，那些循环较慢的竞争对手在相对较短的时间内感到绝望。对于企业来说，稳定的利润要远远比遵照企业标准的重要性大，稳定的利润可以为企业带来竞争优势，让企业的市场定位远超过其他竞争对手，并且能够提高企业的能力。

对于产品/市场来说，最重要的是制定防范措施。通常企业会列出主要竞争对手的名单，并设想他们可能会做出的反应。企业的产品定位可以让竞争对手感到鞭长莫及，要么觉得产品的价格过于昂贵，要么觉得产品定位不合实际。例如，波音公司决定不会追随空中客车公司去生产“超级飞机”——550 座的 A380 型超大型客机，因为波音公司认为价格过高，而且风险太大。波音公司特别注意到空中客车公司已经在开发和生产这种产品方

❶ S. Wheelwright and K. Clark, *Revolutionizing Product Development*, *Quantum Leaps in Speed*, *Efficiency and Quality* (New York: Free Press, 1992, p. 23).

面会领先一步。另一种战略是先占领市场的竞争对手将其产品定位于市场细分的边缘地带。例如，Sam Adams 啤酒能够成功地打入市场，其战略就是市场定位的正确性，它成功地避开了和另一家知名的啤酒生产商 Anheuser－Busch 的直接竞争。

关于相关产业和基础设施的规划

对于相关产业和基础设施的管理应该因地制宜。那些规定好的方法可能会有具体的细节要求。通常相关产业会和新产品建立战略联盟的关系。根据新产品定位的优势和不足，相关产业调整战略，以适合新产品的发展。在很多情况下，相关产业会提供辅助性服务，而不会对新产品发展起到关键性作用。例如，“洗车”服务是“开车族”非常满意的服务行业，但是它不会左右汽车制造业的发展。而与之相反的是，加油站却对汽车行业的发展起到枢纽性作用。相关产业的产品和服务可能是新产品的一个亮点，但是随着新产品进入市场，相关产业的作用性退居其次。例如，客户先是买索尼 CD 播放机呢，还是 CD 上的音乐呢？对于企业来说，理解相关产业的产品和服务和新产品的关系并改善与它们之间的关系非常重要。

确定关键的辅助性产品和服务，发现取得预定结果的重要机遇和障碍，将会决定项目定义的情况。措施方案包括建立相关产业服务和新产品的关系，相关产业服务提供支持性活动。对于基础设施来说，也可以采取相似的方法。

新产品开发流程模板和新产品开发确定性框架

确定性应对方案

很多企业都会制定新产品开发指南，为开发新产品提供确定性的运营指南。确定性应对方案可以用简单的流程图来表示，这个流程图和这本书一些章节中描述的构件有类似之处。新产品开发指南确定了项目主要参与者的角色和责任；或者给出了确认新产品开发所需要的最重要要素的模板，明确阐述用法说明和工作指南。模板通过制订计划和实施流程，能够系统地指导项目参与人员开展工作。工作表能够指导项目参与人员在整个项目开发的流程中按计划进行，除此之外，工作表的另一个重要作用是确认项目的关键要素都在所列范围之内。工艺流程图、工作表和模板能够一起使用，为满足项目要求提供灵活多变的结构。

因为方法的多样性，所以用一个格式来统一新产品开发流程非常困难。新产品开发计划的精髓在于将复杂的需求分解成一个个具体的、容易管理的项目，这样也有利于新产品开发计划的制订和执行。

表6.3中的模板为新产品开发流程的管理和规划提供了一个详细的框架。根据新产品开发环境的具体需求和企业结构，该模板可以作为指导新产品开发的一个框架，而且可以对这个模板加以改进。工作指南努力满足新产品开发规划流程中的关键要求，但是这并不代表工作指南将包罗项目中的每一个细节。

表6.3　新产品开发应对方案的简单模板

关键要素	第一部分 商业概述大纲
	流程要素
1.0 公司情况和背景	识别公司及其背景
	(a) 总体描述：商业线和产品线
	(b) 地理区域（国际、国内、地区）
	(c) 技术能力和创新
	(d) 市场范围（市场、细分、客户基础）
	(e) 能力和资源基础（人员、设备、资金）
	(f) 核心竞争力和核心能力（优点和缺点）
	(g) 产品组合（优点和缺点）
	(h) 声誉和印象
2.0 使命、愿景、目标和目的、战略	识别新产品的内部动力
	(a) 愿景和价值观概述
	(b) 使命
	(c) 新产品机会的目标和目的
	(d) 战略方向和新产品发展的机会
3.0 产品/市场陈述	识别目前的市场情况
	识别市场的主要推动力
	描述现行的价值定义
	描述市场特征和客户特征
	确认客户的关键需求和需要
	(a) 什么是市场需求
	(b) 什么是理想产品特征
	(c) 采用哪种手段去了解市场
4.0 商业环境因素	识别并列出企业面临的最重要的外部因素，以及新产品市场投放需要做的工作
	(a) 经济因素
	(b) 社会因素和政治因素
	(c) 技术因素
	(d) 生态因素
5.0 产业分析	描述产业结构
	(a) 识别竞争对手（优点和不足）
	(b) 确定市场进入/退出的难易度
	(c) 描述商业发展可能遇到的风险

续表 6.3

	第二部分 新产品开发项目和组织设计大纲
1.0 组织设计	识别新产品开发项目使用到的组织方法
	(a) 如果使用团队模型，描述团队结构
	(b) 描述指导委员会情况（管理评论）
2.0 价值观和理念	描述新产品开发公司的核心价值观
	识别新产品开发指导思想、政策、运营方法和表现手段
3.0 新产品开发流程	描述新产品开发流程
	描述管理层评审流程
	识别类似新产品的领先时间
4.0 项目目标	识别新产品的目标：
	(a) 用日历时间来衡量项目的速度和耗时
	(b) 用单位时间来衡量收支平衡点
	(c) 用投资和完成项目的总花费来衡量项目的开发成本
	(d) 风险水平和成功可能性大小
	第三部分 产品/市场计划大纲
1.0 战略顺序	通过战略计划和对企业情况的分析，总结关键决定因素。战略顺序系统归纳新产品的适宜性，将其转变成企业的战略计划和/或其产品组合
2.0 市场细分选择	定义选定产品/市场细分：
	(a) 人口统计角度
	(b) 心理分析角度
	(c) 地理位置角度
	(d) 应用角度
	描述市场细分和其历史背景
	识别生命周期阶段
3.0 产品/市场目的、目标和度量	识别那些用来指导开发项目的产品/市场目的、目标和度量
	决定产品/市场开发的方向和取得的成绩
	(a) 识别新产品项目的基本目标
	(b) 识别产品的技术目标和市场目标（包括质量、性能、价值、循环时间和开发成本）
	(c) 决定目标单位成本
	(d) 细化产品/市场取得成功的关键要素
	识别用来衡量和监测产品/市场的主要度量。跟踪新产品开发项目的进程和市场的变化。这些是产品/市场取得成功的基本要素
4.0 产品/市场战略	识别产品的基本战略
	(a) 产品/市场的领导力
	(b) 相关产品战略
5.0 产品/市场定位	识别主要客户的需求和需要（表达出来的和未表达出来的）
	描述运行机制，区分新产品
	描述新产品在市场细分中的适应性

续表 6.3

	第三部分 产品/市场计划大纲
5.1 目标产品/市场	产品/市场取得成功的关键在于能否合理地定位产品/市场。描述产品/市场概念:
	(a) 识别推动力
	(b) 识别新产品的主要特征和主要功能
	(c) 将产品/市场特征和客户利益结合起来
	(d) 描述价值创造方面
	(e) 识别新产品的不足之处
5.2 产品规格	从生产者和客户的角度来确定产品规格
5.3 客户分析	识别客户要求，并将他们的要求具体化
	(a) 谁是最重要的潜在客户
	(b) 谁是早期的潜在购买者（领先用户）
	(c) 用户做出购买产品的决定的机制是什么？什么是典型的行为模式（频率、数量和耗时）？如何应用
	(d) 为什么要选择特定的产品？客户通过什么样的渠道购买产品
	(e) 营销战略是如何影响产品销售
5.4 市场细分评估	分析目标产品/市场区间中市场的吸引力
	(a) 分析主要竞争对手的市场范围，市场大小，市场份额和市场的增长速度（竞争对手应该有 3 ~5 年的历史）
	(b) 预测未来 3 到 5 年内市场的变化趋势和市场需求大小
	(c) 确定季节性变化趋势和循环趋势
	(d) 满足市场需求的营销项目。这个营销项目包括定价水平、分销渠道、广告宣传、促销手段和销售方式
5.5 竞争对手分析	识别市场区间中的主要竞争对手。列出那些最重要的竞争对手的名单，这些竞争对手可能会对新产品开发产生阻碍
	(a) 竞争者如何设计、生产、管理其产品？竞争者会采取什么样的市场战略和财务战略
	(b) 竞争对手主要的优势和劣势在哪里？他们的核心竞争力是什么
	(c) 竞争对手对新产品将会做出什么样的反应
	(d) 竞争对手将来的战略会怎样？他们怎样应对
	(e) 竞争对手采用什么样的营销手段
	(f) 竞争对手如何设计和开发新产品
5.6 利益相关者议题	识别相关者最重要的议题:
	(a) 法律和法规
	(b) 特殊利益集团
	(c) 产品责任
5.7 相关产业	识别最重要的支持性产品和服务
	达到预期结果遇到的主要机遇和障碍是什么
6.0 产品设计	列出新产品市场投放中使用过的主要设计和开发项目。按重要性的先后顺序将项目排序

续表 6.3

	第三部分 产品/市场计划大纲
6.1 产品结构	列出产品结构的主要要素：
	(a) 产品特征、功能和优点，以及产品特点
	(b) 品牌特性、包装、标签和外观
	(c) 服务和相关售后产品
6.2 性能	列出新产品最重要的性能：
	(a) 什么是最重要的性能参数
	(b) 如何提高产品的性能来满足客户的要求
6.3 价值创造（性价比）	识别新产品能够带给客户的价值：
	新产品创造的价值是否达到成本和/或投资的目的
	对于新产品创造的机会从经济学角度进行分析
6.4 质量	识别新产品的质量要求。新产品是否有可能达到或者超过客户对质量的期望？什么是关键推动力
	(a) 适宜性和便捷性
	(b) 可靠长久、服务优质
	(c) 健康、安全
	(d) 美观
6.5 技术选择	列出设计和生产产品所用到的核心技术及其相关工艺
	(a) 识别流行的产品和工艺，生命周期和改进速度
	(b) 决定设计和开发新产品的领先时间
	(c) 决定产品、工艺和产品服务族之间的关系
7.0 风险评估	识别主要的技术风险因素：
	(a) 产品/市场风险
	(b) 财务风险和商业风险
	(c) 技术风险
	第四部分 营销计划大纲
1.0 战略分析	总结战略计划中和营销计划和营销项目有关的主要决定因素
2.0 营销目标	识别用来指导开发项目和发展方向的营销目标
	识别关键的营销目标：
	(a) 市场渗透率
	(b) 收入来源
	(c) 市场份额
2.1 产品目标	识别产品目标：
	(a) 市场渗透率衡量月度销售额和年度销售额
	(b) 产品成本是在特定范围内单位成本，产品成本用美元计算
	(c) 目标产品规格
2.2 营销组合目标	识别营销组合目标：
	(a) 品牌目标
	(b) 定价目标
	(c) 促销目标
	(d) 分销目标

续表 6.3

	第四部分 营销计划大纲
2.3 财务目标	识别财务目标：
	(a) 从销售收入和销售量角度评估收支平衡点
	(b) 在折现现金流的基础上计算目标内部收益率和净现率
	(c) 目标收益和总利润
3.0 产品/市场战略	识别产品是如何适应市场细分的要求和产品定位的要求
3.1 定价战略	决定定价战略对产品在市场上能否取得成功所产生的影响：
	(a) 什么是需求价格弹性
	(b) 应该选择什么样的定价战略？渗透定价是用来刺激需求。撇脂定价是用来提高短期效益
3.2 分销战略	描述新产品市场投放的时候选择的分销渠道
	选择最好的分销方法，分析支持分销渠道需要做出的准备
3.3 促销战略	描述促销战略，这些促销战略可以开创信息流，并保持企业和市场区间的关系
4.0 营销项目要素	列出新产品市场投放所用到的主要营销战略
	按照重要性的先后顺序列出所有项目
4.1 产品	列出新产品最重要的特征和优点。新产品是如何满足客户的需要
4.2 定价	识别新产品市场投放采用的定价方案。定价战略如何随着时间的变化而改变？定价方案对新产品在市场上获得成功会起到怎样的作用
4.3 广告/促销	宣传新产品的主要手段是什么？广告/促销如何和目标客户和市场细分发生联系？广告/促销在新产品分销流程中起到怎样的作用
	(a) 广告/促销方案
	(b) 渠道促销方案
	(c) 商业化方案（销售点）
	(d) 互联网方案
	(e) 公共关系方案
	(f) 媒体方案——新闻发布会
	(g) 贸易展示会和贸易大会
4.4 分销	支持分销渠道的机制是什么
4.5 销售	什么是营销项目
	(a) 销售资料——产品目录、价格单和说明单
	(b) 网络主页：销售样品；服务手册
	(c) 条款和条件
	谁负责销售产品
	(a) 销售人员、销售代表、销售代理等
	(b) 互联网
	(c) 支持服务
5.0 财务预算	识别支持产品市场投放需要的财务资源
	列出营销项目需求的具体财政预算：广告/促销、分销、互联网、销售

续表 6.3

	第五部分 生产计划大纲
1.0 战略分析	从战略计划和具体情况分析的角度总结影响产品/市场发展的主要因素。新产品如何和公司的现有资源建立联系？战略计划是否和企业现有的核心竞争力相协调
2.0 生产	识别新产品生产的关键要求？哪些产品的原料需要通过内部采购获得？哪些可以通过外部采购获得
	(a) 需要什么样的设备？需要哪一类设备？需要其他的哪些资源
	(b) 采取什么样的工艺流程比较合适
3.0 工艺战略	识别生产产品的主要方法。定义工艺规格
	(a) 工艺选择
	(b) 制造或者购买
	(c) 工艺方案和分析
	(d) 设备选择
	确定库存要求
	决定产品成本要求
4.0 工艺项目	列出新产品市场投放的主要生产项目
	按照重要性的次序对产品进行排序
	制造性设计
	原材料和供应网络
	质量方案
	废品率最小化以及废品处理
4.1 经济分析	生产产品所需要的生产成本是多少？购买产品的成本是多少？什么是成本推动力
	降低成本的机会有哪些
	成本如何随产品质量、数量、产量、生产力和使用率的变化而变化
4.2 序存	确定支持产品市场投放所需要的库存。哪些因素有利于分销渠道的拓展
5.0 供应网络	确定新产品中包含的最重要的关系
	什么是最重要的（具有战略意义的）物资、零件和元件
	一切的原材料供应是否完备
	物流要求包括哪些方面
6.0 基础设施	基础设施是否能充分提供必要的信息和物资流
	基础设施是否充分达到物流的要求
7.0 投资	确定生产新产品所需要的投资
	(a) 设施
	(b) 设备
	(c) 工具、培训等
8.0 风险评估	确定主要的风险因素

续表6.3

	第六部分 财务计划大纲
1.0 战略分析	从战略计划和具体情况分析的角度总结影响产品/市场发展的主要因素。战略联盟为企业提供了主要的财务需求
2.0 投资	需要投资的重点领域有哪些？允许的最大投资是多少
	有没有最小的投资要求
3.0 财务目的、目标和度量	财务目标是一些定量度量，用来评估项目的优劣，决定项目的发展方向，以及评价项目取得的成绩
	识别主要的财务目标：回报：收益？现金流？资金成本有多少
	(a) 什么是理想的收支平衡点？什么是理想的时机？最优量是多少
	(b) 什么是投资的时间水平线
4.0 财务需求（预算）	确定资金的主要需求
	(a) 发展——产品和市场
	(b) 资金设备
	(c) 流动资金/财产清单
5.0 财务工具	列出评估新产品实用性的主要工具和技术
5.1 收入产出	根据销售预测，长期的目标收入是多少
5.2 物品成本	根据假定的生产量的大小和成本结构状况，销售物品的成本是多少？物品成本随着时间变化会发生怎样的变化
5.3 毛利润分析	产品的毛利润预测会有多少？毛利润是否满足庞大的营销计划的需要
5.4 净收入	新产品的净收入预测会有多少？利润潜力会有多大
5.5 现金流预测	什么是内部收益率
	什么是投资现金流的现值
	产品的长期定位情况如何
6.0 敏感性分析	下面的项目有何意义
	(a) 价格下降
	(b) 销售物品的成本提高
	(c) 销售量比预测的要低
	(d) 生命周期缩短（时间线）
	(e) 开发时间延长
	(f) 开发成本（投资）提高
7.0 风险评估	确定主要的风险因素
	什么是风险回报比率

新产品开发团队和项目管理团队负责确保所有的要求都确定下来，并且需要确保应对方案能够得到预期的结果。新产品开发团队负责产品交付以及最终的结果。模板为开发新产品应对方案提供了基本的要素。下面是应对方案的关键方面：

1. 商业概述；

2. 新产品开发项目和组织设计；

3. 产品/市场计划；

4. 营销计划；

5. 生产计划；

6. 财务计划。

将上述分散的计划整合起来是制订新产品开发的商业计划的关键所在。大的企业一般会按照完备的新产品开发手册的规定要求开展工作，因为这个手册的规定十分详细具体；而一些小的公司因为缺乏资金和人力，它们无法准备一个细致具体的运营指南，但是它们会发现这些模板正是它们所需要的纲领性框架。

随着新产品开发方案和项目的执行，标准化的东西，将会被添加进新产品开发手册、工作表和模板中。基本的思路是确定大体的方法和包含的要素，留下具体要求分析给项目小组。通过这种方法，管理团队可以依据规定明确的计划，为产品开发和生产做出高端决策提供帮助，这将推动对评审流程的理解，并且有助于确保计划的周密性。同时，这种方法还给了管理团队更多的灵活性，有利于管理团队制订一些低端的细节性方案。

本章总结

项目定义阶段将选择的概念转变成可实施的计划。产品创新的规划需要用全局的观点来分析整个公司的投入和产出。产品开发采用一体化系统方法建立外部因素和内部资源和企业能力之间的平衡。企业应该观察每个项目参与人员以及他们的要求和贡献，企业应该注意到制造新产品所使用工艺流程的状况，以及相关的机会。

通过完备的模板或者类似方法制订策划方案。策划方案描述了项目主要需求。项目实施最重要的方面是项目技术管理和人员管理。我们采用绩效评估的方法来跟踪新产品开发流程的进展情况。绩效评估以指导原则和发展目标为依据，衡量、评估和描述新产品开发情况。如果绩效评估方法有效，它能够为管理层和管理团队跟踪产品预定目标的实施情况，以及对产品创造流程的期望，并将这些情况和实际结果加以比较。

下面 4 章会就模板中提到的相关要素的细节展开具体的讨论。这些章节将会分别讨论主要的产品/市场模板、营销模板、生产模板和财务管理模板。

第六章补充部分

与新产品开发项目有关的财务管理方法概述

作者：卢·金杰瑞拉

引言

财务和财务管理都与钱有关。资本家的经济体系是根据风险收益系数建立起来的。企业假定风险存在的目的是希望得到同等的收益。如果一个投资项目得不到既定风险下的收益，那么这个项目不可能吸引投资者和赞助商的投资。不少投资机会中途夭折的原因在于项目在既定的风险下无法展示对等的回报。相反，那些能够从管理层和投资方得到足够的财政支持的投资项目往往能够面对这些挑战，将既定的活动顺利进行下去。基本财务能够更好地理解创新的价值并且更好地衡量企业的财务状况。

通常采用两种方法来界定奖励和惩罚：同最初投资相比，目前的投资具有怎样的价值？目前的投资已经取得了多少收益，并预计将要取得多少收益？也就是说，**和其他所有的方案相比，**我们要决定目前投资的现值有多大。

本补充部分概述了几个量化投资价值的基本工具。本节一开始将会讨论如何衡量一个企业的价值，进而衡量一个新产品开发项目的价值。对于一家贸易公司来说，投资的对象并不重要，不论是投资到采购上，还是投资到车间和设备上，或者是新产品开发项目上。衡量投资好坏的工具都是一样的。

投资的资金是一种资源，这和其他资源没有不同的地方。投资的资金应该被视为稀缺资源。投资需要有合适的衡量手段，那些对投资方回报最为慷慨的项目也一定是最容易得到投资的项目。

成功的衡量方法

市场价值和经济附加值

通常情况下，投资能够给投资商或者新产品开发项目资助商带来回报。除了一些慈善因素以外，投资的目的尽在于此。因此，我们可以得出结论，一个公司存在的理由就是满足股东的利益要求。由于企业经营导致企业的股东越富有，则人们视这家企业越成功。而财会方法算出来的公司账面价值（也就是财务报告）很难在公开市场上反映出来。对于公开上市的公司来说，公开市场就是股市。通常来说，资本市场上判断一家公司的价值要比这家公司报表中反映的价值更加全面。

财富是通过比较得到的投资总值和将来某一时间点上的投资现值计算出来的。这两个值的差我们通常称为“市场附加值（MVA）”。

市场附加值（MVA） = 投资的市场价值 - 投资

例如，2002 年 12 月 31 日，宝洁公司的市值为 1150 亿美元，此时股东的投资额为 140 亿美元❶。这两个值的差额（1010 亿美元）就是宝洁公司的市场附加值。宝洁公司的投资者不仅通过购买公司股票进行投资，而且投资者还对宝洁公司公积金做出了贡献（公积金是指企业的管理储备金，用于企业的新投资项目）。市场附加值可以看做是一种奖金。奖金的金额越大，为投资者创造的财富越大。

市场带来的回报和惩罚是此长彼消的两个对立面。市场附加值的负面效果可能而且确实发生过。为什么公司的市场价值会有所不同呢？这在很大程度上取决于公司赢利金额的大小（利润、现金和回馈金额），**以及同其他可能的投资相比**，公司在将来赢利的金额的大小。

那么投资商如何才能达到这个目标定位呢？一种方法是了解投资的“经济附加值（EVA）”❷ 的大小。经济附加值受企业管理手段的影响。

市场附加值是衡量企业总投资的溢价（通常情况下是多年的投资总额），而经济附加值是衡量企业近几年在市场上取得的业绩情况。经济附加值衡量一家公司的经济收益，而

---

❶ Proctor & Gamble，*Proctor & Gamble 2002 Annual Report*（Cincinnati，OH：Proctor & Gamble，2002）.

❷ Stern Stewart 公司拥有这个术语的版权，纽约。

不是企业的收入报表中反映出来的简单的面值。简单地计算经济附加值（EVA）的公式如下：

EVA =（税后营业利润 - 投资成本）=［（销售收入 - 运营费用 - 税收）-（投资 * 投资成本）］

示例：收入状况	
销售收入	$600000
购货成本	300000
毛利润	300000
运营成本	100000
运营利润	200000
税收	80000
净利润	$120000

示例：资产负债表	
现金	50000
应收账款	100000
存货	100000
所有者权益	750000
总资产	1000000
应付账款	100000
长期贷款	200000
所有者权益	700000
总支出	100000

例如，对于下面的融资状况：

在上述的例子中，该企业的税后运营利润为 120000 美元。为了计算经济附加值的方便，成本包括了所有投资商的权益❶。其中包括所有负债的成本，以及债务的利息。投资商的投资需要有所回报。在这个例子中，假设贷款利率和投资商期望回报率相同，都是 10%。

那么，经济附加值就可以通过以下公式来计算：

EVA = $120000 -（$900000 ×0.10）= $120000 - $90000 = $30000

经济附加值反映了投资运营的经济利润。上述计算公式反映了投资的融资成本以及利用投资商的资金需要支出的“成本”。通过这种方法，投资商能够衡量管理的有效性，其中包括企业管理的效率和资产负债表管理的效率。这种方法可以用在区域管理甚至是产品管理上。

通过带给股东的财务收益可以衡量投资的效果。通常我们采用已有投资回报率和预计投资回报率两种方法来对投资效果加以检验。如果投资商认为公司在将来可以提供更高的经济附加值的话，那么市场将会给该公司更高的市场附加值的回报。因此，我们可以判断一个公司的市场附加值和该公司未来的经济附加值应该相等。

这就是说，过去要和将来的发展相一致。对于管理者来说，过去的投资和将来的投资必须保持平衡，并保证投资的效率。通过采取这种方法，公司能够获得巨大的利润。而且比起其他投资手段来说，这种投资方法能够取得更好的结果。

因此，融资管理关注两个重要的方面：**对于资产的有效使用和投资相关决策。**

---

❶ 和所有者权益一样，债务或者资产净值是对固定资产的要求。

对于资产的有效使用

通过两个比率可以衡量投资者的资金管理是否合理。这两个利润指标分别为**资本利润率（ROE）**和**资产回报率（ROA）**。资本利润率是体现利润（return）与资本（equity）比率的指标，它反映利用股东寄存的资本当年创造了多少利润。以上面的那个例子来说，公司拥有的股东资本共计 700000 美元。假设净利润为 120000 美元，那么资本利润率等于 \$120000/ \$700000 =17. 1%（ROE =净利润/股东总资产）。

资本利润率是投资上应该理解并关注的一个基准指标。一般来说投资回报率采用投资的百分比来表示，通过检验投资回报率的大小，投资者可以了解投资机会的期望回报值的大小。另一项评估投资表现的方法就是计算资产回报率的大小。资产回报率用来衡量企业资源管理效果的好坏。还是上面的那个例子，公司的资产回报率为 12%（\$120000/ \$1000000 =12%）.（资产回报率 =净收入/总资产）。

通过使用资本利润率和资产回报率来衡量投资手段的好坏，投资者可以决定要向哪些方面投资，需要避免向哪些方面投资。资本利润率和资产回报率越高，那么经济增加值和市场附加值就会越高。

业务单元或者项目收益率的衡量

对于一个公司来说，在其法律实体中，一般只有一个或两个项目在运营。一系列的项目结合在一起就组成了一个企业。而商务管理决定对哪些项目做出取舍。项目积累能够提供现金流，这样，投资商可以通过市场投放的股票价格了解公司市值大小。

当评价内部投资的情况（像新产品开发项目）时，管理者通常使用和资产回报率相似的指标。这个指标我们通常称为**投资回报率（ROI）**。投资量是本金，期望现金流是获得的利润。投资回报率可以判断各类商业决策的效果，从厂房建造到设备购买，甚至到新产品开发项目，都可以通过投资回报率来衡量。

我们还是以上面的那个融资状况为例，投资回报率和资产回报率的大小相同，都是 12%。和资产回报率略有不同的是，投资回报率的计算中，投资额是指项目融资需要的资金量，或者资产负债表中的总资产量。这种计算方法关注项目融资中资金来源的可靠性。

成本的大小取决于企业对项目支持的力度和融资的多少。贷款的多少和市场投放公司股票价值的高低通常反映成本的大小。

如果不考虑融资的多少，不考虑成本的大小，现有项目和预期的新产品开发项目所带来的回报必须大于融资成本（资金成本）。而且，一个企业的融资成本通常都有附加的风险金。一项事业活动最低的必要报酬率通常称为“最低预期回报率”。一个新产品开发项目的投资回报率一般要大于或者等于最低预期回报率。

那么这种最低预期回报率是怎么产生的呢？从很大程度上说，公司现有资本或者目标经济增加值驱动了最低预期回报率的产生。例如，假设经济增加值的比率为 13.3%，那么投资回报率和经济增长率的差值是多少呢？在计算经济增加值的时候，我们并没有将无利息负债或者应收账款计算在内。那么，经济增加值为 \$120000/ \$900000 =13.3%.

如果资本成本（或者最低预期回报率）和投资回报率的差越大，那么经济增加值就会越大。最终来说，这种结果对市场增加值产生积极的影响。而且，这也给股东带来了收益。

资本预算和资本成本

概述

资本预算是对新产品和新工艺进行投资评估的流程。对于大的企业来说，新产品的资金通常来源于公司“总部”。如果项目从融资的角度看，有足够的投资价值，那么企业资金就会为项目提供资金支持，对于小公司来说，通常到地方银行贷款融资或者从公司所有者个人储蓄中支付。

为了在本章讨论的方便，我们假设新产品项目运作良好，并有牢固的融资基础。新产品项目拥有潜在的客户，他们会用合适的价格购买产品。并且，新产品开发项目拥有可靠的供应商，他们将以合适的价格供应生产新产品所需要的材料。除此之外，新产品开发项目还有大量的劳动力保证项目顺利进行，而且在生产阶段不会违反任何法律或者规章制度。

假设投资水平符合规定要求，那么主要问题就是：这个项目是否值得投资？如果这个项目值得投资的话，那说明这个项目同其他项目相比，融资能为公司带来足够高的回报。新产品开发项目能否提供充足的现金流以确保投资资金的及时回笼？

通过比较现金流的大小，我们可以从投资资金角度推断出解决这些问题的答案。新产品项目的开发和实施需要有源源不断的现金，而现金流的情况决定于现金流的及时性（回报或者酬劳的多少）。我们关注现金流的增长是为了判断公司的投资举措能否为公司带来最大的利益。现金流分析集中了解现金流的差异度。在本章中，现金流是指公司支出的现金流情况，这里的支出不包括投入到新产品项目的资金。如果公司上了新产品项目以后，公司的价值确实得到了提高，那么资本成本一定超过预期大小。

资本成本是用于投资的资金额，因此，如果一个企业期望获利，它要做的工作不仅仅是吸引投资资金。通常，一个企业的资本主要有三个主要来源：贷款、优先股和普通股。这三种不同来源的资本都有各自独有的成本结构。

资本成本

贷款的要求回报率是指贷方对新借款项的期望回报。对于贷方来说，当他考虑向任何一个实体放贷的时候，他必须综合比较其他投资方式，从而决定这笔贷款的合适利率。而对于借方来说，他们为了争取资金投资展开竞争。当一个企业为新产品开发项目寻找资金投入的时候，它必须和众多潜在借款方展开竞争。这些竞争对手包括联邦政府、个人借贷、采购方和信用卡用户。很显然，对于那些财力雄厚的大企业，联邦政府期望贷方以更低的利率实施借贷。同样，对于签账卡借方来说，公司希望用更合适的利率向贷方借款。造成这种差异的原因在哪里呢？这是因为不同的借方在借款中所承担的风险是不同的。这些风险包括：

1. 贷款能否偿还？

2. 当偿还贷款的时候，同借出的时候相比，资金是否保持原有的价值？（这里一定要考虑到引起通货膨胀的因素）

3. 偿还贷款需要多长的时间？

更重要的是，借方的资金流动性会受到很大的影响。资金的流动性是指可得或需要现金时即可获得的能力。如果借方在约定偿还日期之前需要收回贷款，那么有没有任何机制能够保证这种偿还的可能性？那些精明的借贷方就会规定规避这种风险的补偿条款。

下面规定了常规条款下计算贷款成本的方程式❶：

$k = k^* + IRP + DRP + MP + LP$

（举例：10% =5% +1% +2% +1% +1%）

这里

k = 名义利率或者观察利率

k^* = 实际无风险利率①

IRP = 通货膨胀风险溢价

DRP = 缺省风险溢价

MP = 到期风险溢价

LP = 流动风险溢价

对于联邦政府借贷来说，借贷成本的情况如下。

如果借款期限少于一年：

$k = k^* + IRP$

（举例：6% =5% +1%）

❶ 这是方程式的标准形式。

如果借款期限超过一年：

$k = k^* + IRP + MP + LP$

（举例：7% =5% +1% +0.5% +0.5%）

对于一个企业或者个人借贷来说，上述的借款成本将会是下面的情况：

$k = k^* + IRP + DRP + MP + LP$

上述方程式的因子发生变化，这些影响因素代表了不同的风险水平。现在我们来看大型企业借贷方（如 IBM 公司）和个人信用卡用户（假设借贷利率高达 18%）在借贷利率上的差异：

IBM =8% =5% +0.5% +0.5% +1% +1%

信用卡 =18% =5% +1% +8% +2% +2%

①表示在非通货膨胀时期证券的要求利率无风险存在。通常，这点在美国政府短期证券的利率水平上得到充分体现。

我们注意到无风险利率和通货膨胀溢价保持一致。无风险利率是一种优先利率。每个人都要承担通货膨胀带来的损失。以上面的 IBM 公司为例，这里提到的利率是指陈述利率。它并不代表 IBM 公司借贷资金的成本。造成这个误差的原因在于，假设 IBM 支付了收入所得税，联邦政府在计税的时候允许 IBM 在计算收入的时候扣掉贷款成本（利息费）这部分。向借方提供的贷款成本必须进行调整以符合税收的要求。因此，一个公司的贷款成本通过下面的方程式进行计算：

陈述利率或名义利率 ×（1－税率）=贷款成本

在 IBM 公司这个例子中，假设税率为 30%，那么贷款成本为 8% ×0.70 =5.6%.

优先股

计算优先股成本的方法非常简单，它通过下面的公式计算：

优先股成本 =优先股股息额/每股的净收益（净收益是指在扣除所有成本后来自出售物业、贷款或出售证券而收取的金额）

例如，假设股息为 5.00 美元，每优先股的净收益为 99.00 美元。那么优先股的成本为 $5.00/ $99.00 =5.05%.

普通股

计算普通股不是一件很简单的事情。实际上，很难清楚地计算普通股的成本有多大。因此，在计算普通股的大小时，我们通常采取估算的方法，将几个成本计算的结果进行平均，得出普通股的大小。资产所有权的属性决定了计算普通股必须借助成本估算的方法。资产所有权也使得资产计算成为可能。我们回忆一下一个公司的资产来源，一般来说，公司资产通常有两个来源：购置资产和收入再投资。保留收入成本和抛售股票成本的唯一区别在于再投资不需要任何发行成本。股东是一个企业的剩余权益所有人。这就意味着股东的将来回报情况决定于他们和贷方以及优先股权人之间的合同义务。因此，我们无法准确地确定普通股的成本，因为一个公司的将来留存收益只能通过估算方法估计结果。我们使用两种方法来估算资产成本：股息增长模型和资金－资产定价模型。

红利增长模型

从理论上说，股票的现价和股票产生的所有未来现金流的现值是相等的。红利和股票销售能够产生未来现金流。对于一般产权成本的估算需要从收入增长的估算出发，因为红利代表了收入的分配情况，因为我们还要估算相应的股息增长情况。

因此，对于需要支付红利的公司来说，我们采用下面的公式来计算一般产权的成本大小：

$$K_{cs}=\frac{D_1}{P_{cs}}+g$$

其中：

K_{cs}＝公司普通股的需求回报率

D_1＝未来一年中的预期年度股息

P_{cs}＝今日的股票价格

g＝公司预计每股的年度收入增长情况

上述方程式的优点在于它的简洁易懂，但是这个方程式的不足之处恰恰也是过于单一。因为在上述方程式假设了公司收入永远按一个固定的比例增长。这在现实中是不可能发生的。但是，公司可以将历年的增长比率和将来的增长比率加以平均（通过计算历史数据来得到平均值）。通过估算公司正在进行或者将要进行的项目的预期结果，我们可以推断出 g 的大小。最后，对于那些没有支付股息的公司来说，我们可以简单采用收入预计增长率来计算结果。

资本－资产定价模型（CAPM）

另一种估算一般产权成本的方法是资本－资产定价模型。这个模型是计算其他投资的期望回报，并根据普通股的历史风险情况对期望回报进行调整，通过这种方法，模型完成对普通股成本的估算。这种方法的明显不足在于，我们都知道历史有时候能够重复过去，但是我们并不确定投资能否重复过去。但是，这种模型并不能反映出投资者期望什么样的回报才算满意。

在这个模型中，我们采用下面的公式来计算一般产权的成本大小：

$$K_{cs}=K_{rf}+(K_m-K_{rf})\beta$$

其中：

K_{cs}＝公司普通股的需求回报率

K_{rf} = 目前无风险利率（与 k^* 一致）

K_m = 整个股市的期望年回报率

β = 和项目相关的风险

通过计算贷款成本的大小我们可以得出 K_{rf} 的大小。在默认状态下，目前很多投资者会使用美国政府6个月以内的短期国库债券，这种短期的国库债券就是方程式中的 K_{rf}。通过估算整个股票市场的预期回报率，我们可以计算出 K_m 的大小。在股票指数中，如标准普尔500和罗素2000，经常会用到预期年度回报率这个参数。那么是谁提供这个估算呢？答案是每一个个体投资者。公司的 β 指数代表公司股票价格和其他股票相比，在过去几年中的变化情况。从很多资源中，我们可以很容易找到需要的信息（如雅虎金融、大多数证券交易公司、标准普尔等）。对于大多数公司来说，β 值的变化范围在0.5~2之间。β 值越大，代表股票价格的变异性越大。

举例说明加权平均资本成本（WACC）

大多数公司的融资来源是一种混合模式。这也造成了公司的混合式资本结构。通过计算融资来源的加权平均值，我们能够得出任何公司的资本结构情况。因为公司不会使用任何优先股，所以我们只要计算债务成本和一般产权成本即可。下面我们举一个公司为例，采用以上的方法来估算资金成本的大小。

示例：损益表

销售收入	600000
COGS	300000
毛利润	300000
运营支出	90000
运营利润	210000
利息支出	10000
税前利润	200000
税收	80000
净利润	120000

下表中列出了其他补充信息。

因此，加权平均资本成本（WACC）的计算公式为：

WACC =（税后债务成本 × 债务融资比例）+（产权成本 × 产权融资比例）

因此，在公司资本结构既定的情况下，公司的加权平均资本成本为11.3%。我们注意到通过利用借贷，公司降低了资金成本。当然，借贷通常是筹集资金最便宜的一种方法。但是，一旦公司过量借贷的话，借贷成本会上升到极限，这个时候借贷的优势就不复存在了。虽然普通股通常被认为是最昂贵的一种资金方式，但是它不像贷款那样。在亏损时期，公司可以选择不支付红利。如果公司从银行借钱，那么银行可能不会很快将钱款准备好，让公司马上借到所需钱款。记住一句谚语：**债务是无情的。**

示例：资产负债表

现金	50000	应付账款	100000
应收账款	100000	长期负债	200000
存货	100000	总负债	300000
资产、厂房和设备	750000	所有者权益	700000
总资产	1000000	所有者权益总额	1000000

发行股本:	120000	贷款利率:	5%	%所有者权益=70
当前股票价格:	\$16.00	税率:	40%	%贷款=30
期望EPS增长率:	目前12%	目前K_{rf}:	4%	
股息:	每股\$0.25	期望K_m:	14%	
下一年的股息	每股\$0.27	公司的β值:	1.2	

债务成本:	$K_d = 0.05(1-0.40) = 0.5 * 0.60 = 0.03$
一般产权成本:	
股息的增长率:	$K_{cs} = (\$0.27 / \$16.00) + 0.12 = 0.017 + 0.12 = 0.137$
CAPM:	$K_{cs} = 0.04 + (0.14 - 0.04)1.2 = 0.04 + 0.12 = 0.16$
产权平均成本:	$= (0.137 + 0.16)/2 = 0.149$ 或者14.9%
WACC:	$(0.03 * 0.30) + (0.149 * 0.70) = 0.009 + 0.104 = 0.113$ 或者11.3%

基于项目的融资评估

随着公司的加权平均资本成本计算出来，从技术角度来说，对现存和潜在的新产品开发项目进行精确分析有了可能。不论是大型企业从“企业”投资者那里借贷，还是小公司寻找它们融资的渠道，新产品应该提供比融资成本更高的回报率。再次强调一点的是，人们称这个回报率为“最低预期资本回报率”。理由很简单，如果新产品开发项目不能提供足够的回报，那么将无法收回资金成本，这样的话公司会出现亏损。这上面的例子中，加权平均资本成本计算的结果为11.3%. 这个数字是公司最低的预期资本回收率。假设一个公司考虑下面两个新产品开发项目。表6补.1是一个简单的例子，这个例子介绍两个不同的新产品开发项目的偿还情况。

	可选项目	
	项目A	项目B
最低预期资本回收率=11.3%		
初始投资	-25000	-25000
第一年现金流净值	15000	15000
第二年现金流净值	15000	5000
第三年现金流净值	5000	20000
第四年现金流净值	10000	20000
净回报率总值	20000	27000

表6补.1　偿还示例

	可选项目			
	项目A	项目A偿还情况	项目B	项目B偿还情况
最低预期资本回报率=11.3%				
初始投资	-25000	-25000	-25000	-25000
第一年现金流净值	15000	-10000	7000	-18000
第二年现金流净值	15000	+5000	5000	-13000
第三年现金流净值	5000		20000	+7000
第四年现金流净值	10000	20000		
净回报率总值	20000	偿还期限=2年	27000	偿还期限=3年

偿还状况

检验新产品开发项目的融资可行性的一个最简单的方法是计算新产品开发项目的偿还情况。通过上面列表中两个新产品开发项目的比较来看，我们不难发现项目A是最佳选项，因为项目A的偿还周期只有2年，而项目B的偿还周期为3年，比项目A长了1年。

这种方法的明显不足之处是没有考虑偿还后的现金流情况。从极端来看，如果考虑到偿还情况，项目B在第四年拥有上百万元的现金流，但是在实际考虑中并没有将这部分的现金流计算在内。考虑到这种方法的局限性，这种偿还方法只能用于小额投资的决策上。

贴现现金流方法

能够提供有效信息的方法是利用不同的贴现现金流（DCF）模型。这些模型会考虑到新产品开发项目的现金内部流量和外部流量，以及这些流量的耗时情况。这种模型考虑到现金在现值和将来的价值是不一样的，一般来说，现金的现值要高于将来的价值。贴现现金流模型能够考虑投资资金流量在不同时间阶段的价值差异性。这种方法有助于我们理解资金成本和现金流的时间性对投资产生的影响。并且模型根据项目的预期收益，通过判断项目是否包括用于投资的资金成本，能够观察到项目取得成功性的几率有多大。

净现值

在贴现现金流模型中，最常用的一种方法是净现值方法。这种方法以最低预期资本回收率为贴现率，计算用于投资的未来所有现金流的现值。我们用下面的公式计算每个时期的贴现率：

$$\text{净现值} = \sum_{t=0}^{n} \frac{\text{现金流}}{(1-\text{HR})^{t}}$$

在这个公式中，HR代表最低预期资本回收率，t代表贴现期。

净现值表还能够规定在既定的时间内恰当的贴现因子，这些贴现因子能够应用到投资未来现金流的分析流程中。在总结了贴现现金流之后，如果投资的系数为正值，那么投资不仅包含贴现成本，而且还包括最低预期资本回收率成本。如果投资的系数为负值，那么投资没有包含最低预期资本回收率成本。从融资的角度来看，这不是一个强大的新产品开发项目。

例如，当最低预期资本回收率为14%的时候，新产品开发项目A的净现值为正值，总量为$9027，项目需要融资。而新产品开发项目C的净现值为负值，因此项目C无法提供足够的投资回报来弥补项目融资的实际成本（见表6补.2）。

表6补.2　净现值计算

	项目A			项目B		
	现金流	PV因子	NPV	现金流	PV因子	NPV
最低预期资本回收率=14%						
初始投资	-25000	1.0	-25000	-25000	1.0	-25000
第一年	15000	0.8772	13158	7000	0.8772	6140
第二年	15000	0.7695	11543	7000	0.7695	5387
第三年	5000	0.6750	3375	10000	0.6750	6750
第四年	10000	0.5951	5951	10000	0.5951	5951
总计	20000		NPV=9027	9000		NPV=-772

当比较现金流不同的新产品开发项目时，利用净现值这种方法非常实用。在下面的图表中，投资者需要考虑两个不同的新产品开发项目，这两个项目的现金流的时效性和大小不同。

在这个例子中，两个项目的净现值都为正值，因此两个项目都需要融资。但是，如果投资者需要在两个项目中做出选择的话，因为资源的匮乏，在给定的最低预期资本回收率下，投资者最终选择项目B进行投资。

	项目A			项目B		
	现金流	PV因子	NPV	现金流	PV因子	NPV
最低预期资本回收率=14%						
初始投资	-25000	1.0	-25000	-25000	1.0	-25000
第一年	15000	0.8772	13158	7000	0.8772	6140
第二年	15000	0.7695	11543	7000	0.7695	5387
第三年	5000	0.6750	3375	10000	0.6750	6750
第四年	10000	0.5951	5951	10000	0.5951	5951
总计	20000		NPV=9027	9000		NPV=-772

如果最低预期资本回收率提高到20%，那么就是一个完全不同的情况了。因为最低预期资本回收率提高，使得以后的现金流贴现率大大提高。当现金贴现率提高到一个极点时，

新产品开发项目 A 成为优选项目，虽然这个时候新产品开发项目 B 能够带来的毛利润更大。

	项目 A			项目 B		
	现金流	PV 因子	NPV	现金流	PV 因子	NPV
最低预期资本回收率 = 20%						
初始投资	-25000	1.0	-25000	-25000	1.0	-25000
第一年	15000	0.8333	12500	7000	0.8333	5833
第二年	15000	0.6944	10416	5000	0.6944	3472
第三年	5000	0.5787	2894	20000	0.5787	11574
第四年	10000	0.4823	4823	20000	0.4823	9946
总计	20000		NPV = 5633	27000		NPV = -5825

对于新产品开发项目来说，净现值的评估通常和公司目标紧密一致的，公司的目标是让股东财富最大化。如果一个项目的净现值大于零，那么如果公司实施这个项目的话，公司的价值将得到提高（公司的股票价格也会相应提高）。如果一个项目的净现值小于零，那么如果公司实施这个项目的话，公司的价值将会减少。

内部收益率

净现值方法向我们清楚地展示了将选择什么样的项目进行投资。但是，很多公司会使用另一种方法来选择项目进行投资：内部收益率（IRR）。讽刺的是，内部收益率对贴现率的定义过于简单，这将造成项目净现值趋向于零。

$$\text{净现值} = \sum_{t=0}^{n} \frac{\text{现金流}}{(1-\text{IRR})^{t}} = 0$$

因为内部收益率是用百分比来表示，这样有利于商人更直观地理解。在计算内部收益率之后，公司会将这个结果和资金成本或者最低预期资本回收率进行比较。如果内部收益率高于最低预期资本回收率，那么表明这个项目值得投资。如果内部收益率低于最低预期资本回收率，那么从融资角度来看，这个项目可以不予考虑。

还是看一下上面的净现值列表，在这个表中，两个新产品开发项目的净现值为正，贴现率都为 20%，那么，这两个项目的内部收益率都将超过 20%。在决定内部收益率之前，我们必须先要提高贴现率，直到净现值趋向于零。请看下面的例子。

在新的贴现率（29%）情况下，我们降低了净现值，其中新产品开发项目 B 的净现值为负值（$30）。内部收益率必须保持在 29% 以下。通过计算，我们得出项目 B 的内部收益率为 28.9%，而项目 A 的内部收益率为 33.2%。企业的决策还是和以前一样，选择项目 A 进行投资，因为项目 A 能够带来更大的收益。但是，通过计算内部收益率，我们能够得到精确的收益率数值。大部分管理者好像都比较喜欢这种收益率的表示方式。

	项目 A			项目 B		
	现金流	PV 因子	NPV	现金流	PV 因子	NPV
最低预期资本回收率 = 20%						
初始投资	-25000	1.0	-25000	-25000	1.0	-25000
第一年	15000	0.8333	12500	7000	0.8333	5833
第二年	15000	0.6944	10416	5000	0.6944	3472
第三年	5000	0.5787	2894	20000	0.5787	11574
第四年	10000	0.4823	4823	20000	0.4823	9946
总计@20%	20000		NPV = 5633	27000		NPV = -5825
贴现率，-29%			NPV = $1582			NPV = ($30)
			IRR = 33.2%			IRR = 28.9%

本章总结

这一节主要描述衡量投资的方法，它决定项目是否既从商业角度来看具有可行性，而且从融资角度来看得到的回报最大。对于一个成功的企业来说，它必须为投资者提供巨额的回报。衡量公司成功与否的方法很简单：看企业给投资者带来的总收益的大小。如果把对投资者的回报视为企业的一个目标的话，那么从融资角度来看，一个企业取得成功的唯一方法是选择那些能够为投资者带来最大收益的新产品开发项目。公司如果想提高自身的经济价值，应该选择并实施大量的收益良好的新产品开发项目。

第三部分

分析与决策的方法及技巧

对新产品开发的管理活动包括以下方面：开发一个模型或框架，创建一个有效的新产品开发程序，理解组织的含义，确定并使用分析决策的方法与技巧。第三部分对维持新产品开发流程所需的决策与解决方案进行了分析，同时对分析的基本机制提供了图解性的介绍和讨论。各种分析方法和技巧按照应用于新产品开发的基本类型进行内部的分类。类别包括：产品/市场分析，营销战略及项目，生产战略及项目，以及财务方面的应用与建议。

第七章至第十章讨论的方法和技巧是在新产品开发流程的后期使用的较为复杂的典型方法。然而，其中的一些在概念形成阶段也同样适用。如前所述，文中方法的应用是随新产品类型及项目的复杂性而定的。新产品开发项目越复杂，就越有可能将复杂的方法应用于新产品开发的早期阶段。

本部分侧重于广泛理解相关的方法和技巧，以便从业者们了解其领域的基本知识。相关每个重要领域的专家都必须具备决策方法的应用知识。

第三部分由以下几章组成：

1. 第七章　产品/市场分析，集成产品设计以及产品体系架构

2. 第八章　营销战略及方法：新产品营销活动的构想及设计

3. 第九章　生产战略及方法：运营与制造的建议

4. 第十章　财务应用及建议

第七章

产品/市场分析、集成产品设计以及产品的体系架构

引言

本章主要讨论产品/市场分析，集成产品设计以及产品体系架构等问题。文中所描述和评估的概念、方法及技巧提供了方法基础，这些方法将产品、市场的概念，与产品设计开发相关的因素联系了起来。本章侧重于介绍产品/市场，甄选、分析、执行与产品相关的，以及与市场相关的技巧的技术基础。

第二章介绍了市场分析的相关方法，第四、五章对新产品开发流程的概念阶段进行了概述，本章探讨产品/市场计划与设计战略为何成为新产品开发必不可少的部分的问题，目的在于保证产品质量和性能，并使得潜在缺陷和负担最小化。

要想创造出优秀的新产品，其关键在于了解商务环境中的机遇与挑战，市场与外部维度之间的动态关系，以及在新产品开发流程中决策的结果等问题。将产品/市场战略与甄选合适的技术及产品创新方法进行整合，就能将技术及市场相关要求同营销、生产和财务联系起来。设计技术着眼于分析产品要求和甄选最佳的以市场为导向的方法。

合适的设计战略可以实现产品/市场在社会、经济、技术与功能方面所设定的目标，满足设计理念、项目优先级与现实性的要求。本章主要关注产品设计、体系架构、可用于改进设计质量的工具和技术，以及用于正确决策的分析工具。产品设计则需要为顾客和利益相关者提供上佳的解决方案。

本章包括有关质量和价值分析，并行管理及设计方面的讨论，涵盖全面质量管理的相关技术，可靠性设计和环境设计。其他还包括质量功能展开，计算机辅助设计，计算机辅

助制造（CAM），创造性解决问题理论（TRIZ），通则设计，以及故障类型和影响分析（FMEA）。

本章末尾的附录进一步详细论述了顾客需要与需求之间的关系，也谈及了产品特征和质量功能展开的细节问题。附录还提供了质量功能展开的战略利用，将顾客的意见同产品设计联系起来。

第七章包含以下主题和学习目标：

1. 理解全面质量管理、设计理念和产品体系结构为何在设计与开发中处于中心地位，并且在满足顾客期望值上也至关重要；

2. 探索可以决定产品体系架构的方法，确定进行有效设计的技术；

3. 获得关于 CAD，CAM，TRIZ，通则设计和 FMEA 方面的应用知识；

4. 确定如何利用顾客的意见和质量功能展开。

通过质量、产品设计及产品体系架构的集成来满足顾客与利益相关者的需求

设计理念

传统新产品开发模式结合了结构流程与明确定义的时序活动，时序模式在定义产品、设计产品、开发产品，到制造、测试和商品化的流程中，具有一系列步骤。这些线性的流程使设计者每次只用集中精力关注一个问题。他们可以优化当前的设计点，但却不能兼顾复杂的整体要求，尤其是对后期流程的建议。

集成产品开发将各个功能方面的优势与设计讨论和决策相结合，克服了线性流程的不足之处。IPD 着眼于基本设计要素之间内部和外部的交互作用。设计的目的在于将理念和产品规格转变成设计要素和现实产品。

除非优秀的产品/市场理念、伟大的设计和成功的营销能在战略上与新产品开发流程相关，且能够同内外部维度保持一致，否则这些并不能确保获得成功。一个好的设计能同时达到顾客、利益相关者和参与者们的期望。考虑到当前商务环境下强大的竞争力，新产品设计必须平衡竞争目标和驱动力的多样性。

在《目标》一书中，埃利亚胡·戈德拉特认为，商业企业的目标就是挣钱[1]。优秀的

[1] E. Goldrantt and J. Cox, *The Goal: Excellence in Manufacturing*, 2nd edn (Great Barrington, NY: North River Press, 1992).

设计可以赢利，也能提供满意度❶。顾客购买产品并由此受益。因为顾客从产品中获得满意比单纯购买行为要更难，所以使得产品与顾客满意度之间的关系更加复杂。顾客需要的是解决方案，而不是产品。诚然，在这一复杂的等式中的主要成分是**信任**。在新产品开发环境下，全部的短期目标集中在建立信任和提供可持续解决方案上。通常来讲，顾客与社会都会支持那些达到他们期望值且能让其长期保持满意度的产品和生产者。获取消费者信任是获得成功的关键。故而，基本设计理念应确保将信任在设计流程中融入产品中去❷。

价值工程

为顾客提供重要和有优势的特点、功能和益处可以使得新产品产生利益。顾客购买能够带给他们价值的产品。于是，从生产者和顾客的角度都定义了价值。新产品开发者若想继续成功，必须产生出新的价值。顾客必须能从中获取足够的价值才能补偿其价格和负担。是价值将生产者与顾客联系起来，各自为自己的参与寻求合适的收益。

有多种方法可以提高价值。性能、质量、益处以及相对于成本或价格的灵活度都是设计决策流程中的基本要素。降低与这些流程相关的成本可大幅提高价值，但也有许多其他的方法可以获得更高的价值。仅仅着眼于成本其实是一种只注重内部环境的战略，有可能反而达不到目的。单纯削减成本可能会导致顾客不能获得有效收益。有效削减成本指的是只排除那些会增加成本的不必要或不需要的特点和功能，其他的予以保留。

减少或者消除负担也能使价值增加。负担是产品的消极影响，它们可能降低顾客和相关者满意度，或者给顾客带来不便或困难。例如，丰田 Pirus 的燃油利用率大约是 55 英里/加仑（即 23 公里/升）；较高的燃油利用率不仅能降低车辆运行成本，也减少了加油所耗费的时间和精力（这样一个对车主来说既必要，但又麻烦的负担）。

价值驱动的战略通常关注如何取悦顾客。设计目标应该是传递最大价值。价值分析包括当代管理思想的多个方面，如：

1. 通过防止或消除质量缺陷和浪费来降低成本（六西格玛思想和精益管理）；
2. 降低产品开发和递送的时间循环（投放市场速度）；
3. 改进质量并使得同产品相关的责任最小化（降低风险或规避风险）；

---

❶ 欲知关于目标更平衡的观点，请阅读：R. Kaplan and D. Norton，*The Strategy Focused Organization：How Balanced Scorecard Companies Thrive in the New Business Environment*（Boston，MA：Harvard Business School Press，2001）. 作者在几本著作中均提到赚钱只是商业企业的众多目标之一。他们主张成功的企业应该用均衡方法来设定目标。

❷ 这一基本原理是每个产品和服务的基础。假设购买有过飞机坠毁历史的新飞机的航班机票。第一架商用喷气式飞机，德哈维兰彗星客机，就是领先者的例子之一，但由于设计原因，飞机未获得成功。福特开拓者的凡士通轮胎问题则是对产品失去信任之后的影响的一个上好例子。首要目标是具有坚信信任是成功基础的理念。

4. 使用标准设计和零件（成本削减）；

5. 在设计中防范错误（全面质量管理思想和防止产品责任）；

6. 消除多余负担（价值提升和可持续性发展）。

列出的条目还可以继续增加，但是要点很简单。改进产品体系结构机会很多，每一个设计都可能对新产品的价值和寿命产生深远影响。价值分析是一种用来改进设计流程的方法。它着眼于如何通过设计者和新产品开发小组的参与从而开发出更好的产品。价值工程是一种相关方法，用于评估新产品的功能和特点，因为这些功能和特点与顾客需求相关。

价值工程是一种分析工具，利用顾客信息来确定最有益的产品提供方案。价值工程旨在识别基本特点和功能，并确保其成本效益。简言之，目标在于排除那些对顾客无益的因素。

价值工程可以作为质量功能展开的前期步骤，或者是达到相同目的的一种更直接的方法。在新产品开发面临很大时间压力或开发小组对设计要求有深入了解的时候，应用价值工程的效果显得尤为突出。在内外部参与者就基本属性达成一致，并可以排除分析中的初期步骤时，采用价值工程较为合适。

价值工程可在概念建构和甄选的阶段以及/或在设计开发阶段使用。由于其简易的特征，价值工程在大多数情况下，更加适用于概念建构和甄选阶段，而非设计开发阶段。以下是按类别划分的主要步骤❶：

1. 信息收集。开发小组共同确定问题和挑战所在，其存在的原因和可能的解决方法。这一步还需找寻根本原因，并收集与情况相关的信息；

2. 头脑风暴或标杆管理。根据各种方案对现实情况和设计所可能产生的影响，确定潜在的解决方案，并进行检测。通过学习标准，将这些方案同普遍采用的方案或现存有竞争力的产品进行对比；

3. 技术分析。评估分析每一个潜在方案，以确定其技术可行性和经济支持能力。由此压缩潜在方案列表，使得之后的工作更加可行；

4. 价值分析。扩充提议来阐释解决方案的各个属性的含义。评估可以采用基本属性比较评估的方法；

5. 确认。将选中的解决方案进行测试，以确保其能够适合实际使用。这一确认的步骤包括管理评审和批准；

6. 文件。记录并同所有新产品开发的参与者交流决策因素，以保证大家对解决方案有一个统一的认识；

7. 执行。设计中采用以选定属性作为形式的解决方案。

价值工程是一个分析新产品开发情况和解决方案的具有明确定义的方法。它需要时间

---

❶ 有许多相似的模型。这一流程视为各种类型所共有的，因为它包含了标准方法的共同因素。一个精练的方法可能包括标杆管理或相似方法。

和精力，是改进新产品的重要方法之一。

并行工程

并行工程可以大大改善许多新产品开发项目的进入市场的时间度和顾客满意度。并行工程的概念应用的领域并不限于工程领域；它跨越新产品开发的各个环节。西弗吉尼亚大学的并行工程研究中心对其定义如下：

> 并行工程（CE）是系统化的集成产品开发方法，这种开发方法强调**顾客期望**（customer expectations）的反馈，体现团队合作价值，**信任**和共享。在决策制定的早期，以较大的时间间隔来并行处理，从整个产品生命周期的视角进行工作。这样的决策流程仅通过相对简单的交流保持同步，从而保证意见一致[1]。

并行工程不仅可以降低"开发产品投放市场的时间"，它还能让企业更加全面地了解顾客需求和满足需求的方式，因为它可以从一个较为宽广的视角将需求转化为收益。并行工程必然要求负责设计、流程工程和测试的人员配合营销、采购、生产、财务和支持服务的各小组成员，来设计产品，开发项目，将产品投放市场。基本概念是使并行工作的数量最大化。

并行工程需要同时考虑设计的各个方面，发现并处理在设计开发阶段或更早期出现的缺陷，从而避免对后期造成困难。这是集成产品开发系统中"阶段和评审"的一个基本组成部分，因为它可以在早期发现关键问题，提供纠错机会，重新追踪工作甚至阶段，或者不再浪费更多的时间，财力和物力，直接终结项目。

集成产品开发强调组织内部职能团队之间协作的重要性。并行工程旨在创造优质的新产品，同时反映出不同参与者的不同视角。协作、并行工程和质量是快速产品开发流程中的关键手段。协作为设计需求和后期建议提供了更为广阔的视角。所有这些参与开发的关键人员并行协作更加丰富了对问题的讨论，同时可以对投入的精力做出更透彻的分析，并提供更有效的决策。并行工程确保后期工作和产出在前期决策流程中就予以考虑，也保证决策可以反映整个流程的要求。并行工程的含义在于创造出更易生产、更加适于销售的产品。并行协作更加丰富了对问题的讨论，同时可以对投入的精力做出更透彻的分析，并提供更有效的决策。

并行工程要求零部件供应者尽早介入新产品开发流程。供应商们的大量参与可以为设

---

[1] K. J. Cleetus, *The Definition of Concurrent Engineering*, CERC – TR – RN – 92 – 003, Concurrent Engineering Research Center, West Virginia University, 1992.

计流程做出重大贡献，由此可以增加产品的技术精度，加快开发流程[1]。一个备受信任的供应商对新技术、新材料、新零件、新部件或新的制造方法具有深刻的洞察力。供应商们了解其专业领域的创新，这可以避免企业提出采用陈旧技术或方法的设计。如果避免这样的错误，就能够改进产品潜在的生命周期。

并行工程可以将参与者联系起来，也将项目的不同阶段联系起来。并行工程有助于上游和下游的交流，与新产品开发流程更加紧密结合，更加着眼于跨职能的问题解决方案[2]。

集成产品/市场设计

集成产品/市场设计将产品的技术方面同市场相关的需求和期望值相结合。它包括甄选技术和技术功能，基于整体企业要求来决定产品构型。它可以考察用于将概念流程转换为确定的产品/市场形式的创造性活动中的各项因素[3]。产品设计是一个整体的流程，可以根据顾客和利益相关者来定义产品属性，将产品规格和工程选择同营销和制造联系起来，从而方便产品的测试和商品化。随着时间的推移和分析的开展，产品/市场设计逐渐完善，同时提供越来越多的细节，人们对新产品及其市场地位的了解更加全面深入。对产品/市场设计的添改需要反映出销售和生产计划中的变化，并表明这一流程是综合集成的，也是可反复的。设计、营销、生产和财务的发展必须建立于并行的基础之上，这样才能使各个维度之间保持一致和进行调整。

好的设计代表着一些优秀的属性，可以体现出色的性能和上好的顾客满意度。质量有助于获得良好的性价比，也可使营销、生产和配送具有灵活性。质量是通向顾客满意度和持续完善产品的一个基本因素。全面集成的设计可以促进生产，降低产品生产成本。提供高质量产品的能力为成本效益较高的设计和价值提升奠定了基础。

产品体系架构

产品体系架构包括产品特点、材料选择、包装选择、资源利用和市场考虑。它需要确定产品的特点、功能、利益和具体规格。

产品的自然特性构成了产品的特点，并由此定义了产品的功能。有形的设计成分包括材料、零件、部件和生产线，这些都是建构产品的“积木”。材料成为零件，零件成为部

---

[1] C. Karlsson and P. Ahlstrom, The Difficult Path to Lean Product Development. *Journal of Innovation Management*, 13: 4, July (1996), 284.

[2] 同上。

[3] 本节目的在于讨论设计产品与相关新产品开发项目因素的草案，不是讨论产品设计的工程方面。工程或技术设计方面是与工程相关的主题。

件，部件组成生产线，最终产出产品。

体系架构定义了产品和生产需求，产品的功能说明了产品的使用方式，将产品的特点变为顾客的利益，并根据顾客需求进行设计。产品体系架构将顾客需求和产品的技术功能联系起来。大多数产品的体系架构都很复杂，包括成百上千种成分。好的设计融合各种必需的属性，确保含有成功的关键因素，而且这些因素将成为产品描述和营销活动的核心。而挑战在于了解是哪些属性提高了顾客满意度，然后将其设计到最终方案中去。这样的设计理念简化了后期工作，因为设计本身就是营销战略选择的诱发机制，设计也提供了产品促销信息。设计还产生了相应的生产方法来保证质量、可靠性和可制造性。

当选择产品属性时，有许多定性和定量的技术可以用来从繁杂的属性中识别和分析筛选出基本属性。这些技术也提供了相应机制，将外部要求同内在能力联系起来。表 7.1 列出了大多数产品必须提供的基本要素。这些技术可以通过一定方法确定内外部因素之间的关系，也提供了了解因素之间相互关系的途径。

表 7.1 特点、功能和利益的基本因素

	特点	功能	需求/利益
外部（顾客）	维度（大小）	质量/一致	应用
	材料	兼容性	工效学
	包装	易用性	审美（外观）
	性能	可靠性	价值创造
	服务	交货	维护
	所有权成本	耐用性	适用性
内部（公司）	产品特性	质量/一致	绩效与负债
	可制造性	稳定性	健康与安全保护
	单位成本	工艺选择	财务资源
	灵活性	测试	风险降低
	可销售性	沟通	公共及顾客交流
	货架期	物流	生命周期（寿命）

与设计和工程相关的产品质量

全面质量管理理念

全面质量管理（TQM）是一个已被广为接受的管理系统，是产品配送系统或生产运营系统的一个管理子集，它综合了质量管理实践和相关技术，而这些实践和技术是满足消费者对质量、可靠性和响应度等方面的期望值所必需的。全面质量管理的基本理念在于将质量建构到每件产品和每道工艺中去，并致力于持续改进产品。

顾客定义质量的含义。顾客对质量的认知才是真正有价值的。顾客将质量视为基本产品特性和利益的综合，用于达到或超越他们的期望值。

爱德华·戴明、约瑟夫·朱兰、阿曼德·费根鲍姆、石川馨、菲利普·克罗斯比和田口玄一都是质量管理的主要设计师。这些质量管理的领导者们为全面质量管理及其相关应用奠定了基础。

戴明认为大多数质量缺陷都归因于管理系统。他强调管理的职责在于确保质量和持续的完善。戴明提出了14条全面质量原则，着眼于管理义务和参与，雇员培训和持续完善❶。他是问题解决和决策的工艺分析的支持者。他推崇“计划—执行—学习—行动”的PDSA循环，这是全面质量管理工具中最广为人知的一个，它也为理解和完善流程提供了一个简单形式❷。图7.1描述了PDSA循环。

戴明循环是一个理解顾客需求的简单模型，设定优先级，提出质量计划，确保质量，完善质量体系，必要时，重复进行以上流程，以期获得最佳效果。这个简单的模型可以应

---

❶ K. T. Delavigne and J. D. Robertson, *Deming's Profound Changes* (Englewood Cliffs, NJ: PTR Prentice Hall, 1994, pp. 265～268). 戴明的14个观点：

(1) 保持产品与服务改进目的的一致性；

(2) 学习新的理念；将其传授给职员、顾客和供应商；并付诸实践；

(3) 不再依赖于大规模评审和测试；更好的方式是把改进工艺放在首位，这样就能够生产较少的次品或者完全没有次品；

(4) 在价格标签的基础上结束商业奖赏活动的实践；或者，在长期看来使总体成本最小化；

(5) 持续改进每个流程，无论是计划、生产或服务；

(6) 引入技能培训，考虑到不同人学习方式的差异；

(7) 采用并制定人员管理的原则，需要认识到不同能力、潜能和渴望；

(8) 驱赶恐惧和建立信任；

(9) 破除员工部门之间的壁垒——换言之，建立一个共赢的系统；

(10) 消除标语、劝告和目标——寻求零缺陷和新的生产率水平；

(11) 消除数字指标和每人的配额；

(12) 消除使员工在工作中不快的障碍；

(13) 制定一个教育和自我提高的有活力的项目；

(14) 完成转变，继续学习新的理念；在企业中发展可以带来这些转变的关键人群。

❷ 同上。第54页。斯华特的计划—执行—学习—行动周期是在20世纪30年代由戴明的导师，沃尔特·斯华特开发的。戴明使得这个模型在日本十分流行，之后在美国亦然。计划—执行—学习—行动也被称为戴明周期。也可参见：J. Persico, *The TQM Transformation: A Model for Organizational Change* (White Plans, NY: Quality Resources, 1992, p. xii).

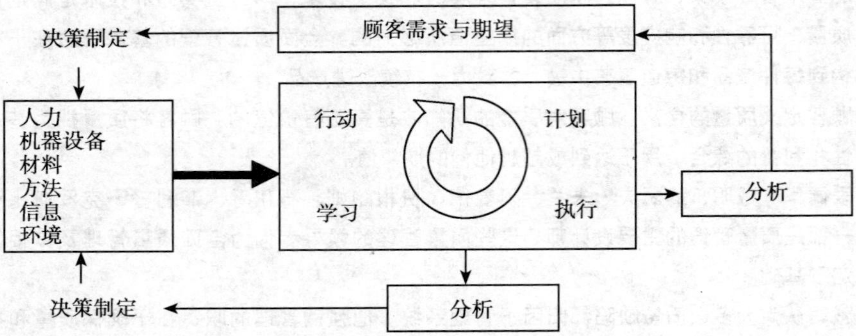

图 7.1 戴明循环（PDSA 循环）

用于新产品开发流程。设计一件新产品本质上就是一个计划—执行—学习—行动的流程。它同设计流程中的反复工艺完美结合。“计划”侧重于定义顾客需求，并将其转化实现成产品特性。“学习”包括检测设计的功效、可靠性以及安全性的分析和测试。“行动”是指将设计因素同新产品开发流程的延续相结合。这一周期的目的在于为设计流程提供一个结构框架，验证甄选流程，并确保执行的一致性。从本质上说，“六西格玛设计”是一个戴明循环。

朱兰提出了“适用性”的概念作为质量的定义。在这一概念中，质量依赖于产品或服务的应用。朱兰提出了一个“质量三部曲”，其中包括质量计划、质量控制和质量完善❶。质量计划需要确认这些工艺能够达到质量目标。质量控制根据要求和标准评估了实际的性能，并关注非一致性和纠错措施。质量完善指的是探索创新方法以超越标准达到更高质量。

费根鲍姆原创性地提出了全面质量管理的概念❷。他认为全面质量管理是这个企业的责任，而不仅是质量专家们的责任。他也认为质量水平的提高可以降低成本。

克罗斯比提出了质量“零缺陷”的目标。他认为组织的目标应该是零缺陷和持续完善。他的着眼点在于理解顾客需求和要求，获得顾客满意❸。

田口玄一引入了质量损失功能的理论，他认为，任何预期质量参数值的偏差都会带来某人的损失。损失越小，收益越高。这样的损失有可能由生产者、顾客或者社会来承担。这一论点在新产品开发流程中十分重要，因为同目标的偏差会降低收益，增加成本和负担。这一理论整体的含义在于对顾客、生产者和利益相关者的分级优选法和降低价值。

---

❶ J. M. Juran, The quality trilogy. Quality Progress, August (1986), 19—24. J. M. Juran, *Juran on Quality by Design* (New York: Free Press, 1992, pp. 14 ~ 26).

❷ A. V. Feigenbaum, *Total Quality Control*, 3rd edn (New York: McGraw - Hill, 1983, p. 11).

❸ P. Crosby, Completeness: *Quality for the 21st Century* (New York: Penguin Books, 1992, p. xi).

石川馨创造了质量控制周期的概念，将质量项目的外沿延伸到了每个工人。他提出了因果关系图表，即“鱼刺图表”，来提供一个分析根本原因的方法。根本分析要确认质量缺陷发生的原因。他在统计方法上的工作为从业者提供了管理质量的简易统计工具❶。

全面质量管理包括以下基本工具❷：

1. 因果关系图表（Cause – and – effect diagram）。问题潜在原因的定性总结；

2. 帕累托图（Pareto chart）。用于整理资料以确认并关注主要问题的工具；

3. 控制图（Control chart）。一个统计工具，用于决定工艺中的可变性是固有的，还是归因于特殊事件；

4. 流程图（Flow charts）。一个示意性的图表，表明工艺步骤之间的关系，有助于解释任何与理想工艺之间的重大偏差；

5. 评审单（Check sheets）。将数据分类的简易格式；

6. 柱状图（Histogram）。用于展示工艺中的数据分配情况；

7. 数据收集（Data collection）。用于分析的产品和工艺信息，回答与设计问题相关的基本问题：为什么？什么？何时？何种方式？在何地？多少？多久？

全面质量管理理念强调预防、确认和纠正缺陷。缺陷和与顾客要求规格的差异均可被视为损失，且这种损失，按照田口玄一的观点，会降低价值的创造。全面质量管理的主要目标在于消除损失和浪费，因为这些因素对价值平衡会产生负面影响。

全面质量管理致力于在新产品开发和交货系统的各个阶段完善质量。提高竞争力，持续工艺完善和创新都来自于企业提高质量和性能的动力。克罗斯比设想“质量是免费的”，而生产、分销和营销流程中的低质量水平对生产者和顾客均会带来间接的高成本。改善后的质量所带来的收益包括减少重复工作、提高生产率、降低单位成本、降低产品负债，改善竞争地位、提高利润率和提高企业知名度等。

在过去的10年中，经营环境发生了巨大变化，现在，利益相关者和顾客期望为他们兜里的钱实现价值最大化。此外，需要满足整个系统的要求，这包括提高雇员满意度，确保供应商获得足够的分红。

J. 珀斯科认为全面质量管理的含义在于：

顾客以较低的价格获得较高的质量，卖方获得可预期的长期商业资源，而投资者获得更多利润。各方都有利。从另一方面来讲，如果仅强调通过提高生产率来提高产品竞争力，则可能会牺牲质量，造成产出下降。雇员士气大减，成本升高，顾客不满意，利益相关者

---

❶ K. Ishikawa, *What is Total Quality Control: The Japanese Way* (Englewood Cliffs, NJ: Prentice Hall, 1985). 石川馨的因素统计方法包括排列分析，因果图示，评审单，散布图，柱状图和流程控制图。

❷ 同上。第9～15页。

担忧，竞争地位下降等各方损失❶。

这些观点用在新产品开发流程中都十分贴切。

全面质量管理方法提供了可用于在企业层面（如：一个系统方法）上评估商业和新产品开发流程的整体正常状况的动态模型。全面质量管理的方法并非可以迅速揭示并执行的简单改变。一般需要几年时间才能让每个雇员真正接受全面质量管理的理念、实践、工具和方法❷。如果一个全面质量管理模型要在企业获得成功，有几个原则是必需的。它们是❸：

1. “**人们想做好工作**。相信大家都想做好工作意味着他们的表现更多地受他们所工作的系统所影响，而非他们特殊的技能、能力或动机。”

2. “**过程（做事的方式）比结果更关键，即使不是更重要的话。**”

3. “**高级管理层必须引领转变流程**。当来自基层的努力可以获得有限的成功时，除非高层管理者明确支持领导全面质量管理的转变流程，并投入必要的时间、精力和资源，否则企业无法获得成功。”

高层管理者对质量管理的重视对于保证新产品的质量是十分基本的。让参与者了解关于质量的信息和知识有助于建立一个具有凝聚力的组织结构。管理层欢迎参与者分享决策流程将有助于获得一个综合了设计和开发流程的质量观。

通过质量措施提高质量

设计的基本目标是在能够为顾客提供非凡价值的成本的前提下，生产出具有高可靠性的高质量产品。为了获得顾客满意，一件产品必须按时交货，在使用期间没有缺陷或故障，而且负担也最小化。一件高质量的产品必须有一定的设计冗余，使得该产品的能力不仅满足需求而且有一定的功能剩余。质量因素不仅融入了生产和交货流程，而且还融入了设计流程。

20 世纪 80 ~90 年代“六西格玛”质量理念和“零缺陷”质量概念已经融入到从概念生成到产品生产的新产品开发的所有流程之中了。摩托罗拉和通用电气公司的“六西格玛设计”都是公司整体改进的例子，这也为新产品开发的企业模式提供了一个不错的视角❹。目标在于设计并生产出在其产品周期的全流程均能准确满足需求和顾客期望的产品。产品越能满足需求，那么在市场上就越有可能获得成功。

好的设计在参数的上限和下限之间是有足够的公差的。参数上下限之差即基于规格说

---

❶ J. Persico，*The TQM Transformation*，p. vii.

❷ 同上。第 xxv 页。

❸ 同上。第 xi ~ xii 页。

❹ 六西格玛设计的一个例子在第三章中已经讨论过。

明的公差。值得注意的是，公差不能太小。然而，公差也是有上限的。首选的情况是让公差在没有超出顾客期望的外形和审美需求的基础上适当偏大。从设计的角度讲，根据产品类型的不同，可接受的公差会落在相应的范围之内。通常来讲，市场会建立起可接受的范围。当顾客需要外观更好、性能更佳的产品时，公差则相应减小，世界一流的公司都能改进工艺以获得高精度、高质量的产品。

田口玄一的质量损失功能理论认为，设计要求和实际的生产之间的差异越小，损失越小。目标是根据产品规格来设计参数值，所需要的维度应该是批量产出的平均值，这才是设计的期望值。表 7.2 提供了基本统计的描述和一个例子。最好的情况是设计要求有较小的公差，而现有工艺有能力超越制造方面的要求。生产流程的能力是根据其产品产出标准方差的分布来定义的。

表 7.2　能力指数举例

基本数据——能力指数	举　例
目标是参数的设计值	10cm
μ 是集中趋势的测度，是总体值的平均。$\bar{x}$ 平均是一个样品的平均数。	10cm
σ 是变异性的测度，它是总体的标准方差，随着 σ 值的减小，总体值更加接近平均值。	0. 01cm
USL 是设计参数的规格上限。对于一个可接受的产品，参数值（长度）必须不能超过 USL。	10. 05cm
LSL 是设计参数的规格下限。对于一个可接受的产品，参数值（长度）必须不能低于 LSL。	9. 95cm
设计公差是 USL 和 LSL 之间的差值。它是设计参数允许可变的最大值。	0. 10cm
Cp 是一道具有上下限的工艺的能力指数。Cp 越大，产生错误的几率越小。	Cp =（10.05 − 9.95）/ 3 × 0.01 = 0.1/0.03 = 3.33

公差必须反映顾客的需求，而工艺能力必须提供可接受且可实现的结果。能力指数可以代表这种关系，也是满足顾客需求的工艺能力的衡量标准。能力指数，Cp 是设计能力的度量标准。顾客想要合适的设计公差，而生产者想通过出色的工艺能力将优秀的产出交付给顾客。从下面的公式可以清楚地看出，能力指数仅是一个表达可行性需求的比率。如果能力指数超过 1，则说明是个可行的解决方案。

产品设计和工艺选择之间的关系对 Cp 有着直接的影响。

$$C_p = \frac{\text{设计公差}}{\text{工艺能力}} = \frac{USL - LSL}{\pm 3\sigma}$$

其中，USL 和 LSL 分别是规格的上限和下限。

设计可以通过增加设计公差的允许值或提高工艺能力来得以改进。如果公差与工艺能力相比较大，那么产品、零件或者部件都是可以接受的。

一个等于 1 或者大于 1 的 *Cp* 指数表示这道工艺能够满足期望值。如果指数是 1，那么工艺刚刚合格；2 则表示工艺能力是期望值的两倍❶。设计公差同工艺能力之间的关系有力地证明了新产品设计和用于生产产品的制造流程必须联系起来。这也肯定了集成产品开发是必要环节，而非可有可无。

集成产品设计

综述

设计理念对于新产品的整体成功而言十分关键。例如：在一个高度竞争的环境下，低单位成本可能对获取适当市场份额来讲是必不可少的。成本结构和产品性能可能是最至关重要的设计要求。例如：薯条被普遍视为属于激烈竞争的商品。很重要的是，提供一件新产品要能够符合顾客对成本的期望值，并且超越他们对产品的要求。

一个集成设计流程首先需要承认顾客的需求和竞争者的位置，并审视外部的设计驱动因素。设计流程包括提出产品概念所需的所有活动，即：应用研究开发；技术设计和工程；市场研究；营销；生产；分销；销售和次级市场销售和服务；财务；法律、环境、健康和安全等方面。图 7.2 反映了内外部维度之间的可能连接。

将活动集成起来的价值可能超过时间和金钱的节省。随着计划和项目的同步开展，企业可以在设计早期阶段解决冲突和困难。这可以尽量减少如下情况发生，即：将解决问题拖到产品临近投放市场的时候，甚至更坏，到商品化的时候。波音公司在开始波音 777 项目之前，就得到了这个教训。它反思了设计波音 767 的流程，并发现依次进行的产品开发项目往往在下游会产生很多困难和问题。的确，许多原始设计决策必须得到修改才能用来解决生产流程中出现的问题。从制造的角度来看某些工程和技术的选择并不可行，因为其他的内部要求没有被考虑到，致使一开始认为的好设计后来被证明有缺陷。

集成设计确保在产品设计的同时开发所有需要的产品功能特点。图 7.3 综述了集成产品设计的基本因素。产品设计满足了所有功能要求。研发以及/或者工程选择能够满足顾客

---

❶ 能力指数理解起来较为容易，但是应用起来较为复杂。它需要复杂的统计分析来决定工艺的确切能力。当需要分析不止一个零件或部件来确定产品的整体能力时，就会变得十分复杂。参见：G. Bounds，*Cases in Quality*（Homewood，IL：Irwin，1996）. 特别是：Case 13，Understanding and reducing variation through statistical process control；and Case 16，The Motorola quality process：six sigma.

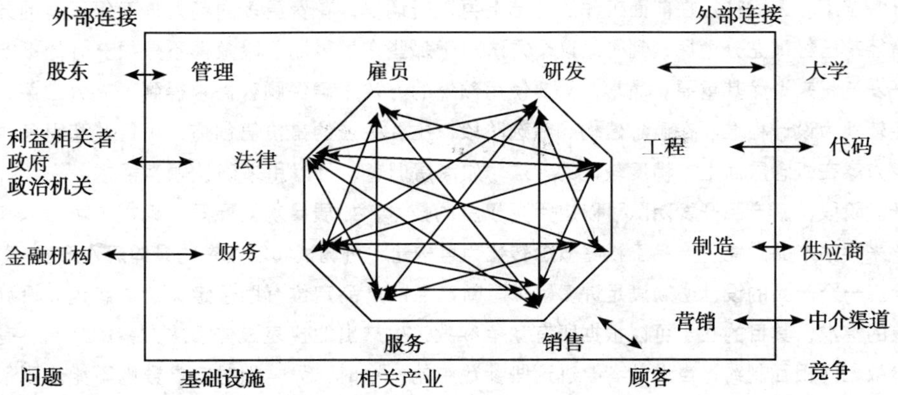

图 7.2　集成设计关系

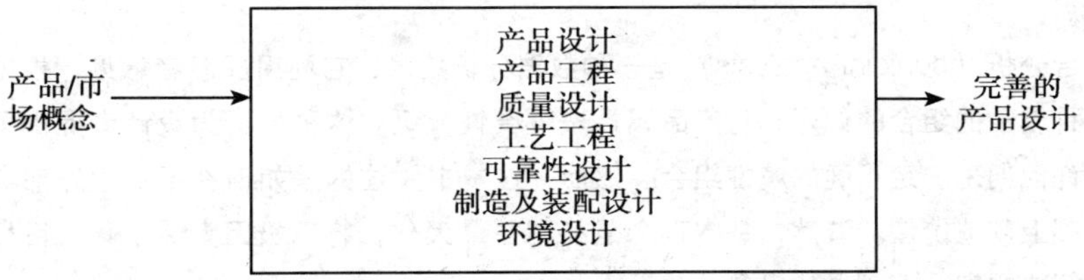

图 7.3　集成的产品设计方法

需求的设计参数。他们必须设计一件能在低成本水平下制造的高质量耐用产品。产品工程能获取产品的详细技术规格。这些包括制图、材料单、草案和相关信息。工艺工程详细说明了如何生产产品的流程——包括方法、设备、工艺、实践和手续。

制造设计（或可制造性）有助于通过改进生产具有成本效益的产品的生产方式和流程来满足生产流程的需求。在设计活动流程中，制定营销与供应网络决策，用以突出产品最优秀的特点，并决定将产品送交顾客的最有效渠道。第八章讨论有关营销的问题；第九章关于生产和供应网络；第十章关于财务。

产品工程

产品工程包括根据商务环境的所有内部维度和外部影响力来定义产品的创造性活动。它将产品体系架构转化为使产品具有独特性的设计特点。具体形式是规格表、流程图、材料单、规定和在产品制造和营销流程中用到的电子数据表。

确认顾客需求是产品设计的出发点。这是基于概念建构和筛选阶段所积累的知识而进行的。在设计阶段再次调查顾客需求是多余的，而且需要额外的时间和金钱。但是，大部分情况下，人们往往在前面工作的基础上再进行调研，花费更多的精力来确保所有的分析途径都已经被充分地探索到了。这个方法对于那些在最早期阶段做得不是很充分的新产品开发流程来说尤其重要。通常，需要使用额外的方法来确保顾客需求得到了充分理解，并能转换为设计标准。在概念建构和筛选阶段，主要关注的是价值创造、可行性和财务生存能力。在概念层面上，精度较低的方法，如简易调查，可以用来确认顾客需求。在设计和开发阶段，新产品开发团队可以应用更权威的技术，如质量功能展开，根据市场需求和竞争来评估产品潜能。产品工程将概念转化为可构建、可测试和能营销的具体运作形式。

一个产品的设计必须满足许多需求。新产品的产品定位有助于定义需求和建立设计决策的标准，其目的在于可以根据所有竞争参数，生产出能代表最佳解决方案的产品。有些参数之间相互制约，当设计者改进这些参数中的一个时，另一相对应参数则不能达到最佳值了。例如，在汽车行业，增加车重以适应多功能运动型车较大的尺寸和功率更大的引擎，会降低燃料效率，这本身也是出于经济和环保的角度的一个重要考虑。因此，可能较难决定平衡点。

联合分析（conjoint analysis）是一种数据分析技术，它利用反馈者意见，根据他们对产品各种属性的组合的偏好，将产品属性按重要性分级。这种分析为设计者提供了顾客意见，允许他们来决定正确的属性组合。然而，这本书关注的是如何在不牺牲外部实体期望值的基础上创造价值。诚然，基本理念是将利益最大化，将消极因素最小化。目标在于创建最佳解决方案，而不是找出最佳的妥协办法！

使用质量功能展开来进行质量设计❶

质量功能展开是一项复杂的技术，用于确认顾客需求、并区分其优先级，然后将其转化为设计特点和制造需求，构建到产品中去❷。赤尾洋二博士认为，质量功能展开意味着通过系统展开顾客需求和产品特征之间的关系，将顾客期望值转化为质量特征，并为已经完成的产品开发一个质量计划❸。

质量功能展开始于对顾客需求的理解。顾客反馈意见对于决定产品特征的工艺十分关键，同时也需要耗费大量的时间和精力。正如第四章所讨论的，有多种方法可以获取与顾客需求相关的信息，包括调查、问卷和核心组采访。

---

❶ 本节由爱德华·阿海特尔博士写作。

❷ B. Prasad, Review of QFD and Related Deployment Techniques. *Journal of Manufacturing Systems*, 17: 3, 1998, 221 ~234.

❸ Y. A. Akao, *Quality Function Deployment: Integrating Customer Requirements into Product Design* (Cambridge, MA: Productivity Press, 1990). 质量功能展开已经具有30多年历史了。它是1967年由赤尾洋二在日本开发的，1972年由三菱重工开展。质量功能展开在15年之后才在美国采用。

顾客的需求和期望被称为"客户意见"（VOC）。质量功能展开是一种更为复杂的技术，以确保产品设计流程能够顾全客户意见，虽然从技术上讲，传统的质量功能展开利用一种四所"房子"的系列，仅有第一个房子被称为"质量房子"。质量功能展开中用到的方形结构规划矩阵，其上半部分与一所房子的房顶相似，因此得名"质量房子"。

质量功能展开的目标在于改进质量，提高顾客满意度，减少投放市场的时间和设计问题，在设计和制造流程中降低成本，并提高性能和可靠性。质量功能展开有很多重要的优点，但它也有一些不足。质量功能展开关注质量和设计特征，并确定实际达到的水平。然而，其他重要的考虑因素如环保问题可能被遗漏。质量是基准线，不是最终目标。配置质量功能展开的最大挑战在于理解客户意见的范围和有效性。顾客有许多需求，尤其是在不能准确说明的无形方面。这也对公式输入方的值有所限制。

时间选择（timing）是质量功能展开所关注的另一问题，它可以在概念构建阶段进行展开，只要提供了关于新产品生存能力的决策所必需的说明。然而，如果有太多的新产品概念需要开发和筛选，质量功能展开会花费额外的时间和精力，这根据情况而定。即质量功能展开是否在概念开发和筛选阶段或者设计开发阶段使用，或组合使用，或者没有使用。QFD 的使用和时间选择是新产品开发团队必须进行的判断和抉择。

质量功能展开是 1972 年在日本神户，由三菱造船厂提出来的。随后，丰田提练并使用了质量功能展开的理念。这一概念传到美国较为缓慢，但是约翰·豪泽和唐·克劳斯在 1988 年《哈佛商业评论》上的一篇文章使得众多的美国企业对质量功能展开开始感兴趣❶。福特公司对金牛座系列车型的初始分析使用了质量功能展开检测了 429 个设计参数。通用汽车（1992 年的凯迪拉克）、马自达、摩托罗拉、施乐、柯达、IBM、宝洁、惠普和美国电报电话公司都成功地应用了质量功能展开❷。在日本，质量功能展开被视为"公司范围质量控制"（CWQC）的一个关键因素，它也是用于在企业内部展开顾客需求的一个方法，因此可以以低成本生产出高质量的产品。

质量功能展开提供了一种结构化的方法，可以将顾客要求转化为工程规格。它试图把质量问题尽可能地推向产品设计的早期阶段，并可以将营销、设计、制造、工程、生产、质量和产品设计流程早期的其他关键职能部门联系在一起。实际上，正是由于这个特点，质量功能展开才成为一种普遍使用的并行工程工具。

第一座计划房子，或质量房子，是一个将顾客需求转化为工程特征的矩阵。其后的房子建立在这一信息之上，并以生产计划房子作为结束，生产计划房子要明确实际生产任务。

构建质量房子所需的 6 个基本步骤概述如下。更为详细的说明可以参见豪泽和克劳斯

---

❶ J. R. Hauser and D. Clausing, The House of Quality. *Harvard Business Review*, 66: 3, May – June (1988), 63.

❷ J. R. Evans and W. M. Lindsay, *The Management and Control of Quality*, 4th edn (Cincinnati, OH: South – Western College Publishing, 1999, pp. 405 ~ 414).

(1988)，或者埃文斯和林赛（1999）的著作。

1. 提出成“捆”的顾客属性（customer attributes，CAs）或者顾客需求。顾客属性代表了顾客在所享受的产品或服务中所真正需要的东西，重要的是要包括顾客独特的习惯说法和老生常谈。这一信息主要来自于市场研究，但是也利用公司销售人员及职业技师的专业意见和经验。同样，对每个顾客属性而言，都会将一个相对重要性权重加到房子上。权重通常是以百分比的形式来记录，以便保证顾客属性的完整列表总共为 100%，但是它们也能用任意数值范围来表示，如从 1 到 10，10 为最重要。

2. 开发工程的特点（engineering characteristics ECs）。质量功能展开团队用头脑风暴法来决定对应每一顾客属性的工程特征。房子的屋顶或者相关矩阵也在这一步提出。屋顶代表了每对工程特征之间的关系。每个关系的强度都用符号来表示（如：●代表强正相关，○代表弱正相关等）。

3. 提出房子的关系矩阵或主体。检测每对顾客属性和工程特征，并决定每个工程特征影响顾客属性的程度。使用符号来表示这些关系的强度，符号的缺省表示顾客属性并未得到关注。

4. 为每个顾客属性增加竞争性评估（顾客感知）和关键卖点。根据顾客对竞争性产品的理解，在房子主体的右边一栏里，输入这个信息。

5. 为工程特征增加客观量度标准，并提出目标。这里指的是通过无偏见的实验测试而获得的竞争评估。比较这些结果和第 4 步里顾客感知的结果。如果这两种度量法不同，则可能存在一个明显的质量问题。

6. 选择工程特征来展开到下一个房子。为了决定哪个工程特征在下一个房子实现，需要检测房子的主体，以确定那些同顾客属性强相关的工程特征。同时，也要（从第 5 步中）找寻较为缺乏客观测量方法的工程特征，或者那些通过强卖点与顾客属性相关的工程特征。

房子底部也可加入几排数值，代表在达到第 5 步设定目标流程中的技术难度和达到每一目标的预计成本。图 7.4 代表了一张部分完成的电脑打印机的质量房子。在房子的左边列有 5 个“包”：载纸容易度、低成本维护、结构紧凑、精密打印以及快速打印。

凯里·柯蒂斯和林恩·埃利斯指出，使用质量功能展开的公司拥有更好的顾客满意度，但是没有迹象表明它能改善财务状况或投放市场时间[1]。质量功能展开十分有效，对顾客需求和产品特征之间关系提出有价值的分析。此处和其他书中描述这个主题的标准方法可以进行一定修改以适应特殊设计情况的需求。这不是一个值得孤注一掷的方法。

本章附录包括一篇关于质量功能展开的文章，提出了这项技术及其应用的详细说明。

---

[1] C. Curtis and L. Ellis，Satisfying Customers While Speeding R&D and Staying Profitable. *Research Technology Management*，September - October（1998），23 ~ 27.

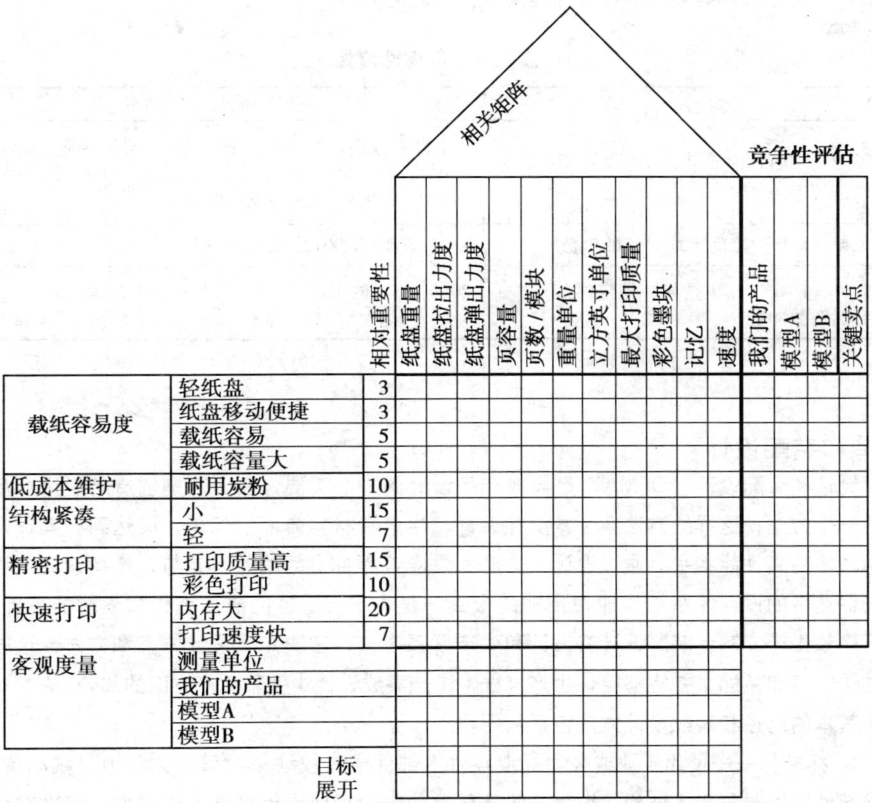

图 7.4 一台电脑打印机的部分质量房子图示❶

可靠性设计

可靠性设计（DFR）侧重于在设计中通过增加部件的可靠性，并在关键点配备多余零部件来提高产品寿命，并使故障最小化。可靠性被定义为在规定时间内，在预计设计条件下，产品体现某项性能的概率。这是一个测量产品根据其规格运行时间的简单方法。主要有两大类产品故障：（1）由于缺陷造成的早期故障；（2）在产品使用周期出现的故障。故障间平均时长（MTBF）指的是产品故障之间的平均时间；这是可靠性的一个度量。表 7.3 列出了相关术语的定义和计算举例。

可靠性是设计生产可持续性产品的一个重要方面。许多产品由于一个简单的缺陷使得整个产品毫无价值，故而过早地被淘汰。找出缺陷和问题的原因，并进行纠正，可以提高

❶ 模型由爱德华·阿海特尔博士提供。

产品的使用寿命。提高可靠性能够提高价值，避免浪费。

表 7.3 可靠性度量

测量方法	计算举例（灯泡）
故障间平均时长 = 总共使用时长/故障总数 简单平均 = $\sum x/n$	5 个灯泡分别在第 700、760、800、810 小时和第 930 小时出故障；5 个故障间平均时长 = (700 + 760 + 800 + 810 + 930)/5 = 约为 800 小时
故障率：λ 是故障间平均时长的倒数	λ = 1/800 = 0.00125 故障/小时
可靠性 = $1 - e^{-\lambda t}$，t 是某一特定时间点，e 是自然对数的底	800 小时时的可靠性 = $1 - e^{-1} = 1 - 0.37 = 0.63$

制造和装配设计

制造和装配设计（DFMA）是集成产品设计的一个重要方面。这是创造出耐用产品设计的一个方法，这样的方法通过减少在设计、生产和材料方面的偏差，而达到在其设定的应用领域的高性能水平。通过设计、生产和供应链等各方面的并行参与，产品设计流程可以确保选中的设计体系结构能在预期的最高质量水平、适当的成本结构和适时的基础上，进行高效生产。制造装配设计将设计和生产联系起来，它决定了设计方案和方法，这些都有助于安装和装配，并能够简化生产流程。这是集成设计中关于生产方面的部分。

基本的制造和装配设计方法包括：

1. **标准化**——使用工业或公司标准零件，部件或者模块来改善工艺能力，减小偏差。标准部件可以改善成本结构，因为一些高质量的部件可以大大降低单位成本。标准部件通常可以获得成本到批量生产曲线上的最小值点。它们也可以改进可靠性，因为标准部件具有较长的成功应用历史记录；

2. **简化**——通过使用更少的部件，不甚复杂的设计流程和十分简单的方法来降低设计的复杂性和相关工艺要求。简化可以让设计更加接近成本和复杂性的理想点；

3. **系统集成**——将质量、测试和其他工艺步骤联系起来确保所有参与者之间存在协作。

制造和装配设计都基于表 7.4 所表述的简单理念和原则❶。

这些原则和其他原则同质量设计和顾客满意度设计相关。第九章还有一些从生产角度探讨制造设计的评论。

❶ 还有许多制造设计的通用概念的变体。表 7.4 列出了基本理念和方法。也有许多其他可适用的概念。

表 7.4　制造设计理念

原　　则	评　　论
可制造性是设计的一个重要组成部分	集成设计为所有参与者提供了做出良好决策所必需的所有输入
设计决策需要同简单和经济的生产相关	简单化对质量和时限做出了贡献，也有助于低成本生产
产品高质量取决于材料和零件的质量	使用高质量零件来减少单位缺陷，改进质量和可靠性
产品特征应该易于生产和装配	设计选择流程应该关注可制造性。这包括安装和装配部件的容易度
使零件、部件和组件数量最小化	可靠性和可制造性同部件数量相关。部件数量越大，故障出现概率越高
模块设计有助于生产和测试	模块设计能提高标准化；降低成本，减少测试和部件的使用。如果一个模块出现故障，则很容易被替换
具有多种用途的零件和部件	多用途可以增加零件或部件的容量，降低成本，改善质量和可靠性
减少操纵的设计	操纵会花费财力，增加缺陷或错误发生的几率。这也增加了复杂性
采用标准零件和部件	使用标准零件来提高成本、改善质量、提高可靠性和实用性

环境设计

环境设计（DFE）是评估产品和工艺结果，以及它们对人体健康和自然环境的影响的一个系统化方法，它是一个基于产品和生产流程全生命周期评估的引人注目的环境管理概念。这个方法检测所有定性和定量的输入输出，并将产品及工艺同所有相关的预兆和结果联系起来。最终目的在于设计出或重新设计出产品和工艺，基于整个体系的需要做出决策。环保设计的目的是：保证质量，将健康和安全隐患降低至最小，消除对自然环境的负面影响，减少废物、残留物和污物处理问题，最小化原料消耗，减少能源消耗。

从产品设计阶段材料的选择开始，到材料的最终处理和消除辐射、污水和污物流等方面，环境设计需要对产品和工艺的生命周期进行较大范围的评估，它需要综合而且周密费时的分析来减少产品和相关工艺对环境的影响。这是一项十分重要的环境管理工具，用于全面地分析产品和生产工艺和生产带来的环境影响。

主要问题是要确认产品中使用的材料及其用量，并决定其环境影响和对生命周期的影响，从而开发出与环境相兼容的产品和工艺。环保设计试图避免或减少危险或有毒材料的使用，并减少废物量和副产品数量。

减小环境影响的设计和开发战略要基于产品需求分析，并选择最经济、最有技术含量，且最有环保意识的方法。合适的战略可以满足经济和功能目标，以及环境、健康和安全目标。环境设计为设计者和产品经理提供了一个理解其产品和工艺在经济、环保、规章制度及社会方面的积极和负面影响的方法。

执行环境设计战略的主要技术是生命周期评估。生命周期评估是一项系统化的方法，可用于分析和评估资源和产出，以及与产品相关的环境限制，如相关工艺、分销要求和应用。这一分析可以确认、量化并评估应用于在产品整个生命周期中生产和使用产品的材料和能源。这个方法是一个多阶段投入产出模型，用于检测所有的投入、产出和影响——包括材料、产品、废物和辐射物。这一模型可调查目前已经存在的状况，并探索在产品设计方面进行系统化改进的可能性。

宝马公司与环境设计（分解设计）

1990 年 6 月，宝马公司在德国的兰德夏特工厂首次启用了试验性的分解设备，成为第一个研究分解和重复利用旧车材料的方法的汽车制造商。这个试用项目专门对材质为塑料、玻璃、人造橡胶和其他非金属的零件进行处理。这一综合计划的主要目的在于：

■ 开发和改善因车型而异的分解方法；

■ 优化分解的时间和成本；

■ 发展内外部物流服务，用于收集、存储并运输零件、组件，塑料，玻璃等进行材料的复原和回收利用；

■ 发展更有深度的废物管理技术和回收利用技术，尤其是汽车方面的应用；

■ 编译完成宝马公司自己的回收利用指令，并在宝马公司工厂网络内部执行；

■ 大力提高每辆汽车的回收利用潜能；

■ 编辑并应用针对供应商的回收利用标准和生态标准。

宝马公司拆卸了 3 系列、5 系列和 7 系列的汽车来了解如何处理其现行的车型。他们也研究生产线和组件来决定分解和复原部件的最佳方法。筛选引擎和汽车覆盖件等特殊项目进行再次利用或回收利用。通过使用各种回收技术，检验零件和材料的再利用价值。

他们也特意考虑了如果材料被切碎之后的效果和再次利用的合适性。因为某些塑料的性质在颗粒化的时候会有所改变，一个专门的实验室会研究材料的数据和规格，以确定某一材料怎样用于制造新产品。宝马评估了修复零件，出售交换零件和回收利用材料带来的潜在利润。此外，在兰德夏特的工作同那些提出“分解设计”理念的设计者们的工作联系起来。

设计者们使用从拆卸分解旧车中获得的知识来改进新车型的设计，使新车型更易于回收利用。兰德夏特的工作直接导致了回收利用的要求已经融入了宝马公司的产品开发阶段。这些阶段为定义阶段、概念开发阶段、系列开发阶段和最终开发阶段。在定义阶段，要对整机层面上的环保能力进行定义。在概念开发阶段，环保能力以零件为单位重新进行评审。在这一阶段，宝马公司进行分解分析，确定分解率。同时也定义回收利用要求，编辑出一项生命周期分析和能源平衡表。在系列开发阶段，要对汽车的环保能力进行整体评审。将实际的回收利用率同目标值相比较。如果实际回收利用率在目标值之下，则在最终开发阶段要对这个值进行分析。宝马公司将回收利用要求融入了定义阶段和两层的开发阶段中，从而确保了产品在后期回收利用中得到优化。

资料来源：BMW，*BMW Environmental Report* 1998/1999（Munich，Germany：BMW，1999）

设计和创造力

设计流程对于新产品开发流程的成功是至关重要的，这需要运用知识和创造力来达到预期的目标。这些知识应该属于一个对设计参与者开放的、定义明确和记录翔实的系统。然而，某些情况下，这一系统并不能获取所有的知识，知识被少数的从业者所掌握。尽管公司可能拥有这些知识，然而创造力却是授予的，而不是拥有的。

创造力是新产品开发中一个很难定义和管理的方面。特里萨·阿玛贝尔在《哈佛商业评论》的一篇文章中这样说道[1]：

> 在商业上，原创力并不够。要有创造力，需要有一个合适的想法——有用且负担得起。这个想法必须在某种程度上影响商务运作的方式——例如：通过改进产品，或开拓一种运营流程的新方法……什么样的管理实践影响了创造力？大致可以分为六大类：挑战、自由、资源、工作组形式、监督鼓励以及组织支持。

阿玛贝尔认为，虽然知识很重要，但是通过在知识的海洋里遨游，获得发现并解决问题，或者创造出达到目的的新方法的自由，才是创新的重要方面。

选择合适设计战略的一般架构

根据商务环境决定设计战略

当考虑到创新时，管理所面对的最困难的问题是选择正确的设计战略（项目）来处理

[1] T. Amabile，How to Kill Creativity. *Harvard Business Review*，September－October（1998），77.

变化的意义。选择是多方面的，依商务环境和趋势而定。通常来讲，如果商务环境很稳定，则可选择产品创新。商务环境和趋势中的小变化决定了产品和工艺上渐进的变化。总的概念是以某种方式来响应环境的变化。

这种一般性的理论指出，如果现存的产品十分成功，且能够适应商务环境，则没有必要进行产品定位及产品属性的重大调整，也没有必要对工艺能力进行大力改变。例如，过去10年，丰田公司由于其出色的产品组合，一直十分成功。问题在于当现状十分有利的情况下，它为什么还要寻求本质性的改革呢?

如果商务环境不再稳定❶——或者说是流动性大❷——在混乱的时候，流动性更大，那么技术创新就成为了关注的焦点。在此情形下，产品创新可能不会那么有效，有时甚至会比较危险。诚然，如果现存产品所使用的核心技术过时了，那么利用过时技术创造更多产品则明显是浪费时间和金钱。如果资源都过多地集中在陈旧技术和老产品上，而企业尚未定位新产品，那么这样的战略措施可能会使企业容易处于弱势。

使用“稳定”、“流动性”或者“混乱”等术语来评估商务环境的说法，是基于对情况和趋势的相对观察，而非绝对意义上的判断。决定这些术语的含义要依赖于产业结构及其成熟度。虽然这些说法不可能是绝对的，但是业界的参与者通常会考虑到现状到底如何，以及怎样将其公司融入整体框架下。以下是对这些说法的简要解释。(注意：这些都是泛泛而谈的情况，当应用于具体实例时，还需做相应调整；并非所有的因素都必须存在。)

1. 稳定。市场是循环往复的，或者说，以一个相对低速（±10%）增长或减小，需求是可预测的，主导地位的技术构成了大多数产品的基础，替代品较少；经济和政治基础得到大众充分理解，并且十分稳固；·产业结构和从业者明确，且行为模式可以预测（例如：汽车行业）；

2. 流动。市场高速增长或衰弱（速度在±20%~100%之间）；需求不太能够预测；产生新的细分市场；主导技术面临新技术挑战，相互争夺市场份额；经常有多种技术共同构成具有多种替代品的产品基础；经济和政治基础处于变化中，具有流动性；产业结构与从业者也处于变化之中，行为模式不太可能预测（例如：电信行业）；

3. 混乱。市场以±100%的高速度增长或缩小；需求完全不可预测；产生新市场；旧市场被取代；主导技术被具有重大优势的新技术所取代；老技术极力保持其地位；具有多种技术选择；经济和政治基础经历巨大改变，处于完全流动状态；产业结构正在分解，新

---

❶ H. I. Ansoff, *Implanting Strategic Management* (Englewood Cliffs, NJ: Prentice Hall, 1984, pp. 102~106). 安索夫使用术语稳定技术、可繁殖技术和混乱技术。这一模型同安索夫的模型相似，不同的是借用了“流动性”的概念，而没有使用“可繁殖”的概念，还有一点不同的是，驱动力既在商务环境中，也在技术中。

❷ J. Utterback, *Mastering the Dynamics of Innovation* (Boston, MA: Harvard Business School Press, 1994, p. 82). 厄特巴克讨论了他和威廉姆·阿伯内西在20世纪70年代完成的著作。他们使用了“流动性”的术语来代表创新流程的开始。

的结构正在形成；行为模式正在发展，但是不可预测（例如：因特网）。

表 7.5 提出了商务环境中基于变化机制的合适的战略行为。一个稳定的商务环境有利于产品/工艺创新和持续改变。一个流动性大的商务环境代表了技术革新和渐进改变。一个混乱的商务环境则暗示商务模型需要进行评估，可能必须进行根本性的变化。

表 7.5　商务环境中的驱动力与相应的领先变化战略行动之间的关系

商务环境	产品交付系统	战略业务单元层	企业管理层	驱动改变/创新
混乱	破坏性技术	根本性创新	商务（模型）创新	根本性改变
流动	新一代产品	技术创新	突破性技术	突变
稳定	产品/工艺创新	技术集成	技术连接（企业）	渐进改变

根据给定的商务环境，表 7.5 里制定的关系提供了一种方向感。这个矩阵指明了一种建议采用的方法。然而，这并不是一种强制性的方法。设计战略应该根据对商务环境和对企业能力的全面分析来决定。合适战略的选择很大程度上依赖于分析。基本模型提供了一种潜在的解决方案，实际解决方案要根据驱动力的长期影响而定。以下对这三种改变进行了描述：

1. 渐进式改变。渐进式改变强调产品和技术均衡的改善，从 5% 到 20% 之间的改进比较典型。（例如：正如丰田公司的精益燃烧技术的案例一样，以 15% 的比率提高汽车的燃料效率。）

2. 量子跃突变。它代表了对价值公式具有极大影响的跃进，比较典型的是以 2 或以大于 2 的因数作为测量改进的因数。（例如：无线通信业的发展使人们减少对电话线、电线杆的需求，从而增强了移动性。）

3. 根本性变化。根本性变化侧重于创造新实体。很难能够精确地说明其影响，但是结果往往是导致产品得到 10 倍至 100 倍的改善，甚至更多。这也包括消除与主导技术相关的重要障碍或负担。（例如：使用燃料电池的汽车应该没有废气排放，而一辆氢燃料电池汽车可以彻底不用汽油，这是一种尤其危险的产品。）

这三个类别好像都有十分确定的特征，但是模型并不十分精确，也并非需要十分精确。这一模型是基于 3 个类别之间的相关方面构建的。图 7.5 形象地表现了 3 个类别的战略及其区别。

在很多情况下，使用现存技术的新产品是渐进性改变。量子跃迁涉及新一代技术或者突破性的全新技术。根本性改变会引发破坏性的技术。这样的改变可能创造出难以置信的机会，也带来巨大的挑战。然而，机遇或威胁并非总是具体化。

上面的模型也表明，随着解决方案组合向根本性改变靠近，不确定水平急速增高。当大多数产品创新类型都基于已知的市场条件和已知技术时，根本性改变需要市场因素和技术参数的并行发展。具体类型的选择可能会根据企业如何理解和选择管理创新的首选方法来决定。以下对每一主要类别都做了分析。

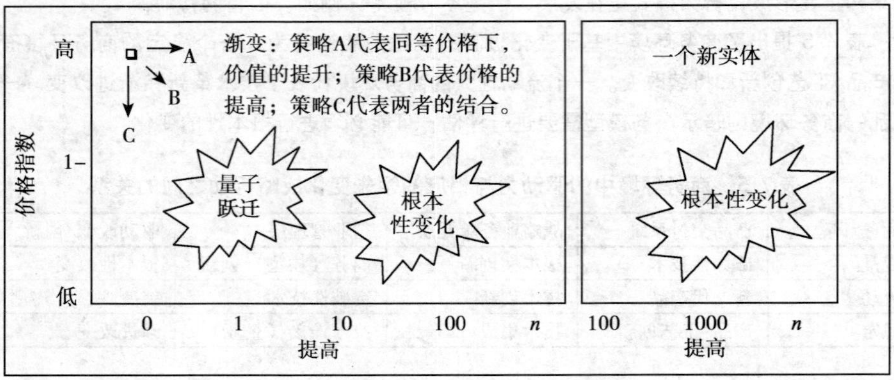

图 7.5　渐进性改变、量子跃迁和根本性改变的图示

稳定的商务环境

一个稳定的商务环境会自然导致通过渐进创新来实现持续改进的现象，这种创新的焦点在于知道市场条件和趋势，以及顾客的需求。产品和工艺创新主要关心顾客的需求、预期的竞争反应和核心能力。主要目标在于创造主导产品的地位，并利用价值网络来保持这些地位。

从一个战略业务单位的角度来看，这个管理模型关注技术集成。目标在于为顾客和利益相关者创造出优于竞争对手的价值。集成意味着将战略伙伴和内部资源整合为一个最优的整体系统，从企业整体的观点看，集成侧重于控制整个企业内所有业务单元和战略联盟之间的技术连接，目标在于建立起一种关系，为将来创造知识和能力做准备，它将决策置于一个全球化的商务环境视角之下，其根本结果是提高企业的声誉和形象。

表 7.6 描述了使用渐进性改变来管理一个稳定的商务环境的一些重要方面。

表 7.6　在稳定商务环境下，管理系统的内外部视角

	产品交付系统	战略业务单位层	企业管理层	基本因素
	产品流程创新	技术集成	技术连接	渐进性改变
	顾客需求	市场需求	全球化	市场条件和趋势
外部视角	顾客满意度	价值创造	商务环境	
	竞争	核心技术	改变/时间	
	主导产品	战略联盟		
	产品聚焦	核心竞争力	声誉	能力
	核心能力	财务地位	知识	资源
内部视角	质量和成本	商务集成	外包	产品组合
	供应网络	管理系统	生命周期	
	领导力	使命	愿景	

流动的商务环境

一个流动的商务环境表示具有较高程度的不确定性，企业这时必须非常注意使得对产品和技术的投资处于一个适当的水平，主导产品的渐进式改进可能不足以获得竞争优势。一个流动的商务环境常常必须要通过产品的重大提高或改变来维持一个可接受的市场预期和稳定企业的市场地位。必须要确认和评估机遇和威胁，新的发现往往构成了成功的基本因素。主导产品、原有的惯例和视角也需要重新审视，并常常被替代，新市场或正在改变的市场条件成为创造新能力的焦点。发明新技术是这种市场环境下主要的战略行动。技术创新，而非产品创新，成为战略方法。技术发展成为一个必要管理模型，用于发现突破性技术，指向崭新的产品和应用。在高度不确定性的条件下，现存地位和新地位都常常会有弱点。商务环境中的重大改变使产品过时，使资源、资产和能力变得毫无价值。发现合适的投资机会对未来的成功至关重要。选择合适战略的关键在于分析当前及将来商务环境和趋势的能力。

企业视角测重于管理横跨所有业务单元和整个企业的技术创新。从某种意义上说，流动性环境是最为困难的，因为解决方案并不明显。一个量子跃迁可能在普遍意义上是一个良好的解决方案，但是这也并非总是正确答案。并非总有令人信服的证据来保证从现在的环境中能产生一种恰当的变化，表 7.7 反映了使用量子跃迁来管理流动商务环境的一些重要方面。

表 7.7 在流动的商务环境下，管理系统的内外部视角

	产品交付系统	战略业务单元层	企业管理层	基本因素
	新一代产品	技术创新	突破性技术	量变
外部视角	市场分析	新机会	不确定性	机遇
	市场接受程度	潜在威胁	弱点	威胁
	新市场	商务中的快速变化	快速变化	发现
	新竞争者	分裂的市场	社会/政治	
内部视角	技术	技术开发	合伙	创造力
	研发能力	采购技术	风险投资	能力
	技能	投资组合	资助	研究
	营销	战略核心	回报	学习
	创业精神		全球视野	

混乱的商务环境

混乱的商务环境是指那种需要一个激进的说法来定义未来的那种情景。对于这种商务环境，根本性的改变是需要的，它不仅是对混乱状态的合理反应，而且是为了在全新技术基础上获得重大战略优势的需要。如果新技术有能力从根本上改变竞争的本质、市场和产业结构的本质，那么这些技术会被认为具有破坏性。正如克莱顿·克里斯坦森所描述的一样，破坏性技术具有彻底改变所有事物、破坏主流形势并创造新形势的潜能[1]。在混乱的环境中，根本性创新对于走在未来需求之前是十分必要的。此外，变化的机制也同商务建构本身相联系，在这个流程中新的商务模式可能会创造出来。事实上，根本性变化意味着改变产品、技术和商务模式。

表7.8描绘了使用根本性改变来管理混乱商务环境的一些重要方面。

表7.8 在混乱的商务环境下，管理系统的内外部视角

	产品交付系统	战略商务单位层	企业管理层	基本因素
外部视角	破坏性技术	根本性创新	商务模型创新	根本性改变
	全新市场	许多机会	不确定性	机遇
	新产业结构	商务环境的迅速变化	弱点	挑战
	缺乏数据	基础建设问题	风险	发现
			迅速变化	
			社会/政治	
			可持续性	
内部视角	新技术	新突破	合伙	创造性
	技术发展	创建关系	风险投资	研究
	采购（原料）	投资组合	资助	学习
			回报	建构

引领改变

引领改变是保持竞争优势的主动性的方法，21世纪的关键问题是：如果主流的情况有利，为什么还要创造出根本性改变？又是这个问题！丰田公司拥有精益燃烧技术的无数成功产品，显然很难认同根本性改变。

管理根本性改变同管理渐进式改变大相径庭。如果期待根本性改变出现，那么，那些在众所周知的确定条件下适用的方法可能不再有用。许多高级经理人总是认为老的方法和惯例在根本性变化的情况下依然适用。但是，根本性改变需要的是一种企业家精神。管理系统必须是可以修整的，并且考虑到创造性和打破常规的思维模式。

战略问题是在于怎样引领改变，即：渐进式变化、量子跃迁，还是根本性变化？各自都有各自的要求、优点和缺点。这个问题很麻烦；答案基于一组复杂的变量。然而，商务环境的动态起着显著作用。此外，企业组织的愿景也对这一问题提出深刻见解，企业愿景是对于将来的整体态度，它奠定了业务战略发展和企业目标确定的基础，愿景也为企业提供了一个明晰的未来图景，替企业员工回答以上两个问题。

战略选择并非是否要改变，决策在于是否同商务环境的驱动因素保持一致——现状是

[1] C. Christensen, *The Innovator's Dilemma*, *When New Technologies Cause Great Firms to Fail* (Boston, MA: Harvard Business School Press, 1997, pp. 61～76).

稳定的，还是流动的，亦或混乱的——怎样采用一项同驱动因素一致的改变战略（渐进性变化、量子跃迁或根本性改变）。如果商务环境是稳定的，那么传统的战略应该是利用产品创新实现渐变；一项更具侵略性的战略是通过技术创新诱发量子跃迁；根本性改变的战略意味着一种同传统解决方案截然不同的根本改变，它可以通过获取压倒性优势来发现破坏目前竞争态势方法。

表 7.9　各个类型重要方面的总结

混乱	流动	稳定	
战略	根本性改变	量子跃迁	渐进性改变
创新	根本性创新	技术创新	产品创新
团队模型	自治型	专用型	跨越部门型
产品	全新	派生	改进
目标	“改变世界”	重大利益	改善
度量标准	新的实体	2 倍到 10 倍的改变	百分比性质的改变
核心	商务环境	新/改变的市场	市场和顾客
暗含假设	改变是必要的	改变是不确定的	改变是不必的

决策并非是某一既定的解决方案，但它是分析的结果，是基于对商务环境的理解的分析。表 7.9 提供了对当前主导商务环境和战略行动之间联系的总体看法。表 7.9 表明，量子跃迁或根本性改变并非总是更好或更具侵略性，它也提出了对决策十分关键的几点：

1. 选择一个改变机制（根本性的，量子跃迁的或渐进性的）是战略决策的关键；

2. 这样的选择必须基于对企业商务环境和核心能力的战略分析；

3. 改变机制的选择会显著影响用于完成项目的合适的方法和惯例。从本质上说，这意味着如果选择根本性改变，那么就要采用根本性创新模型，而不是产品创新的模型。其他情况也类似；

4. 引领改变不仅仅是一个选择，而且是本质性的。可选的是机制和改变程度；

5. 选择一个机制不是一个是或者非的极端命题，它根据商务环境来决定，企业中可能有一些部门选择根本性改变，而另一些选择量子跃迁或渐进性改变。

根本性改变最为复杂。如果它基于破坏性技术，则现状分析和预测方法必须进行精细的设计以便了解商业机会（市场、顾客和相关者）和决定合适的方向。例如：现有顾客可能缺乏对新技术的洞察力；因此，不得不用其他方法来确定这种可能。很多情况下，几乎不可能获得了解潜能的真实视角。谁能预测到个人电脑或因特网的飞速发展呢？

根本性改变对每个企业具有不同的意义。现状分析应该基于根本性创新是否合适的判断。表 7.10 根据企业是否是产业结构的一部分，而提出了关于根本性改变的一些优点和缺点的简单综述。有时，行业内部人员具有优势；别的时候，行业外人员具有优势。两种情况下，接受是关键的。

表 7.10 根本性改变的优势和劣势

	行业内部	行业外部	总体
优势	有能力在进行的流程中追踪行业资料以便实时地确定机遇与威胁	对于主导技术没有既定的兴趣	如果成功，则获得显著竞争优势，声望和改善后的形象
	对行业有基本了解	如果没有任何资源可以处理，获得新资源更加容易	创造出新的价值命题，为顾客、供应商和整个企业建立双赢格局
	是行业信息流的一部分	尤其是当具有一个确定结构的时候，寻找机会来参与	
劣势	改变可能是破坏性的，破坏有价值的资产（如：公司、产品和工艺）	缺乏行业知识	必须得到承认，并具有新知识
	人们也许不情愿采用新行为，学习新技能和知识	缺乏联系	高不确定性和高风险
		缺乏意识和承认	较长开发周期
			根本性改变需要不同的管理心态

根本性改变需要不同的管理心态。人员必须具有进取性，管理必须能够容忍失败并鼓励成功。涉及的人员必须构想，发现并分析机遇，并通过技术手段来实现机遇。基本的技能在于确定机会重要的原因；分析与机会相关的优点和缺点；发展开拓机遇的手段；设计并开发技术、产品和工艺；确定如何估量成功；验证成果；执行项目。

在丰田公司处理改变和管理技术

为何丰田公司想要成为世界第一的环保汽车制造商？这是因为来自其他追求类似目标的公司如本田、福特和戴勒姆·克莱斯勒等公司带来的竞争压力吗？这是利他主义领导力视野作用的结果吗？当这样的因素起作用的时候，有三个驱动因素显得最为重要：管制规则的影响，在发展中国家的机会，以及发达国家的商务战略。丰田公司的技术开发项目着眼于以下四个关键方面：

1. 采取一切措施减少二氧化碳和其他废气的排放；
2. 寻求新技术用以进一步增强燃料效率，从而更好地利用逐渐减少的资源；
3. 开发替代动力的能源；
4. 创建新的更高效的交通控制系统来帮助减轻城市地区的环境问题。

这些提议是复杂的，且涉及数十亿美元的投资。然而，主要的环境驱动因素是对于全球变暖、城市空气污染和资源保存的关注。丰田公司的技术开发项目是一个产品开发提案和技术创新的多方面排序。研发活动在日本、欧洲和美国的不同部门展开。丰田将收入的大约5%用于研发。研发组织最根本的挑战在于将其活动同顾客和相关者需求及需要相联系，并在整个企业中整合开发项目。

对于现存技术，问题很简单。产品创新着眼于确认顾客需求，开发满足需求的新产品。这是一项正在进行中的项目，丰田因此更新产品线，并将可持续实践和方法整合到新车当中。每件新产品都是一个通过改善系统的效果来增强公司地位的机会。

可替代技术汽车是更显著的挑战，顾客需求不甚清楚，开发这项技术的紧迫性不得而知。能够明确的是，现有司法体系和规则要求先进技术，但是作为领导的战略价值则不甚清楚，新技术的优点也是没有限制的。混合技术将现有技术同新技术结合起来；在丰田的案例中，就是内部的内燃机与电动机的结合。投资混合技术是过渡步骤的好例子。了解现有技术和由其提供的平台可以减少不确定性。改变很重要，但是基本结构同传统的设计有许多共同的特点和功能，零件和部件的共同属性，以及顾客对汽车特征的熟悉程度使得投资过渡性技术更为合理。

根本性创新同行业的主导情形截然不同，是最难获得的。不仅技术是未经证明的，而且必须体现市场需求。没有经过时间考验的主导技术会面临很高的风险，甚至是在选择的路径正确的时候。

丰田的技术开发战略是一个三分的方法。

1. 现有产品技术的渐进式创新——利用精益燃烧技术改进传统引擎技术，提高燃料效率，降低排放量；

2. 混合技术创新——开发能够通过精益燃烧传统技术的辅助来开拓电能优势的汽车技术，填补内燃机主导技术和将来技术之间的空白；

3. 根本性技术创新——开拓电力汽车技术，开发应用于汽车的燃料电池技术。这包括根据将能量传递到汽车的新方法和手段的其他新技术。

投资于内燃机现有技术有两大主要目的：使现有产品和模型在市场中尽可能持久经济的生存，建立真正新技术必须达到的基准。新技术的设计参数应该根据顾客从目前技术所能提供的最佳选择中寻求的结果。开发将来汽车的起点在于确认顾客需求并决定相关者要求。

关于汽车替代品需求的基本问题没有得到回答。了解和观察顾客对传统汽车的需求是十分复杂的。在汽车设计和生产的环境下，制定并充分理解所需属性。这一现象在丰田公司尤其明显。丰田有许多主导产品，如：凯美瑞系列，具有最佳效果的特点，能根据顾客需求的规格进行调整。从各个角度来讲，丰田在行业中的地位都非常有利。

资料来源：

Toyota Motor Corporation，*Car for the Earth*（Tokyo，Japan：Toyota Motor Corporation 1996）.

Toyota Motor Corporation，*Toyota Hybrid System THS* II（Tokyo，Japan：Toyata Motor Corporation，2003）.

设计中的工具和技术

计算机辅助工程

计算机辅助工程（CAE）的方法是计算机化的工具和技术，用于提高新产品开发，尤其是设计方面的生产率。通常来说，计算机辅助工具是有助于数据和信息获取并管理的软件项目。计算机辅助工程为设计提供较强的定量和定性分析能力，增加了工程功能的速度和精确性。全部目标是通过尽可能有效地利用数据和信息，从而最大程度地减小对设计细节的修改和加工。当出现许多需要依赖现有数据库的重复功能时，计算机辅助工程允许设计者使用标准化的方法，利用以前项目的设计来完成任务，或让他们重复已经多次使用的功能。计算机辅助工程将标准化的数据和信息一次性输入设计系统中，使其适用于所有其他的设计需求。设计细节一旦输入系统中，则能迅速地进行评估以适应改变或在任何需要的时候加入到其他的设计需求之中。计算机辅助工程通过减少多余工作，整合所有因素到一个系统之中，能提高性能、速度和质量。在一个交互式系统中，前后矛盾的现象很快被指出来，而且很容易解决。

在整个系统之中，有许多可共享的基本因素。在许多产品分类和产品家族系列中，设计因素如果不完全相同，也十分相似。因此，与以前新产品设计项目相同的设计方面可以合并到新设计中以节省时间和精力。这样的实践可能造成需要的设计工作量减少20%到30%。例如，弗吉尼亚级潜艇，美国海军最新的快速攻击潜艇，是使用“CATIA”计算机辅助设计系统来设计的。虽然在“弗吉尼亚”设计项目中很难保证节省，但是根据预测，节省对于设计衍生产品十分重要。计算机辅助工程能改进设计流程，有助于材料整理和设计流程中结果的确认，并且遗留下一个可用于支持将来设计需求的数据库。

维西和斯拉瓦纳普提的文章提到，“计算机辅助工程的工具是协作性支持技术”，他们认为，计算机辅助工程有助于工程师们在协作的环境中创造出更快、更好和更高效的设计❶。在应用已在系统内验证的在相似情况下重复使用过的最佳方法时，生产率和质量得到提高。系统方法将各项活动进行整合来提高质量和响应速度，减少循环时间，提高参与者的绩效。着眼点在于协作和交流。

协作制造技术加速新产品开发

使用计算机辅助设计的并行工程是一个能让所有利益相关者同时在产品设计早期做出贡献的设计理念。许多公司在进一步降低成本和加速新产品投放市场的努力中，使用协作制造技术，从而在产品设计流程中方便团队合作。协作制造技术也被称为协

❶ I. Vessey and A. Sravanapudi, CASE Tools as Collaborative Support Technologies. *Communications of the ACM*, 38: 1, January (1995), 83～95.

作工程，产品生命周期管理（PLM），产品数据管理（PDM）和协作产品定义管理（CPDM）。

在外部企业中的相关者可以利用协作软件，在第一轮生产之前，在一个虚拟的电子空间里共同工作。这使得工程变化能在任何实际生产开始之前，较早得到分析。专门的协作软件允许相距较远的工程师们同时看到同一电脑屏幕，并通过软件的会议功能进行交流。这项技术的使用可以减少检索产品信息所需要的时间，并处理工程变化。

土星汽车使用了得克萨斯州达拉斯的电子数据系统（EDS）公司的产品生命周期管理软件，将其产品开发周期从48个月减少到了24个月。由于土星汽车同汽车工人工会（UAW）的某种特殊关系，他们把工厂人员也包括在了新产品开发流程中。汽车工人工会代表向车间工人询问新设计提案，有助于尽早进行生产和工具加工，并能加速新产品开发。代表们把他们的发现通过产品生命周期管理软件上传给远在设计中心的汽车工人工会的三名高级工程技师。这些高级工程技师便利用电脑会议和其他交流方式，同土星的工程师们进行协作。目标是构建一个虚拟的原型，并确认可制造性和工效学方面的潜在问题。产品生命周期管理软件也可用于产品开发的后期阶段。

资料来源：

Wright, C. M., They don't make' em like they used to: collaborative manufacturing ushers in a new era. *APICS – The Performance Advantage*, 12: 3, March (2002).

计算机辅助设计和计算机辅助制造

概述

计算机辅助设计（CAD）是一项将软件和硬件整合到计算机化设计系统中的信息技术，这样的设计系统可以联系所有参与者和设计因素，并整合设计和工作流。计算机辅助设计从20世纪70年代的简单的二维计算机辅助画图逐渐演变成为21世纪的三维参数立体模型。硬件提供了加工和互动的能力，以及数据存储和检索系统。这个软件可以处理数学运算法则、图形图像和参与者之间的连通性。

计算机辅助制造（CAM）将设计因素同制造需求和生产工艺相联系，消除了从图纸信息转化到用于生产原型或制造产品的细节的一些步骤。

计算机辅助设计和计算机辅助制造的结合创建出一个设计系统，可以将所有的参与者联系起来，并为其提供根据整个团队的输入和作用而获得的实时信息。这一联合系统被称为“计算机辅助设计/制造”或者“计算机辅助设计制造”。一个计算机辅助设计/制造系统是高度自动化的，它使用的是标准要素以及联系上下游工作，整合设计工作的共同语言，这样，预期的增加和修改可以同时在涉及的所有人之间进行交流。此外，参与者并不需要协同定位才能共同有效工作。既然所有人都共享一个共同的数据库，所有改变都可以在瞬时进行交流，并结合到构想流程中。计算机辅助设计/制造系统可以同样有效地联系内部和外部的参与者。

计算机辅助设计/制造系统的主要优点：

1. 增强质量和设计结构。计算机辅助设计/制造模型提供了明确的产品定义和设计想象。设计可以在三维空间进行展示，也可进行可视的测试和鉴定。设计参数和公差可以结合到系统中，从而提供了互动检测参数和公差的方法，来确保设计的可生产性。

2. 减少设计和生产时间。计算机辅助设计/制造降低设计周期，最小化工程改变的数量，并改进设计和生产工程之间的联系。使用系统中先前存在的数据和设计规格来减少需要完成的原有工作量。它可从以前设计中补充信息和数据。计算机辅助设计/制造将设计步骤同原型的构建和测试相结合。

3. 改进价值公式。计算机辅助设计/制造通过确保所有成本因素都包括在价值公式之中，来改进成本预测和成本结构。生产率提高和生产周期的可能的降低可以改进成本结构。成本评估由于设计信息数据库和同生产的联系而明显更加精确。

计算机辅助设计/制造的开发流程

计算机辅助设计/制造整合了新产品开发流程中设计的所有方面。主要着眼点在于根据新产品开发项目的要求而进行的工程、成型和制造。工艺因素与工程和技术设计一起作为主导因素进行开发，起点可选在概念开发阶段。从质量功能展开这样的技术中派生出来的产品定义和顾客规格，提供了工程和技术的功能。

以下将对总体方法进行描述，图 7.6 也描绘了处理情况。由于软件的复杂性和设计情况的复杂性，可能会有许多同模型不一致的地方。

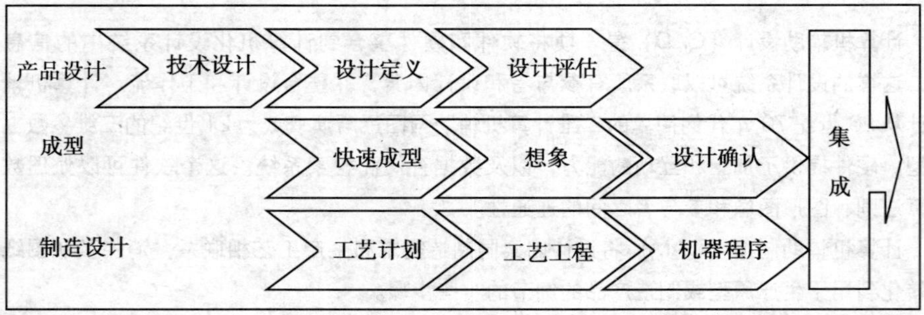

图 7.6 CAD/CAM 平行加工

产品设计

技术设计包括一些基于产品特征和公差的规格，它是在一个矩形坐标系（*x*，*y*和*z*）之下的三维几何图形展示。几何学可以表现为平面或立体图形❶，立体或立体的三个表面都会提供满意的设计细节，以便使参与者能够将对象形象化，从而有利于改进流程。也可以通过找寻改善后的解决方案来生成设计选项。

产品其实是零件、部件和模块的组合。计算机辅助设计/制造系统允许所有的零件单独构建模型，然后再结合成为一个主文件。单独的设计者可以先做自己的部分工作，然后整合到一个系统中。设计工作可以分别展开，也可以并行展开。设计者们有能力通过将零件结合到整个生产线之中，来评估一个设计改变对零件或模块，乃至生产线的影响。在构建原型或生产产品之前，可以检测生产线上的冲突，核实最后设计的精确性。设计模型存储为中央文件系统中的控制器。下游的参与者可以随着设计控制者的改变而随时获得实时的路径了解其信息，为他们提供履行任务时所需的信息或为影响功能和职责的设计方面的问题提出意见。

设计定义是通过设计细节和图纸的控制文件而进行的。维度、公差和截面图都整合到主文件中，描绘出了产品设计模型。参与者同软件专家紧密合作，以确保设计的效度，也保证文件不会在任何情况下损坏。设计者同制造方的参与者协作，以确保零件的制造，以及所需的几何图形是可行的。在一个三维的计算机辅助设计/制造系统中，程序创造出一个可用于形成原型的参数立体模型。这也增强了设计工作的完全整合，因为平行加工使得这一工作的效果最大化。

计算机辅助设计/制造模型为设计评估提供了方法。这些模型可以用于生成有限多个设计因素。模拟负载可以加入到设计模型中，来分析设计压力。这种分析可以用来确定因素的优势，并确认转换点或故障模式。参数分析可以用来确认与设计弱点相关的偏差和压力。还可以进行振动、热传导和运动学分析。参数可以改变，以便使模型能提供关于可变性的信息。

成型

快速成型指的是通过在计算机辅助设计/制造系统中模拟虚拟设计，或通过实际产品模型的开发来测试设计的一些方法。快速成型技术在过去的十年中获得了长足进步，因为成型通过系统联系起来，用最小的时间和精力来创造出一个可生产的模型。快速成型将设计文件与用于生产原型的工艺设备连接起来。它允许产生一个可供测试和验证的工作模型。

---

❶ 对于一个平面模型而言，一个对象的各个面被定义在一个系统中，且呈现平面、圆柱、圆锥、球体、环形或不规则表面的形式。立体模型提供了对象的整体几何定义。一个立体模型可以有密度，从而可以确定重量。

成型的详情，请参见第十二章末附录。

可视化为设计者们提供了产品及其部件的几近完美的再现。十分复杂的计算机辅助设计/制造系统，像CATIA系统一样，允许设计者形象地检测设计的每一部分。有的大型生产线具有众多子生产线，如：含有数千个零件的汽车，可以使用“切面文件（facet files）”来展现❶。这个方法使设计者可以展示装配的方法，并模拟设计测试。

设计验证通常嵌入在成型序列中。这些方法有许多变种，包括验证阶段，因为需要在设计和开发阶段验证，设这样的“虚拟测试”正在得到认可，它可以大大地节省时间和金钱。在弗吉尼亚级潜艇的设计中，电船公司（设计者）就使用了虚拟测试来评审冲突，并在一个几乎连续的基础上确认设计决策。虚拟测试在设计序列的早期提供了一个解决困难的手段，因此，消除了更为复杂的问题。具有模拟化原型的虚拟测试可以用于替代昂贵的自然实物大模型。此外，正如电视上道奇勇士汽车的广告所反映的一样，潜在的顾客可以利用计算机辅助设计/制造系统中的图形学模型来评估设计细节。

制造设计

设计定义为制造流程提供了用于开始**工艺计划**的细节。工艺计划处理有关生产零件、部件和生产线的需求，获取原材料和采购零件。工艺计划决定产品的制造方式。快速成型也为制造零件、部件和生产线的要求提供了相应输入❷。

工艺工程直接使用CAD/CAM系统中的信息，以在生产中形成工具系统，定位系统和加工方法。在生产一个部件的时候必须要紧固定位，主模型可以用于制造夹具，并提供必需的信息来指导自动化设备。

机器程序用来指导设备生产零件部件和组装产品，一个完全集成的系统使用的是具有数字控制程序的自动化机器。数控设备可从主模型中直接生成工具路径，它允许将设计信息直接输入到制造工艺中，即从CAD到CAM。当有图形化了的数控程序存在，那么它就可以用在一个模拟项目之中，或实际的生产中。例如，这些程序可以展现一个正在加工的虚拟零件。

CAD/CAM为所有零件、界面和关系提供了评审的方法，不一致的地方可以很快被人们发现。CAD/CAM供应者和顾客联系到系统中来，从而使得交流和合作非常顺畅，通过与系统直接的输入输出，下游的参与者也与设计者整合在一起，对产品生产设计发挥贡献。

---

❶ C. McMahon and J. Browne, *CADCAM from Principles to Practice* (Reading, MA: Addison Wesley, 1993, p. 39). 面是边界模型的最简形式，一个曲面可以通过一系列的面来近似获得。面的文件是真实几何模型的近似值，包括许多小的三角形的面。

❷ V. Balsmeier, Rapid Prototy - Ping: State - of - the - art Manufacturing. *Industrial Management*, 39: 1, January - February (1997), 1.

第九章谈及设计和制造联系的更多细节问题。

CAD/CAM 集成

如果 CAD/CAM 是新产品开发流程的一个固有的部分，那么参与者需要得到 CAD/CAM 专家的支持，或需要一个交流的界面来确保能正确使用软件。如果没有的话，新产品开发项目需要开发一个 CAD/CAM 系统来加以支持，系统集成十分必要，这样可以使得数据库信息在各个软件平台都可以利用，也将产品设计、工艺计划和财务系统联系起来。CAD/CAM 系统的使用并不能自动保证产品的高质量，缩短交货时间或降低成本。这需要新产品开发团队的协作努力。如果参与者经过良好培训，且他们理解 CAD/CAM 系统运行的作用，那么在新产品开发情况下，这样的一个系统将会运行良好。高级管理层必须制定 CAD/CAM 政策和指令，并提供一个有利的工作环境。

对 CAD/CAM 的洞察

CAD/CAM 系统十分复杂，且属于信息技术的领域。本书的目的并不在于谈及与 CAD/CAM 的硬件和软件方面相关的细节问题。相反的，本书的着眼点在于新产品开发参与者使用工具的能力。CAD/CAM 系统的合理应用需要计算机领域的专家来决定创建和使用 CAD/CAM 模型的最佳方法，这样的专家为满足系统集成制定出标准，软件应用自动生成设计和工艺细化，并在系统内部提供联系设计和人员的界面。

新产品开发团队是一个集合来自设计、草拟、分析、工艺计划、数字控制编程、评审、工具设计和其他方面的专家的团队。这也提供了在新产品开发流程中共享产品设计的机制。

产品数据管理

产品数据管理（PDM）是用来管理产品的数据及管理工程变动的有效工具，在设计和开发阶段，随着设计的完善而进行工程变动。由于来自不同出处的输入信息对设计决策有较大影响，有必要进行许多重复。来自所有内部和外部参与者的输入信息需要一个便捷有效的方法来捕获和管理，以保持信息流和数据流。

PDM 软件使得设计团队可以组织设计信息、管理设计修改信息、保存设计细节的记录，以及检索档案信息。在工艺方面，PDM 软件有助于设计活动的开展，如：评估和正式批准，这一软件也是一个检测性能的系统。

PDM 从 CAD/CAM 演变而来。最初，它为 CAD/CAM 数据提供电子存储和检索系统。它是一个有密码保护和安全备份的存储保险库；就像一个银行的保险库一样。随着需求变得愈发复杂，功能中又增加了互动的特点，以提供集成数据管理。

新一代的 PDM 软件为设计者提供在一项设计中并行协作和瞬时观察工作结果的方法❶。这一新功能让那些不在一个地方的参与者之间能够进行协作。随着外包业务使供应商继续增加，这一特点变得愈发重要。

创新性问题解决理论（TRIZ）

TRIZ 是一种相对较新的设计技术，用于改进产品，增强优势。这种理论利用模拟情形和设计准则来探索解决方案，着眼于消除总体设计内部的冲突，而非寻求妥协方案。它试图通过中和负面影响来回避中庸的解决方案。

阿特休勒在苏联担任设计专家时，建立了 TRIZ 模型，他认为一个发明理论应该满足以下条件❷：

1. 是一个系统化的，循序渐进的程序；
2. 是一个通过广阔空间来指导理想化解决方案的指南；
3. 是可重复且可信赖的，并不依存于心理学工具；
4. 可以到达发明知识的主体；
5. 可以加载到发明知识的主体中；
6. 发明者熟悉通过遵循问题解决的一般方式。

这一模型包括一些科学方法的基础。最重要的方面是通过模拟问题解决来探寻解决方案，并利用在不同技术领域、不同行业或不同科学领域的设计师们的经验。理想模型是一个重要贡献。它简要说明一个系统（产品）趋向于理想状态，有用效果之和得到增加或有害效果之和得到减少，或两者都得以改进。表 7. 11 是对发明才能水平的一个简要描述❸。

表 7. 11 发明才能的层次（TRIZ）

层次	发明才能的程度	解决方案百分比	知识来源	可供考虑的解决方案大致数目
1	显而易见的解决方案	32%	个人	10
2	小改进	45%	公司内	100
3	主要改进	18%	行业内	1000
4	新概念	4%	行业外	100000
5	新发现	1%	所有知识	1000000

发明能力的水平分级是不连续的，它提供了创新类型和同发明解决方案相关的困难

❶ PDM 软件的一些主要提供商是 Parametric Technology 公司、IBM 的 Dassault 系统公司、惠普的 CoCreate 公司、EDS 的 Unigraphics 公司，Adaptive Media 公司与 Nexprise 公司。

❷ 创新性问题解决理论，www. mazur. net/triz，第 4 页。

❸ 同上，第 5 页。

的相对信息。水平 1 说的是对一个或多个功能的较为简单的改变；水平 5 则说明对数项功能或参数的根本性改变，甚至是一个全新的发明。现实中，在数年间执行的多个新产品项目中，改动实际很有可能是连续的改进。TRIZ 的水平为每一新产品在其开发范围内的独特程度提供了深入观察。水平 1 至 3 是本书在产品创新领域内讨论的话题。水平 4 和 5 同技术创新相关。TRIZ 理论是改善价值命题的良好工具。它着眼于价值的基本因素。详情请参见创新性问题求解理论的网址（www. mazur. net/triz.）。

通则设计：产品开发的领域模型

通则设计着眼于将企业整体集成到一个系统化设计的方法，Nam Pyo Suh 教授是麻省理工学院机械工程系主任，他是通则设计原理发明的第一人❶。通则设计原理探索最佳的解决方案。

在新产品开发流程的环境下，通则是嵌在设计流程中的基本事实。通则的基础是构建在同高级设计相关的科学思考之上的。经过大量的研究，Suh 确信有两条主要通则：第一个原理是独立性公理原理，它规定，在优秀的设计中，产品特征（如何）是通过以顾客需求（什么）维持独立性的方式来进行选择的❷。

拉里·史密斯在《六西格玛论坛杂志》中的一篇论文中，举出了如下的例子❸：

> 水龙头的功能要求有两个：控制流速和控制水温。有两个开关的龙头，一个开关冷水，一个开关热水，是一种耦合的设计，当拧动其中一个开关时，温度与流量都受到影响。所以，功能要求并不独立。如果一个顾客优化了流速，然后拧开其中一个开关来优化温度，那么流速就改变了，且不再是最优值。这种类型的设计可以通过这两个设计参数之间的重复，从而最终满足顾客需求。
>
> 考虑只有一个手柄的设计情况，设计参数需要抬起手柄来调整流量，横向移动手柄来调整温度。在这个设计中，调整温度并不影响流量，反之亦然。从公理设计的观点来看，这种设计是高级的，因为功能要求具有独立性。

第二个原理，认为最佳的设计具有最少的信息内容。这样的设计极有可能获得成功。这是简易原则。更复杂的设计需要更多的信息才能使其正常工作。简易性原则提出顾客的每一需求（称为顾客属性）都表达为通过一个单独的设计因素（设计参数）来满足的功能

---

❶ N. P. Suh, *Axiomatic Design*: *Advances and Applications* (Oxford: Oxford University Press, 2001).

❷ L. Smith, Six Sigma and the Evolution of Quality in Product Development. *Six Sigma Forum Magazine*, 1: 1, November (2001), 5. www. asq. org/pub/sixsigma/evolution. html.

❸ 同上。

要求。

Suh 开发了“产品开发领域模型”。图 7.7 描绘了一些关键的领域。

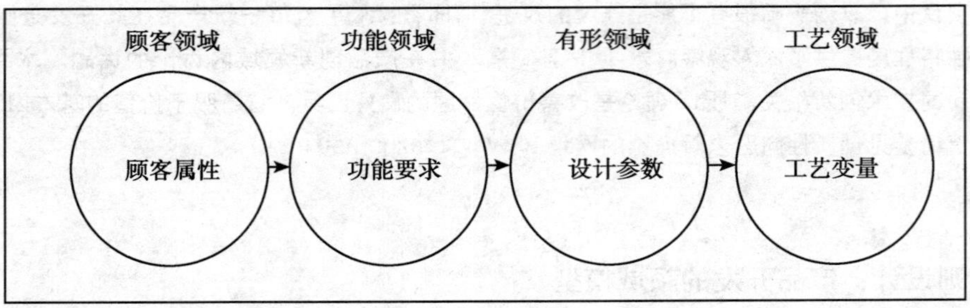

图 7.7 Nam Pyo Suh 的产品开发领域模型

资料来源：N. P. Suh，通则设计：发展及应用（牛津：牛津大学出版社，2001）。

最重要的设计原则涉及顾客属性与功能要求之间的联系。公理规定功能要求应该独立，且每一功能要求应该直接对应顾客属性。最佳的设计是那些顾客属性与功能要求之间具有直接联系的设计。

设计参数是顾客需要的有形解决方案，各个设计方面集成为一个单一的部分可以最大程度地减小复杂性，可互换的零件的标准化流程可以使得独立性原则和简易性原则保持一致。一个理想的设计中，每个功能要求都有一个设计参数。工艺变量应该同设计参数相联系。然而，联系并不一定要是直接的。详情请参见 Suh 的著作。

故障模式和效果分析

故障模式和效果分析（FMEA）是一种用来决定产品和工艺设计的耐用性和安全性以及了解潜在风险的分析工具，它是一种量化方法，用来确认可能出故障的产品或工艺，确定潜在问题或故障的严重程度和可能性，并建立起防范这些故障的方法。

故障模式和效果分析有如下几种：

1. 系统故障模式和效果分析——检验新产品或概念如何才能适合整个管理系统。它在新产品开发早期进行展开，用于了解同新产品功能和应用相联系的固有风险；

2. 设计故障模式和效果分析（DFMEA）——延续前面所述的质量房子的逻辑，设计故障模式和效果分析着眼于在设计工艺中选择的零件。它用于分析零件的功能和决定潜在故障模式及其含义。设计故障模式和效果分析可以用在整个产品上；

3. 工艺故障模式和效果分析——应用于制造和装配工艺。它关注为达到产品规格要求却成为缺陷的故障。故障模式可能是因为设计或工艺缺陷而引起的。

设计故障模式和效果分析是在新产品开发流程中使用的有效工具，用于发现并弥补从技术和商务角度影响新产品生存能力的潜在缺陷或风险。这种设计工具的应用取决于不同的情况。在设计情况下，设计故障模式和效果分析可以应用于一些受到过关注的零件或部件的小组合，也可应用于未经证明为可靠的设计中的新因素。复杂系统的分析，新产品概念，或有众多零件的设计可以通过选择那些关系重大或具有严重影响的零件来进行简化。

故障模式是使得产品、工艺或任何零部件不能达到规格要求的机制。缺少的或有缺陷的零件、不够大的零件或不精确的部件都是故障模式的例子。**效果**是指对下游工艺、运营或顾客的影响，如果故障模式没有得到防范或纠正。喷气式飞机引擎上的有裂痕的叶片，其效果可能会造成功效损失，最终导致飞机坠毁。故障的原因是由于故障模式造成的缺陷。

DFMEA 方法通过检测每一故障模式和确定各模式在严重性、故障可能性和发现并防范故障发生的潜在能力方面的潜在效果来确认总体风险。

这一方法的核心在于**分析**，分析用如下术语来表达，它们可以确定故障的严重程度：

1. 严重性（S）。如果故障发生，潜在效果是什么，问题有多大？（财产损失、顾客或工人受伤、死亡）

2. 故障发生可能性（O）。故障发生的概率有多大？（故障发生的可能性）

3. 发现故障能力（D）。发现问题的可能性是多大？（如果故障发生，觉察原因或故障模式的能力）

分析模型相对简单。这是一个数学公式，将每个成分（严重性、故障发生和觉察能力）在从 1 到 10（1 是最低的，10 是最差的）的比例上计分。对每个故障模式而言，“风险优先数”（RPN）提供了风险潜能的指标。

$$风险优先数 = 严重性 \times 故障发生 \times 觉察能力$$

数字越大代表需要得到越大的重视。理想状态下，这个模型通常可以反映出最不用重视的问题领域同困难最大的问题领域之间的显著差异。

RPN 是一种对需要额外质量计划和改进项目进行确认或区分优先级的方法，那些领域是可能导致过高成本、过多缺陷、低可靠性、劣等性能和产品责任增加等情况的潜在问题领域，它们也代表了改进的机会。确认一个高风险优先级可以减小潜在故障模式带来的影响。

此处描述的设计故障模式和效果分析程序基于 QS9000 认证和美国汽车工业行动集团的汽车模型❶。图 7. 8 为执行设计故障模式和效果分析提供了一个普适模板❷。

DFMEA 是一个分步进行的流程，它水平地运行，涵盖了每个功能项目及其潜在故障模式。当所有的所选功能都被确认，并添加到列表之中，进行分析之后，这一流程在垂直方向延续。这一流程在表 7. 12 中有详细描述。

---

❶ General Motors, Chrysler Corporation, and Ford Motor Corporation, *Potential Failure Mode and Effects Analysis*, 2nd edn, General Motors, Chrysler Corporation, and Ford Motor Company (1995, pp. 3 ~ 24).

❷ 参见 http://egweb. mines. edu/egg491/lecture and Cayman Business System16949. com。

—系统
—子系统
—部件______________
车型年限/汽车______________
核心团队______________

潜在故障模式与
效果分析（DFMEA）

设计责任______________
关键日期______________

故障模式与效果分析数______________
共______页，第______页
准备______________
故障模式与效果
分析日期（原始）______（修改后）______

项目功能	潜在故障模式	潜在故障效果	严重性	潜在原因/潜在故障机制	故障发生	现有设计控制	觉察能力	风险优先数	推荐措施	责任及目标完成日	日期				
											采取的措施	严重性	故障发生	觉察能力	风险优先数

步骤	1	2	3和4	5和6	7和8	9	10

图7.8 设计故障模式和效果分析模板

表 7.12　设计故障模式及效果（DFMEA）分析流程

描　述	解　释	举　例
步骤 1 确认并描述产品/工艺的功能 （列出所有设计功能）	第一步，确认产品或工艺的每个主要功能，描述能确定潜在故障的功能。潜在故障包括那些由于设计而预期可能发生的故障（固有的）和并未作为产品或工艺的一部分的故障（潜在的/未预料到的）	燃料电池需要氢才能工作，将氢与氧转化为水和电流。燃料系统存储氢，并将其提供给电池。一部分水会在较冷的天气下结冰
步骤 2 确定潜在故障模式（列出所有故障模式）	第二步，确认并定义具有潜在可能无法达到规格要求的子系统、成分、零件和工艺等。类型Ⅰ故障是功能所固有的故障（具有已知的发生概率）。类型Ⅱ代表了一种未知或未预料到的情况	氢存储设备可能会遭受破坏，并使容器遭到破裂（类型Ⅰ）。这种故障模式可能造成次一级的故障。水可能结冰，造成系统启动时不能正常工作（类型Ⅱ）
步骤 3 描述故障模式的后果	第三步，确定预期的最终后果。当预期故障会发生时，故障效果根据应用和其影响力来描述	破裂可能会让氢泄漏到汽车中。如果氢在可燃的范围内被引燃，可能造成汽车的爆炸。汽车启动问题会影响顾客满意度
步骤 4 使用表 7.12A 来确定严重性的等级	第四步，使用严重性等级表格来确定后果严重性的一个数字等级	爆炸可能杀死车里的人。具有这样效果的严重性等级是 10。启动问题的严重性，相比而言较小
步骤 5 确认每个故障模式的潜在原因（列出故障机制）	第五步，确认故障模式的所有潜在原因。原因通常与设计和制造流程相联系。这需要进行根源分析来发现所有潜在的缺陷。对每个原因而言，故障发生的概率都应该建立在历史记录和实证测试的基础之上	燃料箱的故障率很低。假定记录代表故障仅在 1 比 100000 的比例上发生。故障可能是因为选材低劣、生产方法不足、缺乏合适公差等原因
步骤 6 使用表 7.12B 来确定故障发生概率	第六步，使用故障发生等级表格来确定严重性后果的数字等级。故障发生等级选自一个定义了故障发生最接近水平的表格。标准是基于发生的可能性	如果故障发生概率是 1 比 100000，那么表 7.12B 则代表了等级 3
步骤 7 确定发现潜在问题的能力	第七步，确定现有设计构型和新产品开发流程发现潜在问题的能力。这些包括用于防范故障原因、发现故障，以及/或减少影响的设计确认活动	原有设计并没有能够发现气体泄漏的氢探测仪器
步骤 8 使用表 7.12C 来确定发现故障的可能性	第八步，使用发现故障可能性表格来确定探测概率的数字等级	发现潜在问题的能力很差。等级是 9

续表 7.12

描 述	解 释	举 例
步骤 9 确定风险优先数	第 9 步，计算风险优先数。风险优先数 = 严重性 × 故障发生 × 觉察能力。通常来讲，如果严重性大于 7 亦或风险优先数大于一个由管理层决定的数值，那么这个特征就被认为是关键的	氢的例子具有较高的风险优先数 = 10 × 3 × 9 = 270
步骤 10 确认并执行减缓措施	第 10 步，包括改进案例和降低风险及缺陷的潜在原因和影响的所有措施。这包括提高发现故障模式的可能性。相应工艺包括确定负责人，确定完成措施的时间安排	在这个例子中，主要行动是在构建一个故障安全机制，以确保氢不能在汽车内部和周围积蓄。假定严重性降低到 1，那么新的风险优先数 = 1 × 3 × 9 = 27

表 7.12A 严重性等级

效果	等级	严重性效果
没有	1	从严重性的角度来讲没有影响
很轻	2	顾客没有苦恼。对系统或性能具有十分轻微的影响
轻微	3	顾客轻度苦恼。对系统性能有轻微影响
较小	4	顾客经历较小的麻烦。对系统性能有轻微影响
中等	5	顾客有一些不满意。对系统有中等影响
显著	6	顾客有不快。项目性能降级，部分故障
主要	7	顾客不满意。性能受到严重影响，系统损害
极度	8	顾客十分不满意。项目/系统不可运营，但仍安全
严重	9	潜在危险。依时间而定的故障
冒险	10	危险影响。突然故障，涉及安全

表 7.12B 故障发生等级

故障发生	标准	等级	可能故障率
细微	故障不太可能发生	1	小于 1：1500000
		2	1：150000
非常低	仅有单独的故障	3	1：15000
低	同类似产品相关的单独故障	4	1：2000
		5	1：400
中等	这一产品或相似产品经历偶然故障	6	1：80
		7	1：20
高	这一产品或相似产品经常出现故障	8	1：8
		9	1：3
非常高	故障几乎不能避免	10	大于 1：2

表 7.12C　发现故障概率

等级	通过设计发现故障概率❶	发现故障概率
1	设计可以发现潜在原因和故障模式	在工程原型之前发现
2~3	设计发现故障的概率很高	在设计发布之前发现
4~5	设计发现故障的概率中等	在生产之前发现
6~7	设计发现故障的概率很低	在装运之前发现
8	细微几率	在装运之后但是顾客使用之前发现
9	非常小	在使用时发现，但故障尚未发生
10	完全不确定	直到使用时出现故障才能发现

一旦关键特征被确定，人们就能明确表达出行动计划来降低设计风险。这一活动需要列出推荐的措施、职责和时间选择。这些措施及其结果以量化方式进行描述。

DFMEA 是一种发现潜在问题并确定改进设计方法的简易办法，它与风险评估和质量改进同时使用，它使新产品开发团队能够在开发早期拿出更耐用的设计，并发现在缺陷对产品成 DFMEA 具有通过减少缺陷和负担来提高价值的潜力，如果具有高水平的不确定性或者高风险和高负债，这种分析是十分合适的。它允许管理层将新设计的相对优点同使用相似模型的旧设计进行比较，并确定缓和的需要，它为参与者提供了丰富的信息和知识，使他们不仅能改进设计，也可以提高他们自己的设计能力，改善新产品开发流程。这里描述的方法可以同 DFE 以及产品生命周期评估一起使用，用来发现不同类型的缺陷和负担。

本章总结

产品/市场影响因素，及其对产品设计的影响的本质是动态的，变动的外力是由社会压力、政治现实、经济动力和技术进步驱动等多方面带来的，为新产品机会的复杂实体创造解决方案是对产品/市场计划和产品设计的核心挑战。通过产品设计引领改变意味着将机会转化为有意义的行动，它需要有创造性的方法和技术来理解设计的复杂性，发现、开发并执行解决方案，其基本方法是创造出可持续的价值流和设计方案，可以超过企业的经济、市场、社会和技术等方面的需求。

设计流程的前端是受设计理念所驱动的，设计工具和技术提供了相应机制，可以分析

❶ General Motors, Chrysler Corporation, and Ford Motor Corporation, *Potential Failure Mode and Effects Analysis.*

顾客和相关者的要求，并将其转化为可运营的措施和设计方案。

解决方案必须从整体方面考虑，本章所述的基本模型从定位、理念、原理到战略，具有清晰的逻辑顺序。工具和技术都嵌入在设计流程之中，并用于分析和执行。图 7.9 进行了概述。

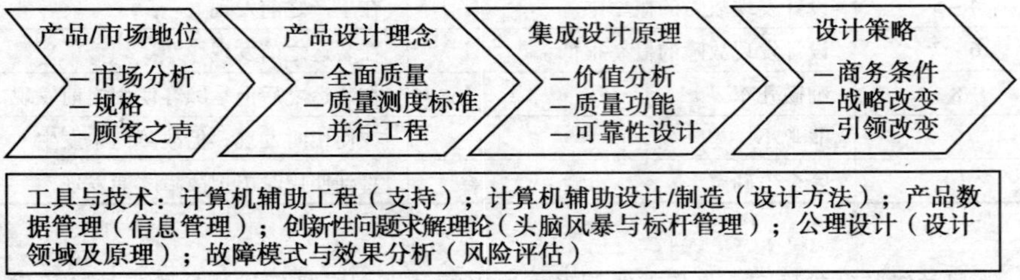

图 7.9　设计流程因素同工具、技术之间的相互关系

本章提出了可在概念开发和选择阶段或设计开发阶段有助于分析和决策的基本产品/市场因素。由于本章大多数的方法和技术都相当复杂，更大的可能是将其用于运营阶段，而非概念阶段。因此相应讨论可同第十一章的相关方面联系起来。

第七章补充材料

质量功能展开的战略应用

作者：理查德·皮卡德

引言

近几年来，人们越来越关注如何能够更快更好地开发高质量低成本的新产品。越来越多的消费品生产商正迅速地开发新产品或者替代品。此外，产品的生命周期被极大地浓缩，许多公司，尤其是生产电子产品的公司，意识到了这一点。其他公司或是失败，或是想尽一切办法保持自己的领先地位，更现实地说，是保持不被其他竞争者淘汰。很多这样的公司尝试了一种又一种技术，但多以失败告终，或者结果不尽人意。

质量功能展开，是一种力求改进顾客和利益相关者的需求与正确选择产品特点，以及和下游生产要求之间关系的方法。QFD 是一种新产品开发方法，核心是顾客导向的质量管理，并且关系到公司的各个部门。如果应用得当，公司就能获得竞争优势。QFD 是一种产品创新的战略开发工具。

QFD 开始于 20 世纪 60 年代的日本，由多摩川大学工业工程系教授赤尾洋二提出。20 世纪 70 年代早期，日本三菱重工的神户造船厂首先使用了 QFD 方法。1974 年，丰田公司在欧洲采用 QFD 方法解决由于汽车车身生锈导致的保修问题。这一方法使丰田公司极大地降低了成本。1983 年，即 QFD 首次提出的 20 年后，它传到了美国。

QFD 其实是日本语“Hin shitsu ki no ken kai”的蹩脚英文对译，即使是英文的译文，质量功能展开也没有什么意义。字面的翻译如下：

质量	特点	**功能**	机械化	**展开**	扩散
属性				开发	
质量				发展	

QFD 研究所的格伦·马祖尔以日文为基础提出了一个更实际更准确的描述，他认为 QFD 是“一个有勇气的小组协调性地工作，追求完美的细节，解放组织，生产出市场认可的产品。”❶

赤尾博士也给出了自己的见解：“QFD 是提高设计质量的一种方法，为的是满足顾客需求，并将顾客需求转化为设计目标和整个生产阶段的主要质量保证措施。质量功能展开是在产品设计阶段确保设计质量的方法。”❷ 质量功能展开可被看作质量工具，或者更准确地说，是新产品开发工具，涉及所谓的“客户意见”的各个方面。

图 7 补.1 表明更多的成员应当预先采用进取型新产品开发方法，这种方法的优点是顾客驱动产品设计，低成本，高质量。

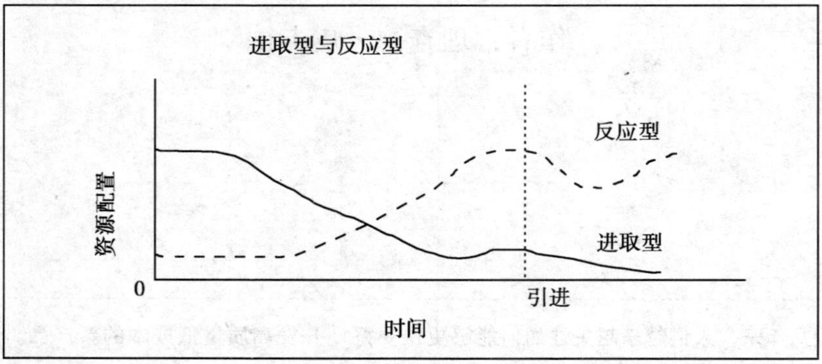

图 7 补.1　进取型新产品开发方法

选用进取型战略进行产品开发的优点还在于质量杠杆的应用。在新产品开发的初期，设计出现问题的可能性是很大的，如果使用质量功能展开，其评审和平衡功能可以确保设计初期决策的正确性。这样的决策可以减少由于缺乏交流而引起的返工和额外成本，这些都是传统方法所不能避免的。

图 7 补.2 中，质量杠杆形象化地说明了进取型方法的优点。在生产阶段，杠杆率仅为 1∶1，而设计阶段则达到了 100∶1，解决问题的能力有了显著提高。这种方法产生的是更加合理的设计。进取型流程的优点比较容易理解，却不容易实现。质量功能展开的重点就是发现问题。

---

❶ The Wiremold Company, The Wiremold Company QFD Handbook. West Hartford, CT: The Wiremold Company, p. 6.

❷ 同上。

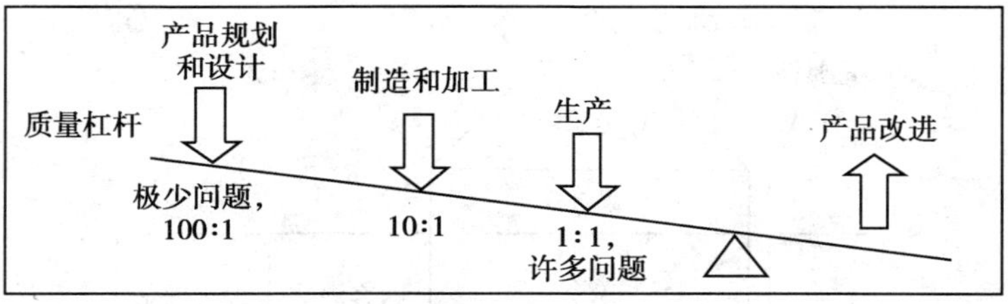

图 7 补 . 2　质量杠杆

质量房子和质量功能展开

质量功能展开又被称作“质量房子”。这一名词用以表示与质量功能展开流程相关联的一系列矩阵，它们将顾客的反馈意见转化为可以量化的输出和关系，然后转变为新产品设计和生产中的关键方面。

如图 7 补 . 3 所示，质量房子的每一部分都是在各阶段单独建立的。一般有 4 个阶段，每一阶段的重点是一个具体的方面。在更加复杂的质量功能展开中，一个质量房子用作新产品开发的一个具体方面，不同的工作组研究不同的质量房子。图 7 补 . 4 是客户意见和质量房子的总体框架。

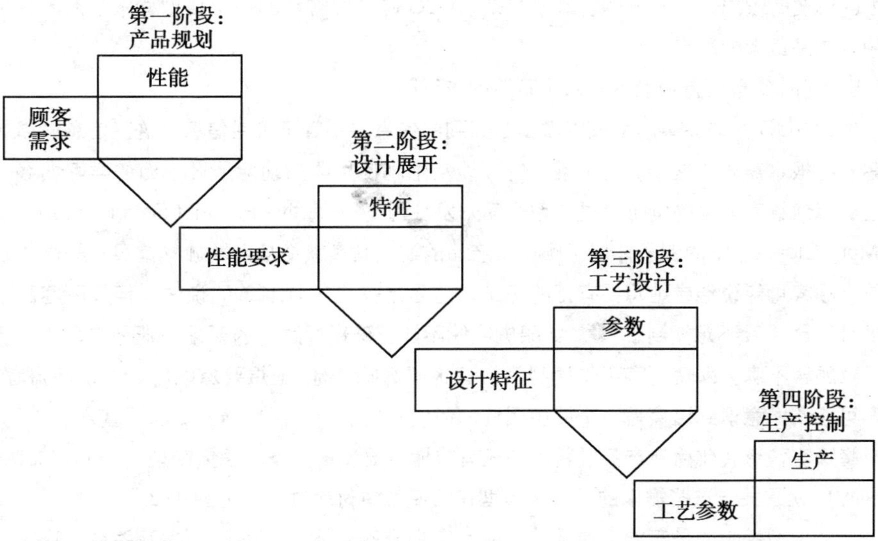

图 7 补 . 3　质量功能展开的四个阶段

质量功能展开的 4 个阶段分别是：产品规划阶段，设计展开阶段，工艺设计阶段和生

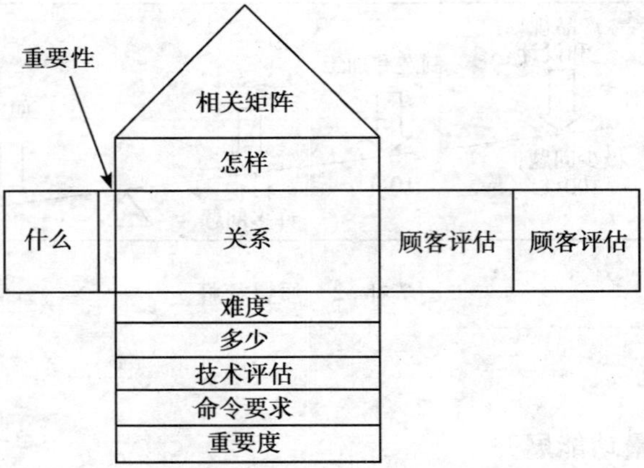

图7补.4　质量房子

产控制阶段。质量功能展开的全部阶段的成功完成反映了公司对 VOC 的成功解读。

VOC 代表了顾客的根本需求。这些数据的收集是在质量功能展开执行之前的准备阶段进行的，收集的方法多种多样。通常是由个人在营销时进行市场调研。在质量功能展开流程中，最佳的方法是将各个跨部门工作小组的核心成员集合起来，与许多顾客进行现场交流和采访。在整个质量功能展开流程中，在决定 VOC 时，所有成员在整个质量功能展开流程中的必要时候应将自己与顾客联系起来。VOC 应是顾客集的一个典型样本，而不只是当地顾客或是最大的顾客。

图7补.3是质量功能展开四个阶段的流程图。

确定 VOC 并非易事。从顾客哪里收集到的信息并不等于可用信息，这些信息必须转化成客户的根本需求，这个流程是漫长的，涉及刚刚使用质量功能展开小组的学习曲线。一个正确解读顾客需求的例子是进取型产品开发公司（Proactive Product Development Inc.）的 Mary Cicala。她的例子体现了顾客对产品的期望其实就像从当地咖啡馆买一杯咖啡那么简单。顾客可能说他或她想要有把的杯子，这看上去是一种简单的说法，但是顾客的根本需求可能是“我不想烫到手”❶。如果咖啡馆不能正确理解顾客的要求，端上凉咖啡，就可能导致顾客不满。即使顾客不想烫到手，这也不意味着他/她想要凉咖啡。在访问流程中，顾客可能不能意识到温度是一个期望属性，他们只是认为这是目标产品的“基本质量”。

将顾客信息转化为新产品或新服务还有其他必要质量。**卡诺质量模型**（Kano Model of Quality）就是关于这些需求的。卡诺模型在第四章中讨论过，参见图4.2。

卡诺模型关心的是三方面的需求，以及它们与顾客满意度之间的相互关系。这三种需

❶ Proactive Product Development, Inc., *A3 - Day Workshop on QFD*, *A Proactive Development Method - ology*, 1995, pp. 2 ~ 6.

求分别是基本型、期望型和兴奋型。这个模型也是动态的，它强调，随着时间的推移，兴奋型的需求，比如计算机的处理器是奔腾第 4 代，最终会变成基本型的需求。如果问顾客他有什么样的需求，回答通常是具体的，并且是期望型的，而不会提及其他，但也是不能忽略的。

所有的质量需求都应当融入产品或者是服务中。能够正确解读 VOC 的公司才能够生产出比其他竞争者更符合顾客需求的产品，从而赢得市场份额。当完成顾客输入的收集和转化，并且应用了卡诺模型进行分析后，质量功能展开就进入第一阶段：产品规划。

第一阶段：产品规划

在所有的步骤中，首先一个任务就是确定“是什么”和“如何做”的问题。在阶段一中，“什么”是由顾客确定的标准，“什么”也可能来自命令指示，例如生产场所的要求，或者是政府法律法规，例如安全生产条例，获得批准，经营许可证等。“如何”是指描述产品或服务绩效的一系列变量，每一部分都需要有重要度评估，重要度的值来自顾客和公司两个方面。它们之间的相互影响形成了一个基本的矩阵，叫做相关矩阵。相关程度有三个层次：强、中、弱，分别用一些符号表示：双圆圈、单圆圈和三角形。图 7 补 . 4 表示的是质量房子的关键要素。

相关矩阵是“质量房子”的核心，它为“如何”（特点）和“什么”（需求）之间是否合适提供了衡量方法，此外还有其他几个矩阵或者“质量房子”可用于设计优化和决策制定。“什么”、“如何”和“多少”三个衡量标准帮助进行绩效评估，例如，“多少”确定了像 200°F 的咖啡、2. 8GHz 的奔四处理器之类基本参数的具体要求。一旦相关矩阵设计完成，“如何”之间的矛盾就必须确定。质量房子的这一部分叫做相关矩阵，或者形象地称之为质量房子的“屋顶”，解决的是矛盾问题。这些结果要求公司决策是自己开发技术，是搁置新产品开发计划还是终止计划。有时引发矛盾的“如何”可以忽略，如果公司认为它不是一个重要值。了解顾客的满意度是如何受到影响的对于决策流程至关重要。顾客需求和产品特点之间的关系分为正相关和负相关，而负相关则提供了将潜在问题扼杀在摇篮里的最佳机会。质量房子的“屋顶”为观察关于技术的战略变化提供了最好的视角。

在第一阶段，还将用到“质量房子”的一些其他部分。最重要的是公司产品或服务的技术评估和顾客评估，这是标杆管理的一种形式。信息，例如顾客抱怨的次数和维修次数，可以帮助将评估结果进行排队。这些矩阵的一个重要作用是它们为公司提供了竞争超前或滞后的相关信息，帮助小组制订相应计划。如果公司和竞争者在某一领域都比较薄弱，就能确定公司应该开发的领域，从而使公司拥有竞争优势。技术竞争性评估是由公司完成的，从技术的角度对市场上同类产品进行评估。如果技术竞争性评估的结果是弱而顾客竞争性评估的结果是强，那么这个领域就应当改进。这也暗示了公司可能没有很好地解读顾客的声音。

有了这些信息，质量功能展开小组基本一切准备就绪。这是建立“质量房子”的好处之一。对顾客而言真正重要的所有信息都掌握在质量功能展开小组手中。不过，项目的目标不是生成一系列矩阵，矩阵只是管理数据的一种方法。对于不同的公司，“质量房子”可以具体问题具体分析。在管理数据库的信息和矩阵的生成方面有软件包可以利用。

到这一点，第一阶段已经完成了，剩下的只是决定哪些具体的项目应当配置到下一个阶段：设计展开阶段，这是通过分析信息来完成的。在这些领域，公司可能排名比较落后，或者，所有公司在该领域旗鼓相当。这些信息可以追溯到前面提到的“如何”范畴中，从而确定哪些具体方面可以成为第二阶段的“什么”。与“如何”相关的“什么”与顾客需求直接相关，而其他公司能够很好地满足顾客需求的方面则被剔除，作为已经处理过的部分，不在正式的质量功能展开之列。

第二阶段：设计展开

在第二阶段，设计/零件的特性属于“如何”的范畴，这一阶段的工作流程与第一阶段相同，即在“什么”和“如何”之间建立一定的关系和相关性。“多少”是确定产品特点的实际值。有了这些信息后，就可以开始设计了。质量功能展开小组的核心成员、产品设计者或工程师，利用这些信息开发出多种方案和设计项。设计的详细程度应当是有限的，因为在这一问题上只需要概念化。方案的选择有多种方法，一种是 PUGH 概念选择方法，一旦一种方案入选，就可以进一步设计细节。PUGH 概念选择方法是由英国的斯图尔特·普伊（Stuart Pugh）设计的，最初是作为一种比较的方法。PUGH 概念选择方法还可以快速地减少选项。举例说明，如果质量功能展开设计者为一种新产品设计了 6 个方案，6 种方案的形式是一样的，比如蓝图，原型等，这些设计可以在矩阵的顶层表示。第二阶段的“什么”列在右栏。一种方案，可能是公司想取代的一种现有产品，作为比较的基准线。只要建立了基准线，选用哪种方案都是可以的。下一步，小组仔细评审右栏的“什么”项目，并与基准线进行对比。如果方案好于基准，则用“+”在矩阵中标出，反之则用“-”号，如果相同则标记为“s”。这种方法的优点在于允许小组将方案的属性进行一一对比而不是整体比较。最后，将每一栏的正负相加得出总数。最值得重视的是那些正值最多，负值最少的方案，这个方案就是新的起点。但是获胜的方案不一定就是最后的结果。PUGH 概念选择方法的另一个优点就是它创造了一种改进方案的简易方法。方案/选项可以结合在某一方面属性是正值的选项，从而实现将所有最佳的属性集成到一两个方案中。实际上，顾客是从公司直接获取产品和价值的。对于更加复杂的方案，评价的方法是“价值工程”，“价值工程”是将方案分解为更加基本的成分，并根据功能和成本进行定义。一些方案，包括竞争者的方案，都可以用这种方法进行评价，进而确定最经济最有效的方案。不管使用什么方法，最终选取一种方案。

这时建议再次确定顾客反馈的意见，小组成员应该有所涉猎，这笔小额花费是为了确保公司能够准确诠释顾客的意见。这项任务之后，方案及其细节就设计完成了，每一个部件规格特征也列了出来，每一部分本身都具有一定的物理属性，比如长度、重量。这些属性组成了第二阶段矩阵的“如何”。质量功能展开小组通过相关矩阵，能够确定它们对于性能特点的影响。如果存在空白栏，意味着其对应的零件特征是多余的，应予以剔除。如果存在空白行，则说明零件特征应当再改进。这是因为性能特点和顾客满意度一样重要。零件特征的有限值是“多少”输入，可以通过测试和实验决定。当这些值都确定下来后就可以对重要度和生产能力赋值了。随后，零件特征值，就可以作为“什么”配置到下一阶段。重要但易于生产的零件不需要进一步的质量功能展开，重点是那些比较复杂和问题较多的方面。

第三阶段：工艺设计

第三阶段应与第二阶段同步进行，因为方案和工艺最好同时开发。制造小组同新产品开发小组一起可能会从生产和制造方面对方案提出质疑。第三阶段与第二阶段极为相似，因为工艺也是设计而成的。第二阶段的重要问题是“什么”范畴中的零件特征，是根据内部限制考虑的，比如现有的生产线或者要使用的设备。很多时候，公司使用的工艺是原有工艺。由于潜在风险，新产品和新工艺很少同时开发。如果一种新工艺是可能的，那么其他选择可以用第二阶段中介绍的 PUGH 概念选择方法进行评估。决策中的量值集中在 C_{pk} 值左右，或者是制造工艺的类似评估值。(详见第七章)

一旦选择了一种工艺，质量功能展开小组必须确定“如何”，这样才能利用第三阶段的矩阵。这些是通过画流程图了解工艺中的问题区域而确定的。流程图显示了生产工艺的每一个步骤。生产零件要求恰当地控制一些流程变量，每个步骤都是由这样的流程变量确定的。变量必须是可以计量和易于测量的，比如温度、拉力、压力、时间、地点等。在这一点上，一些小组成员的专家意见是关键，而且还要有关于一定测量值对产品质量影响的经验。此外，可以利用其他资源和工具确定流程参数，小组不必受流程图的局限。其他好的方法还包括头脑风暴法和流程故障模式及效果分析（Process Failure Modes and Effects Analysis，简称 PFMEA）。对于新工艺的未知情况，田口玄一提出的实验设计（Design Of Experiment，简称 DOE）可以进一步辅助质量功能展开。

现在可以确定零件特征和价值（“什么”）之间的关系，工艺参数（“如何”）。正如其他质量功能展开阶段，关系分为强、中等和弱。例如，将木材半成品卖给建筑公司，方木可能和切割点强相关，和锯子的锋利程度中等相关。当关系矩阵确定后，要进行空白行和列的分析。空白列意味着工艺参数对零件特点不是特别重要，可以剔除，空白列却不然。空白列意味着工艺可能不影响零件特点，应该被取代。第三阶段还要求计算重要度和 C_{pk} 值(如果可知的话)，以及工艺参数“如何”。这些值有助于确定工艺参数值或者“多少”。在上例中，切割点需要控制，或增或减半度，从而使压方木材符合要求。在有疑问或者 C_{pk} 值比较低的情况下（低于1.33），则应当通过实验确定目标值。

配置了关键工艺参数，第三阶段就结束了。关键参数可是未知或 C_{pk} 值低的参数，或是公司不熟悉的新工艺的参数值。零件特征与VOC和顾客满意度直接相关。所以，这一步非常重要。每一个影响顾客满意度的工艺参数都应当配置到最后阶段。所以，所有工艺参数都会配置到第四阶段，最终确保顾客满意度和适当的生产控制。

第四阶段：生产控制

在生产控制阶段，在原材料转化为成品的流程中会增加附加值。前面几个阶段都利用了质量功能展开矩阵辅助流程管理。在第四阶段，矩阵是完成生产控制、培训和改进的行动方案的标识符。这一阶段是用户化程度最高的，因为多数制造工艺都是因公司而异的，尤其是在不同的行业。每个公司都必须自行设计开发第四阶段，找到最适合自己和顾客需求的方案。

第四阶段的初期可以采用一个简单的相关矩阵。第三阶段的参数变成这个阶段的“什么”，工艺参数的相伴值列在单独的栏中，重要程度和 C_{pk} 值也列在各自的栏中。在质量功能展开的这个阶段中，把可能导致失败的潜在因素确定下来是很重要的。这可以由PFMEA来完成，建议在严重程度、频率和可检测度等方面进行风险评估，每一水平上的风险都用数值表示，总的风险值可以通过重要度值、C_{pk} 值和风险评估值求和，并且配以适当的权重而得到。随后，所有的值都可以转化为一个值，表示满足客户需求的风险。

相关矩阵中的“怎样”必须表示所有工艺参数的改进计划，这些计划因产业不同而异。设备运营者培训和全员预防保养（Total Preventive Maintenance，TPM）是为了检验机器可靠性和运营误差而设计的。在其他一些情况下，还要有工艺表和统计工艺控制表。其他控制一定工艺参数的方法还包括说明书和标准运营步骤等。质量控制和监督也发生在这一阶段。即使质量功能展开将完成最佳设计和工艺，检验可变性和缺陷（手动或自动）也是必要的。相关矩阵可以将这些行动计划联系到具体工艺参数中。

这时可以实现真正的团队合作，其中一些人运营设备。如果他们了解并能确定影响顾客满意度的区域，那么质量功能展开就能成功。在强有力的工艺和控制的帮助下，运营者的工作就变得容易得多了。商店中零件在到达终端用户手中之前添加附加值。所以，像改善（Kaizen）活动一样利用持续改进的方法保证了工艺越来越完善。

在克莱斯勒汽车公司的质量功能展开

作为美国三大汽车生产商之一的克莱斯勒汽车公司多年来一直使用质量功能展开方法。当日本的产品以低成本高质量占领美国市场的时候，美国汽车业是第一个使用质量功能展开作出回应的。克莱斯勒汽车公司主要依赖国内需求。在K型车取得成功后，克莱斯勒公司开始创新。这一努力的结果是在20世纪90年代初期公司推出了很多成功的产品，其中之一是道奇霓虹（Dodge Neon）。过去，质量功能展开只用在汽车生产的个别领域，但是霓虹是第一次尝试全部使用质量功能展开开发的产品。这个案例被《第六届质量功能展开研讨会学报》[1] 引用，重点是质量功能展开的一个方面——使“驾驶霓虹成为一种乐趣”的质量要求。正像来自VOC的大多数反应一样，这种感觉带有一定的主观性。尽管事实如此，质量功能展开小组成功地确定了与顾客需求相关的可测量属性。

从顾客对“驾驶霓虹成为乐趣”的顾客需求中，克莱斯勒公司解读出操纵和制动特性。一旦标准由可测量值确定下来后，小组开始设计。同时，对于汽车的底盘和制动系统的检测设备也开始开发。小组可以利用这套系统在真实环境下检验设计，了解还有什么工程要求才能满足“驾驶霓虹成为乐趣”的要求。

当小组结束他们的流程之后，利用PFMEA和POKE YOKE（防错）设备进行的稳定的制造计划也完成了。制动系统的后转关节对于满足“驾驶霓虹成为乐趣”[2] 尤其重要。克莱斯勒公司说这样的工程的真正益处在于它是怎样改变文化意识，展示团队合作的重要性和销子的关键位置是如何满足顾客需求的。克莱斯勒公司质量功能展开小组的努力获得了顾客和测试者的一致肯定。“比其他任何都重要的是，霓虹是汽车业的真正开始。让我们变得更有力：驾驶霓虹车比其他车都更有乐趣。霓虹的运营好上加好，非常快，非常真实。”[3]（选自“底特律自由发布会”，1994年1月）。这些话无疑表明克莱斯勒成功了。这个案例说明了确定顾客需求的重要性。将主观信息转化为工艺标准需要不断进行尝试，质量功能展开第二阶段中确定的步骤确保了公司的方向是正确的。其他克莱斯勒的产品也证明这种方法是有效的。设计中的创新，例如克莱斯勒在迷你车上首创的驾驶侧的滑动门就是很好的例子。

Puritan Bennett 公司的质量功能展开

Puritan Bennett（PB）的故事完全不同。第一次采用质量功能展开时，公司刚刚在竞争中失败，正试图通过开发新工艺重新占领市场。公司的产品是肺活量计，与克莱斯勒公司类似，是利用质量功能展开生产制造的。肺活量计是一种用来测量肺活量的医疗仪器，要求病人向管内吹气或者吐气。一些肺活量计是一次性的，内置一个测量容量的小球。另一些电动控制的肺活量计收集数据，与标准值进行对比然后提出建议。肺活量计用于评审疾病。

---

[1] QFD Institute, Making the Neon Fun to Drive. *Transactions from the Sixth Symposium on Quality Function Deployment*, June 13 ~ 14, 1994, 497.

[2] 同上。

[3] 同上。

PB 公司曾经在肺活量计市场中占有很大份额。后来，由于它的竞争者引进了新的设备使成本减少了一半，迅速抢占了 PB 的市场。为了生存，PB 不得不将单位成本降低 60%。公司认为这是不可行的，唯一的方法是生产新产品。质量功能展开是最好的选择。另一方面公司确定了目标市场。PB 缺少普通执业医生方面的市场份额，而这正是它的竞争者的重点市场。在这一细分市场的顾客没有对特殊性能的要求，仪器的主要运营者是护士长。有了这些信息，下一步就是研究顾客意见。跨部门的质量功能展开小组确定了众多的需求属性，从低成本到便于携带，从多功能到可以反复利用。最终，小组完成了第一个“质量房子”。对于它的优点，他们说道：

> 完成后，质量房子成为了沟通的工具。质量房子没有自动生成产品设计，但是它却保证了综合反映顾客的需求，与顾客接触的员工理解技术的取舍。在整个开发流程中，质量房子提供了公司历史和决策制定的框架。它建议了研究领域和评价潜在解决方案的方法。它提供了一种共同语言（顾客）来讨论和解决替代方案。它确保了需要信息的人们在正确的时候获得正确的信息。总之，质量房子促进了沟通，将重点放在顾客身上❶。

最后选择的方案大大优于市场上其他产品，成本比竞争对手的产品低了 400 多美元。方案是模块化的，可以通过软件提高实现用户化。PB 重新获得并且增加了自己的市场份额，质量功能展开使 PB 迅速而顺利地完成了产品开发。毫无疑问，质量功能展开拯救了 PB，并使之与竞争者的角色发生了变化。质量功能展开使 PB 与竞争者相比拥有了战略和竞争优势。

Wiremold 公司的质量功能展开

Wiremold 公司是电线产品的最大生产商，公司成立于 1900 年。它的产品是由冲压钢和卷钢制成的。在 20 世纪 80 年代，塑料/非金属产品和电信行业是公司增长的主要区域。80 年代后期，公司进行了重大改进，主要是应用了改善（Kaizen）管理技术。另外，公司也开始采用质量功能展开，作为“新产品开发的核心权限”❷。

在进行这些重大变革的同时，公司也重新审视了自身的任务和目标。使用质量功能展

❶ QFD Institute，*Transactions from the Fourth Symposium on Quality Function Deployment*，June 15 ~ 16，1992，133。

❷ QFD Institute，We Design It with Our Ears. *Transactions from the Sixth Symposium on Quality Function Deployment*，June 13 ~ 14，1994，456.

开的必然性来自于公司决定每年生产 16 ~18 种新产品而不仅仅是两三种❶。在实施质量功能展开之前，Wiremold 公司和其他公司一样，使用“各人自扫门前雪”式（throw it over the wall）的开发方法。那个时候，新产品的开发周期是 24 ~30 个月。而现在周期被缩减到了 6 ~9 个月，最终目标是 3 个月❷。

Wiremold 公司的产品并没有太高的技术含量。抑制竞争者的战略是通过“改善管理技术”改进生产和引进许多新的产品。质量功能展开使公司能够保持收支平衡，完成公司的“即时生产”系统。

由于率先使用质量功能展开，Wiremold 公司取得了很大成功。在 4000 系列双轨线槽系统的开发流程中，Wiremold 第一次采用质量功能展开为光纤和 5 类线开发全容量辐射式接式，打破了传统的 6 个月开发周期的惯例。4000 系列项目是产品的提升，而并非是一个全新的产品。这是个很好的起点。首先，质量功能展开比较烦琐，所以建议从规模比较小的新产品开发项目开始做起。

G4000 是灰色表面，金属双轨线槽，分为电源线和数据线两部分。大量的线槽和接头能满足多种多样的顾客需求。G4000 投放市场已经大约 15 年了，其市场份额渐渐地被竞争者生产的铝制或者塑料线槽系统所抢占❸。

Wiremold 需要集中获得真实的客户意见，跨部门小组的许多成员都不熟悉如何从顾客那里获得投入。在这种情况下，Wiremold 要考虑的不仅仅是终端用户，尤其是如果 Wiremold 想将市场扩展到诸如住宅建设等新的领域，公司就必须跟工业、商业、建筑工程的建筑师建立良好的工作关系。和其他开始使用质量功能展开的公司一样，Wiremold 起初也遭遇了很多失败。“小组经常陷入困境。❹”他们没有成功地转化顾客需求，并在将数据生成工程计量值时遇到了困难。他们严格地遵守一套系统，差点埋葬在“成堆的文件中❺”。他们参加了一个质量功能展开研讨会，发现他们不是孤独的。拯救他们的是他们聘请的质量功能展开顾问，他在第一个质量功能展开流程中帮了很大的忙。这是另外一个强烈推荐的方法，许多其他的公司也发现了这一点。“质量功能展开是一个流程，一个向导，一个帮助者，而不是十诫。❻”许多公司拒绝使用质量功能展开，没有意识到这一点。

在顾问的帮助下，质量功能展开小组能够做到倾听客户意见，进而确定顾客的真正需求。他们发现顾客要求“彩色的线槽”，这一要求源于没有必要把本身的灰色涂成更加常

---

❶ QFD Institute, We Design It with Our Ears. *Transactions from the Sixth Symposium on Quality Function Deployment*, June 13 ~14, 1994, 455.

❷ 同上，第 456 页。

❸ 同上，第 456 页。

❹ 同上。

❺ 同上。

❻ 同上。

见的白色[1]。有了这一信息，公司开发了 V4000 线槽，一种经久耐用的象牙色线槽。对原 4000 系列的改进还包括能够在安装时节省人力的功能。新产品还将顾客对于审美的要求考虑在内。所有的新产品都有象牙色和灰色两种。

通过使用质量功能展开，Wiremold 公司可以将它的旧产品转化为深受许多消费者欢迎的产品。Wiremold 公司可以提供数据来支持它的成功：

1. 总体的系统销售增加了 66%；
2. 新设备的销售增加了 100%，而旧型号的销售量已经开始下滑；
3. 从 1993 年起，象牙色的 V4000 线槽的销售量增加了 150%；
4. 安装时间减少了 70% 以上（这对于承包商来说是一个很大的加分）。

Wiremold 公司将继续使用质量功能展开来推进它的成功，据称在 NPD 的循环周期中减少了 75%。这保证了他们可以达到公司每年推出 16 ~ 18 种新产品的目标。通过这几年来对改善和质量功能展开的投入，Wiremold 公司已经可以做到在不增加员工数量的情况下完成目标，表现出了生产力的巨大提高。从 Wiremold 公司开始使用质量功能展开开始，伴随着国内需求的增长它的规模已经扩大了一倍，持续不断地向市场提供高质量的产品。

关于质量功能展开的其他观点

质量功能展开流程主要的不足在于它增加了工作量和费用。即使质量功能展开在减少新产品推向市场的时间上占有优势，它确实需要跨职能团队的个人付出更多的时间。由于质量功能展开是一种积极的产品开发控制方法，一开始就会使用更多的资源。一些组织没有足够的资源放在协同工作和跨职能的团队上。这种情况下最好是首先准备这些资源。某些成员也许不能付出必要的时间来为这个流程工作。负责质量功能展开的成员必须减免原来的职责，以便有足够的时间学习质量功能展开，并且能够代表公司内部尽可能多的领域。很多时候管理层在一些特定的时间让特定的人“自由发挥”，即使质量功能展开的前端工作大部分是计划也不例外。

使用了质量功能展开的组织将受益于公司文化的变迁，公司员工经常想知道如果没有质量功能展开，事情究竟是如何完成的。公司必须愿意改变，高层管理者必须确实相信质量功能展开流程。如同引入公司的许多新方法一样，质量功能展开也必须从高层管理者那里“照搬”。如果高层管理者是这些变化的支持者，这对于成功实施质量功能展开流程很

---

[1] QFD Institute，We Design It with Our Ears. *Transactions from the Sixth Symposium on Quality Function Deployment*，June 13 ~ 14，1994，456.

有帮助。

质量功能展开的另外一个普遍的不足就是建成一个有用的质量体系所需要的复杂性。这是许多团队深陷泥淖不能自拔的一步，这时候可以从顾问或者基础设施架构者那里得到帮助。许多团队错误地理解了客户意见，列出了顾客需要的长长清单。然而，质量房子是一个矩阵，可以变得很庞大。通常情况下许多顾客的需求可以汇总成一个可以有效的一般的种类。焦点应该集中于确实重要的顾客需求。有些顾客的需求意义不大，团队应该从分析中将它们剔除。如果团队只是聚焦于构造质量功能展开的矩阵，那么这将是他们要完成的全部——创造一幅美丽的图画。为了可以看到质量功能展开的好处，福特汽车公司的质量功能展开建构者推荐在相对可以管理的产品改进的流程中，只考虑最初的约 5 个顾客需求[1]。考虑过多的顾客需求会使团队丧失信心并且导致公司完全放弃质量功能展开。这些并不是质量功能展开仅有的缺点。有些缺点要归因于公司文化和职能不足。质量功能展开能够帮助那些意识到跨部门小组的价值并且已经设立了这样的小组的公司。事实是公司必须准备对质量功能展开进行投资。

质量功能展开作为战略工具

前面已经讲了质量功能展开的基本知识，接下来要讲的是质量功能展开的战略属性。首先的两个好处包括持续改进工艺和反馈客户意见。在第一阶段，相关矩阵可能反映出在一些区域有问题，要求公司进行调整。这些调整可能是由于技术不成熟，或者顾客需求反映了技术需要继续开发。但是公司可能会确定忽略功能继续开发。在质量功能展开结束时，小组可能会回到这些问题上，考虑发展技术满足顾客要求。质量功能展开流程易于找出那些公司应予以重视的技术领域。

质量功能展开还有其他战略优点，其中比较明显的就是在同一市场中拥有竞争优势。通常，质量功能展开的结果是更好的产品和减少的开发时间。当生产顾客需要的高级产品的时候，成本会极大地减少。一个原因是设计/工艺上的改进是在质量功能展开的第一阶段完成的。比如，如果小组在质量功能展开流程的中途才决定产品应当是易回收的，那可能意味着公司没有发现真实的 VOC。而在传统的不采用质量功能展开的公司中，一旦 VOC 得到了正确解读，这种问题就不会出现，这就是规范。传统的方法在进入市场和开发周期上的成本都比较高，因为利用了质量功能展开的公司可以避免高代价的错误，比如重组机器或者工序变化，优质产品开发迅速并且成本低廉，公司产品的定价就可以低于竞争者，进而赢利。这是一个非常好的定位。所以，选择质量功能展开对公司来说是具有战略意义的，它能够及时地使公司处于领先地位，并远远超出竞争者。

---

[1] QFD Institute, Strategic Management of Standard QFD. *Transactions from the Fifth Symposium on Quality Function Deployment*, June 21 ~ 22, 1993, 360.

结语

质量功能展开不仅是一个缩短产品开发周期和提高产品质量的工具。如果使用和管理得当，质量功能展开是公司获得战略优势的一种重要方法！它极大地提高了顾客满意度，改进了公司本身，是公司文化变化的有力中介。在提高竞争力的时候，公司转向质量功能展开寻找解决方案。公司是否能够成功取决于质量功能展开的实施。从本章中的几个例子中可以看出，质量功能展开是行之有效的。问题和解决方案并存，但是两者都要求耐心和公司变革的欲望。前者是直接的，而后者正相反。公司的员工可能会发生变化，但是只有整个公司的文化发生变化时才能获得成功。新产品开发计划完成后，质量功能展开的文化留了下来。它深刻地影响着公司，帮助公司作出最好的选择，与顾客和技术发展建立更好的关系。它还使公司更加适应如今快速的变革，这场变革正影响全球市场和工业。

第八章

营销战略与方法
——新产品营销活动的概念化及设计

引言

本章分析了与新产品开发相关的营销战略，讨论了营销战略和计划、价格、促销和沟通，以及分销方法。从新产品开发的角度来看，营销目标、战略和计划必须与商业环境的现实和目标细分市场的期望相适应。营销战略和行动方案的制定和实施必须与整个新产品开发项目相一致。本章的内容就是如何设计一个适应新产品开发项目的具体要求，并且使该项目持续发展的“量身定做”的营销策略。

营销计划不但取决于商业环境，而且与公司的能力和资源有关。新产品的营销需要与市场上现有产品的营销不同。决定营销要求的过程涉及与新产品创意、设计和开发过程中类似的认知考虑。新产品的营销要求充满了挑战和不确定性，尤其是新面世的产品。市场要求和适当的营销方法或许与已有产品有所不同，毕竟后者的技术已经比较成熟，并且经过了市场的检验，证明是有效的。对于新产品来说，使用标准的营销机制也许只能冒着成本高但是渗透率低的风险，勉强到达潜在顾客群。

制定营销策略的第一步是目标市场需求的定位和清晰度，以及关于如何实现市场总体目标和新产品开发项目的目标。定位包括重新审视产品/市场机遇以及价值主张，明确理解顾客看待的新产品的优点。价值主张和顾客利益的表达为生成合适的、能与潜在顾客产生共鸣的营销信息奠定了基础。

支配性信息的重点是产品如何满足顾客需求，并提供由此产生的价值和利益。价值主张将产品的定位策略解释为相对简单的沟通机制，这些机制用潜在顾客容易理解的语言反映了产品的精髓。例如，米其林轮胎以安全和可靠性为中心，为整个以关怀家庭和安全为主题的营销活动提供了条件。价值主张和信息越明确，就越容易组织有效的营销活动。

第八章包括以下内容和学习目标：

1. 理解战略营销的要求和影响；
2. 测试营销战略，尤其是与定价相关的战略；
3. 探讨选择定价策略的方法；
4. 确定营销沟通和促销计划的方法；
5. 选择分销方法。

与新产品开发相关的战略营销

战略营销和市场前景

新产品的战略营销要求管理者认真思考影响商业和市场环境的驱动力，以及新产品开发项目的总目标和具体目标。集成产品开发表明营销计划与概念和产品的开发是同步的。集成产品开发要求新产品开发理论和实践同营销策略相整合。战略营销的基本目标是确定、选择和开发产品/市场属性的最佳组合，并且进行合理的投资，在适当的时机投放市场。

战略营销将顾客放在中心位置，并且集中公司的资源和营销方案提高新产品的知名度，引发顾客的兴趣并最终接受这一新产品。特别要注意的是不能仅仅考虑传统的营销组合（产品、价格、促销和地点），以及这种情况下标准营销策略的选择。例如，电视广告对于成熟的、大销量的消费产品来说是有效的，这些消费产品有全国性的观众和广泛的用户群。这样的广告一般是低成本高效率的，因为已有足够多的消费者来补偿电视广告的高成本。相反，对于基础薄弱的新产品，在上市的前期，市场聚焦的方法是更为有效的。

战略营销是为新产品设计合适的营销计划过程中关键的出发点。它包括研究产品/市场需求以及影响形势的外部力量。这一过程涉及的外部因素包括经济的、市场的、技术的、社会的以及现有条件和趋势的竞争力。

战略营销的目的是描述和分析关键要素，这些要素可以表现出产品设计和营销计划是在充分的条件下进行的，其中没有遗漏，并且作出的选择是最佳的。这包括以最有效的方式选择创意、设计和开发产品及营销计划，使商品正面的特点、功能、利益最大化，而最小化负面效应。

第二章中讲到的战略分析，提供了一种在广阔的商业环境下将开发新产品和营销新产品整合起来的观点，重点是：（1）市场机遇、顾客需求、产品属性、产品和工艺基本参数、营销要求以及技术问题；（2）顾客、消费者、利益相关者、管理机构及竞争者之间的相互影响；（3）把产品生命周期评价方法作为商业决策的工具之一。

战略框架包括产品交付系统的基本要素，研究产品发明、生产、营销的基本方面和产品使用、后期的应用方面，包括基于以市场和顾客为中心的系统的商业环境分析。图 8.1 表示的是新产品的市场/顾客观点。

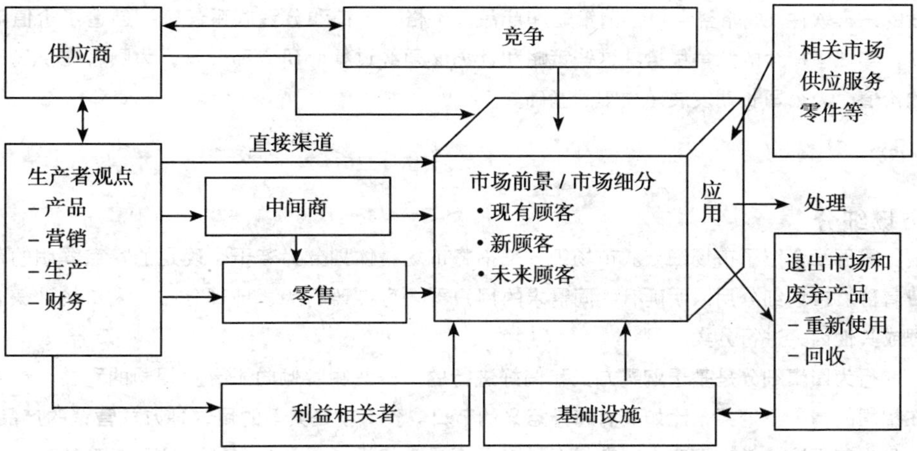

图 8.1　新产品的市场（顾客）观点

图 8.1 实质上是公司管理模式的改进，公司管理模式的概念已在第二章中讨论过。原来的 EMM 是从生产者的角度出发，以内部生产和加工为中心。图 8.1 是演化出来的，但是组成要素还是一样的，包括市场、供应链、利益相关者、基础设施、相关工业或市场、竞争者以及新产品生产者，唯一的区别是以顾客和/或市场为核心❶。

市场在营销计划的制定过程中也是很重要的，因为市场能够从顾客的角度提供对相互联系的理解。原材料从上游供应者流动到生产产品和提供服务的新产品开发者。新产品通过分销渠道或者直接从生产者到达消费者的手中。销售渠道包括直销、分销以及通过一个或多个中介机构和零售商（适用于消费类产品）。顾客在产品的使用期间可以进行一项或多项应用。最后，产品老化并被淘汰。处理包括所有的管理废弃产品的下游机制，包括开环方式，例如焚烧、掩埋，以及闭环方式，例如循环再利用。

利益相关者的作用是在产品的生命周期内支持、质疑、挑战、调节和控制产品。利益相关者包括当地社区组织、一般消费者、环保组织、政党、管理机构和前面几章中提到的

❶ 学者和新产品方面的专业人士可能认为此版本应为原始模型，而不应看作是派生模型。建议以生产商为中心最令人信服的原因就是该模型关注的焦点是把机构决策作为首要目标。

国际组织。

基础设施支持产品到顾客的过程、产品的使用、以及产品被废弃后废弃物的处理。基础设施还能促进信息的流动、物品或产品的运输以及相关活动。

其他因素包括竞争者及相关产业。他们为顾客提供相关的产品和服务，替代品和附加值。顾客从中可以获得价值，在一些情况下，一旦一个要素缺失，就可能导致失败。

此外，在一些情况下，相关产品要能够添补产品包。例如，微软办公系列软件要求合适的杀毒软件。战略整合将营销策略和产品、价格、促销和分销联系起来，创造了价值流动，实现了持续的竞争优势。这些策略和计划必须经过精心研究和开发，为顾客提供满意的价值，为公司长期发展建立牢固基础。

市场细分

第五章介绍了市场细分。市场细分是指将市场整体划分为若干个确定的特点鲜明的消费者群。市场细分用以明确有共同需求的用户群，可按照行为、地理分布、人口统计、心理或其他因素进行分类。

行为因素细分是基于购买方式和偏好进行的。一些顾客倾向于寻找相同的利益，或者在相同的情景下购买，比如具有特殊意义的节日。贺卡就是典型的用这种方式营销的产品。礼品也属于这一类。事实上，有很多种产品都是专门设计成礼品形式。这种类型的新产品都根据价格战略进行分类，例如，有些礼品卖 20 美元，有些卖 40 美元，等等。

地理细分是一种简单方便的细分市场的方法。城市、农村、州和/或某一地区作为新产品的推广地，所有的资源都集中在这一区域直到目标实现。当公司在这一地区取得了一定成功的时候，就将目光转向另一个地理区域，重复前面的战略。选择目标区域的理由可以是离总公司最近，或是目标市场最大，或者是最具潜力，最适合，或者是其他类似的、相关的理由。

人口统计细分是目前区分消费者群体中使用最多最广的细分方法，其中的变量有性别、年龄、种族、收入等。根据这些不难判断理想的顾客属于哪种类别。人口统计细分提供了一种开发与目标市场一致的营销策略的方法。运用这种方法以及它的子类，可以进一步细分市场直到公司的资源和市场细分的潜力相匹配。新产品开发小组也可以确定并且集中力量为最佳顾客群设计新产品。一些人口细分的群体也比其他更容易渗透。例如，一些汽车工业的创新是从高收入人群中开始的（凯迪拉克，林肯，奔驰，宝马，雷克萨斯，等等）。人口统计资料比较容易获得，并且与市场信息直接相联系。

心理因素细分注重的是例如个性、生活方式和动机等变量。相关数据不易获得，但是可能与购买倾向相关。利益细分是指按照顾客寻求的具体利益进行划分。例如，顾客可能因为一种产品体现的身份而购买。

有效的市场细分方法使公司能够集中精力解决营销计划的关键性要素。它提供的是一种将准确的产品信息和与确定的需求相关的利益传达给潜在顾客的手段。通过细分，营销计划可以优化以最大限度得到顾客的认同和满意。本质上，这一方法是将市场潜力划分为碎片，用一种步枪式的精确打击，而不是霰弹枪一样天女散花。

营销模式 – 战略和行动计划

在很多情况下，新产品都难以推广和销售，因为没有以往成功或是失败的经验可以借鉴。如果新产品是与现有产品配套使用的，任务就会简单得多。但是，如果产品是全新问世的，或者是一个新的平台，或是有重大改进的替代品，使用怎样的营销方法就需要创新性的思考和远见卓识了。成功的关键是将战略解释为所有参与者都可以理解的营销模式。这种模式的目的是确定和理解相互作用，决定公司、顾客和竞争者之间的关系，为营销计划的实施制定游戏规则。它体现了营销计划是如何让消费者满意的，并且展示了各部分之间的联系。

每一个新产品开发计划都有独特之处，需要在制定和实施阶段认真考虑。其中很重要的一点是一种营销方法并非适用于所有情况。设计一个营销模式要求理解基本原理，包括目标市场细分，顾客需求，产品在市场细分中的定位，现有和潜在竞争者的能力，以及能对最终结果产生正面影响的营销计划要素。

目标市场细分定义了顾客预期和市场潜力。顾客预期就是前面几章中提到的需求。市场潜力取决于创造和提供的价值。由于潜力的提升归功于价值的增加，一般情况下，市场规模也会扩大。市场潜力可以定义为基于产品特性和按既定价格或价值点提供给顾客的利益。市场潜力也取决于业务现状和发展趋势，产品的技术水平，利益相关者的考虑事项，顾客驱动的结果。市场潜力不是一成不变的，而是以公司的资源和营销产品的能力为变量不断变化的。在开发新产品的过程中创造的价值越多，产品/市场的潜能就增长得越快。

公司到达潜在市场的能力与产品的价格，以及间接的产品成本结构相关。价格战略常常关系到成本、技术特点、产品质量、提高知名度和认可度的营销计划、公司的生产能力以及主要的市场形势。新产品的潜力可能很大，但是如果价格定得太高，可能会导致缺少优势的市场形势和规模。例如，个人电脑的价格在奔腾系列之前非常高，所以销量相对来说很少，但是低价的奔腾型号在20世纪90年代中期到末期都卖得很好。

顾客对产品的接受程度是由顾客可获得的利益：产品附带的风险、可靠性、易用性和长期价值（成本和所有者收益）决定的。大多数潜在顾客在考虑购买新产品的时候会考虑风险。但是由于缺乏对新产品的所有特点、作用、效益和长期使用情况的全面了解，用户在购买时会犹豫不决。设计和生产过程中隐藏的缺点可能会使顾客在购买后花费大量的时间、金钱和精力来解决问题。有时产品甚至会变得毫无价值。如果公司停产或者改行，顾客就可能找不到新的售后服务或者维修所需的零部件。许多个人电脑的供应商失败了，结果导致顾客只能自求多福。顾客也可能会认为购买全部的包装或者为了更好使用产品而设计的所有附属物品实际上是隐性花销。另外，所有者成本，包括训练和维护，可能非常高。例如，购买个人电脑的新手可能有一系列的需求，像附带软件、培训和外围设备。

营销计划可以在很大程度上影响新产品的可行性。新产品市场潜力的增长和营销上花费的费用之间有密切关系❶。关键因素包括建立知名度和宣传新产品的显著特点。营销计划以多种方式准备了到达潜在顾客并为他们提供新产品好消息的机制。营销计划是市场维度，产品有形信息的提供，产品属性的解释，通过促销和广告实现的信息流动，以及分销渠道之间的桥梁。

营销模式确定了新产品开发者、潜在顾客和市场地点之间的界面，其中包括产品的物理形式，服务，定价和促销的信息，生产者和顾客之间的沟通。本节中介绍的营销模式反映了从创意产生和筛选阶段到设计和开发阶段再到其他所有阶段直至商品化过程中的要素的流动。

产品/市场要素的基础是从创意到设计活动中参与者的贡献和来自顾客和利益相关者的见解。这些输入和行为都为确定必要的营销要素提供了详细的信息。

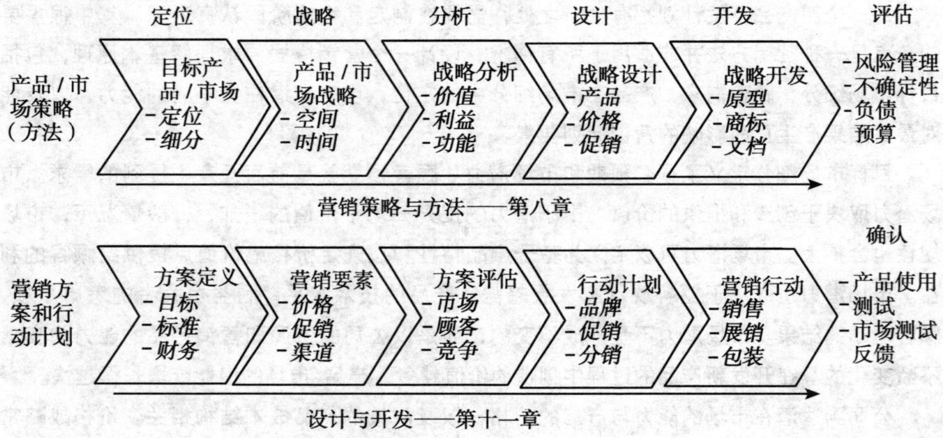

图 8.2 营销模型（基础模型）

图 8.2 中的营销模式是开发营销计划中关键因素的基本方法。需要注意的是此图并不是全面的，在实施过程中应视具体情况而定。有时，工作的主体是在设计和开发阶段完成的，以便营销要素可以通过多种测试机制进行验证。在另外一些情况下，尤其是当计划的连续性比较强时，例如制药行业，营销行动计划的发展就是在后期完成的，这是因为营销计划是基于成品和产品设计的认可之上的。

图 8.2 营销模式的框架参照了创意产生和筛选阶段使用的流程，出发点是计划、产品

---

❶ 现实中的关系取决于产品种类、市场类型和所属行业。复合产品仅仅为了创造产品意识就需大量的营销投资。

和营销要素的定位。这一步包括：根据目标确定产品，规格和预算；根据细分的目标市场定位产品；为新产品选择合适的营销理念。第二步应与第一步同时进行，即为产品/市场、计划和营销行动计划进行战略的选择和再确认。第三步是对产品/市场和商业情况进行详细分析。这一步可再一次确认已有信息和数据，从而确保新产品开计划的基础是完整的、最新的。第四步涉及营销计划设计的制定和实施中的重要细节。战略设计考察外部力量、商业伙伴、利益相关者、基础设施和相关市场，从而判断他们应如何适应营销计划和那些要素对应的行动计划应是什么。最后一步是所有有用材料、信息、文件、拷贝等的完全开发进而将新产品投放市场。这一步提供了执行计划的必要细节，主要在前商业化阶段进行。评估阶段通常是确认阶段的一部分，但是有时候选择的行动计划可能先于或紧接着正式的确认阶段。这些要素将在以下几节和第十一章中进一步介绍。

营销战略

产品/市场战略

为新产品制定正确的产品/市场战略是新产品开发过程中最关键也是最难的一方面。如果营销战略的决策是错误的，那么即使产品本身很出色，也难逃失败的命运。其中最重要的一点是向正确的**目标市场**传递产品的确切信息从而使顾客获悉并且购买。基本问题涉及怎样选择正确的市场细分和怎样有效地传递信息。一般地说，市场选择是基于市场细分计划，这一计划提供了在新产品生命周期的导入阶段的最佳组合。

产品/市场战略确定了产品在市场上的位置，产品的潜在生命周期，预期购买行为，经济条件，和价格、促销、分销、客户服务和包装要求。一个**产品/市场战略**有两个等价的部分：产品属性和市场属性。产品属性和特点的典型决定因素是设计者和与潜在顾客相联系的市场研究者的通力合作。市场属性是一个外部的自变量因素。不过，公司可以在选择它在市场空间上的焦点。它可以选择最有优势的细分市场，从而集中精力进行开发。被选择的营销方法应与新产品开发阶段及商品化后市场发展各阶段中市场的现实一致，同时也必须与公司构建产品知名度及扩展市场潜力的能力一致。

显然，营销战略的制定取决于新产品的类型。选择营销战略要求确定营销资源和产品在市场空间中的定位和随着时间的推移扩大市场潜力的计划之间的最优组合。这项计划要求决策者同时考虑如何与价格战略、促销计划和分销方法相适应。战略与目标密切相关。目标包括：渗透市场，获得市场份额；开发可持续的高品质的产品及其属性，维持产品/市场及财务可行性。

如果新产品是对现有产品的重构或替代，那么市场结构已经建立，新产品必须适应这一结构。这就意味着选择权是由市场情况决定的。在公司已有在现有市场流通的产品时，各种战略选择通常会受到多方面的限制：公司内部的旧惯例、竞争者和主要的市场形势。例如，产品的定价战略会受到现有的价格水平的限制。在其他情况下，新类型的产品的生命周期是处于成熟期或衰退期。但是，如果对于现有市场来说，新产品是陌生的，或者新产品是为开拓新的市场设计的，那么选择范围就没有限制。

制定战略要适应市场、产品和新产品开发项目的财务目的。多数创新性产品的生命周期都基本上处于典型的导入期，或者可能是早期成长期。市场弹性较大，市场战略也多种多样。但是这种情况有积极和消极两方面的影响。从积极方面来看，可以通过多种方法使自己的营销战略与竞争者的不同。由于选择的多样化，创新的意义就更加重大了。假设没有特定的方法，新颖的战略会导致竞争优势，竞争者在短期内难以效仿。例如，优先购买权可以占据重点分销渠道，从而竞争者在分销渠道限制产品的数量的情况下很难效仿。也许在一个区域有少数一些分销商，头几个新产品开发公司会确保它们的分销商。从消极的方面看，风险和不确定性都增加了。市场和顾客可能不熟悉新产品。潜在顾客和利益相关者可能不接受新产品，也可能出现没有预见到的难以克服的壁垒。领导者必须指明方向以便其他人在将来能够跟随。在这种情况下，价值创造过程可由行业参与者而不是原发起者获得。领导者要一直关注，确保公司在营销战略中的投资收益。

表 8.1　市场战略分类——选择营销要素

	现有产品	新产品
现有市场	高度结构化	松散结构化
	● 置换	● 生产线扩展
	● 改进	● 全新面世
	● 成本降低	● 新一代
	● 新特点/优点	● 派生物
新市场	有弹性	不确定性
	● 再定位（新的细分市场）	● 全新面世
	● 派生物	● 新一代

表 8.1 列出了怎样认识产品/市场范畴决定的营销选择，但只是一个整体框架，并不确定。“高度结构化”是指主要形势非常明确，没有多少弹性空间决定营销要素。相反“松散结构化”是指选择市场要素时有多种选择。类似的，“有弹性”意味着限制较少，而“不确定性”则表示决定营销要素时需要谨慎思考和花费气力，因为成功之路无捷径。

产品的生命周期阶段是决定如何营销产品的关键因素。在导入期，建立高度的知名度是必要的。战略部署的重点是到达潜在顾客并且吸引他们的目光。知名度对于诱导尝试和重复购买是重要的。市场渗透是确保销售量的关键机制，销售量应达到收支平衡点并且达到稳定的市场份额。如果新产品进入的是成熟的市场，那么通常都采取标准的营销方法。

产品战略

从营销的角度看，与营销相关的重要决策就是品牌价值。品牌价值是公司和新产品之间的纽带。例如，宝洁的产品通常都有自己的牌子，宝洁力求抓住某一产品营销战略的全部利益，而不是其他同类产品。如果品牌和公司本身的关系不紧密的话，竞争者很容易从其他公司的营销战略中获益。产品也许引起了顾客的注意，但是如果顾客记不住产品的牌子和生产厂家，产品的知名度就不能给公司带来满意的效益。如果使用电视或广播作为广告媒介就更是如此了。竞争者只需生产这类产品，用自己的产品来满足市场需求即可。

品牌能够帮助顾客记住具体的产品并与其他同类产品相区别。它还能激发顾客的重复购买行为，品牌使他们能快捷地找到自己喜欢的产品并多次购买。像“可口可乐”和“百事可乐”这样的品牌就使营销效果从一个细分市场传递到另一个细分市场。“香脆甜圈饼（Krispy Kreme Doughnuts）现象”就是品牌在向另一个细分市场推广前是如何吸引潜在顾客的。口口相传就是进入新市场的诀窍。品牌的特点可以持续几代人之久。

注册商标是保护品牌的最好方法之一。注册的程序和条例因国家而异。过程大致是在政府注册品牌和标识，取得独家使用权。如果不这样做的话，就可能为竞争者趁机渔利提供了便利。阿司匹林、热有的水瓶、玻璃纸和玉米片就是典型的例子，尽管公司率先生产了产品，但却没有注意保护产品的名称，所以就变成了普通的产品类型。注册商标还应包括代表公司和产品的标识。有的时候两者是嵌套在一起的。例如，美国福特汽车公司的标识是椭圆形的中间嵌套“Ford”一词。这个品牌已经持续了一个世纪之久。福特顶着重重压力，拒绝将标识“现代化”。与之不同的是，美国电话电报公司（AT&T）更改了自己的标识，以体现更具复杂性和全球化的定位。此外，AT&T 对旧标识的所有权和使用权争论不休。由于重组和新业务新产品的开发，AT&T 对现在的商标进行了投资。通常，小公司没有经济能力投资注册商标，虽然在短期内可以节省部分开支，但是在长期看来还是有风险的。

包装也是传达公司信息的有效的营销工具之一。包装的作用是在运输的过程中保护商品，同时也是运输的工具。

宝洁：创新和品牌管理

宝洁的年销售额和净收益分别为 5443 亿和 552 亿，2003 财政年度，宝洁公司被评为全世界业绩最好、最具社会影响力的日用消费品生产厂家。5 年内，宝洁的每年的年收入和利润分别保持了 11% 和 16% 的增长趋势。宝洁在全球 80 个国家拥有业务公司，向 130 余个国家的近 50 亿顾客销售约 250 种日用消费品，其中美元收入占总收入的 54%。

宝洁是一家家庭日用消费品和相关产品的生产和营销公司，因为它的营销战略和产品创新而闻名全世界。公司的业务主要细分为全球业务单元（Global Business Unit，缩写为GBU），主要包括以下产品系列：

织物和家居护理——漂白剂、衣物添加剂、特殊衣料护理剂、餐具洗涤剂、表面清洁剂、家庭清洁剂、洗衣类产品；

美发美容——化妆品、除臭剂、芳香剂、美发产品、皮肤保养和美容产品；

健康护理——水过滤器、口腔护理、宠物健康和营养、处方药；

食品及饮料——饭料、脂肪替代品、花生油、快餐；

婴儿、女性及家庭护理——婴儿围兜、尿布、擦巾；护垫和卫生巾，纸巾，厕纸和面巾纸。

宝洁的产品组合的广度和深度相当大。维持和管理产品组合、品牌和多样化的产品需要数量可观的持续投资和不断进行新产品开发。产品计划主要是公司战略决策者和品牌经理的责任。许多产品的典型特点是使用寿命长。宝洁最有名气的一些品牌和它们投放市场的时间可参见下表。这些产品在市场上的持续竞争力证明了宝洁更新产品的能力。

部分宝洁产品和面市年份

肥皂		清洁剂		清洁器		卫生纸	
Ivory	1879	Ivory Snow	1930	Comet	1956	Charmin	1957
Camay	1926	Dreft	1933	Mr. Clean	1958	Puffs	1960
激爽	1952	汰渍	.1946	Top Job	1963		
舒肤佳	1963	Joy	1949			尿布	
Coast	1974	Dash	1954	牙膏		帮宝适	1960
		Cascade	1955	Gleem	1952	Luvs	1976
洗发水		Cheer	1956	佳洁士	1955		
海飞丝	1961	Bold	1965			油脂	
Pert	1979	Dawn	1972	咖啡		Cisco	1911
		Era	1972	Folgers	1963		

宝洁的产品有着悠久的历史，宝洁的公司结构总是与产品的生命周期相协调，1931年构想的品牌管理概念的建立为每种品牌都提供了走向成功的资源和管理理念。

品牌管理系统也确保了信息的正确流通。根据设计，信息的垂直流动非常成功但是横向产品线的流动却是有限的。在1987年下半年，John Smale，当时的公司首席执行官，开发了类别管理系统。他将公司分为39个产品类别并且任命了26个经理：品牌经理要向大类经理报告。设计大类经理的概念是为了将职责和决策权下放，适应快速变化的市场形势。在这个生活节奏很快的社会里，宝洁意识到变化就在现在。宝洁取得了巨大的成功，尽管宝洁这个品牌知名度不高，但是大多数人都听说过“汰渍的威力”。宝洁是一个很好的例子，体现了公司通过创新维持了成熟的产品，取得了竞争优势。

来源：Proctor & Gamble *Proctor and Gamble* 2003 *Annual Report*（Cincinnati，OH；Proctor & Gamble，2003）.

定价战略

新产品的价格战略

新产品价格战略的制定并非易事。柯里的观点是“定价的艺术就是产品的价格要与顾客可接受的价格相等。”最好的定价方法就是确定产品可向顾客提供的价值和相应的新产品的价格。本节介绍并讨论了多种定价方法，如何选择取决于市场动态和公司的情况。

价值驱动法是一种相对来说比较新的说法，使用这种方法的第一步是评价竞争者的产品并为每种产品确定性价比。第二步使用线性法则计算具有竞争力的产品的相关方程。线性方程代表了所有竞争产品的公平的价格水平。第三步要通过竞争决定新产品的市场表现。产品价格要选择正好或者接近比其他任何竞争者都有优势的显著价值区域的点上。图 8.3 给出了一个总体的描述。

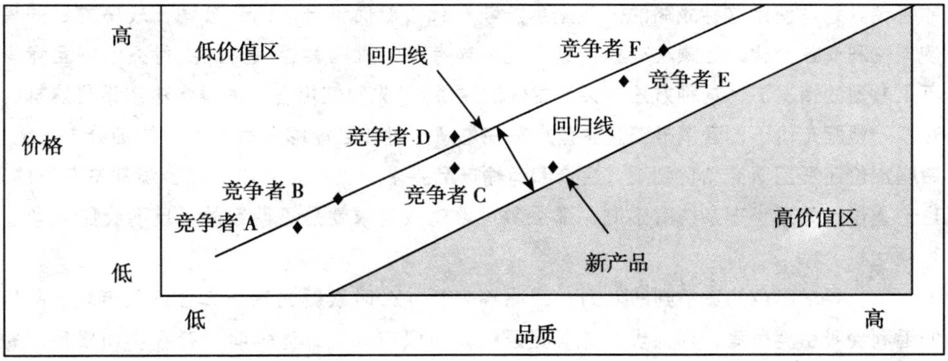

图 8.3　在性价比名义下的价格战略和竞争者之间的比较

定价模式是给新产品定价的一种有效方法，该方法定出的价格比市场上已经存在的产品更有优势。与竞争者 A 到 D 相比较，新产品具有价格和表现上的优势。与 E 和 F 相比，尽管它们有较好的表现，但新产品在价格上仍有优势。

价值驱动的定价策略有可能导致定出的价格比可比产品的价格要高。新产品的定价是基于能提高顾客满意度的产品生成的所有价值流的评价。这就意味着使顾客相信附加值是通过附加的可见和不可见的利益提供的。价值驱动的定价战略是检验整个公司的价值贡献和转化成的顾客利益。这要求有一个复杂的管理系统生成数据和有效的营销和销售计划，从而将可信的信息传达给顾客。例如，顾客可能从提供建议和服务的网络提供商那里认识到更大的价值。就产品来说，顾客一般愿意多花钱购买没有有害物质的环保产品❶。

目标定价方法是比较传统的一种方法。营销功能小组，新产品开发小组和高级管理层制定目标价格，这一价格是基于产品成本、销售和营销费用、管理费用和新产品开发项目的研发费用而确定的。在设计和开发阶段或者其他初期阶段，资金决定了能否获得各个部门或者新产品开发小组预期的利润。如果目标价格不足以产生必需的利润，新产品开发计划就应改进或中止。这种方法一般用于市场情况可以保证价格时，通常是新产品取代成熟市场中的已有产品，或者存在价格领袖已经为一个标准类型或者商品类型定了价。如果产品的差异性不大，顾客不愿意支付比现有价格高的价格，那么制定高于一般水平的价格就难以成功。

新产品最常用的两种定价战略是撇脂定价和渗透定价。**撇脂定价**是在产品刚刚投放市场的时候制定初始高价。这种机制向顾客传达高品质和高价值的同时提供打折的方法，比如优惠券、回扣、薄利多销等。在后期，价格下调，满足市场需求。它的理论基础是，从市场的角度看，降价比提价容易得多。

撇脂定价的另一个理论基础是投放期制定高价可以尽快地收回投资或/及投资大规模的营销计划。使用这种战略的一般是生产新一代或新面世产品的新公司，战略的目的是使单位利润最大化，让顾客有独占的感觉。当存在一批顾客愿意为此支付高价并且竞争不太激烈的情况下，这种方法才会产生好的效果。“先驱使用者”的概念决定谁是这样的顾客。撇脂定价下的营销战略应将重点放在愿意支付并且能够支付高价格的细分市场上。撇脂定价还适用于商品化初期，生产和运输产品要求的生产能力和其他资源都是有限的。理论上说，如果管理系统有限制，那么激进地刺激需求就是不明智的，反而会给竞争者可乘之机。

撇脂要求出色的竞争判断能力，即能够判断什么时候新的竞争者会进入市场。高额的毛利会吸引竞争者，因为现金流总是正值，所以市场允许竞争者的存在。如果采取撇脂定价法，随着其他公司成为有力的竞争者，公司可能不得不下调价格。

另外，撇脂可能会降低顾客对产品的预期值，导致他们不愿意购买新产品，转而寻找其他可能提供更高价值的产品。顾客的这种“不愿意”会影响产品的进一步发展，使其他产品或替代品趁机占据市场。在商业化初期制定高价的最有力理由就是建立高品质，高档次的产品形象。卡诺图（参见第四章）支持这种理论，显示了如果产品确实有效，在商品化的初期，顾客会非常满意。但是，这只是针对全新面市的产品。如果新产品只

---

❶ K. Alston and J. P. Roberts, Partners in new product development: SC Johnson and the Alliance for Environmental Innovation. *Corporate Environmental Strategy*, 6: 2 (1999), 125. 一项由SC Johnson进行的市场调查显示，50%的受访者“愿意为不含有毒成分的洁净产品支付更多的费用”。Roper在20世纪90年代初进行的研究表明，25%的消费者愿意为注意环境保护的产品支付更多的费用。争论主要集中在价值，而不是其他方面上。

是对现有产品的简单的改进，则不适于用撇脂定价法。

渗透定价法是指在投放市场时制定较低的价格从而刺激市场的开发和增长，被广泛用来快速建立市场需求和获得市场份额。当单位成本结构表现出成本降低的显著趋势时，（根据累积量判断，经验曲线现象会在第十章中讨论。）当顾客对价格比较敏感，存在一定的规模经济，竞争压力较大，产品在顾客中的知名度较低，或者市场潜力较大时适用渗透定价法。巨大的市场潜力表明利润的取得来自销售量而不是价格本身。

渗透定价为竞争者进入市场创造了困难。因为利润可能不足以抵偿产品的成本加营销费用。第一个进入市场的产品首先占有了成本优势，而其他竞争者只能等到累计量接近第一个产品的成本结构，或者是达到渐近点的时候。渗透定价还适用于新产品是现有产品的一个变体，以及制定高价格理由不足的情况。

在任何一种情况下，在第二章中讨论过的波特对于产业分析的原则都适用。价格战略在很大程度上取决于买者和卖者的能力、竞争者进入市场的难易、替代品的威胁、供应商之间的竞争、以及产业的生产量。有时，竞争者会不惜代价进入市场。因特网就是一个很好的例子。由于许多公司预见到因特网将来对产业的巨大影响，它们认为这个机会不能错过，必须应用因特网。

图 8.4 以曲线图的形式反映了撇脂定价和渗透定价之间的重要差别。表 8.2 列举了撇脂定价和渗透定价的优缺点。

表 8.2 撇脂定价和渗透定价战略的优势和劣势

	优势/好处	劣势/关注点
撇脂定价	毛利率高	因高利润而刺激竞争
	培养高质量的观点	阻碍市场发展
	负现金流动最小化	价格敏感性问题
	减少生产限制因素	延迟完全市场渗透
渗透定价	市场发展迅速	要求资本化程度高
	高收入	达到收支平衡点的时间比较长
	限制潜在竞争者	毛利率低，要求高产量
	拥有市场份额	内部回报率的潜在减少

从资本的角度看，计算利润生成的价格模型还有很多。利用简化的会计等式，全部利润等于全部收入减去全部成本。如果收入和成本等式可以由预期的销售量推算出来，那么利润就可以用上述公式计算出来，非常简单。问题在于等式中价格和数量在新产品开发项目中是不可知的。不过，在情况比较确定的情况下，这仍不失为一种计算价格的有效方法。

另外一种价格战略是建立目标值：总额、边际贡献或者净收益目标，然后根据学习曲线效应随着成本的减少改变产品的价格，销售回报率维持一定的比例。这种方法理解

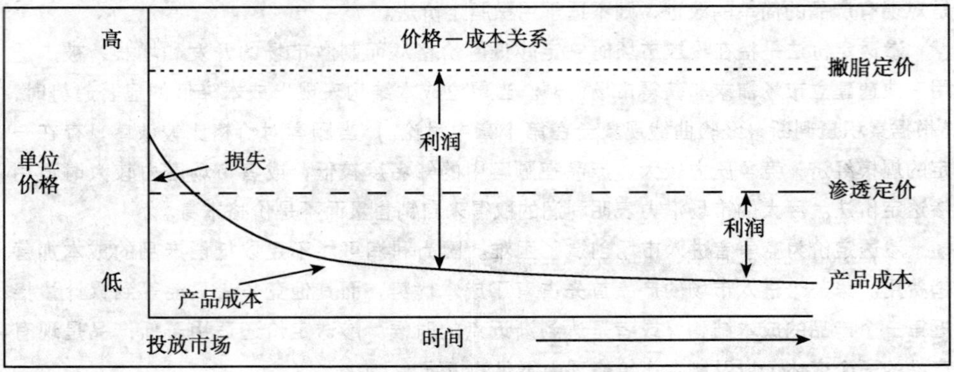

图 8.4 撇脂定价和渗透定价战略的一般比较

起来比较容易，但是具体操作却很复杂，因为价格需要不断进行调整，但是一般采取的是周期性降低而不是持续调整。这是为了在一段时期内稳定价格结构。这种战略的主要缺点是如果顾客意识到产品会降价，他们可能会等到价格下降后再购买。

固定内部回报率定价法是在维持一定的内部回报率与或者净现值的基础上定价（参见第六章的补充内容）。内部回报率净现值的计算与价格相反，主要的困难是得出最终结论前需要反复计算。计算所需的时间范围的选取是非常重要的。短时间就需要高价格，才能维持既定的回报率，反之，价格就可以低一些，但是风险会增大，产品的资金可能会受到市场上一些情况的影响，例如其他新产品、竞争、顾客喜好的变化等，不是简简单单就可以解决的。分析技术有助于阐明关键的资金因素和市场因素之间的关系，但是并不能为价格难题提供百分之百准确的解决方法。

举个简单的例子（参见表 8.3）。如果原来的价格是每单位 100 美元，公司计划在 4 年内以 15% 的最低回报率将 200 万美元的投资增加一倍，那么在第四年末公司应将净现值设为 200 万美元。接下来，将现金流的净现值计算反向进行，确定怎样才能实现四年后净现值与原有投资在贴现现金流的基础上持平。在这个例子中，每单位产品的成本是 50 美元，按照 90% 的经验曲线降低。按照现金流公式反向计算，就可以得出价格应为 90 美元。如果目标不是这么激进，价格就可以再降低一些。反之，如果净现值的目标再高一些，那么价格就必须提高。实现 1.5 倍投资的目标价格应为 98.65 美元。应通过反复计算，最终确定资本对各种价格战略的影响。

表 8.3　制定价格的反向 NPV 方法

损益表/现金流表（4 年）				
年份	2005	2006	2007	2008
单位售价	90.05	90.05	90.05	90.05
销售额	20000	40000	80000	160000
销售利润	1801046	3602120	7204240	14408320
产品成本	1000000	1800000	3240000	5760000
毛利润	801046	1802120	3964240	8648320
营业费用				
开发费用	100000	0	0	0
折旧	50000	50000	50000	50000
广告	200000	400000	800000	1000000
管理	300000	400000	500000	600000
租金，建筑费用及其他	50000	50000	50000	50000
营业费用合计	700000	900000	1400000	1700000
营业收入	101046	902120	2564240	6948320
所得税	40418	360848	1025696	2779328
净收入	**$60628**	**$541272**	**$1538444**	**$4168992**
累计收益	$60628	$601900	$2140444	$6309436
销售利润率	3.4%	15.0%	21.4%	28.9%
现金流	$110628	$591272	$1588544	$4218992
投资或 NPV	$2000000			$2000000

价格制定的决策过程

战略决策是以目标、成本结构、市场情况以及可能竞争者的反应作为前提的，然后才是决定价格的一套系统的方法，根据是否能与内部要求和外部条件相匹配来评估价格的各种选择。大多数新产品开发项目的目标都是实现投资的适度回收并且补偿风险。但是，高价并不意味着高回报。事实上，过高的价格可能会限制市场的成长，导致低利润和低回报。在短期内高价高回报可能会吸引竞争，但从长远来看，则会影响价格和利润。决策过程中最关键的因素是市场和竞争分析。基于投入和目标，正确的价格决策要求对决策短期和长期的影响有清楚的认识。这一过程的关键是根据最关键的变量选择合适的定价模式。这些变量包括：时间跨度、机会、市场需求随时间范围的变化、单位成本和成本与生产量的关系，市场的预期变化，现有的和预期的竞争者和他们的反应、顾客对于定价模式的反应。

新产品开发计划战略和产品/市场战略都是制定价格战略的重要因素。新产品开发的目标不仅是在财务和市场方面。新产品开发计划的目标可能是解决一个现有的问题，或者满足一定群体的顾客需求，或者力争成为行业的领导者。新产品可能被当作战略武器，打击某一细分市场的竞争者，或者提升公司形象，或者对外宣传公司对于环境、健康和安全问题的关心。导入或者以一定的价格出售新产品都有许多原因。如前面所讲过的丰田为普锐斯混合动力车的定价，就是采用多种定价模式的很好的例子。丰田正期待未来的销售利润，所以它在短期内承担损失发展“混合动力”市场细分。

产品生命周期事项是进行价格决策的重要因素。对于生命周期比较短的产品，机会是短暂的。在这种情况下，公司的理念应是立刻抓住机会。不仅进入市场的时间很重要，尽快实现利润也很重要。价格战略应当反映收回投资（即收支平衡点）和短期营利的要求。对于电子产品和计算机等更新换代特别快的产品来说，生成现金流和利润的机会是短暂的。市场生命周期以月而不是年来计算。所以，价格战略必须事先精心设计好，因为一旦战略失误，几乎没有时间考虑解决方案。在一些情况下，制定高价是明智的选择，而在另一些情况下，渗透价格能更快地促进销售量，获得更多利润。

对于生命周期比较长的产品，因为机会存在的时间比较长，所以公司有多种选择的余地。不过，战略方面仍是很重要的。渗透战略也许能占据市场份额，使后来的竞争者难以追赶。如果较大的市场份额能够为公司提供绝对优势，这种战略的优点就更为明显。美国在线（AOL）作为因特网服务提供商通过创造性的定价建立了广泛的网络，以每月收费20美元的模式最终战胜了竞争者。

为新产品制定适当的价格既是艺术又是科学。影响决策的变量很多，情况很复杂，只有系统的方法才能解决。表8.4中的定价决策模式就是系统地制定、分析、实施价格战略的全过程，重点是公司的目标、情况、选择和决策的含义。

表8.4　定价决策模式

步骤	流　　程	因　　素	评　　价
1	考虑产品和新产品开发计划的目的和目标 检查定价目标 · 匹配 · 短期 · 长期	战略的 · 联盟 · 资源 市场 · 增长 · 份额 财务 · 利润率 · IRR，NPV	典型的目标是在营销和财务方面。但是，开发新产品还有很多其他原因。标准度量包括时间、资金、品质和风险。这些都应该是平衡的。社会责任也是一个重要的方面。定价模式应与战略目标和财务需求一致。赢利当然重要，但是怎样保持下去也是持续成功的关键
2	考虑总体业务和营销策略	**首先进入市场** **快速跟随者** **战略延迟** **模仿者**	率先进入市场可以在定价方面获得弹性。跟随者也许不得不对已占优势的价格作出回应。许多新产品不得不按照现行行情定价
3	估计或考虑市场需求结构	**潜在增长和生命周期**	需求是一个基于价格的变量。如果价格降低，需求可能会增加。价格—需求关系的权衡对于了解价格在营销中的角色是很重要的
4	确定需求弹性	**弹性** **无弹性**	需求的弹性在定价过程中关系重大。如果需求/产量不随着价格的变化而变化，要考虑决定正确的价格点。降价可能不会引起需求增加

续表 8.4

步骤	流　　程	因　　素	评　　价
5	成本、成本和产量的关系	**经验曲线**	单位成本是价格等式中的重要变量。多数情况下，单位成本随着销售量而变化。所以，如果比较低的价格导致了销售量的增长，那么这个价格可能会增加利润和销售量
6	研究竞争者的价格及成本	**现有和潜在竞争者**	在定价过程中要考虑再三，价格高会吸引竞争者进入市场。如果保持这样的价格水平，可能反而为竞争者提供了资源
7	利用传统和创新工具检查项目	**目标** **渗透** **撇脂** **固定回报**	标准方法的使用取决于形势和新产品的长期规划。产品的生命周期分析可能是决策的重要工具
8	权衡各项目，选出最有效的方法	**分析性的筛选和选择**	短期循环意味着短期机会。价格战略必须适应市场形势，没有固定的答案。应当记住的是，标准模型的替代模型还有很多。许多时候，最好的方案反而是标准模型的衍生物
9	定价	**制定价格**	价格必须与市场相适应
10	制订根据情况改变价格的计划	**适应** **改进** **适应性**	价格几乎不是固定的，只是存在一段时间，然后为了适应新的市场环境而不得不改变。在通货膨胀率低的情况下，价格一般会降低而不是提高。如果采用价格结构，则应当制订改变价格的计划，保持领先地位

动态定价

给新产品定价的艺术就是选择正确的初始价格，并随着时间的推移控制价格战略从而使机会最大化。如前所述，价格战略的选择是基于市场/商业的主要情况和趋势。因为这些是不断变化的，所以价格应是动态的。

价格的动态指的是在设计或者开发前期制定的进取型价格战略，预测了随着时间发展可能发生的变化，并且包含适应这些变化的战略。所以这一战略通常用在经验曲线中由于累计量而使成本大幅下降的时候。进取性模型持续地或周期性地降低价格为顾客提供规模或其他相关因素的经济利益。这种做法尤其适用于竞争者竞争力很强，并要抓住机会利用市场。

回应模型很类似，只是公司直到感受到竞争压力时才会采取行动。使用回应模式，价格战略直到有明确证据表明这样的改变是必要的时候才进行。这种方法可能在短期内提高利润，但是公司必须承担为竞争者提供便利的风险。

图 8.5 是关于进取型定价模式和回应定价模式之间的差别。为产品和服务定价并非易事。多数情况下，新产品的定价都采取成熟的公司定价策略。这些策略都为新产品开发的经理和参与人员提供了值得借鉴的经验和指导。但是，完全依靠新产品成功的人可能会比

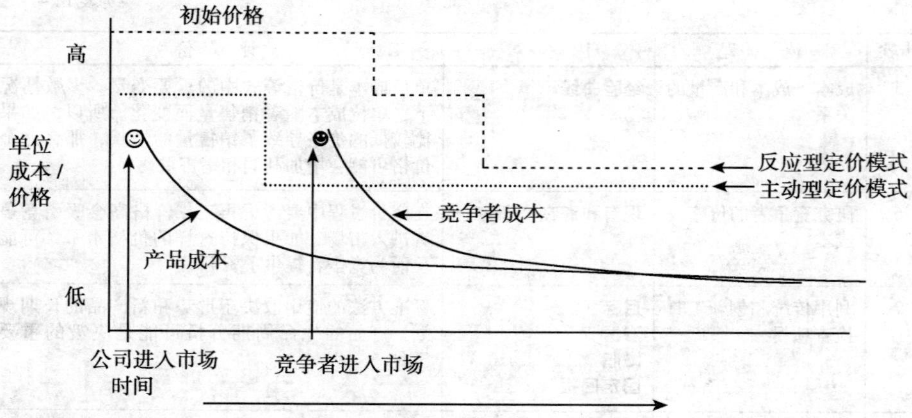

图 8.5 主动型和反应型定价模式

较主观，这样的危险性是很大的。建立由客观公正的参与者或者经理组成的委员会，由他们进行价格战略的开发就可以克服营销或者销售人员的偏见。理论上，委员会成员在价格问题上不会存在偏见。他们与新产品没有私人的利害关系，所以，他们在重要决策上不会感情用事。但是，完全没有个人观点也是不可能的。

价格对新产品营销计划的成功和财务业绩有很大的影响。所以，定价过程中管理者的介入是高层管理者或者督导小组重要的和基本的责任。价格的战略影响是显而易见的。销售、销售量和价格相互关联，决定着成功的可能性。

传播和促销策略

传播和促销因素比较容易界定，但是新产品开发环境下，项目间的相互关系是复杂而难以确定的。新产品的成功和失败依靠的是传播和促销策略能够到达多少潜在顾客，这些顾客能否得知新产品和它的好处。对于已有产品，传播和促销决策基于来自市场的数据和信息，使营销决策指定者获悉各种方法的有效性。对于新产品，尤其是与现有产品和市场没有关联的产品，最好的传播方法往往并不是显而易见的。正确的传播和促销策略组合同样要求营销经验和机会的把握能力，其中最重要的就是明确新产品的具体要求，尽量避免营销的惯用方法，但是随随便便地将几种营销方法组合在一起的做法也是错误的。

传播和促销组合包括如下几种：

广告——通过电视、广播、报纸、杂志、商业周刊、互联网等提高产品的知名度，传播产品的使用方法或者服务内容。这种广告一般是付费的。

销售促销——用以刺激消费者购买行为的方法，包括打折或者优惠券、销售点展销、相关产品来鼓励消费者购买和使用。

公共关系——通过任何方法，尤其是第三方或者是媒体，影响市场和/或利益相关者对产品利益的观点以及提高公司声誉。

个人销售——这一机制是指通过个人进行联系或对话向潜在顾客直接提供产品信息和数据。

在特定的情况下，应采取以上一种或多种方法作为传播和促销手段向潜在顾客传达商品信息，观察他们的反应。每一类中都有多种选择来满足具体情况下的具体要求。组合的方法无疑是多种多样的，所以选择的过程也是富有挑战性的。

选择的组合必须与整个营销战略、市场实际情况、资源和公司的目标一致。另外，传播和促销计划的投资应当反映机遇的资本价值。如果期望计划要求增加投资额或者减少资本回报或资本内部回报率，那么新产品开发计划的可行性和选择的适用性就值得怀疑了。

当可选择的项目太多，相互关系过于复杂，决策就会很困难。在新产品开发环境下，决策者通常会采取渐进的方法简化形势。初期的新产品开发计划只是建立可行计划的关键要素的组合。第二步，通过多种测试方法和产品投放初期的经验教训，改进计划使之能够反映洞察力和新知识。这样做的目的是使计划在开始的阶段相对简单，从而确保能够使用最重要最关键的方法。

分销渠道策略

分销渠道包括中间商、批发商、零售商、增值零售商（与消费者之间的调节者）以及其他机制例如因特网。正如前面几章所讲，将新产品卖给消费者的渠道是多种多样的。

分销渠道提供了将产品送到潜在顾客手中的途径，包括第三方公司，它们是联系产品/服务和最终顾客之间的桥梁并且使信息和实体产品流通。分销渠道可能还包括其他实体，它们为产品提供附加值，或者拉近公司和顾客之间的距离。分销商通常会导致消费者信息和市场信息的双向流动。产品和其应用的信息促进了产品的合理使用，增加了影响正面解决方案的潜力。它也涵盖了关于淘汰产品的处理信息。通常，分销渠道是顾客得知产品和产品影响的主要方式。顾客应当知道产品的正反两面从而使负面效果最小化，获得更大利益。

以前，营销方法特别注重传播价值主张的正面。但是根据法律，分销商和公司有责任向顾客提供全面的准确的商品信息。这一要求远比表面上复杂，因为这意味着分销商有资格在任何情况下提供产品的全部信息。这是十分棘手的。

培训和教育通常是确保产品安全和有效使用的关键，一般由专门的公司提供，这些公司了解顾客需求和怎样传达正确的信息，对于规范的产品，通常有正式训练计划以确保从业人员可以熟知达到可接受成果的正确步骤。

通过分销渠道，生产者还可以将用过的产品回收并进行再加工。有时，一些渠道向顾客提供这样的服务或者它们将再加工的产品出售给其他顾客。

分销渠道还可作为一种输送管道，输送关于使用后期的产品的处理机会的信息流。分销渠道将拆卸者的支持设施，回收者和材料处理者联系在一起，他们都是将剩余物有效运送到闭环废品管理设施过程中的中间商。表 8.5 中所列的就是在考虑渠道在物流和支持结构中的作用时必须要评估的因素。

表 8.5　一些地区分销渠道问题总表

维　度	特　　性	评　　估
顾客	● 产品生命周期内安全有效的使用 ● 获得利益最大化和产品最长使用寿命 ● 在产品废弃时了解产品的安全处理的最好方法 ● 采取正确的负责任的行动实施这一方法	● 怎样才能最有效地使用产品？ ● 有缺陷的零件应当被新的或旧的零件取代吗？或者直接淘汰产品？ ● 零件接近使用寿命是否可能要坏掉？ ● 应当修理还是淘汰产品？ ● 有没有其他顾客可能购买用过的产品？ ● 淘汰的最佳选择是什么？
分销渠道参与者（溢出）	● 了解产品处理的固有职责 ● 了解应当将什么信息传达给顾客从而使顾客可以有效地使用产品	● 为了确保安全有效地使用产品，应控制哪些关键因素？ ● 为了确保顾客正确使用和应用产品，哪些信息是重要的？ ● 应当向顾客和利益相关者传达哪些使用注意事项？
分销渠道参与者（反向流动）	● 提供废弃产品的信息和潜在处理方法 ● 通过基础设施促进材料流通，影响解决方案	● 在产品处理问题上分销渠道如何向顾客和用户提供有效的解决方案？ ● 分销渠道如何与服务提供商联合确保完整的处理方案？ ● 必要的沟通机制有哪些？
基础设施	● 提供支持，创造反向的物流的机会 ● 在生命周期的物流过程中减少限制	● 对于基础设施，需要进行怎样的改进和增加？ ● 成本是多少？谁来支付？ ● 改进基础设施在经济上可行吗？

表 8.5 旨在说明渠道参与者在影响策略改进时的潜在贡献。机遇是多层面的，竞争是复杂的。宝马汽车的例子说明了解决方案的提出是需要信息输入、原始设备生产者的贡献、经销商网络、废料处理者和拆卸者提供的支持系统。

市场沟通及促销方法

沟通及促销综述

市场沟通和促销方案是若干方式的总和，借助能够引起顾客兴趣的信息来影响市场并促使潜在顾客最终购买。广告和促销通常旨在培养意识，而公共关系和人员推销一般集中于诱发试用和正式使用。人员推销包括从产生意识到鼓励试用和最终购买整个过程。

开发传媒和促销方案的过程较为明显。虽然该过程很容易就能制定出来，但是计划的细节和取得市场成功所要采取的行动却更加复杂。各成分的运行遵照项目界定阶段描述的方法进行。此流程基于整个新品研发方案的目标和达到目标市场的营销策略。表 8.6 显示了此过程中的步骤。

表 8.6　开发沟通和促销方案的步骤

煤介	描　述	目　的
1	明确目标观众	作为目标市场的一分子，目标观众指一个顾客群体或潜在顾客，他们接受方案或可能影响其他人。目标观众是计划的焦点。依据资源投入和计划范围，它可能包括所有潜在顾客以及产品的首批试用者们
2	确定着主要目标和目的	传媒最典型的问题就是树立太多目标，所以确立计划的目标更加至关重要。标准的做法通常是尽量销售产品，而非树立产品意识或鼓励试用。计划目标应该尽可能具体、准确、中肯。例如，“目的是建立产品意识”。目标焦点应集中于谁、为什么、什么和怎么样这几个方面
3	设计信息内容及格式，选择传递方式	基于目标，关键一步就是信息设计。信息涵盖在要传递给观众的内容中。结构应适合目标观众对内容的理解
4	确定启动计划时所拥有的资源	综合考虑目标，财政能力，项目矩阵，下一步就是确定整个传媒和促销计划的预算
5	指定促销组合	设计促销组合比较复杂，因为它涉及现有选择的种类和承诺水平(level of commitment)。这个过程包括明确可行的备用措施和理解它们在计划中的合适度
6	测试每个成分的可行性和有效度	筛选是一个连续的过程。在草案测试和效度复审阶段就应该评估备选方案。如果某一选择似乎缺乏可靠性，该机制资源的分配就要重新审视，如果有必要并加以修改
7	管理过程，并采取适时的修正措施	这一过程需要不间断的关注和评估。务必监控选择的有效性以便确定其合适度。如果其中一项不够有效，应该立即加以改变

对于多数新品研发方案来讲，设计并开发传媒和促销计划极具挑战性，并有绝对的必要性。

广告

广告是引起市场关注和树立产品意识的有力手段，是联系广大潜在顾客的有效工具。它能够影响首要目标，甚至会影响到新产品的决策者们。例如，购买者可能并非使用者，决策者可能也是资金提供者。广告经常能够影响所有相关者。

为新产品作宣传主要关注就是最大限度地延伸目标市场（overreaching the intended market)。如果新产品要销售到地理分布不同的区域，分配渠道可能太有限，广告使得很多顾客了解到该产品，但并不是所有的顾客都能够得到产品。即使有大规模的产品引进，产品可能仍然不能满足整个市场需求。随着市场延伸，竞争者便有机会乘虚而入，用他们的产品来替代新产品。这些努力只会支持那些利用销售渠道的薄弱环节的人。

尽管延伸市场是为将来奠定基础，但是这也意味着现有资源（如资金）没能在短期内加以有效利用。如果新产品市场投放失败，这种长期影响可能就不存在了。的确，资源的不合理使用可能导致失败，因为其他领域可能原本需要那些资源。

广告的主要原因列举如下：

1. 迅速**树立意识**和建立起优质、潜力、稳定性和强项的形象。顾客一般都知道广告耗资颇多，可能将广告能力等同于信守承诺的能力。网络就是以此方式说服了顾客认为它们的做法是可行的。然而，许多同类公司的失败可能使这一观点听起来不是特别美妙；

2. **实现不清晰目标**。如果目标顾客的概况捉摸不定，广告就是一种有效的机制。尽管广告可能夸大了市场的作用，但是如果潜在顾客还不明确，到达每个个体的成本可能较低，就需要强制性方案。

广告实战中最重要的因素就是信息。虽然创造有效信息是种艺术形式，但是信息的精华应来自于概念发展和筛选阶段开发出的价值主张和基本观点。信息应相对简单，聚焦于首要利益，这些正是顾客优先考虑的方面。

广告标准的媒介有电视、广播、杂志—商业出版物、报纸、因特网和直接邮件。每个媒体各有其利弊。每项机制都务必仔细分析以确定其是否合适有效。这种形势无法简单概括。广告需要很多经费用于印刷和信息传递。电视广告需要投资于商业广告节目，名人导购节目等。开支包括投递信息的前端成本（up – front costs）和信息传输的持续成本（ongoing costs）。广告对于有正式启动的新产品研发项目更为有效。在这种情形下，为了达到目标，可以调节广告活动，使其与生产、分配及其他的市场效能的行动计划相协调。

对于新产品来说，广告则可能不太适合。可能耗资太多，且没有任何近期成果。表8.7 简要概述了广告主要机制的利弊。

广告频率是很重要的一个问题。一条信息一般只有重复多次后才能给典型的顾客留下深刻印象。标准的法则是只有重复 5 ~10 次后信息才能成功传递。然而，新产品的宣传首先要树立意识，这个数字可能要增加很多倍。在考虑销售产品的响应时间和建立现金流动时，这是一个很重要的因素。如果借助广告树立意识需要 6 个月的时间，由于销售滞后于广告出现，在早期启动阶段，销售量可能会非常少。

另外一个关键问题就是时间安排。有效的广告实战需要投入时间、精力和资金。产品设计与实际生产相隔的时间以广告的生产周期和做广告的其他方式，还有广告发送给媒体的顺序为基础。例如，儿童玩具批发商可能在每年 2 月的商品展览会之前才看到适合的贸易杂志。贸易杂志上登广告如果晚一个月就可能导致接下来的整整一年中错失购买旺季。正如产品本身，在许多行业中广告也有周期性倾向。

表 8.7　各广告媒介的优缺点

媒　介	优　　点	缺　　点
电视 树立意识最为合适的方式；对于简短信息相当有用；人均成本低	受众广泛；可集中在精选的部分；由于多数人相信电视广告昂贵，需要雄厚财力，所以可树立起可信度高的形象；可以联系到复杂购买情况中涉及多种因素	夸大市场的作用；市场渗透代价高；传递保持信息需要多次重复；难以解释复合产品，尤其是新问世的产品；需要高额投资和担保；需支付长期红利（可能非短期）
广播 面向当地市场，地理分布更加集中；（对上下班旅客更有用）	从人口统计角度来讲，更能有效选择受众；面向不同的受众有不同的形式；人均成本低，实施灵活；易于改变信息	尤其是在某些时间段受众有限；受众构成和节目不可预知；体育是有效的销路，但时间安排难以驾驭
杂志—商业出版物 高度集中于主题；周期稳定；良好的统计分析	联系明确的目标受众；每个具体的前景都花费不多；杂志通常都会寄出信息咨询卡；杂志每月出版，响应时间快捷；必要时广告能转发给其他媒体；出版物经常有人口统计分析	需要充足的投入；产品设计和实际生产相隔的时间相对较长，需要不间断的广告担保才能得到初期的成果；多次研究才能确定正确的地点；如果受众不太合适，次生利益（secondary benefits）通常就很有限；流通量大的杂志刊登的广告订货和交货相隔的时间较长；需要投入很多广告才能得出最可靠的结果
报纸 当地的媒体销路；广阔的受众；不同的版面满足不同观众的兴趣	能有效地联络到高端群体，他们受过高等教育，拥有高收入；可以调整内容以适合当地情况；具有良好的灵活性，必要时能够削减某些内容	对于持续时间长，覆盖范围广的计划较为昂贵，要实现必须的覆盖范围就需要在许多家报纸不断投入广告；持续时间短（一天），影响力小；让利空间很难取得，易于在各种讨论中迷失方向
直接邮件 当地送达到家门口；以各家庭为目标	瞄准具体的家庭；个人联络费用不高；对于标准信息和统一的营销实战是绝佳的工具	反馈率极低，很容易迷失于垃圾邮件中；随着邮资增长费用也可能更贵

综合营销预算的一个重要子集就是广告预算，而营销预算本身又是总体投资的一个重要成分。确定广告经费的多少是个关键问题，其答案有赖于许多因素。在决定广告上投入多少资金这一问题时，下面提供了一些指导建议：

1. 调查公司的数据库，考察其为宣传类似产品在哪几方面做了投资，结果的成败并找出得失的原因；

2. 检验类似产品的广告支出和所得收入是否有相关性。外部资料也可利用。例如，贸易杂志便可进行这类研究，调查广告支出和潜在顾客的咨询之间的关系；

3. 考察外部数据库以及如政府机构（美国商业部）等资源，以便找出广告和销售二者间的关系；

4. 考察竞争对手把类似的新产品投入市场时广告开支的多少。可以通过检查其广告计划和弄清这些计划的费用等方式间接获得这类数据。

对于刚起步的公司来说，广告开支要远远多于成立已久的公司。广告实战扮演双重角色，即促销产品和建立起公司的知名度和信任度。确定双重角色的正确结合会比较困难。

创办已久的公司可能有一套模式应用于为每种新产品所做的宣传。而小型公司则经常把广告预算限定在其可支付的范围内。

媒体结合是众多广告机制的组合。一般说来，典型的广告实战若想到达市场需要依赖于若干媒体共同打开销路。例如，电视广告可以用于拉动零售，而商业贸易杂志可用于同批发商沟通，吸引他们的兴趣，鼓励他们购买。经常用实验性的方法来确定媒体如何结合。早期的结合依靠现有数据和分析先例。商业化早期初选的结果需要仔细审察。无效的方法遭到淘汰，有效的方式的作用范围则得以扩展。

新产品营销策略：Dermabond 局部黏合剂

2002 年 6 月初，强生公司 Ethicon 分部开始在主要的杂志（如：人物）和白天的有线电视节目中宣传他们研制 4 年的表面黏合剂 Dermabond。Dermabond 由一种叫做碳氢化合物氰基丙烯酸酯（2－octyl cyanoacrylate）的化学物质构成，是用于医疗的黏合剂。不到 3 分钟内它就能黏住伤口或切口处。氰基丙烯酸酯是多数所谓的“超级胶”的首要成分，包括时下引导市场的 Krazy Glue 黏合剂。即使现成的超级胶不能作为处方药给病人使用，一些皮肤科大夫多年来一直推荐病人使用它。

Dermabond 广告运动独树一帜，它把仅限内行使用的产品直接瞄准消费者。制药公司经常运用各种媒体直接向消费者宣传它们的产品。这些技术也令它们备受批驳，医生们抱怨说这些公司正在努力使他们的业务完蛋。然而，Dermabond 运动首次通过直接向消费者宣传的方式尝试由生产商将医院储存供应的药品卖给消费者。

Ethicon 拥有 Dermabond 的营销和分销权，但是该产品却是由 Closure 医药股份有限公司生产的，该公司位于北卡罗来纳州的罗利。在其他两种治疗口腔疾病和供兽医使用的药品中，Closure 公司运用的是同一种黏合剂。

使用 Dermabond 有如下好处：迅速敷用，免受针头之苦，无须复诊。该药品还有一个封口能防止感染。Dermabond 敷在伤口上时不会产生刺痛感。随着伤口的愈合，该黏合剂也在 7～10 天之内逐渐脱落。这些优势使得 Dermabond 尤其适合小孩使用。

通过 FDA 批准后，强生在 1998 年年末引入了 Dermabond 黏合剂，现在它已见于美国大约 90% 的急诊室。目前 Dermabond 是唯一通过 FDA 批准的局部药用黏合剂。甚至手术室剖腹产的时候也使用该黏合剂。它不能用于裂开的伤口或大量出血的伤口。其他不能敷用 Dermabond 的部位包括嘴唇、鼻腔内部及眼睛周围。此外，关节处使用 Dermabond 也不合适，有时手脚活动起来较为困难。

Ethicon 也开始销售护创胶布液体绷带，它是 Dermabond 的一个变体，可以不需医师处方而购买。一些观察家担心对于未经适当培训的消费者来说，该液体绷带的使用可能会产生问题。生产制造商 Closure 医药股份有限公司也正在测试 Dermabond 的另一种变体，它更为黏稠，用于更加严重的伤口，他们也在测试另外一种用于愈合内伤的变体。

来源：

Becker, C., Sewing up ‘liquid stitches.’ *Modern Healthcare*, July 8, 2002, 10.

Pender, K., Small firm expanding line of liquid bandages. *San Francisco Chronicle*, April 18, 2002, B1.

公共关系/宣传

宣传是市场沟通使用最广泛的方式。宣传借助于第三方来树立意识，建立可信度和能见度，让市场和利益相关者了解新产品。宣传方式包括新闻发布会以及给该产品和公司所作的其他正面的宣传。它集中于建立公众接受和提升商业信誉等有报道价值的信息。宣传一般是免费的，但是由于它受控于第三方，因而难以精心安排。免费当然是件好事，但是其他方控制着范围、内容和配置，这就使得它不能成为取得市场成功最可靠的方式。

贸易杂志最喜欢的一个主题就是新产品的宣传。新事物很有报道价值，通常也是人们特别感兴趣的话题。引起媒体的注意则是比较困难的部分。需经一番周折，新闻发布才能引起名目繁多的行业期刊的注意。特写或者如正面的环境效益等优势可能是克服分销障碍(barriers to placement)的好方法。给新闻发布会等写稿子时，注意力应放在提供给市场和利益相关者的信息，而不是产品的大力兜售。记住，困难就是怎样将产品展示给观众。信息可信时我们才使用它，否则就会丧失机会。故事越是精彩新鲜，它越有可能被媒体报道。

销售促进

销售促进涉及非常广泛的范畴，涵盖了有效营销实战的许多方面。具体采用哪种方法取决于产品种类、行业状况和发展趋势。促销活动有4大目标。列举如下：

1. **建立产品意识和信任度**。和广告一样，建立产品意识是基本目标，旨在诱发顾客关注下游的活动。首先，务必使潜在顾客获悉新产品，它有哪些特点和优势；其次，务必表明该产品和公司是可信的，不会让顾客冒险或浪费时间和金钱；

2. **传达产品信息和营销计划细节**。促销给潜在顾客提供联系环节。典型状况下，顾客需要大量的信息才能决定是否购买产品，购买是否有利。产品信息要尽可能充足，以回答可能出现的问题。同样，营销计划信息也务必传达给各分配渠道，让其知道如何说服潜在顾客；

3. **将产品和公司置于有利地位**。促销通常尽量联系产品意识树立和顾客行为这两个方面。促销应该是个连续的过程，在此过程中建立起顾客对新产品优点的信心并诱发潜在顾客对新产品的兴趣；

4. **产生咨询和鼓励行为**。促销，特别是营销沟通不仅仅是为了向未来顾客传达信息，而且也是为了让他们采取自发行动。期望的行为视具体形式而定。让未来顾客寻求更多信息，或者让他们积极咨询产品购买，行为多种多样。

整个方案就是为了将一个有效计划的 4 个方面组合得尽可能天衣无缝。例如，记录有产品显著特点、产品功能和产品优势的宣传册不仅能够提供必需的产品信息，而且有助于建立起可接受度，树立起诚实可信的形象。高质量的宣传册会把公司和产品与众不同的一面展现出来。这些信息都值得进一步审视，倾向于引导顾客采取下一步举措。

促销的营销类型包括消费品和服务、工业商品以及面向政府部门相关的市场。如果不考虑市场范畴，宣传小册子、各种形式的印刷或电子传媒、贸易展销会和促销材料都是吸引潜在顾客注意力的有效手段。鉴于方法多样，本节讨论仅突出那些代表总体方案的方法。表 8. 8 纵览了选出来的几种方法，列举了各自的优势和劣势。当然这个表还不够全面。表中所列举的优缺点只是简要总结了较为突出的几点。

表 8. 8 精选促销方式的优劣势分析

方式	优　势	劣　势
	工业	
宣传册	灵活传递产品信息；对于多语环境来说低本高效；版式易于多样化，包括提供技术细节	难以作低成本的改动或扩展；通常大量印刷；尤其早期价值较高
贸易展销	提供一个各行各业的潜在顾客的聚集地；顾客期待展销会上一览新产品，也许愿意花时间去探讨有哪些益处；没有必要提前知道哪些群体构成潜在顾客；可能正面影响利益相关者	开展销会耗资耗时；过程控制权掌握在贸易展销会创办方手中；有周期性；开支的价值难于预计；对手也能获得新产品相关信息；存在许多如对手新产品等分散注意力的事物；时间有限
商务通讯	针对性强，把信息传达给潜在顾客，树立良好信誉	准备工作耗资耗时；通讯接受者可能不会花时间去读
研讨会	有力传达信息的最佳方式；建立对话的好机会	难于把握参会的恰好是目标观众群体；需要大量的前置时间才能列入当事人日程安排
	消费者	
销售点	一种占据零售店最佳方位的有用技巧；多面展示产品和传达信息	昂贵；需要大规模的保证金，因为多数情况下它们必须大量生产；信息改动很难
国际互联网页	灵活性强；花费不多；每天二十四小时开放；语言和版式改变起来较为容易	新近成立的公司很难被注意；较为杂乱；对手也能获取信息
样品	让顾客试用产品的最佳方式；减轻顾客试用产品的风险，在顾客中树立良好的信誉；帮助确定用于特殊场合的有用的产品尺码	高价；难于让“正确的”顾客拿到产品；需要特殊大小的产品，因此消耗生产时间；通常需要伴有某些广告形式

续表 8.8

方式	优　势	劣　势
	消费者	
赠品	免费，通常带来良好商誉；如果有私人交往的话就更加有效；能够激发对公司和其他产品的兴趣	可能较为昂贵，尤其是如果涉及优质商品时；要成为有效方式需要大量的市场信息
赠券	吸引注意力的有用方式；诱发试用的良好工具；可作为暂时降价的简单方式；在时间有限的情形下更显示其优势	给人以折扣的印象尤其是准备和分发赠券可能会代价较高；需要其他诸如邮寄等媒介的参与；作为一种独立的模式不太有效
竞赛	产生兴趣；能够迅速树立意识，激发观众的兴奋；能够通过产品传达一种正面有趣的形象	安排起来花费不菲，要产生效果需要大规模进行；可能令人迷惑；竞赛之后败者远多于胜者，因而可能产生负面后果

表 8.8 所列的每种方法务必放在具体的情形中来分析。有些方法的选择可能基于可行性的考虑。例如，竞赛需要大量投入，它所要求的经营水平，小公司可能没有足够资源加以有效执行。另一方面，分销渠道甚至顾客强烈要求公司采用某种方法。零售商在同意出售新产品前经常要求展示销售点。零售商也许认为要吸引顾客，新产品一定要给以特别关注。他们可能也希望新产品的供货机构能够做出促销承诺，之后他们才愿意在存货和上货方面投入资金。导致这种要求的原因很多，但是和终端顾客一样，零售商努力减少销售新产品的风险。

促销和营销沟通的整个理念是建立在“产品不能推销自己”这一信念的基础之上的。只有积极进取的营销才能赢得市场上的成功。务必尽一切可能，使用一切方式，让产品渗透并通过各个渠道。

人员推销和销售方法

人员推销代表了与市场和（或与）销售渠道接口的“前线”，目的是鼓励顾客真正购买产品。人员推销的首要之事就是推销员同市场实体和潜在顾客直接交流。

销售方法牵涉到多种方案，其本身和它们面临的形势一样复杂多样。各销售组织和相关人员成功的秘诀在于确定在当前形势和现有资源的情况下，哪些方法是合适的。和广告及促销一样，答案不是唯一的，以下列举了一些选项：

1. 吸收、筛选、训练一支勇于奉献的销售团队力量；
2. 重新部署现有销售力量，或者在他们的销售权限中加入新产品；
3. 雇用外部销售代表；
4. 通过其他组织或联盟销售。

发展一支新的销售力量来处理新产品的主要益处在于焦点和奉献两个方面。如果一支销售力量只从事新产品的销售，不为其他的机会或要求而分心，他们就可能在短期内拿出较好的成果来。这种方案最常用于大型的复合产品。要想传达技术和商业信息及细节，这种产品需要与潜在顾客有大量的、深远的直接接触。但也会伴有负面效应，例如，成本高，长期的前置时间用来寻找和训练销售团队，由于仅有新产品可供出售，销售人员吸引顾客的机会可能非常有限。从集成产品开发的角度来讲，主要的优势是销售团队能够全心全意地参与到新产品研发的过程中来。

无论是对产品线的简单添加，还是对现有产品的简单改动，使用现有的销售力量不失为一种低成本高效益的方法，既销售产品又将产品引见给顾客。设想如果销售人员接受过销售技巧方面足够的培训，具备关于产品组合的知识，那么主要的障碍就是让他们接受关于产品本身的培训。更深一层的阻碍就是通常成功的销售员不愿花时间去推销那些需要很多时间才能卖出去的产品。由于顾客缺乏对于新产品的意识和知识，销售新产品的时间通常长于现有产品的销售。除非销售人员有特别的动力，在新产品启动的早期阶段，人们对它们的关注可能不足以使其取得成功。

雇用外部的销售组织也许在新产品研发过程中和新产品启动阶段是一个低成本高效益的解决办法，它倾向于把开发产品的投资降至最低点。让外部资源发挥杠杆作用，公司的注意力就能集中于取得成功的关键领域。然而，要雇用来自其他组织的代表就要面对若干影响深远、至关重要的事情。销售代表可能并不想参与到新产品研发过程中，因为赚钱机会毕竟有限。代表机构通常很擅长销售，但是可能并没有必需的技能或意愿去为产品研发做贡献。类似于内部的销售力量，代表们精力易于集中在相对容易推销的产品，或者集中在得到的佣金与付出的努力相称的领域。在典型情况下，一种新产品在正式出售前需要销售人员大量投入。销售代表们的谋生方式依赖于不间断地销售产品。代表们可能把新产品视为他们买不起的奢侈品。他们通常忙于努力取得短期成功，因而无暇关注长远发展。此外，营销代表可能既没受过培训，又对新产品不感兴趣。他们也许会向顾客传达有关新产品的错误观点。代表们极少专门为一家客户服务，但是多数情况下，他们不销售对手的产品。决定是否雇用这些代表时，分析形势至关重要。

正如雇用营销代表一样，借助于贸易联盟和类似的组织进行销售活动会遭遇同样的问题。主要的优势是将一线投资降到最低。在有些情况下，考虑到产品本身属性或行业结构，这是绝对必要的。例如，实验室设备和供给通常都是借助代理或供货商出售的。主要的劣势就在于任何产品都不能受到特别关注，而且，对手产品也可能得到营销机会，占据市场。

如果不考虑产品销售所采取的组织形式，那么就有很多具体的技巧供营销使用。这些技巧包括直接的私人联系、电话购物、贸易展销会、质量保证书、产品展示和建立关系网络。表 8.9 列举了一些常用方法，分析了它们各自的优缺点。

表 8.9　销售技巧及其优缺点分析

技巧	优　点	缺　点
私人联系	产生良好商誉，引起个人注意；顾客们更倾向于多次从熟人或信任的人处购买商品；灵活性强，满足顾客的所有需要；广泛传播信息的最佳途径；易于现场调整	耗资耗时；需要受过良好培训，乐于奉献的销售人员；不合格的推销员经常比没有销售员还糟糕；更难控制信息和行动
电话购物	联络多个顾客的快捷方式；令顾客产生兴趣的有用途径；花费不多；每次联络费用低廉	被许多组织过度使用；联络繁忙疲于应答；若提供了不好的信息，在有些场合会遭遇问题
贸易展销会	与多个潜在顾客建立私人联系，以便获得反馈信息，确定哪些方法有效；用于“展示和宣传”的良好方式；取得联系的良好途径	造价高；需要郑重承诺和许多销售人员；难于确定要达到的具体目标
质量保证书	树立商誉的极佳方式；第三方的支持往往对顾客更有说服力；私人的方法通常更令人信服	难以让顾客同意提供这种声明；也许难于鉴定信息的真伪；获得回应需要时间
产品展示	向顾客传达信息的有效方式；统一整个销售团队将要传达的信息；能够通过电视导购和录音录像等方式加以自动化	缺乏自发性和灵活性；观众群体可能迥然不同，因此标准统一的方式也许不合适；减弱人际联系
建立关系网络	一般口头建立联络的简单机制；销售面向个体进行，联络经常提供质量保证书；产生领先优势的好方法	适用于已在市场上站稳脚跟的产品，但是对于新问世的产品可能不是很有效

分销渠道的选择方法

选择分销产品的渠道在营销战略计划中具有决定性意义。对于广告选择和促销选择的评论同样适用于分销渠道的选择。各个选项要加以小心权衡，以便筛选出正确的机制。没有适用一切的灵丹妙药！例如，戴尔电脑公司通过国际互联网和电话两种方式直接向消费者售出产品。当它尝试同零售商建立一个分销渠道时，更为复杂的系统要求该企业做出很多改变，而这些调整并非企业所能承担的。没能利用分销渠道这一方式达到目标，戴尔决定回到直接行销和销售的轨道上来，并且20世纪取得了巨大成功。

分销渠道可能非常广泛，涉及许多人；或者也可能非常简单，新产品机构和终端客户间只有一个实体。也可认为互联网是个分销渠道，服务商是此渠道中唯一的实体。在其他情况下，新产品机构让另一家公司来管理它的互联网，该实体也就自然成为负责渠道管理的一方。

第十一章将进一步讨论渠道结构的选择和参与其中的各个实体。

营销预算

营销预算是行销方案的总揽和总结。它提供一种方式来分析方案的财务含义，参照整体预算来评估每一成分。它能深刻洞悉营销全局，便于确定资源是如何分配的，明确营销综合构架怎样符合现有现金资产。营销预算提供预期开支的信息，既有预算合计，又有关于方案各成分的信息。它也可用于控制分配和整个新品研发方案的资源利用。

典型的营销预算分为两种：一种关于一次性费用的需求和使用，另一种关于不间断或周期性费用。第一种代表了就每一项具体营销方案而言的必需的承诺，它包括准备广告范本、开发电视商业广告等内容。没有这些开支，各个方案无法开始实施。这些经费用于启动方案必需的前导步骤。其中大多数的开支在正式启动前，已经在新品研发过程中制定好了。没有前期投资，持续支出（ongoing expenditure）通常不太可能。第二种预算中的项目更加灵活。它们是在启动过程中随着形势的变化而加以扩展或回缩的任意的条目。例如，如果形势要求改变，刊登在每月发行的贸易杂志上的广告可以缩减至两月一次。资金可以实现从一个领域到另一个领域的再分配，甚至整体转移。

在启动早期，投资资金是现金流提供的，利用了机构的物力。支出水平在预算过程中已经规定好，一般基于某种惯例，以便明确成功所需的资源的适当水平。如果市场上赢得了成功，现金流的负担就从机构转移到了市场。所需资金通过现金流从销售获取。

预算可以基于对执行期望的营销方案所需费用的计算，同时以销售预测为指针。第十章论及预测和财务报表时扩展了这一构思。商业化早期，营销支出经常超出收入，这样就使得确定营销花费时计算典型的收入比例的方法不太切合实际情况。至于与现有产品相关的新产品，确定合适的营销开支水平时可以利用公司以往经验中的历史资料。而且，可以通过工业或贸易机构查明。这些机构追踪此类数据（即营销开支和销售间的关系）。

预算要求根据支出源头进行准确估计。这是个反复的过程，将信息输入到一个全面的模型中去。最初分配的基础是估计要达到预期销售水平有哪些必要条件。可供替代的一个方法是尽可能去消费或动用一切可用资金。过一些时间，此方法就会变得更加符合惯例，如仅一定比例的收入用于营销，或者参照毛利率来分配营销支出。多种技巧可用于合理决定适合的水平或基金的最大值。用于营销方案的基金和收入的增长二者之间的关系倾向于遵循“S 曲线”现象。产品引介的初级阶段需要重大的营销支出水平才能产生收入流。支出达到一定水平，市场取得成功后（即已经达到拐点），随着营销开支的下一次增长，收入的增加速度更快。最后当过程成熟时，营销开支的额外增长通常不会带来收入水平的显著提高。当成熟达到瓜熟蒂落的程度时，这一过程也就达到平稳。在特定的那一点上才能更好地理解营销和收入的关系。这一关系也形成未来基金分配的基础。

正如第十章所讨论的，营销预算为财务结算预估（pro－forma financial statements）提供输入。它关联到各项活动的日程安排，为计划和定界两个方面提供信息（第六章讨论）。

其他见解与本章总结

新产品的营销战略和方法务必加以仔细斟酌、分析和建构。传统的思维方式不一定就能通向成功之路。要想取得成功的硕果，唯有创新性的见地方能产生新颖的解决办法。新产品需要有明确定义的营销方法，该方法应迎合多个（或单个）细分市场，产品特点以及机构能力等各方面的需要。营销计划的发展应该基于新产品研发方案的目标和整体的战略。

新产品形势要求认真考虑营销组合。在为综合营销计划打基础的工作中，市场定位的战略方面占据中枢地位。这一基础取决于新产品面临哪种类型的形势。简单的改善可以通过营销方法，让连续进行的营销实战发挥杠杆作用。新产品的改革越是彻底，市场效能就越要适合目标细分市场的具体需要和新产品的独到优势。务必仔细确保市场效能反映了新产品形势。最常见的误区就是使用传统的营销方法来为新产品制定和执行营销方案。

定价是最具挑战性的要求之一。确保成功的计划不具有唯一性。定价战略务必充分分析，综合考虑短期目的和长期目标加以选择。营销管理的关键是两个目标都得以实现或达到二者之间的平衡。撇脂定价法可以提供高毛利率，但是也可能阻碍市场的发展壮大。渗透定价可以带来需求的快速增长，但是它经常要求短期额外投资以掩饰早期的亏损。其他的定价策略如投资回报性定价为传统定价模型提供了选择的余地。

促销策略和管理沟通对于树立产品意识和接受是必不可少的。长期成功取决于建立一个关键的客户群，他们购买产品而且对产品品质表示满意。在新品研发形势中，每种主要的方法各有千秋，都有其优势与劣势。广告能联络到广大观众，但是造价高，而且可能过度延伸目标细分市场。促销更有针对性，但是需要做大量、广泛的努力才能发挥整体市场潜力。人员推销在工业产品领域方有用武之地。宣传花费不多，但是又难于控制。每一方法都在市场效能中有自己的位置。营销专业人士务必全盘衡量这些备选的方法，根据新产品形势的需求来选择营销实战的元素，这一点至关重要。当然也有这种情况，新产品在市场上异军突起，即刻取得成功。但是多数情况下，只有经过奉献和长期不懈的努力才能走向成功。

第九章

生产战略和方法：运营和制造含义

作者：爱德华·D. 阿海特尔

引言

在运作层面，对生产和供应链的考虑是基本的先决条件，必须经过概念层面的研究以转变为运营层面上的明确方法。它取决于新产品开发的状况。尽管这一潮流趋向于最佳实践和“世界级制造”，但当新产品机会实现从概念到商业化的转变时，实际上生产产品或提供服务的下游活动必定取决于整个新产品开发小组的投入。一旦新产品的初始设计完成之后，制造能力便成了将新产品推向市场的典型必备条件。无论是使用内部制造资源，还是完全从供货商手里购买产品，或是混合使用这两种方法，企业都必须大量生产新产品。先前控制在实验室内小批量生产的产品必将时常被厂家更加“自由”地成批量生产。

本章描述了重要的生产战略、方法和应用；需求网络和资源外包的运用；以及改进设计以便于生产和更加吸引消费者的技术。新产品的生产和运营战略将柔性生产方式和易于制造及装配设计的方式结合起来，最终生产的产品将始终如一地符合或超越消费者的期望。通过为指定产品设计和创立最有效、最适合的生产系统，生产制造会成为战略性武器和竞争优势，从而将与竞争者的劣势降到最低。

本章还概括了产品和服务的需求如何被转化为生产和运营的流程。它所涵盖的主题包括制造产出、生产系统的特点、精益生产、流程规划、产能规划、物流网络设计和质量管理。这些讨论的目的在于总括分析和控制与新产品开发相关的制造和运营问题的实用性。它所涵盖的要素有原则、基本原理、概念、技术、流程和模式，这些要素为从业者规划和管理运营提供了定性和定量的方法和工具。

本章包括以下主题和学习目标：

1. 理解生产或运营的需要和要求；
2. 研究生产和配送产品的标准方法；
3. 开发制造高质量产品的生产技术。

生产系统的特征

制造产出

通过利用机器或加工其他资源、使得原材料、成品组件增值，或者为消费者增值（即服务业务）等一系列的活动，生产系统将“投入”转变为“产出”。为了可持续发展，产出的价值必须要高于投入的总量。许多工艺流程结构都要经过许多年的发展和改进来完成这一从投入到产出的转化流程。

一个企业所采用的生产系统应该致力于消费者所期望的**产出结果**，由哈佛商学院的 C. 威克汉·斯金纳和伦敦商学院的特里·黑尔的著作中发展而来的 4 个有名的产出要素是**成本、质量、配送速度和灵活性**，这在前几章已经讨论过。

最近，有人建议将质量分成质量和性能两个独立的因素；将灵活性分成灵活性和创新性❶。这些年来提出了许多关于质量的定义。戴维·加文 1987 年发表在《哈佛商业评论》上的经典文章唤起了人们对这一主题的重新思考和兴趣。戴维·加文定义了质量的 8 个方面❷：

1. **性能**。产品的最初运营特征，比如，一台个人电脑的处理速度；
2. **特点**。选择的实用性；那些“引人注意的细节”；
3. **可靠性**。一件产品在一定时期内出现故障和不合格的可能性；
4. **符合质量**。符合规格。这是传统意义上的质量；
5. **耐用性**。在产品损坏之前消费者从中所获得的使用量；
6. **可服务性**。一种对能力、便利和便于维修服务的衡量；

---

❶ J. Miltenburg, *Manufacturing Strategy*: *How to Formulate and Implement a Winning Plan* (Portland, OR: Productivity Press, 1995, pp. 15 ~ 16.

❷ D. A. Garvin, Competing on the eight dimensions of quality. *Harvard Business Review*, 65: 6, November/December (1987), 101 ~ 109.

7. 美感性。一种对产品外观的主观印象，或对产品的感官；

8. 感知质量。另一种基于消费者对产品信誉接受的基础之上的主观衡量。

以上 8 个方面中的 7 个基本上是设计质量的要素。制程质量的衡量标准是符合质量。从传统角度看，制造商通过观察符合质量来判断他们生产系统的有效性，因为这是他们直接影响的一个要素，另一个原因是这一质量便于衡量。其他 7 个方面则受产品设计质量的直接影响。

表 9.1 制造产出

产出因素	主要特征
成本	直接影响消费者购买产品的价格。制造商要支付原材料、直接劳动力和劳动力的杂项开支、以及用于生产产品的任何其他资源的费用。大体来讲，越来越少的产品仅仅停留在价格的竞争上，因为消费者的要求变得越来越苛刻；甚至价格低廉的日用品类产品也是如此
质量	可包括工艺质量、产品质量和可靠性。这些年提出许多关于质量的定义，经典的一个是产品符合规格要求的程度（符合质量）
配送速度	从订购、配送到消费者手中的时间。订购迟到的频率和迟到时间的长短。包括配送时间和配送时间的可靠性
灵活性	为迅速适应消费者需要而增加或减少大量现存产品的程度。可被广义地定义为对需求和新产品引进速度中的变化所做出的处理行为（有时被称为创新）

依据表 9.1 所给的定义，当一个服装制造商可以轻松改变产品组合和产量以应对潮流和季节的变化时，他便是灵活的。在精益生产部分将对灵活性进行更详细的讨论。创新性可被定义为生产新产品或改进现有产品设计的能力。

工艺流程结构

通过生产设备来决定工艺流程，是决定系统生产能力和产品成本结构中的一个关键要素。虽然拥有一个通过反复加工可降低成本和提高质量的综合流程是非常有利的，但这些方法在生产新产品初期却并不总是切实可行的；因为需求可能并不足以支持庞大的支出。典型选择有加工车间、批次流程、相关或重复流程，以及连续流程。描述如下：

加工车间

一个混乱的产品流程是加工车间的特征，在这一流程中，n 道工序必须经过 m 台机器的加工。并不是所有这 n 道工序都需要 m 台机器的加工，实际上一些工序可能需要在一台机器上进行复合操作。换句话说，工序可能会有非常不同的流程和许多处理操作；因此可能会需要不同的处理顺序。要计算一个加工车间的生产能力是很困难的，因为这要取决于特定时间内生产产品顺序的特定组合。图 9.1 展示了一个加工车间的例子。注意图 9.1 中

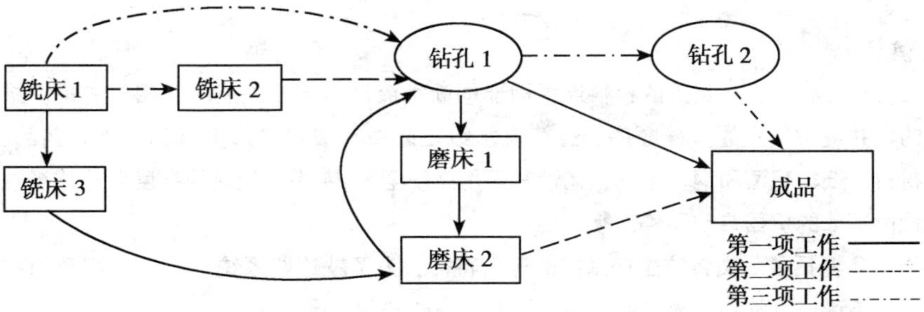

图 9.1　工艺或加工车间布局图：每道工序有自己的运动路径

所显示的三道工序在通过车间时需要不同的路径。任何拥有一个家庭木工作坊的人基本上都有一个加工车间布局图。一个熟练的木工能在他们的家庭作坊里做出各式各样的木制品（因此这种作坊十分灵活），但要他们大量生产这些木制品就未免强人所难了。

批量流水线

批量流水线有时被称为间断流水线生产线工艺或简称为批流动。这一流程有些像一个标准化的加工车间。产品批次经过车间时都要通过一些有限的可识别路径或路由。因此，n 道工序中的每道工序从根本上来说都要以同样的顺序经过 m 台机器的加工；并且每道工序都要使用每台机器一次。批次流程生产线不使用任何匀速输送原材料的系统，因此在工作站之间就逐渐建立起了存货。

相关流水线

有两类相关流水线，分别是操作者决定工作的生产线和机器决定节奏的生产线。这两类相关流程生产线通常都被认为属于“装配生产线”[1]。前者通常依赖操作者将产品从一个工作站运到下一个工作站。在这类生产线中，工时由瓶颈，即生产线中最慢的工作站决定。例如，工作站之间可以被非机械滚动式运输带，甚或是一些细长的桌子连接起来（比如麦当劳快餐厅）。这种流水线通常被用来装配个人电脑和电脑工作站。

机器决定工作节奏的生产利用一个不停移动、持续不断的机动输送带将原材料从一个工作站配送到下一个工作站。因此这种流水线的工时只是由输送带的速度决定的。关于这种流水线的经典例子是由亨利·福特组建的传统汽车装配生产线。这样的装配生产线实际上要比批次流程工艺略为少见一些；但由于许多诸如汽车工业的重大产业使用装配生产线技巧，所以装配生产线还是被仔细研究过的。

---

[1] Miltenburg, *Manufacturing Strategy*, p. 38.

连续流水线

在这一结构中，被加工的材料连续而非间断地流动。与相关流水线相似的是，路径是固定的，并遵循预定的步骤顺序。连续流水线工艺通常被用来加工食品、化学药品、油、屋顶材料、纸、啤酒和钢；这一工艺通常采用必须全天24小时运转的高度自动化系统，以避免代价不菲的机器启动和停工❶。

表9.2概括了5类传统生产系统的运营特征。为了就这些系统进行一次细致而精彩的讨论，应该读一读约翰·米尔滕伯格关于制造战略的讨论❷。

表9.2　生产系统特征

系统	产品组合和产量	流程	特征
加工车间	各式各样的产品，但只能生产一个或少量的产品	变化很大	操作者在单一的岗位上，但都是熟练工。设备和工艺装备适于多种用途
批量流水线（“批次”）	少量或中等数量地生产许多不同的产品	有变动，但有普遍的模式	基本上是一个标准化的加工车间。大多数产品在工厂里经过相同的流程模式
机器流水线（“匀速装配生产线“）	大量生产许多不同产品	稳定，机器决定速度	适用于产品设计稳定、产量高的产业。机器昂贵、高度专业化
操作者流水线（“流程生产线”）	多条生产线以中等产量生产许多产品	通常稳定，但由操作者控制速度	比机器流水线更灵活，可以以不同速度运转
连续流水线	大量生产一个或少量产品	不灵活且连续	与机器流水线相似，以最小可能的单元消耗生产标准产品

生产布局类型

在生产设施中通常采用的4种布局类型：（1）定位布局；（2）产品布局；（3）工艺布局；（4）以成组技术为基础的布局（单元式布局）。

定位布局

一些诸如飞机和轮船体积庞大、不易移动的产品必须在空间上保持固定不动。生产布

❶ R. B. Chase, N. J. Aquilano, and F. R. Jacobs, *Production and Operations Management*, 8th edn (New York: Irwin McGraw - Hill, 1998, p. 99.

❷ Miltenburg, *Manufacturing Strategy*.

局要建立在产品体积和形状的基础之上，工人和机器都要围着产品转。定位布局通常被认为是轮辐和轮轴的安排，其中轮轴代表产品本身，而轮辐则是供应装配所需的原材料和组件的供应线。

产品布局

在产品布局中，机器要和生产产品的运作顺序保持一致。它们具有规模庞大、标准化生产的特征。一条装配生产线是一个产品布局的例子，因为要依据生产产品所需的步骤顺序来组织资源。当需要大批量循环式生产时，产品布局就非常有效了；通常流动生产线使用产品布局。产品布局存在一些缺点。它们代价昂贵、灵活性差；当产品流程需要变化时，它们难以应付。另外，如果生产线中的一部分出现故障而停工，那整条生产线会不得不停产，这种情况将一直延续到排除故障之后❶。

工艺布局

工艺布局由相似的机器组构成，其中每一个机器组都有相似的功能或生产能力。加工车间就是一个工艺布局的经典例子（参看图9.1）。工艺布局常被小批量到中等批量生产的制造商采用。工艺布局适于生产品种多样的产品和许多不同的流程模式。这一类布局趋向于将无用时间缩为最小，因为多样产品或岗位的零件会有秩序地排在每台机器前以便实现对资源的高效利用❷。由于可以灵活处理相对较低的产量和适应可能出现的变化，工艺布局通常被用于引介新产品之后的初级生产阶段。优点包括：在关于需求和规格的强有力证明出现之前，它会将工厂和机器的投入降到最低；它也会保持应对将来需求的灵活性。它在初级生产阶段的主要缺点是对单位成本的影响。一般来说，由于工艺布局较低的生产能力和功能性，成本结构就会比较高。

大多数公司或采用工艺布局，或采用产品布局。另外，许多公司采用混合式的布局结构。例如，一个加工车间（工艺布局）可能会将零件输入一条装配生产线（产品布局）。

以成组技术为基础的布局

成组技术（GT）是术语，指以功能、原材料或制造工艺的相似性为基础分辨零件并将其归入不同种类的流程。当正确分组时，零件系列中的每一个零件都需要经过相似的工艺步骤。比如，可能会有一个立方体零件系列，它有许多需要钻孔的零件和“棱柱状”的外形（本质上意味着你可以在它们周围画一个盒子）；可能会有一个旋转零件系列，其中所有的零件都可以旋转地出现在车床上。然而，要把零件分到合适的族群并不总是那么轻而易举。由于材料不同，设计完全相同的零件可能会需要不同的工艺步骤，而几何形状不同

---

❶ S. Nahmias, *Production and Operations Analysis*, 3rd edn（New York：Irwin，1997，pp. 569～570）。

❷ 同上。

的零件可能仍需要相似的加工处理（例如，表面打磨或钻孔）❶。

成组技术的普通布局就是图 9.2 中的 U 形单元小组图。U 形制造单元小组是丰田生产系统的一个基本要素，并被认为是精益生产中的一个重要理念。加工中心通常是 U 形制造单元小组的中心要素。有两类常见加工中心：一类适于加工棱柱形零件，一类适于加工旋转形零件。

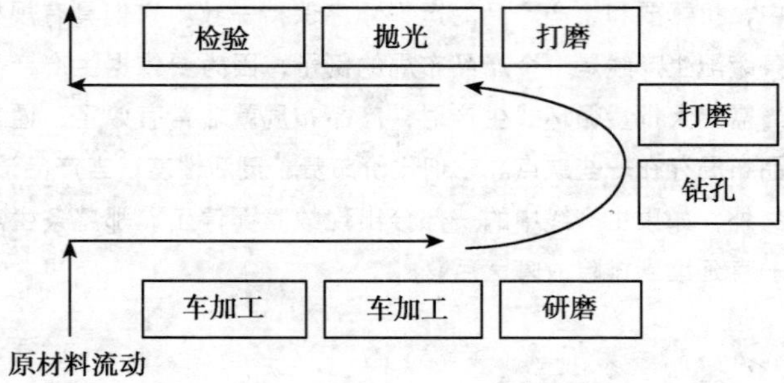

图 9.2　U 形制造单元小组的例子

成组技术的目标是为了实现资源利用最优化而为零件规定进程，因此既拥有加工车间的灵活性，又享有产品布局的优点。成组技术极适合生产中等产量或大量多种零件的大公司。采用成组技术的公司可能会有 1 万个不同的零件数，被分成 50 个或类似的族群❷。也有可能不用到处移动任何机器而简单地将一些机器用于特定的零件族群，从而形成一个实质上的成组技术单元。

使用成组技术的优势包括简化的生产工作进程（WIP）存货和原材料处理、缩短的组织时间、更好的人员关系和改善的操作专项技能（因为工作单元小组产出组件）。由于单列零件分组，时间安排得到改进；在每个单元小组中明确生产流程就简单容易多了。另外，工时和生产工作进程的缩短使交付时间安排表更加可靠❸。成组技术最主要的劣势是，它总是常常需要购买重复的机器，因为每一个单元小组都必须有为指定族群完整加工零件的生产能力。一般来说，成组技术在不同的零件族群存在的情况下可以良好地运行，其中有许多关于每类有效类型的易移动机器❹。

---

❶ 为了更好地讨论成组科技和与之相关的编码结构，请参看：U. Rembold, B. O. Nnaji, and A. Storr, *Computer Integrated Maufacturing and Engineering* (Reading, MA: Addison - Wesley, 1993, pp. 377 ~ 383.

❷ Nahmias, *Production and Operations Analysis*, pp. 571 ~ 572.

❸ 同上。

❹ R. J. Schonberger, *World Class Manufacturing* (New York: Free Press, 1986, p. 112.

分组生产系统

将生产系统加以分类的规划，应归功于沃马克、琼斯和鲁斯；这一规划将加工车间和批次流程工艺归于工艺生产，将相关流水线和连续流程系统归于大规模生产系统❶。第三类被称为精益生产，包括及时生产（JIT）和灵活制造系统（FMS）。表 9.3 概括了这一分类规划。

表 9.3　生产系统小组

生产分类	生产系统
手工生产	● 加工车间生产系统 ● 批量流水生产系统
大规模生产	● 操作者流水线 ● 机器流水线 ● 连续流程生产系统
精益生产	● 及时生产系统 ● 灵活制造生产系统

及时生产和它与精益生产的关系将在下一部分详细讨论。灵活制造系统典型地由一系列与一台检测电脑和运输系统相关联的制造单元小组组成。制造单元小组包括自动零件配送和移动以及自动工具转换的电脑数控机。在灵活制造系统中，材料处理和存储设备的结构主要依赖于工件的类型，即旋转式或立体式产品。灵活制造系统企图将加工车间的灵活性和流程系统的规模效率融合在一起。

尽管及时生产和灵活制造系统的应用和工艺及大规模生产系统相同，常常包括技术和观念的混合；但它们中心要素的许多方面是独一无二的。例如，由于它的设计，及时生产迫使排除多余、浪费的要素，或“muda”（日语中的“浪费”）。

计算机集成制造

计算机集成制造（CIM）将制造工艺的自动化技术（比如机器人技术和电脑数控机工具）与计算机控制的产品和工艺设计及自动规划和控制结合起来。在计算机集成制造中，大量传统的口头和书面交流都由计算机完成。由于依赖自动化处理，计算机集成制造业有时被称为“未来的工厂”或“熄灯工厂”（熄灯回家，早上回来你的零件已经加工完了，不需要人工介入）。

在计算机集成制造业中，一个计算机网络将技术和一个集成数据库联系起来。在一个先进的系统里，计算机集成制造业利用计算机技术在一个完全集成的装置中将设计、生产、装配、质量控制和原材料处理（包括产品配送）联系起来。计算机集成制造业不仅仅是一系列计算机控制的联动装置，它实际上是一项组织和控制工厂的全面战略。

被一些计算机集成制造业支持者所认同的硬性自动模式的缺点是一些初始自动生产系统并不非常灵活。生产的灵活性是现代工厂的基本要求，任何采用计算机集成制造业模型

---

❶ J. P. Womack, D. T. Jones, and D. Roos, *The Machine that Changed the World: The Story of Lean Production* (New York: Simon & Schuster, 1990, pp. 12～13).

的尝试都必须在它自身的运营中包含灵活性特征。

精益生产系统

精益生产的发展简史

精益生产概念的起源可以追溯到丰田生产系统（TPS），这是一个由日本工程师大野耐一和新乡重生开创的制造业理念。丰田生产系统也是及时生产方法的发源地，及时生产是精益生产的一个主要要素；基于此，丰田生产系统对精益生产支持者来说一直是完美的典范。

学者们曾指出，当 20 世纪 20 年代全面质量管理的基础手段在西屋电气公司被开发和实践的时候，丰田生产系统原理在 20 世纪早期的福特公司得到了开发。虽然这个简洁和过于简单的结论并不十分正确，但这的确是 1926 年亨利·福特宣称过的事实；“我们已经完成的存货都在配送流程中，我们大部分的原材料存货也都如此。”他还自夸福特汽车公司可以在 81 小时之内从矿山运出铁矿并生产出一辆摩托车❶。福特的话表明他很看重存货的减少、短周期制造，即减少浪费。这些都是丰田生产系统的基本要素。难怪大野耐一会如此敬佩福特并深入研究他的成就。

“精益制造”这一词最初是由约翰·克拉夫茨克提出的，他是《改变世界的机器：关于精益生产的故事》这本书的研究小组的关键人物❷。这本书描述了精益生产的优势，如那些被丰田公司采用的精益生产技术要比更为常见的“批量生产、排队供应”的大量生产方法略高一筹。批量生产、排队供应的方法在 20 世纪 90 年代初期的美国非常常见，即使是在今天的许多工业和商业部门中仍很盛行。批量生产、排队供应的生产拥有高生产量、大批次量、低产品变化和长的产品寿命的特点。批量生产、排队供应的方法由规模经济效益原理发展而来，规模经济效益认为组织和变动带来的损失使小批次量不经济。典型的是，批量生产、排队供应的方法会导致较低的产品质量，因为产品瑕疵通常只有在随后的成品运营或检测中才会被发现。如前所提及，大量的制造和服务业仍采用批量生产、排队供应系统。

---

❶ W. J. Hopp and M. L. Spearman, *Factory Phsics*, 2nd edn (New York: Irwin McGraw - Hill, 2001, p. 25.

❷ Womack, Jones, and Roos, *The Machine that Changed the World*. 好笑的是，因为约翰·克拉夫茨克不是《改变世界的机器：关于精益生产的故事》的三个作者之一，所以并不熟为人知。1996 年，其中的两个作者詹姆斯·沃马克和丹尼尔·琼斯接着写了一本非常受欢迎的续篇，名为《*Lean Thinking*》。

丰田生产系统的关键要素

丰田生产系统的一些方面已经被歪曲了。例如在美国文献中，作者们常常阐释消除浪费和“将存货消灭为零”的必要性；其实丰田生产系统事实上是重实效的，并确实考虑到缓冲存货。作为一个实际问题，生产线的各个部分要互为缓冲以确保一部分的暂停不会立即影响下一部分的运作。自然，存货要小；但大多数情况下，它仍旧足以维持主要生产线的生产❶。

表 9.4　丰田生产系统（TPS）的关键要素

丰田生产系统的关键要素	每个要素所包含的主要理念
有能力且可控制的驱动工艺流程（可重复、可靠和稳定的标准化作业和工艺流程）	通过纪律，工艺流程具有生产能力和在掌控之中，这些纪律包括： ● 清洁 ● 工作表/操作手册 ● 标准操作程序 ● SDCA（标准化、执行、复查、处理） ● 简单化、防错、强调偏差
出现问题是自然的（有时甚至是好的），是学习的时机（设计这个系统就是为了学习）	● 大多数问题源于没有按照标准进行操作，每个问题都有一个根本原因和一些对策 ● 必须亲眼看到问题被解决掉，因此要将生产工作进程缩到最短以便使问题更加显而易见 ● 坚持以事实而非表象为依据，比如，消除责备 ● 持续改变，以求更好（应用 kaizen）
每一项业务/作业/职责都必须要为产品增值（将这个系统看作一个整体，比如没有局部最优化）	● 消除浪费（“muda”） ● 单件流是目标（一个批次量） ● 规定需要的货物和需要的时间 ● 用 kaizen 改变（改善）工艺流程来增值
通过适时生产消费者所需产品将生产系统和消费者联系起来	● 按市场节拍时间生产❷ ● 将组织和改变时间减到最小 ● 将需求可变性减到最小 ● 限定供货商战略和他们的能力需求 ● 将劳动力当作真正的变量使用（依据生产率来增加或减少劳动力）
人力基础（耐心挑选并投资于员工的知识和技能方面）	● 丰田生产系统并不必定意味着“精益”（即最少数量的员工） ● 为了通过日常工作为产品增值和改善工艺而进行的员工培训和约束：通过分析根本原因和研究对策来解决问题 ● 团队领导者必须是工作领域中最见多识广和技术熟练的人；还必须是最好的领导和老师 ● 小组领导者必须具备团队领导者的技能，外加更广博的系统知识 ● 丰田生产系统是一个建立在信任和可靠性之上的以事实为依据、无责备的系统

❶ K. Mishina and K. Takeda, *Toyota Motor Manufacturing*, *U. S. A. Inc.* Harvard Business School, Case Study Teaching Note 5 – 693 – 046, 1993, pp. 3 ~ 5.

❷ 节拍时间的概念将生产速度与消费者需求的速度相匹配，被定义为每天可用的生产时间与每天消费者的需求量之间的比率。因此，节拍时间常按照随着时间流逝而增加或减少的消费者需求进行调整。节拍时间是每个部件的容许生产时间，因此它是一个计算值而非测量值。

丰田生产系统的另一个目标是尽一切可能减少可变性。包括减少需求可变性、制造可变性和供货商可变性。可变性的减少是当今许多依据对“六西格玛”质量计划的兴趣所提出的质量成果的焦点。表9.4总结了丰田生产系统的关键要素❶。

精益生产中的基本概念

沃马克和琼斯认为，关于精益生产有5个主要要素：❷

● 价值	● 价值流	● 流程	● 拉动	● 尽善尽美

价值意味着对消费者真正想从产品或服务中得到的东西的判定。这只能由最终的消费者或终极使用者界定。让人惊讶的是，如此之多的公司从来没有直接询问过消费者他们的需要、喜恶、问题和抱怨等。

价值流包括从产品理念、详细设计，到拿到订单和安排进程，再到启动生产和对原材料的物理转换，到最后将产品配送到消费者手中这一整套行为。在价值流中，有3个步骤会消耗掉人力和物力资源：

1. 明显创造价值的步骤。当焊接汽车框架的时候或是一辆出租车将乘客从A点送到B点的时候，你会发现关于这一步骤的例子；

2. 必须投入当前技术和生产设备却又不创造价值的必备步骤（这被认为是“一类浪费”。例子便是在一个飞机引擎上评审焊接点以确保质量；

3. 不创造价值且可被立即避免的步骤（被认为是“二类浪费”）。应付账款部门中两个职员对一份发货清单进行不必要的双重处理便是其中一例。

流程是指小批次生产以及最终的单件流（即批次量=1）。尽管一些情况下采用批量生产、排队供应系统是必须的，但人们仍会尽可能地避免采用这一系统。在电镀槽中放了大批次产品的地方进行镀铬的操作流程常常便是如此。例如，在扳钳制造流程中，钢铁锻件可能会以单件方式经过一个U形加工单元小组，但接下来会在结束这个单元小组的工序后排列起来以被移送到镀铬工作站。这个运作流程可被看作由一些区域的单件流和另外一些区域的批量生产、排队供应混合组成生产系统的例子。实际上，几乎没有制造商可以说他们的整个运作流程只有一个纯单件流系统。

精益生产的支持者们用术语“拉动”来暗指直到下游消费者提出要求才生产产品的行为，和尽可能地采用订单生产（MTO）方法。拉动技术是由丰田公司在使用他们的及时生产方法时所开创的。在一些产业中，订单生产是事实上的做生意方式。这是个人电脑产业中非常常见的技术。例如，戴尔使用“直销模式”在大约4小时之内将消费者的电话订单

❶ K. Mishina and K. Takeda, *Toyota Motor Manufacturing, U. S. A. Inc.* Harvard Business School, Case Study Teaching Note 5-693-046, 1993, pp. 3~5.

❷ J. P. Womack and D. T. Jones. *Lean Thinking* (New York: Simon & Schuster, 1996, pp. 15~28).

转变为可发货的成品！这一流程中的初始“拉动”是消费者的电话或电子订单。这一方法也允许戴尔按照顾客的具体要求制造每一台产品。

完全消除浪费，一个价值流中的所有业务都创造价值，这被认为是“尽善尽美”。消除浪费是任何企业所共有的目标；然而假定完全消除是可能的，这是不现实的。通过不断的改善或 kaizen 活动和根本的改善行为（kaikaku，日语中的“改革”），企业会常做减少浪费的努力。为了促进更好的材料处理和更强的生产能力而移动或淘汰机器就是改革（kaikaku）的例子。相反，开发一台新型快速调换设备及组织工作区和工具来改善一个工作区，通常是改善活动中所采取的行为类型。尽管术语 kaikaku 一般专供对一个工艺流程进行初始再思考之用，但以上两者的初衷都减少了浪费。精益思考者的主要观点是，尽善尽美应该是价值流的目标，但通向尽善尽美的道路却永远没有尽头。

兰钛克（Lantech）案例

成功应用精益生产的经典案例是兰钛克的转型。兰钛克是一个为毛毡生产商用拉伸薄膜包装机的制造商❶。兰钛克最初采用批量生产、排队供应系统（分组批次方法），每次生产 10 ~15 台同种类型的机器。许多制造步骤都没有为价值流增值。从订购机器到交货之间的时间太长，以至于销售人员在接到确定的订单之前就要依据推测来订购机器。收发督导员会拿着一份“热品清单”跑遍整个工厂以完成消费者的配送需求。

兰钛克那些年已经进行许多变革来应对日益激烈的竞争，包括：将自身重组为“标准产品”和“特殊产品”的利润中心，实现全面质量管理，给自己职员授权，为减少提前期而提前建立主要组件清单，购买更好的信息技术。当 1992 年 3 月荣·希克斯被任命为公司的新任副总裁时，公司的管理层才十分偶然地发现了精益技术。希克斯曾在丹纳赫集团的工作中亲身经历了精益生产。

接下来的 4 年里，兰钛克在希克斯的引导下开始了一系列新的行动，包括：靠为每一个产品系列创建单元小组来理清价值流；通过清除历史包袱来合理精简机械工具（当时只有一个颜料盒在这次改善活动的改革阶段存留了下来）；还将工作任务标准化，这样完成一项既定任务每次只需要相同的时间量。希克斯还依据时间来组织生产：每次生产一批拉伸薄膜包装机，直接与消费者的需求相对应。他还开始组织进行缩减变化（准备）时间和及时生产中供货商配送时间的工作。有可能最重要的方针变化是，兰钛克公司决定在与精益生产的转变中所取得的改善都不会导致公司的裁员。

❶ J. P. Womack and D. T. Jones. *Lean Thinking*（New York：Simon & Schuster，1996，pp. 102 ~124.

希克斯所提出的行动对兰钛克的运营有着戏剧性的影响。例如，兰钛克平均的制造提前期从1991年的大约16周缩短到1995年的14小时至5天。在精益转变之前，它整个从生产产品到配送产品的提前期在4～20周之间❶。1995年，这个数字在1～4周，这其中的大部分时间用来等待生产场地，因为需求已经超过了生产能力。开发一个新产品系列的全部时间从3～4年显著地缩短到大约1年。

制造业的灵活性和它与精益生产的关系

灵活性在表9.1中被表述为制造产出的4个重要要素之一。更精确地说，灵活性有外部形态（即消费者所得到的）和内部形态（即支持那些外部需求的制造能力）之分。

某种意义上，在灵活性上的竞争类似于在质量上的竞争；因为灵活性就像质量一样是一个模糊的概念，有多种因素。实际上非常常见的是，许多公司并不真正明白灵活性的含义或灵活性对它们生意的意义。这些公司只明白一件事，那就是它们必须变得灵活。

以下是三类得到认同的内部制造灵活性❷：

1. 运营范围。指在日常基础上生产产品时拥有很强的变化范围的能力。生产有许多不同选择的轿车便是运营范围的例子；

2. 运作灵活性。指在日常基础上快速转换产品的能力。如果一个正在生产小型四门货车的公司可以很快转为生产中型四门轿车，那它便达到了高度运作灵活性。更极端的例子是从生产烤面包机快速转产为搅拌机；

3. 运营一致性。一致生产产品的能力（在产量或质量方面）。

灵活性是制造战略的一个重要要素，也是精益生产的一个关键概念。下面的例子表明了发展灵活生产系统的重要性。20世纪80年代，通用汽车公司正在鼓吹它的“再工业化”运营战略。这一倡议需要在全球范围内花费大约800亿美元使通用的装配厂实现现代化和自动化，这些装配厂逐渐变成了自动化的展示场所，充斥着复杂的机器人和自动化的高科技设备。通用汽车公司的理论是可以通过使用科技明显减少与汽车制造业相关的直接劳动成本，大量节约开支从而避开竞争。然而，通用汽车公司对精益生产一无所知，忽视了非常重要的因素之一：灵活性。通用汽车公司装配厂的设计和建构只能生产一种车型！通用公司假设无论他们选择生产和向消费者提供怎样的车型都会推动需求，因此他们新的自动化装配厂也年复一年地生产相同风格的车型。当消费者的品味发生变化后，通用便不能很快或轻而易举地调整适应对新风格和车型的需求。

---

❶ 指安排订单到配送产品的时间段。

❷ D. Upton, *Stermon Mills Incorporated*, Harvard Business School, Case Study Teaching Note 5－693－105, 1993, p. 2.

通用汽车公司在堪萨斯州费尔法克斯的装配厂就是这一注定要失败的方针的牺牲品。费尔法克斯的装配厂重建于 1987 年，高度自动化，使用了 200 多个不同的机器人。不幸的是，这个厂只是为生产庞蒂亚克 Grand Prix 而设计的。它不够灵活，以致不能生产通用汽车公司的其他车型，比如 Lumina 或 Gutlass Supreme（尽管这个厂已经将奥兹莫比尔的 Intrigue 加入到它能生产的车型中）。这个厂的设计年产量是 25 万辆汽车，但许多年来它每年只生产 10 万辆；因为通用汽车公司卖不出更多的这款车型[1]。相反，丰田的生产系统却甚是灵活，它的每个装配厂都能生产 3 个或更多的车型或底盘。如果一个车型卖得不好，它会很容易地转产一款更好销售的车型。

工艺和生产能力规划

工艺流程设计和分析

一个新产品的工艺规划管理技术包括装配图、产品结构图（装配图）和操作说明书。当计划改善时，两个**工艺分析**的诊断工具是工艺流程图（或工艺流程表）和工艺图。

装配图常以分解、三维或立体的形式来描述产品的零件组件。被最终用户装配起来的生活消费品通常包括和产品放在一起的装配图。

一份原材料清单描述了所有用于生产产品的材料，包括诸如零件号、下一级装配需要的数量、装配顺序、提前期和修改号等信息。图 9. 3 展示了一个齿轮箱的产品结构图。在这个图里，提前期被缩写为“LT”，零件号 C4002 后面圆括号里的数字 2 表示每个齿轮箱的成品需要两个这样的零件。对于复杂产品，每个组部件都需要独立的图表。

装配说明书为所需操作和加工一个特定零件的路径提供说明。它们一般将这些说明详细分为设备所需、组件和运行每道工序的时间所需和任何特殊工具、设备和规格所需。装配说明书又称装配流程图、装配和路线说明书或路径说明书。图 9. 4 是一个成品零件装配说明书的例子。

工艺流程图对理解零件和原材料流如何经过这个工艺流程和绘图式再现运营系统的全部行为非常有用。在一个典型的工艺流程图中，任务用小长方形表示，流程（无论是物理流还是信息流）用箭头表示，倒三角形代表存货量（输入原材料和生产工作进程），圆形

---

[1] 引自吉姆·哈伯对主持人赫德里克·史密斯所说的话：*Challenge to America*：*Old Ways*，*New Game*，Films for the Humanities and Sciences，Princeton，NJ，© 1994.

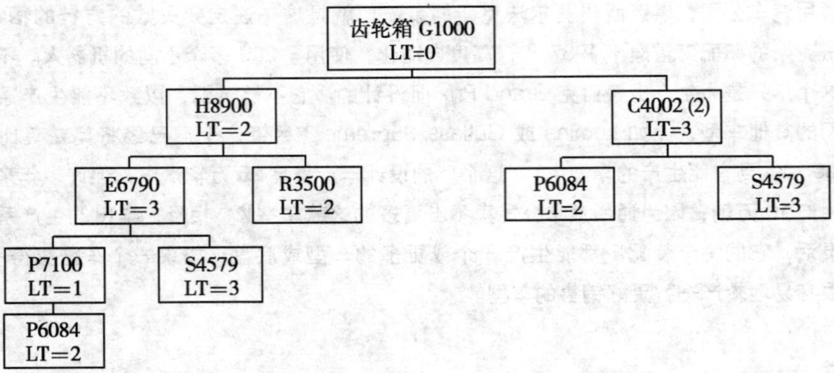

图 9.3　一个产品结构图的例子（LT，提前期，以周为单位）

Part name:	Hanger bracket	Material:	Stainless steel		**Original issued:**	5/23/00
Part number:	HGC45789				**Last revision:**	C
Usage:	Gear enclosure				**Revision date:**	8/15/00
Op. No.	**Description**	**Dept**	**Machine**	**Set-up (hour)**	**Run (hour/part)**	**Tooling or fixtures required**
010	Shear blanks to 12 × 18	Fab	Shear 100	0.17	0.008	
020	Punch (3) 0.250±0.030-in diameter holes as shown	Fab	Turret press 210	0.083	0.006	
030	Punch special shaped hole at location shown	Fab	Punch press 215	0.50	0.003	Punch fixture PF3400H
040	Bend long edge at 3 in. Radius, 0.030 max.	Fab	Press Brake 300	0.083	0.004	Bending fixture BF2890
045	Gray prime coat	Paint	Prime booth		1.0	16 gang hang rack
050	Paint with color C7866	Paint	Paint booth	0.33	1.0	
060	Inspect for cosmetics	Insp			0.004	

图 9.4　一个金属片零件的装配说明书

代表信息的储存。将生产周期和组织时间的信息加到流程图中，简化了制造提前期和能力的计算及对瓶颈区域的认定。图 9.5 就是一个印刷电路板制造商的工艺流程图的例子❶。

图 9.6 是为这个印刷电路板制造商的 5 个消费者准备的工艺图。一张工艺图本质上是一个矩形，上面是工厂工艺，左下方是产品工艺。矩形阵列中的数字代表每个产品需要每道工序或每台机器的频率。将相同式样的产品分在一起，整个工艺流程就会得到改善。包含每个小组的精确表格并不必要，70% ~80% 的重叠就足够了。例如，公司 5 台电子测试机中的任意一台或两台、10 台刨槽机、5 台打印机或 20 名验收员，而非传统的部门组织，就能组成一系列的单元小组，每个单元小组就制造一种产品。

❶ J. J. Compton, and E. D. Arnheiter, *Implementing Lean Production*: *Prometheus Circuits*, *Inc.*, European Case Clearing House, Case Number 500 - 026 - 1, 2000, p. 15.

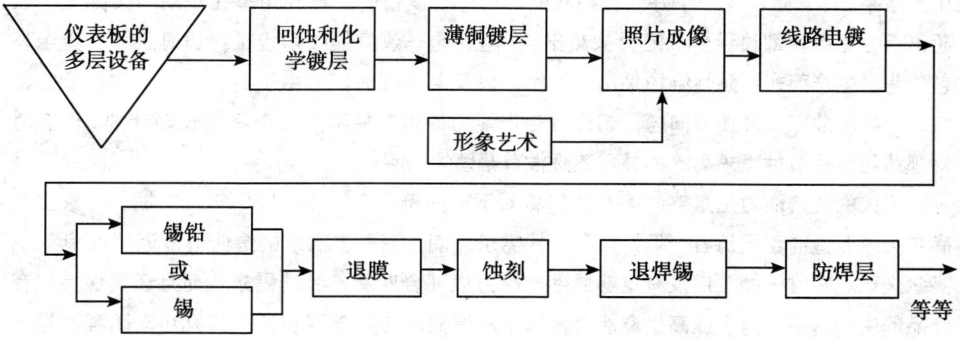

图 9.5 印刷电路板工艺流程图

所有的工厂工艺

消费者	回饰和化学镀层	薄镀层	照片成像	线路电镀	退膜	蚀刻	退焊锡	防焊层	热气焊锡层	再流焊	刻字	电子测试	刨槽	镀金	最后验收	配送
史密斯	1	1	1	1	1	1	1	1	1	1	1	1	1	1	1	1
电力焊接公司	1	1	2	1	2	1	1	1	1		1	1	1	1	1	1
DC 电子集团	1	1	1	1	1	1	1	1		1	1	1	1		1	1
ADZ 公司	1	1	1	1	1	1	1	1	1		1	1	2		1	1
艾奇逊公司	1	1	1	1	1	1	1	1		1	1	1	1	1	1	1

注：“2”表示通过该工艺的二次流程

只是刨槽部门工艺

	刨槽机 A- 大仪表板	刨槽机 B- 小仪表板	刨槽机 C- 小的生产运程	刨槽机 D- 大的生产进程	第二台钻孔机	打磨	斜切	V 形槽	斜切
史密斯			1			1			
电力焊接公司	1							1	
DC 电子集团						1			
ADZ 公司			1						1
艾奇逊公司		1							

图 9.6 印刷电路板的工艺图

生产能力规划和管理

一个制造厂在一段既定时间内所生产的产品量被称为生产能力，比如每天生产的零件数、每小时生产的公升数、每天生产的汽车数。在诸如银行和旅馆之类的服务业公司里，每小时接待的客人或客流被当作衡量能力的尺度。人们称设计生产能力被利用的程度为产能利用率。设计生产能力被定义为设备在没有出现较大故障的情况下长时间内所能达到的生产水平。尽管这不是一个好的长期战略，但一台设备的产能利用率在短期内实际上可以超出百分之百（即设计生产能力被超出）。达到这一效果的技术包括：超时工作、资源外包，为了生产而非预防性维护采用三班倒，以及雇用临时工。由于员工的疲劳和很低的士气、机器的故障以及质量问题，超设计生产能力的生产并不是一个好的长期计划；但有时对那些经历季节性需求高峰的公司还是很有帮助的。

多大的生产能力是足够的呢？我们看看下面的例子。20世纪80年代末期，一家主要高尔夫球制造商正经历着一场始料不及的需求热潮，消费者需求的是他们最近"改良"的高尔夫球。它唯一的工厂没有足够的生产能力以迎合对新产品的需求，而且还要保持现存产品的生产水平。为了提高生产能力，这个制造商决定在离现在这个厂几小时路程的地方兴建另一个小工厂，生产几种有限的良好设计的核心球型。目的在于解放主要工厂的生产能力以大量生产最新球型。

在不到两年的时间里，这个卫星工厂建立起来了。其中有一些小的启动困难，但厂子大体上如期运转起来了。实际上，新工厂的生产力和效率要比现存工厂高！这是因为新工厂没有加入工会，工资结构更低，它所在地的税率和一般的日常开支更低，它是一个集中生产少量类似球型的"整合型"工厂。不幸的是，当新工厂建成时，公司高尔夫球的需求量下跌了，对一些新球型的需求量下跌得厉害；国外的竞争，尤其是来自日本的竞争却在逐年上升。这个公司的生产能力过剩，被迫全面降低生产水平。

这个例子表明了与新产品生产能力规划相关的一些困难。上文中的那个公司所经历的困难有：

1. 增加生产能力的决定最初建立在对新产品的巨大需求上。因为以前从未销售过这种产品，所以没有历史数据以供分析；

2. 组建额外生产力的提前期比一些新产品的寿命更长；

3. 竞争夺取了市场份额，并促使更快开发新产品。

在巨大的全球物流中，当引入一种新产品时，许多公司常常扩大自己的生产能力。这是因为必须最早用新产品占领物流以为零售商提供充足的存货量，在工厂中创建一个最初的高需求。当消费者对存货的需求和拉动开始后，对工厂的需求实际上可能下降了。前面那个例子中的制造商就经历了这一现象，因为批发商被新球型冲昏了头脑，从而导致大批量的订购新球型。不幸的是，实际的零售并不可观。零售的不景气和长时间的坏天气导致了制造需求的显著下降。

20世纪90年代，汽车制造商在汽车需求量增加前建立起新的工厂，因此在全球范围内形成了超额生产能力。推行这一战略的一个原因是为了保持新市场中的可见度。例如在巴西，汽车行业的生产能力要远远高出巴西当时国内市场的需求量。汽车行业察觉到，南美洲将来会是一个潜力很大的市场，制造商们想要开始提升占有份额，在还不算太晚之前就在这一领域中拥有一席之地。缺乏灵活的设备也导致了超额生产能力。我们回想一下和精益生产相关的部分：由于缺乏灵活性，通用汽车公司在堪萨斯州费尔法克斯的装配中心拥有年产量25万辆的生产能力，却每年只装配10万辆的轿车。这个装配中心只生产庞蒂亚克 Grand Prix，因为这个厂子不具备生产其他车型的灵活性。

在科技快速发展的领域中竞争的公司面临着难于做出生产能力管理决策的难题。例如，平板显示器产业中的技术自20世纪80年代中期以来一直发展迅速。平板显示器被用于手提电脑和台式电脑中以及汽车自动导航系统。20世纪90年代初期，一个在日本由美国IBM公司和日本东芝公司合资的企业以薄膜晶体管液晶显示器技术为基础生产平板显示器❶。由于市场对这种平板显示器的需求超出了它们的生产能力，管理人员决定以最快速度成倍加大生产能力。为了提高生产能力，管理人员考虑了3个备选方案：

1. 通过不断提高或改善的努力来提升现有流程的产量和输出量。这种方法将只能小批量地增加生产能力；

2. 简单地复制现存生产线，从而利用建立起来的“老式”技术及与之相关的较低产量；

3. 转为新技术，这一新技术采用更大的基片和能够进行单件流程工艺生产的先进操作系统。

它们决定首先集中精力不断改善现存工艺（备选方案1），同时努力开发和测试新的工艺。当获悉新工艺的各项参数时，这个厂就转到新技术上了。新工艺的收益弥补了短期内无法供应足够的平板显示器的风险。这个生产能力规划的例子还展示了日本管理中经典的长远考虑的理念。

供应网络设计（供应链管理）

战略性资源外包

生产和存货管理中的一个重要战略性问题是“生产还是购买”的困境问题。资源外包，或运用外部供货商提供服务或产品，常常为内部所需业务的进行提供了一个具有成本竞争优势的选择。是否决定在内部生产一个产品或提供一项服务会影响短期市场占有额，同样会影响长期的竞争力和公司的生存。

资源外包被《哈佛商业评论》定位过去75年中最重要的管理实践之一。在美国，在资源外包产业中的花费增加了3倍，从1996年的1000亿美元上涨到了2001年的3180亿

❶ R. Matsui, J. West, and H. K. Bowen, *Display Technologies Incorporated.* Harvard Business School Case Study 9－697－117, 1997.

美元❶。这就导致了商业经理人中一项新实践：比起自然而然地使用内部资源，经理人需要决定为什么不应该使用外包服务。华尔街非常看好资源外包；研究显示，一个公司的股票价格通常在宣称进行资源外包后上扬！

在马萨诸塞州剑桥的理特管理顾问有限公司的副总裁鲍勃·柯提斯认为生产还是购买的决策表明了一条简单的生存法则：企业内部只执行这个组织必须要执行的功能而非其他，以提供一个优于别人的竞争优势❷。奎因和希尔默（1994 年）在那本主题关于资源外包颇具影响力的书中也提出过类似的战略。他们建议，除了那些能达到确定的卓越效果、提供给消费者独一无二的价值，或拥有关键战略需要的业务外，其他任何业务都应实行资源外包❸。

其他资源外包的专家们提倡，专注于那些可以成为竞争优势、构成产品区别关键的专卖组件上。他们主张管理人员应该资源外包拥有成熟技术的产品类组件，这些成熟的技术不会为对消费者来说重要的质量添加任何价值。大家都知道，一些公司会常常在那些昂贵和耗时的“世界级”制造项目（例如，全面质量管理、及时生产和计算机集成制造业）中投资过量；这些“世界级”制造项目本应集中精力在那些可变为竞争优势的专卖组件的内部生产上，但却被误导在产品零件上了❹。

为什么资源外包变得如此流行？

由于许多原因，资源外包变得非常流行。第一个原因就是公司规模的缩小。公司的职员越来越少，但又必须满足必要的商业功能。第二，外包一项业务通常比训练或管理自己的员工在内部完成相同的业务要耗资更少。流行资源外包的第三个原因是资源外包已经成为许多公司理念和战略的一部分，并被看作变为虚拟公司的第一步❺。资源外包还与生产能力规划的决定相关。到底是将钱花在建立更强的内部生产能力上，还是花在资源外包服务或制造业务上，这样的问题就出现了。

成功的例子也鼓励和支持着资源外包的实践。例如，在 20 世纪 80 年代后半期，Sun 微系统公司使用大量资源外包达到了比纵向联合的 IBM 和数字设备公司（DEC）更高的生产率、增长率和资金回笼率。这最终使得 Sun 微系统公司胜出 IBM 和数字设备公司❻。

---

❶ Michael F. Corbett & Associates, Ltd., 2000, www. corbettassociates. com, New York, Boston.

❷ B. Kelley, Outsourcing marches on. *Journal of Business Strategy*, 16: 4, July/August (1995), 38 ~ 42.

❸ B. Leavy, Outsourcing strategy and a learning dilemma. *Production and Inventory Management Journal*, 37: 4, Fourth Quarter (1996), 50 ~ 54.

❹ R. Venkatesan, Strategic sourcing: to make or not to make. *Harvard Business Review*, 70: 6, November/December (1992), 98.

❺ Compton and Arnheiter, *Implementing Lean Production*, pp. 38 ~ 42.

❻ Leavy, *Outsourcing strategy*, p. 51.

耐克公司曾将资源外包带入一个新层面：虚拟公司。耐克公司运用多级合作者战略将自己的生产制造全部资源外包。这家总部位于华盛顿的公司有三类合作者：发达伙伴、大批量生产商和发展中伙伴。**发达**伙伴生产耐克最新、最好的“发布产品”（每天 2 万 ~2 万 5 千双）。耐克公司尽全力稳定发达伙伴的产量，它们通常可以产量较低，共同研发产品和共同投资新技术。**大批量生产商**生产一类特定的鞋子，他们是纵向联合的。大批量生产商被要求独立应付大多数的产量激增情况，他们的产量都在平均产量之上（每天 7 万 ~8 万 5 千双）。耐克公司不和大批量生产商一起进行研发工作，因为每个生产商可能会为其他 8 个或 9 个买家生产产品。**发展中伙伴**的劳工成本低，专门为耐克公司生产。耐克公司（通过合资企业）尽力将他们与发达伙伴联系起来。然后发达伙伴尽力将自己的一些劳动密集业务转移给发展中伙伴❶。

核心竞争力

在资源外包的术语中，“核心竞争力”这一词组被广泛应用，有时使用过多以致成了陈词滥调。一个建立在核心竞争力基础上的流行理念，将不是公司核心竞争力集合的所有业务看作是资源外包的对象。例如，本田公司在许多不同的市场上都有很强的竞争力，包括汽车市场和户外场地设备市场；然而它只是一个市场即摩托车市场的世界领导者，因为它是世界第一流的小引擎和传动系统的制造商❷。本田公司决定保留小引擎和传动系统的制造工艺，因为这些产品构成了所有摩托化设备的核心，被认为是本田公司的核心竞争力。许多其他不被认为是本田核心竞争力对象的业务被看作是本田资源外包项目的对象。

关键工艺

并不是所有资源外包的部分都是不重要的。通常有这样的情况发生：一道**关键**工序被资源外包（比如，船运部分或保持工作站运行），但它并不是这个公司的**核心竞争力**。例如，皮克国际公司，一个位于克利夫兰的医疗诊断透视设备的供货商，需要时利用 SonicAir 在几小时之内配送关键零件（一些价值 2 万美元）。皮克的消费者需要精确地知道配送零件的时间和修理设备的时间，这样他们才能为病人安排诊断的日程。SonicAir 在全国有 13 个仓库用来为皮克储存关键零件，这些占 SonicAir 配送总量的 15% ~20%。皮克公司选择资源外包这一业务；因为这简化了配送流程，当皮克公司使用它自己的地区分公司来

---

❶ J. B. Quinn and F. G. Hilmer, Strategic outsourcing. *Sloan Management Review*, 35: 4, Summer (1994), 43 ~55.

❷ Leavy, *Outsourcing strategy*, p. 51.

盘点零件时，清楚掌握零件和它们的状况就更加困难了❶。

生产中的学习：一个竞争力的来源

以一个被称为生产学习曲线的较早概念为基础的经验曲线最早在20世纪60年代就开始引人关注。就在这段时间，波士顿咨询集团提出由于可预知、迅猛增加的生产量，许多产业的单位成本在减少。

经验曲线以绘图的方式描述了学习和战略之间的关系。经验战略衡量积累的生产经验对生产单位成本有影响。经验指数迅猛增加的特性表明每次一个工厂的累计生产加倍时，它的生产成本会以特定的百分比下降。经验曲线通常用重对数坐标来描绘，因此数据点非常趋向于一条直线。

一个公司组织的学习率是为了支持他们唯一支柱性的竞争优势，尤其是在那些诸如电子业的知识密集型产业。过去的35年中，集成电路价格的稳定下跌便是经验曲线效应的一个经典例子。在诸如汽车产业这种非常成熟的产业中，累计经验的效果便趋向于逐渐减弱。例如，汽车制造技术出现巨大突破，汽车的生产成本骤然下降，这些都是不可能的。

诸如博士伦（隐形眼镜）和BIC公司（一次性圆珠笔）等许多公司，都曾运用关于经验曲线和以经验为基础的定价知识非常成功地建立和保持了自己的市场领导者地位。此外，建立在核心竞争力深度上的学习优势，并不只限于制造公司。例如，沃尔玛就曾非常成功地利用了它的供应链物流经验，第一银行“分享与比较”的学习理念也曾为它的持续繁荣作出过贡献❷。

以经验为基础的战略通常都会不符合人们对它的期望，因为经验效应的力量有时会被高估，预期的成本压缩无法实现（比如丙烯腈工业中的孟山都公司）❸。传统经验曲线思想的另一个缺点是假设所有的竞争者以同样的速度学习。观察资料显示日本汽车工业要比美国汽车工业的学习速度快，尽管它的实际产量要低一些；这一资料使传统经验曲线的假设在20世纪80年代受到了挑战。简单来说，日本汽车工业是更高效的学习者，因为不断地努力改善，它们能赶上甚至超过它们美国的对手了❹。

到20世纪70年代为止，规模经济和经验曲线效应曾使克莱斯勒公司在全美国汽车制造商中拥有最低的单位生产成本。但不幸的是，克莱斯勒公司那时生产的汽车并不是消费者所需求的，因此销量骤然下降。更糟的是，克莱斯勒公司卖不出足够的汽车以保证它巨

---

❶ Kelley, Outsourcing marches on, pp. 41 ~42.

❷ Leavy, *Outsourcing strategy*, p. 51.

❸ 同上。

❹ R. Stata, Organizational Learning: The Key to Management Innovation. *Sloan Management Review*, Spring (1989), 64 and 69.

大的装配厂按照设计生产能力水平正常运转，这迫使单位生产成本上升。经验曲线的容量现象将在第十章中论及。

资源外包趋势及相关

资源外包实践的将来看似强势。许多公司正在资源外包诸如电信、系统运营、个人电脑的经营和计算基础工程、甚至战略规划等业务。1999 年利用 500 多位经理人所进行的研究表明，在动态市场（例如，高科技产品、电信和专业服务）中的公司已经从外部获得它们运营所需资源的 40%❶。

尽管资源外包有显而易见的光明前景，然而由休斯顿大学的鲁迪·海斯辛姆和玛丽·拉希特共同进行的一项为期 9 年的研究表明，在那些已经资源外包了信息技术业务的公司中将会出现势不可当的“回购现象”（海斯辛姆和拉希特，2000 年）。换句话说，当资源外包合约到期或终止时，那些已经资源外包了信息技术业务的公司正开始将这些业务拉回公司内部。这项研究还测定，媒体一般最经常报道的是当供货商和客户都很兴奋和满意、对彼此双方评价很高的“蜜月期”的资源外包安排。

资源外包有许多固有的危险。第一，即使是在最紧密的资源外包关系中，合作伙伴总是将来的潜在竞争对手，在这样的关系中，一个合作伙伴的繁荣可能是建立在另一个合作伙伴失败的基础上的。例如，IBM 的关键竞争力很快地转到诸如英特尔和微软这样的上游供货商手中❷。第二，一个公司可能只为一个短期的竞争优势抵押上自己的将来。关键技术可能随着时间的流逝永远失去效果。如果资源外包计划失败了，要在公司内部进行这项业务所需的技术可能会很难或不可能恢复。

首席资源官

根据资源外包协会所说，一个正在出现的监督合同制造和资源外包服务合约管理的新兴职位是首席资源官（CRO）。协会认为，一个有效的首席资源官应具备以下技术和个人特点❸：

- 管理不同产业的经验；
- 管理成本的经验；
- 善于项目管理；
- 能够成功进行合同谈判；

---

❶ Quinn and Hilmer, Strategy Outsourcing.

❷ 同上。

❸ E. Baatz, Rapid Growth Changes Rules for Purchasing. *Purchasing*, 126: 10, June 17 (1999), 33～35.

- 有政治觉悟和文化意识；
- 有突破思维定势的能力；
- 适应力强。

模块化和模块化装配

在许多产业中，当前通常资源外包一大部分产品组件和服务（比如，热处理、信息技术、保健计划管理）。资源外包整个产品和无内部制造能力是另一个流行的制造战略。这便是先前提到过由耐克采用的所谓“虚拟公司”的方法。第三种重要独特的供货商安排便是“模块化装配”，它通过组装一些预装好的大块（模块）来生产成品。模块或组件由相距很近的外部工厂（在一个“供货商区域”的安排内）或在消费者的工厂内供货商组装。供货商也可能提供工人来组装模块，工人在装配线沿线以单元小组工作。在典型的模块化装配中，**第三层**供货商为**第二层**供货商提供零件，第二层供货商依次为**第一层**的模块供货商提供应子组件。宽泛地来说，任何供货商为消费者提供有形组件的生产组织方式，其中包括增值的部分，都可被称为一种模式化方式。

最近的发展显示模块化装配是汽车工业中最新的制造潮流之一。到 1998 年为止，“三巨头”（通用、福特和戴姆勒－克莱斯勒）都在巴西拥有修建中的新模块化工厂，这些工厂有可能会替代它们在美国的一些老化低效的工厂。这一发展显示，重新思考传统汽车制造业的方法正在起步，这可能使每辆车的成本下降数千美元，从而导致较低的零售价格。

在汽车工业中，第一层供货商和原始设备制造商（OEM）的贡献者角色变化很大。在一个纯粹的**模块化企业集团**中，供货商确实是共同投资者，每一个模块供货商组装他们的模块，为他们用于汽车上的模块提供实时装配。这个装配中的变动大量存在，包括允许原始设备制造商组装模块的方式。

支持者们主张，模块化极大地减少成本和提高生产力（本质上通过减少每小时的员工人数和操控设计成本）。因为它的供货商更少，模块化还为应对日程变化而提供更大的灵活性，改善了及时生产的配送，减少了存货的成本。

批评者们认为模块化只不过是一个公司骗局而已。他们估计，劳动力只不过从一个工厂转移到另一个工厂，根本没有减少所需劳动力的总量。日本制造商，诸如丰田公司，就曾因为这个原因对模块化接受很慢，认为劳工成本只不过转移给了供货商，逼迫他们提高价钱。支持者们将会争辩，供货商趋向于支付比汽车制造商更低的工资，因此一些“转移成本”完全不存在。

大多模块化的早期试验都发生在巴西。大众在巴西的卡车和巴士装配厂是一个模块化企业的好例子，是许多其他汽车制造商用以对比的对象。位于里约热内卢的雷森迪厂开业于1996年11月份，采用7个模块，最初每年生产3万辆客车和巴士。运营部分包括7个基本模块：座舱构架、油漆、引擎、座舱装配、车轮和轮胎、底盘和悬架。供货商对他们的装配小组全权负责，从购买到存货控制、工具保存、质量、工人安全、工资、甚至是劳工的不满。大众只为这个工厂提供基本品，比如水、热力和电力❶。

1999年早期，通用提出了黄石计划，这个计划将在美国北部组建3个新的模块化装配厂来生产小汽车。然而，全美汽车工人联合会使通用明白，他们的率先模块化行为将会遭到强有力的抵制，甚至会引发一场罢工。工会提到，因为供货商工厂一般没有加入工会，那么任何在美国或加拿大的模块化工厂将会雇用更少的入会工人。1999年夏天，通用公司在全美汽车工人联合会日益增大的压力下决定取消或至少延期黄石计划。

戴尔直销模式

一个年轻小伙子迈克尔·戴尔在20世纪80年代早期开发出了他的“直销模式”，当时他发现个人电脑的高价格大部分源于它非常复杂的销售和配货流程。戴尔推出，直接将电脑卖给用户，消除第三方销售的时间和成本，这会大大缩减销售价格。当20世纪90年代戴尔取得巨大成功和发展时，许多主要的公司，包括诸如福特这样的非电脑公司，开始以戴尔的供应链和生产工艺为基准进行自我改造。

在戴尔的订单生产系统中，大部分电脑是直到消费者通过在线或电话订单后才开始生产的。对于每一份订单，一般在不到4小时之内将所需的模块组件集中起来，然后再组装和调试电脑。剩下两天到三天的订货到配送的时间都耽误在货运的限制上了。为了将戴尔的存货配送成本降到最低，供货商支配自己的存货直到被用于生产。供货商一般保有附近的货运点，这些货运点离戴尔的装配厂不到一小时的路程。戴尔将存货降为最低的另外一个方法就是不断引导消费者对个人电脑的需求，同时拥有平衡供需的高效性。戴尔注重和供货商的战略性伙伴关系，将他们的供货基础从200个供货商减到7个。

电脑产业曾采用经典的“混合与匹配”架构，其中一个复杂的个人电脑被细分为单个模块，主要有处理器、主板、调制解调器、网络接口、显卡、声卡、硬盘和电源。模块化的本性和组件的可替换性使得戴尔可以很快地配送适应特殊需求、现存设备和软件的最新电脑系统。戴尔产品的相对简单性推进了大规模定制化；典型的个人电脑由50个组件构成，其中8～10个是关键组件，提供100种产品组合方式。

1999年，戴尔是个人电脑世界中电子商务销售的佼佼者，但迈克尔·戴尔感到他的供应链集团没有利用因特网的力量，因此没有“先行尝试”。许多供货商同公司紧密相连，使得供货商可以在及时的基础上更加准确地预见和制造。网络照相机识出生

---

❶ S. R. I. Pires, Managerial implications of the modular consortium model in a Brazilian automotive plant. *International Journal of Operations and Production Management*, 18: 3 (1998), pp. 221～232.

产瓶颈，网络线路帮助发货人安排货物。塑胶供货商耐普罗公司就曾经减掉手头上70%的存货。

戴尔另一个创新是“虚拟一体化”。在虚拟一体化中，供货商将工程师分派到一个设计小组，但是这些工程师被当作戴尔的雇员一样对待。当一个新产品被投放市场时，供货商工程师被安插在戴尔装配厂中。虚拟一体化暗示将供货合作商看作是公司内部的人。最佳状态就是为企业着想。

从消费者的立场来看，虚拟一体化意味着正在形成的市场细分将使戴尔获得较好的消费者关注，在系统离开装配厂前就安装消费者特定的软件。戴尔有30个员工在波音公司工作，但是他们的工作和待遇就像波音公司个人电脑部门的员工一样。戴尔公司还帮助消费者建立他们自己定制的内部戴尔网络，到现在为止已经装备了大约7千个网址了。戴尔在全球还有1万名区域服务技术员，其中只有一小部分是真正为戴尔工作的；但是大多数消费者永远也不会知道那个刚刚帮他们修好电脑的技术员并不是戴尔的员工。

主要优势

- 丰富的消费者知识；
- 供货商提供组件设计和创新。

生产战略

- 以模块化为基础的架构；
- 根据订单进行组装；
- 预订软件；
- 引导消费者适应产品，同时具有进一步减少存货的高效性。

供应网络设计

- “虚拟一体化”；
- 定制的戴尔网络；
- 硬件供货商；
- 因特网照相机识别瓶颈；
- 供货商使用的最新网络技术。

来源：

Magretta，J.，The power of virtual integration：an interview with Dell Computer's Michael Dell，*Harvard Business Review*，March – April（1998），73 ~ 84.

Rockss，D.，Dell's second web revolution. *Business Week*，September 18（2000），EB62 – EB63.

流程选择——内部或外部?

即使使用广泛的资源外包或模块技术，大多生产商必定通过内部生产能力、工艺和设备来为产品增值。即使一个“虚拟公司”，比如耐克公司，可能会需要内部包装设备来独立包装成品。当在一套工艺或设备选项中选择最佳选项时，常用的方法是**盈亏平衡点分析**。

盈亏平衡点图是描绘期望收益与许多不同工艺选样的产量之间关系的图表。当投入工艺或设备的创始投资和固定成本很大，可变成本和所生产的产品数成一定比例时，盈亏平衡点分析是非常适合的❶。

作为一个简单的例子，假设有3个备选项供选择：(1) 一个零件可能以每单位100美元的价格实行资源外包（包括原材料)；(2) 这个零件也可以每单位50美元的价格在内部机器A上生产（包括原材料)；(3) 这个零件还可以每单位10美元的价格在内部机器B上生产（包括原材料)。购买机器A的固定成本为1万美元，而购买机器B的固定成本为5万美元。表9.5概述了每个备选项的总成本。

表9.5 三个备选项的盈亏平衡点分析概况

选项	描　述	总成本曲线等式（D＝需求）
1	资源外包整个零件	100美元×D
2	用机器A内部生产	50美元×D＋10000美元
3	用机器B内部生产	10美元×D＋50000美元

找到无损耗点的位置：

点一：$50\times D+10000=100\times D$

因此 $D=200$ 个单位

点二：$10\times D+50000=50\times D+10000$

因此 $D=1000$ 个单位

因此，对于小于200个单位的产量来说，最廉价的选项是资源外包零件。对于在200到1000之间的产量来说，最好使用机器A来内部生产零件。当超过1000时，使用机器B来内部生产零件就是最经济的了。

供应链管理启示

供应链管理（SCM）描述运营管理中将原材料转变为成品以及将成品配送到消费者手中的行为的方面。(在本书中，物流影响是作为一个主要的外部维度来开发的。) 美国生产和存货控制协会（APICS）的字典将供应链定义为“从最初的原材料到最后的成品消费的

❶ Chase, *et al.*, *Production and Operations Management*, p. 101.

各个工序，这些工序将供货商和用户之间的公司联系起来。”❶ 对许多公司来说，供应链管理意味在全球范围内保持和运营一个由供货商、制造厂和配货厂构成的网络。“网络”这个词比“链”更贴切，因为后者意味着不同业务之间纯粹的线性关系，而现实的例子是网络模式。然而当讨论与生产需求相关的供应链概念时，简单化的线性流程工艺或线性供应链常被当作模型。

工业和军事使用术语**物流**来描述以合适的数量和合适的时间获取、生产和分配材料到合适的地方。在军事中，物流还可包括人员的移动。如果术语物流被用来指对**流程**的管理(物理的和信息的)，那么供应链管理就是所有形式的产品信息和活动的物流。这就要求尽可能地看到这一流程的上游活动（比如，看到供货商的供货商的供货商)，和下游活动(看到消费者的消费者)。传统的物流模式只看到简单的引入原材料和产出的成品。

图 9.7　基本线性供应链

图 9.7 是一个简单的线性供应链的例子。在这部分中，术语“链”和“网络”可互换使用。

有许多物理流程可发生在供应链中，包括以下各项❷：

1. 从最初资源储存点来的原材料到配送到消费者手中；
2. 从一个工厂到另一个工厂的机器工具和机器；
3. 在工厂、公司自己的仓库或消费者的仓库之间的成品；
4. 待修的货物或零件；
5. 从配送点到装货点返回的空包装；
6. 等待再加工、翻新改进、再生或处理掉的旧产品或被消费掉的产品（资本倒流)。

当前，物流管理中存在许多独特的困难。许多诸如逆向物流（比如再加工）和回收物流（家用仓储公司究竟怎样处理所有的那些回收商品）的复杂新事物使物流的有效管理成了一个困难的挑战。

长鞭效应

仔细考虑图 9.7 中所示的简单线性供应链。对工厂来说，需求是来自配货商、批发商和零售商的一批订单。在这种情况下，订单量的变动会随着越靠近供应链上游活动而加大。

---

❶ J. F. Cox, and J. H. Blackstone (Eds.), *APICS Dictionary*, 9th edn (Falls Church, VA: The Educational Society for Resource Management, 1998, p. 93).

❷ P. Dornier, R. Ernst, M. Fender, and P. Kouvelis, *Global Operations and Logistics, Text and Cases* (New York: John Wiley, 1998, pp. 9 ~ 10).

这个变动量会随着供应链中“环节”的增加和环节间信息交换量的减少（比如，如果订单量和存货信息只在相邻的环节间交换）而增加。因此，这个工厂可能会感觉到需求大量地上涨和下跌，而实际上并没有这样的变化。这个现象显示了供应链的动态本质，被称为“长鞭”或“甩鞭”效应，因为越靠近上游活动时实际需求量的变动就会增大，从而为上游供货商“把鞭子在空中甩得噼啪作响”。

宝洁公司曾在配送帮宝适一次性尿布时经历过长鞭效应。消费者们（在此案例中指妈妈和她们的孩子）以稳定的速度消费着尿布，但订单量的可变性随着靠近供应链上部的生产流程而被放大了。零售商的销售额并没有过多变化，但配货商的订单和宝洁公司提供给供货商的订单却变动很大[1]。

惠普喷墨打印机供应网

多尼尔等（1998 年）为惠普喷墨打印机提供了一个简单的物流例子。这种打印机由惠普公司在温哥华以两阶段生产流程制造：（1）印制电路板（PCB）的装配和测试；（2）最后的装配和测试[包括其他组件（发动机、电缆和传动装置等）和阶段一中的印制电路板的装配]。这两个生产阶段中所需的配件由惠普的其他分支机构和外部供货商提供。喷墨打印机的供货商安排是一个典型全球物流的好例子，这一模式如下图所示：

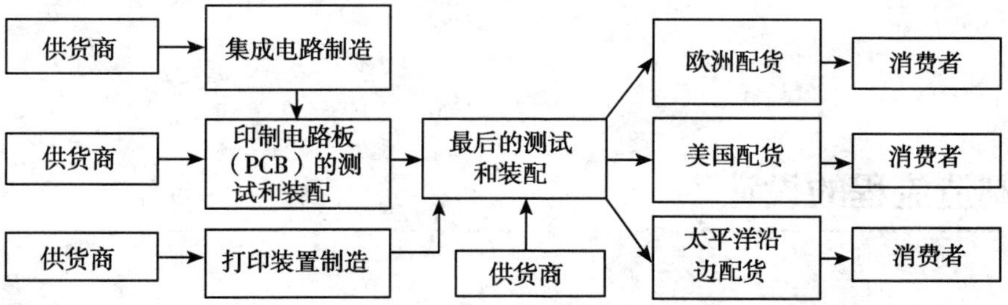

图 9.8　惠普喷墨打印机供应网络

以下长鞭效应的行为原因已得到确认[2]：

1. 个别决定。管理层可能为产品短缺而担心，以提高安全存量和上游供货商渐增的订单作为反应行为。不幸的是，整个供应链会认为需求量已经迅速上涨；

2. 不恰当的财务动机。通常财务动机，比如脱销成本两倍于每单位持有成本，会产生一次夸大的“短缺恐慌”，这自然会鼓励超订单量生产以避免脱销。

长鞭效应还存在 4 个主要的非行为原因[3]：

1. 需求量预测的更新。如果供应链中的所有环节都对市场实际需求没有明确概念的

[1] P. Dornier, R. Ernst, M. Fender, and P. Kouvelis, *Global Operations and Logistics, Text and Cases* (New York: John Wiley, 1998, p. 218).

[2] 同上，第 219 ~ 220 页。

[3] 同上，第 221 ~ 223 页。

话，预测订单量的变动会随着往上游走而增大，并且不受控制。长的提前期加重了这一情况的影响。在进行消除这些问题的努力中，一些公司曾开发出销售点（POS）技术，这一技术可以将当前的销售信息传送到供应链的各个上游环节；

2. 订单批量。由长期的组织时间推进的规模经济在发出一份订单前促进需求量的累积。因为满载配送货物更可取些，运输成本引起相似的订货结构。通过寻找划算的方式来减少批次量和支持更频繁的订货，订单批量的影响可被降至最低；

3. 价格波动。比如在销售或清仓拍卖期间，当价格低时，消费者会超出所需大量购买。正是由于这一原因，宝洁和卡夫两家公司采用“天天低价”（EDLP）以稳定价格和平稳供应链中的需求量；

4. 定量供应和缺货博弈。当需求量超出供应量时，制造商常常会对消费者实行定量供应。这通常都会按照订货量按比例配送货物（即，你订得越多，你所得的配货就越多）。不幸的是，这一惯例会导致消费者在供应短缺期间故意夸大自己的订货量，而在供应充足期间取消或减少订单。消费者的这一行为被称为“订单的赌博”。为了纠正这种赌博行为，诸如通用汽车和德州仪器等公司依据过去的销售记录来为销售商派送产品。

制造流程的设计

并行工程的生产方面

如第七章中所述，产品设计者依据消费者的需求和产品特点（包括原材料和尺寸要求）规划产品的规格，然后将他们的设计转交给制造工程以进行进一步更详细的流程规划。过去，设计者只模糊地通晓销售和生产远景。这一方法的结果就是对制造业的“我们设计，你们生产”的态度。这为制造和生产人员带来许多问题，包括：使用现存机器生产能力难以或不可能控制公差的产品；难以装配的组件；既不符合市场期望又不适应消费者需要的产品。

通常，产品开发流程中的业务都是按顺序而非同时进行的。这些缺点促进一项允许所有部门在设计流程中提前沟通的技术被开发出来。并行工程（CE）被作为一个产品设计理念开发出来，这一理念使所有部门，尤其是生产部门可以在产品设计阶段同时和提前起作用。并行工程的目标是通过要求所有受设计影响的部门提前接近和进入设计标准来确保满足外部和内部的消费者需求。

并行工程试图减少从产品概念到市场引入的时间，尽力防止质量和可靠性问题，企图减少成本。成功应用并行工程的早期例子是福特公司的金牛座项目。许多设计参数可在并行工程业务期间被提出，包括：基本功能要求、可靠性、安全、人性因素和人类工程学❶、可制造性、验收、包装、运输和储藏❷。

并行工程趋向产生比在美国公司里通常见到的更多前端设计变更，因此将更多成本转移到产品寿命的产前阶段。当这些设计变更的完全影响力显而易见时，在后期阶段制定这些设计变更可能更可取；然而，在生产第一个产品之前制定这些设计变更要比之后便宜得多。日本公司就曾长期实践过这一理念，在设计阶段早期制定尽可能多的设计变更。

生产要求的公差选择

在产品设计和制造工艺选择阶段中，公差范围的选择是一项关键业务。公差范围会影响产品的特征和性能、产品对机器和工具的要求和质量要求（验收、再加工、报废等）。

对于每一个产品特征，设计者都特别详细说明：（1）一个目标或名义值（在生产流程中可预期得到的平均值）；（2）规格上下限范围（或公差范围）。规格上下限范围（分别是规格上限和规格下限）代表高于和低于目标值的值，超出这个范围，产品将不能完全发挥作用。拥有两个非零范围的公差被称为“双向公差”，拥有一方名义值公差的公差被称为“单向公差”。从生产角度看，还有可能产生“望小型”公差，这种情况下暗指最小值（或目标价值）是零，只详细规定最大值；和“望大型”公差，在此只详细规定要求的最小值。表9.6中给出了这四种公差范围的例子。

表9.6　公差范围

公差种类	例　子
双向公差	1.000 ±0.001 英寸（2.54 ±0.00254 厘米）
单向公差	1.000 +0.000 和 -0.002 英寸（2.54 +0.000 和 -0.00508 厘米）
望小型公差	“刀口宽度最大值0.010 英寸（0.254 厘米）”（零是默认的目标值）
望大型公差	“拉力最小值100 磅（45.4 公斤）”（无穷大是默认的目标值）

公差范围考虑到产品和工艺生产能力的功能性要求。在理想情况中，设计工程师要掌握真正的工艺流程可变性的信息；但通常必须要从工艺流程中抽取一个样本来评估这一流程的平均和标准偏差。在考虑了设计者头脑中的值（如果有的话）和产品的功能需要后，

❶ 人类工程学是关于一个工作空间和在这个空间中执行任务所使用的工具的物理特性的研究。人类工程学的基本理念是工程师应尽力使工作适应人体，而不是让人体来适应工作。

❷ J. M. Juran and F. M. Gryna, *Quality Planning and Analysis*, 3rd edn (New York: McGraw - Hill, 1993, p. 279).

样本的值被选出。反映实际流程波动的公差范围有时被称为“自然公差范围”❶。

还有许多数量技术用来确立以流程固有波动为基础的公差值。当一个新设计是现存老设计的变体时，可能会从流程中搜集关于老设计的恰当样品数量。利益的大小特性将会被一一衡量。例如，如果这些都完成了，算出样本均值 $\bar{x}=2.54$cm，样本标准差 $s=0.00254$cm。假设制造流程估计是正态分布，通行做法是简单设定规格的上下限是 $\bar{x}\pm3s$，这里是 2.532cm 和 2.548cm。因为工艺是正态分布的（中心是目标值，足够稳定可以预期），我们可以期望 99.73% 的采用新设计的产品在 2.532cm 和 2.548cm 之间。为了说明这一点，我们用了基本统计学，正态曲线下 $Z=3.0$ 右侧的面积是 0.00135（查标准正态曲线表）。由于正态曲线是对称的，$Z=-3.0$ 左侧的面积也是 0.00135。两边的总面积是 0.0027，$Z=3$ 和 $Z=-3$ 之间的面积就是 $1-0.0027=0.9973$，即 99.73%。

在公差计算中使用 3 倍标准偏差有一个主要缺点。每百万个零件中的不合格零件数（NCPPM）将大约为 2700 个（0.0027×1000000）。依据当前的工业标准这个数量太高了，尤其是电子业和航空业。实际上，在许多工业中，关于工艺流程生产能力的六西格玛概念的设计正迫使许多公司不懈地追求流程波动的减少，同时追求将每百万个零件中的不合格零件数压至一位数的目标。

在以上公差计算中任意采用较大数量的标准偏差将会确实产生较少的每百万个零件中的不合格零件数（比如，使用 4s，每百万个零件中的不合格零件数将为 6.8），然而这些较宽泛的公差范围可能会违反产品的功能或安全要求。实际上，批判六西格玛概念的一种观点就是，它有可能只通过放宽公差范围（无论合理与否）来缩减每百万个零件中的不合格零件数值，而并非实际缩减了流程波动。

制造和装配设计

并行工程的一个益处就在于它对简化设计以使其更便于生产的重视。用来描述这一方法的通常术语是“制造和装配设计”（DFMA），常被简称为“制造设计”（DFM）。第七章曾从设计的角度介绍和讨论了制造设计。制造和装配理念强调减少设计中的零件总数和不同零件的总数。最终，最好的零件设计就是完全的零件消除！限制零件的数量和品种减少制造工序和装配与质量问题的总数量。制造和装配设计的另一个主要目标是将设计中扣件的数量降至最少。

应用制造和装配设计技术的经典案例是 NCR 公司将其应用到 2760 型收银机的设计中。NCR 公司采用由罗德岛大学工业制造工程系杰弗里・布斯劳教授开发出来的软件来为收银机分析潜在的设计。布斯劳是布斯劳－杜赫斯特公司的共同创始人之一，这是家开发制造

❶ J. M. Juran and F. M. Gryna, *Quality Planning and Analysis*, 3rd edn (New York: McGraw－Hill, 1993, p. 302).

和装配设计软件的小公司。布斯劳坚信，制造设计简单化的最大收益来自螺丝钉和其他扣件的消除。

通过产生零件的三维计算机模型和模拟装配以观察如何安装零件，NCR 公司开始设计流程。NCR 公司使用布斯劳－杜赫斯特的软件减少了 2760 型收银机零件数量的 65%。设计如此简单以至于被蒙着眼的制造经理在不到 2 分钟的时间内不用任何螺丝钉和扣件便能组装一台这样的收银机。最后的收银机设计仅由供货商提供的、从最初 28 件减到 15 件的零件组成❶。

当产品的最后装配由消费者来完成时，制造和装配设计的装配部分是关键部分。消费产品通常以“局部安装”的方式发出，组装完这种产品往往要求比产品包装说明上更多的时间和更高的技术。通常只被制造商部分安装的产品包括烧烤架、玩具、自行车和电脑桌。许多消费者都有过安装这些产品的令人沮丧的经历，他们都乐于采用制造和装配设计方法产生的易于装配的改进措施。

消费者驱动的设计和制造

制造业的目标是为了满足消费者对设计、生产流程和产品配送的需求和期望。图 9.9 展示了这一方法的模式。在一个“平衡的”系统中，第四阶段中消费者感受到的质量恰恰反映出了他们在第一阶段的需求和期望。在产品设计中实践消费者导向这一方法的一个主要问题就是许多消费者并不讲工程师的“语言”（即技术术语），许多工程师也并不总能理解消费者的“语言”（比如，不明确的套话）。由于这一语言代沟，即使关于消费者需求的准确和详细信息也会在工程师的转化和阐释中丢失。因此，对工程师的挑战在于准确彻底地将消费者的需要和期望转化到工程规格中。当被应用于生产中时，这些工程规格影响产品的产出质量。

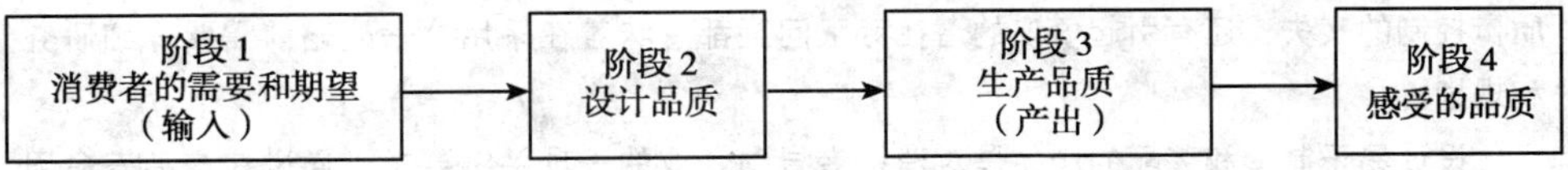

图 9.9　产品设计和制造的消费者驱动方法的简略图

最终，工程师关于设计特点的重要性的理解有可能常常有别于实际的消费者需求。例如，工程师可能会为了减轻重量而将一个零件从钢铁材质变为塑料材质；但实际上钢铁材质使产品十分耐用，这样才能满足消费者。

---

❶ O. Port, The best engineered part is no part at all. *Business Week*, 3104, May 8 (1989), 150.

本章总结

这一章提出了 4 个用来衡量制造能力的经典要素（即成本、质量、配送速度和灵活性）。当处理消费者要求时，很明显这四个要素是所有公司应该评估的关键衡量标准。生产系统设计对这些能力衡量标准有很重要的影响。生产系统将原材料或其他资源当作投入，通过一系列的业务处理将这些资源转变为可用产出。这一转变流程应该被最优化，被设计在生产流的每一步增值。许多不同的工艺流程结构曾被开发出来以完成从投入到产出的转变。那些在转变流程中最小化浪费和最大化增值时间的系统是现代经理人的关注点。丰田生产系统是赢得很多关注的系统，这一模式的许多方针原则正被世界范围内的许多公司研究和采用。

制造企业必须也发展灵活运营。由于易变的消费者和变化迅速的市场状况，今天销量很好的产品可能就是明天无人要的废弃存货。为了应对市场变化，制造商必须能够在不同的产品或型号间快速转换。

资源外包和利用外部供货商供应服务或产品是当前的潮流，但这些行为不应该被看作是解决一切问题的方法。制造商仍在与“制造还是购买”的困境作斗争，但“购买”决策好像比过去更常胜出。许多公司认识到，长期的竞争力和生存可以依靠内部生产和资源外包业务的合理混合选择来实现。

模块化装配是独一无二的资源外包形式，它可以为公司提供进一步简化供应链的机会。模块化可以减少直接的劳工需求和资本支出，但也会引起相当大的风险。核心设计知识和质量控制的丧失，还有引起争议的潜在劳工问题都意味着在采用这一战略前需要仔细研究和规划。

设计易于制造和装配的产品是对消费者导向企业的一项关键要求。通过在产品寿命周期中提前评估和提高制造力，许多公司可以显著地减少由于设计替换和生产问题造成的成本。并行工程是一个能使所有部门在设计阶段同时和提前运作的理念。这一事件有助于简化设计，通过限制零件的数量和品种，制造工序的总数量会减少，从而减少装配和质量问题。

制造或运营可能是向市场引介新产品时的一个重要竞争武器。优良产品是全面的，代表横贯产品配送系统的优良工艺流程和业务。符合消费者期望的最佳设计产品并不是优良产品，除非它们符合最好的质量水平，并包含和管理系统连为一体的物流所提供的服务。

第十章

财务应用和含义

引言

本章集中讨论新产品开发流程中的财务方法和技术以及它们的应用和影响。本章讨论的目的是为了概述从财务角度来判断新产品机会和项目的定量方法的基本要素❶。在第六章增补部分中概括的理论和概念为本章所讨论的内容奠定了基础。本章的内容包括许多对新产品开发过程中制定有效决策非常必要的重要财务技术。

本章从决定单位成本的细节讲到更宽泛的对新产品开发项目财务影响的评估。任何新产品都存在的基本问题是：新产品能否为参与者和合作者产生或提供足够的价值以证明所投入的时间、金钱和努力（即投资）是值得的呢？而且，这个问题围绕着“收益与风险”的关系这个关键的观点。所得报酬值得冒这些风险吗？回答是复杂的，要依据商业环境、企业生产能力和资源来作答。

新产品开发本身就有风险❷。即使是最容易被理解的新产品开发状况和连接最好的新产品开发流程也会有许多未知和不确定的地方。每一个开发决策本身都可能产生问题和障

---

❶ 注意本章本应讨论许多概念和技术。由于本章的关注点在新产品开发和决策制定上，因此本章涵盖了一组精选的财务概念和技术。

❷ 虽然人们意识到创新项目本身就有风险，但无所作为、维持现状或是尽量利用现存产品的最长寿命也同样具有风险。甚至可以说，从长远角度说创新可能比后几种方法风险更小。使现存技术或产品超出其正常寿命的事例生动地提醒了其中所存在的风险。例子有：生产收银机的 NCR 公司、生产打字机的安德伍德公司和 20 世纪 70 年代的福特野马汽车。

碍，另一方面也有可能赢得巨大成功。集成产品开发的主要前提是，一个系统化、精心规划和小心执行的新产品开发流程能从商业和财务的角度将错误、不足和风险降至最低。

对于现存产品来说，当隐藏的产品困难逐渐显现时，市场就变成了实验室。新产品开发的一个中心主题就是要在商品化之前发现潜在困难和隐藏问题，并采取修正措施。实际上，集成化产品开发和新产品开发流程都集中在生产流程中尽早发现的所有影响上，并利用所有可能的方法来调整结果。然而，新产品的真正效力偶尔也会等到消费者使用产品之后才能被确定。在这种情况下，新产品开发的努力会一直持续到将负面影响和它们所导致的结果减至最小的可能性之后。由于商业环境中不断发生的变化和通常的不确定性，完美是很难实现的。

其他的关键问题有：新产品开发项目最重要的财务影响是什么？如何在引起任何令人不快的后果前（在新产品开发流程中或投放市场后）更广泛地理解产品的负面影响？虽然当创造新产品时大体设想是肯定的，但管理人员不得不确保新产品和新产品开发项目要与企业的最佳利益保持平衡。新产品本身可能是财务盈余，但却会对其他产品生产线或公司的声誉起到负面影响。

第十章包括以下主题和学习目标：

1. 为产品构建成本结构模式；
2. 产品寿命期间对销售量和收入流的预测；
3. 决定运营开支的适当水平；
4. 为财务分析构建现金流模型；
5. 采用财务分析和决策制定来决定合适的行动方针；
6. 为了解财务风险使用敏感性分析；
7. 评估风险和收益。

单位成本的计算和含义

概述

简单来说，产品成本可被说成是价格减去必要的毛利润（参看第二章）。然而，当这一过程从概念层面转到设计和开发阶段及以外时，就需要更加精确。这一简化的方法在决定目标成本时是有用的，但要使决策人和新产品开发的专业人士取得所能达到的成果，就需要一个更复杂的方法，这一方法建立在从供货商到生产和分配的实际成本流的基础之上。

因为成本常常对新产品的成败有着显著影响，因此成本模式必须包括所有的因素，并考虑到新产品的预期商业环境。单位成本通常随着产量而变化，成本是一个变量而非定量。一般情况下，产品的成本随着产量的增加而减少。

第一步是决定新产品的设计和生产方面。详细信息和资料在新产品开发项目的各个阶段中逐步形成。工程和技术专家分析产品规格，并选择产品特点和制造方法。通常，所需信息被列在一张“物料表”和一张“路线表”上，“物料表”界定了产品生产的技术要求，而“路线表”概述了生产过程。物料表确定每个进入产品构想的零件或原材料的生产线细节、每一项的数量和生产结构的顺序。路线表从宏观上表明原材料、零件和组件是如何在生产中转变为产品的。如果是一项服务，那焦点就在于是如何提供服务的。

表 10.1　一张简化的物料表和产品成本表

编号	数量	货名	制造或采购	成本（美元）		
				原材料	劳工	合计
1	20	注塑制品	采购（平均每件 0.25 美元）	5.00		5.00
2	1	主体	采购	10.00		10.00
3	2	皮带材料	剪切	1.00	0.17	1.17
4	2	铝制零件	剪切，去毛刺，钻孔	6.00	4.37	10.37
5	1	其他零件*	制造	10.00	3.50	13.50
6	一批	五金器具	采购	1.50		1.50
7	1	组织		1.33	1.33	
8	1	装配和测试		3.66	3.66	
		产品成本		33.50	13.03	46.53
			包装成本	2.80	0.67	3.47
			合计	36.30	13.70	50.00

* 各种各样的零件。

表 10.1 显示了一个制造产品的物料表，这一产品已购买了原材料和零件；它还有一个装配的步骤。

产品的成本是原材料、购买的组件和制造装配成本的总和。总产品成本包括产品成本加包装和用法说明的成本。这种关于产品成本的观点有些固定，因为它不反映由于考虑产量而减少的潜在成本。

新产品的成本模式建立在对所有供货商的投入——一般有原材料、零件和组件——和所有将投入转化为产品的直接及间接成本的分析上。它建立在由于增长的产量或购买量或生产效率的增加而随着时间引起的成本结构改善的影响之上。

学习曲线或经验效应

许多产品，尤其是新产品，展示出学习曲线或经验曲线效应。第八章已经讨论了这一现象。这个概念很简单。一个新产品的成本结构一般会随着额外生产批量生产的产品数量的增加而降低。这一理论显示成本会随着累计数量加倍而以一定比率下降。这一现象归因于这样的事实：随着工人在进行作业时不断获取经验，完成工作所需的时间常会越来越短。更短的时间意味着更低的成本。另外，随着生产数量的增加，所购买物件可能会以更低的单位成本被大量购入。例如，如果一个食物产品的生产商想要购买 1 千克白糖，成本价是 1 千克袋装白糖 1 美元。然而，如果需要 5 千克，买 1 袋 5 千克装的白糖要比买 5 袋 1 千克装的白糖更经济实惠。实际上，5 千克装的白糖成本是 2.5 美元或每千克 0.5 美元。当需要更大的数量时，大量购买的概念继续延伸。50 千克袋装白糖可能会以每千克 0.25 美元的价格被购入。白糖还可以以整卡车甚至整车皮购入。最终购买成本可能会低至每千克 0.15 美元。在分析新产品开发状况时还须十分注意，以确保当购买成本不断降低时其他诸如储藏等成本不会上升。然而，只有当新产品与现存产品无关时，这样的成本减少才是有用的。实际上，对于现存产品来说，数量已经足够高，享有大规模生产或购买优势。

然而，对于一个新产品来说，还是需要对学习或经验曲线现象进行严肃评估的。在许多新产品开发状况中，关于生产时间和原材料的改进率是可预见的。如果新产品与组织的生产线有关，那历史的学习率就可以以合理的精确性应用于新产品了。对于飞机、喷气发动机和汽车这样的产品，就有一个标准的学习率可用于新产品。必须意识到这一比率基本上是一个假设；但是只要整体结构内部没有发生重要的变化，这一假设就可能适用于许多新产品的生产。学习率是劳动力的数量或成本随着累计产量的成倍增加而下降的比率。表 10.2 是一个关于学习曲线的对数等式（等式的标准形式）。等式可按照成本或劳动时数来表示。

表 10.2 学习曲线等式的标准形式

$y = ax^n$

其中：

x = 单位数量

y = 生产第 x 个单位零件的小时数或成本

a = 生产第一个单位零件的小时数或成本

n = logb/log2，b = 学习率（以加倍为基础）

例子

生产第一架飞机的估计成本是 1 亿美元；因此 a = 1 亿美元

假设学习率是 95%；b = 0.95，飞机生产的优良比率

那第一百架飞机的成本是多少？

y（100） = ax^n

=（1 亿美元）（100）log0.95/log2

=（1 亿美元）（0.7112）

= 7 110 万美元

当利用学习曲线现象时，判断力是必需的。这一争论的双方都可能产生错误。如果有

一个学习效应不被考虑，那么反映成本假设的成本结构模式，比实际情况显然要高，这一模式夸大了成本。如果定价模式以真实成本为基础，这使得定价模式要比原本的更保守些。另一方面，如果成本并没有随着产量的增加而减少但假设成本会减少，那么收益性和现金流模型就趋向于夸大新产品的财务影响。财务模式的预计结果可能反映正面结果，而实际上可能收益不大或者更差。

收益的概念

在进行成本评估时，对零件和原材料的全面分析是必需的。如果一个既定零件由一个原材料制成，那么制造过程的收益就是成本结构的一个重要决定因素。理论上的收益总是实现不了的。一些完工零件或成品可能被损坏或质量不过关。除残次品外，产品可能会消耗超出预期的原材料。在化学中，化学计量法描述对用于生产最后产品的由两种或更多原材料化学合成的反应物的理论要求。化学计量代表最佳产出。例如，碳在空气中燃烧产生二氧化碳气体（一个碳原子加两个氧原子等于二氧化碳，CO_2）。在实际过程中，等式是产生二氧化碳的碳和空气，再加上由于不完全燃烧可能产生一氧化碳和氧化氮的多余空气。这意味着，与理论产量相比，要达到必需的产出水平需要更多的投入；此外，产出要少于预期产量，会产生废气。附加的生产处理和废气都会导致额外的成本。收益的影响在第十一章中将会被进一步描述。

表 10.3 处理收益问题的技术——优点和缺点

方　法	优　点	缺　点
1. 采用建立在收益问题上的实际成本，本质上将成本转嫁给消费者	采用实际成本很容易处理，即没有特别的记账。由于影响应该显而易见，这种方法可能会勉强得出解决方案	这一方法的实际操作可能会使竞争情况更加困难，尤其是与产品定价相对应的竞争。如果产品定价反映成本，它便将负担转嫁给了消费者
2. 假设当生产问题解决时，零件成本是将达到预期更高收益水平的*	这一方法反映长期视点，减少和新产品投产相关的负担。不被吸收的成本可被用来解释为启动阶段采用特殊账目的行为	收益可能从未得到改善，单位成本结构反映乐观但却不会被实现。参与者不会急于关注原因和问题，以致这些原因和问题得以长期存在
3. 假定一个代表短期和长期之间的最佳折中收益，并将其融入长期发展中	这一方法使解决方案具有稳定性。成本模式代表产品寿命中平均成本。它趋向于最小化产品寿命中成本模式的变化量	它趋向于歪曲事实。成本模式少报产品寿命早期的实际成本，并夸大晚期的实际成本。如果在商业化早期竞争有限而在晚期又竞争激烈的话，就会出现严重问题

*注意这并不是假设收益会是 100%。例如，新一代微处理器的生产初期的收益大约是 35%，然而，即使在重要的改进和获取许多经验后，收益也不会达到 100%。

下面是一个商业案例。假设生产 100 个零件的制造流程只提供 90 个无缺陷的零件和

10 个残次零件。为了得到 100 个零件，大约要生产 111 个零件。由于新产品生产中常见的低收益，零件的实际成本要比理论成本高出 11%。这其中有一个重要影响，预示着竞争中的弱点。这意味着一个拥有较好生产能力的竞争者会改进其成本结构。这对定价策略有着重要影响，因为成本影响价格（如第八章的讨论）。

一个关于收益的主要问题是如何处理由于生产初始阶段中生产无效或品质低劣而引起的成本增加，生产初始阶段中的这些问题可能会对成本有重要的负面影响。表 10.3 对处理成本影响的许多方法进行了评估。

对于大多数情况来说正确的解答是立即改善收益，使其更加接近理论成本结构。如果理论成本结构可以被确定下来的话，它会提供一个颇有价值的目标，因为它代表了被赋予流行产品结构的最佳成本状况。

成本比较和竞争成本分析

所选竞争者生产的相似产品之间的成本颇有价值地洞悉了关于价值等式的成本决定和分析。决定有竞争力产品的成本结构需要大量的努力。关于“逆向工程”（得到一个有竞争力的产品并通过逆向过程考察它是如何被设计和建构的）的老概念已经更新为“通过分解以基准营销产品”的新观念了。这一过程按照分解竞争者产品和决定它们构造的合理顺序进行。目标是为了考察设计和成本模式与可能的最佳点之间的相关程度。图 10.1 描述了这一流程的要素。

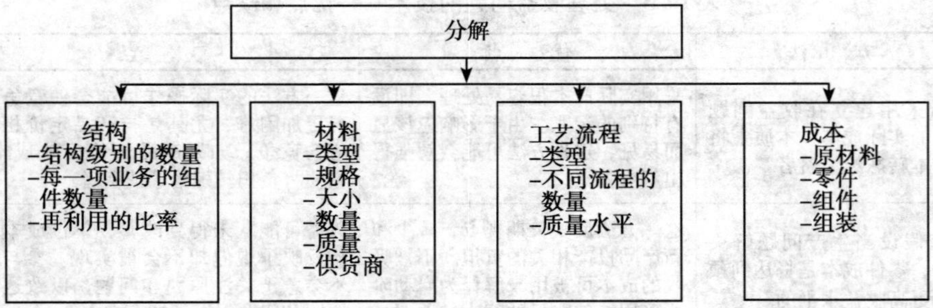

图 10.1　成本比较的过程要素的分解[1]

专利产品的这一流程可能需要复杂的分析。然而，对于那些由供应整个企业的供货商提供的零件和组件组成的标准产品来说，决定成本结构就更简单且更容易做到。例如，大

[1] H. Wildemann, Product clinic. *Logistiknews – TGW*, August, 2004, p. 19. 这里所展示的方法改编自霍斯特·威尔德曼博士的方法。

多数个人计算机制造商从诸如英特尔这样的供货商那里购买组件，并将这些组件装配成成品。表 10.4 显示出这些资料如何可被用来评估产品特点和决定改进的必要性或机会。这一模式假定这样的成本可以以竞争者的工艺流程和市场份额的知识为基础来决定。

表 10.4 成本比较（假定的）——黑体表示每一项的最佳成本

项目	新产品	竞争者 A	竞争者 B	竞争者 C	最佳混合
零件 1	12.00	**11.00**	11.75	12.00	**11.00**
零件 2	**5.00**	7.00	5.50	6.50	**5.00**
组件 1	20.00	**19.00**	20.10	20.20	**19.00**
组件 2	**25.00**	26.00	25.50	26.00	**25.00**
装配 1	30.00	30.00	**29.00**	**29.00**	**29.00**
装配 2	**10.00**	11.00	12.00	12.00	**10.00**
合计	102.00	104.00	103.85	105.70	**99.00**
比较	100%	102%	102%	104%	97%

这一分析强有力地洞悉了与竞争对手相对的新产品的处境。最佳组合成本是由从竞争对手那里为特定要素汲取成本要素和最佳成本点。对例子中新产品这一状况的评估显示，在现存竞争对手中它有最佳成本结构，只比目标（最佳）成本结构高出 3%。如果成本结构接近于理论最佳点，那么改进成本结构的工作就有可能接近于完美。相反，如果被评估的成本结构远远高于产品的目标成本，那么应当尽一切努力改善成本结构以确保成本结构不只是短期的成本竞争，而是安居高位以挑战任何潜在的低成本对手。

成本结构的影响

评估成本是一个重复的过程，在得到一个可接受的解决方案前可能要试验许多次。如果成本结构适应市场预期，可能就不需要进一步的分析了。然而，如果成本很明显与市场标准不符，那么就必须对设计和生产决定进行细致入微的核查，以此来减少成本。一般来说，问题呈现的特点有，消费者不愿花钱购买，或是否有与额外成本相关利益的业务。

一个可接受的成本结构对新产品商品化早期的成功常常至关重要。如果成本目标来自有潜在消费者指定的定价要求，它常会可靠地暗示出市场的期望。如果在为改进成本结构做出了大量努力之后目标仍不能实现的话，在决定是否继续下去之前应探寻其他的行为。这在设计和开发阶段尤其重要。如果成本结构比预期高，应考虑采取以下行动：

1. 将新产品集中于或调整在一个细分市场中，这个细分市场有能力支付额外增值；

2. 消除对特定细分市场中的成功可能并不必要的一些特点和/或功能，这一行为可与第一种行为相呼应地执行；

3. 减少性能包装和产品说明书以减少成本；

4. 寻求其他更低成本结构的投入（原材料）和转换选择（生产），这有可能相应地意味着较低的性能、较少的特点和减少的利益。

整体目标是为了找到一项从财务角度讲适应消费者、利益相关者和组织需要的解决方案。以上这些行为一般从参与者的角度提高新产品的价值，从而使之更可能成功。

预测销售量和含义流

概述

预测是复杂而困难的。新产品预测比简单预测对现存产品接下来的需求所涉及的变量更多。在特定情况下所采用的预测技术主要取决于新产品的类型。对于那些简单替代现存产品或在现存产品基础上递增的产品来说，来自营销功能的销售数据通常是可用的，为新产品潜力提供好的评估。如果新产品意味着对先前产品的一次重要改变，预测就变得更加复杂，因为诸如增加新收益或减少成本/价格的变动可能改善价值主张和产品的吸引力，从而潜在地增加了销售量。在这种情况下，整个市场规模和市场份额可能会被提高。一般的方法是以市场规模的预测和市场份额的计算为基础按比例评估收入。

收入 = 市场规模 × 市场份额 × 产品价格

市场规模可利用原始数据或二手数据来决定。大多数情况下，二手数据容易得到并且精确。市场份额可被假设为与流行状况相同。例如，可口可乐与百事可乐各约占市场的40%。这一假定值与现存状况相关。对于一个新问世的产品，最初的市场份额可被假定为100%，但会随着竞争者进入市场而以一定比率下降。与处理收益问题所采用的方法类似，市场份额的评估可采用不同的方法来决定。表 10.5 提供了 3 个选项。对于采用产业结构较好开发的标准产品来说，来自可靠来源的产品需求量预测是可用的，这些来源包括美国商务部、产业和贸易协会以及研究机构。汽车产业就有许多预测汽车年销量的机构。为评估市场需求，要求产业贸易协会出具或简单获取一份市场调查报告。可能需要调查手段来从市场样本中确定消费者的需求。

对于和市场预期相关的重要甚至根本的变化，如在新问世的产品中，消费者产品一般需要开放式的预测技术。

表 10.5 决定市场份额的技术——优点和缺点

方 法	优 点	缺 点
1. 每一时期（年或季度）采用预计市场份额，每一时期进行调整以反映假定变化	为确定预期市场份额采用最佳评估。这迫使参与者考虑市场环境动态和竞争效应	这类方法更加复杂，且易于随着时间做更多关于市场变量效应的假设。这会导致远离现实的预期结果的宽泛范围，因为这一模式是建立在每一时期的假定值基础上的
2. 假定市场份额是产品家族或流行竞争状况的预期值	这一方法反映出长期视角，减少与确定投放市场期间市场动态相关的困难。它假定新产品与现存产品相似。这一方法使替换产品的评估简单化	如果新产品不如先前的产品那样成功，这些假设可能会夸大新产品在市场份额中的位置。显而易见，如果相反，它也会降低新产品的位置。这一方法不是动态的，反映一个有可能实现不了的预期情况
3. 假定市场份额是由营销活动产生的预期结果中的一个函数。生产份额随着营销活动的扩张而增加	这一方法假定了市场环境中营销效能和结果之间的一个直接关系。这对于地理上扩张市场、市场份额与产品范围和营销效能相关的产品投放是有用的	这一方法复杂，需要对竞争反应有突出理解。很难使营销活动（市场份额）和对营销工作的投资相互关联。在营销上花钱不能确保结果

“认知－尝试－得到－重复”（A－T－A－R）模式提供了一种有用的方法❶。这一模式主张，潜在销售额等于估计市场人口、细分市场中知道新产品的消费者百分比（A）、尝试新产品的消费者百分比（T）、拥有可用产品的消费者百分比（A）和重复使用新产品的消费者百分比（R）相乘而得。如果整体人口已知，那第一步就是确定有多少潜在消费者会知道新产品。这一般建立在营销工作的预期范围之上，比如阅读宣传新产品报纸的预期人数。通常在建立知名度前，新产品要受到许多抨击。各路媒体常常会对他们的读者群和广告的有效性作出有效评估。潜在消费者数量可能是营销活动中所涉及整体人数中的一定百分比。然而，并不是所有人都试用新产品的。试用新产品的人手可采用一套测试方法来估计，或可使用一种调查手段来确定潜在使用者。下一步就是确定是否所有愿意试用新产品的消费者都会得到产品。通常新产品的分配渠道或其他销路仍在被开发中；因此有一部分市场得不到供货。最后一步是评估使用产品的消费者中有多大比重会成为重复购买者（销售潜力＝市场人口 ×A% ×T% ×A% ×R%）。这一计算需要大量的努力以获取精确数据。

对于不要求那么精确情况，采用类似产品引介中的历史数据可以用来替代市场调查，目的是为了规划出一个“大致的”估算。

❶ A－T－A－R 模式是一种传统方法。C. Merle Crawford 和 C. Anthony Di Benedetto 在 *New Product Managemet*（New York：McGraw－Hill，2000，pp. 161～167）中将其作为主要的预测技术。

认知－尝试－得到－重复（A－T－A－R）模式例子

一个公司计划引入圣诞树自助式浇水设备。美国市场数据显示每年出售3000万棵新伐木材。公司计划只通过沃尔玛、塔吉特、家庭百货和劳氏公司出售产品。如果以上所有零售连锁店都出售此商品，据估计市场占有率将达到美国家庭的90%。假定有1.2亿户家庭，预计的市场潜力是25%（3000万除以1.2亿）。通过市场调查，预计有50%的潜在家庭会对这一产品感兴趣，并通过广告和销售点展示了解产品。有效的市场规模是30×0.50＝1500万台设备。在那些了解新产品的消费者中，据估计有20%会购买产品（300万）。而其中只有90%可购买到产品，因此估计市场有300万×0.90＝270万台。如果该产品有像食品一样的持续购买需求，最后的市场预计会受到重复购买该产品的人数百分比影响而得到调整。总之市场预计是3000万×0.5×0.2×0.9＝270万台。

评估市场潜力

市场潜力的评估是按照可获得的产品销量或收入来评估：

1. 在特定的时间点；
2. 在商业环境中流行的社会、经济和市场情况下；
3. 运用公司的营销工作；
4. 运用产业效能来推销产品。

因此，市场潜力和对产品或收入的评估是动态而非静态的。这些因素随着流行情况和趋势的变化而改变。它们还依赖于营销资源和企业为扩展新产品在市场上的覆盖率的投入。

评估的一般公式如下所示❶：

单位产品评估：

$Q = nq$

其中：

Q＝市场潜力

n＝流行情况下产品/细分市场中潜力购买者的数量

q＝平均购买者购买的数量

p＝平均单位产品的价格

收入评估：

$Q = nqp$

❶ 这一公式以菲利普·科特勒在他关于营销的不同书籍中所使用的方法为基础。

这一等式为全部可用市场提供了一个明确评估。然而，在特定的时间点可供货的实际市场通常更小些。关于新产品的信息很少能达到整个细分市场。市场潜力取决于企业如何有效地将产品信息传达到消费者。因此，以上等式需要一个提供营销活动对市场渗透度的因素。一般来说，营销活动的投入越多，市场的可达性程度越高。

高度发达的企业明白营销费用和波及潜在消费者能力之间的相关性。这一现象通常会遵循类似“S”形的曲线。它还需要大量的金钱来获取一些效果，之后结果随着投资的增加而显著提高，最终额外的投资只产生边际利润。

预测模式——定性方法

采用模式

最简单的技术是获取以前发布的、由可靠来源提供的、预测市场的数据资料。这一方法主要取决于消息来源和数据的可靠性。对于许多产业和市场来说，联邦政府、产业协会和交易组织为不同的细分市场提供了详细的评估。这些评估常由产业专家规划，或通过政府官员、签约个人或研究机构详细分析得出。

该模式廉价而快捷，可以在几天之内完成。主要的缺点在于对现存评估的依赖，因为现存评估可能并不反映新产品的现实情况。这一模式对那些与之前产品迥然不同的新问世产品也不太适用。

专家意见

诸如营销或销售专业人员之类的企业内部专家，或诸如产业分析家的外部来源所提供的市场评估也是可用的。这些方法对建立市场预测模式作出了快捷且有成本效益的反应。主要的缺点在于有偏颇的潜在趋势。内部专家对特定的结果可能会预先有倾向性：或持续生产新产品，或中止项目。他们的个人观点可能会妨碍他们评估新产品潜力的能力正常发挥。他们的偏颇之处可能会曲解市场。例如，营销团队可能会不顾财务影响而想要为消费者扩大生产线。另一方面，销售人员可能会因为必须接纳另外的新产品而使资源不能物尽其用，这种情况尤其发生在产品投放市场时需要大量投入而没有回报的前一两年。

甚至消息的外部来源也可能会影响实际情况。外部组织对市场及其潜力常有自己的议程。一个产业组织可能会鼓励任何支持产业增长和提高自己在产业内影响的行为。

产品采用曲线法

“采用”方法需要对整体市场规模的评估，这一方法假定市场渗透随着潜在消费者对产品的认识和购买而逐渐建立起来。标准模式假设新产品的采用会遵循像 S 形曲线一样的新产品典型分布模式。S 形曲线假定在新产品投放市场的最初市场渗透度是适中的，随后在中期渗透度增长显著，当进入成熟期时渗透度趋于平稳。例如，假定市场规模是10个产品，要使产品达到50%的市场认可需要3年。图10.2简单描述了这一情形。倘若评估要以月预测为基础，那实际方法会更为复杂些，但这个例子给出了要点。

这一方法常需根据产品类型和季节性对产品需求量的影响作出调整。如果新产品是现存产品的衍生物或与之有直接联系，那么季节性影响就为人熟知了，新产品通常适合被取代产品的季节流。

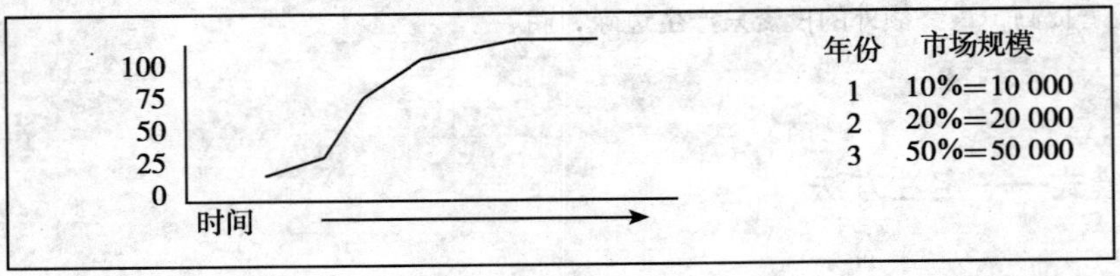

图10.2 采用S形曲线作预测的方法

季节效应

季节性是分析市场需求和收入流时的一个重要因素。大部分产品呈现季节效应——尤其是服装、运动用品、玩具、礼品和与人类状况和生活方式相关的其他产品。乐高集团70%的产品在11月到12月底之间的假期以零售方式卖出。季节性对生产、分配和现金流有重大影响。

现金流是评定新产品开发项目的财务可行性时需要考虑的重要一项。需要对两个关键因素进行细查。一个就是以由季节效应产生的销售尖峰为基础的预期收入流的时间安排。如果有意义重大的生产和存货费用，且收入中的现金收据几个月都出现在下游生产中，那么季节性对现金流产生严重影响。第二个因素是由于推出产品日期延误一两个月而导致错过产品最佳销季的可能性。错过推出产品目标期一个月的典型预期是现金流也被延期一个月左右。然而，影响可能会延续整整一年，而非一个月。如果一个公司错过了11月和12月的销售旺季，它不可能在1月和2月就能弥补上自己的销售额。在假期期间不可用的产品要到下一季才能体现其价值。

季节性是现金流表在至少第一年中都应被按月详述的主要原因。除非现金流表指出按月要求现金的时间，在整个现金流过程是不会显而易见的。年度意见可能认为现金流充足，但有可能由于现金流中的突变性而掩饰对现金储存的需求。而且，诸如经济不景气或通货膨胀的宏观经济效应会影响销售渠道以最优价格转移产品的能力。

营业费用的相关因素

普通营业费用

营业费用是经营企业、开发和投放新产品的必要要求。这包括工资、专业服务、租金、设备、保险、法律费用、公用事业公司、电信、工程费用、研发、生产和营销等方面的正常费用。解释营业费用的最简单做法就是为每一个主要费用项做出预算。预算可按月、季或年为单位。另一种方法是假定新产品开发的各个阶段都有可轻易界定的确定因素，按各个不同阶段来划分费用。

表 10.6 是关于一些主要因素的例子。

表 10.6 一张关于营业费用的简化工作表（按月或按阶段评估）

	1月	2月	3月	N月	全年	阶段一	阶段二	阶段三	阶段四	阶段N
技术类										
工资和津贴										
咨询服务										
供货商										
设备										
测试/模型										
技术小计										
营销										
工资和津贴										
佣金										
广告										
推销产品										
交易展览										
旅行推销										
营销小计										
生产										
工资和津贴										
设备费用										
工具和储备										
公用事业公司										

续表 10.6

	1月	2月	3月	N月	全年	阶段一	阶段二	阶段三	阶段四	阶段N
生产小计										
总务及行政部门										
会计										
工资和津贴										
法律										
保险										
办公室费用										
许可证、费用、税										
电话										
公用事业										
总务及行政部门小计										
营业费用总计										

注：本表是对运作费用的简单例证，所列元素不见得完整。

由团队按照诸如营销和生产等不同实用项目的要求进行估计所准备的各项预算可能已经完成。营业费用是各个领域预算的汇总。无论怎样，营业费用是在产品投放市场之前用来为新产品开发项目提供所需的资金流和支持新产品在商品化之后增长的手段。

照常规，费用按月评估，因为这样可显示费用如何随时间流动并影响对现金的要求。费用还可按阶段评估。对于快节奏的新产品开发项目，季度或年度分析通常不能为有效决策制定提供足够的细节。生产费用一般是销售成本中的一部分。重要的是要意识到一些用来分析新产品开发状况的方法可能并不适应财务报表的会计规则。这张工作表的目的在于为决策制定者提供对产品开发期和商品化之后新产品开发项目的财务影响的认识。

营业费用的评估可被用来判定项目所要求的全部投资。投资是产品投放市场前所需营业费用、车间和设备所需资本费用和商品化早期所有潜在损失的总和。它可能还包括投放市场前的资源采购，例如通常不被看做资本投资的存货。

资本投资

资本投资包括土地、工厂、厂房、租赁资产改良投资、机械和设备、办公室设备、汽车和其他交通工具等。资本投资的清单取决于新产品开发项目、新产品的类型和举债经营现存资产的能力。

新问世的产品可能需要在新设备上进行大量投资，尤其当新产品所用技术与以前的迥然不同并因此需要全新的生产方式时就会出现以上情况。然而，渐进性创新就不总要求这样的资本投资。对现存产品的渐进性改进通常只要求资本基础作出最小的变动，这意味着几乎不需要新的资本资产。

预估财务报表和分析

概述

利润表是用来了解新产品开发项目的财务含义的基本财务报表。它规定基本的收入流、产品费用、营业费用、利息费用和各项税费。利润表简单审视了项目的潜在获利性。然而，它却提供不了所需资金的精确概述，因为收入或支出中的现金流通常不与产品销售同时发生。因此，现金流表被用来提供对资金要求和实际现金票据更全面的了解。现金流表做起来更复杂，高度取决于资金的来源和应用。

为了本章的讨论，我们采用一个简化模式来解释新产品中所涉及的分析方法[1]。在此假定从事这项分析的人员有会计和财务管理方面的知识，或者能寻找熟悉这些方法并从事财务报表的准备和分析工作的专业人员或同事。

与新产品有关经营人员的基本目标是了解财务意义，并制定与新产品开发项目相关的正确决策。财务人员将财务报表的分析形式转变为实际财务报告机制，以控制投资和确保遵循财务政策和程序。

预估利润报表

最简单的预估利润报表简要地向人们说明预期结果。它为决策制定和财务意义提供重要信息。用于新产品开发的标准方法包括对价格和预期市场份额的鉴定，使得这些变量可被分析。表 10.7 展示了以年为单位的简化利润表。

第一年或第二年的利润表应按月呈递，以便发现季节性影响或其他影响预期结果的影响因素。当分析现金流时，月计划十分重要。月报表应提供一项全年总结。月报表应包括如时间范围所示的将来许多年。

---

[1] 采用这一方法的根本原因在于避免介绍本书所提到过的所有有关会计和财务管理方面的财务技巧，介绍所有这些财务技巧会使本书增厚好几百页。

表 10.7 简化预估利润表

条目	基本单位	-2年	-1年	1年	2年	3年	4年	合计
1. 单位销售价格	价格							
2. 市场规模								
3. 市场份额	%							
4. 销售量(单位数)								
5. 收入	$							
6. 销售成本	$							
7. 毛利	$							
8. 毛利率	%							
营业费用								
9. 技术、研发等	$							
10. 营销	$							
11. 生产	$							
12. 一般费用及行政费用	$							
13. 营业总费用								
14. 税前利润	$							
15. 销售回报	%							
16. 税	$							
17. 税后利润	$							
18. 累计利润	$							

注：-2年和-1年是产品开发时间，而从第1年到第4年是商品化的时间。一些专业人士用0年代替第一年，这种做法困惑了非从业人员。

条目1是可能随时间变化的销售价格。条目2是对市场规模的预测。条目3是会随时间而变化的预测的新产品市场份额。

条目4是条目2乘以条目3的结果。条目5是条目1乘以条目4的结果。条目6来自成本结构计算，它常取决于销售量，即条目4。条目7是条目5和条目6的差。条目8是条目7除以条目5的比率。

条目9到条目12来自预算。条目13是条目9与条目12的和。条目14是条目7和条目13之间的差。条目15是条目14除以条目5的比率。条目16是条目14应缴的税。条目17是条目14减去条目16的差。条目18是条目17随时间累计的总和。

利润表提出评估新产品机会的潜在价值的许多不同方式。细查销售价格和生产份额十分关键。较高的价格并不总产生较多的收入，尤其是在如第八章所讨论的市场对价格十分敏感的情况下更是如此。此外，如果较高的价格减少了企业的销售量，其中潜在着对毛利的双倍影响。由于许多情况下成本结构随销售量变化（学习或经验曲线），因此较低的销售量又会影响产品的成本。

毛利对长期成功至关重要。高毛利会为更积极的营销活动和其他效益提供资金。宝洁就用它的高毛利来为积极的广告活动提供资金，广告费用约占收入的10%。实际上，低毛利会意味着新产品基本上是消费品，成本控制和领导力是关键因素。

营业费用在开发阶段实施新产品商品化所需的投资中是一个重要部分。以对新产品开发项目的财务效益的分析为基础，营业费用可能会有上限。大部分营业费用可被编入预算以决定机会的可行性。实际操作中总会出现意外花费和成本超支及类似现象。从历史上来看，解决这些问题是需要偶然性的。由于产品开发的不确定性，考虑这些因素便使判断评估营销、工程和生产的预期费用很困难。然而，当今一般可被接受的方法是为各项因素制定出最佳估价，再采用敏感性分析（参看“敏感性分析”部分）来确定漏洞。这一方法倾向于防止财务规划向消极面偏斜，从而增加了犯第二类错误的可能性❶，即放弃一项可能成功的新产品开发项目。

预估现金流表

现金流是新产品开发项目财务方面的要素。现金流分析为新产品机会的经济价值提供最佳判断。当来自消费者的现金流为正数时，投资期结束。关键问题是需要多久才能达到这个结束点，在投资期间每月的现金需求是什么。如前所述，典型项目在开发阶段需要资金注入。在消费者购买产品的早期投放市场时期，项目常也需要额外资金注入，但由于销售和收到资金之间的滞缓时间，当应收账款逐步增加时，现金流应保持低水平。最终的目标是使消费者提供所需的现金流。

评估现金所需量的最简单方法是以月为基础制定现金流表。对于新产品，预估现金流表只包括那些与项目直接相关的条目。这一方法可被看做是简化形式，因为它不包括资本市场影响或其他资金来源或用途，只包括与新产品相关的营业现金流。

需要考虑的最重要因素是用来为流动资金提供资金的资金，尤其是对应收账款的要求。某种程度上，当应付账款与应收账款相抵消时，资金可能来源于供货商。当然，如果用在利润表中，折旧应该被加回去，因为它是非现金交易。可用类似产品的历史比率（应收账款除以收入）来评估应收账款。存货可用同种方法进行评估（存货与收入的比）。

现金流量 = 税后纯营业利润 + 折旧费 − 额外资本支出 ± 流动资金的变化

新产品项目中主要的影响因素常常是应收账款，因此一个关于现金流的有效评估可从利润表加折旧费再加或减应收账款中的变化中得出。

敏感性分析

了解财务影响的首选方法是采用利润表和现金流量计划的电子数据表来构建一个“基础情况”。改变一个或多个变量以确定对净现值（NPV）和内部收益率（IRR）等关键衡量标准的影响。如果电子数据表完全由用作等式基础的基本变量构成，那么变化的变量（每

❶ 第一类错误是进行一项有缺陷的项目，以失败而告终。第二类错误是由于错过信息或错误的决策制定而中止一项有潜力成功的新产品开发项目。

次一个或一组）会提供一个模拟结果，这个结果显示对整个电子数据表的影响。这一方法相对简单。采用现金流计划，采用和分析基础价值以确保它们的精确性。敏感性分析过程包括5个步骤，图10.3描述了这些步骤。

图10.3 敏感性分析模式

最简单的基础情况模式显示横跨产品预期寿命的项目预计现金流。基础情况代表新产品开发项目的预期结果。它指出如果一切按计划行事的预期结果。然而，项目很少完全按照原初计划发展。其中总有变动。此外，外部因素常常会引起难以预测和评估的预期情况变化。

第一步是引出现金流表。分析现金流表以确定重要参数，这些参数可能会冒基础价值中的变动之风险。例如，如果目标价格是100美元，由于诸如通货膨胀或疲软的需求量等因素商业环境中可能会有涨价或降价的压力。

第二步是挑选重要变量。下面就是一些被典型研究的最重要变量和基础情况数量变化的原因：

1. 销售量。预期销售量可能不会被实现，或者预测销售量可能是错误的；因此，预计是达不到的。销售量可能比预期要高，同样必须研究它的影响。

2. 销售价格。定价策略可能必须被调整，以反映市场的实际情况。竞争者进入市场，引发降低销售价格的压力。

3. 成本结构。由于意外困难，成本结构可能会较高。成本结构预测可能无法包括所有的成本因素，又或其中可能会有隐藏成本。成本预测在分析的积极方面可能会过于保守。

4. 营业费用。将产品引入市场所需的资助水平可能需要更多的资源。营销项目可能并不足以产生对产品的正确认知。要解决意外困难可能需要额外的技术费用。

5. 投资。由于意外问题、意外要求或拙劣的预测，成功投放新产品所需的资金可能会较高。如果在产品进入市场的时间或开发成本方面有一定的突破或节省的话，投资也可能较低。

6. 产品进入市场的时间。在众多阶段中的一个阶段或在产品投放市场时期，新产品开发项目可能会被延后。由于延时因素，投资可能会较高，积极现金流的流向可能会大量减少。

被研究变量的数量取决于实际的新产品开发情况和企业对计划的信心。在许多情况下，对一定变量有较高的信任水平，而对其他变量信任水平较低。例如，如果对单位成本的评估基于举债生产能力的稳固基础之上，估计价值的可变性可能会小；因而，对这一特定变量信任水平高。一般情况下会有较精确的变量，这些变量具有的不确定性；还有其他不确定的变量。例如，新产品开发项目可能会按时进行，产品进入市场所需的投资和预期一致。然而，主要顾虑可能是市场规模与反应（即年销售量），和由竞争者情况而导致的可接受市场价格（即定价策略）。因此，这种情况下主要的关注点将是销售量和定价。第二个顾虑（尽管它也可能是主要顾虑）是成功投放新产品所必需的营业费用，尤其是营销费用的合适水平。

第三步是确定基础情况中需要的合理变动和成果中潜在变化的结果。一般的分析包括从基础情况中加上或减去两个或三个数据点。因此，分析可能包括基础情况加减5%，加减10%，和加减20%。这些是单凭经验的方法，但在这一点上还有许多其他方法。

第四步当采用诸如Excel等电脑软件时是简单明了的。电子数据表程序可快速处理变量并标示结果。分析结果以确定最重要的变量。敏感度分析就是只挑选基本变量❶，然后通过加减5%、10%，也可能是20%来改变值，标示结果，并研究影响。敏感性分析通常用来确定哪个变量会产生最大影响。从风险角度讲，焦点应放在消极影响上。图10.4展示了表10.8中现金流表中改变被选变量对内部收益率的影响（可用净现值）。

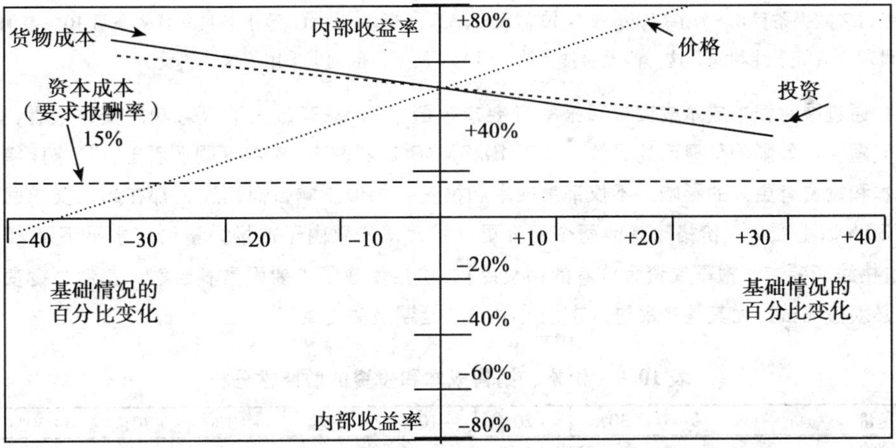

图10.4　表10.8中的数据敏感度分析图

以最初投资200万美元为基础，用记录中的假设计算出的内部收益率等于52%。由于这一分析以假设为基础，所以没有必要采用更重要的数字。表10.9为价格、销售成本和投资提供一个敏感度分析。这一分析以表10.8中的“基础情况”为基础。这一分析挑选了价格、销售成本和投资，表明这三者是最不稳定的变量。

---

❶ 敏感度分析中最重要的变量有价格、单位成本、销售量、市场规模、产品推入市场的时间、项目投资和其他任何极不稳定的因素。

表 10.8 现金流量的简化基础情况范例

条　目	变量	2005	2006	2007	2008	2009
1. 销售价格（$）	$100	100	100	100	100	100
2. 市场潜力（千单位）	1 000	1 000	1 000	1 000	1 000	1 000
3. 市场份额（%）	2%	2	4	8	16	32
4. 销售量（千单位）		20	40	80	160	320
5. 销售收入（千美元）		2 000	4 000	8 000	16 000	32 000
6. 销售成本（千美元）	$50/单位	1 000	1 800	3 240	5 760	10 080
7. 毛利（千美元）		1 000	2 200	4 760	10 240	21 920
8. 营业费用（千美元）	700	700	900	1 400	1 700	2 000
9. 税前利润（千美元）		300	1 300	3 360	8 540	19 920
10. 税（千美元）	40%	120	520	1 344	3 416	7 968
11. 纯利润/现金流（千美元）		180	780	2 016	5 124	-11 952

注：条目 1 是基础情况的销售价格。第三栏可被用作电子数据表中的变量，等式以基础值为基础，为敏感性分析改变变量。条目 2 是市场规模。在范例中，市场潜力被假定为不变的，采用这一假设为了简便。条目 3 是预期市场份额。条目 4 是条目 2 乘以条目 3 所得。条目 5 是条目 1 乘以条目 4 所得。条目 6 是销售成本，它显示经验曲线现象。条目 7 是条目 5 减去条目 6。条目 8 以预算为基础。条目 9 是条目 7 减去条目 8。为了简便，条目 10 假设税率为 40%。条目 11 等于条目 9 减去条目 10。范例还假设现金流等于纯利润。这一假设通常无效，但为了简便，范例中采用了这一假设。

通过展示资本成本或要求回报率（要求报酬率），从有最大消极影响的变量来看，潜在问题和财务影响是显而易见的。从表 10.8、10.9 和图 10.4 中可明显看出，价格比销售成本和投资有更大的影响。不仅销售成本和投资有相似影响，他们还大都在超出要求回报率 30% 以上变化。价格比其他两个因素更加敏感，如果由于市场力量价格水平下降 25%（价格线和要求回报率或资金成本的相交点），价格就成了主要因素。当然，其他关键变量也必须被测试，尤其是产品进入市场的时间（延期是关注点）。

表 10.9 价格、销售成本和投资的敏感性分析

变量	-30%	-20%	-10%	基础	+10%	+20%	+30%
价格							
内部收益率（%）	**10**	**24**	**38**	**52**	**63**	–	–
净现值（百万美元）	(0.05)	0.8	1.9	3.0	4.2	–	–
销售成本							
内部收益率（%）	–	–	**57**	**52**	**47**	**41**	**36**
净现值（百万美元）	–	–	3.5	3.0	2.5	2.1	1.6
投资							
内部收益率（%）	**68**	**63**	**57**	**52**	**47**	**44**	**40**
净现值（百万美元）	3.6	3.4	3.2	3.0	2.8	2.6	2.4

这一分析实际上比图 10.4 中所示的情况更加复杂。所有的关键变量都应被测试。而且，这一分析应该是动态的，一起测试被选变量而非一次只测试一个变量。不仅确定导致

财务衡量标准达到不可接受水平（在要求报酬率以下）的变量变化点是重要的，而且研究消极变化组合如何影响衡量标准也是重要的。例如，表 10.9 中的数据表明，价格上 16.5%的下降和投资与销售成本上同比率的上升将使预期内部收益率达到资本成本（要求报酬率）。

最后一步是评估结果，确定影响。基本因素有一些变量，其中投入变量值的微小变化都会导致项目财务成果的重大变化。例如，价格每下降 10%，内部收益率会下降大约 14%。如果销售价格下降了 10%，项目的净现值会下降 36%。这意味着对定价水平来说，项目是脆弱敏感的；因为销售价格不过 10%的相对较小变化就严重削弱了项目的财务收益。总而言之，价格上 1%的变化意味着内部收益率 1.4%的变化，或价格上 1%的变化意味着净现值大约 10.5 万美元的变化。对销售成本来说情况也是一样，价格上 1%的变化会转变为净现值大约 5 万美元的变化或内部收益率 0.5%的变化。对于投资来说，1%的变化意味着净现值 2 万美元的变化或内部收益率 0.4%的变化。

额外的财务和新产品开发项目因素

整个项目投资是难以实际确定的值。基础投资是新产品开发阶段工程、技术、设计、营销、生产和测试项目的预算总量。实质上，整个项目投资代表新产品开发流程中所有业务和购买开支（现金流），如果需要，它还包括组建设备和为生产产品购买设备。但是一般来说，基础投资数压低了全部投资。通常要在产品投放市场前购入或生产大量存货。当存货以一项资产出现在资产负债表上时，它牵涉到现金流，这可被看作是投资的一部分。在许多情况中，分析净现值或内部收益率可能不考虑对存货的投资。问题是，投资中应包括对库存的投资吗？如果产品彻底失败了，库存就很有可能毫无价值了。因此可认为整体投资应包括基础投资、商品投放市场前的库存、应收账款和产品投放市场后先于损益平衡点的损失。这一方法更能精确看到什么对成败至关重要。

很明显，这比刚刚的整体投资含有更多风险。失败的新产品可能会引发产品债务问题，将来花费金钱。失败的产品可能会损害企业的好名声，对公司形象和名望产生难以衡量的影响。凡士通轮胎/福特探险者汽车的案例（详情请参看方框中的“风险评估和财务影响”部分）就是经典一例，它表明产品的失败会如何导致数十亿美元的损失和损害公司声誉。

分析预期结果

在最后的分析中，诸如内部收益率和净现值的计算衡量标准是可能产量的分配而非确定性结果。实际上，计算衡量标准是预期值或最可能的结果。整体观察需要分配的变动性。变动越小，计算衡量标准就越能代表预期产量。

如果要在两个新产品开发项目中做出选择。其中一个有较低的衡量标准和小的变动，而另一个有稍高些的值和较大的变动，可在风险与收益基础上对两者的产量进行比较。

投资曲线

大多新产品开发项目的投资曲线随时间不是呈直线发展的。在早期阶段中花费的钱相对较少而在后期花费显著较多。这一现象有助于贴现现金流计算。如果在新产品开发项目末期进行投资，那么所需投资量较小（资金的时间价值）。

事实上，实际曲线取决于产品的类型和新产品开发项目状况。消费产品需要在营销方面进行大量投资，这一方面的投资一般要花费掉整体投资的80%~90%，这些钱大都花在项目末期。

如果在后期消费了不相称的资金量，这个项目会有巨大收益；因为当这些阶段都结束后，对新产品开发项目的信任度应显著增加。在一个好项目中，置信曲线应与投资趋向相似。对于新问世的产品，早期阶段可能需要大量投资来验证技术或确认市场要求。

投资值得吗

投资值得吗？这是一个需要彻底持续分析的简单问题。答案是复杂的，并不只以财务方面为基础。首先，一个新产品开发项目常有许多目标。达到一系列平衡的目标是成功的关键。新产品开发项目可能并没有达到财务目标，但它可能达到战略需要、市场、技术和/或企业学习目标，从而使投资值得。学习一般不被作为基础目标包括在内。而且，很难衡量新产品开发项目中所获得的学习价值。

从财务角度看，这个问题的答案取决于风险水平。反映风险程度的最通常方法是增加资本成本的百分比以计算要求回报率，其中要求回报率等于资本成本加上一些额外风险增值。要求回报率被用来计算净现值或将之与内部收益率进行比较。决策制定过程总是涉及重要思想和判断。净现值或内部收益率衡量标准表明，如果净现值是积极的，内部收益率比要求回报率（要求报酬率）更大的话，从财务角度看这项新产品开发项目是可以接受的。通常做最后决定时要采用另外的方法。例如，投资指数可被用来对比不同项目中的净现值。投资指数只不过是用投资来表达的净现值（指数=净现值/投资，其中投资是所需的全部资金）。

企业可能为评估多样的项目而确定指导方针。指导方针可能以感知到的风险程度为基础为新产品开发项目设立可接受性区域。

风险程度	指 数	评 论
低	0.1→0.5	增加的变化；市场驱动的要求
中	0.5→1.0	调整策略或显著增强长期影响
高	比1.0更大	当有许多选择时进行策略改变

每个企业会界定低、中、高风险的含义。这一概念对那些仅有一些新产品开发项目的小公司非常有用。当涉及足够多的项目时，诸如预期值之类的统计概念就相当有效了。小公司很少遇到这样的情况。他们没有平均算出的预期产量。投资要求净现值的比率取决于包括感知到的风险在内的许多因素，这一比率是从开始到商品化及以外过程中的一个关键因素。要求比率通常决定一项新产品开发项目继续与否。

风险评估和财务含义

风险的定义和分类

风险有两个主要类别：已知和未知。已知类通常以产品设计阶段所制定的决策为基础。它包括原材料选择、市场选择、设计选择、营销信息、分配选择和供货商决议的决策。未知类包括设计缺陷、生产问题、营销错误和与消费者应用或使用产品相关的不确定性。这种情况很复杂，难以有效或正确总结。表 10.10 提供了一个见解深刻的概述。这个表格要包括所有的因素可能会非常冗长。这个表的目的只在于提出一个供以思考的概述，而非囊括所有。

研究未知风险和已知风险的方法是把最小化风险和减少责任的关键方法。这些方法应该关注关键领域，意识到风险因素不是独立的。内部固有风险遍布新产品开发项目的每一方面。采用完全没有风险的原材料、零件或组件来设计或生产产品是几乎不可能的，尤其是在公司想要设计一项创新产品时更不可能。找到一项毫无风险的产品很困难。例如，汽油是普遍存在的产品，然而它却含有许多有毒物质，包括疑似致癌成分（苯）。汽油不仅有毒，而且易燃。然而，却没有其他选择或替代品；消费者和产业参与者已经成功掌握了如何安全处理汽油的方法。科技也起着重要作用。含铅汽油便是通过去除“震爆声”改善燃烧过程以获取更多能量的改进产品。当含铅汽油的铅中毒在 20 世纪 70 年代被认定为主要健康问题时，这一改进产品变成了一个问题产品。当社会不愿再忍受这一问题产品的消极结果时，含铅汽油在 20 世纪 80 年代逐步停产。

表 10.10　风险类别的概述

来　源	已　知	未　知
内部固有	易燃、易爆或有毒的危险原材料、苯、汽油	有副作用的痕量污染物、金属的疲劳、实际消费者应用的不定性
设计	超出保存期限、按照失败的平均时间可计算得产品寿命界限	无来由的设计缺点、意料外的结果、与产品使用相关的负担
制造	有已知缺陷率的制程中质量能力	制造过程中由于未知因素所产生的意外缺陷
营销	夸大积极方面，缩小产品的已知消极方面、不充分的标示、没有传达充足信息、卖给不当的团体、错误的消息	通过消费者或利益相关者误解基本信息、通过非正常渠道转卖产品、超出预期清单中的外部团体要求得到产品
市场	卖给不当的消费者，或太年轻或太老、人类工程改造学问题	间接使用者方面缺少基本培训、未预见的产品用法、产品的过度使用。
利益相关者	未能包括或满足政府法令、未满足产业标准	意外的利益相关者团体问题、对环境意外的影响
相关产业	与产品附属物不兼容、与产业标准不同步或兼容	新标准、新技术、与潮流不兼容
基础结构	缺少支撑结构、丢失要素	处理意外变化的能力、基础结构的能力

每一项产品所面临的挑战是衡量相对于可能出现的潜在危害的收益。对于已知问题，这类分析相对直接，并以已有的方法为基础。尽管衡量收益和风险看似简单，实际改进可能会很难。向积极方面和接受消极方面偏斜的过于大胆的方法有可能产生障碍或问题。较保守的相反方法可能会丧失机会。而且，消费者和社会随着时间会改变态度。如果发生危机，原本可接受的方法或条件可能会变得让人无法忍受。例如，2001 年 9 月 11 日以前，机场安全并没有被当做重要问题。

问题又回到“平衡”这些中心原则和“预防原则”上。“预防原则”主张决策应该在安全方面做过头。减少风险的最有效方法是在新产品开发项目的每一阶段采用细查法对整个情况作出彻底分析。从彻底分析中得出解决办法。

缺陷普遍存在。即使是最佳工艺和操作也产生缺陷，只是多少的问题。例如，六西格玛（每百万机会中三个多一点的缺陷率）生产仍产生缺陷。最重要的因素是设计和制造中的缺陷。尽管生产方面的缺陷更多，设计缺陷却代价更加惨重，并有可能会影响整个生产线或生产产量。而且，这样的缺陷可能会对公司形象和声誉造成重大影响。比如，凡士通轮胎/福特探险者汽车的问题致使福特召回探险车车型的所有轮胎。详情请参看框中的文字。

法律理论、法律和司法诉讼认为，工程师、技术专家和其他专业设计人员对所设计产品的安全和任何可预见的合理使用负有重大责任。主要关注点在于任何可行的设计变更是否可以预防或减缓这一问题。对文献的研究表明，当处理设计问题时，预防性措施是有成本效益的[1]。研究显示，在较早阶段解决问题要比在较晚阶段寻求解决办法有效得多。增强对产品设计的长处和弱点的了解程度的技巧为降低风险提供了一条积极途径。诸如质量机能展开和故障类型及影响分析等技术为发现和减少风险提供了途径。

制造中的缺陷更常见，但一般更容易矫正。这些缺陷源于不适当或不完美的生产方法、工艺或操作。尽管制造过程中总有可能会发生故障，但主要关注的应该是影响整个生产过程的系统性问题。这些问题常会引发生产过程中的难题和大量的重要缺陷。

另一个重要问题就是未能告知或充分提供与产品正确使用相关的用法说明，缺少对产品的不正确用法或禁止项提出警告。在任何情况下，使消费者了解产品的所有积极和消极方面是必不可少的，包括使消费者了解如何避免任何消极负担或缺陷。这些要求完全是设计者和生产者的责任。一些企业认为，从营销角度看关于消极结果的充足信息会产生相反效果。他们认为，为了销售产品营销应该集中在正面信息上，而非抑制销量的负面信息上。尽管这样的观点十分普遍，但如果新产品开发项目中有重大风险和潜在障碍时，最好的方法就是终止项目或从市场上撤回产品。

凡士通越野轮胎召回：产品失败导致数十亿美元的损失

2000 年 8 月，由于胎面易于损耗的缺陷（尤其在高温下作业），日本最大的轮胎制造商普利斯通集团开始召回 650 万对 15 英寸的凡士通越野轮胎。凡士通是普利斯通集团在美国的下属公司。2001 年春天，福特公司开始全面替换轮胎计划，用自己的轮胎替换掉了所有汽车上的 1300 万对越野轮胎。美国国家公路交通安全总署（NHTSA）曾将凡士通轮胎与 271 起死亡事故和 800 起受伤事故联系起来。越野轮胎灾难性的胎面断裂导致了汽车翻车，这一情况主要发生在福特探险家运动多用途车上。大部分交通事故发生在较热的南部地区。这些交通事故促使美国国会要求重新修订联邦轮胎标准，这一标准自 1967 年以来没有被修订过。对这次召回的最终责任的争论还瓦解了凡士通和福特 94 年的合作关系。

在美国国家公路交通安全总署宣称 1998 年以前凡士通的两个工厂生产的越野轮胎确实存在安全缺陷之后，凡士通公司最终扩大召回范围，包括更多的越野 AT 型轮胎。这些轮胎与 25 起死亡事故和大约 50 起受伤事故有关。凡士通宣称生产了 350 万对新召回的轮胎，但估计在召回期时只有大约 88.5 万对仍被使用。

2000 年 9 月，一些检察官形成了一个特别工作组来确定凡士通和福特是否有意误导消费者接受有毛病的轮胎。处理普利斯通召回案的全面调查于 2001 年 11 月作出决定，要求普利斯通在接下来检察官对福特的调查中予以合作。这一决定使普利斯通至少花费了 4150 万美元：1000 万美元法律费用，500 万美元用于消费者教育项目，及

[1] 有许多引文。

在各州、波多黎各和关岛各花费 50 万美元。这个案件起诉凡士通公司在销售轮胎时涉嫌欺骗和不公正交易行为。凡士通的解决方案产生于与美国交通部官员数周的谈判之后。据说，凡士通公司曾对白宫官员进行大力游说，警告他们召回的影响以及 4 万人将因此失业。接下来对福特的调查集中在福特公司在迫使普利斯通召回前是否知晓凡士通轮胎的性能问题。

尽管经历了这次险些毁掉凡士通品牌的困窘召回，普利斯通还是重新振作起来了。公司公布了 2002 年上半期的利润，并通过强调普利斯通是优质品牌而凡士通是大众品牌实现了转型。普利斯通公司开始向汽车制造商提供较少的轮胎，而将更多的产品卖给消费者。通过卖给消费者，普利斯通可以在每个轮胎上获取更多利润，因为汽车制造商购买轮胎的价钱只有零售价的一半。

越野轮胎召回案最终使福特汽车公司损失了至少 30 亿美元，使它原本由于经济不景气和 9. 11 恐怖事件所导致的低劣财政状况更加恶化。这次召回使普利斯通损失了 10 多亿美元。

来源：Aeppel，T.，S. Power and N. Shirouzu，Firestone broadens recall of defective tire. *Wall Street Journal*，October 5 （2001），A. 3.

Belson，K. and M. Maynard，Big recall behind it，tire maker regains its footing. *New York Times*，August 10 （2002），1.

Kiley，D.，Ford：loss will grow this quarter；high marketing costs，sour economy cited. *USA Today*，December 6 （2001），B. 01.

Mayer，C. E. and C. Johnson，Firestone，states reach settlement. *Washington Post*，November 8 （2001），E. 1.

减少问题绩效和减轻负面财务影响

新产品开发流程是在危及企业生存之前发现和消除产品问题和缺陷的强有力方法。假定新产品开发是识别、分析和开发新产品机会的系统方法，风险评估和风险减缓就植于这套方法的结构之中。集成产品开发的主要前提是确定新产品开发早期的重要议题并提出解决办法以使产品在市场上的地位得到改善并达到成功的程度。如果解决办法不是易用的或不能以划算的方式进行，那么可终止或重组新产品项目而不会造成任何长期影响。

新产品开发流程被设计用来为管理层和操作者提供一个关于已制定决策的周期性评审。它还包括对商业环境、主要条件和潮流的持续评审。隐含的理论关注过程中尽快调整的能力。为了适时了解评估和方向变动的必要性，管理层的关注是至关重要的。

在新产品开发流程中广泛使用测试是减少风险的主要机制。从概念测试到产品使用测试过程中的所部署的每一步都是为了发现问题或确保这一设计没有缺陷。测试使解决方法和问题清楚明白地显示出来。测试和确认一项设计及相关生产和营销因素的中心是使管理层、潜在消费者和利益相关者确信已采取了所有预防措施来减少风险、障碍和问题。尽管缺陷及类似因素的影响难以计算;但明显的是这些难点代价惨重,且在新产品开发流程中被发现得越晚,潜在不利影响就越大。

"为环境设计"或"绿色营销"观念在减缓风险中起着重要作用。诚实的营销和销售可提升企业形象和增加消费者对产品的信任。避免夸大优点或缩小有害影响是增加消费者和利益相关者信任的有效方法。此外,消费者信任是成功的关键。例如,营销信息和促销材料都应被仔细鉴别以去除夸大的成分。

财务角度的风险收益关系

财务风险的影响要以所涉及的收益为基础。一般情况下,高风险要求较高收益。要求回报率(要求报酬率)为可接受收益提供标准,但必须意识到不是所有新产品开发项目的要求回报率都是相等的。尽管要求回报率可为风险进行调整,但风险常常必须在与收益的关系中被研究。从财务角度看,任何少于必要回报率的回报都是不可接受的。如果可确定财务风险的一个上限,那么投资水平或企业可用现金流百分比中的这个值便意味着最大允许风险。比如,一个公司可能建立一个标准,任何一个新产品开发项目都不能将多于企业10%的可用现金流量置于风险中,或总投资不能超过1亿美元。

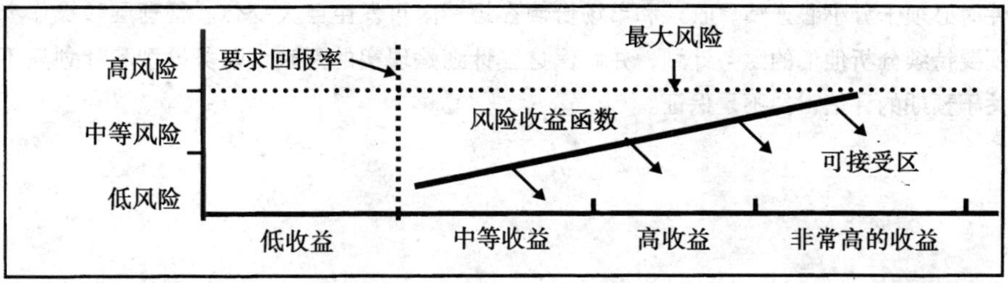

图 10.5 财务视角的风险收益关系

图10.5标出了可接受和不可接受范围。可接受产量范围由风险与收益的关系刻画出来,其中可解决范围是函数曲线以下区域,该函数是可接受的风险收益比率。理论上的解决办法是在每一点上大于对应风险的收益。图10.5将解决方法描述为箭头右侧函数线以下的区域。实际上,函数线代表可接受的解决方法在这条线之上可能性(只要它们合理靠近这条线)的分布。从统计学来看,如果有足够的资料来确定这个函数,那么最大范围应被置于3个标准差之处。第十二章末尾再次提出这些点包括财务和非财务风险的宽泛观点。尽管低风险的高收益似乎是理想点(图10.5的右下区域),但竞争者们也在寻找这些点,并且当其他人在尽力以低风险获取高收益时,他们常常只有最佳时机。可认为这样的情况

长期来说并不实际。拥有这样条件的其他竞争者进入市场，收益下降，风险增加。如果这种情况出现，风险收益比率接近标准关系（函数），最佳时机就会消失。

本章总结

新产品开发项目财务分析的主要目标是支持新产品开发过程中的决策制定和确定新产品的生机。这一分析的最重要结果是对财务影响的清晰认识。

本章中所讨论的技术为从财务角度完成生产流程的各阶段提供了方法，并引导生产朝向可完成产出的方向发展。期望值有恰当的决策和有效决定。假定新产品开发总是有风险的，那么成功就必须从制定好决策的角度而非新产品成功投放市场的角度来衡量。

还有大量分析财务影响的技术。看清新产品开发项目流程中和新产品投放市场之后的发展是必要的。新产品开发项目早期阶段中所作的财务评估受许多因素制约，这些因素可以从根本上改变成功的时机和前景。竞争者对市场条件和趋势尤其有重大影响。有许多最初获得成功的产业领先企业逐渐衰退的案例。巨大的商机吸引着公司的注意。例如，福特的野马是第一辆“小马车”，但通用汽车公司在20世纪70年代早期赶上了福特。最近，从主要的竞争者、使用式样和定价计划来看，无线电话市场发展显著。当预测时显示稳定条件时必须十分小心谨慎，收入和市场份额在短期内可发生巨大变化。管理层和操作者都必须要持续分析他们的财务计划，并确保这些计划是现实的反映。财务模型和计划只不过是关于预期的评估，并不是保证。

第四部分

运营层面和结语

当新产品开发流程朝商品化的最终目标发展下去时，这一流程依赖于上游各阶段的分析、深入了解和决策。运营层面涉及设计的执行和决策确认及产品投放市场前的准备。运营层面关注产品和相关项目要素的设计和构成。它以初始阶段中开发的产品样本为基础。运营层面将概念和理论转化为现实。它代表了思维和参与的重大改变。重点从发现获悉时机和规定挑选最佳候选方案转变为执行新产品开发项目和生产销售产品所需的实际行动。

运营层面比较广泛，它还包括对概念开发、挑选阶段和项目定义阶段中一些要素的评审。下面的图描述出当新产品开发流程进入运营层面时集成产品开发的影响力和重要性。

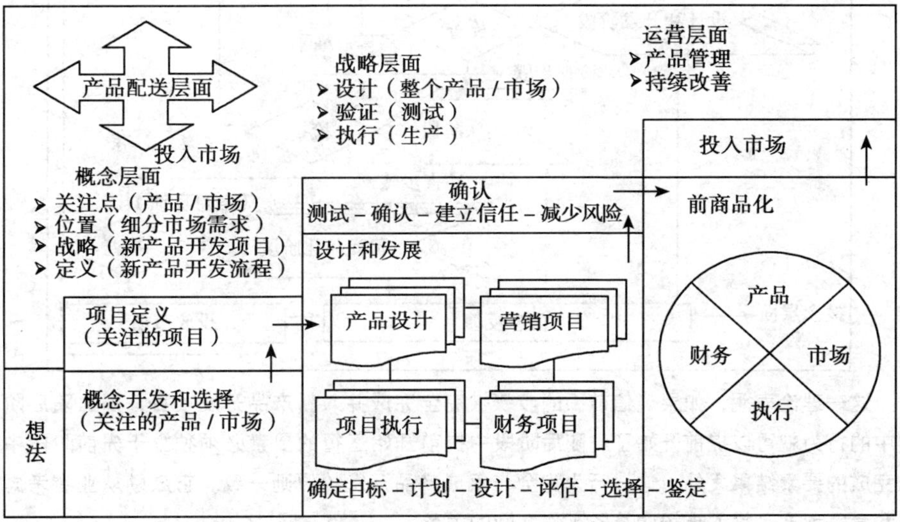

在运营层面中，产品概念从理论或抽象的转变为满足消费者和其他组成部分需要的实际解决方案。这些方法从“切实可行性”问题转变为解答“如何执行”。当新产品开发项目从规划转变为执行时，运营层面常与产品配送系统相关联。

第四部分涉及新产品开发项目的设计、确认和商品化阶段。它还包括对集成产品开发未来方向的判断。第四部分包括以下各章：

1. 第十一章 设计和开发（第四阶段）

2. 第十二章 确认、验证（第五阶段）

3. 第十三章 预商品化和产品的市场投放（第六阶段）

4. 第十四章 结语和对 21 世纪产品创新的深入了解

运营层面的主要阶段是设计和开发阶段及确认阶段。尽管前商品化阶段在许多情况中都是重要的，但它可被并入投放市场部分或之前的阶段。预商品化阶段涉及为处理市场和商业环境而进行的能力、资源和工艺方面的准备。同样的，确认阶段可与设计和开发阶段的要素合为一体。它可与设计要素联系起来，在前面的步骤完成之后立即被执行。

以集成产品开发的理念为基础，这些行动遵循最大限度采用平行处理的“整全战略”原则。这意味着一旦切实可行就马上开始行动。运营层面的各个阶段不是连续发生的，而是尽可能地被平行执行。实际上，3 个阶段可完全被合称为 1 个阶段，包括设计、测试和准备投放市场。这一理论表明，确认的基本要素可在设计和开发阶段完成之前开始运转。下面的图描述了这一方法。

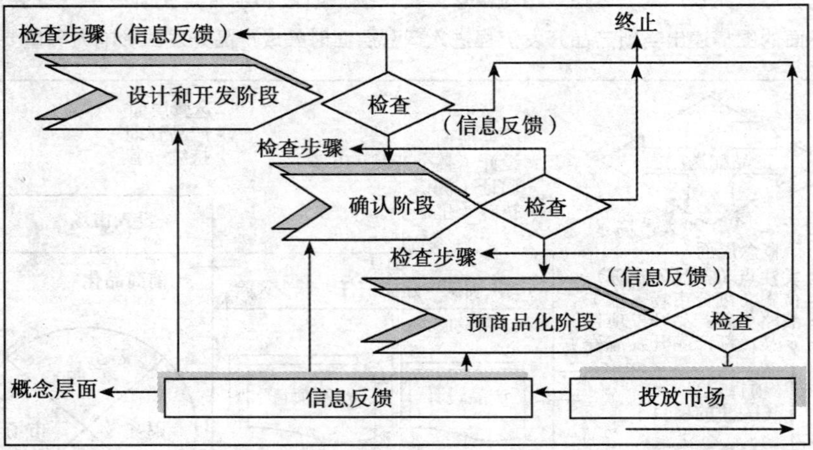

这一理论表明，如果确信前面的步骤被完全完成并入新产品开发项目，那么随后阶段选中的行为就可以提前开始了。随后阶段中提前开始运行的要素必须独立于先前阶段中尚未完成的要素结果之外。这一行为完全与集成产品开发的原则一致。它鼓励从业者考虑业务和竞争前产品推入市场的准备工作之间的关系。

如果在先前阶段的结尾时期的评审表明许多步骤必须返工，或如果新产品开发项目应该暂时停止或终止，那么可以暂停提前开始运行的工作要素。提前开始的影响取决于新产品开发项目的目标。如果时间非常重要，那么提前开始通常是值得的。如果时间不重要而风险减缓是关键的话，那么保守方法便是更加合理的做法。

第十一章

设计与开发（阶段四）

引言

这一章讨论在新产品开发流程中的设计与开发阶段概念性内容向具有可操作性的现实转化的有关问题。它架起了预期功能、特性与收益之间的桥梁，这些效益来自于新产品结构所具有的物理学和心理学方面的市场前景。产品设计是规定和创造产品特性的一个流程，这些产品特性必须满足客户和利益相关者的预期。设计和开发包括使得新产品得以商业化的一整套需求，包括技术设计、销售、生产和财务影响。

设计和开发阶段将客户需求和概念性意图转化为设计规范和技术工具，从而创造一个具有生产和销售可行性的产品。这一阶段包括产品体系结构中的销售、生产和财务职能项目的并行开发。设计与开发阶段包括如下一些基本要素和学习目标：

1. 根据市场的现实状况对新产品进行定位，并在这一流程中注入灵活性；
2. 重新确认恰当的产品特性，并从客户和利益相关者的需求角度理解产品的功能和收益；
3. 确定源于客户、利益相关者、供应网络、相关产业、基础设施和竞争者的关键驱动力量；
4. 建造一个有效和综合的设计流程，这一流程可以导引成功的商品化；
5. 为产品的引入选择一个正确的营销项目；
6. 选择生产以及向市场配送产品的最好方式；
7. 管理财务影响，以确保产品具有并能够保持生命力。

因此，设计与开发包括设计产品，选择营销项目，决定生产和配送手段，以及了解财务影响。这一流程不仅是综合性的，而且具有迭代性。上游阶段提供输入，这些输入在得出最终设计结果之前受到精炼和分析，在下游阶段即确证、预商品化和投放阶段，这些输出再受到检验和精炼。

设计和开发阶段的流程图

设计流程开始于再次确定对新产品的定位，这一确定依赖于市场需求和利益相关者的需要。这一流程包括设计具有如下这些属性的新产品，即这些属性通过有效的营销项目能够完全展示出一个积极的产品图景。营销项目应当与产品设计一起得到开发。新产品的境况需要通过对营销项目选择的分析和认真思考来决定。销售计划建立在对象与目标、财务能力与核心能力以及执行此项目的能力基础上。

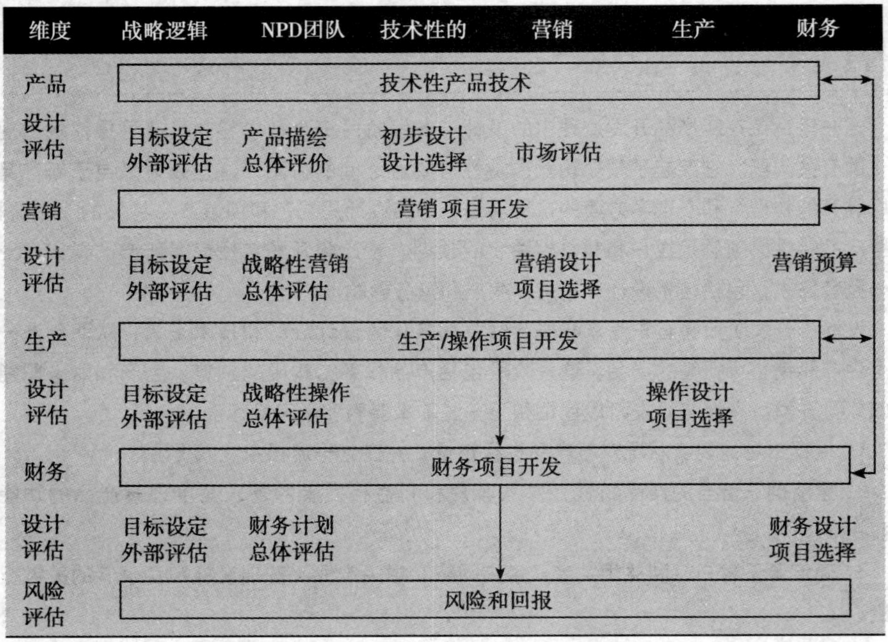

图 11.1 设计与开发流程图（第四阶段）

图 11.1 通过图例阐明了一个新产品的设计与开发流程。尽管这个图看起来是一个线性的流程，但实际上，所有的内部维度都是同时得到开发的。

外部维度整合于内部维度的流程中。“评估”活动尽管不是完全相同的，但是与本书中通篇使用的“评估”活动相比，它们具有同样的主要维度，而且使用了一个类似的形式。在这一章所描述的整个设计与开发阶段中，最有意义的一个方面是每一个基本的内部维度都使用了一个相同的方法，这就使得参与者可以通过一个共同的语言进行联系和交流。所有活动和需求都是并联进行的，而且是被系统地操控。系统性的流程为每一个人提供了对于流程和期望值的一个清晰的理解。甚至新的参与者也应当能够对 NPD 项目有所贡献，而不需要延误很有价值的时间，或者是感到困惑。

接下来的几个小节将详细阐述流程图中绘制出的那些要素。这一章中的每一个主要小节都与其他某些相关章节有联系，这些章节在本书的前面已经阐述过了（即，产品设计与开发与第七章有关联；营销项目开发与第八章有关联；运营项目开发与第九章有关联；财务项目开发与第十章有关联）。为了更好地整合编排，风险评估与削减将在第十二章加以讨论。

产品设计与开发项目

产品设计是一个技术职能，这一职能建立在从概念开发与选择阶段中所获得的洞见，和方法、工具以及技术性的应用（这在第七章已经阐述过）基础上。技术性设计流程具有连续性和并行的流程，这一流程在一个具有持续性的基础上检验产品的目标，以便确保最终成果能够迎合客户和利益相关者的预期以及组织的目标。如果在 NPD 项目执行中商业环境中的差异和变化加大，那么设计流程和产品的整个开发将不得不进行调整，以便适应新的环境。保持灵活性和敏捷性是获得成功的关键。设计流程必然要反映在整个阶段中所获得的新信息和新知识。的确，设计流程包含了必要的机制，以确保产品设计囊括所有可利用的信息和资源，不仅包括内部的，而且还有外部的。

起点通常是产品规格，客户的意见以及通过诸如质量功能展开这样的工具绘制市场空间并选择产品属性的定性和定量分析限定了产品规格的范围。当有很多方法可以决定产品结构和产品配置时，产品设计需要把焦点集中于源自技术人员和销售参与者的信息输入。设计流程不仅需要根据绘图、材料清单以及限定产品的其他方式去重点创生一个产品设计，它还需要将定义和规格转化为现实。

图 11.2 描绘了产品设计与开发设计流程，这个图为这一流程制定了 6 个基本要素。目标设定是其中的中心部分。每一步之后，参与者可以评估他们所做的贡献如何影响产品目标、新产品开发项目流程以及新产品开发项目。每一个要素建立在前一个要素的基础之上，并提供新的洞见，这些洞见根据商业环境考虑新产品的可行性。

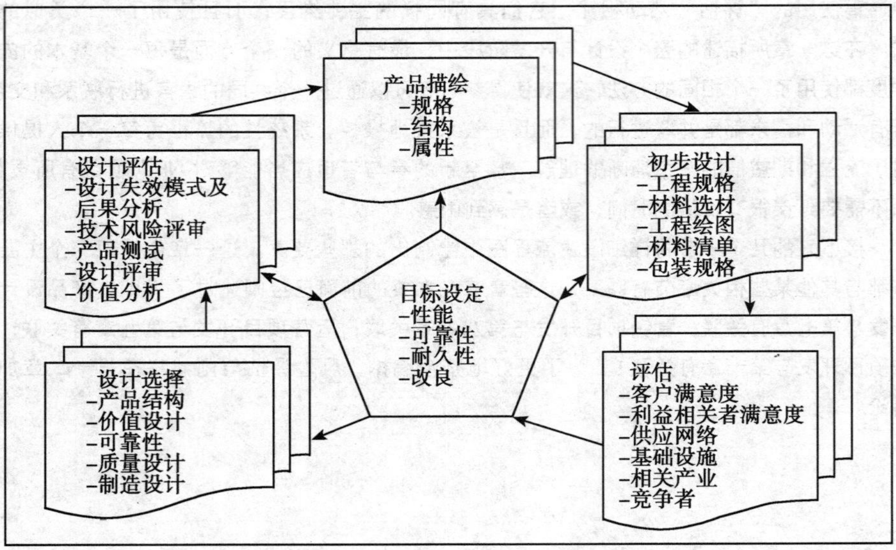

图 11.2　产品设计与开发

目标设定

在设计流程中，目标设定是一个必要的起点。它建立在整个新产品开发项目的目标和宗旨以及客户和利益相关者的需求之上。（第 0 阶段的战略逻辑规定了组织的预期和战略，以及与市场相关的目标）组织的战略性定位及其能力和资源驱动着新产品开发项目的目标设定，同时决定着哪些东西将是可获得的。新产品开发项目目标通常在项目界定阶段之前或者之中得以确立。客户的意见具有基础性作用，这些意见能够帮助提供一个稳定的判断。

在提出目标流程中，项目主持者和团队参与者起着关键性作用。目标规定了新产品必须具有的性能。目标设定也必须认同其他具有重要意义的产品设计需求，如产品的可靠性和耐久性。在许多情况下，目标规定了改良的水平，产品不得不需要改良。例如，每一代新的微处理器是经过对前一代处理器进行至少两倍的改良而获得的。目标设定通常是建立在对客户和利益相关者的需求、初期产品规格以及产品特性加以分析的基础上的。概念开发与选择阶段包括一个对产品目标的分析，如果 QFD 被应用于这个阶段的话，目标可以建立在通过对客户和利益相关者的分析而辨别出来的关键性需求上。

管理者所宣布的政策或准则通常会制定项目目标。例如，通用电气的“六西格玛设计”项目检测哪些是质量关键（CTQ），同时决定目标和标准，以确保 CTQ 项目是可以获得的。美国联合技术公司（UTC）有一个环境、健康与安全项目设计，这一设计规定了每一个新产品的改良率。其新的“绿色工程”希望达到 100% 的可循环率。

产品描绘

产品绘图包括产品规格、结构及属性。它们建立在来自于客户、利益相关者的信息输入以及新产品开发项目团队和组织的其他参与者所做出的贡献的基础上。产品规格、客户意见以及质量功能展开为产品形式、功能及其效益的决定提供了见解。这一分析也必须检测设计结论所具有的潜在成本。这样一个分析可以作为设计的一部分而加以执行，或者被财务专家同时决定。

产品规格为产品的一些基本方面提供了一个很好的概览，但是通常缺乏做出正式决定所必需的细节。为了将客户需求转化为产品特性，顾客意见和质量功能展开提供了有效的工具。对于从设计流程到制造阶段一直遵循客户需求以便显示每一个设计要素如何提高客户满意度而言，顾客意见和质量功能展开都是很有用的。产品蓝图显示了从客户需求到工程规格到制造流程和运营的整个决定链条。如果决议选项能够被参与者很好地理解的话，那么组织就能够为作出好的选择、作出更为充分的准备。

产品描绘也指出了这一流程中不同的关键性要素之间的相互关系。它开始于这个产品与组织已有的商业和产品链的一个战略分析。它将有关产品设计的物理方面和心理方面与客户和利益相关者的需求联系起来。它将产品、部件、流程和运营与供应商、基础设施、相关产业以及潜在竞争者联系起来。它为整体设计流程提供了一个路径。它显示了关键性领域与必须加以管理的边缘区域之间的相互关系。

产品描绘为观察内部设计流程提供了一个分解结构，因为内部设计流程是与外部维度相关联的。产品描绘详细描述了在项目定义阶段所制定出来的框架，为产品设计参与者们创制了大纲，以便所有的基本要素都被考虑进来。通过展现内在与外在参与者之间所具有的重要的相互关系，产品描绘为整体设计程序奠定了基础。

描绘流程建立在新产品开发项目团队所具有的经验和知识基础上，这些经验和知识来自于以往的新产品开发项目。一旦流程描绘被决定下来，为了正确指出所需要的支持因素，就需要开发一个运营计划。

图 11.3 表现了关键维度之间的相互关系。其中的要素包括那些对于一个新产品设计流程而言是非常典型的内容。在实际情形中，新产品开发项目团队会考虑内在和外在的维度，同时绘制出设计流程。实际上，在这一阶段刚开始的时候，要将影响这一流程的所有因素都包括进来是不可能的。基本的方法是辨别出具有基础性作用的要素、发现其他重要的相互关系以及绘制出这一流程。

初步设计

初步设计包括将产品规格转变为工程指令和详细图纸，工程指令和详细图纸限定着产

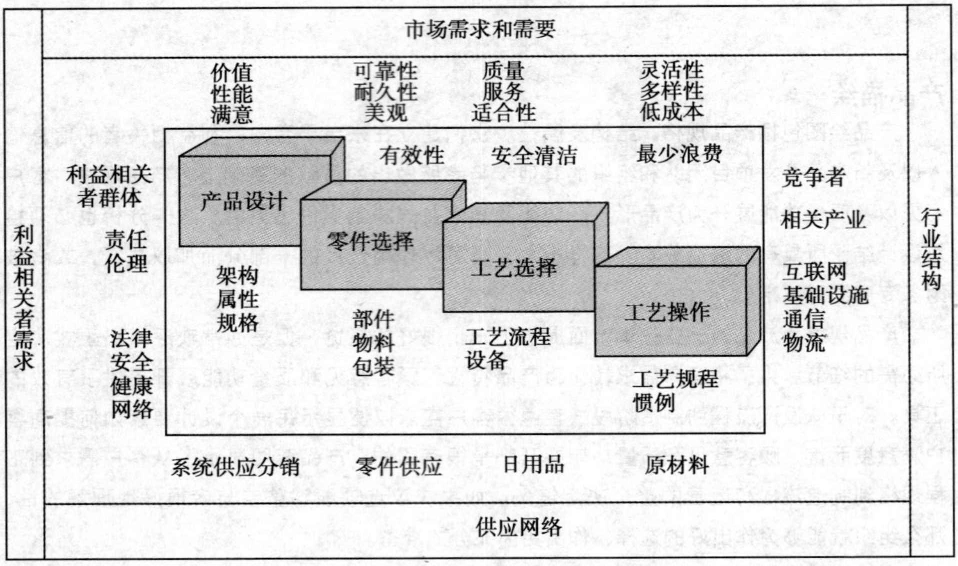

图 11.3　技术功能的并行工程

品物理方面的基础。产品工程首先包括一个分解工作，即将整个产品结构分解为各个部分，然后包括一个组建工作，即将各个小块组建成部件、模块和最终产品。实际所应用的方法依赖于产品和流程的类型，以及关于产品结构的现行知识。一些复杂产品或者新面世产品具有不同的组分和模块，这些组分和模块又需要开发，那么，对于这些产品而言，结构分解的工作就是很有效的。遵循一个可以增强细节程度和理解程度的逻辑流程，产品被分解为基本要素。

这一流程得以持续，直到产品显示出最初的特性。为了决定材料需求、材料强度以及组分和部件的安排，产品工程需要计算。根据尺度和耐性决定设计参数。设计参数要建立在性能需求、产业和政府标准的基础上。图 11.4 是一个产品结构的例子。

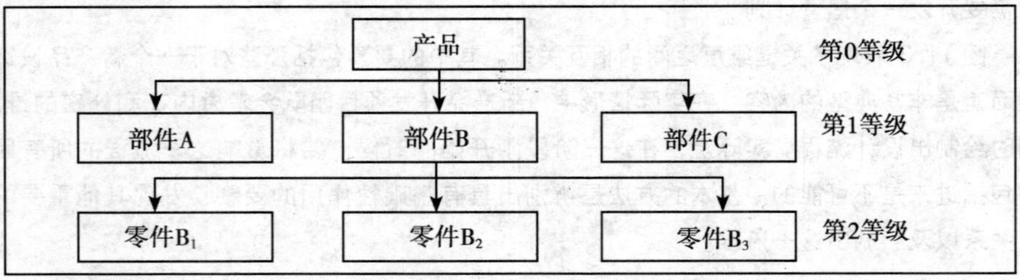

图 11.4　产品结构

在工程设计阶段，材料选择是非常重要的一步，具有关键性意义。材料选择包括如下几个方面，即鉴别一个产品中所使用的不同材料，决定材料使用的数量，以及考察它们对该产品的适用性。过程流程图和材料选择数据为产品的材料明细单（BOM）提供了信息输入。BOM 为决定供应商、需求数量以及依赖于供应选择的成本结构提供了必要的信息。

正如第七章中一些小节对计算机辅助设计和产品数据管理所进行的讨论一样，许多机构使设计流程自动化，以便促进决策的作出，增加有效选择项的数量，同时尽其可能地缩短设计产品所需要的时间。

设计过程评估

评估步骤是整个设计程序中非常重要的一个要素。对初步设计进行的这样一个反思要确保其能尽可能多地满足外在维度的需求。为什么某一个特定的需求不能得到满足？对此可能会有一些原因。例如，公司的政策或许会限制材料的运用或产品形式。飞机制造业对于飞机发动机及其相关部件的设计具有严格的安全规则。对于如新型工程塑料或复合材料这样的替代性材料的使用，他们具有近乎苛刻的许可流程。即使是非常重要的客户想要使用这些材料，特定的制造商也不能为他们提供，除非这些材料已经受到充分的测试并被准许使用。根据客户和利益相关者的需求，评估流程对设计进行检测。其中需要解决的关键问题是：细分市场与客户群体是否会对该产品满意？客户满意度是任何产品成功的首要标准。评估流程包括要确保产品能够实现其所期望的东西。从例如质量功能展开这样的技术中获得的输出为最后决定的作出提供了一个机制和必要的信息。

利益相关者评估的开放性要大得多。其要检测重要的利益相关者及其需求。政府利益相关者是重要的，因为新产品必须遵循公众政策、现行的法律和规章制度。对联邦、州以及国际法律和规章制度的彻底评审是一个很好的起点。遵纪守法是不可选择的，在许多情况下，限制性的命令决定着哪些能做，哪些不能做。许可性必要事物对完成新产品开发项目所需要的时间可能也会产生影响。例如，如果在使用一个特定材料、流程或操作之前，需要一个许可证的话，那么获得这一许可证所需要的时间对于该项目而言就是很重要的。

公众可能会对一个新产品或者该产品的制造系统感兴趣。他们要考虑的因素中或许会包括制造流程的安全性以及（或者）其所涉及的人类健康问题。利益相关者评估步骤包括对公众和特殊利益群体所关心的问题进行全面的分析。这一评估会提供信息和分析，并得出有关这些问题的声明或结论。如果一个问题看起来似乎不能得到解决或者缓解，那么就需要一个替代性计划或行为去解决这一问题。这一评估步骤的目的是要在设计流程中尽可能早地发现、分析并解决潜在的问题。在项目执行的早期阶段或者在产品设计流程的早期步骤中，组织具有最强的调控作用。

对于分析某些选定的环境问题和环境影响而言，生命周期评估是一个特殊的方法体系。这一方法对资源需求和环境压力进行系统分析和评估，这些资源需求和环境压力是与产品及其相关流程、分销需求和适用性联系在一起的。这一分析用来鉴别、量化和评估一个产品在其整个生命周期中生产和使用它所需要的材料和能源。它是一个多级的输入－输出模型，这个模型评审所有的输入及其影响，所有的输出及其影响——包括产品、衍生物、副产品以及废弃物。这一模型评估当前的图景，并探索通过产品设计系统地改善产品的可能性。

供应网络需求使得全面评审原材料、零件、组分的来源变得很有必要，以便确保这些原材料、零件和组分的适用性、可行性和可购性。要在设计流程中尽可能早地探测供应网络需求的可行性，这一工作是必需的。如果某些供应商所做出的贡献对于项目的成功而言具有关键性作用的话，这些供应商可以被挑选出来作为战略合作伙伴。我们也必须评审其他的供应源，以确保他们供应的可行性和稳定性。如果发现了问题，必须采取修正性工作。在最近这些年，组织已经精简了他们的供应网络，以便提高客户服务质量、减少系统中过多的存货清单、降低供应网络成本以及促进与供应商之间的联系和交流。其主要目标是通过改善成本结构、降低消耗以及消除低效因素获得竞争优势。

生命周期成本

有一种一般的方法叫做“生命周期成本”，运用生命周期评估方法去分析一个产品的环境影响就是上述方法的一部分。生命周期成本可以这样来界定，即一个产品在其整个生命周期内，用户购买、使用和保存这一产品所付出的所有成本。对于许多消费品而言，如汉堡包、火车票或肥皂，使用这些产品的所有成本可以在其交易价格上反映出来。但是，对于一些更为复杂的、长期使用的货物而言，交易价格可能也会反映出附加的操作和维护成本。对某些产品而言，售后成本甚至可能会超过原初的交易价格。

大家可能会讨论这样一种情况，即对于产品设计者而言，最好的战略就是将所有的成本因素都考虑在内，然后用最小的生命周期成本设计这些产品，甚至以稍微提高原始售价为代价。根据产品在整个生命周期中所能节省下来的成本，企业就可以作为一个“市场差异者”（market differentiator）在销售时推销他们在生命周期设计上的优势。运用这种方法，消费者可以通过在竞争性产品之间比较生命周期成本来决定购买哪一个产品。在空调以及其他需要耗费大量电力的设备的销售中，这种现象是很普遍的。设备制造商现在被要求在他们的产品上展示黄色标签，这些标签包含建立在一般使用的基础上所获得的年操作成本估算。这些信息的意图是为了鼓励消费者在决定购买时要考虑生命周期成本。然而，存在一个最初的交易价格，不管每年会节省多少能源消耗，许多消费者仍然会在这个价格面前犹豫不决。对于其他消费者而言，最低的原始价格是他们要优先考虑的唯一因素。

最小生命周期成本设计的逻辑听起来似乎是很有道理的，但普遍的接受流程却比较慢。似乎有两个主要的原因可以解释这么慢的采用步伐。首先，对未来操作和维护的成本进行评估是困难的。更为重要的是，存在着来自于产品设计者、购买和销售人员的文化阻力，他们根深蒂固的实践经验建立在尽量降低原始购买成本的概念基础之上。

不同消费品的生命周期成本比值

生命周期成本对原始价格的比值			
煤气灶	1.9	室内空调	3.3
电冰箱	3.5	洗碗机	2.5
彩电	1.9	制冷设备	4.8
洗衣机	3.6	电炉	4.4

资料来源：

改编自：F. M. Gryna, *Quality Planning and Analysis: From Product Development through Use*, 4th edn. (New York: McGraw - Hill, 2001, pp. 109 ~ 111).

在支撑产品需求方面，基础设施扮演了一个关键性的角色。其中一个关键性考虑因素是国际互联网的影响。电子商务（E-business）几乎对所有事情都产生了强有力的影响。互联网是如何做出贡献的？对此我们必须进行评估。它可能为产品销售和分销提供了一个途径。它可能提供了一个促销机制。互联网为透露产品信息提供了一个低成本工具。不考虑这一机制，互联网的应用必须得到评估。

基础设施是客户和分销渠道之间的物理联系。它是完成将产品送达客户手中的活动网络的方式。高速公路、铁路、航路和空中航线是现存的外部结构的一部分，在世界上的大多数国家，这些外部结构使得商业活动成为可能。对于基础设施的评估是为了确保这些连接途径在事实上是合适的。当从事国际贸易的时候，这种评估就尤其必要。通信系统是产品分销系统中的一个关键部分。

相关产业是支撑机构的一个部分。对于很多新产品而言，需要一些辅助性产品以使得新产品具有可行性。如果没有石油产品，汽车将是没有价值的。评估行为包括这样一些活动：确定与其他产品或产业之间的相互关系，熟悉其中的那些联系，以及确定它们的可能稳定性。

竞争通常会对设计产生影响。这种影响不必非要是负面的，至少从一个新产品的视角来看的话是这样的。一个竞争者可能会帮助我们更快地开发市场潜能，因为他的产品强化了我们的技术设计选择，另外也增强了使得它们成为主导性设计的潜能。索尼和飞利浦联合起来，使得它们的光盘只读存储器技术设计成为产业标准。此外，竞争者的产品变更可能会为消费者提供一个更为均衡的供应，这将有助于整个产业的成功。在一些情况下，如果一个客户的选择范围仅仅被局限在一个供应商身上，那么他可能就不会购买产品。这通常是企业与企业间交易的一个例子。

第二章已经阐述了竞争评估。设计与开发阶段关注的重点是竞争者的产品及其特性、功能和效益。最好的方法就是去学习竞争者的产品，以便组织的新产品能够在需要的地方模仿竞争者，在恰当的地方与竞争者区分开来，并在需要的时候超越竞争者。

这一阶段的竞争性评估是一个直接评估。它对竞争者的产品进行评审，这些产品具有最大的影响力，或者具有最大的威胁力。存在很多方式可以用来评估竞争者的产品。质量功能展开就为评估竞争者的产品提供了一个机制。通过逆向工程，工程团队对竞争者的产品进行分解，从而确定其优点和缺点，并学习其被组合起来的方式。

设计选择

结合在评估步骤中获得的信息和知识，设计选择是对诸多设计思考的进一步加工精炼。它反映了一些所需的变化，这些变化源于外在维度的需要和压力。设计选择基于所有输入的最好部分，同时也基于对产品所有要求的一个均衡视角。设计选择试图将最重要的客户需求与最关键的产品特性结合起来，然而，在某些特殊情况下，或许会存在一个压倒性的要求，这一要求优先于其他所有要求，特定的产品属性可能不得不处于次优地位以满足这一特殊的要求。例如，安全方面的考虑可能会迫使设计者兼顾一些特性，这些特性降低了产品的美观效果，或者提高了产品的成本。

一个设计应当反映外在的考虑因素，并兼顾第七章所讨论的设计原则。这个设计应当包括价值设计、质量设计、制造设计以及环境观念设计。

设计选择流程应当遵循参数－分析指导方针，例如第七章所讨论的公理化设计原则。参数分析比较和对比这些参数，并在指定的选项中选择最佳的一个。虽然这种分析通常被包含在质量功能展开以及其他设计工具和技术的逻辑中，但是它也被应用于设计选择流程以确保最好的设计能够浮现出来。

设计评估

设计评估步骤需要这样一个评审，即通过这个评审来确认设计中是否存在缺陷或瑕疵，而这些缺陷或瑕疵又可能会对产品在市场中的可行性或适用性产生重要影响。这一步骤可能会包括如下一些活动：设计故障模式及后果分析、技术风险检测、产品测试、价值分析以及设计检查。

就像第七章所阐述的那样，DFMEA 通常会起到很大作用。当在设计流程的早期阶段有可能执行 DFMEA 时，在后期阶段就会经常地执行这一分析，以确保这一分析能够体现一个设计轮廓的视角，这一设计轮廓有可能非常接近最后的设计结果。DFMEA 的目的是在设计与开发阶段趁潜在的困难相对比较容易，而且可以以较低的成本加以解决时，发现这些潜在困难并提供一个解决方案，而不是在其投放之后才发现这些问题。

技术风险检测是发现潜在问题并尽可能加以解决这一流程的一个延续。技术风险评估是一个持续的流程，这一流程包含在整个新产品开发项目流程之中。与新产品开发结合在一起的技术风险的一个主要方面就是不确定性。技术风险评估指出了设计满足其性能需求的可能性。

产品使用测试是新产品评估流程的一个必需部分。这是一个正式的产品构造，目的是为了确定即将商业化的产品的适用性，这一流程是通过模拟使用以及（或者）潜在客户的实际使用而进行的。围绕这些方法有一些变更性的方法。偶尔会使用公司职员来执行产品应用测试，以此获得有关产品属性的反馈。其中会有一个风险，即可能会向潜在的竞争者提醒新产品的优点和缺点，此方法应当尽可能地减少这一风险。如果是由一个随意选择的潜在客户群体去测试新产品的话，那么这种执行方案就可以参考β测试。β测试是产品使用测试的一种形式，在这一形式中，客户在真实环境中评估新产品的功能和效益。这一测试的一个主要目的是为了探测产品的优点和缺点，在这一流程中尤其会将注意力集中于发现缺点上面，这些缺点可能会对产品的成功造成重大损害，或者不经意地造成一些责任。

产品使用测试通常是市场测试的一个先兆。作为产品使用测试的下一个步骤，市场测试检测产品的包装，更为重要的是要检测产品的销售方案。在对生产和销售进行全面开发之前，客户分析和反馈被用来进一步精炼设计，同时采纳下一个层级的客户输入。产品使用测试被用来减少不确定性，同时提高设计中的信心。第十二章对测试做了更为详细的解释和说明。

针对是否需要产品使用测试这一问题，仍然存在争论，没有任何直接简明的答案。产品使用测试需要花费时间和金钱。如果执行测试流程所需要的时间和精力意味着新产品开发项目流程需要额外的时间来把产品带向市场的话，那么管理层会依赖于最佳行动方案作出决策。在商业化一个新产品的流程中所出现的延迟可能会导致不可挽回的收入和利润损失，尤其是对生命周期短的产品而言更是如此。最终目标是在预算范围内使新产品及时地进入市场，同时使产品所有适当的属性都能获得成功，而没有任何隐含的缺陷❶。然而，“预防原则”表明，安全和责任是很重要的，任何顾虑在投放之前就必须被消除。客户总是希望产品没有缺陷和负担。

价值分析是从一个市场的角度出发对设计进行评审。它从一个客户的视角出发来评估设计。重新确认设计所已经致力于满足的客户的主要需求。它确保新产品将满足在性能、可靠性、耐久性、外观以及成本上的要求。

一般而言，通过设计评审之后，设计评估达到了顶点。评审可能是这一阶段的一个部分，它对流程进行检审从而获得对设计的认可，进而可以在确认阶段继续起作用，或者设计评审可能是上述这些活动的一个引子。设计评审检测设计的所有方面，以及工具和技术，以确认其市场适用性。设计评审通常包括如下一些方面：

---

❶ 快速地进入市场是很重要的，但是这一目标中所隐含的一个方面是开发出的产品必须是高质量的，而且是安全的。如果产品具有内在缺陷，即使第一个进入市场也是没有意义的。这些缺陷可能会导致损失收益，增加成本，以及负担责任。同样也会有伦理道德方面的问题。如果没有经过一个水平合适的产品测试以确保客户不会承担未知的风险的话，将一个新产品带入市场在本质上是不合理的。

1. 确保客户需求在设计中已经被考虑到了；确保可以达到高水平的客户满意度（价值分析）；

2. 确保利益相关者的所有要求都已经被考虑到了，并且这一设计遵循所有法律和规章制度以及产业和国际标准（依从性评审）；

3. 确保这一设计满足组织及其设计流程的技术标准，同时确保存在一个方式中能够保证设计中的数据和工程的精确性（质量保证）；

4. 确保这一设计满足操作系统和供应网络的流程要求（系统集成）。

设计评审要保证设计能够满足产品所有的预期适用性，同时要保证无论从哪一个视角看，设计目标都符合预期。

营销项目开发

营销项目开发建立在源自战略逻辑和定位阶段与概念开发和选择阶段的战略基础上。营销项目必须与产品设计流程同时得到开发。它遵循与产品设计类似的一个框架，而且其信息也是双向流动的。产品销售建立在产品及其预期适用性的有形方面和无形方面。营销项目不得不与整个新产品开发项目以及产品/市场自身的实际情况结合起来。

为一个新产品开发一个营销项目需要创新性方法。对于一个新产品的情形而言，标准的销售组合工具经常是不恰当的。对于促销而言，尤其如此。例如，如果市场范围比较小，并且分销渠道被限定在可到达的地理范围内，那么，广告可能就不是一个在成本上有效的方法。

市场营销项目开发起始于对基本销售目标的一个重新评审。图 11.5 是一个过程流程图，它遵循与初步设计过程流程图相同的逻辑。一个战略性销售计划、销售设计、评价、选择与评估都遵循目标设定。

此外，在经历每一步之后，参与者应当考虑他们对于营销项目所做出的贡献是如何影响销售以及新产品开发项目的整体目标的。每一步都为整个项目提供了附加的证据，同时也提供了认为销售活动正在沿着正确方面前进的信心。

目标设定

简单而言，目标设定就是对在项目限定阶段或者更早阶段所确立的销售目标进行重新确认。销售目标为营销项目的发展提供了一个方向。它们在新产品的销售中鉴别出哪些是最重要的因素，同时确立营销项目的重点。

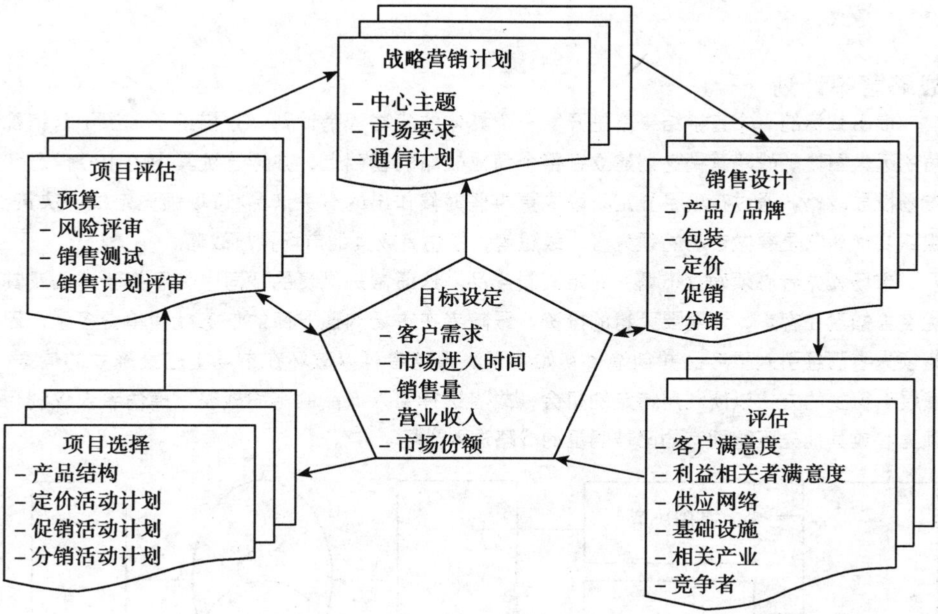

图 11.5　营销项目开发

下面有一些例子，这些例子表明目标如何为参与者及其所必须解决的困境提供作出决策所需要的信息输入：

1. 客户满意度。高水平的产品带来高水平的客户满意度。对于潜在的客户，不得不使用简洁的信息使他们确信新产品的诸多好处。复杂的信息可能会难以理解。（但）简单的信息可能无法传达所有的重要信息。

2. 进入市场时间。提前进入市场可能会阻碍比较耗时的电视广告活动的开发，而会有利于更为简单的广播或其他类似的手段在目标市场中的应用。

3. 销售量。定价战略可能会使用更为积极的定价方案去快速地增加销售量，其目的是为了获得一个更为有利的成本定位，但对营业收入可能会更为不利。

4. 营业收入。销售量上的快速增长必然会补偿价格上的低廉，从而产生所预期的营业收入。积极的销售行为可能会被用来建构认知、可接受性以及正在获取的成功；然而，这样的项目将会是昂贵的，并且会影响现金流。

5. 市场份额。为了更快地拓展市场，达到市场份额定位，利润可能会受到损失。高水平的销售支出可能会被用来获取市场份额。

上述讨论的相互关系仅仅是所考虑到的一些因素，提出这些因素是为了设定目标。清晰地规定目标并理解相互关系是非常必要的。其中最为重要的决定是短期目标与长期目标之间的相互关系。

战略营销计划

提出目标的一个直接结果就是开发一个具体的战略营销计划。它描绘了来源于营销视角的远大图景。战略营销计划建立在整个商业战略的基础上，并详述了其中的中心信息和市场投放战略。通过在项目界定阶段或更早些时候作出的有关产品/市场领先定位的决策，组织要确认它是要做市场的领先者、跟随者、模仿者或其他市场投放战略。

市场领先者必须确立市场，并定义新产品。这通常是昂贵的，同时为了将新产品及其优点告知潜在客户，还需要大量的投资。跟随者在市场沟通方面的任务就简单得多了，因为领先者已经引入了产品并创造了初始意识。跟随者可以破坏在市场上已经确立的信誉，发展出衍生的方法以便利用特定的机会，或者选择引入产品的不同战略。模仿者仅仅利用领先者或其他先驱所拥有的已被确证的战略进入市场。

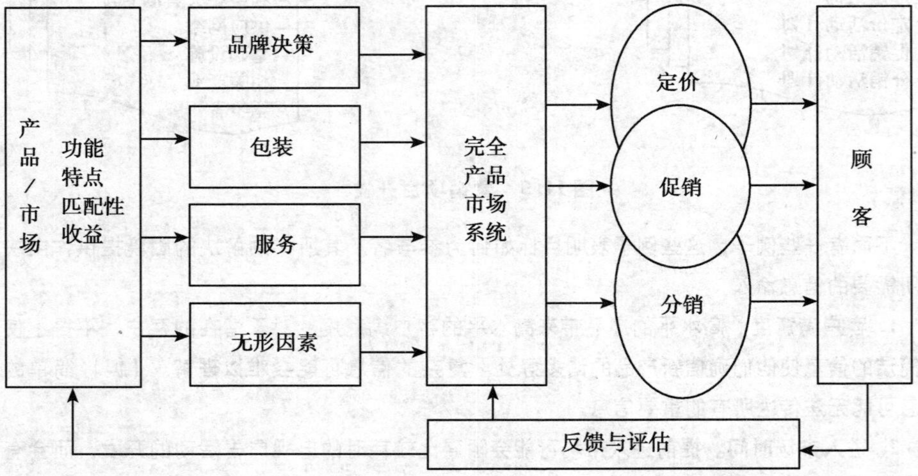

图 11.6 产品/市场和营销计划中的关键性要素

战略营销计划将重点放在选择营销方式上，这些营销方式产生认知，使部分消费者能够自愿尝试新产品，构建认同感，以及保持新产品在市场中的地位。这一计划建立在一个中心主题之上，这个主题就是将意义传达到外部成员。这一中心主题是在整个营销项目中传达的关键信息。它是使整个营销项目黏合在一起的黏合剂。

第一步是要创造一个信息，这个信息限定了新产品，并将这个产品与市场中已经存在的产品或其他可选择项区别开来。Miller Lite 的“美妙口味不可言传”是包含所有信息的一个杰出案例，包含所有信息正在成为整个营销项目的精髓。这一中心信息提供了一些机制，通过这些机制可以将诸多不同的营销项目和活动联系起来，同时将这些营销项目和活动与新产品开发项目的其他方面联系起来。

第二步是为独特的新产品开发项目形势决定最合适的营销机制，并排列出开发它们的先后顺序。比如，在投放的早期阶段，广告可能不是最有效的方式，但是，对于通过零售渠道销售商品而言，促销可能是一个基本的要求；因此，在商业计划中，相对于其他可供选择的销售工具而言，广告应当被放在第二位加以考虑。

第三步是开发出一个沟通战略。沟通计划是营销项目中的一个关键点。对于新产品而言，构建认识是很关键的，在这一流程中，将信息传达给潜在消费者是非常重要的一步。沟通计划将新产品的属性与公司的外在维度联系起来。主要目标是将沟通计划开发与新产品的技术性开发同时进行。并行开发战略建议，每一个人都对销售成果做出贡献，同时销售和沟通项目中的关键性要素都要被设计入产品之中。这一方法就消除了这样一个问题，即在产品被完全设计出来之后如何去销售这些产品。

营销设计

概述

营销设计类似于产品设计配置。它仅仅是一个纲要，这个纲要描绘了诸多不同的营销活动计划之间如何彼此联系。这一纲要将重点集中在营销项目开发流程中对实践者起指导作用的设计原则。产品的定性和定量方面在技术设计职能中被限定。产品属性因为技术设计决策的缘故通常被锁定了，因而产品属性就很难再发生变化。图 11.6 描绘了营销计划要素的前端与处于后端的关键性决定要素之间的相互关系，后端的关键性决定要素与客户直接联系。

关于品牌、确保商标专用权、选择包装形式和服务供应以及选择无形因素的相关产品战略决策在必要性和灵活性上是有等级的。整个产品/市场系统是技术性产品构造和与市场相关的产品要素的整合体。反馈与评估是设计中最后一个步骤的一部分。

品牌

许多组织的前端销售要素，尤其是在整个市场中已经确立的现实情况倾向于被预先确定。一般情况下，一个组织的品牌和商标是始终如一的。作为一个“唯一”地位，通过产品自身的属性和价值陈述，品牌价值是一个被用来创造有关公司产品的认知和认同感的术语。品牌意味着质量、价值和认同。其意图是为了确立客户对产品的忠诚以及自身的信誉。

一般而言，一个新产品的品牌战略遵循“家族传统”。如果一个新产品是一个产品链中的一部分，组织通常会对这个已经存在的品牌名字和商标所具有的影响力和效益进行开发。事实上，这种形式的影响力降低了投放新产品所需要的投资。品牌在捕获长期价值创生的流程中具有很强的影响力。它允许公司去推销品牌而不是产品自身。通常而言，品牌具有比单独的产品更为广泛的界定。它经常传递所有的属性，尤其是无形的方面。星巴克是一个有关品牌的杰出案例，它暗含了比产品自身更多的体验[1]。

对于一个新面世的产品而言，必须增加额外的投资以构建名称意识和认同感。然而，一般而言，存在一个与附加成本相关联的长期富有竞争力的优点。通过一个品牌名字、公司标识以及（或者）商标，组织不止在投资一个产品，还有其他更多的内容。它成为被组织所专有的唯一身份。英特尔的奔腾品牌已经成为英特尔身份的一部分，但是，早期的“X86”标志被竞争者所复制，因而缺乏品牌特征。它正在成为一个通用术语。

对于产品平台而言，品牌是非常重要的，并且有很强的影响力。在产品平台上，公司可以为了后继产品而去操控先前产品所具有的好名称。这是开发组织的能力、资源和知识产权的整个杠杆操控战略的一部分。使用已经存在的品牌或者建立新的品牌是朝向持续性竞争优势的一个途径。即使在有些情况下从财政的视角看新产品并不是成功的，但是，如果相关的销售和形象建设工作创造出了有利的结果，那么收益仍然能够变成现实。

如果公司并不想花费大量资金去推销一个产品，而倾向于使这个产品成为一个“非常规”的出售物的话，公司可能会选择放弃构建品牌价值。它可能是一个短期限度，或者最有可能的情况是它代表了公司的一个非传统定位，并可能会在市场空间中使消费者感到迷惑。例如，高质量、高性能的制造商可能会通过去除品牌或者根本没有品牌的方式卖掉他们的低端产品。如果还没有确立一个长期战略同时重点还不明确的话，就要避免使用品牌名称。偶尔地，新产品被引入进来去填补一个空白，这一做法是为了支持那些选定的客户，这些客户对于公司来说非常重要。但是，公司并不把这些产品看做是其主要的利益所在，它力图将其资源和影响最小化。最重要的原因是试图尽可能少地暴露其负面反应，尤其是当这一产品并不是公司的主打产品时，更是如此。小公司通常并没有资源去投资产品的品牌。在许多情况下，他们并没有足够的资金去销售他们的新产品。可以获得的一切资金都不得不投入到产品销售这一绝对必需的战役中去。

包装

对于一个产品而言，包装扮演了多重角色。它保护产品免遭损坏或腐蚀。它可能仅仅是在配送流程中将产品包裹起来的一种方式。在一个零售点，它提供了展示产品的富有吸引力的方式。它提供了一个有效的途径，通过这个途径可以将关于产品及其规格和适用性的重要信息传递给消费者。为了健康、安全以及有成效的原因，其中一些信息可能被政府的法规所限定。政府法规通常规定，产品内容必须被披露出来，例如食品中的成分。

包装是将自己的产品与竞争者的产品区别开来的一种方式。图形设计要素将新产品与生产者联系起来。这种联系可以确保广告和促销的效益。可以在一些例子中看到这些效益，例如汰渍洗涤剂包装上的颜色和图形，这个颜色和图形与产品的商标一样有名。卡特彼勒

---

[1] K. L. Keller, The Brand Report Card. *Harvard Business Review*, 78: 1, January – February (2000), pp. 147 ~ 157.

使用了一个可以全球识别的很有特色的标志和颜色，另外，iMAC 计算机的形状和颜色很快成为一个著名的符号，从而被其他新产品开发项目所模仿。

服务与售后服务

整个产品包括支持性服务和售后服务，这些为客户提供了当下出现的问题的解决方案。所需要的支持服务因产品不同而有很大差异。这些服务包括安装、组装说明、使用准则、运营手册、因特网上的信息、服务台等。服务一般通过分销渠道加以提供，因此，服务系统可能不得不流入到被其他人实施的渠道上。

服务对于成功而言是非常重要的，在很多情况下，它们是在产品开发流程中被遗漏的部分。事实上，在资本设备范畴中，售后代表了产生未来现金流的一些机会。如果迫于竞争压力，同时希望在替代性组件和相关服务上获得很高的毛收入的话，像飞机上的喷气式发动机这样的产品通常在保本点就会被出售。在移动电话产业，资金是在服务供给中获得的，而手机通常会让利销售。

客户需要他们的供应商和生产者具备的最重要的服务之一就是退还或维修一个限定产品的能力。虽然这些服务通常并不是基本销售方式的一部分，但对于确保客户的满意度而言，这些服务又是非常重要的。许多公司不能将恰当的资源放置在处理负面评论或者售后承诺上。这些失败的做法会通过言语或者因特网而得到传播，并因而成为产品以后销售的障碍。虽然这些需求并不是刚刚出现的，而且许多高质量公司都已经意识到了为客户提供稳固服务的必要性，但是，文献资料中还是出现了很多失败的例子，即不能够恰当地管理投诉、产品出现的问题以及有缺陷的商品。在过去，客户通常需要几年的时间才能注意到这样的失败，或者意识到他们并不是有这种特别困难的唯一的人。通过因特网，这些信息随处可得，并且几乎马上就可以传播出去。新产品对于这些负面评论是尤其脆弱的，因为恰恰是当它们正准备加速生产的时候，早期的失败会降低对该产品的需求。在投放的早期阶段，需要花一段时间去建立正面回应，这些正面回应可以在产品的长期发展流程中降低许多对产品不满意的客户所产生的影响。

无形因素

无形因素包括心理上的和其他没有明显表现出来的方面，这些方面对于客户和利益相关者而言可能是重要的。通过评审和评审新产品所可能涉及的所有方面，对无形方面的评估尽可能减少错误或疏忽，这些可能涉及的方面包括环境的、经济的、社会的以及技术的，不仅是当前的而且还有可能是预期到的商业环境。

一个新产品在社会方面的影响通常是最为重要的。例如，宝马出售的是地位、声望和“乐趣”，除此之外，还有可移动性和功能。无形方面包括便利性、灵活性、所有权无忧和其他生活方式考虑。顾客经常会愿意花钱购买许多无形的方面，这些无形方面提供了在经济和时间节省方面的好处。附加的特征可能会花费更多，但是作为一个很大的优势，长期无形方面的效益可能会被看到。例如，凯迪拉克提供的汽车在 10 万英里（16 万公里）以内并不需要保养。这在汽车的整个寿命内就节省了时间和金钱。

完全产品/市场系统

在这里我们重申柯里的观点，即产品就是客户所购买的属性（好处）的整体包装。销售设计必须包含营销项目的所有要素，并且规划和履行建立在整个产品/市场基础上的计划。我们不应该将注意力仅仅集中于产品的某一个或某一些属性上，或者提供一个并不均衡的营销项目。在一个特定的市场部分，采用一个聚焦的方法去销售产品的做法是恰当的，但是整个营销项目应当是全面的，并且要提供一个完整的解决方案。

定价项目

对于一个新产品而言，定价是最为关键的决策之一。为已经存在的产品定价通常依赖于市场条件，这会导致一个后果，即对于生产者或提供者而言只能拥有相对较少的灵活性。新产品开发项目工作要求深入洞察潜在市场条件，并倾向于制定最好的定价战略。所遇到的挑战就是要去开发一个定价战略，这一战略无论长期来看还是短期来看，都要是有利的。

客户的价值方程受到价格的影响。在价格与价值之间有一个反向的关系。更高的价格需要更大的好处以便提供同样的价值。此外，更高的价格倾向于支持更高的毛收入，但是可能会反过来影响销量和总体收益。新产品开发项目的总体目标设置了一个定价目标和战略阶段。定价战略只是提供了一个方向，而不是细节性东西。定价要素为具体施行提供了细节。

定价项目解释这样一个问题，即被用于投放新产品的定价战略如何被转化为实际行动。通过确立初始价格并阐释价格如何发生变化，项目要素将生活经验带入了定价战略中。图 11.7 描绘了定价图示。

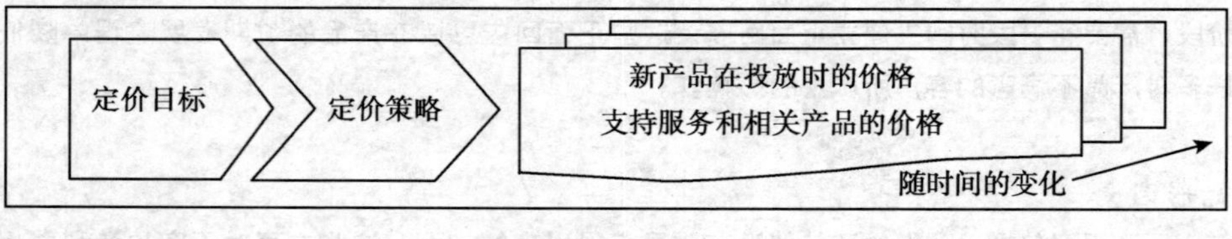

图 11.7　定价图示

一个新产品所遇到的最为重要的销售挑战之一是要确保组织的投资收益，而不是竞争者的投资收益。定价行为必须是一个动态流程，以确保能够获得并保持销售和新产品项目的收益。由于并不存在关于定价项目的通行看法，因此，基本的做法就是根据项目和实际的行动计划去考虑定价，而不仅仅是根据战略。在第八章中所讨论的定价逻辑对此应该是有帮助的。

沟通与促销项目

一般情况下，促销项目看起来容易，设计起来难。对于一个新产品而言，必须要认真考虑和评估标准的广告和促销要素，但是，标准花费并不一直起作用。例如，如果初始目标市场被限定得比较狭窄的话，广告就可能会超出目标市场。如果是基于地理范围划分市场的话，尤其如此。表 11.1 描述了决定广告要素的流程，以及为了客户和工业产品而制定的促销项目。

表 11.1　开展沟通与促销行动计划的流程

步骤	分析指南	流　　程
1	以其他产品为基准（搜集并分析数据，以便决定成功所需要的条件）	选择类似的产品或与产品家族相关的产品，并决定在新产品投放流程中要使用的营销组合
2	确定最为有效的要素（评估销售要素的有效性）	为每一个销售要素开发一个有效性框架：广告、促销、采购点展示、优惠券、推销等
3	与产品设计、生产和财务相连接（将销售方案与其他功能整合起来）	确定最为有效的和预期的设计参数；评审对于运营的影响；评估财务影响
4	根据有效性对诸多要素进行排序（确定关键性要求）	鉴别出基本要素，并确定这些要素如何适应项目。选择支撑项
5	为每一个要素开发出一个行动计划（为每一个要素刻画出具体的行动计划）	确定行动计划的内容以及执行它们的时间表
6	为行动计划开发出一个预算（为每一个需要的行动计划准备一个正式预算）	在内容和日程的基础上，开发出一个具体的投资预算，这个投资预算需要支撑整个营销项目
7	交流行动计划	准备一个文件并进行传播

必须从对新产品投放市场成功与否的影响方面分析评估营销项目的影响因素。在许多情况下，存在着这样一些基本要素，这些要素相对于其他要素而言更具影响力，而且对于成功而言有关键性作用。对于特定的消费产品而言，一个基本的要求可能是“销售点”展示，以便支撑分销渠道。对于工业产品而言，基本的要求可能是高级销售专家组成的销售团队，这些销售专家可以通过可靠的途径向潜在的客户传达产品的技术细节。

一般来说，整体设计中的一些关键性因素为选择最为恰当的销售方式提供了指导。它们通常涉及那些“必须要做”的要素。它们直接联系着必须要做的内容以及为了获取成功而需要的资源。行动计划规定了基本要素，预算限定了资源。预算提供了所需要的细节，对投资进行评估，并决定哪些要素将要被施行。

分销渠道

分销渠道提供了一个使产品到达潜在客户手中的方式。它由中介、批发商、零售商和（或）销售代理组成，正如第八章所讨论的那样，销售代理将组织与最终消费者联系起来，并提供信息流和物质产品。这一渠道包含许多实体，这些实体通过提供为了给消费者带来好处而特意增加的特定功能来增加价值，或者这些实体仅仅是组织与其消费者之间的单一联系渠道。戴尔电脑是直销系统的一个例子。戴尔通过使用一个单一的递送实体如联合包裹配送服务公司与其客户进行联系。另一方面，食物产品一般通过一系列独立的运营者加以分销。

在设计分销系统的流程中，组织必须选择这样一个渠道，即这一渠道要与其战略定位和新产品的内在特性相一致。许多组织使用一个标准的工业模式去分销他们的产品，新产品通常就不得不去适应这个标准方式。康柏电脑非常传统地使用零售商作为其产品销售的方式。戴尔模式与康柏模式形成了一个鲜明的对比。哪个模式更好？哪个机制更为优越依赖于组织及其能力，以及选定的特殊市场细分的需求。与戴尔的客户相比，康柏的客户可能需要更为直接的个人关注和强化。其他方面的因素也会扮演角色。例如，一些客户需要在零售层级上的即时满足感。他们想要购买一个产品，并且当天就把这一产品带回家。

设计工作的关键是战略分析。分销系统必须与产品的属性、客户所追求的好处以及可以获得的资源（通过产品递送系统使用这些资源去实施行动计划）相一致。直销必须是高效的，同时组织必须具备维持高销售量的能力。成本依赖于潜在的客户，即他们位于哪个地方，以及他们的需求如何多样化。首要的目标是尽可能减少物流成本。

对于分销问题，没有单一的答案。分销商可能会在没有建立销售架构的情况下允许生产者或提供者进入市场。在商业化初始流程中，这是一个重要的优势，因为组织可以避免作出承诺和投资，直到市场确认有这一需求为止。但是，分销商们可能会不愿意配送这一商品，除非他们拥有一定的营销水平。例如，分销商和（或）零售商可能需要分销点展示或者其他促销方式，以便获得产品认知。通常，分销渠道中的实体可能会需要一定水平的超出组织能力的投资。

分销渠道必须支持信息需求和新产品的物质性递送。虽然因特网提供了一个达到客户的潜在低成本机制，但是客户并不会自动地被吸引到一个网址上去，除非存在一个关于新产品机会的充分认知。已经确立地位的著名公司会运用他们的所有能力以便有利地利用因特网。较小规模的公司是否能够在没有重要广告的情况下通过使用因特网而保持成功，这个问题的答案还不清楚。Priceline. com 使用电视广告去建构认知。有威廉·夏纳参与的广告花了很长时间才形成了关键的受众群体，而这一群体是 Priceline. com 曾经希望获得的。

营销设计评估

营销项目设计必须针对公司以及外在维度的需要。战略性营销计划将正确的信息传达给目标市场细分了吗？营销流程将价值提供给客户和利益相关者了吗？是否存在一些被忽略了的同时对于成功而言又是很必需的要素？

评估的目的是要确保投放一个新产品所需要的所有市场要素都已经被考虑在内了。通过评审所有涉及的因素：社会的、经济的、政治的、技术的以及环境的，它试图将错误和疏忽减少到最小。评估提供了在一个广阔的市场环境中关于新产品潜力的看法。它重点关注以下几个方面：

1. 市场机会、客户需求、产品属性、产品和流程规格、销售要求以及技术问题；
2. 客户、消费者、利益相关者，指定代理商以及竞争者之间的相互影响；
3. 对需求的评审，以及对供应网络、基础设施和相关产业的看法。

对产品向客户的流动流程进行管理，并为客户对该产品的使用提供支持，这两个做法是精明的营销中的基础性步骤。营销计划重点关注那些在商业化流程中已经被提供的最重要因素，并确保这些因素已经被全部覆盖到。根据资源利用和施行情况，销售设计必须可行而且高效。评估要确保所有正确的步骤都被包括进来，同时在整个项目中不存在缺陷。

营销项目选择

在营销项目设计以及评估其对外在环境适应度的基础上，非常详细地提出最后的行动计划，以便整个组织理解这个项目及其目标。项目选择也会使用一个简洁的文件重申在分析替代方案流程中所作出的决策。它基本上遵循第六章所描述的形式，这一形式从属于在概念开发与选择阶段或者项目界定阶段开发出来的销售计划模板。项目选择包括如下一些方面：

1. 产品结构
2. 定价行动计划
3. 促销行动计划
4. 分销行动计划

虽然重新确认营销项目的选择流程看起来显得多余，但是，具备一个选择正式营销项目中的要素的最后流程却是很重要的。这一方法在结构上类似于从一个技术角度出发为有关产品规格的最后设计做准备。如果在最终营销项目的测试完成之前，冻结了设计，或者很难获得选择，那么实际的选择就表明了探索替代方案活动的终结，同时，一个最后营销项目已经在此基础上被决定了。

如果发现了缺陷，那么就可能存在修正活动以及其他的变化，此时，概念性和分析性的工作就结束了，演示和运作就开始了。从这一点开始，工作的重点将集中于决策的落实和行动计划的执行。

项目评估

项目评估的目的是检测营销项目的恰当性，同时确保组织有能力并有资源去履行这一项目。流程中的这一步骤与营销项目选择同时进行。在确认阶段，评估活动会持续下去。事实上，在评估流程中所覆盖到的要素通常是营销项目中最为重要的因素。管理层在这一阶段的最后会对一些要素进行管理评审，上面的这些要素通常就是管理层要检测的要素。其中最重要的方面有：

1. 预算
2. 风险评审
3. 营销测试
4. 营销项目评审

预算评审对销售投资进行检测，并决定其对所产生的收益和现金流动的影响。销售预算是设计和开发一个新产品并使其能够成功投放所需要的所有投资中的一部分。这一评审也将检测财务来源，以便确保有可获得的适当经费去完全执行营销项目。

风险评审是评估销售对整个新产品开发项目的影响的活动。它包括对销售投资以及获得预期成果的可能性的测定。

营销项目评审是从下游的和在决策做出活动中比较普遍的角度出发，对整个营销项目的总体评审。当我们观察整个营销项目而不仅仅是一些片段的时候，就会获得有价值的洞见。它可能会揭示出项目中的一些矛盾、冗余和空白，这些缺陷在此前并不明显。在设计与开发阶段的最后，它通常是评审活动中的一个关键部分。

运营项目开发

以建造产品或提供服务的方式进行开发遵循与产品设计流程类似的框架。生产流程是由一些决策要素所组成的一个序列，这些要素产生出行动计划，这些行动计划是与组织为生产产品所具有的资源和能力相一致的。虽然流程图提供了简单的说明，但在大多数情况下，实际要求却是复杂的。这一小节所描述的方法依赖于第九章所提到的材料。它有关于计划、评价和评估的总体纲要，这一纲要类似于其他职能的纲要。

起点是产品规格以及这些规格与生产或运营的关联。产品设计通常提供了工程规格和制图，这些规格和制图包括设计尺寸、公差以及其他技术特性。一个运营计划的开发与设计流程同时进行。输入的数据和信息在产品设计流程中得以开发，因此，运营设计流程落后于产品或服务设计。无论如何，目标设定中的前端要素以及战略运营计划的开发能够在设计与开发阶段的早期得到精炼。

流程设计建立在概念开发和选择阶段所作出的决策基础上，同时强化了这样一个概念，即新产品开发项目是一个连续体。流程设计分析和讨论那些替代性方案，即针对那些能够最好地满足客户需求的产品生产或服务的替代方案。流程设计与销售以及财务设计要素结合在一起。这一流程的目标是选择一个运营系统，这一运营系统能够在成本、能力、灵活性、敏捷性、可靠性以及速度之间提供一个恰当的均衡。设计选择建立在可预期的条件和趋向以及可能的变化基础上。

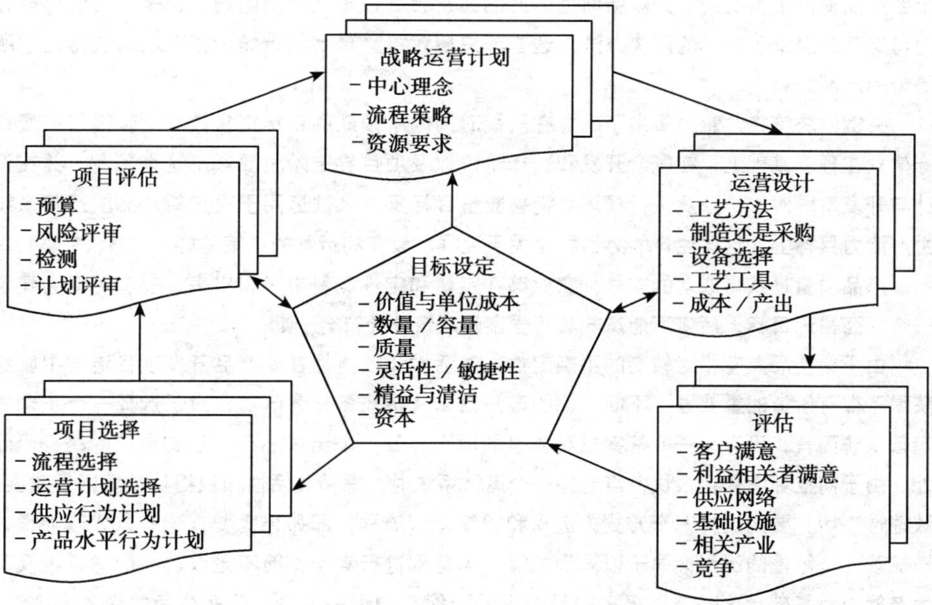

图 11.8　运营项目开发

图 11.8 描绘了流程设计中的重要因素。这一流程流根据目标和战略性影响检测替代方案，并为客户、利益相关者和组织生产出价值。生产开发模型是价值创生流程中的一个关键部分。这一章并不包含有关获取工场和设备问题的讨论。这一主题很宽泛，需要几个章节对其加以讨论，这些章节也仅仅够讨论其中的一些基础性问题。如果这些活动通常是由那些与新产品开发项目并没有直接关联的专家执行的话，其中的相关主题不在本章的讨论之列。

目标设定

运营系统的目标设定应当与整个新产品开发项目的目标相一致。主要的观点将注意力集中于价值。降低成本和提高质量将直接有利于增加客户所获得的价值。价值的提高为产品在市场中提供了一个更有竞争力的形势。

单位成本是一个新产品成功流程中的关键要素。成本结构通常随着产量的变化而变化，因此，单位成本是生产能力和预期运营水平的一个函数。对于生命周期长的产品而言，低单位成本是极其重要的。低单位成本依赖于原材料和组装入产品的部件的成本，同时依赖于运营系统的效率和有效性。在产品投放之后的初期阶段，必须加以克服的典型问题是低使用能力、低生产率以及低产量。这些问题将造成更高的成本和更低的价值，同时使得新产品的销售更加困难。客户通常不愿意花更多的钱，除非与其他可供选择的产品相比，这个新产品提供了重要的好处。新面世的产品通常会有许多这样的问题。但是，它们可能也为特定客户提供了独特的解决办法，这些客户愿意接受更高的市场价格，从而获得他们所渴望的产品好处。

关键的决策将注意力集中于确立在一段时间内所预期的目标销售数量上。销售数量目标建立在预测基础上，在概念开发和选择阶段以及项目界定阶段要做出这个预测，并在设计与开发阶段对这个预测进行精炼。销售数量目标反过来被运用于决定新产品的运营系统生产能力目标上。这些生产能力目标是关于流程、设备和运营的决策基础。

产品质量是获得成功的支柱。它能够在定量和定性测量中表现出来。前者可能会建议一个六西格玛目标，后者可能意味着可觉察的质量总会符合预期。

由于新产品具有相对较高的不确定性，灵活性和敏捷性在新产品开发项目流程中已经获得了很有价值的重要性。不断变化的客户需求和市场条件意味着，对于选择一个正确的运营系统而言，没有单一的答案或者普遍的原则。每一个组织必须规划它自己的路径。此外，由于商业环境变化很快，当选择一个运营系统时，保持灵活性和敏捷性就显得很重要。敏捷性表明，要用这样一个方式去选择和组织运营流程，即如果需要，这一方式能够很快地被改变。敏捷的组织倾向于以人们的能力为基础进行竞争，而不是以产品配送系统及其生产能力为基础。这些流程更多的是由人的技能与知识来主导，而非公司的设备和资源。这种组织更多的是自由地使用基本原则和指导方针，而非死板的程序步骤和政策。

精益业务实践的概念在为新产品确立商业目标中起着举足轻重的作用。由于拥有较少的存货和专用资源，一个精益生产系统可以在必要时迅速改变输入或输出。精益商业能够有效地利用资源，并尽可能地减少浪费。他们采用符合环保要求的生产流程，从而可以防止污染，并符合各项规章制度。精益商业通过消除产品缺陷和负担，将未来的责任和负担减少到最小。通过强调变化能力，精益和清洁实践还能够同时提供经济效益和环境效益。由于精益和清洁生产组织都有较少的内部阻力来阻挡变化，因此他们都支持灵活性和敏捷性。精益生产组织拥有较少的存货，同时需要更少的空间，需要更少的雇员，以及支持性的供应商。精益和清洁的目标可以规定允许的存货数量，衡量标准或者可以是每日原料存货量或每日成品数，也可以是生产系统所产生的废品程度。

在特定案例中，资本的数量可能会被定为一个目标。根据资本支出类型或者固定资产的投资总额，可以限定这一目标。这种限定会随着组织的整体指导思想及其具体状况的变化而变化。

战略运营计划

通过管理其核心竞争力和资源，战略运营计划把新产品的战略定位和生产组织的能力和资产，以及组织理念整合到了一起。一般而言，该理念描述了组织在运作其已有基础时的偏好，以及做出有关于产品制造或服务运营系统的决策时所应用的标准。下面是一些重要的问题，以供参考：

1. 是否存在一个内部的需求或要求，使得我们需要使用现存的生产力或产能？
2. 将一些新的需求外包出去以避免资本支出，是否是一个可行的或是更可取的选择？
3. 生产系统的优先项是什么？最小化短期支出，最小化长期支出，还是减少资本投资？最大化质量和生产率，最大化利用和产生能力，还是其他什么？
4. 在商业化流程的早期，哪种生产类型更为理想：精益生产，批量运作，大规模生产，大规模定制，还是其他什么？
5. 支持产品发布和服务投放的必要条件是什么？

虽然存在如此多问题，管理层、新产品开发项目团队以及运营系统专家必须去考虑这些基本要求，并制定组织所要遵循的指导方针。此类指导方针一般是基于组织的战略导向，这是为主要的参加者们所熟知的。通过设立新产品生产系统的标准，该指导方针可有效节省时间。探索不可行的选项是没有意义的，因为在这里管理处于主导地位，也可能是因为缺乏能力和资源。然而在另外一些案例中，跳出常规进行思考有可能会带来创新性的解决方案。

流程战略清晰明白地表达了有利于决策制定的理念和战略优先权。流程战略简明扼要地勾画出了主要的运营视角。他们是决定和定义资源应如何部署的手段。他们将注意力集中于核心能力和关键流程，并弥补需要做的事情与实际上如何实施行动两者之间的距离。他们将重点集中于正在寻求的竞争优势上。

资源要求是开发计划中的一个关键要素。除非组织愿意并有能力使用和部署其资源，要不然，就算是杰出的新产品开发项目也会失败。资源应当集中在关键区域，并果断地用于新产品开发项目，以便达成主要目标。

运营（流程）设计

如第九章中所述，新产品商业化中使用的流程方法依赖于实际情况以及资源的可用性。在战略运营计划中，最重要的决策包括决定初始流程类型和运营模式。当新产品逐渐为人所接受时，一个关键的问题在于如何平衡初始投放流程中使用低产出方法所具有的短期收益与高产出的处理方法及其理论上较低的支出结构。用简单的术语来讲，该问题考虑的是建造和使用产能与外包所有或部分需求之间的比较。如果产能允许一次造出一个整体成品，那么解决方案将很直接：随市场需求的增长而建造。如果产能需要特殊增量，同时增大产能会带来经济收益，那么问题就在于预测市场增长时组织能够有多大胆。该暗示对于整个系统有深远的影响。下面是一些最重要的考虑因素：

1. 单位成本是一个有关固定成本和浮动成本的函数。如果产能被全部利用起来，大一些的系统有潜力降低单位固定成本。其消极影响则是未被吸收的固定成本和更大的投资，尤其是在商业化的初期，未被吸收的固定成本会导致更多的负向流动资金，而这又需要更多的时间去加以平衡；

2. 在这些阶段的初期，购买更大的系统增加了整个项目的投资，从而要求更多的流动资金以达到需要的回报率。因此，整个项目的风险更高；

3. 早期对一个更大产能的系统进行投资，将会削弱将来适应一个替代性类型所需的灵活性，尤其是当主要条件发生戏剧性变化时；

4. 大型系统有可能要求管理机构建立存货体系以保证生产系统处于运作状态。这些决定倾向于提高系统的运营成本，但是却降低了其精益度；

5. 通常来说大型系统更复杂，从而降低了其敏捷性和灵活性。

外包也许是一个战略选项，但是也总会有其他附加因素需要加以考虑。如果供应商制造了整个产品，那么属于其设计和构造的信息将有可能被公开，从而导致竞争。甚至当信息得到了保护，尤其是当有专利时，仍然会存在重要的问题。供应商必须有能力满足质量、成本控制以及其他关键目标的要求。大的跨国公司对于主要供应商通常有更大的影响力。因此，他们更有可能具备将压力放置在组织之外的能力。外包一些或所有的生产或流程要求并不意味着一个生产系统是不必要的。实际上，由于完成产品生产所必需的交易数量，系统需求可能会更复杂。该方法应当是分析性的，而非规定性的。

运营系统包括工艺类型的选择、决定“制造还是购买”、设备选择、工艺工具的使用及其对成本和收益的影响。决定“制造还是购买”是很难的，因为其包含经济上的、战略上以及运营上的诸多考虑。如第九章所述，适用于盈亏持平的简单经济模型表明，内部生产在财务上并不是可行的，除非量上的需求超过了持平点。超过此点之后，制造倒是比购买要相对便宜一些。虽然这是有关该问题的第一个有用看法，但是，其他的参数也有可能具有重要的影响。例如，组织可能希望最小化其在内部生产和固定设备方面的投资。它可能希望保持高度的敏捷性和灵活性，或者为了更有战略意义的投资而保留其资本。

第十章已经讨论了一个产品成本结构模型。在决定成本结构流程中，生产成本扮演了一个很重要的角色。如上所述，依靠选定的工艺方法，许多成本要素能够被转移。更高的资本强度可以转化成更高的产量能力以及更低的单位成本潜力。然而，只有在产能利用达到足够的水平，并且闲置产能的影响达到最小时，上述情况才能实现。相反，更低的资本强度意味着更多劳动密集型工艺，以及在给定容量点更高的单位成本。这些选择对于成本结构都有重要影响，我们将在本章末对其进行讨论。

在初始阶段，产量是一个很具体的考虑因素。产量可以衡量材料或者用来生产产品的组件的使用因素，或者衡量所期望的流程中合格产品的数量。在这些情况中，由于效率低下或较低的流程质量，成本是较高的。

要分析产量，理论条件是一个很好的出发点。最佳的可能产出是什么？比如说，如果一个生产工艺是要在一块钢板上切出一个圆形，在最好的状态下该工艺不会把整块钢板都变得有用。理论上的最佳状况取决于钢板的大小和圆形的尺寸。有一个最佳方法可以在一个正方形的钢板上切出一个圆形，通过选择这个最佳方法，我们就可以接近理论上的最佳状况。优化计算引入了很多参数，包括不同大小的钢板的成本，以及设备在工艺复杂性上所具有的成本。举例来说，一个简单的分析可能表明，钢板的理论产量接近80%。不改变潜在的生产工艺和操作就想超越这个数值是很难的，正因为如此，80%的产量就是新产品状况的目标。如果一种新产品的产量在一种类似的生产工艺之下只有40%，该工艺就仅达到了其潜在产量的50%，而且其结果就是，一个成本要素将会比理论生产工艺高出100%。

正如第十章所讨论的那样，产品产量的情况很容易进行计算。

产量 =（产成品 ×合格率） +［产成品 ×（1 －合格率）×返工率］

产品生产成本 =［（产成品 ×单位制造成本）+（返工成本 ×返工产品数）］÷产量

产量为流程的成本效率提供了一个很好的指示。同时它也是一个非常重要的量度，即可以测量将成本降低到理论上最低水平的潜力。

例子：

周产量为1000个产品；合格率为60%；50%的次品可以通过返工而被修理。生产成本是10 $/个。返工成本是4 $/个。请计算产量和单位制造成本？其表示了什么？

产量 =（1000 ×0. 60）+［1000 ×（1 －0. 60）×0. 50］=600 +200 =800

单位产品成本 =［（1000 × $10）+（200 × $4）］÷800 =（ $10000 + $800） ÷800 =513. 50

说明：如果产量为100%，单位成本比理论状态成本（10 $/个）高出35%。产出比理论值少20%。该流程中的弱点给竞争者提供了一个机会，即他可以利用这个机会去获取一个更好的成本结构。

运营项目评估

对一个有效设计流程进行的最好测试是要回答这样一个问题，即它如何很好地满足了客户的特殊需求，同时又对市场和商业状况中的改变做出很好的回应。对于服务而言，从流程观点出发对客户满意度进行评估是相对简单的，尤其是当服务与客户直接相联系时，更是如此。在产品上面运用这些手段会更困难。对于产品状况的评估主要集中于一点：该流程回应客户需求的能力。通过建立大量库存去满足客户在需求结构上的预期或变化，该系统是否会扭曲流程要素？这样的扭曲意味着不同的目标之间是存在着优先级的。高水平的库存可能更容易满足当前的需求，但是，精益生产、灵活性以及可能的低成本目标都会被牺牲掉，以确保分销渠道有一个顺畅的产品流。

有高度自动化水平的高产能系统可能会保证生产出数量充足的产品，从而满足客户需求，但是，一个自动化系统可能并不能通过一个成本有效的方式对产生于商业化早期阶段的质量问题起作用。相反的，一个高度灵活的劳动密集型流程可能并不能跟需求保持同步，这就使得竞争者有机会来获取市场份额。前一种情况有着实现低单位成本的潜力，但是这样更有可能使得盈亏平衡点变得更长，并且使得初始现金流赤字变得更高。后一种情况很可能会使得单位成本升高，但是其流程更有可能在早期阶段同需求保持同步。

利益相关者评估会评审作用于生产系统的外部力量，从而保证利益相关者的需求都被考虑到。对雇员及其家人的影响是一个很重要的问题。在评估新产品运营系统的可行性上，职位安全感和健康法规都是很基本的考虑事项。当流程有新的或者显著的变化，而这些变化在实际运营中又没有被测试过时，这些考虑事项就显得尤其重要。必须使用先前章节中描述过的各种方法对这些情形进行确认。如果某个流程存在重大风险，那么在 FMEA 中使用的观念和技巧可能会确保这些流程是合适的，或者会突出那些需要改进的地方。

环境法规和其他类似的标准都总是被看做是引进新产品的障碍。环保组织、其他特殊的利益团体和公众一般都会拥护更加清洁、更加安全的产品，以避免对自然资源的浪费或者对环境的污染。这些利益相关者的需求必须予以识别和评估，从而决定如何在产品或流程中满足他们的需求。

企业管理模型包括了一些流程，这些流程使用诸如战略伙伴、供应商以及其他外部实体这样的资源去获取成功，并实现新产品目标。组织基于企业而不仅仅是其内部能力进行竞争。对运营流程的评估包括供应网络满足所有相关需求的容量和产能。对于改变的迅速反应是方程式中的一个基础环节。供应商必须是合适的，其必须能够满足已经存在的需求，同时它们还必须能够应对在需求和产品规格上的不可预期的变化。

基础设施为运营系统提供了强有力的支撑性结构。货物和服务的流通取决于交通基础设施。信息的流通是所有使用电信系统和因特网的公司的生命之源。这些资源能够保障将产品或者服务快速、充足和有效地递送给客户。基础设施总是被理所当然地假定为：其来源和能力总是恒定良好的，不论目前的情况如何。这个假定一般总是真实的，但是由于变化的存在，对于一个新产品的特殊要求有时可能得不到满足。如果基础设施出现重大变动或者情况不佳时，针对基础设施的评估将会决定组织的弱点。人们总是关注后一种情况。例如，公司总是假定因特网为他们提供了这样一个机会，即用最少的成本来出售他们的产品。

相关产业在一个产品的成功中起着至关重要的作用。支撑性的产品和服务是否存在对于新产品的成败至关重要。相对于现存产品而言，互补性产品总是可以找到的，比如用来支持硬件的软件。对于新面世产品来说，产品的支持结构可能不存在或者不足以保障消费者享受到新产品的全部好处。例如，数码相机的拥有者需要高像素的打印机来充分欣赏他们所拍摄的相片。

竞争是一个需要考虑的基本事项。就像在先前的章节里讨论的那样，竞争者的能力和他们的成本结构对于组织的运营系统有着直接的影响。他们可能会尝试着去获取并支配生产方法，比如承包下绝大部分的关键原材料，或者与主要服务提供商确立独家合作关系。

运营（流程）项目选择

流程选择总是依赖于目前的运营系统以及组织的能力。操控现有资产通常是作出决策时的一个主要驱动力，并且这总是意味着可能作出的选择是被限制在目前的运营系统中的。不断变化和发展着的客户需求和市场机会意味着，在为新产品选择正确的运营系统时，没有一个普遍的原则。选择应该基于精益商业管理准则和对灵活性与敏捷性的需求。

精益商业实践要确保资源的配置与需求相一致，并且还要保证组织不会在不必要时动用资产。高水平的商品库存承诺会对组织的灵活性产生负面影响，同时也会对现金流产生消极影响。

在流程选择上的决策应该被扩展到行动计划中，这些行动计划提供了执行流程中的细节。行动计划包括权威操控权，以及有关如何生产产品或者如何提供服务的具体途径。

运营项目评估

最后一步是评估整个项目，以便决定其可行性。执行整个项目的总共资金成本或所需投资是多少？整体的投入是不是在一个可以接受的范围之内？如果这个投入总数超过了可获得的或者合理的资金范围，那么这个项目就是不可行的或者不值得去做的。如果所需的投资总额低于预期值或者常规值，那么，我们就需要做出进一步的分析以便判定出现这种情况的原因。一个小于预期的投资可能意味着有某个关键的因素没有被考虑进来，或者说这个项目的执行方式是很容易被竞争者复制的。评估要重点关注成功的可能性，以及获得一个持续性竞争优势的可能性。这个评估应该包括对流程中所存风险的评审，以及对出现一个重大问题的可能性的评审。评估也应该包括产品和流程的安全评审。

财务项目开发

财务项目需要类似于技术、营销和运营领域中的设计与开发。财务项目遵循由组织的战略管理层和财务控制者所设定的指令。财务项目必须与组织的战略指令保持一致，也必须与在前几个阶段中已经完成的情况分析保持一致。

对于大多数组织而言，基本的驱动力和要求都被很好地确立下来。就像我们先前所讨论的那样，对于目标、规则和财务项目的规格而言，资金成本是一个决定性因素。评估大多数新产品开发项目的基础通常是资金成本，加上一个对于风险和其他因素的微调。经过调整后的资金成本（经常是为了应对风险）充当的是所需的回报率，或者是为了那些没有呈现的价值而给出的贴现因子。

存在着一些标准的财务模型，可以运用这些模型去评价和评估新产品开发项目所规划的财务影响。无论在设计与开发流程中使用了什么样的工具、技术和方法，在决定有关财务方面的事情时，创造性的思考都是一个基本因素。

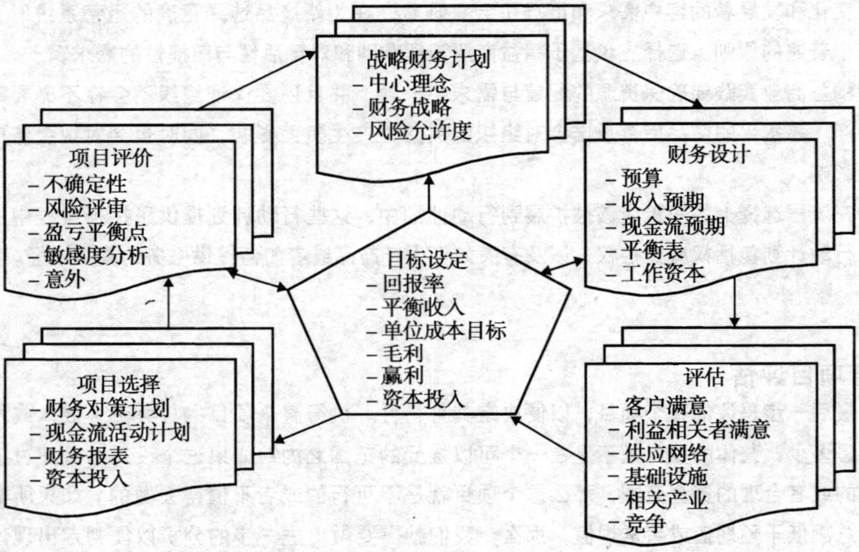

图 11.9　财政项目开发

图 11.9 体现了财务项目开发中的关键因素。本章所建议的框架为构建财务模型提供了一个原则，所构建的这些模型不仅仅是综合性的，而且也会促使实践者们去认真审视他们所做出的抉择。结果中所含的规定性内容会更少，更多的是与新产品开发项目的实际要求相一致。

财务项目开发的起点是重新审视财务目标。基于技术、销售和运营开发，这些目标需要根据上述活动中出现的变化来进行精炼。新的或者经过修改的目标为完成财务计划提供了输入，而财务计划是财务设计的基础。财务设计为最终的活动计划及其执行提供了框架。设计评估是一个真实的检测，以确保所做出的决策是有效的，并且考虑到了真实世界的一些限制性因素。这一评估提供了可靠性以及人们对项目的信心，从而使得管理层和新产品开发项目团队能够选择活动计划去加以执行。最后，要基于整个新产品开发项目流程对财务项目的整体进行评估。

目标设定

财务项目开发的目标设定是对在新产品开发项目的早期阶段中所设定的财务目标的再次确认。财务管理系统或者高级管理层通常会制定财务目标。规定的关于总体投资的内部回报率（IRR）通常是基本目标，因为它直接与组织的资金成本相关，并且能够被用来与其他项目进行比较分析。IRR 就是贴现因子，它使所规划的现金流和初始现金投资等于零。IRR 是一个非常重要的目标，因为目标价值（对目标的预期价值）可以非常容易地与其他项目的预期价值进行相比较。

NPV 是一个相关指标，它也可以作为一个目标被看待。它是项目中的净现金流，它通过使用所需的回报率为金钱的时间价值折现。它是 IRR 的一个替代物，根据现金流或资金，它们提供了一个对项目预期财务收益的情况分析。如果 NPV 为零或者正数，那么根据资金成本，新产品开发项目就保证不亏损或者有盈余。但是，采用 NPV 很难与其他项目进行比较。将投资指数（investment index）与 NPV 结合起来，就可以弥补这种不足。投资指数根据总体投资额对 NPV 进行检测。总投资额除以 NPV 就得到一个指数。一个典型的目标是获得“1”或者更大的投资指数。

其他目标包括单位成本目标、毛利率以及销售收益率。一个与目标接近的预期单位成本状态表明现有的竞争环境是有利的。如果目标接近于可比产品的理论低点，那么单位成本这这一指标就可以给人提供一个印象，即竞争形势如何或可能如何。关于目标的低单位成本可以为组织提供一个信心，即可以使他们相信与竞争者相比，他们的定价战略是非常合适的。

毛利率被用来决定支撑预期水准的运营开支（特别的，为投放新产品而需要的销售支出）的利润水平。较高的毛利率为通过积极的方式投放新产品提供了一个杠杆。销售回报率是一个简单的度量标准，它被用来分析与其他相似产品相比某种产品利润产出的潜能。

为总投资的详细价值找到一个目标通常是非常复杂的。对于财务资源有限的组织而言，“总投资”目标是最合适的。然而，它是可以在新产品开发项目的所有阶段被持续追踪的一个度量标准。它还能帮助人们判断项目是否处于正轨。

战略财务计划

起点是重温那些在新产品开发项目的财务方面起指导作用的思想。当提供项目决策时，这些指导思想和原则帮助新产品开发项目团队去理解在财务方面的影响。比如说，企业从事某些财务投资的能力被确定了，在财务方面的潜在成果范围也被大致勾画出来了。在整个新产品开发项目发展的基础上，战略财务的意义被重新评审、肯定或者得到修正。当对整个财务计划的开发和分析成为每个阶段的一部分内容时，战略财务计划可以检测项目的总体面貌，并确保项目计划具有内部连贯性，同时它还能确保组织有必要的资源可以利用。

财务战略从资金的角度来说是一项巨大的工程。它确定了财务目标的相对重要性。它为团队成员提供了必要的指导，从而使他们能够做出与项目相关的适当决策。总体的财务战略确定了经费的来源和应用。一般来说，在新产品投放以后，客户提供了现金流动，从而维系了新产品项目的运作。现在关键的问题是，在客户成为现金流动的主要来源之前要投入多大的资金？还有，盈亏平衡点在什么时候出现？在新产品的投放前阶段，以及推出后的早期阶段，组织需要从其内部提供一定的资金支持。对大多数企业来说，这一经费的主要来源是组织内部运营和既有商业链的现金流。既有的产品生产链所提供的现金流被用来生产改进过的产品、衍生性的产品、替代品和在此基础上的延伸性产品，或者是全新的产品。这些流动资金的一部分提供了种子资本，组织可以利用这些种子资本去为准备阶段、设计与开发阶段、确认阶段以及前商业化和商业化早期阶段的活动和努力提供经费。不久新产品开发项目就会获得一些客户去购买新商品，从而成为资金流动的一个来源，新产品开发项目越早地获得顾客，组织就能越好地保护其财务来源。

对风险的忍受力大小是战略报告中非常关键的一部分。风险总是对平衡系统中的财务方面产生影响。通常会根据总投资去说明财务风险。风险通常都被看做是投入新产品开发项目的金钱、时间和努力的损失。但是，还有其他的风险也会对财务的平衡体系造成影响。技术上的风险通常会转化为财务上的风险。

财务项目设计

可以像做技术设计和营销项目一样来设计财务管理项目。财务设计可以平衡系统内任何有冲突的目标，尤其是当它们涉及财务资源时。财务设计与其他主要领域的活动同时进行。这是对在项目界定阶段所开发的财务模型的一种改进。其中重要的一步是确保这一财务模型与整个组织的形象、任务和战略保持战略上的一致。这一步是非常必要的，因为财务模型与组织战略利益的联系为投资这一新产品开发项目提供了逻辑上的合理性，而且还为所有决策建立了战略基础。它能够确保新产品开发项目与组织的战略方向保持一致。

下一步是对一些预算进行总结，这些预算是为每一个基本领域开发出来的。整个预算为收益方案和现金流动方案提供了信息输入。预算的细节在第一年应该以每个月来统计，第二年以每个季度来统计，此后则每年统计一次。表 11.2 列出了在整体项目预算中应该包含的一些预算要素。

表 11.2　预算要素的种类

主要种类	技术上的	营销	销售	运营	财务上的
进行中（投放市场之前和之后）	改进 问题的解决 咨询	互联网 促销 广告 销售点 贸易展示	旅游 娱乐 佣金	设施费用 提供的包装 设备 存货	呆账 贬值 保险 法律 税收
新产品开发项目	R&D 设计	市场测试	训练 模拟	测试流程 促销项目	财务投资
仅仅投放市场之前	原型塑造 工程技术	设计 复制	训练	资本 设备	存货

标准的做法是通过种类对预算支出进行总结和概括，并提供一个总体的预算图景。预算限定了对新产品开发项目所做的必要的财务投入。预算被转化为预估财务报表，并在最终实施之前进行分析和批准。

第四步是预估财务报表的设计和发展。要根据标准的财务管理实践去建构财务报表，这方面内容在第十章已经做了讨论。

财务影响评估

评估工作需要一个有关财务影响的外在视角。投资一个新产品所需要的条件超出了这个产品的发起者，而扩展开去。整个公司必须支持新产品开发项目。顾客必须有必要的财务资金来购买产品。对于简单的产品而言，涉及的问题就是需要有可以随意支配的收入或者流动资金去购买产品。例如，买一部移动电话就意味着购买者在一段特定的时间内需要每月支付 20 美元或者更多的钱。这一购买行为包括即时花费以及长期承诺。

资本设备通常会非常昂贵，因此它需要长时期的经费支持。例如，航空公司经常没有现金去购买飞机。他们可能要使用租赁工具、租金安排或者与金融机构的协议去获得产品。这些方法对那些高价的产品，如汽车、房子、机器等非常重要。这些安排可能不得不由卖方组织去倡导。的确，通用汽车金融服务公司在它 1923 年成立的时候允许其顾客以比他们能够确保自身财务安排的速度更快的速度去购买汽车。

这本书所讨论的每一个方面都牵涉到利益相关者。虽然在讨论财政方面的问题时利益相关者通常并不被看做是重要参与者，但有许多问题是与利益相关者联系在一起的。最重要的一个考虑是这样一个可能性，即可能会对更广大团体造成不利的财务影响。一个新产品可能会对一个国家或地区的经济或社会结构带来深刻的变化。比如说，无线电话戏剧性地改变了通信产业的面貌。一个新产品还可能增加与污染和废弃物相关的社会成本。它可能会加剧自然环境的恶化和资源的枯竭。一个产品还可能会引发社会不良现象或者社会问题，从而导致税收的增加。一种新的香烟、酒精饮料或者赌博设施可能会恶化社会政治问题，而解决这些问题需要外部成本。对这些因素的评估要求对企业相对于利益相关者的社会责任进行一个全面的分析。

供应商与顾客一样，必须有财务方面的手段，通过这一手段去满足在新产品开发项目中占有一定份额所需要的条件。他们也许需要获得生产设备、设施、运作的机器，以及（或者）建造货存。供应商并不仅仅是提供货物和服务，他们也许还要设计和开发材料、零件或者组件，这一活动就变成了供应商的新产品开发项目。

像供应商一样，相关产业可能也要去开发相关产品，以便满足新产品开发项目和潜在客户的需求。

基础设施可能需要实质性的改进，以便配合新产品。汽车公司在考虑一种新的汽车设计时——比如福特在制造林肯·领航员（Lincoln Navigator）时，这种汽车比普通的交通工具要大、要重——通常并不太考虑道路的建设和维修。也许在欧洲卖这种汽车就会比较困难，因为那里的街道和道路相对较窄。公司也许会设想政府会为产业及其客户解决这些问题。但是，这些设想偶尔也会被证明是错误的。

基础设施里面也许会有一些缺点，它们在新产品投放市场前并不明显，或者存在一个重大的事件把一切都改变了。2001 年 9 月 11 日的恐怖行为非常生动地显示了在大多数经济领域中所存在的安全隐患。这些问题在那天之前就已经存在了但对于相关管理者来说，这些缺点的严重程度并不明显。另一个更具假想性的例子是，如果命令在整个国家比如美国使用电动汽车，并且如果在几年之内必须实现这种转换的话，这会对耗电产业和电力能源分配产生潜在影响。电力的生产和分配能力可能会得到延展。但我们却很难迫使电力工业基础设施跟上这种需求，并且可能会要求数百亿美元的投入。

由于外力的错综复杂以及可能情况的大量出现，对外部维度的财务影响进行评估是很困难的。创立一个通用的模型以便在整个流程中对实践者加以引导，这种情况基本上是不可能的。但是绝大多数公司实体了解他们的业务和新产品开发项目所面临的关键性因素。他们必须将潜在的事件和问题领域尽量缩小，同时考虑少量具有优先性的因素在财务方面的状况。表 11.3 在每一个种类中都辨识出了一些关键问题，以便强调整体方法，这一方法可能被用来评估选择项的财务影响。

燃料电池（fuel cell）与分散发电（distributed generation）：天然气的光明前景？

当前，每日通过家庭电能充电作为动力的电动车辆广泛普遍，这大大提高了对电力基础设施的需求。然而，燃料电池技术的出现实际上降低了人们对传统的电力能源的需求，而提高了对富含氢元素的燃料比如天然气的需求。人们通过燃料电池来发电正是分散发电战略的一部分。目前很多公司诸如 GEMicro 和 GenUTC Fuelcell 等都在抢先开发这一战略。燃料电池通过氢元素（或富含氢元素的天然气、甲醇或丙烷）与空气发生化学反应而产生电能。在利用首选原料即纯氢元素发电时，只会产生两种副产品——水和热量。对于住宅用燃料电池而言，大家普遍认为使用天然气是一种现实的选择，因为天然气使用起来比较稳定、含氢量高，而且有现成的配送设施。丙烷可以应用于乡村或更为偏远的地区。

随着人们使用燃料电池发电越来越普及，对于天然气的需求也更为一致。目前，冬季人们对天然气的需求达到最高，而夏季几乎降低到零。随着对天然气的需求更有规律，天然气的供应商可以更准确地预报每年的需求情况，而不是每一季。

要让人们能够大规模使用燃料电池，必须要使相关技术达到安全、无干扰的水平；同样必须要与目前的电力网一样可靠，而成本更低才行。即使到那时，很多能源学者仍然认为传统的电网没有过时，分散发电只是提供了另一种辅助性的选择而已。还有一些人觉得分散发电给电能的利用构成了威胁，类似在开始阶段 PC 机威胁到了大型机。然而，电力公司都已经证明他们是很足智多谋的，当技术发展到一定水平的时候，相信他们一定会想出好办法积极参与进来。

第二和第三代燃料电池模型预示着集成系统的可能，这样就可以常年地利用燃料电池产生的热量产出。排出的热量能够给房屋取暖，还能给水加热。不仅如此，多余的热量可以在冷气吸收的基础上来驱动空调系统。

第一个用于空间项目的碱技术燃料电池每千瓦花费了 60 万美元。到 2010 年，在居民生活和交通运输中首选的质子交换膜（PEM）燃料电池的成本目标是每千瓦造价 50 美元。

资料来源：

Johnson, R. R. , Fuel cells: white knight for natural gas? *Public Utilities Fortnightly*, March 15 (2000), pp. 22 ~ 34.

表 11.3 对重要维度的财务影响所做的评估

维度	财务影响	评估
客户	购买力或独立支配资金 确保资金的能力	顾客是否有资金来购买？ 特殊的购买安排是否必要？ 每月付款？对现金流的影响？收入？
利益相关者	不利的财务影响 对经济发展的影响 积极的财务影响	对其他方面是否有财务上或社会上的消极影响？ 其他人是否会从新产品中获得财务收益？ 是否影响到经济稳定？利率？ 可获得的资金在哪里？
供应商 相关产业	满足新产品需要的资金来源	他们是否有资金投资于生产？存货？ 应收账款？ 资金能否保持与期望的水平同步？
基础设施	不利的财务影响 积极的财务影响	是否需要改进或补充基础设施？成本多少？ 谁来支付？ 改进基础设施在经济上是否可行？

财务项目选择

项目选择流程是对财务项目设计的一个重新确认，这一确认建立在评估步骤和同步开发以及在其他主要领域所做出的决策基础上，这些主要领域尤其包括技术设计、营销项目开发和生产方式选择及其相关流程。在很多情况下，项目选择往往是一个形式，但在某些特定情况下，项目选择是一个意义深刻的步骤，它需要复杂的决策流程。对于那些新面世产品的开发而言，对所有财务影响进行一次认真的评审反省是非常必要的，因为要确认有充足的资金去完成新产品开发项目，同时在这个流程中要将高度的不确定性包括进来。新面世产品的新产品开发项目可能会遇到意想不到的困难，导致资金覆盖不足（overrun）。例如，波音公司曾决定制造波音 777 客机，这需要一系列很复杂的决策程序，以保证项目的每一个方面都可以在资金覆盖的范围以内完成。项目选择和项目评估通常可以同时进行。事实上，选择和评估这两个步骤紧密联系，通常可以被看做一个活动。有人会说，评估应当先于选择，但是，往往是可供评估的设计方案太多，无法一一评估。因此，通常是先减少可供选择的方案数目。

最后一个步骤也非常重要，就是“编筐织篓，全在收口”，这要确保关于设计和开发的整个项目计划都内在一致，同时要确保有足够资源来支撑项目的完成。主要的关注点是新产品开发项目的目标和项目计划的适当性。

从财务的角度来看，现金流预期提供了最好的指标，通过这个指标去衡量项目能否达到预期水平。它列出了总投资额和新产品开发项目的预期贡献。总投资里包括了支持项目的所有要素所需要的资金，这建立在预算活动基础上；还包括从产品投放以后直到获得盈亏持平点这段时间负面的现金流。管理层和团队对财务项目的最终接受，体现了他们的信心。

财务项目的评估

项目评估是对新产品开发项目的财务方面进行的一个评审和总览。这个步骤可以在项目设计与开发阶段完成之后、进行管理评审之前进行；或者也可以在在管理评审流程当中进行。这个取决于基于新产品性质而需要的手续的复杂度。就像以前曾多次提到过的一样，一些简单的改进型创新通常只需要非正式的流程，侧重于打入市场的时间和速度；另一方面，那些重大的新型产品，它们具有较高的风险，所以必须有更正式和复杂的程序和形式。

项目评估要根据目标、不确定性、风险和财务分析对预期成果进行检测。第十章讲过的敏感性分析告诉我们，由于不断变化的条件或者在获得预期成果流程中存在不确定性，项目具有一定的脆弱性。主要的因素包括价格、产量、单位成本、运营支出和投资上的变数。每一个因素所产生的影响都可以加以评估，也就可以算出其敏感性。通过财政评估，就会产生一个关于脆弱性的清晰图景，这会显示出，在设计与开发流程中以及在新产品开发项目的其余流程中，哪些因素对于管理和指导而言是至关重要的。

本章总结

设计和开发阶段是新产品开发项目流程中的一个关键点，它体现了从计划、分析、概念、流程的转化，它具有针对性，更基于现实考虑和实质意义。伴随着对一些主要因素的再考察和再确认，这一流程中的讨论和分析倾向于得出一个最终的解决方案。

本章贯穿始终的重点是如何通过整合来进行创新。本章所使用的基本模型主要侧重于整合与创新的结合。一个有效的商业模型必须是一个综合的框架，这个框架为分析、理解、决策和不断改进建立一个基础。这是一个统一性的方法，这一方法将人员、流程、实践和项目整合进一个全面的管理系统。它要确保技术性设计、销售、生产和财务决策能够彼此相互协调。

基于使用同一架构的共同基础，用于描绘这一方法的基本模型将设计与开发流程中的每一个主要方面（技术性设计，销售，生产以及财务）联系起来。通过所有参与者之间的合作与协调，这一方法允许对一个新产品进行系统性开发。

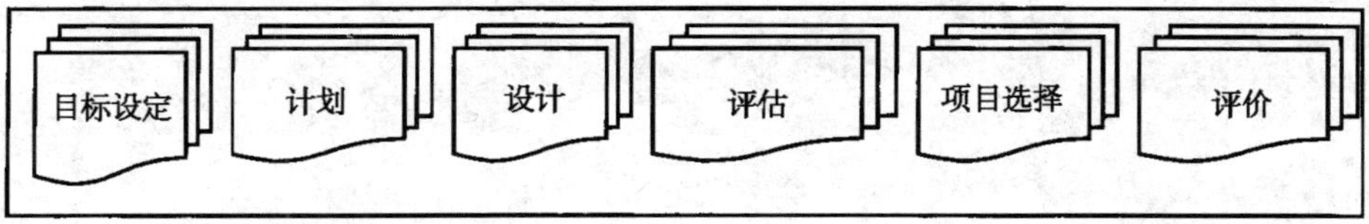

图 11.10　设计与开发同步进行中的各个要素

虽然通过并行方法的使用，参与者之间的集成性得以加强，但这一流程中的实质性力量来自于管理层的承诺以及各要素的并行开发。只有当管理层是一个实时参与者并对此项目作出承诺时，通过整合而进行的创新才会生效。管理层必须具有有关新产品开发项目的直接知识，并且他们必须了解他们的决策所带来的影响。高级管理层的参与可以使新产品开发项目从理念到设计与开发的转变顺利地进行而不受干扰。将项目管理层与执行领导层联系起来可以促进项目要素的系统性执行。

成功的组织会在战略目标的基础上建立企业范围流程（enterprise - wide processes），这一流程可以引发设计、评估以及对创造一个强有力的新产品所需要的合适要素的选择。新产品开发就是创造出比现有的方案更为有效并且更为优雅的解决（改进）方案。它要求理解一些规则，例如超出客户和利益相关者满意度的规则，并确保最终的结果与组织的目标和项目的目标相符合。

这个模型作为新产品开发项目主流方法，为每一个人创造了价值。这个模型通过有效的领导鼓励整合与革新。领导作用包括创造革新变化，调度整个企业的资源，关注竞争优势以及价值创生。领导作用意味着把人力、数据、信息、技术和决策联系起来。它创造出了更为令人鼓舞、更为快捷的现实，为那些希望改造世界的创新组织提供了无数机会。

第十二章

确认（阶段五）

引言

确认这个环节是新产品开发过程中不可缺少的一个环节。它嵌入 NPD 过程中，并作为一个内在机制去确认以前决策的正确性以及决策与目标和期望是否相符。在每一个阶段的末尾所进行的评审以及确认阶段本身是一些主要的方法，即通过这些方法去提高获得积极成果的可能性。

在确认阶段，在设计和开发阶段所做出的决策都会被重新评估，以便确保新产品能够满足客户和利益相关者的的预期。确认过程包括：检测 NPD 项目中最显著的要素，保证产品合乎规格，并减少缺陷和各种负担。

在确认阶段，不确定性因素的减少为管理层和实践者提供了信心，也就使他们相信所有关键性的成功因素都已经被考虑到了，同时执行过程中的各种障碍都已经被排除。确认阶段主要关注降低风险的主要方法，这些方法需要时间、投入、资金的支持来完成。对于获得管理层对产品预商品化阶段和投入阶段的资金支持而言，这些方法通常是非常必要的。确认的阶段可以提供证据让人们相信新产品值得去投资，并且不必担心投入的资金。当大多数投资都是在产品商品化之前进行，或是存在着战略上的、销售上的、技术上的或财务上的风险和不确定性时，这种确认就显得尤其重要。例如，对于非耐用消费品来说，在产品商品化之前，在广告宣传上需要支出很多费用。在这种情况下，营销费用出可能会占到整个投资的 80% ~90%。这样的话，对产品及其销售项目进行最后的确认在时间和金钱上通常都是很值得的。

本阶段需要回答的主要问题包括：在何种程度上需要确认？合适的要素有哪些？因为

在确认设计决策时不同项目之间存在着很大差异，因此，每一个 NPD 项目都应当考虑限定新产品属性的要求，以及 NPD 项目的成果。如果 NPD 过程的前期阶段已经包含了许多测试和确认方法，并且这些测试和确认方法可能将在确认阶段执行的话，确认阶段的范围就可以得到明显的缩减。集成产品开发的主要前提是在持续进行的基础上确保产品和决策的有效性。然而，一些测试方法相当费钱，谨慎起见，测试要等到产品设计完工之后才能进行。像政府机构委托进行的认证测试，这一测试是 NPD 过程中的一个主要部分，同时费用特别昂贵，就是一种典型情况。此外，如果产品存在潜在缺点，而确保产品的安全又是管理者的责任的话，那么“风险预防原则”则会建议有必要进入检验阶段，而无须考虑 NPD 项目早期的测试量。事先确保安全比事后悔过要好。

确认阶段包括以下一些主题和学习目标：

1. 在现实生活的环境中测试新产品的模型；
2. 测定营销项目的潜在效果，包括广告文案、定价、分销渠道以及其他要素；
3. 发掘产品对健康、安全、环境方面的潜在影响，和产品生产过程的潜在影响，以及这些影响的潜在影响；
4. 考察客户和利益相关者将承担的风险和潜在责任；
5. 探究这些风险和责任对业务和财务的影响；
6. 测量整个 NPD 项目的风险。

成功的可能性取决于在设计和开发阶段对决策的检验以及确保考虑到每个细节。测试所需要的时间和资金需要用来源于活动的收益加以平衡。主要的收益就是在确认阶段所获得的额外知识，这些知识对变量产生影响，从而减少显著困难出现的可能性。

确认阶段的流程图

确认阶段是开放的，因此，总的流程图同之前的几个阶段不一样。确认阶段流程图主要关注内部维度上的一些因素，尤其是产品和市场方面。图 12. 1 为如何将内部与外部维度同时置于确认阶段提供了一种视角。虽然流程图表明了一个序列，但是对每一个外部维度的测试是为主要部分设计的，这些主要部分彼此相互独立。

确认阶段最重要方面是要确保产品和整个系统能够满足市场和客户的需要，也包括确保产品、销售、生产以及财务方面的适当性和可靠性。确认是为了降低风险与不确定性。

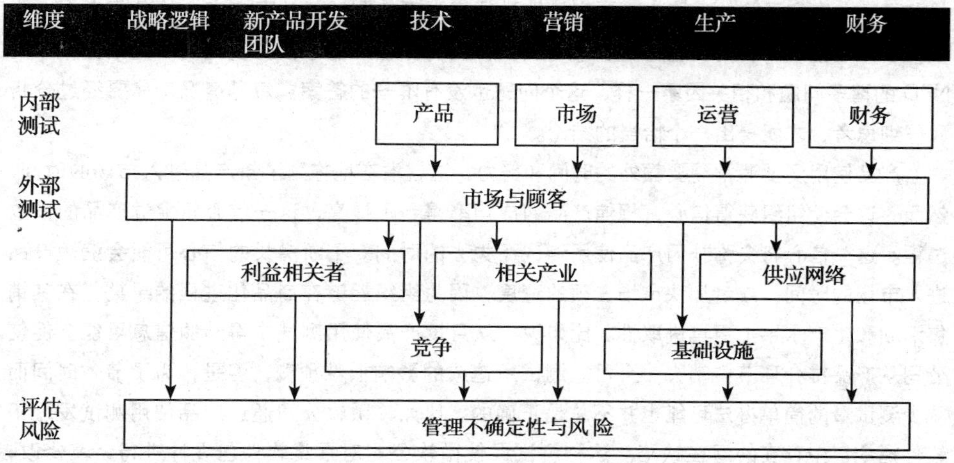

图 12.1 确认阶段流程图

产品测试

产品使用测试及其应用

产品使用测试检测的是产品在应用中的优、缺点。它应当是在现实生活环境中对产品特性及其是否满足了客户需求进行测试。在某些情况下，产品使用测试（alpha 测试）放在设计与开发阶段中，以便最大限度地节省完成测试所需要的时间，并使其能够在客户使用测试（beta 测试）之前完成。

产品使用测试可以采用不同的形式，既包括拟态环境下的测试，也包括在苛刻条件下通过消费者对产品的高强度使用而加速测试过程的一种测试。测试强度由新产品的不确定性、出现重要缺陷的可能性及其消极影响来决定。对于那些只是在现有产品的基础上做微小改进的新产品而言，测试可能会仅仅被限制在这些改进以及它们所影响的条件上。另一方面，如果产品属于新面世的类型，或者相对于传统工艺、材料或部件而言有重大革新，那么人们应该对测试予以重视，并在严苛的条件中对产品做全面的测试。

测试决策有赖于产品蕴涵的风险和不确定性，以及平衡整个项目中各主要目标的需要。测试的一个前提是，它必须确认 NPD 项目能够获得其所有目标，包括进入市场的时间、开发成本（投资）、产品性能、单位成本以及风险削减。要实现如此困难且时常冲突的目标并非易事。在高风险的环境中，要审慎地进行高强度的测试。从客户安全的角度考虑，降低风险往往就意味着需要进行高水平的测试，以确保客户能够获得合理的防范措施。如同NPD的诸多问题和相关因素一样，这个问题也没有唯一的答案。每种情况都需要经过分析和仔细思考，才能得出一个恰当的结论。

产品使用测试通常需要额外的时间和努力，这就潜在地拖延了新产品进入市场的时间。然而，这会使组织获得信心，相信产品的成功率得到了提高，这一信心将促进产品的投放过程。这一信心将会弥补因产品使用测试而失去的时间。不断增长的信心可能会缩短产品进入市场的时间，或者加快市场占领的速度，因为组织能够在商品化进程的早期，在其销售活动和生产水平上更具进取性。比如说，从月度产品使用测试中得到的信息可能会促使公司从产品推介环节中销去一个月。测试所造成的影响很难预测，但是，为了节省时间而减少测试量的简单办法可能也并不总是正确的。比如，微软公司通过产品使用测试发现了软件指令包中存在的潜在缺陷。这种测试促使微软公司对最终软件包设计进行认真修改，并积极迅猛地将新产品推向整个市场。

事情往往需要具体问题具体分析。下面的几种情形会使得决策制定过程变得更加清晰。分为两种类别：第一类反映了仅需要较少测试的情况，第二类则反映了需要较多测试的情况。

第一类（较少测试）

1. 竞争对手已经推出了一个同类的新产品，而且此产品在市场上表现非常优秀；

2. 新产品是某种已有成熟产品的派生品，其推出仅仅是出于应对竞争压力的需要；

3. 客户对该产品已经非常熟悉，对其应用中的问题已不太担心；

4. 新产品的生命周期非常短，推介新产品过程中的任何时间延误都会造成无法挽回的损失。耽误时间无异于丧失销售和利润，且会增加财务风险。

第二类（较多测试）

1. 一旦出现一个失误，组织的信誉和形象以及其他产品将面临重大危机；

2. 产品所使用的新技术可能存在着隐性的缺陷和不确定性，这种缺陷和不确定性会影响到客户对新产品的接受；

3. 在市场中修复缺陷是极其困难的，而且非常耗费成本。失误或问题会影响到财务状况以及未来产品的投放；

4. 一般都会希望新产品具有较长的生命周期，任何一点缺陷都可能会增加单位成本或降低潜在的市场份额，特别是如果早期的失误严重地挫伤了产品在市场中的地位。如果潜在的客户能够在拥有众多竞争者的市场中自由选择，这将是一个严重的问题；

5. 产品责任的问题会对组织产生重大影响，有限的测试会被视为一个不负责任的选择，这一选择将会给客户和利益相关者带来潜在风险。

这些情形不过是众多影响决策制定过程的许多情形中的一部分。总而言之，如果产品的生命周期很短，一般的做法是倾向于减少产品测试量来争取时间。如果产品的生命周期比较长，而且竞争压力并不大，那就比较适合进行更多的测试，特别是当风险比较高的时候更要如此。尽管如此，如果存在高风险和高不确定性，进行测试是最好的选择。

产品使用测试的类型

不同客户在需求及相关应用上差别很大。很难对产品使用测试进行规定，以确保其包含所有可想象到的产品使用方式。某些客户可能会使用超出原有设计目标的功能。其中许多应用体现了一些机会，即对产品的合法和安全应用进行扩展的机会。然而，也有一些应用是不恰当甚至在某些情况下是危险的。测试只能重点关注那些能够预期到的使用情况，而无法关注预料之外的情况。测试过程的第一步就是要决定测试的目标和对象。其中关键的问题包括：（1）产品能否按照预期方案进行工作？（2）产品的总体质量和预期性能如何？（3）是否存在缺陷？（4）成功的希望是什么？（5）为提高新产品成功的几率还需要做什么改动？

以下是产品使用测试的几种标准类型：

1. 阿尔法（Alpha）测试——这种类型的测试一般由厂家在实验室条件下完成，来评估产品特性，并分析产品质量、性能和可靠性。这种测试通常会加快获得给定循环次数或使用模式的时间。例如，一台机器能够在持续进行的基础上，在几天内完成数千次循环，然而在现实生活中完成相同数量的循环可能需要用几年的时间；

2. 贝塔（Beta）测试——这种类型的测试紧跟厂商的室内测试，评估产品在市场环境中的感觉和真实应用。它是对阿尔法测试的提升，因为它包括了客户的真实感觉以及他或她对产品的使用。比如说，一定数量的客户可能会得到一种新软件供试用一或两个月。因为用户的多样性，一些用户可能会遇到制造商没有想过的情形。如果软件代码中确有漏洞，试用的顾客可能会先于产品投放之后的一般客户发现这些漏洞；

3. 伽玛（Gamma）测试——这种类型的测试在一个更广的时间范围内进行，以检测该产品是否能长期满足客户的需求。这种测试更具综合性，需要更多的时间和金钱投入，可能比较适合于那些具有高风险因素的新面世产品。美国食品药品监督管理局要求制药公司在测试新产品过程中遵守一套严密的协议，以确保安全和药物功效。在测试这一块，临床实验和其他测试包含了所有这三个测试机制，当然也包括广泛的伽玛测试。

测试类型的选择视具体情况、不确定性和风险而定。如果 NPD 过程是通畅的，没有遇到未被解决的重大事情或问题，一个简单的方法就可以为组织的下一步工作提供自信，而不需要进一步的产品使用测试。实际上，如果情况并不复杂，阿尔法测试就足够了。反之，在极端的情况下，产品使用测试可能要运用三种测试类型，以便降低风险，并优化产品数据。很明显，制药行业在开发处方药方面要遵守相关的协议。然而却很难制定出一种通行的办法。表 12.1 提供了一些指导。

表 12.1 将产品使用测试方法与新产品类型联系起来

测试方法	简单改良	重新定位	衍生品	新产品线	新一代	新面世产品
Alpha	√				√	√
Beta		√	√	√	√	√
Gamma				√	√	√

无论使用的是哪种方法，测试的基本目标是：用最少的时间和精力，通过最全面综合的方式测试产品。这听起来似乎是不可能的，但是，实际的新产品开发却要求理想的解决方案，而非各目标之间的平衡。为了节省公司开支，在健康、安全或者源于客户和利益相关者的价值上下赌注是不负责任的行为。产品使用测试并不能保证新产品的绝对安全可靠，但是它帮助企业承担起其所应负的社会责任，以便确保产品能够达到产业标准，同时确保管理层能够具有合理的预防措施去保证产品的功效。

测试中的互动多媒体

互动多媒体测试法为达到理想的测试水平提供了机会，且比常规方法投入的时间和资金要少得多。约翰·史蒂文森说，“一项互动多媒体研究包含的内容与传统研究包含的内容是相同的，包括激励展示、问卷设计和数据收集。他们最主要的区别在于使用多媒体软件和硬件来为测试编制程序，因此，互动多媒体将书面问卷和概念转化成声、像以及计算机模拟”。❶

因特网为产品使用测试以及市场测试提供了丰富的选择。它提供了同时实现多项目标的可能性。高效率和低成本是其最大的优势，但主要的问题是如何确证这些信息和数据。美国营销协会、广告调研基金会、欧洲舆情与营销研究协会以及等其他一些组织正在制定一些指导方针，通过这些指导方针力图解决有关隐私、诚信、安全和有效等问题。

体育用品业中的产品测试：高尔夫球

大多数主要的高尔夫器材公司，包括 Spalding Sports，Titleist，FootJoy 在内，都使用了一种叫做 Iron Byron 的机械动力机器，通过这种机器对高尔夫球和球杆进行测试。Iron Byron 是通过模拟作为高尔夫传奇人物的 Byron Nelson 的挥杆动作而设计出来的。机器由空气压力驱动，其具有足够的柔韧性以至于可以通过调整上杆、落地角、上杆速度和球杆握把而适应不同类型的高尔夫球杆，包括铁制的球杆。

❶ J. Stevenson, Interactive research can enhance new design. *Marke - ting News*, 32: 7, March (1988), 12.

高尔夫公司非常严肃地对待新产品测试，因此，测试都是在科学的条件下进行的。要为每一个上杆测定杆头速度，还有球离开球座时的初始速度，球的自旋速度和发射角度也要进行测量。为了对环境进行更好控制和保护，Iron Byron 通常是在室内，正因如此，球必须通过墙或门上的一个小开口离开建筑物。因此，观察者就在室外进行测量，包括落地点（球落在哪个地方），全部距离（球在哪里停止滚动），以及对区域中心线的偏离。所搜集的环境数据通常包括周围环境的温度、风速以及风向。高尔夫制造商会选择那些常年温暖、有极少风和雨的地方作为测试场点。

执行场地测试的理由有很多，包括新产品评估、竞争比较和调整性测试。位于新泽西 Far Hills 的美国高尔夫协会（USGA）对一个球能够行进的总距离已经作出了限制。在特定的测试条件下，一个合格的高尔夫球所能行进的总距离不能超过 280 码（256 米），其中有 6% 的允许测试误差。USGA 也对测试所需要的草皮条件进行了规定，但还没有开发出草皮和风的校正因素。这些调整和相关因素已经经常成为高尔夫制造业内部许多讨论和争吵的主题。

制造商试图去模仿 USGA 的测试场点条件。为了监察生产过程以及他们的测试设备所具备的精确度，高尔夫球定期被送往 USGA 去进行循环测试。产品一致性测试的官方要求是一年做两次。然后 USGA 就出版了一个名册，这个名册记录着所有满足他们的测试要求的高尔夫球。制造商并不被要求去追求 USGA 的核准，同时一些小的高尔夫球制造商通常并不为他们的产品追求核准。但是，在官方比赛中，尤其是职业高尔夫协会的比赛中，参赛者被要求使用 USGA 合格球名单中的球。

其产品通过 USGA 测试的制造商被授权在其产品的包装上印上这样的声明，即“符合 USGA 规格”。一般情况下，高尔夫球制造商自己提供测试样本，但是 USGA 保留在一个零售点购买其产品并进行测试的权利，这就会使那些给 USGA 提交了经过特殊准备的球的制造商面临着风险。

由于一些严重障碍的存在，USGA 试图放弃使用 Iron Byron 进行的距离测试，而代之以更可控制、更少争议的方法如初始速度（IV）测试。IV 测试使用一个很重的自旋飞轮，这个自旋飞轮上有一个可缩回的小锤，用这个飞轮去击打高尔夫球，使球通过两个冲击屏。因为两个屏幕之间的距离是很精确的，并且飞轮的速度也受到了严格控制，因此，就可能对速度进行非常精确的测量。

市场测试

概述

在过去的几年里，市场测试以及其他市场研究方法已经被用来测定新产品销售项目的可行性。市场测试不仅检测产品，它还根据市场的现实状况检测产品以及所规划的营销方式的适应性。其目的是为了确保在流行的市场条件和趋向中销售计划是合适的。根据客户的信息输入和实际感觉，所获得的信息被用来精炼和调整销售活动。如果在设计与开发阶段的早期执行市场测试，那么，一般而言，其目标包括预测市场对产品的需求度，判定客户的实际需要，并发现满足市场和客户要求的最好方法。如果市场测试在确认阶段执行，那么，其目标包括检测整个项目的有效性，以及根据在测试阶段所获得的经验和教训对销售方案进行精练。

与有关产品应用测试的讨论类似，与市场测试结合在一起的决策制定不得不考虑如下一些问题：进入市场的目标时间、测试成本、竞争者带来的影响，以及在这一过程中所获得的信息和知识的收益。如果销售项目设计一完成，市场测试马上也完成了，那么，对进入市场时间所产生的潜在消极影响就会降到最小。测试成本通常也是一个因素，但是，如果市场测试提供了可以使销售项目得到实质性改进的信息和数据，那么，这种方式的补偿还是非常值得的。

在市场测试中需要考虑的一个重要问题是，竞争者获得关于新产品以及相关销售项目的预先通告的潜力。这些信息或许会使得竞争者开发出一个相同的新产品，或者采取相应对策以降低新产品的成功率和销售活动的有效性。从市场中获得的信息必须非常充分，以便有足够的资源能够回应对竞争者的暴露。

在测试之前就可以判定源于市场测试的预期效益。很难确保不出现错误，但对错误的避免通常可以引发对每一个目标的重要改进。错误会耗费时间和金钱。这些错误也会增加活动量，同时减少对 NPD 项目充满信心的人数。的确，参与者会对一个不断增长的信心水平感到高兴，信心增长这样一个无形方面可能证明了市场测试花费的合理性。

为了赢得有意义的结果，市场测试必须重点关注目标细分市场。如果没有在正确的细分市场执行测试，那么从这一细分市场中搜集到的数据和信息就是毫无价值的，如果这些信息和数据导引出一个错误决定的话，就可能会导致更坏的后果。

为什么要执行市场测试

执行市场测试的基本原因在于力图获得有关产品和销售项目的市场看法。是客户的实际感觉在起作用，而不是生产者看待市场或产品的方式在起作用。市场测试检验关于新产品和销售项目的隐含假定，并对这些假定和运用市场信息和数据作出的相关决策提出挑战。从那些对产品的商业价值没有任何理论偏见的人们那里，市场测试直接获得市场和客户的反应。

市场测试也可能会提供有关产品的一些信息，这些信息在以前是没有预料到的。客户可能会发现产品的新用途，这些新用途区别于以往预想中的应用途径。市场测试也可能会揭示出产品的一些特性，这些特性优于当初规定的那些属性。在市场测试中获得的这些洞见能够提高产品获取潜在客户的能力，这些客户一般都拥有一个价值观念，而这个观念对他们来说非常重要。

假定在开发一个销售项目的过程中存在大量的变数，市场测试可以提供一些解释，即这些主要参数之间如何相互关联，以及如何理解这些变量之间的交互作用。广告文案、定价方案、包装、配送渠道等都能够在一个真实的情境下受到评估，同时都能够基于它们对销售计划的影响受到分析。这些信息可能为产品的潜能提供一个更为真实的看法。例如，一个更高的价格对于销售（产量）会产生什么样的影响？通过充分的测试，可能会产出一些数据，通过这些数据就能决定合适的广告层级和最合适的广告文案，或者能判定最好的广告和促销组合及其与其他销售决策相互关联的方式。比如，戴尔计算机公司在 2003 年的假期出售“bare－bones”低价 PC，以支持其销售。这一型号的售价大约为 499 美元，其设计的目的就是为了满足低端市场的需求。这一观念符合戴尔的商业模式吗？戴尔能在低端市场产生新的销售潜能吗？市场测试会帮助回答这些问题。

市场测试的方法

市场测试的方法同产品使用测试的形式相似，并且从根本上而言，两者也具有相近的目标。市场测试的 3 种模式分别是：模拟销售、受控销售以及完全销售或试销[1]。根据具体情况以及新产品类型（消费者，工业和政府）的不同，这三种模式都会体现出各自具体的优势。

---

[1] C. Crawford, Merle, and C. Antony Di Benedetto, *New Products Management*, 6th edn, (New York: Irwin McGraw－Hill, 2001, pp. 406～445)。虽然这一术语可能会因不同的作者而改变，我在前面提到过的文章还有其他的文章中使用了基本构念这一术语。我用了几年时间为我的新产品开发课程选择教科书。

1. 模拟销售：该模式用于测试在新产品有售的情况下，其潜在客户是否会购买它。由于商品并没有真正地进行销售，潜在客户不会有任何的风险。此种测试对销售信息进行评估以使客户去购买产品，同时评估客户对于新产品属性的真实感受。

2. 受控销售：此种测试包括新产品的实际销售。销售状况将会受到控制，但要有真实感，而且更主要的是测试销售战略。由于在控制销售当中使用了人工技巧，产品的分发通常会受到限制，而且也难以测量。

3. 完全测试：此种测试完全基于现实的情况，只受限于一个条件，即新产品的发售事实上只局限于一两个地理意义上的市场。地域的选择数限制了市场的扩展，但是同时，在各个地域新产品都将在一个完全综合的基础上进行测试。新产品及其销售项目的各个方面都会受到全面的测试。

模拟销售方法可以用于 NPD 过程的早期，因为实际的产品并不需要立即准备好以供销售。就新产品发售来说，如果能够在确定新产品投放的销售方式这方面取得先机，那将会是相当有利的。有好几种不同的技巧可以运用在模拟销售中。在大多数案例中，与潜在客户的交易都是假设的。产品被加以描述，销售项目也呈现给潜在客户。就判定消费者的回应而言也有几种方法可供使用。很典型的就是，一份调查问卷可以有效地帮助我们判断消费者的兴趣和态度。新产品的展示包括所计划的广告宣传、促销礼包、定价以及其他销售要素。参与者将受到观察，他们的反应也将被记录下来。

其中一种变化形式使用了一个用来模拟市场状况的数学算法，以预测试销阶段和其后续阶段的影响。他们还建立了一个统计模型去预测销量和消费者行为。

和模拟销售相比，受控销售方法更加复杂，花费也更多。尽管可以规划出具体情形，但人们还总是试图确保这一过程尽可能得有效。通常而言，这是一种构想出来的具体情境设置，或是一个假设交易的典型地点。举例来说，交易有可能在一个商展会或是一处特殊设计的设施中进行。消费者（或参与者）参与该过程，如同在进行真正的买卖活动。参与者作决定的过程和行动都尽可能得真实；因此，该过程为该产品和销售项目提供了有效的洞察。

完全销售方法通常也被称为试销。其典型的组织结构是利用一个相对较小的区域，将产品引入进来，并预测其在试销市场上的潜在销量。试销会提供有关在真实情况下实际市场对于该产品及其销售项目如何回应的有价值的洞悉。该结果是真实的，并且所设定的情形中也具有所有真实市场中的“噪声”或混乱。产品的整个配送系统必须支持新产品，包括生产过程和分渠道。这种形势绝不是捏造出来的，竞争者们也可能试图在他们的生产线或是销售项目上采取侵略性的行为，以此混淆结果。比如说，一个竞争者可能对其产品进行大幅削价，以此把消费者从新产品那里吸引过来。即使是一个很有吸引力的新产品，面对那个价格为其一半的类似产品时，也会陷入一个困难的境地。

试销可能需要极其可观的时间和金钱投资。试销有许多不同的形式。其中最流行的是规划转出方法。该方法基于 NPD 理念，此理念在构建本书中描述过的 NPD 过程中起着中心作用。从本质上而言，新产品的投放是基于可辨别的和可实现的市场划分的。新产品都是被各自独立地引入各个细分市场的。在把新产品引入一个细分市场（地理性区域或其他）时，其中所学到的经验被用于调整整个项目，以便在一个额外的细分市场被作为目标时，可以适当地提升具体操作。这种转出可以重点关注细分市场，而这些细分市场又基于人口分布、分销渠道、地理规划或者是消费心态统计。

同产品使用测试一样，市场测试的类型取决于具体情境、不确定性以及风险。如果这种新产品只是一种现行产品的简单改进或是替代，销售项目可能潜在地会与现行产品的一样。在这种案例当中，市场测试的数量是最小的。如果新产品是现行产品在一个新市场里的重新定位，那么关于这个新市场可能会有很高的不确定性。此类情形可能要求在投放之前进行大量的测试。一个现行生产线或者产品平台的衍生物所展示出的特性，可能同很多先前的产品类似；因此，销售事务将是简明的。在此类案例当中，市场测试也可能不是至关重要的。在另一种相反的极端，对于新产品生产线、新一代产品及产品的新面世类型而言，市场测试可能是极其重要的。复杂的市场测试也是必需的，用以确保销售决策是基于现实而非假设。如果失败的风险很大，那么在新产品具有很高的复杂度，这个复杂度又体现对现行情形的显著改变的情况下，附加测试则可能需要相当谨慎。尽管很难制定出一个普遍的方法，但表 12. 2 还是为我们提供了一些指导。

表 12. 2　将市场测试方法与新产品类型联系起来

测试方法	简单改进	重新定位	衍生	新产品线	新一代	新面世产品
模拟	√	√	√		√	√
受控		√	√	√	√	√
完全				√	√	√
转出				√	√	√

选择最佳方法的标准并不容易确定。每一个 NPD 项目都有不同的风险、不同程度的不确定性以及阻碍成功的障碍。在一些案例当中，竞争的压力经常具有全局的重要性。在其他案例中，经济或社会条件以及趋势是很重要的决定因素。然而，这里也有几个普遍性内容。在每一种情形下，市场大小或其潜力是一个需要现实世界验证的至关重要的因素。产品定位的有效性也是一个同样重要的因素。另外，销售项目是否符合时宜，也是一个需要由市场测试加以验证的基本问题。

市场测试方法取决于具体情形。对于产品简单的改变来说，假拟销售技巧也许足以满足测试的需求，从而可以节省时间和金钱。对于一个产品针对同样市场的简单改变而言，可能并不一定需要进行销售项目的复杂验证。比如说，宝洁公司几乎是连续地引入了一个与“旧汰渍”直接相关的“新汰渍”。对于其产品及其目标市场，宝洁公司都已经有了相当数量的信息。在仅有微小的常规改变的情况下，“新汰渍”不大会要求进行任何测试。

对于仅需要微小改进的汰渍来说，宝洁公司有一个构架完整的销售策略。

对于以新市场为目标的新产品或现行产品来说，销售不确定性的程度相对来说是比较高的。市场测试技巧不得不提供一个更高程度的担保，以保证所选的销售项目适合于市场的条件和趋势。在此种情形下，受控销售技巧，或者是一个受控销售和转出销售的技巧组合，可能是必要的。

替代性产品需要广泛的市场测试。比如说，微软公司执行了一个为期两年的研究，该研究的对象是一批选定的客户，以此去测定 Windows 98 的客户满意度和预期价值。在有关获取或保持其最大市场份额地位的高风险项目中，持续的市场研究和市场测试就是非常必需的。如果要获取一个处于高风险境地的高层次目标，任何技巧都需要被使用。

新一代产品和新近出现的产品有很多因素要求搜集全面的信息，以开发出有效的销售项目。每一种技巧都必须被使用以降低不确定性。

总体而言，测试提高了做出正确选择的期望度，并增强了成功的可能性。过多的测试有可能推迟商业化的进程；由于存在太多的开放性事件或不正确的假设，过少的测试同样也会引起灾难。

试生产

概述

在确认阶段，很难总结出一些具体的方法用以验证生产或运营领域。第一步就是建造数量相对较少的新产品作为原型。可以通过单件式或批量式生产方法对生产过程进行确认，以此获得预期过程的工艺要求，从而决定它们在实际情况下的适应性。

原型并不仅仅是用来测试设计的，同时它们也被用来验证制造过程和程序。在确认阶段，整个生产系统都会受到测试，以确定其执行所有所需功能的能力。生产过程其中一部分的连接缺失，或是有瑕疵，都会产生一连串的问题，从而限制住整个过程的产能和产容。这些问题还有可能导致产品无法生产，或是服务无法提供，从而降低系统的产出或是收益，使得销售或是财务目标难以达到。验证生产系统的目的在于，确保每一部分都连接在一起，并且生产计划和项目都是可实现的。

此类测试的一个基本目标是确定操作系统能否达到或是超过期望值。这些检查包括对于质量方面的分析、需求管理、产能规划、设计事务、生产规划、存货管理、日程安排等。

该检查重点关注如下几点：

1. 发掘潜在的问题和涉及因素——哪些方面与活动计划不相一致？

2. 分析问题的原因——哪些是不可控因素？为什么不可控？

3. 决定可能的解决方案——对于获得根本原因而言，哪些是理论上的方法或是已经被证实的方法？

4. 为进一步改进开发出行动计划——为了达成正确的结果，需要哪些任务？

通过把供应商和生产过程联系在一起，精益生产技术促进了产品配送系统的整合。它们鼓励供应商们就子系统设计进行互动和交流，因为各个供应商都知道这是系统不可或缺的一个部分，而且各个供应商对于产品的这一部分担负着主要责任。另外，成本目标可以定下来，并被包括进整体设计当中，同时，根据首次供应所获得的收益以及第一批产品的生产去证实这个成本目标。在一个小尺度上，初次制造或操作过程可能相当有效率，但是信息的收集必须使得整体的系统都能够得到测试。比如说，处理 10 或 100 件产品可能是很容易的，但是该系统能否处理 1000，或者甚至 100000 件产品呢？

试生产或产品试制技术与产品使用测试或市场测试有相似之处。确定最佳的生产体系测试方法在很大程度上要视情况而定。非常完善的体系生产新产品只须做很小的改动，对其进行一次小规模测试可能就够了。这同 Alpha 测试或假拟测试类似。另一方面，如果需要对运营系统进行大的改动，或者是有生产产品的新体系，那么就有必要进行全面测试。这同伽玛测试或完全市场测试类似。

令人最担心的就是，直到很长时间之后在商品化的早期阶段才发现错误——这会造成成本、质量以及与市场相关的困难。希望从试制生产或产品测试中得到的结果就是保证在适当的时间得到适当的进度表所需的适当的零部件，保证可以迅速发现问题，并可以对其追根溯源，消除这些问题。这是全面质量管理思维的一部分，即第一次就要正确完成工作。处理问题最好的解决办法就是预防或是及早发觉。在全面质量管理思维中，在问题出现之前就认识到并且消除问题是非常必要的。注重潜在问题的原因而不是在商品化过程中解决问题，会减少劣质生产的成本，尽量减少由于耗费时间进行补救而浪费的时间，通过提供无缺陷的产品来提高给客户的产品质量。一个企业组织通过投资进行预防，从短期来看，可以节省开支和资源，从长远来看可以避免出现非计划的产品责任问题。

那些有效地开展并行工程的企业组织能够改进上市时间目标，减少直接成本和废品成本。在设计和开发过程的早期，对一项设计进行变动花费最低。测试最关键的一点就是在产品设计和生产过程确定之前或是在产品真正开始生产之前发现任何可能存在的问题。在这些重大事件之后进行改动的费用要远远高于在还可以进行另外改动的时候的费用。

在设计过程的后期，在试制生产的时候，甚至是在第一批货送达客户那里之后，常常会进行改动。到那时，解决问题的费用会增加 10 倍到 100 倍，而设计缺陷可能已经影响到了进度表和客户满意度❶。图 12. 2 说明了在新产品开发过程中为了解决问题或是消除缺陷而使用的资金。

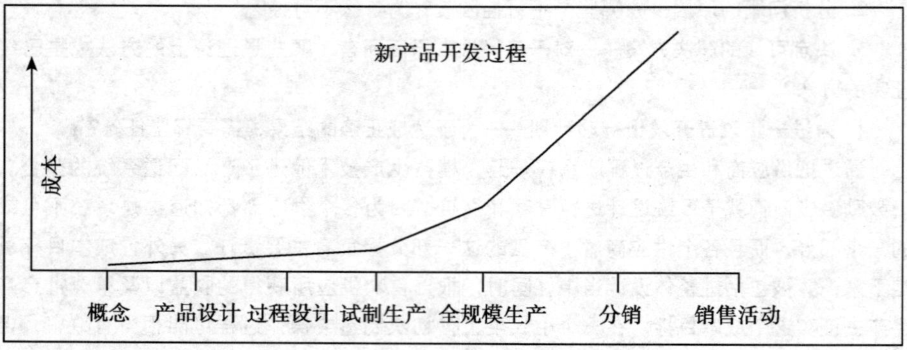

图 12. 2 设计改动对成本的影响（理论角度）

废弃、重做、售方退货这些都是发现原料有缺陷或发现生产问题时进行的典型处理手段。这些处理会让产品比本来更贵，使之不再那么吸引客户，还会影响新产品开发方案的可行性。

巨大的潜能可能会因低劣的执行而不复存在。测试的最终结果就是要发现潜在的问题，进行根本原因分析以找到问题的潜在原因，开始进行补救以防止它再次发生。

一个未得到纠正的错误在生产过程中会越变越大。在一个机器上或一次操作中的两分钟的问题在操作的后续阶段会需要用两个小时，甚至是两天来重做。

重做、额外的机器设置、文档工作、加快工作，或是运输都不会给产品或是生产过程添加任何增值。通过消除这些负担，产品成本将会降低，过程将会加快，质量将会提高。要审查和分析造成高成本或是缺陷的任何可能的原因，以便进行可能的改进。从客户的角度来看，运营系统必须是完全连续、天衣无缝的。

测试生产体系的可靠性

3 种主要的可靠性测试包括：确认操作系统生产的产品质量和性能；确保系统可靠性；确定人们知道如何履行他们的职责和责任。生产测试就是检查从几套可选工艺中选出的系统生产无瑕疵产品的能力，这种测试确定系统可以生产超出客户期望的产品，可以达到规格说明规定的质量和质量目标。

运营系统最主要的目标就是生产出适当的产量，而不会出现严重的生产中断，没有过

❶ Anon. A smarter way to manufacture. *Business Week*, April 30 (1990), p. 110.

多的存货、废品，不需过多的运营费用❶。测试系统可靠性的主要目的就是对系统可以运转、可以达到新产品方案的预期及其所有的目标更有把握。典型的目标包括满足成本目标，生产量水平，以及系统重要要素之间的互动。测试的重点是根据可以接受的输入参数来测试生产需求的产量的能力。

这样，测试检查的是运营系统的效率、成效和生产率。效率衡量的是系统的经济可行性。它根据资源的有效利用来检查生产，确保系统能力同成本和生产量一致。成效探索的是可供选择的项目，确保使用最有用的方法来产生最终结果。生产率衡量的是将输入转化为输出以及达到新产品开发方案的资源利用目标的能力。然而，如果产品只是进入库存的话，进行的这些衡量并不能确保运营系统运转良好。测试不仅评估生产过程的能力，而且还确定系统可以进行低成本、可持续的生产。

去掉那些非增值作业是精益业务行为的首要目标，是操作系统的一个重点。任何非增值作业都会浪费钱，会产生废弃物。两者都会造成容易受到竞争者攻击的次优系统。

测试还涉及人和他们的工作能力。测试检查他们的知识，他们在新产品开发方案中规定的时限和成本范围之内完成工作的能力。

测试财务因素

在确认阶段，财务规划会被重新评审以确保规划所涉及的财务问题与新产品开发方案的实际情况相符。最重要的要素是产品成本结构和现金流量预测。考虑到设计已经基本完成，大多数修改已经卓有成效，在确认阶段接近尾声时，产品的成本结构差不多完全被锁定了。将产品的预期成本同报价或目标成本进行对比，以确定是否合适。分析视情况而定。在某些情况下，偏离指标上下10%是可以接受的，但是在竞争非常激烈的市场，10%可能太高了。如果这个数字远远低于指标值，那么就要进行分析以确保没有遗漏。

同样，在其他重要的财务要素方面要进行同样的分析。对于许多重要的度量来说，现金流量是必要的预测。资金流量预计是计算预期的内部收益率时主要的变量。分析考察的是现金流预期的要素，确定它们是否容易变得不可接受。

❶ 运营费用包括生产成本（比如直接人工成本、间接人工成本、存货持有成本、设备折旧、生产中使用的原料和储备）和行政管理成本。

测试外部因素

概述

测试通常并不会超出市场量度的外部因素。人们并不注意其他外部因素，所给的理由稀松平常，无非是投入的时间和成本。然而，还有比时间和金钱更切中肯的理由。答案就在于这一事实：没有一套测试外部因素的标准方法。这是一个正在发展的领域。使用的方法就是考察直接与价值体系的主要因素相关的方面之外的潜在问题。虽然很难确定目前和将来的影响造成的后果，但是测试必须要超出涉及客户和市场的明显问题。这种测试考察的是新产品更广的方面，以确保新产品与世界的实际情况一致。

然而，有人提议对内部因素的测试应在测试与市场无关的外部因素之前进行，这是合乎逻辑的。理由很简单，就是时间和金钱。如果在产品结构、市场、生产或是新产品开发方案的财务方面存在严重问题的话，那么测试外部因素就毫无意义；这些问题需要大量时间、费很大力气才能解决。此外，外部因素测试可能需要公开一些内容，而这些最好是在新产品开发方案接近尾声的时候公开。测试顺序依据的是每一因素的重要程度，这在方案的早期阶段就确定了。

就像在前面的章节中所谈到的，超出市场和客户的重要外部因素是利益相关者、供应网络、相关产业、基础设施和竞争。第一步是要确定每一因素的薄弱点，确定哪一个因素，如果有的话，需要测试。外部因素测试的重点是牵涉到的不确定情况以及额外的信息或分析的需要。对测试的考虑集中于那些相同的主要因素：时间、钱和风险。

视角还应该集中于积极的方面。目的是要深刻了解外部因素怎样对新产品做出反应，以及在早期商业化期间它们将起到什么作用。这些附加的见解可以为问题或机会提供解决办法来改善方案要素，以使过程从内部和外部来说都完全融为一体。

利益相关者问题

利益相关者问题极为宽泛，很难界定，除非有一部漫长的与市场、工业和商业环境有关的历史。幸运的是，就大多数新产品开发而言，企业组织确实了解利益相关者，掌握了关于利益相关者的信息，因为新产品通常与现有的产品线和产品活动相关。如果新产品是对旧产品的改良、替代或是旧产品的衍生产品的话，就更是如此了。但是，在有些情况下，新产品被置于新市场或新领域中，而在那里该企业组织可能并不熟悉利益相关者及其的影响。在这样的情况下，就有必要对利益相关者的影响进行仔细考察。

第一步是要概括一下重要的利益相关者的问题，以及它们将会怎样影响新产品。这种信息是在早期阶段逐步积累起来的，而这一步只不过是对之前的努力再次的证实。一旦那些最重要的问题得到确认，就可以按照其重要性或是潜在影响确定其轻重缓急。

下一步就是要挑出那些可能会对新产品的成功产生重大影响的问题，确定一种方法来测试它们在新产品上市期间及其生命周期内可能会起什么作用。这一步设想要做出这样的选择。正如前面所说，对于那些拥有现有产品线和产品事业部门的企业组织而言，大多数利益相关者问题是很清楚的，成了管理体系中的一部分。对于新产品这种情况而言，重要问题和重要选择是受新产品方案驱动的；因此，就需要有复杂的要求，因为重点是对新产品的影响。

第三步是制订一个测试计划，包括与利益相关者及相关事项有关的重要问题。与产品和市场测试类似，该测试的目标是评估那些最重要的利益相关者的观点，确保新产品包含恰当的解决办法，解决利益相关者最关心的问题。要解决每一个重要问题是不可能的，重点应该放在主要问题和主要的薄弱点上面。测试工具应该针对下列问题：

1. 确定重要利益相关者的需求以及企业组织满足和管理那些需求的能力；
2. 评估那些可能会因为利益相关者问题而限制新产品销售潜力的限制条件；
3. 估计新产品对社会、商业环境和利益相关者可能产生的影响；
4. 对可能的影响以及易受影响性进行风险评估；
5. 减少或消除最重要的实际问题或感知到的问题的办法。

测试利益相关者的反应通常是由支持新产品开发小组的专家们来做的。虽然正式评估利益相关者对新产品的反应是非常值得的，但是这样的测试更像是一个专门程序，而不是新产品开发过程中的一个系统部分。不幸的是，支持这一论点——即利益相关者测试是一个好主意——的数据是建立在来自灾难性事件的断断续续的证据之上的。在这样的情况下，是复杂的，很难找出一种单一的失败模式。

艾克森瓦迪兹号原油泄漏就是一个例子。艾克森美孚石油公司的运营系统设计和管理巨型油轮以应对客户对石油产品的需求和石油产业的经济驱动。利益相关者的利益和观点似乎并不在优先级表中的重要位置上，即使那时候有证据表明环境问题和油轮泄漏是重大问题。如果系统考虑到利益相关者的忧虑的话，结果会怎样呢？可以说恰当处理这些问题会使公司还有利益相关者和股东受益匪浅。

供应网络测试

供应网络涉及的问题是另一种困难的测试情况。这种测试的构成和基本原理同上面所谈的利益相关者测试类似。主要的薄弱点包括下面这些：

1. 在向运营系统连续供应原料的过程中发生中断；
2. 战略性原料的不可得；
3. 必需的原料和零部件或者对新产品的总成本影响重大的原料和零部件的成本剧增；
4. 关于供应和物流的设想有重大变动。

对这样的问题进行检测通常是一直进行的，而不是在新产品开发过程中的一个确切时刻进行的。在有些情况下，对供应网络进行最后的检查以确保关于原料和零部件供应的设想正确，这是有好处的。企业组织可以检测其供应链和分销渠道中最复杂或是最薄弱的部分。比如，如果新产品将要用铁路来载运，那么检测就要包括使用假定的路线和方法来确定是否存在问题和障碍。一个未预料到的障碍可能包括要求持有允许将产品运往一个特定城市的居民区的特别许可证。可能还要评估运输业中的动态变化。

供应网络涉及的问题通常都是固定的，而且通常都有有关规定的大量信息。然而，总是可能会出问题的。如果一项规定相对来说非常不确定，那么花费时间和金钱来发现潜在的问题并采取补救措施以消除这些问题来减轻风险是非常有道理的。2001 年 9 月 11 日的影响再次为我们提供了真知灼见。认为货物可以轻松快捷地从 A 地空运或者是用汽车货运到 B 地的设想需要根据新的安全检查进行检测。什么都不能假设。

相关产业测试和基础设施测试

相关产业测试的方方面面甚至比网络供应测试的方方面面还要复杂。一件新产品的成功也许取决于该企业组织与提供相关产品和服务的供应商之间的外部关系。把新产品、相关产品和服务综合起来，才会取得成功。一辆没有汽油的汽车值不了多少钱；一种需要先进硬件——客户也许还没准备买——的新软件也是一样。测试一般着重于澄清和确认责任、职责和需求。这一过程的最终目标就是要取得提供双赢关系的可持续成果。

基础设施测试并不是一件普通的事；然而，在越来越多的情况下，确定基础设施对新产品的需要做出反应的能力是很重要的。例如，一种使用压缩天然气的新汽车设计依赖于天然气的分销渠道和基础设施。这样的话，如果那种燃料的可用性存在问题，就要对基础设施方面进行测试。测试手段应该针对下列问题：

1. 确定相关产业或基础设施规定和必要的解决方法的可用性；
2. 评估可能会限制相关产业或基础设施有效性的限制条件；
3. 对可能的影响以及易受其影响性进行风险评估；
4. 减少或消除最重要的实际问题或感知到的问题的缓和法。

在选择提供支持的时间时，测试可能是一个关键要素。新产品可能在相关产业或基础设施提供必要的支持结构之前就进入了市场。进行这种测试的实际要素要视具体情况而定。

竞争分析

竞争分析是了解竞争环境与条件和竞争力的著名方法。竞争情报以及确定竞争反应都是固定的方法。这种测试的目的是要尽可能地确定那些最为重要的竞争者对手会做出的预期反应。在某种程度上，这种测试会成为市场测试不可分割的一部分。如果进行了市场测试，而所使用的方法包括了竞争对手的反应，那么就没有必要单独对竞争者进行测试了。

分析的目标是要尽快确定主要竞争对手可能会造成的影响。下面是一些样本：

1. 哪个竞争者最有可能对这种新产品有负面反应?

2. 他们将会做出怎样的反应? 有可能是：推出一种类似的新产品；削减与产品领域相关的现有产品的价格；加强对他们其他产品的广告和促销；限制使用分销渠道或是供应链中的其他重要资源；

3. 他们将会怎样改变他们的营销策略?

4. 考虑到竞争者们的预期反应，我们的新产品将会在市场上享有多久的优势? 考虑其独特性、新颖性、成本、形象，等等。

关键就是要确定机遇是否足以补偿投资，足以为投资带来丰厚的利润。答案要取决于这种分析、机遇期和回报值。

不确定性管理和风险管理

管理新产品开发中的不确定性

新产品开发过程的一个内在重点就是不确定性管理和风险管理。新产品开发方案中充满了问题和不确定性。但是，新产品开发过程包括将未知之事和问题转变为可靠的信息和数据以及可以解决的状况的方法。包括从概念到确认的各种各样的测试和评价方法为不确定性提供了有效的解决办法，而不确定性是任何新东西不可或缺的一部分。

如果不确定性相对较低，那么就可以说竞争小，可能的回报也许就小。在开始的时候，不确定性可能相对较高，如果新产品开发过程控制得当的话，随着时间的推移它会越来越小。

开始的时候，有一个构想，或者在某些情况下，有一个明确的概念。但是，要做出有根据的决策需要了解详细情况，而这通常又是缺乏的。新产品开发过程的动力就是随着方案的进展，信息与知识会系统地增多，这样，就可以减少与外部因素和内部因素相关的那些未知之事和潜在问题。下面这些是在研究不确定性及其对决策所涉及的问题时要考虑的最为重要的几个问题：

1. 新产品的机会是否在**战略上**与企业组织的使命和发展方向**一致**，企业组织是否有竞争力和能力?

2. 企业组织是否真正了**解**潜在客户的**需求**和**需要**；从物质的（有形的）和非物质的（无形的）两方面看?

3. 产品在市场中的**定位**是否能给它提供独特的惠益？产品在提供客户价值方面是否独一无二？有没有明确的价值主张?

4. 是否已经真正确定并且处理了成功对**市场**和**技术**的要求?

5. 有没有使用有效、高效的方法和途径将产品（或服务）运送到市场上的**固定渠道**?

6. 是否妥善处理了**重要的利益相关者**及其关心的与产品影响相关的主要事情和问题?（是否确定、评估并且遵守了政府法规?）

7. 是否考虑了有影响力的**竞争者**及他们对新产品的预期反应，是否准备好了应对措施?

8. 是否恰当地考虑并处理了其他最重要的**外部因素**以及它们对产品的影响??

9. 是否已经确定了完成方案的全部**资源需求**?

10. 是否减轻了**市场、技术**和**经营风险**?

对于所关心问题的这一列，表只突出了需要在新产品开发方案过程中处理和监控最重要的因素。一个十分重要的方法就是通过信息与知识来降低不确定性。虽然在开始阶段不确定性较高，但是在新产品开发过程中，通过系统地获得、分析、了解信息，并对新产品及其对内部和外部因素的影响做出有根据的决策，通常可以降低不确定性。

一个有效的新产品开发方案会使信息与知识的可用性与分析和决策的需要达成一致。在方案的第一阶段，信息需求量很大，但是可用的资源和时间也很多。在方案中的投资应当缩小需求与信息和知识的可用性之间的差距。

虽然从未有过尽善尽美的信息与知识，但是图 12.3 表明随着时间的推移，剩余的不确定性应该趋近于零。

不确定性程度提高表明活动和资源（投资）在了解新产品开发过程和方案的基本方面中并没有相应提高。这样的情况可能表明存在一个重大问题，需要进行补救。时间、精力和金钱的投入需要拿出确凿的证据表明不确定性正在降低。随着信息、知识和信心的增加，管理的改善，参与者们愿意承担风险，继续开展新产品开发方案。

在理想的情况下，不确定性会从第 1 阶段相对较高的程度降低到第 6 阶段开始时接近于零的程度。即使尽了最大努力，总是会存在不确定的事情。在产品上市之后竞争者对新产品做出反应的时候，不确定性可能会增加，这是公认的。而且，初期的成功会招来新的竞争者，使商业环境更具挑战性，更难解释。商业环境可以从稳定变为混乱动荡，需要新

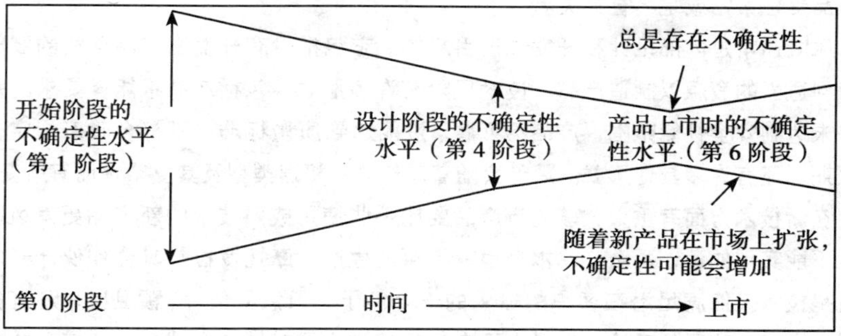

图12.3　在新产品开发方案期间降低不确定性的相关视图

（基于集成产品开发的全部好处的理想状况）

策略和新的解决办法。

集成产品开发的一个基本前提就是通过投入时间、精力进行检测、确认来尽量降低不确定性。这些活动也是在新产品开发方案各个阶段的各种不同程度上进行的。测试和评价方法经常会为管理部门和新产品开发小组提供信息以做出重要的决策，尤其是那些与进入下一阶段相关的决定。确认阶段一般是新产品开发过程中将不确定性降低到一个可以接受的程度的最重要的一步。由于不断变化的外部因素，不确定性将一直存在。“加速”的原因之一就是要抵消商业环境的变化可能产生的消极影响。

了解与评估风险

风险是新产品开发中经常存在的一部分。要控制和减少风险；然而，消除所有的风险有可能会招致更多（新的）竞争者，考虑到普遍的假定风险水平，他们一般没有能力充分利用机遇。关键是要了解风险的要素，要减少随时可能出现的风险。

有与市场相关的风险、技术风险、与方案相关的风险、利益相关者风险、财务风险。每种风险都要进行分析、评估以确定风险水平和企业组织控制、处理潜在影响的能力。风险的类型和范围也许彼此独立，也许以某种方式结合在一起造成更大的威胁。比如，凡士通轮胎问题带来了产品责任问题，还带来了关系到所有产品线的市场影响、企业担忧公司信誉的问题。公司能承受所有这些风险吗？随着重要相互作用出现的可能性增加，要确定风险要素造成的影响和后果就越困难。为了使风险分析易于理解，本文的讨论将考察独立的风险。

与市场相关的风险探讨的是发生重大意外事件或是失败的可能性，以了解一种或多种基本市场需求。比如，市场规模可能只有预计规模的一半。这种情况会大大影响利用大规模渠道分销该产品的能力。为了找到拥有顾客的经销店，要想另外的办法；它可能会影响就运营系统的能力做出的决策。与市场相关的最大风险是产品因为有缺陷在市场上失败从而引起产品责任索赔或是名誉损失。

技术风险通常是内部设计和开发过程引起的。它包括没有开发出产品必需的零部件或是没能得到适当的资源以制造产品。技术风险有许多形式，包括产品不能像要求的那样运作，或是未达到安全性能范围，产品不可靠，没能达到质量标准，不符合政府规定，不符合成本预期，还有许多其他形式。风险会随着新产品的机遇类型及其复杂性而有所变化。

需要在新技术方面有重大突破的新产品要比那些使用成熟技术的新产品更有风险。如果新技术不能实现的话，那么产品本身也就不可能生产。摩托罗拉与其合作伙伴开发的铱星系统就是技术没能满足潜在客户的需求的一个例子。虽然凭借 66 颗卫星，还有备用卫星，实现了全球无线通信系统，但是由于电话机的大小及其缺点和成本，该产品并未获得成功。技术问题和高单位成本会大大降低产品的市场潜力。

与方案相关的风险着重于方案要素无法达到方案目标。最大的风险之一就是没能赶上进度和预定上市日期。与方案相关的风险很难控制，但是它们的影响实际上是最容易了解的。管理体系和新产品开发过程应该提供控制方案要素的办法。然而，管理部门和新产品开发小组通常不能维持控制，技术或与市场相关的问题会打乱时间选择，导致整个方案赶不上进度。这会影响上市时间的目标，还会影响财务目标，因为收入流已经延误了。解决办法存在于新产品开发过程和并行工程（处理）这个概念之中。就算存在技术或营销问题，这样的困难也会迅速显现，可以在产生重大影响之前找到解决办法来消除问题。

利益相关者风险对于风险评估来说是一个相对较新的领域；但是，在许多例子中，新产品没有达到利益相关者的要求或是期望。比如说，手机技术需要修建高塔传递信号。这样的高塔通常被看做是硬闯进社区的难看建筑。当地居民强迫政治势力阻止修建更多的高塔。在新产品刚刚上市后不久，这样的失败不会对新产品的成功产生巨大影响，但是会产生影响的情况越来越多。利益相关者问题通常在产品生命周期的增长期出现，使得风险评估变得更加困难，除非共同努力来了解潜在的影响和风险。

财务风险是在新产品的情况中讨论、分析得最频繁的风险。重点是能否达到预期目标，尤其是经济回报。财务风险通常是用来确定整个方案具有的潜力的度量之一，因为不能达到财务要求通常意味着方案失败了，不管技术或市场成功。考虑到在第十章中已经详细讨论了财务因素，这里就没有必要重复讨论了。

经营风险针对的是对整个企业造成的可能的负面影响。这一分析考察的是发生可能会严重损害企业组织的战略地位和信誉的严重的甚至是灾难性的失败的可能性。这种风险很难量化和预测。但是，由于处于危险之中的事物的重要性，应该总是要高度重视经营风险。关键问题是：如果产品遭受巨大失败，后果造成了极为负面的影响的话，那么什么样的负面影响会影响到整个公司?

一个公司也许能支付产品责任索赔款以及相关的诉讼，但是它能经受其他产品类别中的损失吗？产品失败的影响非常广泛，并非仅仅影响到相关产品。

新产品开发过程中的风险管理

集成产品开发最重要的特征就是能够减小风险。新产品开发过程包括阶段和评审，可以让新产品开发小组和管理部门在继续进入下一阶段之前确定一个阶段内的所有要素是否都已完成，是否可以接受。这一方法还提供在任何一个时刻了解整个新产品样子的方法，这样就始终可以对新产品有一个全面印象，而决定是否继续下去要取决于所有要素。例如，在概念开发和选择阶段，不仅要对产品各个方面有所了解，还要对营销、财务和运营方面有所了解。这是非常有效的，因为它让管理部门在整个新产品开发过程和方案中就成功前景做出有根据的决策。它意味着风险可以连续不断地减小，因为所有的要素都是在平行发展的。能够修改、调整或是结束过程是集成产品开发的最重要的一个优势，因为了解情况的、机敏的管理人员对进程了如指掌，可以马上采取妥善的行动。

一般来说，在新产品开发过程初期，鉴于不确定性较高，因此那时假定取得成功的可能性较低。然而，通常那不会让人担心，因为投入微不足道；因此，风险水平较低。阶段和评审的目的是要保持较低的风险水平，即使随着时间的过去，投入越来越大。通过管理这个过程，小组和管理部门就降低了风险。

图 12.4 描绘的是关于风险管理的传统观点。简单地说，风险水平是风险和不确定性水平的产物。如果因为新产品开发过程保证所有要素都上了轨道，不确定性程度随着时间的流逝而降低，那么就可以容忍越来越多的风险。

阶段	风险（r）	不确定性程度（p）	风险程度（$r \times p$）
1	1	0.9	0.9
2	1.5	0.8	1.2
3	2	0.7	1.4
4	4	0.4	1.6
5	6	0.3	1.8
6	8	0.2	1.6
	8	0.3	2.4

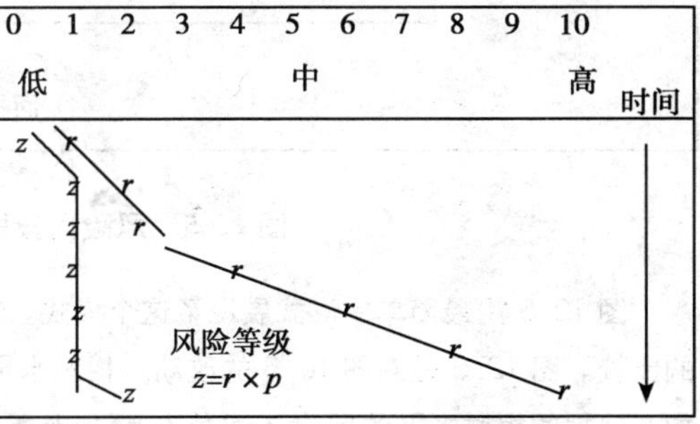

图 12.4 在新产品开发过程的各个阶段中，风险水平图解（相对风险）

这个图描绘的是预料中的情况。在新产品开发过程的各个阶段中，风险会增加，但是由于不确定性降低，“风险水平”就相对平稳。在大型的、复杂的、技术驱动的方案中，这个过程本身就存在风险水平的增加。对于这样的方案来说，不可能将风险水平保持在相对较低的范围内。

集成产品开发的主要优点就是能够在任何时刻结束方案，尤其是在一个阶段结束时的评审期间。如果风险等级超过了预先确定的界限，那么就要修改、调整，或者取消这个方案。这些措施往往可以减少总的风险，尤其是与许多新产品机会的大量组合相关的全部风险。对于同时开发许多新产品的较大公司而言，这是一个有效的模式。

建立标准

总体目标是要控制风险水平，使之保持在一个可以接受的范围内。可接受的风险水平因公司和方案不同而有所不同。拥有雄厚资产的公司也许有能力经受更大的风险。但是，即使是这些公司也经常根据风险回报率而不是可承受性标准来考察这个问题。

方法很简单。在风险水平和预期的回报之间存在一种关系。要对那些恰当的精确值进行概括很难，但是描述概念很容易。

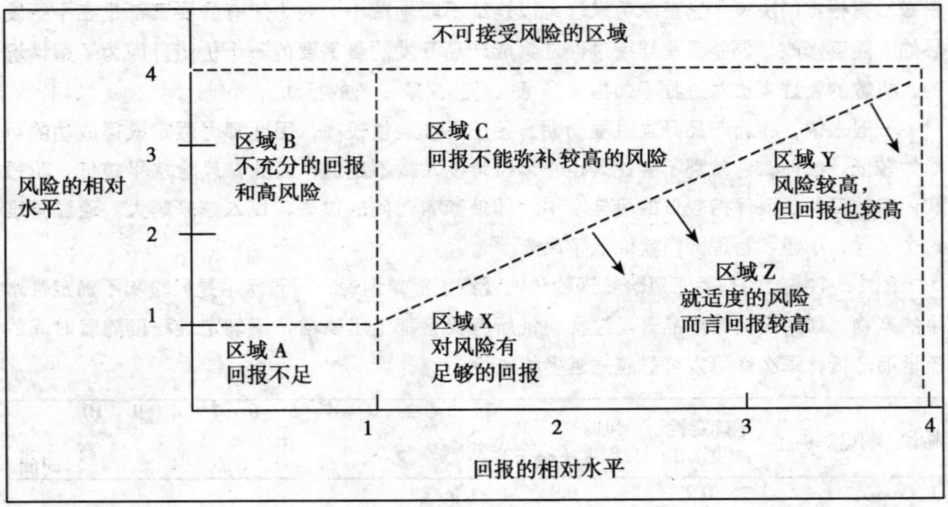

图 12.5　风险回报矩阵的相对水平

图 12.5 用最简单的形式展现了这个模式。它考察了风险的相对水平与回报的相对水平的比较。图 12.5 是对图 10.5 的改动。相对水平是根据相关基本原则的因素来衡量的。例如，回报的相对水平的因素 1 可能与财务上所要求的利润率相当。如果要求的利润率是 15%，那么因素 2 和因素 3 就分别等于 30% 和 40%。同样，风险的相对水平可以等同于对新产品开发方案的全部投入。在对风险轮廓的简单理解中，风险的相对水平要用全部投入的倍数来表示。虽然这样的理解方法并不能完全描绘出风险的特征，但是概念是准确的。

根据可能的回报，区域 A 到区域 C 是不可接受风险的区域。区域 A 和区域 B 只是达不到预期值。区域 C 有可接受的回报，但是相对于较低的回报水平而言，风险太高了。根据风险水平来看，区域 X、区域 Y 和区域 Z 是可以接受的。尤其是区域 Z，代表了相对于风险水平而言回报丰厚的区域。

这种方法只不过是描绘和了解风险相对回报水平的手段。它给确定风险回报率提供指导，不能理解为绝对意义上的可接受性。

本章总结

确认是一个复杂的话题，要在新产品开发方案的背景中确定。这一章的讨论概述了与确认在新产品开发方案的上游阶段做出的决策相关的概念和理论。重要的是确认，而不是测试。

确认是根据经验所得出的结果，尽可能地以现实世界为依据。论证和测试的目的是为了深刻了解设计和开发中变量的动态变化，获得证明做出了恰当决策的证据。客观数据是直接从被研究的情况中得到的。分析采用的是科学方法，包括归纳推理和演绎推理。论证和测试与获得实验结果类似。它运用科学原理来提高对关于新产品开发问题的了解。

确认阶段最主要的好处就是增加了对于新产品和新产品开发项方案信心。在发现肯定新产品潜在构念的主张和决策的现实世界现象的过程中，增加了信心。

对第十二章的补充

快速成型和光固化立体造型

引言

新产品开发中一个最重要的因素就是成型的问题。开发者必须考虑原型开发的程度，比如说，需要多少，什么时候需要，还有制造原型的方法。为了检测产品整体设计的方方面面，或者为了作产品设计者的视觉辅助，可能需要个别零部件的原型。在产品设计阶段结束的时候，通常没有模具，没有机器，没有装配设施来制造产品。如果在设计过程中制造出了一个成品的工作模型，它可能非常粗糙，或外表不吸引人，因此也就不适合在展示会、销售会议等上面演示。开发者甚至可能都不知道该产品是否有可望成功的市场，而高质量的原型可以提供颇有价值的市场反馈。由于需要快速、廉价地制造原型，因此快速成型技术就成为许多产业中不可或缺的一个工具。

建造物理原型的能力长期以来就是产品开发过程中的一个薄弱环节。使用传统的加工制造方法，建造物理原型非常贵，要耗费很多时间。由于建造这些原型非常贵，因此营销部门或其他部门可用的原型就相当少，这些部门可以使用能够得到的工作模型。原型应该尽可能忠实地反映最终产品的主要特征，尤其是在拜访可能的客户如果要用原型的时候。

使用快速成型可以在生产开始之前，及早发现设计错误。设计概念可以在贵重的硬模制造出来之前进行检验。在有些情况下，它甚至可以生产出少量的产品零部件，而无须硬模。在医学模型、建筑构造和航空部件中令人兴奋的应用证明了快速成型已经不再仅仅是建造模型了。

快速成型技术仍然处于发展的初期阶段，大概只有 15 年的历史。快速成型的先驱 3D 系统公司（3D Systems）于 1987 年 11 月推出了其第一台光固化立体造型机。自那时起，其发展就非常迅速，在开发可以用更少时间生产更坚固、更精确的零部件的进展中取得了很大进步。

传统上，一旦设计工程师完成了设计，进行改动的灵活性就相当小了。最终设计一旦提交给绘图员绘制成蓝图，那么就不赞成进行改动了，因为改动会花费很多时间，并且非常昂贵。今天，计算机辅助设计（CAD）方法可以进行无限制的设计改动。所有的图画都是电子绘制的，点几下鼠标就可以进行修改。在快速成型之前，要设计开发出模具，以便制造一个零部件；今天，可以不用制造任何专门用于某个零部件的模具便可以制造原型了。使用快速成型可以非常迅速地制造原型，相对来说比较便宜，而且细致入微。

传统成型技术，比如计算机数控（CNC）加工，开始用的是一块原材料，比如一块钢铁，在加工的整个过程中，材料渐渐被去掉，直到出现想要的物件。从根本上说，快速成型与这种传统的产品加工方法截然相反。它是一种加成工艺，原料薄片逐渐增加，塑造成具有希望得到的形状的零部件。

快速成型可以用来高效地改进或尽可能地完善零部件设计。它可以让设计者看到零部件的三维模型，这样在过程的早期就可以查出设计错误。快速成型还可以使模具设计和概念在任何硬模制造出来之前得到检验。因此，就产品开发周期中的工程流程和生产流程而言，快速成型提高了速度和质量，降低了成本。最普遍的一种快速成型技术就是光固化立体造型（SLA）。

光固化立体造型最初的一个障碍就是将计算机辅助设计文件转变成光固化立体造型机可读的光固化立体造型文件。光固化立体造型文件格式主要是由艾伯特顾问集团（Albert Consulting Group）开发的，是快速成型系统主要的文件标准。微软最近进展很快，使向光固化立体造型文件格式的转变更容易了。然而，程序开发者仍然预想着最后可以达到按钮操作那样简单❶。

快速成型的成功使人们对快速制造（RM）研究、快速模具（RT）技术产生了兴趣。大多数专家预计快速成型、快速制造和快速模具最终将会走上两条不同的道路，每条道路为一种不同的需要服务。第一个需要（主要用快速成型）是需要模型来促进有关产品设计的交流沟通，提供设计概念的确认和衡量方法，让工程师和其他人看到一个零部件将会是什么样子。这将适合那些成本低、更快速的技术，不太重视零部件强度。第二个方面注重的是使用快速成型概念制造比快速成型制造出来的零部件更结实、更精确的零部件，这样生产出来的零部件就可以用作真正生产的零部件（主要使用快速制造和快速模具）。所以最后，“原型”零部件将会低成本地快速生产，用来进行确认、衡量，而且在有些情况下，真正用来使用❷。

---

❶ R. B. Aronson, M. Burns, and K. Johnson, It's not just RP anymore. *Manufacturing Engineering*, 124: 5 (2000), pp. 98 ~ 112.

❷ 同上。

现在快速成型研究的重点是制造出更坚固、可用的原型的新材料。使用快速制造做出可用原型还处于发展的初期阶段，而且成功的应用仅限于小规模的利基市场，比如医疗设备或有关太空的物件。推动快速制造研究的主要因素是对少量定制产品日益增长的需求。现在还可以利用快速成型技术制造可用的模具。已经开发出了快速模具技术，可以制造出能够生产出 100000 个模制品的密度很大的模子❶。

传统上，使用光固化立体造型制造出来的原型要用以水溶液为主的工业染料染上颜色。然而，这种方法需要长时间在热的水溶液中浸泡，这种水溶液并不能均匀地给所有的树脂染色，而热染料实际上会使模型变形。DSM Somos 公司开发了一种新的染色技术，可以使染色覆盖面均匀一致。零部件是用以苯胺为主的染料在非水溶液（还被称为皮革染料）中染色的❷。

有几家公司在使用快速成型技术制造那些通常需要注模制造的零部件。在接近热塑性塑料特性的众多艰巨任务中，有提高冲击强度和拉伸强度，它们衡量的是材料的抗冲击能力。在韧性和硬度得到改良之后，材料的耐热性通常会降低，反之亦然。等级与聚丙烯最为类似的光固化立体造型树脂的弯曲模量为每平方英寸 180000 磅（每平方厘米 126555 千克），热变形温度约为 180°F（82℃），冲击强度为每英寸 0. 8 英尺磅（每米 43 焦耳）。虽然这些特性仍然比不上聚丙烯，但是光固化立体造型树脂在很短的时间内取得了巨大发展，而且仍在继续进行努力的研究❸。

光固化立体造型树脂还用于生产最终使用的产品。比如，在牙齿测定仪（teeth aligners）的生产中，光固化立体造型显然是金属牙箍的塑料代替品，被用来完成大量的定制。使用光固化立体造型和丙烯腈－丁二烯－苯乙烯塑料树脂制出的聚碳酸酯原型可以承受功能性测试，其强度是类似的注模零部件强度的 80% ~90%。在生产医疗设备的工业中，光固化立体造型正在被用来生产助听器的外壳❹。

现在正在开发的一种新方法可能会将快速成型和快速制造引入到复合材料的领域。OptoForm LLC 正在开发一种叫做复合材料直接制造法的快速成型方法，利用光敏浆料（photosensitive paste）制造零部件。复合材料直接制造法在几个重要方面与传统的光固化立体造型系统有所不同。因为使用了黏性浆料，所以就没有零部件在其中成型的液体树脂罐。浆料慢慢地从圆柱形容器底端向上增加，在那里一种特殊的喷涂系统把浆料喷涂平滑，以形成固体层。与传统的光固化立体造型不同的是，在下一层成型之前不用等液体树脂沉

❶ R. B. Aronson, M. Burns, and K. Johnson, It's not just RP anymore. *Manufacturing Engineering*, 124: 5 (2000), pp. 98 ~112.

❷ Anon., Add color to SLA parts. *Manufacturing Engineering*, 128: 5 (2002), p. 46.

❸ J. DeGaspari, Rapid evolution. *Mechanical Engineering*, 124: 3 (2002), pp. 48 ~52.

❹ 同上。

淀下来；因此复合材料直接制造法是非常快的❶。

长期以来，使用快速成型技术生产大型零部件一直都成问题。一般来说，生产特大零部件需要用数字技术将计算机辅助绘制的图分成几个部分，分别复制出每个部分，然后将各个部分粘在一起，但是粘在一起的巨大的装配组件经常会在生产过程中弯曲、变形。DSM Somos 公司制造的一种新型环氧感光性树脂可以用来制造大型零部件，比起使用传统的光固化立体造型材料制造的零部件来，这种零部件在机械方面和尺寸上更加稳固。使用这种材料，仅用 50 个小时就可以制成一个长 5 英尺（1.52 米）的一体的原型仪表板❷。

光固化立体造型流程

在光固化立体造型流程中，将关于零部件几何形状的横截面数据提供给紫外线激光器。不管这个激光器是氦镉的，还是氩的，接着就将零部件的截面图陆续复制到感光性树脂薄薄的表层上。这些操作让树脂凝固。接着就把零部件所在的平台降低千分之几英寸，这样新的液体树脂层就可以覆盖刚刚硬化的部分。然后计算机会收到下一组平面坐标，然后重复勾画轮廓。这一流程持续进行下去，直到完成最后的平面部分。然后从机器上取走原型，在受控熔炉中或者是在紫外线固化设备中进行后固化。

因此，光固化立体造型包括两个主要步骤：扫描和固化，以及提供新的液体树脂层的重涂。因为重涂这一步是流程中最耗费时间的，因此许多光固化立体造型研究都着重于研究新型、更快的重涂技术。

使用标准机床的传统原型生产要用 6 个月或更长时间生产一个原型，与之相比，光固化立体造型和其他快速成型技术有几个重要的好处：

1. 它们缩短了开发新产品的时间，降低了开发新产品的费用；
2. 它们能快速生产适合用于适应性和功能性测试的新产品模型；
3. 它们能制造压铸、失模铸造铸件，还有喷涂金属模本模和模型。

工作模型可以用作几个重要用途：

1. 它们能让设计者看到他们设计的零部件的立体形状；
2. 开发相邻零部件的工程师可以用零部件原型来协助他们进行自己的设计；
3. 在有些情况下，快速成型模型可以用作以后的失模铸造工艺的模型。

---

❶ J. DeGaspari, Rapid evolution. *Mechanical Engineering*, 124: 3 (2002), pp. 48 ~52.

❷ J. M. Hoffman, Big, tough prototypes in two days. *Machine Design*, 73: 11 (2001), p. 43.

在开发一种将会用到光固化立体造型来制造原型的设计时，要考虑一些重要的设计问题。首先，零部件不能有可能会留住液体树脂的中空部分。另外，在制造过程中，有悬臂的部分需要支撑。在原型制成之后支撑物就会用机械去掉。最近刚开发出一种去掉丙烯腈-丁二烯-苯乙烯模型支撑物的技术❶，要把它们浸泡在水基溶液中就行了，留下的是一个干干净净的模型，表面光滑。第三个要考虑的因素就是在建造过程中可能会发生变形或收缩，这可能会影响零部件的尺寸特性。

除了光固化立体造型之外，还有许多其他类型的快速成型技术，包括弹道粒子制造（BMP）、可控制喷印式喷墨绘图技术、熔融沉积造型（FDM）、分层实体制造（LOM）、多喷嘴建模技术（MJM）和选择性激光烧结（SLS）。表12补.1总结了这些快速成型技术中每一种的特点。

表12补.1　快速成型技术小结

快速成型技术	过程描述
光固化立体造型（SLA）	紫外线激光器将物体的横截面复制到液体树脂表面，液体树脂一接触激光束就变硬。在树脂桶中降低平台，重复这一流程
弹道粒子制造（BMP）	高压气体喷射出数百万微小的熔化树脂粒子，一接触就凝固。不需要材料支撑和后固化
可控制喷印式喷墨绘图技术	在x-y驱动支架上移动的喷墨系统将热塑材料和蜡制材料沉积到结构底层上。切割机通过去掉结构层多余的高度保持z轴的精确尺度
熔融沉积造型（FDM）	热塑造型材料在温控挤压头中加热成半液体状，从那里挤出，材料沉积成薄层并凝固，与前面的一层砌合在一起
分层实体制造（LOM）	激光器在顶层切割出横截面的轮廓，然后用交叉的平行线画出多余的材料以便之后去掉。接着就将新层与前一层牢固地联结起来，重复这一流程。当所有的层都砌合在一起、切割之后，就去掉多余的材料显现出制成的模型
多喷嘴建模技术（MJM）	使用带有96个直线排列的喷嘴的打印头。一有需要，每一个喷嘴都会喷出热聚合材料。打印头快速地前后移动，一层一层地增加材料，以使零部件成型
选择性激光烧结（SLS）	用激光束烧结一层很薄的粉末

有许多非常成功地应用光固化立体造型的例子。美泰使用光固化立体造型很快就为美国纽约国际玩具博览会生产出了新型风火轮汽车。风火轮汽车将要在博览会上推出，而他们没有足够的时间使用传统方法制作出工作原型。传统方法需要15000美元和3个星期完成。而美泰只用了24个小时就制出了适于在玩具博览会展览的新模型❷。

❶ Aronson, *et al.*, It's not just RP anymore, pp. 98~112.

❷ http://www.adasystems.com/atwork/casestudies/atwork_mattel.asp.

Black & Decker 公司的设计者在只有 100 天的时间将他们构想的经过改良的剪切机/灌木修剪器电动工具的概念变成一个诱人的功能原型的时候依靠的是光固化立体造型。在那个期限内，要制作出 30 个工作拷贝，如果使用传统成型技术，这是不可能完成的❶。

❶ http://www.adasystems.com/atwork_black_and_decker.asp.

第十三章

预商品化（阶段六）和市场投放

引言

本章讨论和分析的是新产品的预商品化和市场投放。预商品化阶段确保可以得到所需的资源，确保商品化战略已经准备好开始启动。预商品化阶段的实际要素随情况不同而不同；但是，一般来说，它包括确定将产品或服务推向市场的具体方法。一般来说，主要的要求包括生产足够数量的产品以便可以将产品配送给各个渠道或者是直接发放给客户，完善营销方案的各个要素，拨款给产品配送系统和营销沟通系统。预商业化阶段包括从设计开发、确认到市场投放之间的过渡阶段。

并不是每个新产品开发项目都需要漫长的预商品化阶段。在有些情况下，产品在确认阶段之后马上就准备好了进行商品化。对于服务或是软件产品而言尤其如此，它们不需要进行大量生产，也没有库存要求。同样，当新产品开发方案分几个简单阶段——这些阶段减少了对库存、营销传播或者其他需要更长时间的活动承担的大量事情——展开，可能就不需要预商品化阶段。同样，如果新产品的推出每次都独立完成一个阶段，那么通常也没有必要预商品化。但是，对于复杂的大型方案来说，预商品化阶段是非常重要的，包含很多要素的复杂方案要准确无误地确定市场投放时间。

新产品的商品化也存在相当大的变化。需要在全国范围内的市场投放的大型方案，通常有一个预定的市场投放日期，那时所有的顾客都要能够买到产品。如果新产品分许多阶段展开，可能就没有正式的市场投放日期。在这样的情况下，在营销计划和分销渠道到达顾客那里的时候，他们就可以买到产品了。市场投放只是跟推广计划保持一致，把产品卖给计划影响到的第一批顾客。在这种情况下，因为没有正式的市场投放时间，所以产品市场投放的实际时间就变得不清楚了。

预商品化和市场投放的核心就是方案的要素、人、物资汇聚在一起形成一个完全一体化的管理体系，创造出一条成功之路。所有类似的开发要素汇聚在一起形成一个有内聚力的市场投放计划，这个计划提供了关于客户和市场、供应网络、利益相关者、相关产业、基础设施和竞争可能会造成的影响的完整观点。它让企业清楚地知道要想实现新产品的目标和企业的目标，要发生什么事情。在新产品开发计划的后期阶段，客户和市场是重中之重。

第十三章包括下面这些主题和学习目标：

1. 了解准备市场投放的基本框架；
2. 开发市场投放的方法；
3. 思考商品化，此外，要思考后商品化的评审。

预商品化阶段

技术设计和与质量相关的决策

最终设计与开发——进行最后的改动

从确认阶段进行的测试步骤到设计开发各个方面完成结束的过渡应该是天衣无缝的。除非存在严重的设计错误，最终的产品设计、营销计划和生产应该继续进行下去，不作重大改动。

最佳实践表明在设计流程中要尽快对设计进行改动。在新产品开发流程的最后阶段应该尽量少作改动❶。但是，不可能保证在设计流程的某个时间之后就不会改动了。在确认阶段之后，管理部门可能会冻结设计——或者甚至是在更早的时候——以降低延迟商业化的可能性，因为设计小组仍然在进行改动。这种要求是为了争取标准特征或增加一些“附加功能”而努力。但是如果存在关于产品缺陷的安全隐忧或安全问题，那么一定要采取措施以保证公司不会面临产品责任风险。与冻结设计有关的惯常做法包括持续进行的没有简单答案的争论。实际上，带有“阶段和评审”的新产品开发流程提供了简化这些复杂问题的正式机制。集成产品开发的一个基本前提就是新产品开发流程中不断的评审和测试会把

❶ J. Hauser, and D. Clausing, The house of quality. *Harvard Business Review*, May－June (1988), 64. 作者讲述了一家日本汽车生产商的案例，该企业在设计阶段的早期做出了变动。

不确定性事件减到最少，降低最后出现问题的可能性。

确定设计是一项艰巨的工作，需要大量的训练才能就要完成工作的充分性和向投放市场前所涉及的问题达成一致。人们总是会迟疑不决，认为缺少了什么或是需要投入更多的时间和努力。帮助从业者决定什么时候完成设计的指导方针是有好处的。比如，波音公司在设计波音 777 的流程中使用了一种多步骤方法，每个阶段都有明确的准出条件。这使那些设计者确切地知道他们进行到了哪里，在他们完成最后一步的时候，他们知道他们做完了❶。

冻结设计使生产运作部门得以确定他们用来生产产品或是提供服务的方法。最终设计通过各种方法，包括电子数据、计算机文件、标准工程图纸等，传递到企业组织内部其他责任部门那里。信息包括与操作人员共同制定的制造工程的详细情况和生产操作指南。它还为营销团队完成宣传和传播计划提供信息。营销团队利用这些信息确保它的消息与产品的技术规格保持一致。

与内部、外部因素的战略整合为将技术设计与其他要素联合起来提供了方便，这些要素包括供应网络、营销、经营伙伴、联盟和客户。整合意味着每个人都了解技术设计，知道同别人的职责有怎样的联系。

最终的质量计划

质量被设计成为产品的一部分。最后评审质量计划是为了保证顾客将得到承诺给他们的产品。要把设计转变成合理、高效、完整的工作流程。工作流程要用最佳实践进行统一，以确保产量稳定、产品质量较高。全面质量管理方法是建立在产品、流程和人之上的。

生产流程中的人都要知道他们是怎样融入管理体系的，他们的工作是怎样影响到上游和下游结果的。培训和教育参与产品市场投放的所有人员成为设计完成之后的当务之急。这并不是说在新产品开发流程中的这一刻之前没有进行过培训。但是，在整个企业组织参与到新产品的商品化中之前，就要提供所有这类培训。

关键是整个企业组织中的每一个人都要清楚新产品是怎样的，在产品市场投放期间要达到什么效果。这包括灌输和加强持续改进的观念。大家都清楚，如果整个企业组织竭尽全力以使该产品成为最好的，那么产品在其生命周期中会逐渐发展成一个功能更强的任务执行者。

在预商品化阶段，领导方式对管理而言是一个必不可少的角色。鼓舞性领导方式注重激发献身精神和热情。这是对职能管理的角色及其对将新产品纳入产品交付系统所负责任的观点。正如这一说法所表明的，鼓舞性领导方式针对的是怎样激发系统内的从业者和管理人员做到最好。鼓舞性领导方式借助的是一种想成为最好、想提高能力的精神。激发人

---

❶ D. Dimancescu, The Seamless Enterprise: *Making Cross－functional Management Work* (New York: Harper Business, 1992, p. 151).

们意味着让他们更高效、更有效地工作。鼓励人们意味着让人们产生热情，让他们想要取得非凡成果。

运作系统和供应网络发展

运作系统整合

在预商品化阶段，产品和服务要求被转换成生产指标、方法和企业组织责任。这包括把需求纳入预测所需的规划和控制系统、库存规划、生产进度、生产和质量控制和系统维护之中。

一般来说，在预商业化阶段，已经承诺生产产品或提供服务了。如果有生产资源，可以充分利用来生产新产品，那么这个阶段将生产能力分配给新产品就可以了。在这样的情况下，隐含成本和隐含时间就很少。但是，如果需要新的资源，那么这一流程涉及的步骤就可能会涉及重大问题。对新产品开发方案的资源投入可能在管理部门决定要增强新产品的生产能力的时刻大大增加。选择做出这些决策和开展这些活动的时间大不相同，从设计开发阶段的承诺到一直投入资金以获得生产产品或提供服务的方法的时候。一般说来，决策流程是建立在管理部门对新产品所具有的信心之上的。高度的信心表现为在资金投入方面采取积极举动。而信心不足通常会造成犹豫不决和延迟。这样的情况可能表明管理部门需要对新产品开发方案进行全面评审，确定潜在的困难。在最终做出承诺之前，要处理解决问题。

对于大多数渐进性创新而言，预商品化阶段确保能力合适，运作系统合格，可以开始进行生产。一个重要的问题涉及生产水平以及在产品上市之前要生产出的产品数量。答案取决于运作系统和有关库存的管理理念。在精益商务管理的情况下，存货量要保持最低。

精益思维与新产品开发的风险管理目标一致。增加库存会增加新产品开发过程中的投资和风险。不考虑理念如何，总是需要一些库存产品以填补分销渠道。如果有确切的上市日期，那么产品就要提前进入渠道。要有足够的可以购买的产品，以便顾客可以决定购买。

分销渠道中的库存数量取决于整个方案。如果开始的营销活动非常强劲，预计初期销售量会很高，那么可购买的产品数量就要充足。另一方面，产品的逐渐推广意味着可以同时进行少量的生产以满足预期需要。在所有的情况中，都要在产品上市之前确定产品的数量。

供应网络的策略整合

供应网络的策略整合要求对整个企业所有的资源和能力同时进行协调。策略整合意味着要确保供应商和分销商与运营系统天衣无缝地联系在一起，以便原料、产品和人作为一个体系自动地相互合作。

供应商提供的原料要与计划的生产进度联系起来，在生产开始很早之前就要开始源源不断地供应原料。这一基本要求加强了企业和企业组织与其供应商之间策略整合的概念。同样的，在产品上市之前与客户的联系也应该就绪了，这样新产品便可以从生产抵达购买者那里。这意味着要调整分销渠道以将产品有效及时地运送到顾客手中，不被打乱。

系统整合是要选择和整合供应网络使用的过程、方法和工具以形成一个持续追求卓越、比竞争对手发展更快的体系。目的是在人和与产品相关的合作者之间建立可以尽量提高效率和成效以胜过竞争公司的关系。建立可持续发展的公司的一个根本方法就是创造出以取悦顾客和以新产品上市、以支持新产品奠定永恒基础为重心的价值流。

一个世界级企业了解其构成部分，创造出能够提供创新解决办法的流程。电子商务提供了加快交流信息和进行交易的方法。它还降低了这种交流的成本，这样越来越复杂的、越来越多的合作就可以得到更高效、更有效的管理。借助因特网进行的交流一体化为不考虑地点或参与者的参与开展活动提供了以企业为基础的体系。随着安全性较差和其他问题得以解决，企业和企业之间利用电子商务进行的购买交易数量越来越多。订单查询、资金转移，还有其他相关活动使电子商务成为用于处理这些业务的更受欢迎的手段。

营销促进和沟通

市场驱动因素和营销信息

再次确认市场条件是预商品化阶段最先展开的步骤之一。不管新产品开发过程进展速度如何，在初期阶段和预商业化阶段之间，时间在流逝，世界在变化。预见到会发生的变化，对商业环境的动态变化做出反应，是推出新产品之前要做的重要事情。新产品开发方案需要不断更新，以确保方案要素与顾客和利益相关者的期待相一致。要细微地调整对当前市场、商业现状和趋势的了解以把握商业环境的复杂状况和变化对新产品造成的影响。预商业化阶段包括对所有基本要素进行最终评估和评审。评审一般包括成功的关键因素和市场吸引力因素。虽然评估依据的是新产品开发过程方案早期发展起来的那些因素，但是为了确保成功进行最终检查是非常重要的。这些检查与飞机起飞之前飞行员进行的检查类似，目的是为了确定没有任何疏忽。

一些最重要的问题包括：

1. 预计收入。目标细分市场的规模是否足以提供成功所需的收入流?

2. 市场增长。市场的可能发展速度是否符合对销售量、现金流量和利润的期望?

3. 客户基础。在长期时间内是否有足够多的客户以维持新产品的成功?

4. 客户需求。销售部门是否了解客户的主要需求? 方案是否掌握了正确的观点? 客户的需求是否有重大变化?

5. 售卖好处利益。新产品的优越性是否满足或者超过了顾客的期望? 营销计划是否着重于推销最重要的优越性?

6. 信息明确。营销计划是否表达了潜在客户将了解到的有效信息?

7. 预测竞争者的反应。竞争者会有怎样的反应? 他们对新产品有怎样的看法? 他们是否有重大变化?

8. 转移障碍。是否有阻碍取得成功的新障碍或现有的障碍是否已经转移，结果就更难成功?

这些都是最重要的评审问题，但是在对产品市场投放做出重大承诺之前或是在产品市场投放之前为了确定事态状况，也许可能应该还要评估更多的评审问题。它们是降低不确定性、确信一切要素已经准备就绪的最后一步。

细微调整营销活动

营销活动一般是在早期阶段逐渐形成的，在预商业化阶段开始的。宣传信息和宣传方法都确定了，小册子和其他印刷材料都制作完成了，并且在整个公司分发。启动广告活动，签约委托电视、广播、报纸、杂志或其他传媒插广告。要做这些事情就要支出大量费用，这通常代表了一个临界点，在这之后，就很难进行改动了。它通常就是“极限点”，或者至少是关键时刻，在这里进行变动会涉及很多成本和时间方面的问题。

除了播放广告、发行销售手册和其他的促销支持要素，活动还包括培训销售人员和渠道参与者，开始发布新闻，促进宣传，向分销渠道发送产品。情况与军事行动开始之前要汇集后勤需要和通信方法有些类似。它需要做大量的准备和协调工作。营销计划的所有要素都要为同时进行的商业化做好准备。

市场投放

实施流程

根据产业和商业情况，市场投放这个术语有很多意思。对于注重整个市场的大型新产品开发方案来说，市场投放可能是一个发生在确定时间的事件。整个新产品开发方案的各个方面同时开始进行。对于较小的方案或是对于那些温和的推广战略而言，实际的市场投放就不太确定了，可能是在一段相当长的时间内进行的。在这样的情况下，市场投放就成了一系列步骤，以新产品开发计划进展到关键规模而告终。发展到关键规模后，可以认为新产品开发方案实现了全面商业化。

随着网络市场投放方案的出现，全面商业化这个问题就变得更重要了。通常很难确定市场测试之前的活动与将产品卖给主流客户的实际商业方法之间的区别。因特网使得新产品开发方案从一个阶段顺利地过渡到另一个阶段，而不用担心要精确确定新产品开发流程中的实际时刻。对于小型公司或是比较容易控制的小型新产品开发方案来说，这可能是个好处，但是大型新产品开发计划要求合作有限的不同团队之间高度配合。从理论上讲，现代信息技术和计算机化系统应该尽可能地减少交流困难，但是可以利用交流工具并不能保证天衣无缝的、连贯一致的配合，或是保证获得有效的成果。

执行是包含在新产品开发流程中的，根据情况需要确定。就像本书中一直所谈论的，集成产品开发的优势就是可以灵活地应对各种变化。就工艺流程和通用要素而言是规定性的，而就分析特殊需求和战略实施期间所涉及的实际要素而言是灵活的。

市场投放的目标就是将新产品商品化，在市场上取得成功。市场成功才是标准，而不是成功前的办法和途径。虽然可能有更好的方法取得最终结果，但目的是要实现新产品开发方案的目标，维持市场上的产品的生命。这些目标包括依靠成功以获得更高的市场地位和认可。

灵活性意味着必须以这样的方式组织活动，那就是实施者能够应付变化而不断取得进展，能够随着情况的发展而适应新情况。机构不能过于僵化，以至于只能达到确定情况的要求，而不会变通。机构要容许迅速地对人力和物质资源进行重新配置以适应变化。

根据企业组织结构和风格不同，新产品的实施过程包括从典型的新产品开发流程所使用的方法转变到企业的产品交付系统中更明确的要求。在许多情况中，随着商品化阶段规模更大（一般来说是职能性的）的企业组织取代新产品开发小组，参与者就会大量增加。新产品必须要符合现行管理体系的总体方案。企业组织模式要从新产品开发小组所具有的更独立自主、具有创新性和为进取心所驱动的风格转变为组织化程度更高的方法，即企业控制、责任和权力这些确定方法。在许多企业组织中，在产品市场投放期间，新产品开发小组让位给全权负责保证产品获得长久成功的产品分销组织。

管理控制

对市场投放过程的管理控制对取得长久成功至关重要。无法控制整个流程会抹杀取得的初步成功。一个错误就会造成无法预料的后果。比如，英特尔奔腾芯片中的浮点缺陷从应用角度来看并不严重，但是却引发了超越具体产品，直指企业价值观的信任问题。这样的缺陷可能会严重地侵蚀新产品的市场潜力，可能会对该产品和未来产品的短期和长期生命力造成影响。即使造成的影响是短期的，在市场投放阶段损失的现金流可能会对计算项目的净现值或是对其他新产品开发方案投资的能力产生重大影响。

市场和商业环境决定产品的成败。管理控制流程的动力就是需要将树立和利用客户意识以及建立足以维持新产品的需求结构所需的时间减到最少。

在有些情况下，企业组织中的其他人在新产品市场投放之后接手负责新产品，在这些情况中，这些要求就更加重要了。新产品市场投放之后要迅速加速，因为市场增长会对企业组织要求更多。没有时间满足于早期阶段取得的进步而不思进取。成功的实施依靠下面这些方面：

1. 监督基本绩效目标和时间目标的完成；

2. 确定和断定实现目标和时间目标流程中的变量，以便尽量减小偏差，实现预期结果；

3. 评审和修改计划和目标以便跟上世界现实情况的发展。

监督结果是一个不断进行的过程。在产品市场投放之后，确定方案的发展方向尤其重要。监督通常注重领先指标，以弄清楚总的趋势。如果方案进展正常，就增加了对新产品开发方案的信心，就可以继续用新产品开发流程中制定的战略进行管理。如果流程偏离了正轨，及早发现这一点就可以在出现严重问题之前开始进行补救。

在新产品开发流程的财务评估中使用的敏感度分析为确定什么是偏离正轨及其对方案的影响提供了有效信息。比如，大多数敏感度分析研究的是超出产品成本目标造成的影响。在具体的分析中，成本超支是根据其对定价、利润率和投资回报率造成的影响来分析的。假定成本比预期高 10%，敏感度分析就表明了对底价的影响。使用敏感度分析得出的结果，管理部门就有办法确定一个给定的参数在需要采取重大补救措施之前可以偏离目标多远。从敏感度分析中了解到的信息和新产品开发的整个流程中使用的其他方法考虑到了更好地说明什么是可以接受的变动，以及怎样控制形势。

在新产品开发方案的各个阶段进行的分析得到的结果应该可以供产品交付系统中的重要参与者使用，这样他们就会知道度量涉及的问题。

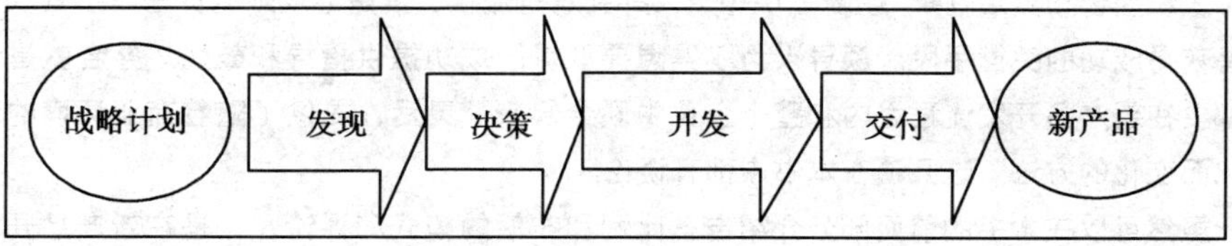

图 13.1　产品创新的四个步骤（吉奥比利和布朗，1993）

商业化以及之后的事

交付价值

正如本书中处处表明的，新产品开发是在创造和交付价值。价值主张是管理企业最重要的方法之一。人人都在追求价值！创造财富的是价值。

产品创新是企业管理中最重要的方法之一。更新、更好、更快、更干净、更安全、性能更好的产品是企业及其客户和利益相关者的宣言。所有这些方面结合起来提供了通向成功的道路。只注重一点，比如更快（的速度），就会使结果有所偏差。较次的产品首先投放市场是必败之举。新产品开发感兴趣的是增加新价值，而交付价值则是市场采用的标准。

将新产品开发流程与产品交付系统结合起来

决策是新产品开发的核心。产品创新整个就是从战略逻辑和分析阶段到产品交付系统有条不紊的过渡。吉奥比利和布朗表示过渡经历4个基本阶段，如图13.1所示。虽然他们用简单的图解说明了一个复杂问题，但是这个图解确实注重的是新产品开发流程包含的几个重要步骤。

作者指出每一步都必须及时、高效地完成，而在实践中最重要的问题是“资源匮乏”❶。他们的研究表明这种问题的整体发生率在交付（商业化）期间有所提高❷。市场投放后的活动和流程需要细心而持续不断地关注，就像在新产品开发流程中所做的那样。通常，正在进行的与全面商业化相关的流程并不够明确。

工业研究所的质量经理网对会员公司进行了调查，以确定其会员在适应阶段-关键点模式方面有多么成功。他们得出结论，大多数公司使用了基本结构，但他们认为只有几个公司完全成功了❸。戴维斯等人（1999）确定了成功公司使用的5个原则：明晰、所有权、领导人、整合和灵活性❹。明晰是说每个人都要清楚流程，清楚他或她的责任。所有权表示人是获得成功的关键手段。领导人为取得想要取得的成功提供指导和鼓励。整合就是说一切都要在新产品开发流程之内和整个企业中联合起来。灵活性提供了随着商业环境的动态变化而变化的方法。这几项在本书中都有谈论。

虽然可以在本书的前面部分介绍吉奥比利和布朗的模式和评论，但是在新产品开发方案发展到与产品交付系统整合起来，并成为运营系统的一部分时再作介绍更加合适。实际上，每一点在本书中都有详细谈论。注重新产品开发方案的目标对达到更长期的期望是必要的。

---

❶ G. H. Geobeli and D. J. Brown, Improving the Process of Product Innovation. *Research Technology Management*, 36: 2, March - April, 1993.

❷ 同上。大约有发生事件的40%与资源匮乏有关。

❸ J. M. Davidson, A. Clamen, and R. A. Karol, Learning from the Best New Product Developers. *Research Technology Management*, 42: 4, July - August (1999), pp. 12 ~ 18. 使用这一评论并不是说R. C. 库珀的“阶段-关键点”方法并不奏效，而是为了巩固这一观念，即流程需要连续不断的管理承诺，尤其是在投放市场以后。

❹ 同上。

思考商业化

产品生命周期思考

在投放市场之后，新产品一般会遵循产品生命周期概念。产品的商业化会经过四个阶段：引入、成长、成熟和衰退。推出阶段是投放市场之后的第一个阶段。由于缺乏对新产品的认识，还可能因为顾客担心这种产品，因此在早期商业化阶段需求量和销售量会比较低。另外，营销计划需要时间逐步发展到关键规模。比如说，广告需要足够多次的重复，市场才会接收到营销传播并有时间理解信息，根据信息有所行动。生产能力还可能需要时间生产足够多的产品以极大影响降低产品的单位成本。此外，可能存在隐蔽的产品或生产缺陷，要在解决了它们之后，新产品带来的收益才能超过顾客感知到的风险。有许多原因可以解释为什么在收益高速增长之前，市场需要拖长时间。的确，在推出流程中估计需求量时会犯的一个根本性错误就是认为销售量会快速增加，因为顾客会“爱上”这种新产品。

在取得市场成功的时候，如果预料到增长率会更高，就要分配给产品交付系统更多的资源以提高产量。在这个转折点，生命周期就进入发展阶段，需求量就更大。在发展阶段，产量增加，利益率通常会提高。经验曲线开始接近最优点，并且如果有成品率的问题的话，就要解决。通常要获得额外的生产能力，要增加产品交付系统的产量。这样增加产量一般会导致改善成本构成，提高利益率。有些节省的成本就以较低的价格转移给顾客，低价有助于刺激追加需求。最后，顾客意识和顾客接受性接近于达到市场的最大潜力。虽然发展阶段有许多积极的方面，成功通常会促进额外的竞争，而更激烈的竞争环境使毛利润处于重压之下。

最后，大多数产品完全成熟。需求量稳定下来，但是利润一般会下降。产品实现了它的潜力，可以用来刺激追加需求的方法有限。另外，其他新产品可能已经进入市场，这也会抑制需求曲线。

随着新产品甚至是新技术进入市场，顾客会向更具创新性的产品转移，而成熟产品开始衰弱，进入最后阶段。衰弱可能会持续很长一段时间，但是产品通常是在成熟阶段后期或是衰弱阶段早期被新产品取代。这种取代又重新开始了这一流程。

产品生命周期循环沿着“S”形曲线发展。虽然不可能用曲线函数来预测实际需求量，但是这一普遍概念可以帮助管理部门思考需求量和变化随着时间发展的动态变化的含义。周期的长度，每个阶段的持续时间，还有曲线的精确形状很难预测，随产品与产品的不同，变化很大。

大多数产品在其生命周期中完成了从一种令人激动的创新产品到基本商品的过渡。在第四章中讨论的卡诺原则表明每一种产品都有一个随着时间发展影响产品的影响力和地位的生命周期。这一流程可能与一个发射到太空之中的新产品一样，万有引力会拉着它回到共同基础地球上来。企业组织需要花费大量的时间和金钱以保持他们的卫星（产品）留在太空。如果没有共同的努力，它们就会回到地球上，遭到破坏或更糟糕。当然，维持产品在市场上的影响力的一个办法就是要依靠产品创新。不断进行的渐进性创新可以使产品具有持久的吸引力，防止过时（衰亡）。

对新产品潜力的影响

在商业化阶段，当新产品影响到市场的时候，就会出现很多变化。一个最重要的要素就是能被顾客和利益相关者接受。顾客可能不会热烈欢迎新产品，尤其是那些标志着与客户期望的普遍观点有根本不同的产品之一。比如说，因特网是 20 世纪 60 年代出现的。但是，一直到 20 世纪 90 年代中期，在明尼苏达大学创造出第一个用户友好的界面之后，它才得以发展，使广大消费者使用它。到 1994 年 12 月为止，网络主机数量不到 500 万台[1]。1995 年到 1997 年之间，由于网络服务器剧增，对因特网的使用量增加，而网络主机数量在仅仅两年内增加了 1500 万台[2]。在达到网络领域的关键规模之后，因特网的使用发展越来越快。

新产品的商业化是建立在产品带给顾客和市场的预期利益性之上的。就像在第二章中所谈到的，一个产品具有领先效应、滞后效应和限制效应。一个新产品的领先效应是开发项目的活力。领先效应是成为新产品特色的有利属性（预期利益）。滞后效应是并不总是在投放市场时可以看到的影响，但是可能在商业化的稍后阶段出现。比如说，用了几十年才发现和证实了氟利昂所具有的消耗臭氧层的性质。氟利昂被认为是 20 世纪最成功的一些产品。作为制冷剂，它们通过提供室内制冷的方法改变了生活质量。但是，在 20 世纪 80 年代和 90 年代，一些非常有权威的力量一致禁止生产和使用氟利昂。消耗臭氧层的滞后效应和氟利昂更广泛的应用使社会不再接受氟利昂，最终导致了它的消失。限制效应差不多。它们是限制新产品潜力的障碍，或是自然现象。比如说，个人电脑的运行速度受物理定律限制。市场潜力将会受使用者数量和未来的替代周期限制。

一个新产品所具有的长期潜力基本上可以用下面的公式来表示：

潜力 $=\sum$ 领导效应 $\pm$ 滞后效应 $\pm\sum$ 限制效应

滞后效应可能是积极的，也可能是消极的。消极效应往往是隐藏在产品或是结构中的缺陷。积极效应是可以让产品扩展到新领域的条件或属性。比如，带有图形使用界面的 Windows 操作系统的推出让许多人熟悉了电脑操作，因为 Windows 使个人电脑的使用变得极为容易。图 13.2 说明了与这些效应中的每个效应有关的基本领域。

---

[1] R. Zakon, Hobbes' Internet Timeline, http: /www. isoc. org/zakon/Internet/History/HIT. html, 1999. 根据引证的调查工具不同，实际数字有所不同。为了本次讨论的目的，只有相对数量级是重要的，因为关键的是基于客户接受度的增长。

[2] 同上。

从产品生命周期的角度来看，领先效应是产品获得成功、销售量在发展阶段增加的原因所在。积极的滞后效应加快了需求量的增长，使之更上一层楼。消极的滞后效应可以解释为什么产品需求量的增长开始减慢或者趋于平稳。限制效应通常预示着到达了“最高峰”，并且开始衰弱。

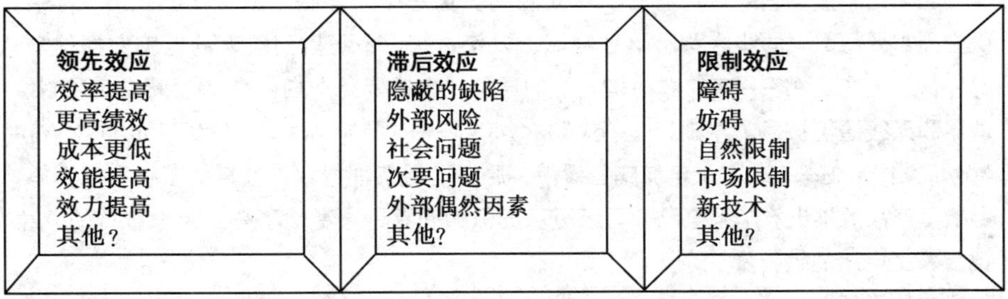

图 13.2　对新产品潜力的影响

虽然这些效应与生命周期思维之间存在一个大体的联系，但是它们并不是任何时候都会显现。限制效应可能是在推出阶段很早的时候、在顾客们发现产品局限的时候出现。成功还是失败通常取决于经营管理或产品管理采取积极措施以减轻消极效应和/或增加积极效应。

推出新产品之前要三思

人们经常认为一个公司率先携新技术进入市场，那么这个公司就会获得大量的财务利益。1989 年，《财富》杂志中的一篇文章展示了那些著名的超快创新公司，描述了抢先将新技术投入市场的美国公司获得的利益。比如说，本田汽车公司将其用于新产品开发的时间从 5 年减到 2 年，而惠普公司将他们开发新产品的时间从 4.5 年减到 22 个月。虽然一般说来“先行者”可以要高价，但是过早推出产品也可能会损害质量，增加缺陷风险。

公司匆匆地将产品推向市场时，这可能会影响到一种新应用的长期发展。比如，早期的掌上电脑因为只能完成标准的台式个人电脑可以完成的事情的一半，所以让早期使用者失去了信心。随着 Palmpilot 的掌上电脑和其他类似产品的出现，掌上设备市场有所改善。但是，因为许多生产商以前将未达到标准的产品匆匆投入到了新兴的掌上电脑市场，所以整个掌上电脑行业处于不利地位。

早期的掌上设备销售缓慢有许多原因。因为最初根本就没有展示过掌上个人电脑记事本的有用性，因此企业从一开始就对这一概念极为冷淡。为了解决这个问题，生产商开始用台式个人电脑和笔记本个人电脑的应用软件包装这些设备，以让企业更好地了解怎样使用它们。比如，帕科德－贝尔 NEC 公司将其掌上电脑 MobilePro 与台式电脑和笔记本电脑绑定在一起。开始的时候，产品供应还有波动，有些产品实际上脱销了。比如，由于调制解调器和4－Mb模式的PC伴侣缺货，康柏的销售速度减缓。最后，既然从技术角度来说，掌上电脑是一种全新的产品，许多潜在的使用者只不过在等着确定该技术在向哪个方向发展。

起初，掌上电脑的性能有限，在功能上更像是个人电脑记事本而不是PC伴侣。供应商需要用数据同步来弥补这些缺点，以使这些设备可以同较大的电脑交换信息。此外，生产商发现使用者想要的是更好的通信能力，因此他们就增加了集成式调制解调器和无线通信技术。早期，运行Windows CE——Windows CE是经过定制的Windows操作系统——的掌上电脑销售缓慢，原因是用来进行宣传教育的营销渠道不够，影响了产品的推出。苹果电脑公司经历了类似的问题，这影响了得到大力宣传的“牛顿”掌上电脑的销售量。

自从第一批能力有限的掌上电脑推出以来，许多新的掌上电脑应用程序不断发展起来。宾夕法尼亚州的布赖恩梅尔学院的应用程序创建小组PulseGroup开发出一种叫PulsePilot的应用程序，可以在3COM公司的PalmPilot上运行，它可以让病人更容易地将数据输入以便提供给医生，甚至可以通过网络浏览器输入数据。掌上电脑设备的能力大为提高。在交易所中的交易场地，金融商经常使用掌上电脑来评审桌面数据，大多数掌上电脑现在都可以无线上网。

资料来源

Bliss, J., ‘Windows CE slow to take off.’ *Computer Reseller News*, March 31, 1997, 6.

Dumaine B., How managers can succeed through speed. *Fortune*, February 13 (1989), pp. 54～59.

Korzeniowski, P., Handheld computers carve niche. *Computer Reseller News*, December 7 (1998), 148.

投放市场后的评审和持续改进

投放市场后的初审

投放市场后的初审考察的是，用于新产品开发方案标准所取得的效果。评审的目的在于确定新产品进展是否与战略计划吻合，是否需要采取补救措施。虽然人们一直关心新产品一投放市场会取得怎样的成功，但是对形势的评估可能表明需要采取更积极的行动，如果对新产品的需求量比预期的要大。如果在商业化后的30天到60天内进行评审，那么经过评审所得到的结果和了解到的情况就可以让管理部门和产品交付系统分配所需的资源。这样的评审是由新产品开发小组和管理部门来做的，因为其目的是要思考发生的与预期和度量相关的事情。

评审的结果可能是对查出问题的标准的仔细评审。管理部门可能会持续地追踪那些标准以确保产品在初期阶段并没有出现问题。比如，顾客可能会误解营销沟通，没有理解该产品所具有的优越性。吉列的锋速Ⅲ刀片大获成功，原因在于吉列公司的新广告集中宣传的是质量更好的剃须刀和“没有胡根”的优点。这一信息清晰易懂。

此外，投放市场后的初始评审为高层管理人员和产品创新人员提供了及时反馈，这样就可以根据在方案的各个阶段和投放市场后的情况中得到的教训改进新产品开发流程。得到的教训应该包括方案的各个方面，产品开发，新产品开发流程，还有人！最重要的是，它要确定为了改进流程或提高参与者的技能、知识和能力可能需要进行的改动。集成产品开发立足于凭借客户和利益相关者的满意和共同的努力获得的成功。所有的评审都是为了确保使用的方法是最佳的，确保管理体系的重点是不断进行改进以达到目标。

投放市场后的评审还应该使用新产品开发流程中形成的方法来评估商业环境，以确定是否出现了重大变化。这样的变化可以为新产品的潜力提供额外的机会，应该立刻加以利用。对新产品的需求量可能比预期的要大，或者在某些地理区域，新产品大大超过了公司的预期。在这种情况下，需要启动额外行动计划，以充分利用形势。供应网络的技术能力可能会比预期更迅猛地提高。比如，PC技术在20世纪90年代初期迅猛发展，提供了更快、效率更高、性价比更高的机器。在更新一代产品出现之后，以前的供应品具有的成本有效性就消失了。根据《电脑工业年鉴》记载，“386”在1991年到1992年占有最大的市场份额，1993年到1994年被“486”取代，1995年到1996年被“586”取代。技术的发展迫使使用者不断对他们的需要和资源进行评估，而像康柏这样的设备生产商就必须不断更新他们的产品线。由于康柏公司推出其“486”产品线较慢，而英特尔公司则推出了相应的芯片微处理技术，因此康柏在20世纪90年代初遭遇了巨大困难；1999年，根据迈克尔·堪培拉斯的说法，“康柏开发因特网战略动作迟缓，”令其丧失了领先地位[1]，这时，问题再次出现。

投放市场后的评审还应检查变化造成的消极影响。全面实施产品市场投放，可能存在额外的障碍。竞争者的反应可能会比预期的更激烈。如果一种新产品引起巨大轰动、享有巨额现金流的话，那么认为竞争有限或者是没有竞争者的这种想法很快就会烟消云散。

[1] C. Hill and G. Jones, *Strategic Management*: *An Integrated Approach*, 5*th edn* (Boston, MA, and New York: Houghton Mifflin Company, 2001, p. 450).

开发的下一阶段

考虑到新产品已经获得成功，那么产品持续开发中的下一个阶段就是寻找额外机会利用产品投放市场之后创造的战略、市场和财务优势。随着潜在顾客认识到新产品所具有的优越性，就可以分析其他的市场细分以确定打入另外的市场目标的适宜性。这样的举动可能是对原方案的扩展，可以被看做是一个相关的新产品开发方案，或者成为业务部门的责任。这取决于重复利用的方案要素数量和为进入另外的市场细分所需进行的变动。如果变动不大，与市场相关的要素差不多，那么就可以在产品交付系统的背景下采取向其他市场细分扩展的行动。另一方面，如果外部因素需要对产品交付系统作重大改动，那么采取的行动就被看做是衍生的新产品开发方案，要求这一流程具有更有条理的体系。

第一年评审

第一年评审可能不是标准方法，但它是一个根据实际历史状况客观了解新产品的机会。第一年评审可能是正式审查或是对成果及其意义进行快速评估。目的是一样的，是为了对所取得的成绩和面临的难题进行有根据的全面了解。在大多数情况中，评审是根据原计划的目标和预期进行的。评审的安排视情况和评审目标而定。一个简单的方法就是依据新产品开发方案的各个要素，评审各个方面。

第一年评审采取“整体系统方法”评估信息、原料、产品和服务的整个流程，从自供应商那里得到的原料，到生产，然后经分销到客户。它包括分析资源利用、原料管理、购买、供应商关系、质量方面、隐含成本、标准化、外包和电子信息流。

评估/审查应该包括评审计划的主要要素，获取和评估市场和客户反馈，确定质量水平，评审和证明业务合格，确认成本结构和其他财务因素，重新评审技术的各个细节。评估可以是全面的，包括新产品对产品交付系统产生的任何影响，或者它可以根据主要度量对基本要素抽样评审，以确定是否有必要进行全面分析。表 13.1 总结了斯坦利公司使用的方法❶。

评审关心的两个至关重要的方面是：（1）为了纠正战略计划中的不足之处需要对方案要素做的改动；（2）由于产品交付系统内部进行了不必要的修改，新产品远远偏离了所期望的发展方向。前者是企业管理、集成产品开发和全面质量管理固有的一部分。它就是不断追求卓越，目的是要在新产品开发方案在市场上发展成熟时保持注重其目标和期望的结果。后者包括那些非计划的改动，通常是在新参与者和管理部门拟定了职责并且他们的观点可能跟原计划不一致时出现。

---

❶ The Stanley Works, *Product Development Process*, September 1999, p. P ~ 19.

一个成功的管理体系会使客户和利益相关者的需要和要求与体系做的事情和可以做的事情吻合。绩效评价是对新产品开发流程所涉及的所有构成部分之间的战略整合不断进行的评估和维持，尤其是在投放市场之后。

表 13.1　斯坦利公司的一年项目评审

主要活动	责　任
将实际销售量与计划对比，评估客户反馈 ● 衡量第一年的实际销售量，与预测值进行比较 ● 评价客户反馈 ● 评价服务和质保效果 ● 评价竞争者的反应 ● 确定增加销售量的活动（促销，等等。）	营销/产品管理
评审与质量和生产能力对计划 ● 对产品进行内部再测试和再次验证 ● 安全评审 ● 评审流程容量，与计划进行比较 ● 外部采购零件评审 ● 评审/修改操作指南/服务手册	生产/质保
评审财务对计划 ● 实际产品成本与预计成本 ● 实际资本开支与计划	财务
降低成本计划 ● 确定降低成本的活动/时间选择 ● 供应商降低成本的活动/时间选择	工程/采购/生产

持续的流程提高

新产品的成功取决于随着时间控制并改进内部流程和外部关系的能力。不断的流程改进包括思考整个新产品开发方案，确定下一个项目可以（应该）改进的流程要素。新产品开发流程的持续改进着重于全面提高速度，了解需要和需求，减少风险和负债，降低与新产品开发流程相关的成本（投资），确定新的商机，为企业组织定位以满足未来的需要。持续改进评审的是用于规划、分析、决策和评价的手段和方法。评审需要着重改进下列这些方面：

1. 产品与流程集成设计和开发，以便为将来的参与者提供定性和定量评估以及在新产品开发方案流程中了解到的知识；

2. 评估客户和市场的需求、产品/市场特性、利益相关者涉及的问题和其他方面产生的影响所用的方法和做法；

3. 提高评价产品/市场需求以及与问题和事项相关的风险和消除或减少这些问题所需的费用或带来的好处所使用的方法、手段和程序。

最佳实践、全球化、技术进步（信息技术、计算机辅助设计/计算机辅助制造和虚拟产品开发）的迅速发展，新产品开发的方法，不断变化的客户期望和激烈的竞争，使得保持领先不仅具有挑战性而且非常必要。需要企业组织内外的人互相合作以在设计、开发和新产品的交付中取得突飞猛进的进展。

处于领先地位的企业在坚持不懈地努力使产品创新成为一种核心能力、一个卓越领域。这些能力使它们有办法保持持续的竞争优势，这会使它们恢复增长，减少与风云变幻的商业环境有关的薄弱点。

为持续改进付出的努力是探索性的。重点是开发新的或好的方法、做法和办法来指导企业管理新产品的开发。努力进行持续改进研究的是企业组织怎样为管理新产品开发方案和创造出新手段来协助相关活动研究具有创新性的方法。从这些努力期望得到的结果是可以在将来使用获得的见解和得到的教训。为持续改进付出的努力是经验性调查，利用来源广泛的证据来研究现实世界中的现象。

本章总结

预商品化阶段是开放的，取决于新产品的性质和在市场投放阶段产品交付系统所面临的复杂情况。对于对现有产品进行的简单改动来说，预商品化阶段直接需要的工作很少，因为新产品充分利用了现有的资源和方法。对于较大的改动来说，为投放市场所做的准备工作需要令人难以置信的时间和金钱。前者就像一个卖给新球队的职业棒球运动员。他了解比赛、规则和技术要求以及其他球队；他只要知道他的新球队及其战略上的细微差别就可以了。后者就像篮球巨星迈克尔·乔丹，试图成为一个职业棒球明星，一切都是新的，他要学习比赛，掌握技术，成为比赛流程的一部分，了解别人、同别人合作。

管理者和参与者们面临的挑战是怎样应付众多不同的准备工作和实践做法。一件新产品的实施包括把运营实践联合起来，转变产品交付系统使其更完善、消息更多。它让企业组织准备好持续市场投放，减小风险，减少债务，赢利和满足客户和利益相关者。

投放市场是新产品开发流程的结果，是向产品支付系统和产品管理领域转移责任。它标志着酝酿阶段的结束，就像在“阶段和评审”中所估计的那样，它标志着一个新产品的出现，这个产品在其生命周期中逐步发展成为一个成熟、成功的成人。投放市场通常不仅仅是真实的，而且具有象征意义。不管新产品开发流程是不是虚拟的，不管它是对集成产品开发的改进还是传统的，投放市场都是一个里程碑，它标志着一种新产品的产生，它将增加人类财富，促进人类进步。

第十四章

结语与关于 21 世纪产品创新的见解

引言

本章补充说明了领先企业是怎样改进它们的流程和技术以开发出高质量、性能更好、低成本、更可靠、更耐用的产品的。这不仅对产品有很高的要求，而且对涉及的流程和人都有很高的要求。高效的公司要在创纪录的时间里生产和推出具有卓越特性的产品。它们要为成为最好的公司、取得更好的成果创造有利的气氛。

产品创新在 20 世纪后半期发展迅速。领先企业将产品开发纳入到它们的企业概念中，从项目管理思维的直线流程发展到互相合作的、更动态的流程管理架构，试图充分利用同步作业和加速市场投放。在全球范围内，大多数大型公司都在使用某种形式的集成产品开发，将它们的客户、利益相关者、供应网络、战略伙伴、相关产业的贡献纳入到它们的新产品开发流程中。

随着新方法和新技术的出现，21 世纪的产品创新继续发展。但是，近期的难题包括怎样保持持续改进，怎样找到更好的方法在产品创新中占据领先地位、管理产品创新。领先公司正在探索虚拟产品开发和进一步提高其新产品开发方案成效的办法。虽然许多公司在尝试减少市场投放时间，提高质量和性能，提高成功的可能性，具有创新精神的公司也在扩展其评估的全面性，通过可持续发展完善它们的成果。

产品创新和集成产品开发为解决企业问题、满足商业环境的期望、长期维持企业发展提供了一套战略管理方法。它们是宽泛的管理模式，注重的是创造力和创新以生产出更好的产品和想出更好的方法取得更好的成果。主要的动因包括社会、经济、市场、环境、商业的条件和趋势；技术、产品、流程、业务引起的后果和造成的影响；对长时间保持竞争优势和成功的战略地位的迫切需要。

产品创新需要创造力、知识、经验和学习。本书中描述的基于利益相关者的（还有基于原则的）方法为每一个参与到新产品开发流程的人和所有相关人员提供了一种均衡的方法。领先企业继续改良它们的产品创新模式，通过创新更上层楼，达到可持续发展，变得更富有。

企业管理模式和产品创新为人们提供了原理、系统、工艺和机制，以领导变革和处理产品、流程、业务在其生命周期内带来的冲击和影响，以及为了产生未来新的方法服务。这包括改进企业的每一个方面，从很小的细节到最重要的新产品开发方案。

产品创新的变化世界

激烈的全球竞争使得寻找更有效、更快、满足整个企业需要的新产品开发的方法成为必要。此外，在产品创新中居于领先地位不仅是要使用最完善的开发方法和先进的技术，它还产生出一种与社会中的竞争力量、政治环境、整体经济和商业环境相容的意识。由于全球经济共同体中的参与者知道怎样为实现企业、经济和社会目标创造更可持续的方法，产品和流程变得越来越精致了。

随着领先企业变得更擅长创立包括现有条件和变化力量在内的所有方面的可持续企业，将社会－科技－企业变化这些因素综合起来将会继续决定产品创新的未来。最根本的目标是不用进行任何取舍完成新产品开发及其流程的各个方面。这种流程最重要的需要和要求就是：

1. 保证完全一体化，所有的内部参与者和外部客户还有利益相关者都要同时发挥他们的作用、做出贡献，进行分析；

2. 尽可能地减少投入到新产品开发中的时间和精力；由此减少市场投放时间；

3. 减少在流程中有效利用的资源，尽可能地减少总投资和财务风险，同时保持取得成功的较大可能性；

4. 提高产品的质量和性能，以便产品在市场上具有不同与其他产品的竞争优势，这种优势也是可持续的；

5. 在深刻了解、分析、设计选项、测试、评估、确认和有根据的决策的坚实基础上做出选择，以便降低失败的可能性，在问题或困难出现之前解决它们；

6. 通过全面评估和评审使产品具有可持续性，这样产品将会有相当长的生命周期。

流程越有效，成果越佳

在历史上，最主要的困难就是平衡新产品开发流程中的关键要求。基本问题包括：什么是业务环境中最重要的驱动？顾客和利益相关者需要和期望什么？公司怎样才能在所有的目的和目标之间取得平衡？比如说，一个速度加快的流程通常意味着减少确认决策的测试量。虽然市场投放时间有了减少，但是可能会严重破坏全面性，使流程和结果更有风险。低劣的质量和性能可能会危及凭借提高速度获得的整体优势。

技术的迅速发展，更具创新性的商业行为，基于利益相关者的商业模式（比如，企业管理模式）提供了整合、加速和完善产品创新的方法和技术。在一个充满了全球竞争和具有精确管理体系的快节奏的世界里，领导变革对于生存和成功至关重要。成功之路很少是畅通无阻的；但是，在苛求的客户和利益相关者构成的这个时刻千变万化的领域，必须要坚持不懈地追求改进开发流程、创造更具创新性的解决方法。将新产品概念化、定位、设计、开发、确认和商业化是实现可持续未来的一个战略要素（流程越有效，成果越佳）。

本书探讨的基本内容涉及新产品开发中普遍使用的方法和技术的主要方面。总的趋势是发展和改善那些方法，使之更具创造力、更富有成效。虽然正在为新产品研究出许多具有创新性的新方法，不可能每一个方法都谈到，但是文献中经常会提到实现可持续性的虚拟产品创新和设计，这些是几家全球性公司——像德国的西门子和美国的 IBM——使用的方法。集成产品开发的其他衍生方法包括霍尼韦尔公司、通用电气公司和其他公司使用的六西格玛设计（DFSS），和丰田公司研究出来、Wiremold 公司使用的精益产品开发。

表 14.1 大致总结并评估了这些办法。对使用者来说，每套方法都有几个重要的优越性。每套方法都与其他方法有些相似之处。作为从集成产品开发衍生而来的方法，它们彼此联系。但是，每套方法都有细微的不同之处，是根据企业组织的特殊要求而调整的。

在第三章详细讨论了六西格玛设计（DFSS）。许多领先公司都在改进这种方法。六西格玛设计集中于质量和性能度量。它是全面质量管理思维和集成产品开发方法的综合。虽然六西格玛设计属于具有创新性的新产品开发流程，但是本章不会详细讨论它，因为在之前的几章中已经有所探讨。

随着越来越多的全球性企业尝试把它们遍布各地的中心联合起来，把它们的能力纳入一个管理体系，虚拟产品开发日趋重要。对于大多数使用虚拟产品开发的公司而言，不可能将它们的开发组织放在一起，因为参与开发的人形形色色，在不同的地理区域工作。但是，从不同角度（美国、欧洲、亚洲等）得到见解的好处是很多的，而如果开发小组不在一起的话，是不可能提供见解和献计献策的。

在一些产业中，可持续性设计（DFS）还被叫做面向环境的设计（DFE）。它依靠的是原则、重点和范围。面向环境的设计已列入了议事日程，它源于环境管理，集中于改良新产品和新方法的环境质量的设计战略。可持续性设计是最近出现的一套新产品方法，在设计和开发中使用一种综合模型将社会、经济和环境因素和影响、生命周期思维综合在一起。它试图增加产品所有的有利方面，同时减少所有的不利方面，试图更接近理想的解决方法（非常坦白地说，本书中讨论的方法沿用了许多可持续性设计的规范）。

完全一体化的集成产品开发（精益管理）将全面质量管理、精益管理行为和基于利益相关者的评估与集成产品开发综合起来。这种模式是本书自始至终在讨论的。从本质上说，这是现在普遍使用的方法。即便如此，集成产品开发已经使用了10多年时间了，只是最近公司才普遍地改进流程管理原则和技术，开始享受一种完全一体化的集成产品开发流程具有的优越性，这一流程天衣无缝，因为使用者用的是标准的方法。

但是，并没有一种方法是放之四海皆准的。考虑到对长期成功可能具有的好处，集成产品开发将会继续向更加全面的方向发展。

集成产品开发最重要的贡献就是在开发流程中将企业组织中主要的职能领域整合起来。整合的意思是跨职能小组在协助作业和流程中起到至关重要的作用。先进技术——如质量功能展开、计算机辅助设计、计算机辅助制造和计算机设计包（虚拟产品开发）——使得可以轻松获取和分享数据和信息、设计和其他流程细节，这样新产品就可以很快地进行设计、确认。自动设计开发工具和技术为提高速度、性能、质量、可靠性和改进成本结构做出了巨大贡献。在速度对获得市场成功非常重要的时候，尤其是在像电子业这样的快节奏行业中，周期时间量度就是动因。克拉克和维尔赖特认为如果市场机会时间有限，错过市场投放时间会造成非常严重的财务影响，那么周期时间就比项目开支更为重要了。另一方面，如果新产品预期生命周期很长，那么单位成本和产品性能对成功的影响就更大。

但是，虽然具有所有的高精尖技术，公司在协调和选择新产品市场投放时间以及为此改进流程方面仍然有困难。目前的难题就是持续改进新产品开发流程以充分利用企业组织的技术能力。更好的集成产品开发将可能把表14.1总结的那些方法综合起来。

表14.1　对领先新产品方法的描述和评估

方　法	主要特征	隐　忧
六西格玛设计 质量和客户满意 例子 ·通用电气公司	·高度注重质量，注重确定客户的需要 ·使用基本流程要素——界定、测量、分析、设计和确认，减少重复 ·确定基本要求 ·消除缺陷和消极影响	·基本方法有助于改进现有产品及其衍生产品，但是对新面世产品而言，可能不够高精尖 ·这一流程没有明确的方法减少时间，因为使用的是界限分明的流程
虚拟产品开发 加速和整合 例子 ·西门子公司	·缩短周期时间 ·减少资源，向精益设计发展 ·将使用技术的参与者联合起来 ·同时利用合作伙伴和联盟 ·增加具有不同（更具全球性的）深刻见解的各个不同地区的贡献 ·使用计算机辅助设计和计算机辅助制造作为通信和设计方法的工具	·缺少实际确认步骤 ·需要复杂、昂贵的大型计算机化系统（CATIA） ·需要大量训练 ·需要完全一体化的系统 ·由于文化差异可能存在矛盾

续表 14.1

方法	主要特征	隐忧
可延续性的设计 减少风险 增强长期生命力 例子 ·宝洁公司	·对潜在影响进行全面的生命周期分析 ·延长寿命 ·平衡社会、经济、环境和商业因素 ·评审决策在整个生命周期流程中的全面影响 ·减少设计中的缺陷、负担和风险 ·减少负债	·进行这样的分析需要进行耗费时间的活动 ·没有足够的数据库可供使用以进行分析 ·缺乏经专门训练的员工 ·一种发展中的方法，在许多具体方面没有普遍共识
完全一体化的集成产品开发（精益管理） 成本有效的新产品开发，流程质量和设计、生产和营销与供应商和客户完全一体化 例子 ·丰田公司	·有确定的决策原则：快速决策 ·安排周详的流程；参与者不用浪费时间弄清流程要素 ·减少职能部门和团队之间的不团结 ·便于增加新的团队成员 ·实现标准化和良好合作 ·使用普通的或现有的零部件省钱 ·将过去的设计和未来的设计联系起来	·需要一体化的稳定劳动力 ·可能被认为是僵化的；一种方法要适用于所有流程 ·可能会扼杀创造力 ·需要进行充分训练 ·可能会限制设计选项；创意思考。 ·需要对与供应商的联系进行大量投资

虚拟产品开发

虚拟产品开发是一个高度专业化的新产品开发领域，它运用自动化、计算机化和电子通信协助开发流程，这一流程在遥远的地方雇用新产品开发小组。许多大型（全球性的）公司在利用虚拟产品开发作为加速市场投放、提高产品创新流程的成效的方法。像西门子这样的公司已经发展了工艺加工能力以使用计算机辅助设计和计算机辅助制造系统、模拟、数字网络、快速成型和先进的电子通信制造新产品；这些方法使他们持续改进他们的开发方案，每天 24 小时。虽然这样的公司仍然较少，但虚拟开发的趋势日益增加。

虚拟现实和虚拟产品开发概念是处于变革的前沿位置。它们提高了企业组织实现快速、质量、性能和高价值的能力。虚拟产品开发包括利用精简开发流程的计算机和信息技术对集成产品开发的潜在假设进行的重大改进。西门子公司称他们的方法是“精简开发”（最佳时效运作）。方法就是要利用高质量和成本有效设计让新产品更快地进入市场，就像过去通过消除阻碍工作流程的障碍一样；下面就是用于提高流程速度 1.8 倍的一些方法❶：

1. 承担不同任务的小组成员在空间上融合（比如，设计、生产、测试实验室、控制）；

❶ H. Knobloch, Time - optimized processes in development. http://w4. siemens. de/FuI/archiv/zeitschrift/heft2_ 97/artike109/index. html, p. 1.

2. 保持开发商与供应商之间的直接联系，包括与主题相关的联合研讨会；

3. 在产品规划阶段多考虑客户导向的解决方法；

4. 研讨会和与会人员要及早参与到概念的界定和产品的设计中来。

虽然实际上这些方法中的大多数都是集成产品开发的基础，但是利用虚拟现实和相关的基于计算机的方法的完全整合是对现行方法的重大调整。在20世纪90年代的时候，随着集成产品开发从新产品开发中的根本性变革转变为商业行为中的主流，“最佳时效”新产品开发这个概念一直都是优先考虑因素。精简新产品开发是目前的难题，是工业和学术共同体讨论的重点。主要问题是：什么是改进流程的恰当方法?

整合又成了必不可少的术语。发展轨迹表明完全与时间整合为一体的模式是关键所在。全球性企业提高了将新产品开发流程中的要素联合起来的能力，随着时间的发展，自然而然就会转变为虚拟产品开发方法。更重要的是，随着更多公司使用信息技术整合它们的管理体系，虚拟产品开发将会继续发展。整合供应网络对有效的新产品开发至关重要。位于德国斯图加特的奔驰工厂正在开发一种将整个供应链（共有7级）同其产品交付系统联系起来的信息管理体系。

虚拟产品开发可以不需要有正式评审的步骤。规划和实施包含在整个构架之中，直接连接在这个流程之中，该流程将有更少的界限明确的阶段。评审也会有，但是它们将会完全嵌入一个天衣无缝的流程中。图14.1大致说明了使用虚拟产品开发时，从一个阶段到另一个阶段的作业流程。

从一个阶段发展到另一个阶段，天衣无缝。为了加快这一流程，在前面的阶段结束之前，就要开始后一个阶段中的某些作业。这样做的原因是在方案会继续进行下去的前提下以低成本使流程连续进行。就像大多数方法一样，这种方法既有优点也有缺点。主要的优点就是减少了花在方案上的时间和金钱，还有就是由于上游和下游作业直接彼此连接起来，流程随着时间的流动完全一体化。的确，下游作业直接从上游发展过来，去掉了传统新产品开发流程中的开始和结束。最重要的缺点就是依赖信息技术系统（计算机辅助设计/计算机辅助制造或虚拟的）以保证同所有的参与者有适当的联系，保证有源源不断的数据和信息。目前还存在误解信息的潜在困难，误解信息会导致得出错误结论。虽然对信息技术的依赖并不是令人担忧的主要问题，但是创造性流程的自动化——人们并不会面对面地参与其中——可能会限制人们畅所欲言地表达各种不同观点和创意思维。资源分配可能令人忧虑，因为各个小组都依赖其他小组的产出作为他们的投入。如果一个小组没有尽到他们的职责，那么这就会对全体的努力产生消极影响。如果主要目标（具备了有利条件）是要节省时间和钱，那么新产品开发流程就没有任何闲置资源或储备资源以解决预料不到的困难。最令人担心的是可能不会像世人期待的那么全面。重点强调速度和时间可能会将其他目标置于次要地位。

全面整合最重要的一方面就是可能会在整个流程很早的时候发现缺陷，尽快地消除这些缺陷或是做出调整。实际上，解决方法可以成为流程的一部分。

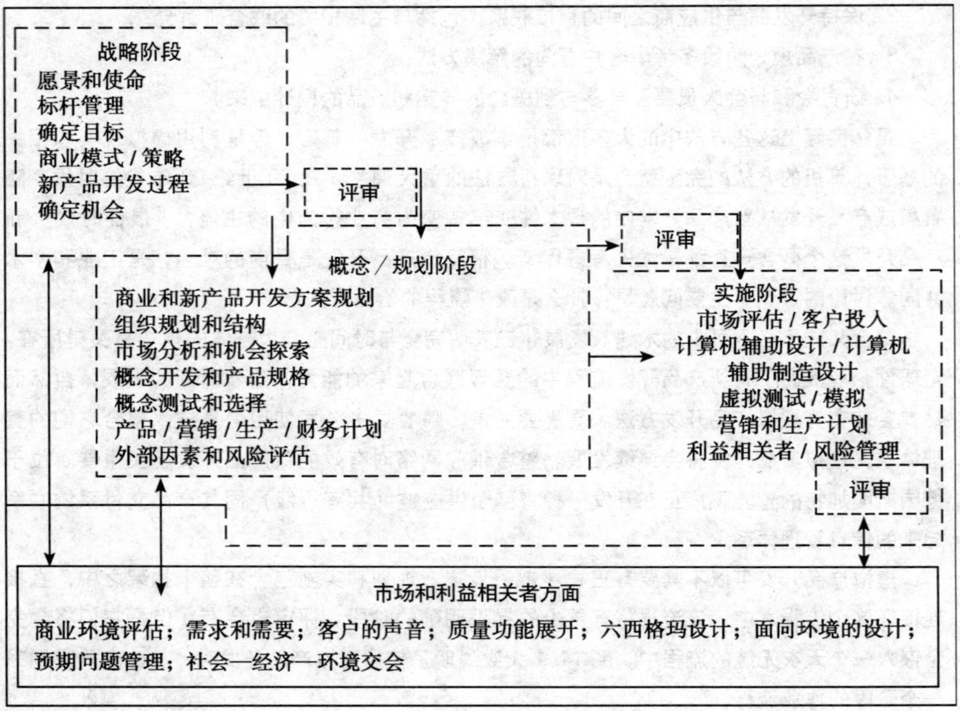

图 14.1　虚拟产品开发的简化示意图

可持续发展和环境意识下的产品开发

向着可持续性的设计前进

“可持续发展”的基础就是发现并消除可能会严重影响新产品生命力的隐蔽缺陷或负担。可持续发展注重的是制造从社会、经济、环境、技术和法律角度来看功能更强、更吸引人的产品。这种方法注重减少风险和负债、提高新产品的寿命。重点是要充分利用来自于企业所有组成部分的价值。

可持续发展完全综合了传统的基于服从的体系与将市场、利益相关者、环境需要同产品开发和产品交付系统联合起来的公司、社会、经济和环境战略的新形式。环境管理的第 3 个阶段的重点是制造具有社会、技术、经济和环境解决方法的新产品。

21世纪的企业领导能力需要新的有创意的方法和技术创新以解决现有问题、控制新出现的问题。领导能力意味着在对管理体系和企业进行的先发制人的变革方面、在应付每种新产品和流程在生命周期中造成的消极影响方面、在改进企业的各个方面中首屈一指。每个人都承担着使产品和流程更成功、更具持续性的责任。社会、经济和环境的可持续性在商业词汇中将同质量、效率和生产力一样有威力。

研究环境解决办法的责任不再仅仅是环境、健康和安全专家们的职责了。新的参与者包括产品设计者、设计和开发工程师、研究开发工程师和营销专家。

在20世纪70年代的时候，环境管理仍处于初级阶段。企业组织拼命想了解环境保护的法规。这些法规包括减少空气排放物，改善污水，管理和减少危险废物，防止发生事故和泄漏，处理那些处理不当的废物。这些艰巨任务需要对经过改良的做法和污染治理设备大量投资。普遍的理念是遵守法规，但只到必要的程度。大多数公司或者抵制联邦或州政府侵入它们的领域，或者只是遵守法规以减少对它们的业务和生意产生的影响。公司为了适应规定做了一些改变，但是它们抵制进行更根本的改变。

20世纪80年代是非常重要的。大量商业功能开始考虑环境、健康和安全问题。在美国，1986年颁布的《应急规划和公众知情权法令（ECRA）》迫使企业透露关于它们的运营和产生的废物的情况。《应急规划和公众知情权法令》扩大了客户和利益相关者对于环境问题具体情况的知情权。关于环境问题的经营理念从依从思维转变为废物最少化和污染防治。调整服从成为应付法规、尽量满足客户和利益相关者的二维方法。虽然这标志着重大改变，但是企业组织仍然是对一些征兆做出反应，而不是发现机会。

在20世纪90年代，市场导向的指令变得重要起来。"污染防治（P2）"而不是废物管理成为解决环境问题最普遍使用的方法。P2不一定是新的。明尼苏达矿务及制造业公司（3M）公司早在1975年就开始了它的污染防治计划。随着1990年《污染防治法》的通过，P2就确定下来，变得非常普遍，虽然是自愿的。通过利用P2，环境管理得到了更快的发展，变得更为成熟。重点是环境管理体系成为取得重大成果必不可少的一部分。比如，联合技术公司在20世纪20年代减少了80%的废气。因此，联合技术公司的首席执行官乔治·大卫确立了一项计划，1997年废气量要减小到10%。

环境决策流程从基于依从和污染防治的简单模式转变为制造环境意识新产品的完美管理体系。这样的系统考察商业决策的所涉及的所有问题和影响，为所有客户和利益相关者提供一种平衡的解决方法。根据卡普兰和诺顿的观点，一个企业组织在决策时必须使用平衡记分卡❶。他们建议企业组织要凭借把财务、客户满意、组织学习和内部因素包括在内来平衡其目标。

可持续性设计需要根据环境和企业量度解决问题，同时促进不仅超越依从，而且通过

---

❶ R. Kaplan and D. Norton, *The Balanced Scorecard: Translating Strategy into Action. Boston*, MA: Harvard Business School Press, 1996, pp. 7～8.

降低成本、提升品牌形象、提高市场份额创造出更具竞争力的优势的方案和行动的开发。它还将环境管理的范围从运营管理部门和环境专家的范围扩大到产品设计者、设计开发人员和市场专家的范围。

将产品开发与环境管理因素联合起来

环境意识产品开发将集成产品开发的概念和技术同面向环境的设计的原则和方法综合起来。继承产品开发和可持续性设计的融合是为了创造出满足和超出客户与利益相关者期望的成本有效设计，同时尽量提高系统的性能、尽可能减少对外部环境的消极影响。重中之重就是确定和分析用于制造和生产产品的原料和能源以及产品生产的环境影响。环境战略与产品开发的联合超越了集成产品开发和并行工程，通过保证全面评审设计分析和决策的所有方面向下一个逻辑阶段发展。关键是要有助于使产品和流程从环境角度来说更为客户和利益相关者所接受。

将环境管理战略与产品开发联合起来必须要对所有参与者及其需要和贡献、用于制造产品的流程造成的影响、改进的机会有一个企业观点。这包括明确战略任务，收集关于机会和挑战的信息，预见未来的形势，管理随着时间出现的变化。

环境意识设计和营销在新产品开发流程的早期阶段就考虑到了利益相关者的需求，因此在开发和推出新产品中起到了重要作用。通过在利益相关者与政府、非政府组织、消费者实体之间建立重要关系，公司不仅可以预见到使用另外的方式可能意识不到的问题，而且可以在这些重要组成部分中间建立信任。通过这个流程，公司可以提高产品－品牌信誉以及公司的信誉。

可持续性设计：一种整合模式（简化的观点）❶

可持续性设计是一个相对较新的产品创新模式，是对下列“从摇篮到坟墓式”方面的评价：（1）原料的获得；（2）原料加工；（3）原料生产；（4）制造和组装；（5）使用和服务；（6）退出使用和处置。它包括生命周期因素和对供应链管理和生产的所有上游影响以及产品使用和退出使用的所有下游方面的分析。它包括各种观点、利益相关者和其他在开发新产品中起到重要作用的实体。

生命周期评估是一种系统的方法，用来分析和评价与产品、相关流程、配送需求和应用相关的资源、结果和环境负担。进行分析是为了确定、量化和评价在产品整个生命周期

❶ 详细描述可持续性设计的方方面面和含义是不实际的。作者 2006 年出版一本题目为 *Environmental Leadership and Business Integration: Moving toward Sustainability through Product and Technological Innovation* 的书。

中用于生产和使用产品的原料和能源。这种方法是多阶段的投入－产出模式，考察所有的投入和产出及其影响，包括原料、产品、废物和排泄物。这一模式考察了现状，探索了通过产品设计方面进行系统改进的可能性。

实施减少环境影响的设计战略依靠的是分析产品规格和选择最经济、最具技术性和最具环境意识的方法。一种恰当的战略不仅可以实现产品设计的经济和功能目标，而且也包括环境、健康和安全方面。恰当的设计是一种可以满足所有产品规格的设计，这样可以创造出就各种观点而言均为可持续性的设计。它包括与管理再生产、再使用和重复利用及使用可拆卸性设计、可重用性设计、可恢复性设计和可维修性设计。

这一模式沿用的是一般集成产品开发流程的模式，辅以可延续性设计。这两种方法要想有效结合，基本的要求是要把可延续性设计的考虑因素同时加进来。新产品开发流程可以被打断以进行生命周期评估或是在流程要素完成之后确定设计的影响。可延续性设计与并行工程的整合为创造出卓越的新产品提供了更综合的解决方法。它可能并非尽善尽美，但是它在沿着正确的方向发展。图 14.2 说明可延续性设计的一些要素是怎样融入一般的集

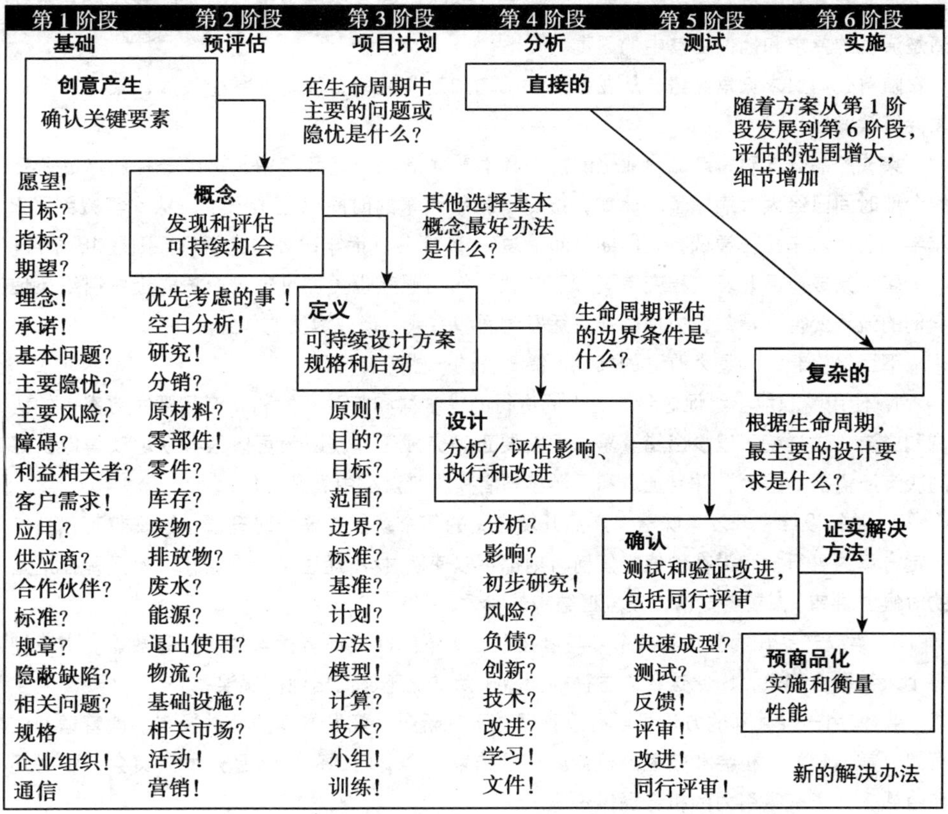

图 14.2 将可持续性设计和六西格玛设计融入集成产品开发

成产品开发流程的。

这个建议方法是这两种方法融入系统之中的许多方式中的一种。在任何具体情况中使用的实际方法要视商业环境而定，还要进行相应调整。不幸的是，更综合的方法需要更复杂的机构。但是，不管动因是什么，有一个包含设计和开发流程的各个方面的无所不包的商业（新产品开发）模式具有很大的潜在优势。

完全规划好的集成产品开发方法

本书探讨了集成产品开发方法的一般模式及其基本变体。这些都是21世纪初普遍使用的模式。本书对大多数概念、模式和技术进行了解释和评价。完全一体化的集成产品开发是说与新产品开发方案相关的所有细节都在早期阶段完全确定下来，因此所有的参与者都清楚流程的要求和他们在其中的职责。

随着公司追求竞争优势，从业者们试图增加新产品取得成功、减少失败，集成产品开发会继续发展。

集成产品开发对将产品商业化的能力具有重大影响。近几年中，推出一种新产品所需的全部时间已经大大缩短了。比如，推出一款新汽车的时间缩短了一半，从5年减到了2年半。通用汽车正在尝试将其周期时间缩短到24个月，而丰田公司的新目标则是18个月。

整个集成产品开发流程变得更加系统化，作业顺序也更加可预测。领先企业组织还使它们的流程变得更精益，去掉了那些耗费时间和金钱、造成浪费的作业。

下面是引起这种重大改进的集成产品开发的一些主要方面：

1. 使用跨职能小组促进参与者之间进行的跨学科和跨时间的和新产品开发方案内的协调和交流，这样就可以少出错。第一次就要正确完成工作，因为可以很容易地获得做出好的决策所需要的信息，并且上游和下游参与者在决策流程中展开合作；

2. 并行设计和开发意味着新产品开发方案的每个功能都要同时开展，这样就可以持续确定方案的可行性和潜在价值；任何时刻都可以使通过/不通过决策理论化，不只是在选定的时候（评审），或者更糟，在流程结束的时候；

3. 集成产品开发意味着每个参与者在做出决策的时候都有适当的信息和数据。由于把每个人都联合起来，因此这种方法往往会减少因交流不够而出现的错误；

4. 使用一种共同的方法可以有效管理对所有新产品开发方案的金融投资，使管理部门可以分辨出较好的机会和较差的机会。及早结束一个有问题的新产品开发方案会节省时间和金钱，为更有吸引力的机会提供资源。

总结性见解

总结产品创新的含义

产品创新是关于领导变革的。它是管理变革的广阔视野中的一个子集，管理变革包括技术创新和经营理念创新。所有这三种创新对成功来说至关重要，每种创新注重的是对从创新角度管理企业的不同需要。

1. 产品创新注重的是为现有商业条件和趋势开发新产品。在商业环境稳定的时候产品创新是最有效的，渐进性变革是与客户和利益相关者发展着的需求保持一致的实用方法；

2. 技术创新注重的是立足于研究开发或新的技术资源来管理新技术和根本性创新。在商业环境风云变幻的时候，在客户和利益相关者要求革命性的方法解决他们的问题的时候，技术创新最为有效；

3. 经营理念创新包括在商业环境发生巨大改变，旧的企业模式已经不再令人满意的时候改变经营模式。

对产品创新所使用方法的最佳应用就是创造出可以被纳入企业之中的新产品、新服务和新流程，以改进、更新或者代替现有方法或创造新机会。在技术创新成为这一方法的重要部分时，这些方法仍然适用，尤其是对新一代产品或是全新的产品。

表 14.2　产品创新逻辑（内部外部观点）

产品类型	外部观点	内部观点
混乱的商业环境 突破性创新 新技术 全新 新一代	客户需求不确定，市场有薄弱之处 新类型的竞争 来自利益相关者的新压力 技术变革/发明	战略指导和领导 颠覆性技术和产品 价值关系和网络 研究开发 不确定性，风险，回报，忧虑！ 机会和危险
稳定的商业环境 衍生产品 新市场 变种/变体 改进 成本降低	客户和利益相关者需求 市场情况和趋势 价值创造和收益 供应商和合作伙伴 竞争力量和竞争行动 经济情况的线性变化 基础设施 相关产业	利用核心能力 营销，销售额，技术的，生产 财务和资源的可用性 质量、性能、速度和时间选择 财务影响 量度 投资 风险与回报 标准化，成本，生产力

表 14. 2 从内部和外部两个角度总结了各种产品创新的一些基本方面及其含义。描述的概念、方法和技术集中于更适合稳定商业环境的较简单的产品创新。

产品创新对稳定的商业环境最为合适，而技术创新对更加动荡不安的情况最为合适。流程管理对前者更合适，项目管理对后者更为恰当。但是，从业者及其企业组织要决定开发新产品最有效的方法是什么。可能有通用的方法，但是每种情况并不是只有一种答案。这要取决于实际的商业环境和企业组织的资源和能力。

集成产品开发的持续发展

考虑到全球商业环境的变化和迅速的变革，集成产品开发将会继续发展成为一种更全面的方法，包括领先企业正在研究的具有创新性的方法的主要因素。可以想象未来的集成产品开发方法将会把集成产品开发的主要变体的重要特征综合起来成为一个管理体系。企业组织将不能承受无法发现所有的隐蔽缺陷，或者是采用逐步的方法开发新产品的后果。集成产品开发将会把虚拟产品开发的各个方面和可持续设计融合起来成为一种包含速度、客户和利益相关者满意、价值、全面性、性能、可靠性、质量、零缺陷和企业成功这些概念的更全面的方法。

正如集成产品开发在 20 世纪 90 年代发展包含并行工程、全面质量管理、供应链管理、电子商务和其他领先模式一样，它还将继续合并 21 世纪普遍使用的方法，成为一种开发新产品的更动态的流程。改进新产品开发流程的最重要的趋势可能包括下面这些：

1. 继续缩短开发新产品的周期时间，因为现有产品的寿命将会继续被竞争和对更好的解决办法的需求所减少。技术和创新同样会减少新产品在市场中的机会；

2. 随着领先生产者向六西格玛质量管理发展，对更高的质量和性能的需求将会继续增加，因为六西格玛质量使得现在的质量显得较差，如果不算是过时的话。这一趋势还将继续 20 多年；

3. 价值将继续是成功的关键要素。客户期待的是高质量和低价格。向着改良成本结构发展的趋势将会变得更为重要，因为全球竞争使出售高成本产品更加困难；

4. 由于诉讼的高花费和产品责任问题，可持续性和生命周期评估在新产品的开发中将会变得越来越重要。企业将不得不发现所有的隐蔽缺陷和负担，在开发流程中解决这样的问题。设计有缺陷的可能性是非常大的，这使得由客户发现潜在缺陷的传统方法令人难以接受；

5. 信息技术将会促进新产品快速开发，因为参与者由电信和先进的计算机软件程序联系起来，一天 24 小时进行产品开发。在遥远地方的小组将会用电子方式联合起来，展开天衣无缝的合作，尽管他们可能彼此从未谋面；

6. 先进的快速成型技术和其他类似的方法将会使快速测试新产品成为可能，这样确认和速度就可以并存。这些技术将会提供确保快速开发和全面分析设计和生产要素的方法；

7. 随着企业组织寻求减小风险和消除债务的方法，可持续发展这个概念将会更为普及。拥有快速、全面的新产品开发模式将会变得重要起来；

8. 新产品开发模式将会继续整合开发的各个方面，包括与客户、利益相关者、供应商、相关产业、基础，甚至是竞争者的关系。

集成产品开发的核心

在新产品开发领域，管理关键部分对取得成功至关重要。不管情况如何，人、流程、计划、方案和产品是新产品开发的核心。成功是通过人的智力贡献和他们对流程的奉献获得的。通过联合作业，人是英雄，他们献身于新产品开发流程和创造出来的产品和服务。成功的秘密就在于有效的交流、训练有素的团队、有效的配合、平衡的决策，还有最重要的——追求卓越。参与者的态度是取得成功最重要的部分之一。自信、积极的态度对减少冲突、达到有效配合至关重要。

同步流程同样对成功至关重要，尤其是从长期来看。这一流程将所有的活动联合起来，这样流程中任何一个时刻的所有基本要素都可以同时展开。成功是通过使用已证实的方法和实践，通过新产品开发方案实施中及之后的改进流程来实现的。重要的是认识到新产品开发持续改进的过程。对大多数企业和参与者而言，在完成当前的方案之时，马上就会有相似的新产品机会。新产品开发方案是赋予新产品生命的构件。

新产品是拥有可持续竞争优势的方法。它提供了令客户满意、保证客户忠诚的方法。它是流程和方案的成果或是有形的结果。产品是与未来的联系，同时也是过去留下的遗产。一件新产品为企业提供了取得成功、为另一阶段保持有利成果的新机会。图14.3展现了新产品开发各部分的关系。

全书结语

新产品开发思维遵循的是科学方法。本书采用了多维度的方法来描述、分析和解释在一个变化迅速、标准苛刻的环境中用于新产品开发的概念、方法和技术。书中基本结构包括了关于外部因素和内部能力之间联系的综合的观点，以及根据现有条件和趋势制定和实施的最灵活、最有效的战略。

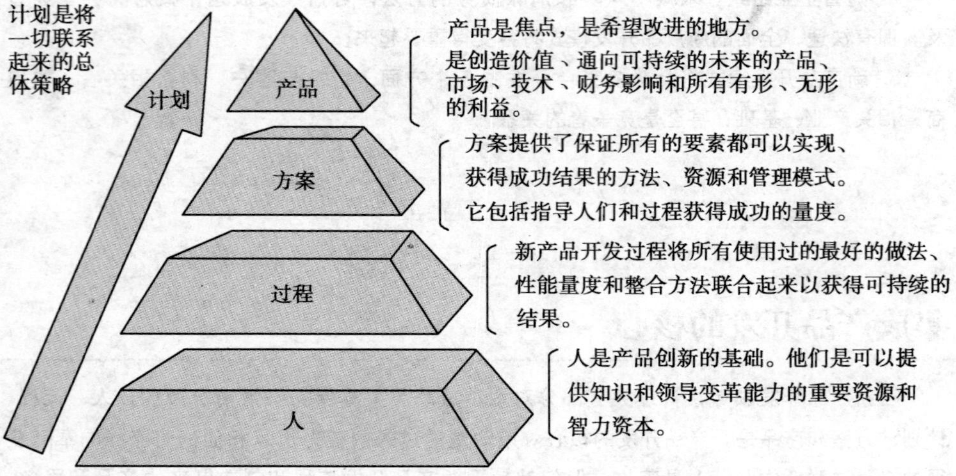

图 14.3 新产品开发的核心

新产品开发结构描述了企业为管理设计和开发方案、制造工具和发明技术以协助相关活动开发新流程的方法。它为管理流程提供了通用的方法。重中之重在于“为什么”和“怎么样”的问题。这些方法和技术提供了可以应用到许多新产品开发情况中的深刻见解。了解作为通用方法提出的模式是非常重要的。在应对复杂多样的创新情况中，从业者要了解他们系统的动态变化、确定或发现关于实际商业环境的实际情况的理论和见解。从业者应该运用本书中的前提和方法来调整要素，以适合自己的情况。

汉译创新管理丛书

《创新的种子：解读创新魔方》 作者：[美]伊莱恩·丹敦

《创新的源泉：追循创新公司的足迹》 作者：[美]冯·希普尔

《创新高速公路：构筑知识创新与知识共享的平台》 作者：[美]戴布拉·艾米顿

《研发组织管理：用好天才团队》 作者：[美]杰恩 川迪斯

《破译创新的前端：构建创新的解释性维度》 作者：[美]理查德·莱斯特 迈克尔·皮奥雷

《企业战略与技术创新决策：创造商业价值的战略和能力》 作者：欧洲技术与创新管理研究院

《文化VS技术创新：德美日三国创新经济的文化比较》 作者：[德]柏林科学技术研究院

《赢在创新：日本计算机与通信业成长之路》 作者：[英]马丁·弗朗斯曼

《创新之道：日本制造业的创新文化》 作者：[日]常盘文克

《创新的愿景：日美公司的创新文化》 作者：[英]马丁·弗朗斯曼

《创新突围：美国著名企业的创新策略与案例》 作者：[美]马克·斯特菲克 巴巴拉·斯特菲克

《民主化创新》 作者：[美]冯·希普尔

《企业产品创新》 作者：[美]大卫·瑞尼

《研发组织沟通》 作者：[美]托马斯·艾伦

《变化中的北欧国家创新体系》 作者：[瑞典]霍刚·吉吉斯

《牛津创新手册》 作者：[美]纳尔逊

《创新的扩散》（第五版） 作者：[美]埃弗雷特·M.罗杰斯

汉译知识管理丛书

《创造知识的企业：日美企业持续创新的动力》 作者：[日]野中郁次郎 竹内弘高

《知识创造的螺旋：知识管理理论与案例研究》 作者：[日]竹内弘高 野中郁次郎

《创新的本质：日本名企最新知识管理案例》 作者：[日]野中郁次郎 胜见明

汉译企业知识产权战略丛书

《智力资本管理：企业价值萃取的核心能力》 作者：[美]帕特里克·沙利文

《技术许可战略：企业经营战略的利剑》 作者：[美]罗塞尔·帕拉 帕特里克·沙利文

《企业知识产权估价与定价》 作者：[美] 理查德·瑞兹盖提斯

《无形资产的有形战略：管理公司六大无形资产的制胜法宝》 作者：[美]约翰·贝利

汉译创新管理丛书

创新的种子——解读创新魔方

[美] 伊莱恩·丹敦　著

陈劲　姚威　等译

这是一本既适合企业、组织专业人员，也适合普通读者阅读的创新管理著作。作者为创新团体咨询公司的创立者和首席战略专家，本书第一次提出创新思维不单包含创造性思维，而是创造性思维、战略性思维和变革性思维三者的结合。书中还提出了创新九步走、十种创新组合工具、统揽全局六大准则等简单而又行之有效的方法，以此提高个人、团队和组织的创新能力。

创新高速公路——构筑知识创新与知识共享的平台

[美] 戴布拉·艾米顿 著

陈劲 朱朝晖　译

本书把驱动21世纪经济的两个主要因素——创新和知识管理进行了综合，首创"创新高速公路"这一新构架，目的在于消除交流创新知识和能力的地理界限，为技术、管理等方面的创新提供知识平台和政策指南。 本书勾画了21世纪知识经济的路线图，堪称知识经济的"第四次浪潮"、 21世纪的《大趋势》，有人预言，作者戴布拉·艾米顿"很可能成为下一个德鲁克"。

创新的源泉——追循创新公司的足迹

[美] 埃里克·冯·希普尔 著

柳卸林 陈道斌 等译

这是一部管理学名著。传统认为，技术创新主要由制造商完成，本书对这一传统观念发起了挑战，认为技术创新在不同的产业有着不同的主体，在许多产业，用户和供应商才是创新者。这是管理界的一次思想革命！在国外，包括美国3M在内的一些大公司都将此书理论视为创新指针。

研发组织管理——用好天才团队

[美] 杰恩　川迪斯　著

柳卸林 杨艳芳 等译

作者探讨了改善研发组织生产力和促进业绩的各种途径，对如何制定研发组织战略、如何建立高效的研究开发机构、如何进行针对科学家的职业设计、如何领导研发组织、如何对待组织中的冲突、如何实现技术转移等问题作了分析。科研院所、大学科研机构、企业及其研发机构管理者将从本书中获益匪浅。

创新突围——美国著名企业的创新策略与案例

[美]马克·斯特菲克 巴巴拉·斯特菲克 著

吴金希 等译

本书通过对创造性研究者与发明家成功创新经验的调查，收集了在创新一线工作的研究人员的事例，绘制出一幅发明和创新的路线图，通过介绍创新型组织中的发明大师、企业家和管理者的有关理念和实践，阐明了创新是如何运作的，以及突破是如何产生的。

汉译创新管理丛书

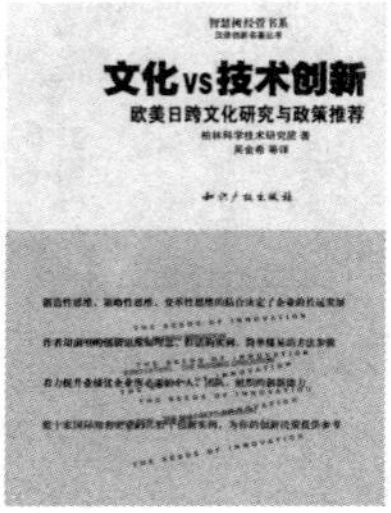

文化VS技术创新——德美日三国创新经济的文化比较

[德] 柏林科学技术研究院 著

吴金希 等译

这是一本关于"文化因素在技术创新中的作用"的经典著作，作者通过比较德美日三国文化的异同，探讨了文化因素对个人、团队、企业乃至创新经济成败的影响。

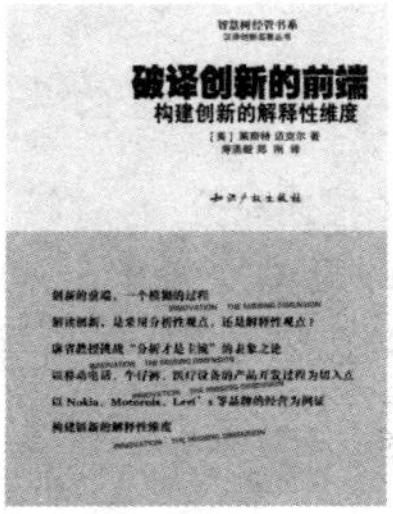

破译创新的前端——构建创新的解释性维度

[美] 理查德·莱斯特 迈克尔·皮奥雷 著

寿涌毅 郑刚 译

这是一本关于产品研发前期管理的著作，就产品研发以及科研创新的方向、步骤、原则等问题，作者对两种传统方法进行了细致的对照和剖析，并以手机、牛仔裤、医疗器械等产业为例，解译了创新管理中常被人们忽视的一面：创新前期的模糊、混沌。

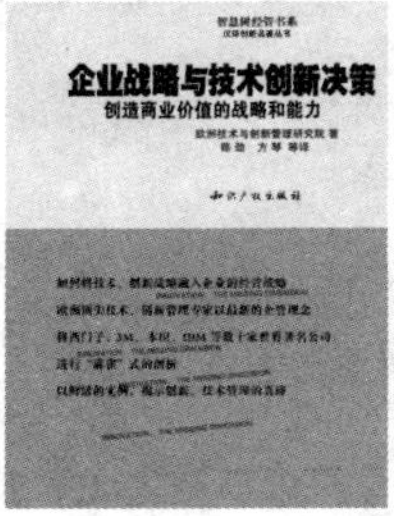

企业战略与技术创新决策——创造商业价值的战略和能力

欧洲技术与创新管理研究院 著

陈劲 方琴 译

这是一本如何将创新管理带入企业经营管理决策的著作。本书的特色在于，它将最新的实践、研究结果和思想融合起来，针对企业高层管理者的需要，提供了将创新决策有机融入到企业战略和经营管理之中的切实可行的良方。

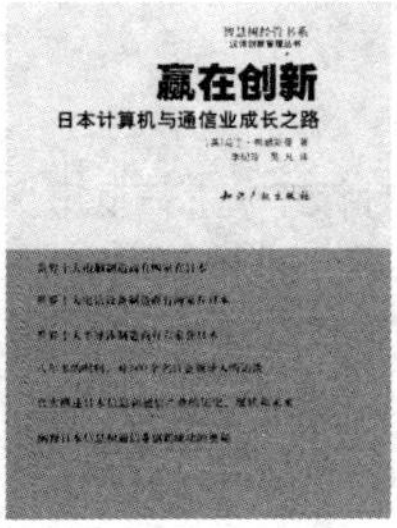

赢在创新——日本计算机与通信业成长之路

[英]马丁·弗朗斯曼 著

李纪珍 吴凡 译

本书分析了日本计算机和通信产业的崛起过程、全球地位以及这些产业巨人的优势和不足。作者用了8年多的时间，对600余名日本企业领导人进行访谈，通过富士通、NEC、日立、东芝等众多成功企业的案例，真实描述了日本计算机和通信产业的历史、现状和未来。

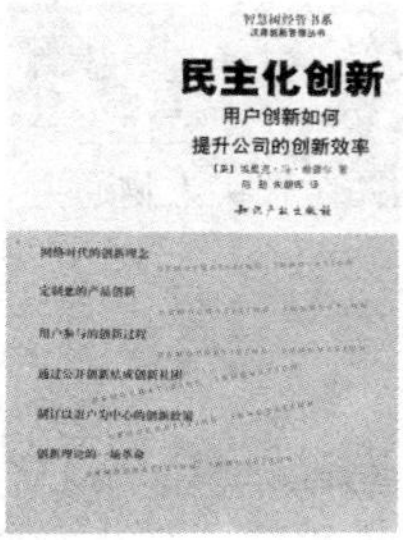

民主化创新——用户创新如何提升公司的创新效率

[美] 埃里克·冯·希普尔 著

陈 劲 朱朝晖 译

在不断发展的计算机和通信技术的帮助下，用户越来越善于为自己开发新产品和新服务，并采取多种形式把这些成果向他人无偿公开。作者密切关注这种新兴的以用户为中心的创新系统，对这一现象进行了详尽的阐述，解释了背后深层次的社会和经济因素。

创新之道——日本制造业的创新文化

[日] 常盤文克 著

董旻静 译

本书作者提出制造企业应该将追求"独创的品质"作为经营中的基本战略，并充分贯彻。本书整理日本的文化传统，反思东方博大精深的智慧，在思想层面上重新审视制造业的生态环境。

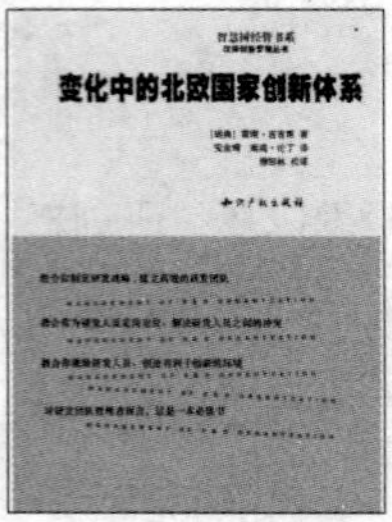

变化中的北欧国家创新体系

[瑞典]霍刚·吉吉斯 著

安金辉 南南·伦丁 译

本书对北欧国家的创新体系与创新政策进行了全面的描述与分析，对创新最重要的参与者及其活动、研发投入，以及各国政府的战略与规划进行了详细的描述，同时也对北欧五国的创新体系进行了评论与比较。

汉译知识管理丛书

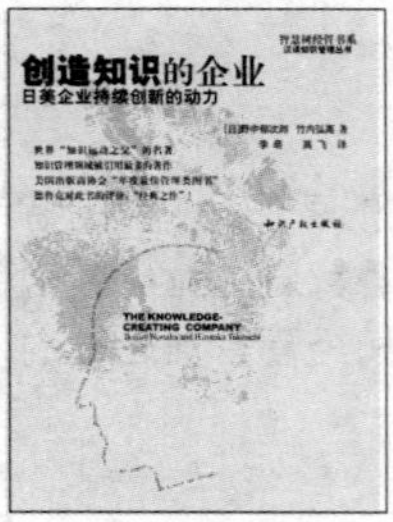

创造知识的企业——日美企业持续创新的动力

[日]野中郁次郎 竹内弘高 著

李萌 高飞 译

这是世界"知识运动之父"的理论名著，曾获美国出版社协会"年度最佳管理类图书"大奖，是全球知识管理领域被引用最多的著作。彼得·德鲁克曾评价此书："这确实是一部经典！"

知识创造的螺旋——知识管理理论与案例研究

[日]竹内弘高 野中郁次郎 著

李萌 译 高飞 校译

这是汇集知识管理众多案例的著作，从知识的视角对管理学进行反思，以 IBM、佳能、索尼、本田等十几个世界知名企业的实例，讲述知识在创造中的螺旋上升过程。

创新的本质——日本名企最新知识管理案例

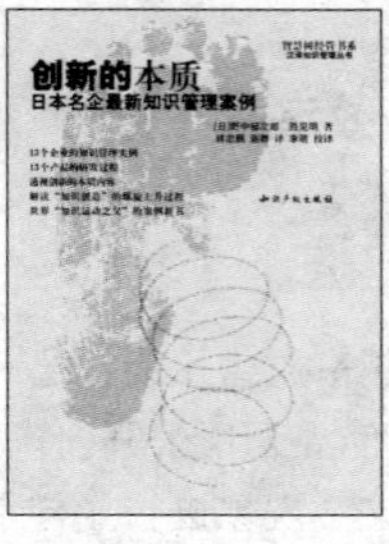

[日]野中郁次郎 胜见明 著

林忠鹏 谢群 译 李萌 校译

本书选取了 13 个企业，详述了 13 种产品的研发过程，并通过"故事篇"与"解说篇"就每一个创新过程的本质进行了深度解析。两位作者一位是著名知识管理学者，一位是资深记者，不同领域的两个顶尖人物通力合作，用最直观的方式阐释创新的本质所在。

汉译企业知识产权战略丛书

智力资本管理——企业价值萃取的核心能力

[美]帕特里克·沙利文 著

陈 劲 等译

本书核心价值在于，它阐释了21世纪知识经济的经营之道，从智力资本中萃取价值。就企业如何才能从无形财产中获得经济收益以及从其智力资本中获取更多的价值，分别通过施乐、惠普等十几家企业在实践中行之有效的案例进行了细致的阐释。

技术许可战略——企业经营战略的利剑

[美]罗塞尔·帕拉 帕特里克·沙利文 著

陈 劲 贺丹 黄芹 译

技术许可战略是实现公司价值最大化的最佳战略之一。本书从这一角度出发，对世界十几家知名企业的技术许可案例进行总结，介绍了各种行之有效的许可方法、专利组合以及专利使用费率，为企业开发出了成功的技术许可程序。对技术型企业来讲，这是一本技术许可战略的完全指南。

无形资产的有形战略——管理公司六大无形资产的制胜法宝

[美]约翰·贝利 著

陈江华 译

本书介绍了微软、惠普等一流企业如何创造并精确衡量和管理无形资产的体制和方法，是迄今为止对无形资产的最合理、最具操作性的研究。

企业知识产权估价与定价

[美] 理查德·瑞兹盖提斯 著

金珺 傅年峰 陈劲 译

如何对交易的技术进行估价与定价是困扰许多技术型企业的棘手问题。本书从专业的角度对技术的估价与定价问题进行了深入的研究，具有很强的可操作性，便于企业进行实际应用。

创新研究文丛

地缘科技学

作者：赵刚

本书第一次提出“地缘科技学”的概念，并厘定了其内涵及研究框架，“地缘科技学”以民族国家为基本单元和基本战略主体，研究国际体系结构中科技与国际政治和世界经济的关系。它集中关注的是科技与一国综合国力的关系、科技对国际政治经济格局的影响、科技在国家大战略中的地位和作用、国际科技竞争的基本格局以及科技安全在国家综合安全中的核心功能。

模块化创新——定制化时代复杂产品系统创新机理与路径

作者：陈劲　桂彬旺

本书将模块化方法应用于复杂产品系统创新管理中，通过模块化方法改善CoPS创新流程与组织管理，以解决复杂产品系统创新投入大、绩效低、过程管理困难等问题，结合复杂产品系统创新实践调研提出了包含系统功能分析、架构设计与模块分解、模块外包与模块开发、系统集成与完善等六个阶段的复杂产品系统模块化创新模式。

企业创新网络——进化与治理

作者：王大洲

本书通过案例研究和理论分析，阐明了企业创新网络进化的趋向、过程、陷阱和动力机制；归纳并分析比较了政府主导型、政府引导型、联邦型、旗舰型、企业家主导型与自组织型共六类典型的企业创新网络治理模式；探讨了基于创新网络的企业技术学习机制。

中国科技发展前沿与仪器保障

作者：李新男　周元　张杰军

本书分析了我国各学科领域面临的主要科技问题，科研工作，以及所需的技术支撑系统和仪器设备，在此基础上提出了我国大型科研仪器设备装备布局的初步建议。

中国创新管理前沿（第三辑）

作者：王兴元　魏江

本书是第三届中国青年创新管理论坛成果的结晶。本书内容围绕“中国企业自主创新”这一主题，对创新政策、企业技术创新能力理论与方法、技术管理战略、企业自主创新与自主品牌建设、复杂产品与复杂系统创新、突破性创新、区域与国家创新体系、创新文化与创新网络、知识密集型服务业创新能力以及高技术产业发展战略等专题内容进行了深入探讨，成果代表了我国创新管理领域新的进展。

自主创新读本

激扬创新精神——中宣部科技部自主创新报告团演讲录

作者：张景安 胡钰

本书系中宣部、科技部联合组织的自主创新报告团的巡回演讲集，收录了深圳常务副市长刘应力、北京大学教授路风、吉利集团董事长李书福、海信集团董事长周厚健等十人的精彩演讲，既包括学者对自主创新理论的深入阐释，也有各行业自主创新的业绩和感人故事，同时也介绍了国家自主创新的重大部署和宏观政策。

自主创新300问

作者：刘忠 董海龙 田小飞

本书系自主创新的普及读本，以问答形式汇集了与自主创新相关的近300个知识点，如什么是创新、创新与发明有何区别、自主创新是否有负面效应等等，集阅读、引用、学习于一体，可以让读者用最短时间全方位了解自主创新。

自主创新公务员读本

作者：柳卸林 游光荣 王春法

这是一本系统阐述自主创新政策和理论的读本，侧重于对国家宏观创新政策的解读。全书从自主创新、创新型国家、国家创新体系的内涵阐释入手，分别介绍了企业、科研、教育等机构在自主创新建设中的重要地位，并对技术创新体系、知识创新体系、国防科技创新体系、区域创新体系以及科技中介服务体系进行了深入浅出的解读。

中国区域创新能力报告

作者：中国科技发展战略研究小组

本书按年度对中国各省、自治区、直辖市的创新能力作客观、动态和全面的评价。利用大量的科技统计数据，通过本小组多年形成的评价方法，给出了各省、自治区、直辖市的创新能力排名和分析，是一本研究中国技术创新国情，了解中国区域创新能力的多样性，进行区域创新能力比较的重要著作，为地方政府了解本地区的创新能力提供了一个很好的平台。作者均为我国创新研究领域的著名中青年专家。

中国科技发展研究报告

作者：中国科技发展战略研究小组

本书对中国科技工作进行及时、客观和全面的总结与评估，关注科技发展的重大事件，探讨热点问题，展望未来动向。本书分析了2006年中国科技发展的重大战略和政策问题，提出了五大产业利用知识产权实现自主创新的战略和政策建议。作者均为我国创新研究领域的著名中青年专家。

企业自主创新战略与方法

作者：高旭东

本书的主要目的是分析中国本土企业在经济国际化条件下为了生存和发展必须面对的自主技术创新问题，系统论述自主技术创新的战略和方法。本书认为，一是需要消除糊涂认识的影响，建立全新的企业发展理念；二是需要对现有的企业战略和政府政策进行重大调整。围绕这两个主题，本书分析哪些理念阻碍自主技术创新，什么样的战略和方法是进行有效的自主技术创新所必须的，如何提高技术创新的有效性，在大多数企业短期内还不可能成为自主技术创新主体的情况下政府的作用是什么……

中国区域自主创新研究报告

作者：周元 王海燕 赵刚

本书是以区域自主创新理论与实践为主要内容的连续性年度研究报告，本报告以创新理论为指导，以区域自主创新研究课题组在创新领域的研究积累为基础，通过对若干典型区域的评价与分析，对我国区域自主创新的具体实践进行了总结，并对区域自主创新的相关问题进行了探讨。

自主创新：海尔之魂

作者：刘进先

本书是"自主创新企业案例丛书"的第一本。系统介绍了海尔在技术研发、市场营销、队伍建设等方面所走过的创新之路，同时分析了海尔创新的特点、存在的问题，并针对我国企业技术创新进行了深度思考和分析。

决胜管理——美国海军陆战队 30 条军规

[美] 戴维·弗里曼 著

马保新 张逸宫 译

本书在陆战队精彩故事的讲述中，精要地阐释了30条军规，并列举这些军规适用的管理领域。一些管理专家称之为"美国最好的管理培训项目"。从计划和决策的拍板，到组织机构的设定，从任务导向型组织到能力导向型组织，从组织的文化定位到知识管理等等，该书均作了精当的分析，这些既是陆战队成功的秘诀，也是现代经理人们受益无穷的治家宝典。

创新的 10 个面孔

[美]汤姆·凯利　乔纳森·利特曼 著

刘金海　刘爽 周惟菁 译

当今时代，创新引领发展。如何培育创新能力和创新文化？每个职场人士都渴望得到答案，进而提升自身及企业的创新力。身为创新企业的灵魂人物，本书作者曾与无数世界级企业并肩作战，参与了众多成功产品的设计咨询以及企业创新文化的建构。他们以自身的经验和视角对前述问题一一阐释，使读者理解创新、理解创新文化，进而开拓思维，提升创新能力。